Lübbe · Im Zug der Zeit

Hermann Lübbe

Im Zug der Zeit

Verkürzter Aufenthalt in der Gegenwart

Zweite Auflage

Springer-Verlag
Berlin Heidelberg New York
London Paris Tokyo
Hong Kong Barcelona
Budapest

Prof. Dr. Hermann Lübbe
Philosophisches Seminar
Universität Zürich
Rämistraße 71, CH-8006 Zürich

ISBN 3-540-58122-7 Springer-Verlag Berlin Heidelberg New York
ISBN 3-540-54580-8 1. Auflage Springer-Verlag Berlin Heidelberg New York

Die Deutsche Bibliothek – CIP-Einheitsaufnahme
Lübbe, Hermann: Im Zug der Zeit: verkürzter Aufenthalt in der Gegenwart
Hermann Lübbe. – 2.Aufl. – Berlin; Heidelberg; New York; London; Paris;
Tokyo; Hong Kong; Barcelona; Budapest: Springer, 1994
ISBN 3-540-58122-7

Umschlaggestaltung: Struve & Partner, Atelier für Grafik-Design, Heidelberg
Satz: Datenkonvertierung durch Elsner & Behrens GmbH, Oftersheim
Druck: Kutschbach Druck GmbH, Berlin; Bindearbeiten: Lüderitz & Bauer, Berlin
SPIN 10468616 45/3140 – 5 4 3 2 1 0 – Gedruckt auf säurefreiem Papier

Vorwort

Die wissenschaftlich-technische Zivilisation ist wie nie zuvor eine Zivilisation vergangenheitszugewandt. Die Intensität unserer Anstrengungen zur Vergangenheitsvergegenwärtigung ist historisch beispiellos. Exemplarisch heißt das: Mit der Dynamik unserer Zivilisation wächst zugleich die Zahl der Museen, und komplementär zur Modernität unseres städtebaulichen Lebensambientes entwickelt sich der Denkmalschutz.

Wieso kultiviert gerade die moderne Zivilisation das Bewußtsein ihrer eigenen Geschichtlichkeit? Was macht uns, gegenläufig zu unserer spezifisch modernen Zukunftsbezogenheit, heute wie nie zuvor vergangenheitsinteressiert? Die Beantwortung dieser Fragen setzt Einsicht in den Beschleunigungscharakter unserer zivilisatorischen Evolution voraus. Je rascher sich objektiv unsere Lebensverhältnisse ändern, um so aufdringlicher wird subjektiv die Erfahrung, daß wir in wesentlichen Hinsichten selbst unsere jüngeren Vergangenheiten in der Gegenwart nicht mehr wiederzuerkennen vermögen. Fortschrittsabhängig erhöht sich in Wissenschaft, Technik und Ökonomie die Veraltensrate, und die drei oder vier Generationen, die gleichzeitig miteinander leben, sind in der modernen Kultur nicht nur altersmäßig, vielmehr darüber hinaus auch durch kulturelle Prägungen unterschiedlicher Geschichtsepochen voneinander verschieden.

In größeren[1] und kleineren[2] Arbeiten habe ich in vergangenen Jahren den Ursprung des historischen Bewußtseins aus der Erfahrung kulturevolutionärer Dynamik plausibel zu machen versucht. Ich konnte mich bei diesem Versuch unter anderem mit Reinhart Koselleck in Übereinstimmung wissen: Erst dann, wenn fürs Bewußtsein der Zeitgenossen sich

---

[1] Cf. dazu vor allem das Kapitel „Evolutionäre Beschleunigung und historisches Bewußtsein" in meinem geschichtswissenschaftstheoretischen Buch „Geschichtsbegriff und Geschichtsinteresse. Analytik und Pragmatik der Historie", Basel/Stuttgart 1977, S. 304–335.

[2] Etliche Detailstudien zum Ursprung des historischen Interesses aus der Erfahrung evolutionärer Beschleunigung sind in dem Sammelband „Die Aufdringlichkeit der Geschichte", Graz, Wien, Köln 1989, abgedruckt, so „Der Fortschritt und das Museum", S. 13–29, oder „Historisierung und Ästhetisierung", S. 46–63.

„Erfahrungsraum“ und „Erwartungshorizont“ trennen[3], erscheint die Vergangenheit als wirklich vergangen, das heißt als unwiederholbar abgeschlossen oder nur noch in verwandelter Gestalt gegenwärtig, und die kulturelle Evolution, die uns in beschleunigter Bewegung von der Vergangenheit entfernt, wird als irreversibel, als singulär, als unvorhersehbar-zukunftsoffen und somit als Geschichte im modernen historistischen Sinn erkennbar.

Koselleck war es aber auch, der bei Erörterungen dieses Themas in der unvergessenen Studiengruppe „Theorie der Geschichte“[4] verblüffenderweise fand, es sei doch schwierig, der These vom Beschleunigungscharakter der zivilisatorischen Evolution empirische Evidenz zu verschaffen. Feuilletonistische Expressionen des Eindrucks, den die vermeintliche Hyperdynamik unserer Zivilisation bei Intellektuellen hinterläßt, gibt es genug[5]. Skeptiker melden sich aber auch zu Wort und finden zu Recht, mit subjektiven Eindrücken ließen sich weitreichende kulturtheoretische Behauptungen schwerlich begründen[6].

Es ist die Absicht dieses Buches, den fraglichen Beschleunigungscharakter der modernen Kultur anschaulich zu machen. Materialien, die man dafür benötigt, liegen zu einem erheblichen Anteil in wohlbekannten Arbeiten unserer Historiker längst bereit. Aus naheliegenden Gründen erwiesen sich dabei Ergebnisse aus der wirtschafts- und technikhistorischen Forschung als besonders interessant – von Landes[7] bis White[8]. Auch die Philosophie, aus deren Blickpunkt solche Forschungsergebnisse kulturevolutionstheoretisch erst zu sprechen beginnen, wird man bei der Lektüre der einschlägigen Veröffentlichungen

---

3 Reinhart KOSELLECK: „Erfahrungsraum“ und „Erwartungshorizont“ – zwei historische Kategorien. In: Reinhart KOSELLECK: Vergangene Zukunft. Zur Semantik geschichtlicher Zeiten. Frankfurt/Main 1989, S. 349–375.

4 Aus der Arbeit dieser Studiengruppe, die in der zweiten Hälfte der siebziger Jahre in der Werner-Reimers-Stiftung zu Bad Homburg regelmäßig zusammentrat, sind mehrere wichtige geschichtswissenschaftstheoretische Publikationen hervorgegangen. Exemplarisch sei erwähnt Jürgen KOCKA, Thomas NIPPERDEY (Hrsg.): Theorie und Erzählung in der Geschichte. Theorie der Geschichte. Beiträge zur Historik, Band 3. München 1979.

5 Cf. exemplarisch Paul VIRILIO: Geschwindigkeit und Politik. Ein Essay zur Dromologie. Aus dem Französischen übersetzt von Ronald VOULLIÉ. Berlin 1988. – Unter dem Titel „Vitesse et Politique“ zuerst erschienen 1977.

6 Cf. unten S. 269ff.

7 David S. LANDES: Der entfesselte Prometheus. Technologischer Wandel und industrielle Entwicklung in Westeuropa von 1750 bis zur Gegenwart. Köln 1973.

8 Lynn WHITE: Medieval Religion and Technology. Collected Essays. Berkeley, Los Angeles, London 1978.

nicht vermissen. Die Geschichtswissenschaft ist ungleich philosophischer als viele Philosophen anzunehmen geneigt sind.

In anderen Fällen indessen findet man die Materialien, die den Beschleunigungscharakter unserer zivilisatorischen Evolution zur Evidenz zu bringen geeignet sind, unverbunden und kontingent in der Zerstreuung. Höchst disparate Institutionen sind an der Erzeugung oder der Verwaltung dieser Materialien beteiligt, und die professionelle Berichterstattung und theoretische Aufbereitung erfolgt in Fachzeitschriften, die sich an Fachkommunitäten sehr unterschiedlicher Zusammensetzung richten. Was verbindet das Archivwesen mit der amtlichen Statistik? Wieso wächst in der Verwaltung die Menge der produzierten Akten noch ungleich rascher als die Zahl der Verwaltungsstellen? Welche Konsequenzen ergeben sich daraus für die Archivierungspraxis und damit für die Praxis der Sicherung der Quellen der historischen Erforschung unserer Gegenwart, wenn diese zukünftig Vergangenheit geworden sein wird? Wie ändert sich, technisch und kulturell, die Funktion wissenschaftlicher Bibliotheken unter dem Druck absinkender Halbwertszeit wissenschaftlicher Literatur? Wie läßt sich erklären, daß auf den ältesten Stätten humaner Erinnerungskultur, auf unseren Friedhöfen nämlich, gegenwärtig die Zahl der sogenannten anonymen Bestattungen rasch zunimmt und die Bestatteten somit von vornherein sichergestellt haben möchten, daß eine friedhofskulturelle Erinnerung an sie nicht mehr stattfinden kann? Wieso hat just die künstlerische Avantgarde die Museumskunst gefördert, und was läßt uns inzwischen die Bauten der antihistoristischen architektonischen Moderne als historische Bauten wahrnehmen?

Das sind höchst disparate Fragen. Wer in der Durcharbeitung der Materialien, auf die sich diese Fragen beziehen, von der aktuellen Friedhofskulturgeschichte bis zum Archivwesen und von der Interaktion zwischen Patentrecht und technischer Evolution bis zu den Hintergründen aktueller Speicherbibliothekspläne auf die in ihnen sich spiegelnden kulturellen Zeitverhältnisse achtet, wird sich in seinem billigen Verlangen nach Belegen für die These vom Beschleunigungscharakter unserer zivilisatorischen Evolution bedient finden. Es bleibt dann sogar unbenommen, die These vom Beschleunigungscharakter unserer zivilisatorischen Evolution trivial zu finden. So geht es in der Wissenschaftspraxis ja immer wieder einmal: Hat man mit einiger Mühe zur Evidenz gebracht, worüber kurz zuvor noch Skeptiker sich ironisch äußerten, so sieht es jedermann. Nicht trivial bleibt freilich die Ableitung von Schwierigkeiten, die wir mit unserer Gegenwartszivilisation haben, aus der Erschöpfung institutioneller und individueller Kapazitäten kultureller Innovationsverarbeitung. Auch Erinnerungskapazitäten haben Grenzen. Die erwähnte aktuelle Praxis anonymer Bestattung, zum Beispiel, läßt sich von hier aus verständlich machen. Es gibt Phänomene der Überforderung des historischen Bewußtseins, und nicht zuletzt in der sogenannten Postmoderne zeigt sich das.

Nicht trivial sind auch die kulturellen Phänomene modernitätsspezifischer Zeitumgangskultur. In einer dynamischen Zivilisation wird Zeit einerseits knapper, und wie nie zuvor sind wir auf Instrumentarien ihrer rationalen Nutzung und auf temporal immer weiter vorauseilende Planung angewiesen. Auch die Tugend der Pünktlichkeit erweist sich als spezifisch modern. Ohne sie wären wir im sozialen Lebenszusammenhang zur temporalen Handlungskoordination und damit zur Wahrnehmung von Kommunikationschancen nicht befähigt. Andererseits bedeutet wirtschaftlich genutzter wissenschaftlicher und technischer Fortschritt nicht zuletzt Produktivitätsfortschritt, das heißt Steigerung der Produktion pro Zeiteinheit, und eben dieser Produktivitätsfortschritt setzt disponible, insbesondere berufspflichtentlastete Lebenszeit frei. Wie nie zuvor in einer Kultur dehnen sich heute für die Individuen die Lebenszeiträume, in denen nichts geschähe, wenn es nicht selbstbestimmt geschähe. Die produktive Beantwortung dieser Herausforderung hat Voraussetzungen und Folgen, deren Analyse einen weiteren Teil dieses Buches bildet. Gesamthaft ergibt sich ein Bild der Temporalverfassung unserer modernen Kultur, das jenseits von geschichtsphilosophischen Fortschritts- oder Verfallstheorien nach einer evolutionstheoretischen Interpretation unserer kulturellen Gegenwartslage verlangt. Auch dazu möchte dieses Buch einen Beitrag leisten. –

Eine ausführliche Einleitung bietet Gelegenheit zur Vororientierung über Inhalt und Zusammenhang der Sachkapitel des Buches in Quintessenzen. Auf Belege mußte dabei verzichtet werden. Die Register nennen sämtliche im Text wie in den Anmerkungen erwähnten Personennamen sowie die wichtigsten Begriffsnamen, insbesondere die Namen der hier eingeführten neuen Begriffe.

Mit der überwiegenden Menge der in diesem Buch theoretisch verarbeiteten Materialien sind Philosophen professionell nicht vertraut. Entsprechend war mir auch die Einarbeitung in sie nur in Nutzung der Ratschläge möglich, die mir Fachleute bereitwillig in ausführlichen Gesprächen gaben. Dafür habe ich vielen zu danken. Als Adressaten meines Dankes darf ich für das Archivwesen ausdrücklich Herrn Archivdirektor Dr. Walter Deeters in Aurich/Ostfriesland erwähnen, für den Bereich der amtlichen Statistik den Präsidenten des Statistischen Landesamtes Baden-Württemberg, Herrn Prof. Dr. Max Wingen, für das Bibliothekswesen den ehemaligen Direktor der Deutschen Bibliothek in Frankfurt am Main, Herrn Prof. Dr. Günther Pflug, desgleichen meinen

Bruder Rainer Lübbe, Dipl.-Bibliothekar an der Landesbibliothek zu Oldenburg, für die moderne Kunst meinen inzwischen verstorbenen früheren Bochumer Kollegen Max Imdahl sowie meinen langjährigen Mitarbeiter, den Kunsthistoriker lic. phil. Alois M. Müller. Die theoretischen Aspekte zivilisatorischer Evolution hatte ich des öfteren mit Bruno Fritsch, meinem Kollegen an der Eidgenössischen Technischen Hochschule in Zürich, zu erörtern Gelegenheit. Auch ihm möchte ich ausdrücklich danken, nicht zuletzt aber meinen Freunden Karlfried Gründer und Odo Marquard für viele Gespräche über den Ursprung der historischen Kulturwissenschaften aus dem Geist der Moderne.

Die Last einer elementaren Einarbeitung in Sachbereiche, auf die sich die Zuständigkeit von Philosophen nicht eo ipso erstreckt, lag auch bei meinen derzeitigen Mitarbeitern, Frau lic. phil. Sidonia Blättler Schiemann, Herrn lic. phil. Tobia Bezzola, Herrn Dr. David Bosshart und Herrn Dr. Marco Molteni. Ihnen habe ich über die Gelegenheit der Erörterung von Sachproblemen hinaus für Literaturbeschaffung, für Mithilfe bei der Korrektur sowie bei der Herstellung der Register zu danken. Bei Frau Grete Stoll-Langenberg lag die technische Herstellung des Manuskripts. Diese Technik ist heute anspruchsvoll, und nur wer sie beherrscht, bringt dem Autor wie dem Verleger Gewinn. Das war hier gewährleistet – nicht zuletzt dank mannigfachen freundlichen Beistands, den in allen Programmierungsfragen Herr Dr. Alois Rust gewährte.

Dank gebührt schließlich der Fritz Thyssen Stiftung, die es mir möglich machte, mich für einige Zeit aus der akademischen Routinearbeit in eine Klausur zurückzuziehen. Ohne diese Zeitfreistellung hätte sich der Gesamtzeitraum, innerhalb dessen ich mich mit diesem Buch zu beschäftigen hatte, weit mehr als verdoppeln müssen.

Zürich, Herbst 1991 — Hermann Lübbe

Inhaltsverzeichnis

Einleitung

Die Museumsstürmer unter den Avantgardisten, Marinetti vor allem, haben die Museen als Kunstfriedhöfe abqualifiziert. Musealisierte Kunst sei tote Kunst und die Museen glichen Totenhäusern. Diese Metaphorik ist uns vertraut geblieben. Noch Ende der sechziger Jahre wurde sie in kunstpolitischer Absicht rhetorisch erneuert. Unter dem Konformitätsdruck des ephemeren Zeitgeistes jener Epoche erklärten sogar prominente Museumsdirektoren, musealisierte Kunst sei abgestorbene Kunst. Aber gerade wenn dem so wäre, bliebe im Rückblick um so unverständlicher, wieso Marinetti daraus die Fälligkeit der Liquidation der Museen glaubte herleiten zu können. Ihm muß in seiner futuristischen Antifriedhofspolemik nicht gegenwärtig gewesen sein, was den Menschen in Italien wie anderswo unverändert ihre Friedhöfe wert sind. Wo wäre man denn bestrebt, zugleich mit den Toten tunlichst auch die Erinnerung an sie zu begraben? Einzig für die totalitären Regime unseres Jahrhunderts galt das, soweit es sich nämlich bei den Toten um tote Feinde handelte. Die totalitären Geschichtssinnvollstrecker haben in der Tat mit ihren Opfern zugleich ihr Fortleben im Gedächtnis der Nachwelt zu liquidieren versucht. Sogar ihre Namen noch wurden ausgelöscht und ihre Massengräber unkenntlich gemacht.

Dagegen kontrastiert als kulturelle Normalität die fortdauernde Gegenwart der Toten in der Erinnerung, und der Friedhof ist der wichtigste Ort dieser Erinnerungskultur. Unsere Historiker haben die reiche und differenzierte Geschichte dieser Erinnerungskultur inzwischen ihrerseits historisiert. Friedhofshistoriographie ist ein lebendiger Teil jener historistischen Vergangenheitsvergegenwärtigung, wie sie für die moderne Zivilisation charakteristisch ist. Die Erinnerung, der der Friedhof dient, ist selber nach Ursprung und fortdauerndem Sinn banalerweise keine Erinnerung aus dem Geiste des Historismus. Nichtsdestoweniger ist heute auch das Totengedächtnis von der Erinnerungskultur aus dem Geiste des Historismus mitgeprägt. Schon für das individualisierende Totengedächtnis, das sich in vielen Regionen auf den Reformfriedhöfen des 19. Jahrhunderts entfaltete, gilt das. Die Grabsteininformationen verwiesen mit ihren Titeln, Berufskennzeichnungen und Firmengründerschaftsvermerken auf bürgerliche Erfolgskarrieren, die man zu Lebzeiten bereits autobiographisch festgehalten hatte und für die die Nachwelt in prominenten Fällen sich lokalhistorisch, ja biographisch zu interessieren begann. Das alte Vorrecht, seinem Namen in Stein gemeißelt Dauer zu verschaffen, das auf vormodernen Kirchhöfen weder aus Platzgründen noch aus ökonomischen Gründen ein gemeines Recht hätte sein können, demokratisierte sich, und inzwischen darf nahezu jedermann damit rechnen, seinen Namen von Todes wegen in Bronze gegossen oder sonstwie unvergänglich gemacht zu finden.

Aber schon an dieser marginalen Stelle werden Grenzen unserer Erinnerungskapazität aufdringlich. Ineins mit der Historisierung unserer Kultur, gewiß, haben sich zunächst auch die Grabbelegungsfristen verlängert. Über die Dauer einer Generation hinweg haben sie sich allerdings nur selten verlängern lassen. Das jedenfalls ist bis heute der Regelfall, und die Grabmale, die doch nach ihrem erinnerungskulturellen Ursinn ihre steinern-unvergänglichen Inschriften für die Dauer der Dinge hienieden fixieren sollten, werden abgeräumt. Friedhöfe sind Mahnstätten unserer Vergänglichkeit, und auf den Sammelstätten abgeräumter Grabsteine werden wir heute zusätzlich an die Vergänglichkeit unserer Anstrengungen zur Erinnerungskonservierung gemahnt.

Die Fristen, für die wir heute von Todes wegen mit der Fortdauer der Erinnerung an uns rechnen dürfen, verlängern sich durch Erhebung von Friedhöfen zu Objekten des Denkmalschutzes beträchtlich. Das geschieht in einer rasch wachsenden Zahl von Fällen. Nie hat es soviele Friedhöfe gegeben wie heute, die fortleben, obwohl auf ihnen längst nicht mehr begraben wird. Sie leben als Denkmäler früherer Epochen unserer Erinnerungskultur fort, insbesondere wenn auf ihnen Träger von Namen bestattet sind, die in der geschichtswissenschaftlich disziplinierten historischen Erinnerung unserer Gegenwart als große Namen gelten. Wer auf einem historisierten Prominentenfriedhof begraben liegt, ist dann auch als Nicht-Prominenter vor der Auflassung seines Grabes weit über ordinäre Belegungsfristen hinaus sicher. Es handelt sich hier um Fälle der Erinnerungskonservierung als Nebeneffekt denkmalpflegerischer Konservierung von Denkmälern der Erinnerungskultur. Auf diesen Effekt wird inzwischen sogar spekuliert. Es gibt nachweislich eine Übernachfrage nach Begräbnisplätzen auf sogenannten Prominentenfriedhöfen. Von Todes wegen sucht man die Nähe von Berühmtheiten, die im historischen Bewußtsein der Zukunft gegenwärtig zu bleiben die Verheißung haben. Der altchristliche Wunsch, sein Grab möglichst nah bei den Heiligenreliquien zu finden, lebt hier in der Säkularisierungsgestalt einer historistischen Kultur fort.

Inzwischen breiten sich in modernen Gesellschaften allerlei Formen anonymer Bestattung aus – von der Wahl eines unkenntlich gemachten

Grabes unterm großflächigen grünen Rasen bis hin zum kostenträchtigen Extrem der Ausstreuung der eigenen Asche über dem Meer. Solche Anstrengungen, den Friedhof als Platz individualisierten Totengedächtnisses durch Beseitigung aller äußeren Anhaltspunkte dieses Gedächtnisses überhaupt aufzuheben, stehen in einem scheinbaren Widerspruch zur wachsenden Bedeutung veranstalteter Erinnerung im Lebenszusammenhang der modernen Kultur. Scheinbar ist dieser Widerspruch deswegen, weil die fragliche Praxis anonymer Bestattung keineswegs Desinteresse am Fortleben in der Erinnerung bekundet. Es handelt sich vielmehr um Akte vorauseilender Diskretion, in der man die Hinterbliebenen von rituellen Erinnerungspflichten, die sich mit der Mobilität moderner Lebensverbringung immer häufiger als schwer vereinbar erweisen, vorsorglich entlasten möchte.

Im Denkmalschutz, der also längst auch Friedhöfe zu Denkmälern erhoben hat, scheinen Erinnerungskapazitätsgrenzen vorerst noch nicht erreicht zu sein. Jedenfalls expandiert er immer noch, und allenfalls sind es finanzielle Grenzen, an denen sich der immer häufiger sogar Bürgerinitiativen antreibende Wille zur architektonischen, ja städtebaulichen Vergangenheitskonservierung bricht. Der Zeit-Verfassung der modernen Zivilisation entspricht es, daß der Denkmalschutz nicht zuletzt auch in temporaler Hinsicht expandiert. Trivial ist, daß man dabei diesseits und auch jenseits des Limes immer weiter in die allerälteste Vergangenheit ausgreift und durch gezielte Ausgrabungen Relikte zutage fördert, die noch vor wenigen Jahrzehnten selbst für das professionell geschulte Auge als Relikte kaum erkennbar gewesen wären. Nicht trivial ist, daß in der Geschichte des Denkmalschutzes die Zahl der Jahre ständig abnimmt, über die zurückzublicken bedeutet, in eine bereits denkmalswert gewordene Vergangenheit zurückzublicken. Genau komplementär zur zivilisatorischen Innovationsdynamik werden unsere Denkmäler immer jünger, und die Gegenwart, das heißt die chronologische Extension der Zeit, der entstammt, was wir noch nicht als denkmalsfähig wahrnehmen, schrumpft.

Dieser Komplementärzusammenhang von steigender Neuerungsrate einerseits und wachsendem Vergangenheitskonservierungsinteresse andererseits ist oft beschrieben worden. Architektonische Hervorbringungen von gestern, die wir heute als Denkmäler schützen, werden als Medien der Verschaffung von Kontinuitätserfahrungen immer wichtiger, je rascher unser städtebauliches Lebensambiente sich innovationsabhängig vor unseren Augen ändert. Zur Beschreibung dieses Zusammenhangs läßt sich mit Gewinn der Begriff der Kompensation in Anspruch nehmen: Der Denkmalschutz kompensiert Erfahrungen eines wandlungstempobedingten Vertrautheitsschwundes.

Der Kompensationsbegriff macht plausibel, wieso wir die architektonischen und sonstigen Relikte unserer Vergangenheit mit bedeutendem Aufwand konservieren, während in vormodernen und damit vorhistoristischen Geschichtsepochen unsere Vorfahren solche Relikte als Steinbruch oder in anderer Weise als Gebrauchsmaterial behandelt haben. Inzwischen ist diese kompensationstheoretische Deutung der Leistungen des historischen Bewußtseins heftig kritisiert worden. Man unterstellt ideologiekritisch die Absicht, dem unglücklichen Bewußtsein der modernen Zivilisation, die im argen liegt, die Tröstungen einer historistisch vergegenwärtigten besseren Vergangenheit verschaffen zu wollen, um so das ruchlose Geschäft der Modernisierung vorerst noch fortsetzen zu können. Das ist ein Vorwurf, der mangelhaft unterscheidet. Über die Zukunftsfähigkeit der modernen Zivilisation zu befinden ist eines, ein anderes, kulturelle Bedingungen ihrer Selbsterhaltung zu analysieren, so lange sie denn im übrigen noch fortbesteht und für erhaltenswert angesehen wird. Einzig um die Analyse von kulturellen Bedingungen der Selbsterhaltung der Moderne handelt es sich hier. Es werden funktionale Zusammenhänge beschrieben, während die Gründe, die man im übrigen haben mag, sich mit der modernen Zivilisation moralisch und emotional in Übereinstimmung zu befinden oder nicht zu befinden, hier nicht das Thema sind. Eine Aufforderung, unsere denkmalpflegerischen Anstrengungen zu verstärken, läßt sich daher diesem Buch nicht entnehmen – wohl hingegen die Einsicht, daß mit dem wachsenden Bedarf an denkmalpflegerischer und sonstiger kultureller Vergangenheitsvergegenwärtigung zugleich Grenzen der Erfüllbarkeit dieses Bedarfs aufdringlicher werden. Man spürt diese Grenzen in aktuellen Tendenzen des Denkmalschutzes, sich selbstreferentiell zum Gegenstand seiner eigenen Praxis zu machen. Das klingt kompliziert, ist aber eine genaue Beschreibung des Vorgangs, daß Hervorbringungen des Denkmalschutzes von gestern heute bereits selber als Denkmäler gelten und in denkmalpflegerischer Absicht erhalten werden. Der Denkmalschutz hat eben seine eigene Geschichte, und diese ist inzwischen ihrerseits historisiert. Der Streit, ob man ruinierte oder unvollendet überkommene Bauwerke früherer Epochen restaurieren, nämlich wiederherstellen oder in Respekt vor ihrem „Ruinenwert“ als Ruine konservieren solle, erhob sich schon vor fast einem Jahrhundert. Heute konservieren wir Restauriertes, und wir konservieren Restaurationsruinen desgleichen. „Das kann doch nicht immer so weitergehen“, fällt dazu dem Laien ein, und in der Tat –: Inzwischen sieht jedermann, daß das Gesamtresultat unserer expandierenden denkmalpflegerischen Bemühungen schlechterdings nicht mehr nach dem Muster gelungener Versuche beschrieben werden kann, komplementär zur Moderne Altes der Zeitgenossenschaft dieser Moderne alt zu erhalten. Man muß vielmehr sagen: Der Anblick, den unsere denkmalpflegerisch herausgeputzten Städte und Dörfer bieten, ist ein Anblick, wie er sich keiner Generation je zuvor bot. Was wir hier zu sehen bekommen, ist schlechterdings neu. Wir haben es nicht mit den Objekten des Denkmalschutzes zu tun, vielmehr mit aktuellen Hervorbringungen seiner historisierenden architektonischen Praxis und näherhin mit einer höchst disparaten Fülle von Kompromissen in der Bemühung, die aktuelle Gebrauchsfunktion eines älteren Bauwerks mit seiner vom historischen Bewußtsein definierten Denkmalsfunktion kompatibel zu machen.

Es wäre spekulativ, Vermutungen darüber anzustellen, wie die skizzierten, in den zuständigen Kapiteln dieses Buches ausführlich beschriebenen Entwicklungen weiterverlaufen und wie die Selbsthistorisierungstendenzen der modernen Zivilisation sich schließlich brechen werden. Für den gegenwärtigen Moment läßt sich konstatieren: Die kulturelle Vielfalt unseres architektonischen Lebensambientes war nie größer als heute. Die sogenannte Massengesellschaft hat unsere Städte keineswegs ihren vermeintlichen Vermassungstendenzen unterworfen. Nie koexistierte herkunftsmäßig höchst Heterogenes in größerer Raum- und Zeitverdichtung als heute. Es gibt die Bauten des architektonischen Historismus, und noch immer genügt historische Elementarbildung, um sie als sprechende Bauten wahrzunehmen. Gegen diese historisierende Redseligkeit kontrastiert der Antihistorismus der architektonischen Moderne, der Baufunktionen optisch hervorkehrt, aber dafür Gebrauchsfunktionen im Regelfall unsichtbar macht. Beides hat der entwickelte Historismus inzwischen gleichgeschaltet, indem er sowohl den älteren architektonischen Historismus wie den antihistoristischen Konstruktivismus denkmalpflegerisch historisiert. Was soll nun noch kommen? Die sogenannte Postmoderne ist nicht eine Antwort auf diese Frage, vielmehr die emphatische Art, sie zu stellen. Was die Postmoderne ihrerseits noch hervorgebracht hat, erscheint wie zur Demonstration der Überforderung unseres historischen Sinns erfunden. Im Rückblick glaubt man Nietzsche zu verstehen, der im Kontrast zum ungleich bescheideneren Stilpluralismus seiner Tage Kultur als „Einheit des künstlerischen Stils in allen Lebensäußerungen" definierte. Nach den Erfahrungen unseres eigenen Jahrhunderts wissen wir indessen, daß jeder Versuch, diese Kulturdefinition in ein kulturpolitisches Programm umzusetzen, im architektonischen und städtebaulichen Totalitarismus enden muß.

In analoge Schwierigkeiten hat sich der Avantgardismus verstrickt. Die Verpflichtung aufs Neue fördert die Aufdringlichkeit des Veralteten. Wer in der Absicht einer Überwindung des Musealen zur Steigerung der

Innovationsgeschwindigkeit aufruft, beschleunigt zugleich die Alterungsvorgänge, über die die Kunst ihre Museumsreife erlangt. Diese Zeit-Verfassung der Moderne wurde von den Kunsthistorikern bereits in den zwanziger Jahren thematisiert. Nichts hat die Musealisierung der Kunst mehr gefördert als die Selbstverpflichtung zur überholenden Überbietung dessen, was soeben erst an die Spitze des Zeitpfeils gelangt ist. Wer heute bereits von morgen sein will, ist übermorgen selber von gestern – mit dieser Kurzformel habe ich die temporalen Konsequenzen des Avantgardismus plastisch zu machen versucht. Kunst, die nach dem Wortlaut ihrer originären futuristischen Manifeste die Institution des Museums überwinden wollte, wird inzwischen als sogenannte Museumskunst produziert, und bedeutende Künstler existieren unter Avantgardebedingungen für den größeren Teil ihres Lebens als Repräsentanten längst historisierter, weil von anderen längst überbotenen Neuerungen von gestern. Im Rückblick auf jüngstvergangene Abschnitte eigener Tätigkeit wird man sich selbst historisch. Die wachsende Ungleichzeitigkeit des Gleichzeitigen ist inzwischen innerhalb der kurzen Frist einer einzigen Generation unübersehbar, und der Anteil der Jungen, deren Leistungen nicht alt, aber schon veraltet sind, wächst.

Die kulturellen Konsequenzen dieser einfachen, aber aufdringlichen Temporalstruktur des Avantgardismus sind erheblich. Erstens verliert, je rascher die Front des Neuen vorrückt, der jeweilige Stand der Dinge an temporaler Eindeutigkeit. Die jeweiligen Vorsprünge sinken unter die Zeitspannen hinab, für die unser Sinn für Entwicklungen Begriffe, die ihrerseits Geltung von einiger Dauer erlangen könnten, auszubilden in der Lage wäre. Damit entfallen, zweitens, zumindest für die Laien unter den Kunstfreunden, Möglichkeiten der historischen Verarbeitung jüngster kunstgeschichtlicher Entwicklungen. Deren genetische Rekonstruktion wird zur Expertensache, und selbst das historische Expertenbewußtsein findet sich immer wieder einmal überfordert. Das wirkt, drittens, auf die Erfüllbarkeit und damit auf die Verbindlichkeit des Avantgarde-Anspruchs zurück. Der Sinn der Anstrengung, vorn zu sein, zerfällt diesseits allzu geringer Zeitspannen, über die hin man es bleiben könnte. Die Künstler wie ihr Publikum gewinnen so Freiheiten zurück, in Produktion und Rezeption sich neu die außerordentlichen Vorzüge zu verschaffen, die mit Vorlieben, die auf Dauer angelegt sind, verbunden zu sein pflegen. Damit wird, viertens, der Eklektizismus rehabilitiert. Geschichtsphilosophie, soweit sie in Kunst und Politik im Neuen zugleich das Verbindliche erkennen zu können vermeinte, hat bekanntlich den Eklektizismus als erkenntnismäßig und moralisch unzulässig verworfen. Anders die Tradition liberaler Aufklärung. Ihr hatte der Eklektizimus stets als intellektuelle Erztugend gegolten, die sich überdies noch christlich zu legitimieren vermochte („Prüfet alles, und behaltet das Gute"). Wo wir uns durch die Menge des fortgesetzt sich überbietenden Neuen überfordert finden, dürfen wir uns wieder dauerhafter an das bereits als gut Erfahrene halten. Selbst für den wahrscheinlichen Fall, daß wir darüber etwas Besseres versäumen, gilt das, nämlich dann, wenn bei wachsender Neuerungsrate einerseits und konstant verbleibender Lebensfrist andererseits die Kosten der Umstellung aufs jeweils Neue den Gewinn übersteigen, den in Relation zum bewährten Alten das Neue tatsächlich bringen könnte.

Kurz: Mit steigender Innovationsrate sinkt der kulturelle Grenznutzen des Neuen ab. Das begünstigt die Geltung alterungsresistenter kultureller Bestände. Der Begriff des Klassischen ist, in seiner spezifisch modernen Bedeutung, ein Begriff dieser Bestände. In wohlbestimmter Hinsicht war das Publikum in früheren Epochen der Geschichte der Künste gegenwartsbezogener, als wir es heute sind. Carl Dahlhaus hat das, für die Musikgeschichte, mit dem knappen Hinweis sinnfällig gemacht, daß diejenigen Vergangenheiten, der überwiegend die Musik entstammt, die wir heute als „klassische" Musik schätzen, ihrerseits gar keine Klassik kannten. Konzertprogramme sind historisch heute ungleich gemischter, als sie es damals waren. Diese historische Differenziertheit gilt in der Kultur der Moderne generell. Ihr entspricht eine immer noch fortschreitende Differenzierung der Bildung, deren Funktion es ist, uns rezeptionskompetent zu halten. Damit löst sich freilich auch die kulturelle Homogenität des Geschmacks auf, das heißt ein herrschender Geschmack ist empirisch nicht mehr identifizierbar. Auch das undifferenzierte Geschmacksurteil findet sich in einer differenzierten Kultur schließlich nicht mehr geniert, sich zu äußern, ja zu betätigen, was abermals den Eklektizismus als angemessene Form des Umgangs mit dem, was uns insgesamt geboten oder auch zugemutet wird, um so unvermeidlicher macht. Einheitsstilverfügungen, wie sie sich aus dem zitierten Kulturbegriff Nietzsches ableiten ließen, sind inzwischen als undurchführbar erwiesen, und Adornos Perhorreszierung der Musikanten-Musik im Namen der musikalischen Avantgarde ist nichts als Ausdruck einer zum Glück folgenlosen elitären Intellektuellen-Attitüde, die man freilich als Element in der Gemengelage, als die sich heute die Kultur der bis vor kurzem noch avantgardistisch bewegten Moderne darstellt, gleichfalls nicht missen möchte. Je rascher der Strom der Geschichte sich vorwärts bewegt, um so weniger fließt er laminar, das heißt über seine ganze Breite hin gleichgerichtet und überall mit gleicher Geschwindigkeit. Auf diese Struktur der mit wachsender Evolutionsdynamik abnehmenden Laminarität des Prozesses der Zivilisation werden wir auch später noch aufmerksam werden. In der jüngeren

Kunstgeschichte hat, wider Willen, gerade der Avantgardismus die Bildung von Wirbeln, in denen sich überhaupt nichts mehr vorwärts bewegt, begünstigt.

„Avantgarde" ist bekanntlich eine militärische Metapher. Vor allem der Futurismus hat zu Selbstdarstellungszwecken von der Kriegsrhetorik Gebrauch gemacht. Das verweist auf den politischen Anspruch des Avantgardismus, daß Kunst und Politik sich auf dem Marsch in die Zukunft im Gleichschritt befänden. Das war die Prätention. Politischer Avantgardismus, soweit er sich bei seinem Marsch in die Zukunft als Kraft der Geschichtssinnvollstreckung versteht, ist freilich mit Totalitarismus identisch. Auch Teile des künstlerischen Avantgardismus sind dem Totalitarismus dienstbar geworden – verführt durch die Vorstellung der Einheit von Kunst und Politik im Anspruch, in Vorhutgestalt Kultur und Gesellschaft der Zukunft zu repräsentieren. Dieser Versuch, die Kunst politisch zu machen und die Politik zu ästhetisieren, ist bekanntlich gescheitert. Die künstlerische Intelligenz, die sich mit dem Lauf der Weltgeschichte endlich in Übereinstimmung bringen wollte, übernahm an Stelle von Vorhutfunktionen alsbald Mitläuferrollen bei den geschichtssinnverwaltenden Diktaturen. Für den italienischen Futurismus ist das bekannt genug. Aber es gilt eben auch – und das ist weniger bekannt – für den russischen Futurismus in seinem postrevolutionären Engagement bei der Diktatur Lenins. Es ist ein politromantischer Mythos, der wissen will, in der Frühzeit der Räteherrschaft nach der Oktoberrevolution hätten für die Dauer einer Sternstunde der Menschheit künstlerischer und politischer Fortschritt kraft evolutionärer Logik der Menschheitsentwicklung sich in Übereinstimmung befunden. In Wahrheit war bereits Lenin und nicht erst Stalin ein Großtyrann und als marxistischer Theoretiker der Vollender jener politischen Geschichtsphilosophie, die für die Sowjetdiktatur bis über Stalin hinaus Legitimationsgrundlage war. Aber gemäß der Logik dieser machtpolitischen Selbstlegitimierung des marxistisch-leninistischen Typus sahen sich russische Futuristen durch die Revolution ihrerseits „an die Macht" gebracht und erhoben „den Anspruch der Avantgarde", die „einzig revolutionäre und dem Proletariat gemäße Kunst" zu repräsentieren. Als naheliegende Konsequenz ergab sich, das künstlerische „Erbe der Vergangenheit" endlich „unerbittlich von allen Beimengungen bürgerlichen Verfalls und von Verdorbenheit" zu reinigen. Das ist nicht etwa eine Verfügung Stalins, vielmehr eine kunstpolitische Verlautbarung des „Kunstsektors des NARKOM PROS und des ZK der Gewerkschaft der Kunstarbeiter" in der Formulierung von Lunačarskij und Slavinskij.

Wahr ist, daß auch in diesem Fall die Revolution ihre Kinder alsbald gefressen hat. Es wäre unzulässige retrospektive Prophetie zu sagen, daß das zu erwarten gewesen war. Aber im Rückblick macht es keinerlei Schwierigkeiten zu verstehen, wieso der Versuch des Avantgardismus, die Rolle des kunstpolitischen Exekutors totalitärer Herrschaft zu übernehmen, scheitern mußte. Der Grund ist keineswegs, daß eine Urverwandtschaft zwischen künstlerischem Avantgardismus und politischer Freiheit bestünde und somit die Avantgarde allein schon ihrer Freiheitsansprüche wegen der etablierten Diktatur des Proletariats oder auch anderen totalitären Diktaturen zum Opfer fallen mußte. Vielmehr hat die Kunstpolitik der totalitären Regime, deren Diktatoren sich ja als Volksführer legitimierten – Goebbels nannte das „veredelte Demokratie" –, die Avantgarde-Kunst ihrer mangelnden Volkstümlichkeit wegen abgesetzt. Der zeitliche Abstand zwischen Revolution und Avantgarde-Liquidation war freilich in der Sowjetunion ungleich größer als im nationalsozialistischen Deutschland. Das hat, im wesentlichen, zwei Gründe. Erstens verstand sich die Nationalsozialistische Deutsche Arbeiterpartei, anders als die Partei der Bolschewisten in ihrer Frühzeit, gerade nicht als politische Avantgarde der Massen, vielmehr als die Organisation dieser Massen selbst. Entsprechend war sie bis in die Kunstpolitik hinein originär populistisch orientiert. Zweitens verstand sich Hitler, anders als die großen Sowjetführer, zugleich als Künstler, das aber in anti-avantgardistischer biographischer Prägung. So mußten Goebbels' zaghafte Versuche, den doch sehr deutschen Expressionismus nationalsozialistisch zu adaptieren, alsbald scheitern, und auch die Ausstellungen, die im jungen Dritten Reich unter Goebbels' Schirmherrschaft immerhin noch der futuristischen Kunst des faschistischen Italien gewidmet werden konnten, blieben kunstpolitisch folgenlos.

Kunstpolitischer totalitärer Populismus – das bedeutete in der Architektur bekanntlich die Favorisierung monumentalistischer Neoklassizismen. Das wiederum hat, in Deutschland, den architektonischen Monumentalismus der Zwischenkriegszeit, als einen gegen den architektonischen Modernismus kontrastierenden Stil, dem ideologiekritischen Verdacht ausgesetzt, selber schon jenem Ungeist zu entstammen, dem er dann tatsächlich dienen mußte. Das ist die Ansicht der Sache, wie sie in avantgardistischer Perspektive sich darstellt, nämlich wiederum in der Unterstellung durchgängiger Parallelität von Kunst und Politik nach historischer Positionalität und Tendenz – für dieses Mal als Gleichschritt im Rückschritt. Und abermals belehrt uns die Realität, daß in der Evolution der Moderne die Bewegungen in der Politik einerseits und in der Kunst andererseits – wie auch in den anderen Sektoren des kulturellen und gesellschaftlichen Lebens – keineswegs synchron verlaufen. Weder im „Fortschritt" noch im „Rückschritt" wälzen sich, anders als Marx geschichts- und ideologietheoretisch angenommen hatte, ökonomische Basis und rechtlich-institutioneller sowie kultureller Überbau gleichzeitig um. Abermals zeigt sich auch hier: Mit der Dynamik der zivilisatorischen Evolution nimmt die genetische Ungleichzeitigkeit dessen, was im chronologischen Sinne gleichzeitig existiert, zu, und ineins damit wächst die Wahrscheinlichkeit anachronistischer Kombinationen und speziell auch der ideologiepolitischen Geschichtsklitterungen. Es ist, noch einmal, nicht wahr, daß der künstlerische Avantgardismus eo ipso auch in der Politik fortschrittsorientiert gewesen sei. Aber aus dem Faktum, daß er sich dem Totalitarismus von rechts wie von links dienstbar gemacht hat, läßt sich auf eine originäre totalitäre Inklination dieses Avantgardismus gleichfalls nicht schließen. Analog gilt auch für die architekturgeschichtliche Spezialität des Monumentalismus, wie insbesondere Lampugnani gezeigt hat, daß sich aus seiner antithetischen Position gegenüber der Architektur der Moderne politisch-ideologiekritisch schlechterdings gar nichts schließen läßt. Der fragliche Monumentalismus begegnet uns in der Zwischenkriegszeit in Paris wie in Rom, in London wie in München und in Helsinki wie in Moskau. In der Tat haben die totalitären Mächte damals den architektonischen Klassizismus kanonisiert. Aber das geschah nicht deswegen, weil in jeder Säulenreihe schon als solcher sich die Bereitschaft manifestierte, auch politisch in Reih' und Glied anzutreten. Der Grund ist vielmehr, daß unter Avantgarde-Bedingungen, dem Selbstverständnis der Avantgarde durchaus entsprechend, historisierende Reprisen stets populärer als die Esoterik des Allerneuesten sind. Genau das hat sich dann in die populistische Kunstpolitik der totalitären Mächte umgesetzt – von Hitlers neoklassizistischen Ehrentempeln über den sozialistischen Realismus bis hin zur Umfunktionierung der Schinkelschen Neuen Wache in ein antifaschistisches Denkmal mit Wachablösung im preußischen Stechschritt.

In der Zusammenfassung heißt das: Dem Selbstverständnis des Avantgardismus liegt eine Geschichtsphilosophie des historizistischen Typus zugrunde. Historizistische Geschichtsphilosophie – das ist der Aberglaube, unserer dynamischen zivilisatorischen Evolution lasse sich die moralisch-politische Verpflichtung entnehmen, sich im Gleichschritt mit dieser Evolution zu befinden, ja sich an die Frontlinie ihrer Bewegung zu begeben und dort dem Ruf „Vorwärts!" zu folgen. Soweit der Avantgardismus die historische Evolution moralisiert und politisiert, verwandelt er sich selbst in eine Bewegung kulturpolitischer Bewegungsgleichschaltung. Er verweigert damit dem Stilpluralismus des gleichzeitig präsenten Heterogenen, der mit der Dynamik der kulturellen Evolution zunehmen muß, die fällige Anerkennung. Insoweit gehört dann auch der

Avantgardismus in die Reihe der spezifisch modernen kulturellen Anti-Modernismen.

Einen scheinbaren Vorzug hat freilich der Avantgardismus, und nicht zuletzt dieser Schein-Vorzug hat ihn ideologisch attraktiv gemacht. Wer die Geschichte, gesamthaft, als einen von Avantgarden intellektuell erkundeten und angeführten Prozeß zu erkennen glaubt, marginalisiert den Zufall und vermag in Evolutionen Vorgänge der Geschichtssinnerfüllung zu erblicken. Im Rückblick ist geschichtssinnerschließend der Fortschritt von gestern identifizierbar. Die Arbeit der Historiographen vereinfacht sich. Geschichte wird nicht mehr neu und neu umgeschrieben, vielmehr mit dem in seiner Gesetzmäßigkeit grundsätzlich erkannten Geschichtslauf immer nur fortgeschrieben. Selbst die Beantwortung der Frage, wie sich die Gegenwart der Zukunft zu überliefern habe, um künftig als Fortschritt von gestern in der Geschichtsschreibung dieser Zukunft ihre geschichtssinnadäquate Berücksichtigung finden zu können, macht keine Schwierigkeiten. Kurz: Die Geschichtstheorie ist der realen Geschichte mächtig. Die Darstellung dessen, wie es tatsächlich gewesen ist, wird zur Illustration der Geschichtstheorie. Komplementär zur avantgardistischen Eindeutigkeit des Fortschritts verhält sich, als Prinzip des herrschenden kulturellen und politischen Konservativismus, die Eindeutigkeit der Erinnerung. Die professionellen Hüter der Erinnerung üben ihre Tätigkeit selbstzweifelfrei aus.

In liberalen Kulturen, die auf ideologiepolitische Geschichtssinnvorgaben nicht verpflichtet sind, verlaufen demgegenüber die Vorgänge der Erinnerungsbildung und der Erinnerungskonservierung ungleich komplexer. Man bleibt für die Einsicht frei, daß diese Vorgänge der Erinnerungsbildung und Erinnerungskonservierung ihrerseits Geschichten, das heißt gesamthaft theoretisch uneinholbare, kontingenzmitbestimmte, gerichtete, aber nicht zielgerichtete und zugleich irreversible Vorgänge, also Evolutionen sind, innerhalb derer niemand, und zwar aus prinzipiellen Gründen, im vorhinein wissen kann, was man zukünftig von derjenigen Vergangenheit wissen möchte, die unsere Gegenwart alsdann geworden sein wird, und was man, als Quellen dieses Wissens, gern überliefert bekommen hätte.

Das ist alles andere als eine überlieferungspraxisferne philosophische Reflexion. Es handelt sich vielmehr um ein Dilemma, das in der Praxis der professionellen Überlieferungsbildung, der ja im Kontext einer sich selbst historisierenden Zivilisation eine zentrale Rolle zukommt, längst aufdringlich geworden ist. In vormodernen Geschichtsepochen, die ein Bewußtsein ihrer eigenen Geschichtlichkeit noch nicht ausgebildet hatten, erfolgte die Überlieferung der Bestände, die später für das historische Bewußtsein die Bedeutung von Quellen professionalisierten historischen Wissens gewinnen sollten, ohne Rücksicht auf jenes Interesse an der Sicherung solcher Quellen, das das spätere historische Bewußtsein bereits früher gern ausgebildet gesehen hätte. Das gilt auch für kanonisierte Traditionen, über die in vorhistoristischen Kulturepochen vergangene und zukünftige Zeiten, unbeschadet des chronologischen Abstands zwischen ihnen, zu einer kulturellen Geltungseinheit verbunden sind. Der Quellenbedarf des historistischen Geschichtsinteresses, das sich erst in der modernen Kultur entfaltet, reicht weit über den Inhalt kanonisierter Traditionen hinaus. Diese Traditionen werden dabei ihrerseits historisiert und die kontingenzmitbestimmten Wandlungen sichtbar gemacht, denen die Kanons selbst unterliegen. Dieses wissend macht das historische Bewußtsein die Sicherung der Quellen zukünftiger historischer Forschung zu seiner Sache. Es nimmt, noch einmal, das Interesse vorweg, das derjenigen Vergangenheit künftig zugewandt sein wird, die für uns selber noch Gegenwart ist. Archive, private wie öffentliche, haben sich in der modernen Zivilisation zu Institutionen vorsorglicher, sich am zukünftigen Vergangenheitsinteresse orientierender Geschichtsquellensicherung entwickelt. Die Funktion der Sicherung von Urkunden, die eine fortdauernde rechtliche, politische oder sonstige praktische Bedeutung besitzen, hat in der modernen Archivpraxis nur noch marginalen Charakter. Der Zweck der zukunftsbezogenen Sicherung der Informationsrelikte aus abgeschlossenen kommunikativen Prozessen der Gegenwart im Interesse zukünftiger historischer Forschung dominiert absolut.

Indem das historische Bewußtsein selbst noch die Sicherung der Geschichtsquellen zukünftiger historischer Forschung in seine Kontrolle nimmt, wird, so ließe sich vermuten, Geschichtsquellenmangel die geschichtswissenschaftliche Forschungsspraxis in der Zukunft nie mehr belasten können. Indessen: Diese schöne Utopie uneingeschränkter Zugänglichkeit von Informationen über Vergangenheiten, denen das historische Bewußtsein künftig sich zuwenden möchte, scheitert allein schon an den Mengenproblemen, mit denen uns die Informationsdynamik der modernen Zivilisation in rasch wachsendem Maße belastet. Wie einfach waren noch die Archivierungsprobleme, als sich, wie zu Beginn des vorigen Jahrhunderts, das ‚Belegschriftgut zur Jahresrechnung einer größeren Mittelstadt' in Aktenbündeln unterbringen ließ, die erst nach sieben Jahren ein Regalmeter füllten. Inzwischen sei, so wissen die Fachleute zu berichten, der einschlägige Aktenanfall um das Achthundertfache angewachsen. Was interessiert uns das Rechnungswesen einer Mittelstadt, mag der wirtschafts-, sozial-und verwaltungsstatistisch desinteressierte historische Laie erwidern, der als Geschichtsfreund statt dessen mit den Haupterreignissen der großen

Politik in unserem Jahrhundert bekannt gemacht werden möchte. Auch diese muß freilich erst aus den Quellen erforscht werden – aus den Aktenbeständen der amerikanischen Bundesregierung zum Beispiel, die aber bereits vor dreißig Jahren jährlich um nahezu tausend Kilometer wuchsen und damit um mehr als das Hundertfache rascher als noch hundert Jahre zuvor.

Was solche Zahlen für die Praxis der Überlieferungsbildung bedeuten, ist banalerweise dem Laien spontan gar nicht erkennbar. Entsprechend haben die exemplarisch zitierten Daten auch nur den Sinn der Verschaffung der Evidenz, daß die Verwandlung von Altaktenmengen dieses Umfangs und Wachstums in Geschichtsquellen ein Ding der Unmöglichkeit ist. Weder unsere technischen Informationsspeicherkapazitäten noch unsere institutionellen und personellen Kapazitäten zur Informationsverarbeitung in historischer Absicht wären solchen Datenmengen gewachsen.

Was tun? Auf diese Frage braucht die Antwort nicht erst erfunden zu werden. Ihr Name ist „Kassation". Hinter diesem Wort aus der Fachsprache unserer Archivare verbirgt sich die krude Praxis der Selektion derjenigen Altaktenbestände einerseits, die man in der Tat als Quellen künftiger historischer Forschung sichern möchte, und derjenigen Bestände andererseits, die man statt dessen zu Altpapier herabstuft und damit den Reißwölfen der altpapierverarbeitenden Industrien anheimgibt. Der Anteil des Altdatenniederschlags erledigter behördlicher Kommunikationsvorgänge, der so von der komplementär zum Aktenwachstum expandierenden Praxis der Altaktenvernichtung ausgenommen bleibt, sinkt ständig. Ausgerechnet in Großbritannien, das wir doch gemäß einem verbreiteten Stereotyp für das traditionsfrömmste unter den europäischen Ländern halten, verfährt man in der Kassationspraxis am radikalsten. Weit weniger als zehn Prozent der informationellen Behördenproduktion hält man hier noch für wert, der Zukunft als Quelle ihres Vergangenheitswissens überliefert zu werden. Aber vielleicht ist gerade der Traditionalismus britischer Kultur, der ja kein Historismus ist, der Grund dieses kassationspraktischen Radikalismus.

Die für die Vergangenheitsfähigkeit des künftigen historischen Bewußtseins entscheidende Frage lautet natürlich, nach welchen Kriterien im Altdatenniederschlag unserer Gegenwartskultur künftige Geschichtsquellen von anderen Materialien, denen bloß noch Altpapierwert zukommt, zu unterscheiden seien. Die Antwort, das für die Zwecke künftiger historischer Forschung Wichtige sei zu verwahren und das Unwichtige sei zu kassieren, löst das Problem nicht, sondern stellt es. Seiner Temporalstruktur nach verlangt diese Antwort die Voraussicht zukünftiger historischer Interessen an der Vergegenwärtigung derjenigen

Vergangenheit, die unsere eigene Gegenwart alsdann geworden sein wird. Es ist genau diese Voraussicht, über die im Kontext jener ausgreifenden Selbsthistorisierung, wie sie für die moderne Zivilisation charakteristisch ist, unsere professionellen Überlieferungsbildner tatsächlich müßten verfügen können. Die geschichtskulturelle Bedeutung solcher Voraussicht wird dabei um so größer, je rigoroser die Kassationspraxis unter dem Mengendruck der dramatisch wachsenden zivilisatorischen Altdatenniederschläge verfahren muß. Es bietet sich daher an, für die Bemühung um solche Voraussicht einen eigenen Begriff zu konzipieren, nämlich den Begriff der Präzeption. „Präzeption" ist dabei, als Begriffsname, eine Analogbildung zu dem uns aus der Hermeneutik vertrauten Begriffsnamen „Rezeption". Rezeption ist bekanntlich der Vorgang der Vergegenwärtigung eines Vergangenen in Nutzung verfügbarer Quellen möglicher Kenntnis dieses Vergangenen in Abhängigkeit von den Fragestellungen und Interessen, über die wir uns gegenwärtig gemäß unserer wissenschaftsgeschichtlichen und sonstigen kulturellen, ja politischen Lage auf Vergangenes zurückbeziehen. Analog dazu ist Präzeption der Akt der Vorausschätzung zukünftiger Rezeptionsinteressen in der Absicht der Identifizierung derjenigen aktuell anfallenden Altdaten, ohne die als Quelle zukünftigen Geschichtswissens jenes Rezeptionsinteresse gar nicht bedienbar wäre.

Der so charakterisierte Begriff der Präzeption postuliert nichts. Er beschreibt vielmehr eine aktuelle Praxis unserer Archivare und sonstigen Überlieferungsbildner, und längst wissen diese, daß diese Praxis unlösbare Probleme birgt. Mit der Modernität der modernen Zivilisation steigt der Niederschlag an Datenrelikten aus den Vorgängen der Kommunikation, die in Bürokratie und Wissenschaft, in Wirtschaft wie in privater Lebenskultur die institutionellen und individuellen Elemente dieser Zivilisation zusammenbindet. Zugleich wächst mit der Dynamik der modernen Zivilisation die Veraltensgeschwindigkeit der kommunikativ vermittelten Informationen. Damit sinken auch die Chancen der Vorhersehbarkeit der zivilisatorischen Evolution, und prinzipielle Grenzen der Lösung des Präzeptionsproblems werden sichtbar. Wir wissen nicht, was wir wissenschaftsabhängig künftig wissen werden. Wir wissen außerdem nicht, welche praktischen Probleme uns in Abhängigkeit von unvorhergesehenen, ja unvorhersehbar gewesenen Nebenfolgen technischer Umsetzung und wirtschaftlicher Nutzung wissenschaftlichen Wissens uns in erster Linie bedrängen werden. Wir wissen somit überdies nicht, wie in Abhängigkeit von den kollektiven Identitäten, die wir so künftig erlangt haben werden, kulturell dominante Interessen der Vergangenheitsvergegenwärtigung alsdann sich ausprägen werden. Selbstverständlich bleibt auch der Zivilisationsprozeß von anthropologischen Konstanten durchzogen. Keine neue historische Lage ist eine schlechthin unvergleichbare neue Lage. Entsprechend haben sich auch in der Geschichte der Präzeption, die sich inzwischen schreiben ließe, bewährte Kassationsregeln von pragmatisch erwiesener Tauglichkeit herausgebildet. Um so aufdringlicher wird die Reue über Fehleinschätzungen, wenn man bemerkt, daß man über benötigte Quellen nicht mehr verfügt, von denen man zugleich weiß, wie leicht es gewesen wäre, sie verfügbar zu halten, wenn man bereits früher hätte wissen können, daß sich später einmal ein einzig über sie bedienbares historisches Interesse ausbilden würde. Wir kennen das heute sogar aus privater Lebensverbringung. Was heute an Hausakten, Steuerakten, Versicherungsakten, Vereinsakten und privaten Korrespondenzen anfällt, überbietet durchschnittliche häusliche Verwahrkapazitäten bei weitem. Entsprechend sind immer wieder einmal Kassationen fällig, und immer häufiger passiert es, daß Briefe älterer Kollegen, die man für irgendwelche Briefe gehalten und dem Papierkorb überantwortet hatte, von Korrespondenzeditoren nachgefragt werden oder auch, statt beim Altpapierhandel, inzwischen auf dem Autographenmarkt hätten abgesetzt werden können.

Generell gilt, daß mit wachsender Informationsdynamik sich die Chancen unserer Zivilisation, ein adäquates historisches Bewußtsein auszubilden, nicht verbessern. Sie verschlechtern sich vielmehr, weil die Menge der anfallenden Kommunikationsrelikte rascher wächst als unsere institutionellen und individuellen Kapazitäten ihrer Speicherung und forschungspraktischen Verarbeitung. Gewiß gibt es hochwirksame Techniken der Altdatenkondensation. Die Statistik ist eine solche Technik, und die kondensierte Information, die wir aus den Speichern unserer amtlichen und sonstigen statistischen Büros abrufen können, erübrigt ihre Verwahrung in Millionen geschlossener Steuerakten, Krankenblättern, Ordnungsstrafendossiers, erledigter Lebensversicherungsunterlagen oder sonstiger Vorgänge von absoluter historischer Belanglosigkeit im Einzelfall. Wichtigere Akten kann man, diesseits gegebener Kostengrenzen, auch durch Verfilmung miniaturisieren und in aufgelassene Bergwerke verfrachten, wobei sich dann freilich die neue Frage ergibt, ob denn auch die Dauerhaftigkeit des datentragenden Filmmaterials der Dauer der Zeit adäquat ist, für die man mit einem historischen Interesse an diesen Daten rechnen möchte. Die Zeiträume, über die hin unsere Gegenwart sich der Zukunft zu überliefern bestrebt ist, expandieren, und entsprechend gewinnt in immer mehr Sektoren präzeptiv organisierter Überlieferungsbildung die Frage nach der Dauerhaftigkeit der datentragenden Materialien an Dringlichkeit. Tonbandarchive, die in Abhängigkeit von der wachsenden kulturellen Bedeutung elektronischer Medien ihrerseits rasch an Bedeutung gewinnen, sind bekanntlich extrem alterungsgefährdet, und ihr Informationsgehalt verwandelt sich zeitabhängig unter der Wirkung kosmischer Strahlung unaufhaltsam in Rauschen. Langlebig ist zum Glück das Papier – bis auf das Produkt fortgeschrittener Papierproduktion in der zweiten Hälfte des 19. Jahrhunderts, das kraft seines Säuregehalts historisch überaus wichtige Teile unserer Bibliotheken in Papierstaub verwandeln wird. Entsprechend entwickelt sich gegenläufig die Kunst der Konservierung von Datenträgermaterialien rasch, und noch rascher steigen die Kosten einer flächendeckenden Nutzung dieser Konservierungstechniken. Selbst im materiellen Aspekt scheinen somit die vergangenheitsvergegenwärtigenden und konservierenden Tätigkeiten des historischen Bewußtseins einem Gesetz des abnehmenden Grenznutzens dieser Tätigkeiten zu unterliegen.

Bei solchen Schilderungen wachsender Schwierigkeiten der Überlieferungsbildung, wie sie in etlichen Kapiteln dieses Buches vom Archivwesen über die Rolle der Statistik bis hin zum Bibliothekswesen ausgebreitet und in ihren zeittheoretisch interessanten Gehalten analysiert werden, ist man natürlich geneigt, in eine kulturkritische Befindlichkeit zu fallen und eine Zivilisation zu beklagen, die mehr überlieferungsfähiges Gut, das für ein künfiges historisches Bewußtsein von Interesse sein könnte, produziert als jemals in einer früheren Zivilisationsepoche anfiel und die es gerade deswegen immer schwieriger macht, unsere Zivilisation in ein adäquates historisches Bewußtsein ihrer selbst kulturell integriert zu halten. Dieser kulturkritische Impuls ist verständlich. Aber produktiv ist er nicht, weil sich nicht sagen läßt, was getan werden müßte, um unsere historische Kultur von den Mengendruckproblemen moderner Informationsdynamik zu entlasten. Es verhält sich hier wie mit der seit langem aktuellen Bürokratiekritik. Diese ist populär. Aber sie reagiert, handlungsunfähig, nur mit Unbehagen auf unvermeidliche Nebenfolgen der Erfüllung von Leistungsansprüchen, wie wir sie in modernen Gesellschaften entwickeln und an unsere Bürokratien richten. Modernität bedeutet so, daß wir von der materiellen Daseinsvorsorge über die Gewährleistung sozialer Sicherheit bis hin zur Mehrung und Ausweitung unserer politischen und sonstigen Partizipationschancen von sozial weit Entfernten mittelbar immer abhängiger werden. Die entsprechenden Vermittlungen vollziehen sich in gesellschaftsübergreifenden und darin zugleich gesellschaftsintegrierenden Institutionen – von den Märkten über die Einrichtungen des Verkehrs bis zum Bildungswesen, und die Bürokratien einschließlich der Superbürokratien der öffentlichen Verwaltung gehören dazu. Wuchern diese Bürokratien? Es liegt nahe, sich so auszudrücken, wenn man sich das Verwaltungswachstum statistisch vergegenwärtigt. Gleichwohl lenkt die Wuchermetaphorik, zu der auch Parkinson's juxsoziologisch gemeinte Beschreibungen inspirieren, den

Blick von der Unvermeidlichkeit des Vorgangs ab, daß in der modernen Zivilisation unsere individuellen und kollektiven Existenzen in Akten repräsentiert sind, deren Zahl und Umfang dramatisch wächst. Die Zahl der Verwaltungsstellen muß sich ja ungefähr parallel zu der sich in unserer zivilisatorischen Evolution ausdifferenzierenden Fülle von Lebensfunktionen entwickeln, für die wir Verwaltungsdienstleistungen in Anspruch nehmen – vom Straßenbau über die gesundheitspolizeiliche Trinkwasserkontrolle bis hin zur Gewährung steuerlicher Entlastung für Aufwendungen im Interesse des Denkmalschutzes und von der Erteilung eines pensionshöhenrelevanten Dienstalterbescheids bis hin zur verwaltungsrichterlichen Überprüfung dieses Bescheids. Aber rascher noch als die Zahl dieser funktional unterscheidbaren Leistungsstellen im Verwaltungsapparat muß die Menge der kommunikativen Kreuz- und Querverbindungen zwischen diesen Stellen wachsen. Ins Allgemeine gewendet heißt das: Ungleich rascher als die Zahl der Elemente eines wachsenden Systems wächst die Menge möglicher Beziehungen zwischen ihnen, und Mittelklassenarithmetik würde genügen, um einen erkennen zu lassen, daß das letztgenannte Wachstum zum erstgenannten sich quadratisch verhält. Moderne Gesellschaften sind durch Kommunikation integriert – freilich nicht im existenzemphatischen Jasperschen Sinne, sondern im technischen Sinne des Austausches von Information zwischen den individuellen und institutionellen Teilen dieser Gesellschaft. Deshalb wächst die Menge der kommunikativen Beziehungen, die sich in Aktenvorgängen oder sonstigen Dokumentationen niederschlagen, noch ungleich rascher als die Komplexität der Gesellschaft, das heißt als die Zahl der in ihr interagierenden Teile. Aus demselben Grund muß in modernen Gesellschaften der Altdatenanteil, der sich als Quelle künftiger historischer Forschung der Zukunft überliefern läßt, in Relation zum Altdatenanfall insgesamt fortgesetzt schrumpfen.

Bei unseren Bibliotheken, den wissenschaftlichen zumal, bleibt freilich, wie unsere Bibliothekare versichern, „vollständige Sammlung des Geistesgutes der Gegenwart ... weiterhin das Ziel". Das ist angesichts der Informationsdynamik der modernen Zivilisation, die sich ja auch in der Bücherproduktion niederschlägt, ein anspruchsvolles Ziel, wenn anders gemäß UNO-Statistiken gilt, daß „alle zwanzig Jahre eine Verdoppelung der Bestände von Universitätsbibliotheken" zu verzeichnen sein wird. Eine Lösung des Problems, wie man bei solchen Wachstumsraten unserer Bibliotheksbestände das anfallende Informationsgut der Nachwelt jedenfalls vorerst noch vollständig überliefern und somit auf „Kassation", das heißt auf die Altdatenvernichtungspraxis nach Art der Archivare verzichten kann, ergibt sich aus den Konsequenzen der rasch absinkenden Halbwertszeit wissenschaftlicher Literatur. Wie nichts anderes beschleunigt der wissenschaftliche Erkenntnisfortschritt den Prozeß der Gegenwartsschrumpfung. Je rascher unser Wissen über das, was der Fall ist, wächst und damit zugleich die Geschwindigkeit, mit der Theorien, zu denen dieses Wissen verarbeitet wird, Theorien überholen und überbieten, um so mehr schrumpft die chronologische Extension derjenigen Zeit, über die hin solche Theorien uneingeschränkt Geltung behaupten. Fortschrittsabhängig schrumpft somit die wissenschaftsgeschichtliche Gegenwart. Auch hier verhält sich komplementär zur Neuerungsrate die Veraltensrate, und mit der Dynamik des Fortschritts wird das bereits Veraltete im chronologischen Sinne immer jünger. Bibliothekspraktisch setzt sich das in rasch absinkende Benutzungshäufigkeit derjenigen Bücher- und Zeitschriftenbestände um, die bereits als veraltet gelten. Schon Ende der fünfziger Jahre fand ein britischer Bibliothekswissenschaftler, daß drei Viertel der britischen wissenschaftlichen Zeitschriftenbestände so wenig benutzt seien, daß jeweils ein einziges Exemplar dieser Bestände genüge, die Gesamtnachfrage nach ihnen über Fernleihen im Vereinigten Königreich zu bedienen. Inzwischen hat sich die Bruchlinie zwischen Aktuellem und Veraltetem noch sehr viel näher an die Gegenwart herangeschoben. Als praktische Konsequenz bietet sich die überlieferungstechnische Entmischung des Aktuellen und Veralteten an. Das würde bedeuten: Nicht jede Bibliothek repräsentiert noch nächst dem aktuellen Stand wissenschaftlichen Wissens, soweit er sich bereits in Druckwerken niedergeschlagen hat, als Sammelstätte der literarischen Dokumente seiner früheren Entwicklungsstände zugleich auch die Herkunftsgeschichte dieses Wissens. Man konzentriert vielmehr die veraltete und nur noch als Quelle historischer Forschung nutzbare Literatur in sogenannten Speicherbibliotheken, von denen nach erwiesener Benutzungshäufigkeit des Altbuchgutes jeweils eine in Zuordnung zu einer Vielzahl gewöhnlicher, das heißt das Aktuelle zugänglich haltender Bibliotheken genügt, die ihrerseits sich somit von ihrem bereits veralteten wissenschaftlichen Schriftgut entlasten können und für die rasch wachsenden Neuzugänge vorerst Platz gewinnen.

Man versteht, daß der historische Sinn, der an die ungetrennte bibliothekarische Einheit des Historischen und Gegenwärtigen so lange gewöhnt war, die skizzierte und längst zum bibliothekspolitischen Programm erhobene Entmischung des Aktuellen und Veralteten als barbarisch empfindet. Aber angesichts der Tatsachen muß man diese Empfindung eine gegenwartsflüchtige Nostalgie nennen. In dieser Nostalgie werden die Gründe verkannt, die, jenseits ungewisser Grenzen, mit steigender Veraltensrate verfügbar gehaltener kultureller Information die Separation des Aktuellen und Veralteten wirklich zwingend machen. Platzgründe und damit im weitesten Sinne Kostengründe sind nur ein Teil dieser Gründe. Wichtiger noch ist das Faktum, daß mit steigender Geschwindigkeit der kulturellen Evolution das Ausmaß unserer Herkunftsgeschichte, die wir diesseits professioneller historischer Zuwendung zu ihr in unsere Gegenwartsorientierung integriert halten können, sinkt. Exemplarisch heißt das: Wenn die Umlaufsgeschwindigkeit der Gesetzgebungsmaschinerie steigt – und es ist unvermeidbar, daß sie es tut–, nimmt die Reichweite des rechtshistorischen Gemeinwissens, das sich für Juristen ineins mit dem professionell benötigten aktuellen Wissen in Studium oder Beruf erwerben ließe, zwangsläufig ab. Das heißt aber gerade nicht, daß in der modernen Wissenschaftspraxis das historische Wissen verfiele. Es heißt vielmehr, daß es sich wie nie zuvor institutionell ausspezialisiert und professionalisiert und dann im glücklichen Fall popularisiert, zum Beispiel in Gestalt von Studium-Generale-Vorlesungen, an die Adresse jener Studenten zurückgelangt, deren Studienreglement von rechtshistorischen Obligatorien längst entlastet ist. Die inkriminierte bibliothekstechnische Entmischung des Aktuellen und Veralteten, die im Feuilleton als Beitrag zur Liquidation wissenschaftshistorischer Kultur verdächtigt wird, repräsentiert in Wahrheit den Fortgang in der institutionellen und disziplinären Verselbständigung dieser Kultur.

Temporale Innovationsverdichtung läßt sich selbstverständlich auch in der technischen Evolution beobachten. Auch wer sich als Geschichtsfreund nur gelegentlich mit der Technikgeschichte befaßt, kennt die Zeitskalen mit den in sie eingetragenen technischen Erfindungen, die epochal sich zu Schüben häufen, bei makrohistorischer Betrachtung aber Kontinuitäten im Fortschritt sichtbar machen. Es erübrigt sich, den Effekt der Gegenwartsschrumpfung, wie er über die wissenschaftliche Evolution hinaus auch von der technischen Evolution ausgeht, hier noch einmal vorzuführen. Die zeitkulturellen Folgen der technischen Evolution reichen weit über den einfachen Komplentärzusammenhang von Innovationsrate und Veraltensrate hinaus. Wirtschaftsgeschichtlich ist erwiesen, daß sich ineins mit der für die jüngere Technikgeschichte charakteristischen Innovationsverdichtung die Fristen zwischen wissenschaftlich-technischen Innovationen einerseits und ihrer wirtschaftlichen Nutzung andererseits verkürzen. Die technischen Innovationen neuerer Zeit haben in ihrer wirtschaftlichen Nutzung zu einem erheblichen Anteil den Sinn, die Produktivität zu erhöhen, das heißt die Produktionsgeschwindigkeit oder auch die pro Zeiteinheit produzierbare Gütermenge zu steigern. Diese Zeitnutzungsgewinne, die aus dem technischen Fortschritt resultieren, erzwingen zugleich aus wirtschaftlichen Gründen großräumig die Teilnahme an diesem Fortschritt. Bereits im 19. Jahrhundert konnte beobachtet werden, daß Konkurrenzverhältnisse Unternehmer veranlaßten, Werkzeugmaschinen durch bessere Werkzeugmaschinen zu ersetzen, und zwar längst bevor die älteren gebrauchsabhängig verschlissen gewesen wären. Mit der Erhöhung der Produktivität technisch instrumentierter Arbeit sowie mit dem wachsenden Differenziertheitsgrad der Produkte expandierten zugleich die Märkte und ineins damit auch die Raumdistanzen, über die hin Gütermassen zu transportieren waren. Das wäre ohne die Technisierung des Verkehrs nicht möglich gewesen. Diese Technisierung brachte jene Erhöhung der Transportgeschwindigkeit, ohne die die rasch wachsende Raumtiefe des Massentransports von Gütern und Personen nicht hätte kompensiert werden können. Über immer größere Distanzen hinweg waren nun Handlungen von Personen und Institutionen temporal zu koordinieren. Daraus ergaben sich Zwänge der Standardisierung der Zeit, und tatsächlich hat erst der Eisenbahnverkehr, der allein schon aus technischen Gründen auf hochorganisierte Zeitnutzungspläne angewiesen ist, die technisch kontrollierte Einheitszeit in Flächenstaaten nötig gemacht. Das mußte auf die Zeitumgangskultur Rückwirkungen haben. Die Tugend der Pünktlichkeit, die es einem erlaubt, die eigenen Handlungen mit den Handlungen entfernter anderer auf Zeitspannen von Minuten genau abzustimmen, wird nun erst zu einer Tugend, in der nicht geübt zu sein den Ausschluß von sozialen Kooperationschancen zur Folge hätte. Die Uhr wird zu einem allgemeinen Gebrauchsgegenstand. Sie ist das omnipräsent gewordene kulturelle Symbol der Zeitdisziplin, der wir uns in der modernen Zivilisation unterworfen finden. Norbert Elias hat diese Zeitdisziplin als eine der subtilsten kulturellen Folgen des Zivilisationsprozesses beschrieben.

In unserer komplexen Zivilisation nimmt aber mit der sozialen Reichweite unserer temporal koordinationsbedürftigen Handlungen zugleich der Zeitraum zu, über den sie sich in die Zukunft hinein erstrecken. Der Zeithorizont der planungstechnisch vergegenwärtigten Zukunft weitet sich. Der Taschenkalender, als individuelle Zeitverbringungsagende, wird zum gemeinen Gebrauchsgegenstand. Längst sind die Zeiten Vergangenheit, in denen es noch genügte, für Verabredungs- und Planungszwecke mit einem Einjahreskalender ausgestattet zu sein. Zweijahreskalender sind längst die Regel, und Unternehmen der Planungswirtschaft offerieren inzwischen ihren Geschäftsfreunden als Weihnachtsgabe Kalender mit Notationsmöglichkeiten für „long-range planning up to the year 2010".

Populäre Kulturkritik will wissen, die hier angedeuteten und in den späteren Kapiteln dieses Buches ausführlich behandelten zeitumgangskulturellen Folgen unserer zivilisatorischen Evolution hätten den Charakter einer Zeit-Enteignung. Der Verlust der „Eigenzeit" wird in kulturkritisch gestimmter soziologischer Literatur thematisiert. Kirchentage rufen zur Umkehr im Zeitumgang auf und ermuntern zur Rückaneignung enteigneter Zeit.

Indessen: Die ineins mit zivilisationsspezifischen Zeitnutzungschancen sich verschärfenden Zeitnutzungszwänge und die damit uns abverlangten Tugenden rigoroser Zeitdisziplin sind nur die eine Seite der Sache. Zugleich wird heute technisch induzierte Produktivitätssteigerung, das heißt die Steigerung der Produktion pro Zeiteinheit, zu rasch anwachsenden Anteilen, statt in höheren Löhnen, in berufspflichtentlasteter Zeit abgeschöpft. Der Anteil der Lebenszeit, in welchem nichts geschähe, wenn es nicht selbstbestimmt geschähe, hat ein Ausmaß erreicht, auf das der altvertraute Begriff der Freizeit gar nicht mehr passen will. Wir müßten in sehr triste Lebensbefindlichkeiten versinken, wenn wir auch nur den überwiegenden Teil berufspflichtentlasteter und in diesem Sinne individuell disponibel gewordener Lebenszeit freizeitmäßig verbringen wollten. Die Herausforderung lautet, aus der Freiheit, als die uns der Gewinn an disponibler Lebenszeit zufällt, Sinn, Lebenssinn zu generieren, nämlich durch Selbstbestimmung zu sinnvollem Tun. Generell läßt sich sagen, daß unsere Zivilisationsgenossenschaft in Reaktion auf die Herausforderungen eines historisch beispiellos angewachsenen berufspflichtentlasteten Lebenszeitanteils sich als überaus schöpferisch erwiesen hat. Statt uns unserer „Eigenzeit" zu berauben, hat uns die moderne Zivilisation zeitsouverän gemacht. Die Schilderungen der Konsequenzen dessen könnte man unter die schöne Überschrift „Blüte der Alltagskultur" stellen – von den mannigfachen Erscheinungsformen mediennutzungssouveräner Lesekultur über die Renaissance der Hausmusik, auch der Gartenkultur, bis hin zur produktiven Nutzung beruflicher Kompetenzen im Kontext der sogenannten Schattenwirtschaft.

Kehrseiten solcher schönen alltagskulturellen Bestände gibt es natürlich auch. Dazu gehören die psychischen und sozialen Folgen verbreiteter Selbstbestimmungsunfähigkeiten, in denen das Individuum, anstatt sich zu entfalten, sich selbst zum größten Problem wird und sich als Opfer moderner Lebensverhältnisse erfährt. Entsprechend bleibt zu fragen, wovon es denn eigentlich abhängt, ob man zu der uns in der Zeitverfassung der modernen Kultur wie nie zuvor abverlangten Selbstbestimmung fähig sei oder nicht. Zu den Faktoren unserer Selbstbestimmungsfähigkeit gehört nicht zuletzt gelungene Erziehung in Orientierung an Tugenden, auch sekundären Tugenden des Zeitumgangs von der Pünktlichkeit bis hin zur Ordnung in der temporalen Organisation der Lebensverbringung. Diese Zeitumgangstugenden wirken ja gerade nicht, wie auf dem erwähnten Kirchentag insinuiert wurde, als lebensglückmindernde

Streßerzeuger. Sie sind, ganz im Gegenteil, die zeitspezifischen Medien der Streßvermeidung. – In der Zusammenfassung bedeutet das: Der skizzierten modernitätsspezifischen Zeitverknappung ist eine Freisetzung notwendigkeitsentlasteter Lebenszeit komplementär. Dispositionsfreiräume tun sich wie nie zuvor auf, und in der Nutzung unterschiedlicher, sozial ungleich verteilter und nur in sehr engen Grenzen sozial- und kulturpolitisch egalisierbarer Selbstbestimmungskompetenzen differenzieren sich die Alltagskulturen, auch die von den Individuen erreichbaren Kulturniveaus immer weiter aus. Dabei ist diese Alltagskultur zugleich mit den eingangs geschilderten Tendenzen der Selbsthistorisierung unserer Zivilisation rückgekoppelt. Museen sind in ihrer Mehrzahl öffentliche Einrichtungen, der Denkmalschutz ist Teil offizieller kulturpolitischer Programme, für die mannigfachen Aktivitäten des verkehrstechnischen und städtebaulichen „Rückbaus" gilt Analoges und für die Naturkonservierung ohnehin. Aber ihre politische Legitimation findet diese Praxis offizieller kompensatorischer Konservierung unserer kulturellen und naturalen Herkunftswelten in der Alltagspraxis von Millionen, die sich in den musealen Ausstellungen drängen, gegen den Abriß von Altbauten auch schon bei nur mäßigem Alter dieser Bauten protestieren, ihre überkultivierten Gärten renaturalisieren und so die Freiheit ihrer temporalen Selbstbestimmung in Sinn verwandeln.

Vergegenwärtigt man sich die skizzierten kulturellen Bestände und Entwicklungen im Rückblick, so erkennt man, daß gelegentliche intellektuelle Zweifel am Beschleunigungscharakter unserer zivilisatorischen Evolution auf Wahrnehmungsmängeln beruhen und näherhin auf Schwierigkeiten in der theoretischen Zuordnung sich scheinbar widersprechender Phänomene. Es ist ja richtig, daß die literarische Expression des Eindrucks, „alles bewegt sich immer schneller!", wie wir sie bei unseren postmodernen Dromologen finden können, statt erleuchtete Zustimmung zunächst einmal die Suche nach Gegenbeispielen provoziert, und diese gibt es in Fülle. Es gibt die avantgardistische Präferenz fürs Neue, aber die wachsende Intensität kultureller Zuwendung zum Klassischen als kulturellen Beständen, die durch erwiesene größere Alterungsresistenz ausgezeichnet sind, gibt es eben auch. Es gibt den sogenannten Wertewandel, und in diesem Wandel gewinnen Lebensorientierungen mit der Anmutungsqualität des schlechthin Neuen und Modernen an Geltung. Für die „Selbstverwirklichung" zum Beispiel gilt das. Sieht man genauer hin, so erkennt man, daß einerseits in der Tat durch die Zeitverfassung moderner Kultur uns Fähigkeiten selbstbestimmter Transformation von Freiheit in Sinn („Selbstverwirklichung") abverlangt sind, daß aber andererseits just diese Fähigkeiten in sehr alten und nichtsdestoweniger nicht veralteten, nämlich klassischen Tugenden wurzeln – von der primären Tugend der Mäßigkeit bis zur sekundären Tugend der Disziplin, zumal in den spezifisch modernen Zusammenhängen sozial weit ausgreifender Kommunikation und Kooperation. Generell gilt: Mit der Dynamik der modernen Zivilisation gewinnt, was an ihren Evolutionen nicht unmittelbar teilnimmt, an Aufdringlichkeit. Die eine Seite der Sache widerlegt nicht die andere, sondern verhält sich zu ihr komplementär. Man erinnert sich an die Metapher vom Strom der Geschichte in ihrer aktualisierten Interpretation: Anders als die wirklichen Ströme, die uns die Metapher vom Strom der Geschichte spenden, nimmt zunächst die Strömungsgeschwindigkeit mit dem Abstand von der Quelle nicht ab, vielmehr zu, und ineins damit schwindet die Laminarität, das heißt die Gleichgerichtetheit der Strömung. Die Geschwindigkeiten der Vorwärtsbewegung differenzieren sich. Es bilden sich Wirbel, in denen, was sich in ihnen verfängt, sich überhaupt nicht mehr vorwärtsbewegt, vielmehr kreiselt, in toten Armen bewegt sich gar nichts mehr, und hier gedeiht, was nur in Ruhe gedeiht.

Man kann aus dieser Perspektive die Beschreibungen und Analysen dieses Buches als Exemplifizierungen der evolutionären Struktur des Zivilisationsprozesses lesen. Dabei ist ihrer Struktur nach die kulturelle Evolution von der naturalen nicht einmal verschieden. Beide unterscheiden sich vielmehr durch die Art des für sie jeweils charakteristischen intergenerativen Informationstransfers. Dieser Transfer geschieht in der biologischen Evolution genetisch, in der kulturellen Evolution hingegen sprachlich-symbolisch. Just dieser sprachlich-symbolische Modus ist die entscheidende Bedingung für die gegenüber der biologischen Evolution so extrem gesteigerte Geschwindigkeit der kulturellen evolutionären Abläufe. Ur- und Frühgeschichtler haben inzwischen vermutet, daß innerhalb dieser Abläufe deren Beschleunigung wiederum zu den kulturevolutionären Konstanten gehörte. Das mag so sein oder nicht: Heute macht uns die beschleunigungsabhängig erreichte Geschwindigkeit des Zivilisationsprozesses zu schaffen. Es scheint Grenzen individueller wie institutioneller Innovationsverarbeitungskapazitäten zu geben. Die in diesem Buch beschriebenen Schwierigkeiten kultureller Organisation der Erinnerung belegen das. Generell scheint jenseits ungewisser Grenzen kultureller Evolutionsgeschwindigkeit der intergenerative Informationstransfer überhaupt gefährdet. Die kulturellen Orientierungen der zwei oder drei Generationen, die im sozialen Kleinverband einer modernen Familie zusammenleben, driften auseinander. Prozesse des Erwachsenwerdens ebenso wie Prozesse des Älterwerdens nehmen prekäre Züge an, wenn die Menge der kulturellen Bestände, die über die kurze Frist eines durchschnittlichen Lebens hin Geltungskonstanz haben, mit Desorientierungsfolgen zusammenschmilzt.

Es ist eine durchaus neue Besorgnis, daß zum Hauptproblem unserer Zivilisation ihre evolutionäre Tachytelie werden könnte. Ein moderner Mythos will wissen, daß in den Anfängen des Eisenbahnbaus die Geschwindigkeit der Züge Tempo-Angst ausgelöst habe. Gesamthaft gilt jedoch, daß die Dynamik der modernen Zivilisation in den Anfangsepochen ihrer Thematisierung überwiegend mit Zustimmung quittiert worden ist. Es gibt die Lust an der Geschwindigkeit sogar als ästhetisch kultivierte Lust – in der Musikgeschichte zum Beispiel, in der sich ins 19. Jahrhundert hinein Dramatisierungen in der Kontrastierung der Tempi beobachten lassen. Schnelligkeitsvorschriften, die es früher nie gab, treten nun kompositionstechnisch auf – bis hin zu Geschwindigkeitssteigerungen, die sich im Bereich des Absurden selbst aufheben. Robert Schumanns Klaviersonate g-moll, Op. 22, ist dafür das auffälligste Beispiel. „So schnell wie möglich" heißt es gleich zu Beginn, worauf dann etliche Takte weiter das Kommando erfolgt: „Noch schneller".

Inzwischen also ist unsere moderne Zeit-Erfahrung als Beschleunigungserfahrung zum Hauptinhalt unserer zivilisatorischen Besorgnisse geworden. Jedem Medienkonsumenten sind ja inzwischen jene Kurvenschaubilder vertraut, die den exponentiellen Charakter der evolutionären Abläufe anschaulich machen, in die wir verstrickt sind. „Das kann doch nicht immer so weitergehen" lautet dazu der banalerweise zutreffende Common-sense-Kommentar. Für die Beantwortung der Frage, was denn nun zu tun sei, um jene exponentiellen Verläufe systemerhaltungsdienlich umzulenken und einzuregulieren, ist damit freilich noch wenig gewonnen. Aber eben das weiß man gemeinhin auch, und das muß seinerseits die emotionalen Selbstdistanzierungstendenzen unserer Zeitgenossenschaft von ihren zivilisatorischen Lebensgrundlagen verstärken. Bis in die Kunst hinein spiegeln sich heute die Bedrohlichkeiten kulturevolutionärer Tachytelie. Auf einer Basler Ausstellung moderner Kunst war eine sogenannte Exponentialtreppe zu sehen, deren Anstieg gemütlich beginnt, dann aber rasch einen in Steilwände hineinführt, die den Absturz unvermeidlich machen würden, wenn man noch höher stiege.

Vorbemerkung zur Lage der zeittheoretischen Literatur

„Unübersehbar" pflegt man nach einem inzwischen traditionsreichen Topos die Literatur zu nennen, die zu beliebigen, auch sehr speziellen wissenschaftlichen Themen bibliographisch gespeichert ist und in der Beschäftigung mit diesen Themen abzurufen wäre. Beim großen Thema „Zeit" machen einem selbst kleinere Bibliographien[1] alsbald evident, daß solche Aufarbeitung unmöglich wäre. Es erübrigt sich, das zu demonstrieren, indem man die Kürze durchschnittlicher Lebensarbeitszeit eines Wissenschaftlers mit dem Zeitaufwand vergliche, der auch bei trainingsgesteigerter Lesegeschwindigkeit fällig würde, wenn man Fachbibliographien normativ als Lektüresoll mißverstünde.

Daß „Zeit" ein Thema von besonderer Aktualität sei, läßt sich aus der explosionsartigen Vermehrung der diesem Thema gewidmeten Literatur freilich noch gar nicht schließen. Exponentiell verlaufende Literaturvermehrung kann man ja, als entspräche sie einer Gesetzmäßigkeit, in allen Bereichen der Literaturproduktion beobachten. Gerade auch für die Produktion wissenschaftlicher Literatur gilt das, und selbst Fragestellungen, die forschungspraktisch unwidersprochen längst als veraltet gelten, provozieren heute fort und fort neue Literatur, nämlich Literatur im Forschungsbereich unserer blühenden Wissenschaftshistoriographie, die in der Brechung des historischen Bewußtseins auch das Veraltete noch gegenwärtig hält.

Auch für die Philosophie wird man eine gegenwartsspezifische Aktualität des Zeit-Themas nicht ohne weiteres in Anspruch nehmen wollen. Immerhin ist im Titel eines jener Werke, die man aufzählen müßte, wenn es gälte, die drei einflußreichsten philosophischen Bücher dieses Jahrhunderts zu benennen, nämlich in Heideggers „Sein und Zeit"[2], „Zeit" prominent mitthematisiert. Andererseits: Was immer den

---

[1] Eine umfassende Bibliographie zeittheoretischer Literatur findet sich bei J. T. Fraser, N. Lawrence, D. Park (Ed.): The Study of Time IV. A Report on the Literature of Time, 1900–1980. New York, Heidelberg, Berlin 1981, S. 243–269.

[2] Martin Heidegger: Sein und Zeit. Erste Hälfte. Sonderdruck aus: Jahrbuch für Philosophie und phänomenologische Forschung, Band VII, hrsg. von E. Husserl, Freiburg i. Br., Halle a. d. S. 1927.

Erfolg dieses Buches seinerzeit zu einem durchschlagenden Erfolg hat werden lassen[3] – der Ertrag dieses berühmten Werkes an Beschreibungen und Analysen der Präsenz von Zeit im lebenspraktischen und gegenwartskulturspezifischen Umgang mit ihr ist eher dürftig. Auch Philosophen von Profession sind gut beraten, wenn sie insoweit bei der Einarbeitung in die Phänomenologie subjektiver Zeit-Erfahrung, statt an Heideggers „Sein und Zeit", sich an aktuelle Arbeiten aus der Zeit-Forschung unserer Psychologen, Psychiater und Soziologen wenden. „Zeit" ist gewiß ein Thema von traditioneller philosophischer Zuständigkeit. Aber es ist zugleich ein Thema, das wissenschaftsgeschichtlich von jeder Disziplin, die sich der Philosophie gegenüber verselbständigt hat, als Thema eigener fachlicher Zuständigkeit angesehen und fortgeführt wurde.

Eben darin hat auch die bibliographische Unüberschaubarkeit der Zeit-Literatur ihren wichtigsten Grund. Wer sich, mit welchem speziellen Interesse auch immer, in Nutzung der üblichen Hilfsmittel über das Stichwort „Zeit" literaturmäßig seinem Gegenstand nähern möchte, macht zunächst einmal die Erfahrung, daß es von der theoretischen Physik bis zur physikalischen Chemie, von der Kosmologie bis zur Molekularbiologie, von der Paläontologie bis zur Geologie, von der Ur- und Frühgeschichte bis zur Geschichtswissenschaftstheorie, von der Ethnologie bis zur Linguistik kaum eine institutionell ausspezialisierte wissenschaftliche Diszplin zu geben scheint, in der nicht zeittheoretisch gearbeitet würde. Für die drei genannten Handlungswissenschaften[4] Psychologie, Psychiatrie und Soziologie gilt das ohnehin, und in Relation zur Menge dessen, was insoweit an fachwissenschaftlicher Zeit-Theorie verfügbar ist, wirkt dann die Zahl der Arbeiten aus der Feder von Philosophen, die im Eigensinn ihrer akademischen Disziplin als Philosophen von Profession zu gelten haben, eher bescheiden.

Nichtsdestoweniger läßt sich behaupten, daß unbeschadet der fachlich extrem ausspezialisierten Interessen am Thema „Zeit" diesem eine unverkennbar philosophische Anmutungsqualität verblieben ist. Es gibt die Fachwissenschaft nicht, die für das Thema „Zeit" eine exklusive Fachzuständigkeit beanspruchen dürfte. „Zeit" streut eben thematisch wie wenig andere Themen interdisziplinär, und entsprechend gehört es zu den Standardthemen der so genannten interdisziplinären Forschung. Was diese, methodisch und pragmatisch, sei, ist inzwischen selber zu

[3] Hans-Martin Sass: Martin Heidegger: Bibliography and Glossary. Published by Philosophy Documentation Center. Bowling Green (Ohio) 1982.

[4] Nach einem Ausdruck von Helmut Schelsky: Einsamkeit und Freiheit. Idee und Gestalt der deutschen Universität und ihrer Reformen. Reinbek bei Hamburg 1963, S. 282.

einem Thema interdisziplinärer Forschung geworden[5]. Beim Zeit-Problem läßt sich indessen genau sagen, worin bislang die Interdisziplinarität seiner Erforschung hauptsächlich besteht: Man organisiert um das Zeit-Thema herum Kolloquien oder auch Konferenzen mit Referenten aus allen erdenklichen Disziplinen, die, zentral oder marginal, mit zeittheoretischen Untersuchungen beschäftigt sind. Hernach werden dann die gehaltenen Vorträge oder vorgelegten Papiere gesammelt und gedruckt. Ein beträchtlicher Anteil aktueller zeittheoretischer Literatur hat diesen Sammelbandcharakter von Dokumentationen interdisziplinär besetzter Symposien[6]. Die Anforderungen der Interdiszplinarität werden in solchen Fällen zunächst einmal durch die einheitsstiftenden Leistungen der Buchbindersynthese erfüllt. Die Schwierigkeiten, die man hat, dem Thema „Zeit" über die Disziplingrenzen hinweg nicht-triviale Einheitsaspekte abzugewinnen, bekunden sich eindrucksvoll, wenn einschlägigen Sammlungen nicht einmal eine Herausgeber-Einleitung vorangestellt wird[7]. In anderen Fällen gibt es, immerhin, „Nachworte", die sich aber als „Versuch der Integration"[8] regelmäßig bescheiden geben. Analog bekunden auch die Titel der fraglichen Reader Verlegenheit,

---

[5] Alle wichtigen methodischen und organisatorischen Aspekte sogenannter interdisziplinärer Forschung werden behandelt bei Jürgen KOCKA (Hrsg.): Interdisziplinarität. Praxis – Herausforderung – Ideologie. Frankfurt a. M. 1987. – Dieser Band sammelt, interdisziplinär, die Beiträge zu einem Symposion über „Ideologie und Praxis der Interdisziplinarität. Schelskys Konzept und was daraus wurde.", aus Anlaß des zwanzigjährigen Bestehens des auf eine Gründungsinitiative Helmut Schelskys zurückgehenden Zentrums für interdisziplinäre Forschung an der Universität Bielefeld.

[6] Einige wenige Zeit-Aufsätze oder Zeit-Vorträge sammelnde Bände seien exemplarisch zitiert: Rudolf MEYER (Hrsg.): Das Zeitproblem im 20. Jahrhundert. Ringvorlesung Universität Zürich. Bern und München 1964.– Zeit und Zeitlosigkeit. Eranos-Tagung. Frankfurt a. M. 1981. – Manfred HORVART (Hrsg.): Das Phänomen Zeit. Symposion der Technischen Universität Wien. Wien 1984. – Harald PETRI (Hrsg.): Geht uns die Zeit verloren? Beiträge zum Zeitbewußtsein. Tagung der Studiengesellschaft für praktische Psychologie. Bochum 1985. – Rainer ZOLL (Hrsg.): Zerstörung und Wiederaneignung von Zeit. Frankfurt a. M. 1988.

[7] Das gilt für den Band Gottfried HEINEMANN (Hrsg.): Zeitbegriffe. Ergebnisse des interdisziplinären Symposiums „Zeitbegriff der Naturwissenschaften, Zeiterfahrung und Zeitbewußtsein" (Kassel 1983). Freiburg/München 1986.

[8] Cf. die einschlägig bemühten Aufsätze von Edgar LÜSCHER: Zusammenfassende Bemerkungen zur physikalischen Zeitdefinition, sowie von Ernst PÖPPEL: Erlebte Zeit und die Zeit überhaupt: Ein Versuch der Integration, in: Anton PEISL und Armin MOHLER (Hrsg.): Die Zeit. München, Wien 1983, S. 365–368 sowie S. 369–382.

die Einheit der Sache anders als durch Anrufung des jedermann vertrauten Wortes „Zeit“[9] herauszustellen. Wer „Zeitbegriffe“ im Buchtitel ankündigt[10], verheißt als Resultat interdisziplinärer Kooperation Leistungen kategorialer Differenzierung. Um so eindrücklicher wird aber gerade in diesem Fall, daß die Einheit dessen, was in der Differenziertheit seiner Aspekte vorgeführt werden soll, einzig in der Einheit eines Wortes präsent ist. Erst wo Symposien thematisch die Grenze nicht überschreiten, die forschungspraktisch und literarisch zwischen den „zwei Kulturen“[11] verläuft, werden die Sammeltitel sprechender oder spezieller[12]. Insbesondere die Philosophen wählen gern den Ausweg, sich statt einem Sachthema der Geschichte der Beschäftigung mit diesem Sachthema zuzuwenden: Statt „Studien zum Zeitproblem“ werden dann historische Studien über ältere oder auch jüngere Studien zum Zeitproblem offeriert[13].

Der spezielle Charakter jener Interdisziplinarität, um die sich die fraglichen Kolloquien und Symposien und ihre Dokumentationen bemühen, ließe sich als Studium-generale-Interdisziplinarität charakterisieren. Man kennt das aus den allgemeinbildenden Vorlesungsreihen unserer Hochschulen: Ein Stichwort mit der semantischen Anmutungsqualität, für ein aktuelles oder auch zeitlos wichtiges Thema zu stehen, wird als Gemeinschaftsvorlesungstitel angekündigt, und es bestätigt sich regelmäßig, daß es kaum eine Disziplin gibt, die zum fraglichen Stichwort das Wort nicht zu ergreifen vermöchte. „Tod“ zum Beispiel läßt einen Vortrag zur Todesursachenstatistik einschließlich ihrer mannigfachen historischen und regionalen Sonderaspekte ebenso zu wie Mitteilungen über die juristische Seite der Todeszeitpunktfeststellung, und der Vorlesung über die Ikonographie des Todes folgt ein Expertenbericht über aktuelle Probleme des Bestattungswesens einschließlich seiner mentalitätsgeschichtlichen Hintergründe. „Wasser“ hat demgegenüber als Studium-generale-Thema geringere emotive Qualitäten. Aber die stets fesselnden Bedrohlichkeitsaspekte eines Themas weiß in

---

[9] Cf. den unter Anm. 8 zitierten Sammelband.

[10] Cf. den unter Anm. 7 zitierten Sammelband.

[11] Nach dem sehr populär gewordenen und immer wieder zitierten Titel von C. P. Snow: Die zwei Kulturen. Literarische und naturwissenschaftliche Intelligenz. Stuttgart 1967. – Zuerst 1959 als „Rede-Lecture“ in Cambridge vorgetragen.

[12] So zum Beispiel Friedrich Fürstenberg, Ingo Mörth (Hrsg.): Zeit als Strukturelement von Lebenswelt und Gesellschaft. Linz 1986, oder, primär naturwissenschaftsorientiert, George J. Whitrow: The Natural Philosophy of Time. Oxford ^{2}1984.

[13] Cf. exemplarisch Ernst Wolfgang Orth (Hrsg.): Studien zum Zeitproblem in der Philosophie des 20. Jahrhunderts. Freiburg/München 1982.

diesem Falle der Abwasserfachmann zu präsentieren, und die Erschütterung über das, was bis in die Chemie des Grundwassers hinein gegenwärtig mit einem unserer Lebenselemente geschieht, wirkt um so nachhaltiger vor dem Hintergrund der Vergegenwärtigungen eines Religionshistorikers über die Rolle des Wassers in den Riten der Reinigung und der Aussprengung von Segen und Gnaden. Analog wird man dann, zum Beispiel, zum Thema „Sicherheit" in Studium-generale-Veranstaltungen Vorträge anbieten, die von der Kulturgeschichte der Schlösser bis zu aktuellen Reformproblemen jeweiliger Sozialversicherungssysteme reichen, oder beim Thema „Migration" ähnliche Unvergleichlichkeiten von der Völkerwanderung über die Vertreibungspolitik bis zum Status von Gastarbeitern im EG-Bereich.

Der Faden, der Informationen solchen Grades wechselseitiger Beziehungslosigkeit zusammenbindet, ist einzig der Faden der Assoziation, die durch ein kontextfrei gebrauchtes und daher semantisch diffus verbleibendes Stichwort ausgelöst wird. Auch „Zeit" ist als Assoziationsauslöser dieser Art hervorragend geeignet und regt immer wieder einmal Vorlesungsreihen an, in denen über die Kunst, Zeit ins Bild zu bringen, ebenso berichtet wird wie über Kalenderreformen oder über die Kybernetik physiologischer Rhythmen.

Der Orientierungsgewinn, der sich aus solchen hochkontingenten Informationsanhäufungen ergibt, wie sie für die Frühgeschichte interdiszplinärer Studien („studium generale") charakteristisch waren, bleibt zwangsläufig gering. Nichtsdestoweniger glaubt man zu sehen, daß im Thema „Zeit" und näherhin in der Zeit selbst höchst heterogene Wirklichkeitsbereiche unausweichlich zusammenhängen, und das nicht gemäß Zufälligkeiten in der semantischen Streubreite sonstiger Studium-generale-Stichwörter. Der schon zitierte berühmte Titel „Sein und Zeit" hat die ontologische Universalität des Temporalitätsaspekts unüberboten zum Ausdruck gebracht, und der Anspruch dieses Titels behält seine Maßgeblichkeit auch dann, wenn Martin Heidegger sich vor allem auf phänomenologische Analysen subjektiver Zeit-Erfahrung beschränkt, zumal in der Selbsterfahrung des Daseins als „Seins zum Tode". Die Phänomenologen neigen seither dazu – und die Philosophen, die sich auch heute noch durch Bergsons Zeit-Analysen beeindruckt finden, desgleichen –, Zeit als gemessene Zeit physikalischer, biologischer, auch sozialer Prozesse für unbeachtlich, ja unter dem Druck der kultur- und wissenschaftskritischen Insinuationen Heideggers für „vulgär" zu halten oder sie als Spezialität ohne Gemeininteresse den Wissenschaftstheoretikern zu überlassen. In der Tat: Der lebenspraktische Umgang mit Zeit, Zeit-Besorgung in Horizonten sterblichkeitsbegrenzter Zukunft scheint zu den vermessenen Zeithorizonten der Paläontologie, der Geologie oder gar der Kosmologie sich gar nicht in Beziehung setzen zu lassen. Aber der Anschein dieser Beziehungslosigkeit ist ein Schein. Der wissenschaftspublizistische Welterfolg, den Hawking's kurze Geschichte der Zeit[14] erzielte, läßt sich nur aus dem Umstand erklären, daß hier das Interesse für die lebenszeittranszendenten riesigen Zeiträume kosmischer Dynamik zu einem existentiellen Interesse todesbedrohter Subjektivität erhoben wurde. Die Philosophie, die in diesem Falle Lebenszeit und Weltzeit interessenmäßig zusammenbindet, mag eine schlechte Philosophie sein. Aber eine anspruchsvolle Philosophie der mannigfachen Wirkungen, die von der wissenschaftskulturgeschichtlichen Erfahrung progressiver Diskrepanz von „Weltzeit" und „Lebenszeit" ausgehen, liegt ja unter eben diesem Titel in einem großen Buch Hans Blumenbergs längst vor[15]. Es handelt sich bei diesem Buch um ein besonders eindrucksvolles Dementi vermeintlicher Irrelevanz objektiver Temporalitätsstrukturen für die Konstitution subjektiver Zeiterfahrung.

In anderer Weise hat zuvor schon Piaget in seinen berühmten Untersuchungen zur Entwicklung der Zeitorientierung des Kindes[16] mit anti-bergsonianischer Spitze evident gemacht, daß Orientierungen in der Zeit von pragmatischer Tauglichkeit über Lernprozesse konstituiert werden, die den Charakter der Anpassung an objektive Zeitstrukturen haben. Sogar für die Temporalstruktur der Geschichtlichkeit, die nach Heidegger und nach der ihm folgenden hermeneutischen Theorie sich exklusiv aus dem sinnkonstituierenden Selbstverhältnis von Subjekten ergibt, gilt, daß sie in Wahrheit eine sachbereichsindifferente Struktur aller offenen und dynamischen Systeme ist. Natur und Kultur sind – das ist banal – nicht identisch; aber die Struktur historischer Prozesse - und das ist nicht banal – verhält sich indifferent zu dem Unterschied von Naturgeschichten einerseits und Kulturgeschichten andererseits[17].

Längst haben sich darüber hinaus auch Fragestellungen der Evolutionstheorie als fächerübergreifende Fragen erwiesen. Die Temporali-

---

[14] Stephen W. Hawking: Eine kurze Geschichte der Zeit. Die Suche nach der Urkraft des Universums. Mit einer Einleitung von Carl Sagan. Deutsch von Hainer Kober, unter fachlicher Beratung von Dr. Bernd Schmidt. Reinbek b. Hamburg 1988. – Das englische Original erschien unter dem Titel „A Brief History of Time: From the Big Bang to Black Holes" kurz zuvor in demselben Jahr.

[15] Hans Blumenberg: Lebenszeit und Weltzeit. Frankfurt a. M. 1986.

[16] Jean Piaget: Die Bildung des Zeitbegriffs beim Kinde. Frankfurt a. M. 1974. (Erste deutsche Übersetzung der französischen Originalausgabe 1955).

[17] Hermann Lübbe: Die Einheit von Naturgeschichte und Kulturgeschichte. Bemerkungen zum Geschichtsbegriff. Akademie der Wissenschaften und der Literatur zu Mainz. Abhandlungen der Geistes- und Sozialwissenschaftlichen Klasse. Jahrgang 1981. Nr. 10. Wiesbaden 1981.

tätsaspekte evolutionärer Prozesse dürfen dabei als besonders wichtig gelten. Daß Veränderungen des Informationsbestandes, durch den sich die Identität eines biotischen oder auch kulturellen Systems charakterisieren läßt, bei Überschreitung gewisser Grenzen in der Geschwindigkeit dieser Veränderungen den intergenerativen Informationstransfer mißlingen zu lassen drohen, daß umgekehrt zu geringe Veränderungsraten die Anpassung der fraglichen Systeme an ihre Umgebung erschweren und schließlich unmöglich machen – das, zum Beispiel, sind evolutionäre Gegebenheiten, die Natur und Kultur nicht lediglich analog, vielmehr strukturidentisch zusammengebunden sein lassen. Dasselbe, so scheint es, gilt auch für jene Prozesse der Selbstverstärkung („Aufschaukeln"), die, wenn sie in ihrer Dynamik durch gegenläufig wirkende Faktoren nicht schließlich gebremst werden, in Katastrophen enden und Ordnung in Chaos verwandeln. In solchen und anderen Fällen sind die sogenannten zwei Kulturen, statt durch den dünnen Faden semantischer Assoziationen, durch die solide forschungspraktische Gemeinsamkeit identischer Fragestellungen verbunden, und selbstverständlich gibt es längst auch die zeittheoretisch relevanten Konferenzen und die sie dokumentierenden Publikationen, die nicht-kontingente, nämlich durch die Einheit einer Fragestellung bewirkte Interdisziplinarität repräsentieren[18].

Zeittheoretische Fragestellungen sind also inzwischen forschungspraktisch wirksam und machen es sinnvoll, Sträuße von Reden und Aufsätzen zum Thema „Zeit" zu binden, die auf den ersten Blick vor allem bunt wirken. Die Nötigkeit solcher Bündelungen ist durch die jüngere Geschichte der Zeit-Theorie erwiesen. Fächerübergreifende Anschauungsfülle begünstigt die Findung von Gesichtspunkten, die erkennen lassen, was Heterogenes eint. Darauf beruht das Verdienst Frasers, der mit seiner Zeit-Konferenz von 1966 wie kein anderer den Auftakt zu zahllosen nachfolgenden Konferenzen gegeben hat. Inzwischen ist in der International Society for the Study of Time dieser Typus interdisziplinärer Arbeit institutionell auf Dauer gestellt worden, und die Bände, die die bisher geleistete Arbeit dokumentieren, haben sich zu Zwecken der Orientierung über den Stand der Zeit-Forschung als unentbehrlich erwiesen[19]. In der Gestalt eines einzigen großen Buches leistet im deutschen Sprachraum Rudolf Wendorffs Titel „Zeit und

---

18 Klaus Hierholzer, Heinz-Günter Wittmann (Hrsg.): Phasensprünge und Stetigkeit in der natürlichen und kulturellen Welt. Wissenschaftskonferenz in Berlin 8.–10. Oktober 1987. Reichstagsgebäude. Stuttgart 1988.

19 The Voices of Time. A Cooperative Survey of Man's Views of Time as Expressed by Sciences and by the Humanities.Second Edition. Edited with a New Introduction by J. T.Fraser. Amhurst 1981.

Kultur", der sich an ein breites Publikum wendet, orientierungspraktisch Analoges, und zwar zugleich in wissenschafts-, technik- und kulturgeschichtlicher Perspektive[20]. Das bedeutet: Auch bei der Zuwendung zum Thema „Zeit" bereitet nicht der Mangel an Informationen, vielmehr deren Überfülle Orientierungsprobleme. Als Konsequenz dieser Lage ergibt sich, daß es heute weniger auf zusätzliche interdisziplinäre Materialsammlungen ankommt als vielmehr auf materialordnende, komplexitätsreduktive Fragestellungen, die sachbereichsindifferente Strukturen erkennen lassen.

Ein hübsches Indiz für die Hauptschwierigkeit gegenwärtiger interdisziplinärer Zeit-Philosophie, nämlich desorientierungsträchtige Überfülle des Materials ordnen zu sollen, ist der in zahllosen zeitphilosophischen Abhandlungen, auch bei Heidegger und schon bei Husserl, mit der Konstanz eines unvermeidlichen Topos sich wiederholende Rekurs auf den Heiligen Augustinus, der im 10. Buch seiner Konfessionen sinngemäß geschrieben hatte, daß er, was Zeit sei, zu verstehen keinerlei Schwierigkeiten habe, wenn er, statt über Zeit nachzudenken, sich in ihr handelnd und lebend befände. Die Schwierigkeiten ergäben sich erst, wenn die Frage, was Zeit sei, ausdrücklich gestellt und ihre explizite Beantwortung verlangt werde.– Es kommt hier, des erwähnten Topos-Charakters dieser Reflexion wegen, gar nicht darauf an, sie wörtlich aus den Augustinischen Texten zu zitieren. Der Sinn der fraglichen Reflexion, so scheint es, hat Evidenz-Charakter, und Hans-Georg Gadamer hat gefunden, die Augustinische Schwierigkeit sei „der Prototyp aller echten philosophischen Verlegenheit"[21]. Das gilt ganz gewiß für philosophische Fragestellungen im Kontext der Phänomenologie, die es ja nicht zuletzt mit der Aufdeckung derjenigen kognitiven und pragmatischen Lebenswirklichkeiten zu tun hat, die dem Subjekt dieser Lebenswirklichkeiten gerade deswegen theoretisch so fern liegen, weil sie ihm allzu nahe, nämlich reflexionsunbedürftig vertraut sind. Indessen: Die phänomenologische Aufklärung und Beschreibung subjektiver Wirklichkeitsverhältnisse, die in ihrer lebensweltlichen Vertrautheit und in ihren reflexionslos

---

[20] Rudolf WENDORFF: Zeit und Kultur-Geschichte des Zeitbewußtseins in Europa. Wiesbaden ^{2}1980.

[21] Cf. den Rückbezug auf das 10. Buch der Confessionen des Augustin gleich zu Beginn des Aufsatzes von Hans-Georg Gadamer: Über leere und erfüllte Zeit. In: Die Frage Martin Heideggers. Beiträge zu einem Kolloquium mit Heidegger aus Anlaß seines 80. Geburtstages von Jean BEAUFRET, Hans-Georg GADAMER, Karl LÖWITH, Karl-Heinz VOLKMANN-SCHLUCK. Sitzungsberichte der Heidelberger Akademie der Wissenschaften. Philosophisch-historische Klasse. Jahrgang 1969. 4. Abhandlung. Vorgelegt von Hans-Georg GADAMER. Heidelberg 1969, S. 17–35, S. 17.

gelingenden Vollzügen gerade nicht in der Richtung unserer Aufmerksamkeiten liegen, vielmehr zu unserer lebensweltlichen Hintergrundserfüllung gehören, kann ja geleistet werden. Die Phänomenologie, noch einmal, hat sich wie keine andere Schule in der Philosophie dessen angenommen, und in den im Horizont phänomenologischer Fragestellung arbeitenden psychologischen, psychiatrischen, auch soziologischen Forschungsrichtungen ist das überdies erfahrungswissenschaftlich fruchtbar geworden. Auch für die Zeit-Theorie gilt das, so daß der topische Dauerrekurs auf die Augustinische Reflexion eine spezielle Schwierigkeit oder Verlegenheit, Zeit zu konzeptualisieren, im Ernst nicht meinen kann. Die Schwierigkeit, die man mit Berufung auf den heiligen Augustinus sozusagen rhetorisch zum klassischen Problem erhebt, scheint eher die Schwierigkeit zu sein, in der man sich befindet, wenn man sich einem großen Thema mit diffus verbliebener Fragestellung nähert. Es ist ja aus erläuterungsunbedürftigen Gründen nicht einfach, auf eine unklare Frage eine klare Antwort zu geben, und ohne Angabe eines speziellen forschungspraktischen oder auch lebenspraktischen Kontextes, innerhalb dessen der Umgang mit Zeit eine pragmatisch angebbare Funktion erfüllt, ist eben auch die Augustinische Frage, was Zeit sei, nicht etwa eine ihrer Tiefe wegen, vielmehr ihrer Unklarheit wegen schwierige Frage.

Demgegenüber läßt sich das hier vorliegende Buch in allen seinen sachbereichsmäßig breit streuenden Teilen von einer einzigen Fragestellung leiten. Es handelt sich um die Frage nach Rückwirkungen der Beschleunigung evolutionärer Prozesse auf die Systeme, die ihr unterliegen. Daß es Grenzen solcher Beschleunigung geben muß – das ist trivial. Nicht trivial ist die Aufgabe, exemplarisch Probleme sichtbar zu machen, die den Charakter von Folgeproblemen erreichter Grenzen gegebener Innovationsverarbeitungskapazitäten haben. Trivial ist, daß die Kapazitäten zur systemerhaltungsdienlichen Verarbeitung evolutionärer Innovationen nicht ein für allemal fixierte Kapazitäten sind, daß sie vielmehr ihrerseits einer Evolution unterliegen. Nicht trivial ist, exemplarisch evolutionäre Prozesse zu identifizieren und zu analysieren, die sich einzig als Vorgänge der Erweiterung von Evolutionsverarbeitungskapazitäten deuten lassen. Und abermals ist trivial, daß auch solche produktiven Reaktionen schließlich an Grenzen stoßen. Nicht trivial ist es, exemplarisch evolutionäre Krisen zu beschreiben, die sich als Krisen definitiv überschrittener Grenzen erreichbarer Möglichkeiten erkennen lassen, mit Vorgängen evolutionärer Beschleunigung technisch und organisatorisch, alltagspraktisch und erinnerungskulturell fertig zu werden. In der vorausgehenden Einleitung zu diesem Buch findet man diese Beschreibung als Zusammenfassung. Die

Sachkapitel dieses Buches führen das detailliert aus und präsentieren die materiellen Belege.

Bereits in früheren Arbeiten von mir finden sich Beiträge zur Analyse sich evolutionär beschleunigender kultureller Prozesse. Das gilt insbesondere für mein inzwischen mehr als zehn Jahre altes Buch „Geschichtsbegriff und Geschichtsinteresse“[22]. Dieses Buch verfolgte in seinem ersten, analytischen Teil wissenschaftstheoretische Absichten. Näherhin entwickelte es eine Wissenschaftstheorie historischer Wissenschaften und beschrieb insbesondere die Struktur von Geschichten als irreversibler, nicht-prognostizierbarer, gerichteter, aber nicht zielgerichteter, kontingenzmitbestimmter Prozesse, deren Struktur sich zum Unterschied von Natur einerseits und Kultur andererseits grundsätzlich indifferent verhält. In seinem zweiten, pragmatischen Teil bemühte sich dieses Buch um eine Theorie des Lebenssinns, auch des politischen Sinns moderner historischer Kultur und damit ineins auch um eine Beantwortung der seinerzeit aktuellen Frage „Wozu Geschichte?“.

Indessen blieb das zitierte geschichtstheoretische Buch die materielle Beschreibung der Dynamik aktueller kultureller Prozesse weitgehend schuldig und desgleichen die Analyse von Folgeproblemen dieser Dynamik, die weniger schön sind als die schönen Blüten unserer modernen historischen Kultur[23]. Die mannigfachen Erscheinungsformen der Überforderung unseres historischen Sinns, die praktischen Konsequenzen evolutionstempobedingter Verkürzung der Zahl der Jahre, für die sich mit konstanten Lebensverhältnissen rechnen läßt („Gegenwartsschrumpfung“) – das sind Probleme, deren kulturelles, soziales und politisches Gewicht mir erst sehr viel später deutlich geworden ist. Einige dieser Probleme habe ich dann essayistisch in meinem kleinen Buch „Zeit-Verhältnisse“ aufgegriffen[24] – von den Grenzen bestehender Mög-

---

[22] Geschichtsbegriff und Geschichtsinteresse. Analytik und Pragmatik der Historie. Basel/Stuttgart 1977.

[23] Details aus Geschichte und Gegenwart moderner historischer Kultur habe ich – von der Musealisierung bis zu den Erscheinungsformen eines neuen politischen Historismus im aktuellen europäischen Regionalismus – in etlichen Kapiteln meines Buches „Die Aufdringlichkeit der Geschichte. Herausforderungen der Moderne vom Historismus bis zum Nationalsozialismus“ beschrieben (Graz, Wien, Köln 1989).

[24] Zeit-Verhältnisse. Zur Kulturphilosophie des Fortschritts. Graz, Wien, Köln 1983. – Die Hauptthesen dieses Groß-Essays sind unter dem genaueren Untertitel „Über die veränderte Gegenwart von Zukunft und Vergangenheit“ noch einmal, ums Zehnfache komprimiert, in einem Klein-Essay zusammengefaßt worden: „Zeit-Verhältnisse. Über die veränderte Gegenwart von Zukunft und Vergangenheit.“ In: Zeit-Verhältnisse. München 1984, S. 27–36, der seinerseits immer wieder einmal nachgedruckt worden ist.

lichkeiten, die evolutionstempobedingt abnehmende Konstanz der Realitätsannahmeprämissen unseres Entscheidens und Handelns „futurologisch“ zu kompensieren, bis hin zu den politischen Konsequenzen relativ abnehmender Reichweite des Common sense in einer sich progressiv verwissenschaftlichenden Zivilisation[25]. Der Mangel dieses Essays war insofern nicht ein Mangel an materieller Fülle, vielmehr ein Mangel der bloß essayistischen Präsentation dieser Fülle. Die philosophische Literaturform des Essays wird ja, mindestens unter anderem, aus zwei konträren Gründen gewählt. Entweder unternimmt man den Versuch, die Quintessenz eines gelehrten Werkes oder einer ausgearbeiteten Theorie in knapper Form einem Publikum jenseits der Grenzen der eigenen Fachkommunität darzubieten, oder man unternimmt mit umgekehrtem Richtungssinn den Versuch, ein Thema zu präludieren, zu dem in absehbarer Zeit ein richtiges Buch vorlegen zu können einem vorerst als aussichtslos erscheinen will. Der Essay bietet in diesem Fall also nicht Quintessenzen vergangener Arbeit, vielmehr eine Skizze dessen, was auszuarbeiten einem wünschbar erschiene. Dem Wunsch habe ich mit diesem Buch zu entsprechen versucht. Das Buch greift das essayistisch präludierte Thema kultureller „Zeit-Verhältnisse“ auf, führt es aus und belegt seine zentralen zeitkulturtheoretischen Thesen in detaillierten Beschreibungen und Analysen von neuen Erscheinungen unserer Gegenwartskultur.

---

[25] Diesem Thema ist dann, ausführlicher, auch mein Buch „Der Lebenssinn der Industriegesellschaft. Die moralische Verfassung der technisch-industriellen Zivilisation“ gewidmet. Berlin, Heidelberg, New York, London, Paris, Tokyo, Hong Kong 1990.

1. Schwierigkeiten mit der Erinnerung. Über den Umgang mit der Vergangenheit im Fortschritt

1.1 Die Gegenwart der Toten. Historisierter Friedhof und anonyme Bestattung

Die Erinnerung, die auf dem Friedhof kultiviert wird, entstammt gewiß nicht dem Geiste des Historismus. Aber in die Selbsthistorisierungstendenzen der modernen Zivilisation ist inzwischen auch die Kultur der Erinnerung, die den Toten gilt, einbezogen worden, und an den Phänomenen der Interferenz historistischer und vor-historistischer Erinnerungskultur, die sich dabei ergeben, läßt sich die temporale Verfassung moderner Kultur besonders deutlich erkennen.

Wir kennen und feiern die Aufklärung als ein Zeitalter der Reformen, und die Friedhofsreform ist darin eingeschlossen. In den Städten mittelalterlicher Gründung und Herkunft befand sich der Friedhof als Kirchhof in erweiterungsunfähigen Zentren der Bebauung. Daraus mußten sich zwangsläufig Kapazitätsprobleme ergeben – zunächst schon beim Massenanfall von Toten in Seuchenjahren und dann fortschreitend in Abhängigkeit vom Bevölkerungsdruck, der sich aus demographischen Entwicklungen ergab oder auch aus ökonomisch oder politisch bedingten Wanderungsbewegungen. Eine zusätzliche Verschärfung der Kapazitätsprobleme mochte aus städtebaulichen Entwicklungen resultieren, in denen Fürsten oder Räte Kirchhofsanteile für Zwecke von Platz- und Straßenerweiterungen in Anspruch nahmen. So oder so: Das Problem der Unterbringung derjenigen Mitbürger und sonstigen Bewohner, zu denen man sich einzig noch in den kommunikativen Akten der Fürbitte und des Gedächtnisses zu verhalten vermag, wurde schließlich unlösbar.

Die Antwort auf die Herausforderung dieses Problems scheint nahezuliegen: Neue, zusätzliche Begräbnisplätze sind anzulegen, nämlich dort, wo freie Flächen sich finden, vorzugsweise also vor den Toren der Stadt. So geschah es im Zeitalter der Aufklärung, in etlichen Fällen auch früher schon, und wir haben es hier mit einem der Vorgänge zu tun, die die moderne Stadtentwicklung revolutioniert haben.

Wir haben uns an die Plausibilität dieser Antwort längst gewöhnt. Sie hat nichtsdestoweniger den Charakter einer Erinnerungskulturrevolution. Der Kirchhof lag, wie die Kirche selbst, inmitten der Stadt. Somit blieben die Toten den Lebenden räumlich nahe, und das an bevorzugter Stelle, an die man sich nicht eigens zu begeben brauchte, weil man hier ohnehin immer wieder vorbeikam. Indem die aufgeklärte Bestattungsreform den Begräbnisplatz vom Kirchhof auf den Friedhof verlagerte, separierte sie die Toten von den Lebenden, räumlich zumindest. Wir sind heute geneigt, diesen Bestand kulturkritisch zu kommentieren. Die populäre Kategorie der Verdrängung bietet sich an –: es wird nicht mehr zu Haus, vielmehr separat in der Klinik gestorben, und auch die Bestattung erfolgt in separierten Totenstädten, in die man nur gelangt, indem man sich eigens aufmacht, sie zu besuchen. Die Endstationen des Lebens sind, nahverkehrstechnisch gesehen, entlegene Endstationen von Straßenbahn- oder Omnibuslinien.

Aber auch in diesem Fall beruht die Kulturkritik auf Mißverständnissen. In Wahrheit hat nämlich die Reform des Bestattungswesens, die den alten Kirchhof als Begräbnisplatz aufhob und große Friedhöfe im Freien einrichtete, die Kultur des Totengedächtnisses nicht in Bedrängnis gebracht. Sie hat sie vielmehr in historisch beispielloser Weise erblühen lassen. Nicht, daß wir der Erinnerung an jene Vergangenheit, die die Toten repräsentieren, keinen Ort mehr in unserer Mitte verstatteten, ist unser Problem, vielmehr das hohe Niveau kaum noch erfüllbarer Ansprüche, denen wir in der modernen Kultur das Totengedächtnis unterworfen haben. Die Auflassung der Kirchhöfe zugunsten von Friedhöfen hat kulturell das Totengedächtnis nicht abgeschoben. Es hat ganz im Gegenteil das Verhältnis zum Tod, das heißt zu den bereits Verstorbenen unter unseren Mitbürgern und Mitmenschen modernisiert, näherhin individualisiert und dann historisiert.

Man versteht den Fortschritt in der Kultur unseres Verhältnisses zu den Verstorbenen, den die Aufklärung insoweit gebracht hat, besser, wenn man dabei nicht nur den Wandel der Mentalitäten ins Auge faßt, vielmehr auch einige äußere Zwänge, die sich schließlich gegen alle Gewohnheiten und mentale Reserven durchsetzen mußten. Um es kraß zu sagen: Die mit wachsender Bevölkerung wachsende Menge der Toten mußte auf engen, aus städtebaulichen Gründen nicht erweiterungsfähigen Altstadtkirchhöfen schließlich als unerträgliches Hygieneproblem aufdringlich werden. Wenn sich der Querschnitt eines Durchlaufsystems nicht erweitern läßt, erhöht sich zwangsläufig die Durchlaufsgeschwindigkeit. Das bedeutet: Die Belegungszeiten der Grabstätten, für deren Dauer der Tote sozusagen seine Ruhe hatte, schrumpften schließlich auf zehn, ja auf fünf Jahre. Aus Gräbern wurden Stapelgräber. Die Verwesungskapazität der Erde, der die aus ihr gemachten Leiber zurückzuerstatten waren, erwies sich als hoffnungslos überfordert, und der gute Geschmack verbietet es, die penetranten Effekte zu schildern, die das haben mußte. Wer interessiert ist, sich das des Näheren zu vergegenwärtigen, sei auf die einschlägige kulturhistoriographische Literatur verwiesen[1]. Die Forderungen der Hygiene, die im Zeitalter der Aufklärung auch aus anderen Gründen an Plausibilität gewannen, wurden eine sinnfällige Unabweisbarkeit, der Reformabsolutismus fand hier ein reiches Betätigungsfeld, und seither fehlt die Verpflichtung zur Berücksichtigung der hygienisch relevanten Umstände für Anlage und Nutzung eines Begräbnisplatzes in keiner Friedhofsordnung[2].

Es liegt nahe, auch die Unterwerfung des Todes unter Gesichtspunkte der Hygiene kulturkritisch zu kommentieren. Aber diese Empfindlichkeit gegen einen Fortschritt, der auch noch unser Verhältnis zu den Toten gesundheits- und seuchenpolizeilichen Vorschriften unterwarf, kann man sich einzig in einer Kultur leisten, in der die Segnungen dieses Fortschritts einigermaßen selbstverständlich geworden sind. Der literarische Spott über Rouge auf Leichenwangen ist nur so lange vergnüglich, als der Realismus des ungeschminkten Umgangs mit Toten, zu dem wir uns durch Evelyn Waugh's „Tod in Hollywood"[3] aufgefordert finden, uns mit den Widrigkeiten voraufgeklärter Kirchhofszustände nicht belastet. Wahr bleibt lediglich, daß, nachdem man nun einmal den Tod aus gutem Grund als hygienische Herausforderung wahrgenommen und angenommen hatte, es hier und da zu Übertreibungen in der Bemühung kam, das Leben wenn nicht vor dem Tod, so doch vor der Infektion durch das zu schützen, was am Tod Verwesung ist. Die aufgeklärt-romantische Renaissance des Gedankens, den Leichnam anstatt der Verwesung der reinigenden Flamme zu übergeben, wird man dabei noch nicht einmal zu den Übertreibungen zählen wollen, wohl aber, zum Beispiel, die Anordnung eines Fürsten Pückler-Muskau, „daß man seinen Leichnam nach

---

[1] Sehr populär geworden ist vor allem Philippe ARIÈS: Geschichte des Todes. Aus dem Französischen von Hans-Horst HENSCHEN und Una PFAU (1978). München ^{2}1980, bes. S. 608ff. – Ferner: Richard A. ETLIN: The Architecture of Death. The Transformation of the Cemetery in Eighteenth Century Paris. Cambridge (Mass.), London 1984, bes. S. 16f.

[2] „Ungeeignet ist Gelände, das einen hohen Grundwasserstand hat. Die Friedhofsanlage soll besonders trocken sein, damit die schnelle Verwesung der Leichen begünstigt wird. Am besten geeignet ist grobkörniger Sandboden, weil dieser luftdurchlässig ist ..." etc., so zum Beispiel Gustav SCHMIDT: Das Friedhofsrecht in Niedersachsen. In: Die Niedersächsische Landgemeinde. Jahrgang 5 (1953), S. 98–101, S. 100.

[3] Evelyne WAUGH: The Loved One. An Anglo-American Tragedy. London 1969. First published 1947. – Deutsch unter dem Titel „Tod in Hollywood". Übertragung von Peter Gen, zuerst Zürich 1950.

dem Tode zur völligen Auflösung in ein Säurebad legen möge“[4]. Betrachtet man die Sache nicht kultur- und mentalitätsgeschichtlich, vielmehr ökologisch, so wäre die Kategorie der Übertreibung zur Kennzeichnung dieses Vorgangs sogar noch zu schwach. Wohin denn mit der Säure, wenn jedermann oder auch nur eine beträchtliche Minderheit sich ein solches Reinigungsbad von Todes wegen gestatten wollte – das wäre alsdann die Frage. Selbst die Leichenverbrennung, auf deren moderne erinnerungskulturelle Nutzung noch zurückzukommen ist[5], ist insoweit nicht problemlos. Bei wachsendem Anteil der Feuerbestattungen[6] ergeben sich nämlich, wie Ökologen inzwischen herausgefunden haben, Folgeprobleme ganz neuer Art –: die sogenannten „Geruchsabdecker“, deren Verwendung im Dauerbetrieb einer wachsenden Zahl von Krematorien als unvermeidlich gilt, sind als Dioxin-Einträger verdächtig.

Die makabre Seite der Sache ist bei Berichten über sie nicht aus der Welt zu schaffen, und Bestattungsspezialisten, ja Friedhofskulturhistoriker, neigen daher, wie Ärzte, berufsbedingt immer wieder einmal zu Zynismen aus Selbstschutzgründen. Wer solche Zynismen vermeiden will, hält sich am besten an die materiellen Aspekte der Sache. Alsdann erkennt man: Der aufgeklärte Übergang von der alten Kirchhofskultur zum modernen, auch hygienisch geordneten Friedhofswesen ist nicht eo ipso ein Vorgang aus religiöser Dekadenz im Verhältnis der Lebenden zu den Toten. Er ist vielmehr, zunächst einmal, ein Vorgang zur Bewältigung eines Mengenproblems unter dem Druck der Folgen, die sich für die Lebenden aus der Überschreitung der Kapazitätsgrenzen älterer Bestattungsplätze ergeben mußten. Die Verpflichtung, die Stätten der Erinnerung an die Toten den Regeln der Hygiene zu unterwerfen, hat die Kultur dieser Erinnerung nicht beschädigt, im Gegenteil. Nichtsdestoweniger hat die Idee der Aufklärung, den Tod mit der Hygiene in Verbindung zu bringen, auch fatale Konsequenzen gehabt. Aber diese Konsequenzen betreffen nicht unmittelbar das Bestattungswesen, vielmehr die Politik. Der Hygiene-Begriff hat, in seiner metaphorischen Wendung im Aufklärungszeitalter, wie nie zuvor in der Geschichte der Politik Gewalt, näherhin die Praxis spezifisch moderner Massenliquidationen legiti-

---

[4] Hans-Kurt BOEHLKE: Technische Perfektion und Totengedenken. In: Der Friedhof als Gemeinschaftsaufgabe. Tagung in Zusammenarbeit mit der Arbeitsgemeinschaft Friedhof und Denkmal 16. – 18. Januar 1979 in der Evangelischen Akademie Hofgeismar, Schlößchen Schönburg, S. 21–32, S. 22.

[5] Cf. oben S. 48ff.

[6] „Die Feuerbestattung nimmt kontinuierlich in einer gleichbleibenden Kurve zu“, so Hans-Kurt BOEHLKE: Die Stellung des Friedhofes in den heutigen europäischen Gesellschaften. In: Kunst und Kirche. Jahrgang 35 (1972), S. 70–77, S. 76.

miert. Die Reinigung der Gesellschaft von denjenigen, die sie mit ihrer moralischen Verkommenheit infizieren – das ist, ausdrücklich unter Inanspruchnahme medizinischer Metaphorik, seit der Aufklärung stets der tiefere Sinn revolutionärer Massenliquidationen gewesen[7]. „Säuberung" ist der Name jener politischen Praxis, die sich als das Spezifikum der Praxis totalitärer Parteien erweisen sollte.

Aber die Analyse dieser Zusammenhänge gehört nicht hierher. Hier ist lediglich an den totalitären Umgang mit jenen Leichen zu erinnern, als die die Individuen auf der Strecke blieben, von denen Partei, Volk oder Gesellschaft zu säubern waren. Die technische Seite der Sache gehört auch nicht hierher. In seiner politisch-kulturellen Bedeutung ist uns der Vorgang im Metonym des Massengrabs gegenwärtig. Seine politische Funktion ist, nach der Liquidation der Massen, die Liquidation der Erinnerung an sie. Entsprechend wird es tunlichst unauffindbar gemacht. Zum Verschwinden gebracht sind somit diejenigen, die nicht nur als Lebende, vielmehr auch noch als Tote, nämlich durch Evokation der Erinnerung an sie, Partei, Volk oder Gesellschaft zu beeinträchtigen vermöchten. In der Sorgfalt, mit der der totalitäre Säuberungswille nach der physischen Liquidation auch noch die Spuren der Erinnerung an die Liquidierten zu tilgen sucht, spiegelt sich die Bedeutung, die das Totengedächtnis im Lebenszusammenhang moderner Kulturen gewonnen hat. Nicht zuletzt gilt das für die totalitären Systeme selbst. Mit der Pracht der Siegesdenkmäler wächst auch die Größe der Mausoleen. Im Falle Lenins hat der politische Wille zur Erinnerungskonservierung sogar den Leib des Toten ergriffen und als das Paradox eines unvergänglichen Leichnams ist er im Zentrum des Riesenreichs als Hauptobjekt des politischen Kultus ausgestellt.

Man erkennt: Noch in der spezifisch totalitären Praxis der Erinnerungsliquidation drückt sich die außerordentliche Bedeutung aus, die die Erinnerung einschließlich der Erinnerung an die Toten gerade in der modernen Gesellschaft gewonnen hat. Eben das nimmt mit der aufgeklärten Friedhofsreform seinen Anfang. Es kann ja keine Rede davon sein, daß der vorhistoristische altstädtische Kirchhof ein Ort gewesen sei, der zur Teilnahme an einer Kultur der Erinnerung in besonderer Weise eingeladen hätte. Allein schon die angedeuteten Zustände, die sich aus erreichten, ja überschrittenen Bestattungskapazitäten ergeben mußten, schlossen das aus. Wichtiger ist, daß in einer vor-säkularisierten religiösen Kultur die Sorge ums Nachleben im Gedächtnis der Nachwelt

---

[7] Als Exempel einschlägiger Nutzung medizinischer Metaphorik cf. Walter Markov, Albert Soboul (Hrsg.): Die Sansculotten von Paris. Dokumente zur Geschichte der Volksbewegung 1793–1794. Berlin 1957, S. 251.

die Lebenden ohnehin nicht in erster Linie beschäftigen konnte, und das Aussehen der Kirchhöfe durfte dem entsprechen. Reste dieser Kirchhofswelt findet der Tourist in einigen ländlichen Gegenden noch heute, so weit man sich dort auf die Erwartungen der Gäste, die in spezifisch moderner Museumsfreudigkeit auch auf Friedhöfen ein Rendezvous mit der Vergangenheit suchen, noch nicht recht eingestellt hat. In der Enge des Areals innerhalb der Kirchhofsmauern sind die Grabbelegungszeiten kurz geblieben, die im Karner zusammengetragenen Knochen wären, wenn anders diese daran Interesse hätten, sogar Hunden zugänglich, und selbst dort, wo man sie sorgfältig geschichtet hat, gar die Totenschädel mit Namen versehen, sind ersichtlich diese Namen nicht Symbolisierungen vergangener individueller Lebensgeschichten, an die man sich zu erinnern hätte. Vielmehr ist ihr bleibender Sinn der eines Memento mori, und dessen Kontext ist nicht der einer Kultur der Konservierung individualisierter Erinnerung an vormals Lebende.

Für das individualisierende Gedächtnis der Toten, das diese in der Erinnerung lebendig hält, schafft erst der Reformfriedhof Raum. Das muß man ganz wörtlich nehmen. Erst auf den erweiterungsfähigen Arealen der Friedhöfe außerhalb der Altstadtenge waren die Kapazitäten verfügbar geworden, auf die man angewiesen ist, wenn man die Totenruhe durch Wiederbelegung des Grabes vor definitiv erfolgter Verwesung des Verstorbenen nicht stören möchte. „Die sog. Umtriebs- oder Umlaufzeit des Friedhofes“ expandiert, und das hat die Standardvorschriften moderner Friedhofsordnungen einhaltbar gemacht, die „Ruhefrist“ oder „Verschonungsfrist“ „mindestens“ auf die „Verwesungsfrist“ auszudehnen[8]. „Welche Ruhefrist zu wählen ist, muß für jeden Friedhof unter Berücksichtigung der Boden- und Grundwasserverhältnisse im Benehmen mit dem Amtsarzt entschieden werden“ – das ist der bereits bekannte hygienische Aspekt der Sache. Als Erfahrungswert ergeben sich „für Erwachsene“, „je nach Bodenart“ „15–40 Jahre“, und auf vielen Friedhöfen ist heute dem Toten für mindestens drei Jahrzehnte sein Grab gesichert[9]. Drei Jahrzehnte – das ist, immerhin, die Frist einer Generation, und damit ist der temporale Rahmen für eine Kultur eröffnet, die in individualisierender Absicht Verstorbene in der Erinnerung lebendig erhalten möchte. Dabei ist, selbstverständlich, der moderne nachaufgeklärte Friedhof mit seinen Langfristgräbern nur die äußere

---

[8] Jürgen Gaedke: Handbuch des Friedhofs- und Bestattungsrechts. Mit ausführlicher Quellensammlung des geltenden staatlichen und kirchlichen Rechts. Stand: 1. April 1977. Vierte überarbeitete Auflage. Köln, Berlin, Bonn, München 1977, S. 157f.

[9] ibid.

Voraussetzung individualisierender Totengedächtniskultur. Wichtiger ist jener Wandel in der Selbstwahrnehmung der Individuen, der sich hochkulturell in der modernen Geschichte der Autobiographie spiegelt[10]. In dieser Geschichte enttypisieren sich die Lebenskarrieren, wie sie uns von den Augustinischen Anfängen an als Bekehrungsgeschichten, später als Erweckungsgeschichten und selbstverständlich auch als weltliche Bewährungs- und Erfolgsgeschichten mannigfacher Art vertraut sind[11]. Sozial- und kulturgeschichtlich werden im Aufklärungszeitalter Lebensgeschichten als Geschichten der Persönlichkeitsbildung konzipierbar, deren Resultat nicht ein Typus, vielmehr eine Singularität ist, durch deren narrative Vergegenwärtigung nicht ein Muster bekräftigt, die Einzigartigkeit des Individuellen sichtbar gemacht wird. Erst für eine solche Lebensgeschichte gilt, daß sie in der Erinnerung an sie eine Fortsetzung finden kann, und auf dem Friedhof entspricht dem das dauerhaft konservierte Grab. Der kulturelle Sinnzusammenhang, in den es sich einfügt, reicht nunmehr weit über den Sinn hinaus, der zu Allerseelen oder zum Totensonntag vergegenwärtigt wird. Privatdaten, nämlich Daten von persönlicher Bedeutung im Leben des Toten, auch der Familie, der Freunde, ja der Firma und sonstiger Institutionen, denen er im Leben verbunden war, werden jetzt zum hauptsächlichen Anlaß, das Grab aufzusuchen und seinen Schmuck zu erneuern.

Selbstverständlich findet auf dem Reformfriedhof auch bürgerliche Imitation feudaler Lebenswelt statt. Prunk der Familiengräber entfaltet sich, und auch die neuen Hierarchien und Geltungsdifferenzen der Bourgeoisie spiegeln sich in der räumlichen Anordnung bevorzugter oder weniger geschätzter Grablagen auf den neueingerichteten Friedhöfen. Aber entscheidend ist der Überschuß des Neuen in solcher Diffusion alter Oberschichtenvorrechte in die bürgerliche Totengesellschaft. Ersichtlich haben Berufsangaben auf Grabmälern einen anderen Sinn als Adelstitel, und wer in Stein hauen läßt, Realitätenbesitzer gewesen zu sein, konkurriert in seinem sozialen Geltungsanspruch nicht mit dem alten Grundherrn. Vielmehr handelt es sich um Hinweise auf erfolgreiche Lebenskarrieren, die das Individuum in Orientierung an modernen Persönlichkeitsidealen absolviert hat. Das Grab repräsentiert die Wirkungsgeschichte einer Persönlichkeit, die in außerordentlichen Fällen

---

[10] Cf. hierzu Jürgen Henningsen: „Jeder Mensch erfindet sich eine Geschichte". Max Frisch und die Autobiographie. In: Literatur in Wissenschaft und Unterricht IV/3 (1971), S. 167–176.

[11] Cf. dazu exemplarisch Wayne Shoemaker: English Autobiography: Its Emergence, Materials and Form. Berkeley/Los Angeles 1954. – Ferner: Paul Delany: British Autobiography in the Seventeenth Century. London 1969.

über die Familie hinaus eine lokale Industrie, akademische Schulen, Vereine oder Parteien als ihre eigene Geschichte kennen. Die Erinnerung an die Toten wird damit Teil der Vergegenwärtigung von Herkunftsgeschichten mit der Tendenz individueller, familiärer und gesellschaftlicher Selbsthistorisierung. Die modernen Friedhöfe sind Stätten fortschreitender Grabkonservierung in historisierender Absicht. Dabei sind die Prominentengräber, deren Pflege, sofern familiäre Zuständigkeiten erloschen sind, heute überall von den Kommunen übernommen wird, nur die gemeinverbindlichen Objekte eines Interesses, auf das auf den Reformfriedhöfen alsbald auch der kleine Mann unter den Toten Anspruch erhob. Wie sollte man denn sonst die sich ausbreitende Gewohnheit verstehen, auf jedermanns Grab einen Stein zu setzen? In Stein wird doch gehauen, was nicht vergessen sein soll, so lange die Erde steht. Wie hat man sich eine Welt vorzustellen, in der das für jedermanns Namen gelten soll? Es liegt auf der Hand, daß das in allen seinen Konsequenzen niemals durchdacht gewesen sein kann. So oder so gehört es einer Welt an, der wie nie zuvor einer Welt Erinnerungsleistungen abverlangt sind.

Das ästhetische Ambiente reformierter Friedhöfe paßt dazu. Der schöne Friedhof – das glaubt man noch heute zu sehen und die Friedhofskulturhistoriker bestätigen es[12] – ist vor allem der Friedhof für die in der Erinnerung lebendig gebliebenen Toten, in diesem Sinne der säkularisierte Friedhof und nicht der kirchennahe Kirchhof für die hier in der Gewißheit ihrer bevorstehenden Auferstehung Begrabenen. Dabei schließen sich der religiös-christliche Aspekt der Sache einerseits und der spezifisch moderne, nämlich erinnerungskulturelle Aspekt andererseits selbstverständlich nicht aus. Die aufgeklärten Friedhofsreformer haben die neuen, hygienisch sauberen und dann auch verschönerten Begräbnisplätze dem Publikum nicht zuletzt mit religiösen Argumenten empfohlen, und kein Geringerer als Voltaire hat gefunden, daß es doch zur Verehrung des Göttlichen nicht passe, wenn der Ort dieser Verehrung zugleich der Verwesungsort der Kadaver sei[13]. Nach diesem Argument wäre die Separation der Toten von den Lebenden durch Anlage neuer Friedhöfe jenseits der Altstadtenge nicht nur eine Fälligkeit der Hygiene gewesen, sondern zugleich das Erfordernis eines vernünftigen Kultus, in

---

[12] Cf. Hans-Kurt Boehlke: Die Stellung des Friedhofes in den heutigen europäischen Gesellschaften. In: Kunst und Kirche. Jahrgang 35 (1972), S. 70–77, bes. S. 72f.

[13] Zitiert bei Richard A. Etlin: The Architecture of Death. The Transformation of the Cemetery in Eighteenth Century Paris. Cambridge (Mass.), London 1984, S. 17.

beiderlei Nötigkeit aber die Gelegenheit, aus dem Friedhof Gartenarchitektur zu machen. Diese konnte dann sogar als ästhetische Schöpfungsfeier verstanden werden, und zumal zur romantischen Philosophie der Natur fügte sich das.

Aber es handelt sich hier nicht um Friedhofskulturgeschichte, vielmehr um die Darstellung der auch in dieser Geschichte sich spiegelnden Schwierigkeiten, in die das moderne Bewußtsein durch das Übermaß der ihm abverlangten Erinnerungsleistungen gerät. Metonymisch ließen sich diese Schwierigkeiten als Paradoxie der Demokratisierung des Grabmals kennzeichnen. Steinerne Grabmäler waren, wie gesagt, „früher einer privilegierten Schicht“ vorbehalten. Spätestens „seit den Gründerjahren“ gehörten sie dann „allgemein zum Sozialprestige“[14]. Welches Erinnerungssubjekt ließe sich aber denken, das in seiner Erinnerungskapazität der Dauerhaftigkeit von Memorabilien gewachsen wäre, die in Stein gehauen sind? Evidenterweise existiert ein solches Erinnerungssubjekt nicht – jedenfalls nicht für die übergroße Menge jener Toten, deren Namen wir auf unseren modernen Großfriedhöfen in Bronze gegossen oder in Granit gemeißelt sehen. Gewiß sind aus den erläuterten hygienischen Gründen die „Mindestruhezeiten“ recht lang; sie umfassen, wie gesagt, ungefähr die Dauer einer Generation, und das läßt sich erinnerungskulturell nutzen. Aber irgendwann kommt der Zeitpunkt, zu dem bei Aufhebung der Gräber – und seien sie sogar über drei Generationen hinweg Familiengräber gewesen – der wohlerhaltene Grabstein seinerseits zum Entsorgungsproblem wird, und auch in diesem Fall scheint sowohl aus finanziellen wie aus ökologischen Gründen Recycling eine gute Lösung des Problems zu sein. Altgrabsteinsammelstellen sind recht eindrucksvoll, und zwar um so eindrucksvoller, je jünger die Toten sind, deren Denkmäler inzwischen ihre Erinnerungsfunktion verloren haben. Es ist, als wäre die traditionsreiche Praxis, der Erinnerung an den eigenen Namen durch ein Grabmal Dauer zu verschaffen, auf dem modernen Friedhof zur gemeinen Praxis in der Absicht erhoben worden, die Erfahrung der Endgültigkeit des Todes durch die zusätzliche Erfahrung zu potenzieren, daß auch noch das Leben in der Erinnerung rasch erlischt.

Noch einmal also: Die Grabbelegungszeiten haben sich auf modernen, nachaufgeklärten Friedhöfen erheblich verlängert, und das gehört zu den zeitordnungsmäßigen Voraussetzungen des Nachlebens in der Erinnerung, das zu gewährleisten wichtigster Sinn dieser Friedhöfe ist. Inzwischen scheinen sich aber eher gegenläufige Tendenzen durchzusetzen. Die Verwaltung eines modernen Großfriedhofs hat ihre eigene

[14] Hans-Kurt Boehlke, a.a.O. (cf. Anm. 12), S. 72.

Rationalität, die den Ausdrucksformen individualisierender Gedächtniskultur entgegenwirkt. Auch auf den Großfriedhöfen, die ja, sofern sie bereits im 19. Jahrhundert angelegt wurden, längst wieder zu innerstädtischen Friedhöfen geworden sind, stellen sich die alten Kapazitätsprobleme neu, und das Interesse muß sein, die „Ruhefristen" tunlichst auf das pietätspragmatisch und somit auch hygienisch zulässige Maß zu drücken. Aber die wichtigsten Gründe für die Rückläufigkeit des Interesses, aus dem Totengedächtnis ein Langzeitgedächtnis zu machen und Gräber entsprechend als Dauergräber einzurichten, liegen tiefer. Um welche Gründe handelt es sich? Zunächst lockert sich im Kontext moderner Lebensverbringung die Bindung der Erinnerung, die die Wirklichkeit temporal ordnet, an fixierte Örter im Raum. Konkret heißt das: Mit der Dynamik und Differenziertheit moderner Gesellschaften nehmen die Mobilitätschancen zu, und die Wohnsitzkonstanz nimmt ab. Damit sinkt die Wahrscheinlichkeit, daß man auf einem Friedhof desselben Orts begraben sein wird, in welchem man bereits geboren wurde, kontinuierlich seinen Wohnsitz hatte und das womöglich in demselben Hause, in welchem auch noch die Kinder und Kindeskinder mit ihren Familien leben werden. Das hat zwangsläufig Folgen für die Tradition des Familiengrabs, die ihren Höhepunkt im späten 19. Jahrhundert erreicht haben dürfte. Das Grab entfällt als Zielpunkt von Spaziergängen oder Ausfahrten. Seine Pflege muß professionalisierten gärtnerischen Dienstleistungsunternehmen anvertraut werden. Befindet es sich an einem Ort, mit welchem sich nicht einmal mehr Kindheitserinnerungen verbinden, so entgleitet es unaufhaltsam, als Ort der Erinnerung, seinerseits der Erinnerung, und schließlich wird die Auflassungsverfügung der Friedhofsverwaltung widerspruchslos zur Kenntnis genommen. „Der Mensch kann nicht ohne Friedhof leben"[15], gewiß. Aber im modernen Extremfall heißt das nur noch, daß in einem geordneten Gemeinwesen auch für die Unterbringung der Toten in geordneter Weise gesorgt sein will. Hingegen nimmt mobilitätsbedingt die Bedeutung des Friedhofs als Raum einer individualisierenden Gedächtniskultur zwangsläufig ab und die Grabbelegungszeiten verkürzen sich wieder.

Überdies entfernen sich in einer dynamischen Kultur die Generationen nicht nur räumlich, vielmehr auch temporal voneinander. Mit der Vergegenwärtigung Früherer in der Erinnerung hat es keine besonderen Schwierigkeiten, wenn die Menge dessen, was die Generationen lebenserfahrungsmäßig miteinander verbindet, groß ist. In einer dynamischen Kultur hingegen verändern sich rascher als je zuvor die kulturellen Standards, an denen man sich orientiert. Die Lebensstile differenzieren

---

[15] a.a.O., S. 74.

sich intergenerativ aus. Prägungen durch dominante Erfahrungen trennen Alterskohorten heute schon in Zeitabständen, die weitaus kürzer sind als die Zeitspanne einer Generation[16], und die Angehörigen der gleichzeitig miteinander lebenden Generationen werden einander in etlichen Hinsichten historisch. Das Bild, das die Generationen voneinander haben, verliert an Prägnanz, und für das Erinnerungsbild längst Verstorbener gilt das erst recht. Man muß schon Familiengeschichte als Liebhaberei betreiben, um die Anmutungsqualität des Kuriosen schließlich nicht mehr wahrzunehmen, die heute von Familienbildern einer Generation ausgeht, die, sagen wir, vor dem Ersten Weltkrieg jung war – nach Kleidung und Wohnambiente ohnehin, aber auch nach den innerfamiliären sozialen Hierarchien, die sich in der Anordnung der Personen in Gruppenfotos spiegeln, sowie in der historischen Ferne einer Kindheit im Kadettenlook. Was bedeutet das für das Verhältnis zum Grab der eigenen Großeltern, der Urgroßeltern gar, wenn man selber schon in die Großelterngeneration eingerückt ist? Die historischen Distanzen, die hier durch Erinnerung überbrückt werden sollen, sind außerordentlich, und sie nehmen, noch einmal, mit der Dynamik kultureller Entwicklungen zu. Wahr ist, daß die Selbsthistorisierungstendenzen unserer Gegenwartszivilisation die familiengeschichtlichen Liebhabereien begünstigen, und so gibt es auch eine spezifisch moderne Familiengrabpflege in familienhistorisierender Absicht. Aber in Sozialmilieus, die nach Herkunftsprägung und sonstigen Umständen Familiengeschichtssinn weniger kräftig ausgebildet haben, weiß man zwangsläufig auch mit Familiengräbern weniger als je zuvor anzufangen, und die Rationalität moderner Friedhofsverwaltung mit ihrer Tendenz zur Begünstigung vereinheitlichter Umlaufsfristen setzt sich durch.

Im Vorgang der Erinnerung operiert das Subjekt nicht innerhalb seiner. Die Praxis der Erneuerung lebendiger Erinnerung ist rituelle Praxis, und von der Beerdigung bis zum Allerseelentag und von der Grabsteinsymbolik bis zu den Formen gemeinschaftlicher Grabbesuche ist man hier, um überhaupt sich bewegen, sich äußern oder Anordnungen treffen zu können, auf Muster angewiesen, die man nicht ad hoc sich einfallen lassen kann, die vielmehr institutionell geprägt und überliefert werden und auch in ihrer sozialen Verbindlichkeit institutionell gebunden sind. Wer am Leben der Kirche teilnimmt, hat insoweit keine Schwierigkeiten. Wer es in einer säkularisierten Gesellschaft nicht mehr tut, gerät zwangsläufig in Verlegenheit. Das fängt schon bei den

---

[16] Cf. Walter Jaide: Generationen eines Jahrhunderts. Wechsel der Jugendgenerationen im Jahrhundertrend. Zur Sozialgeschichte der Jugend in Deutschland 1871–1985. Opladen 1988.

Traueranzeigen an. Wer seit seiner Konfirmandenzeit nicht verlernt hat, mit der Luther-Bibel umzugehen, wird keine Schwierigkeiten haben, aus den in dieser Bibel ja im Fettdruck aufscheinenden Versen von topischer Qualität einen passenden für die Traueranzeige auszuwählen. Überläßt er die Sache dem Pfarrer, wird im Regelfalle auch nichts schiefgehen. Fehlt ihm eine Beziehung zu Kirche und Bibel, so ist die Konsequenz, daß die Traueranzeige insoweit verstummt. Dabei ist dieses Verstummen noch der glückliche Fall, zumal es ja auf seine Weise eindrucksvoll sprechend ist. Der unglückliche Fall ergibt sich - und er wird häufiger -, wenn die anzeigepflichtigen Individuen sich für kompetent halten, dem Toten Selbsterfundenes nachzurufen. Nachlassende soziale Kontrolle bedeutet eben auch nachlassende Kontrolle in Fragen des Geschmacks, und mit den Freiheiten, die wir durch Emanzipation aus institutionell gebundenen Riten gewinnen, breiten sich daher zwangsläufig auch Geschmacklosigkeiten aus. Das schlägt auf die Friedhofskultur durch. „S'ist Feierabend" oder „Rolling home" ertönt bei Begräbnisfeiern als Trauermusik. Auch „Gute Nacht, Mutter" kann gesungen werden. Statt des den Älteren noch vertrauten Engels verweist Pumuckel oder auch das Rehlein Bambi auf ein Kindergrab. Nachdem die Trauergemeinden ohnehin zusammengeschmolzen sind und es zumindest in Großstädten immer wieder einmal vorkommt, daß überhaupt niemand dem Sarg auf dem Wege zum Grabe folgt, wird plausibel, daß man seine letzte Ruhe vom Lieblingshündchen bewachen läßt: Auf dem Grabstein erscheinen „Hundeporträts", von Steinmetzen nach Fotos gefertigt[17]. Kurz: Folgen ritueller Unsicherheit breiten sich aus. Wo man sie als solche bemerkt, herrscht Verlegenheit, und Objekt solcher Verlegenheit möchte niemand sein.

Was sind die Konsequenzen? Man wählt das Schwundstufenritual der sogenannten anonymen Bestattung. „Entlassungen bei den Steinmetzen", „Bestattungsunternehmer in Sorge" - so lauten die Schlagzeilen von Berichten über die wirtschaftlichen Konsequenzen dieses Trends[18]. Schon der Name „anonyme Bestattung" ist ja ein sprechender Name. Wer sie anordnet, dementiert vorauseilend den Willen, als Toter in der Erinnerung fortleben zu wollen. Was soll es denn, den eigenen Namen in Stein zu schreiben, wenn der Wunsch, ihn so geschrieben immer wieder

---

[17] Horst Albrecht: Hin und wieder noch ein Engel. Die Sitten auf deutschen Friedhöfen haben sich radikal gewandelt. In: DIE ZEIT. Nr. 46 (11. November 1988), S. 86.

[18] So im Bericht „Immer mehr Bürger wollen im Tod anonym bleiben" in der Überschriften-Unterzeile. In: Frankfurter Allgemeine Zeitung. Nr. 46 (24. Februar 1988), S. 9.

lesen zu können, bei den eigenen Nachkommen immer schwächer und der Stein seinerseits alsbald nach Ablauf der in der Friedhofsordnung bestimmten Ruhefrist abgeräumt wird? Als nächstliegender Ausweg bietet sich die traditionsreiche Einäscherung an. Auf dem Friedhof Hamburg-Ohlsdorf hat sich deren Zahl in den letzten acht Jahren verdreifacht. Im deutschen Süden, in katholisch geprägten Milieus zumal, verläuft der Anstieg der Feuerbestattungsanteile weniger steil. „Die Kirche“, die römische nämlich, „hält an der alten Sitte fest, daß die Leiber der verstorbenen Gläubigen begraben, d. h. in der Erde bestattet werden.“[19] Freilich hat die neue Feuerbestattungspraxis, deren Zielpunkt der anonyme Urnenplatz unterm Rasen ist, mit den weltanschaulich aufgeladenen Feuerbestattungsritualen antiklerikaler Freigeisterzirkel nichts mehr gemein, und entsprechend fühlt sich auch die Kirche durch Einäscherungswünsche ihrer Gläubigen kaum noch herausgefordert. Der Wille, im Tode möglichst rasch anonym zu werden, äußert sich aber inzwischen randgruppenhaft noch weitaus radikaler. Im Anblick der Rasenflächen, unter denen anonym Urnen beigesetzt sind, können gelegentliche Besucher immerhin noch Vermutungen anstellen, an welcher Stelle die Asche des Bekannten, an den man sich erinnert, wohl ruhen mag. Wem auch die Vorstellung solchen Vermutens noch unangenehm ist, kann die Anordnung treffen, daß seine Asche auszustreuen sei. Geschieht das über See, so läßt sich der Diffusionseffekt dieser Ausstreuung noch einmal bedeutend steigern.

Vor unseren Augen vollzieht sich also ein dramatischer Wandel der Bestattungskultur. Reiche Gelegenheit zum Studium der Struktur evolutionärer Prozesse ist hier gegeben. Neues, dessen Sinn, indem er ja bekundet und beteuert wird, sich relativ leicht erkennen läßt, bleibt kontingent von Relikten älterer Verhältnisse überlagert – wie zum Beispiel in Schweden, wo, bevor der Sarg zur Einäscherung in die Verbrennungskammer hinabsinkt, die anwesenden Hinterbliebenen aus einem bereitgestellten Eimerchen dem Toten Erde nachwerfen. „Das bringt selbst als symbolische Handlung nichts, nur der Putzfrau Ärger“, kommentiert dazu der begräbniskulturgeschichtlich kompetente Berichterstatter[20]. Beim fraglichen Erden-Relikt handelt es sich ersichtlich um einen Riten-Bestandteil, für den gilt, daß er sich einzig historisch erklären

---

[19] Eduard Eichmann: Lehrbuch des Kirchenrechts. 12. Auflage. Band 2. Sachenrecht. München 1967, S. 338.

[20] Hans-Kurt Boehlke: Technische Perfektion und Totengedenken. In: Der Friedhof als Gemeinschaftsaufgabe. Tagung in Zusammenarbeit mit der Arbeitsgemeinschaft Friedhof und Denkmal, 16. – 18. Januar 1979 in der Evangelischen Akademie Hofgeismar, Schlößchen Schönburg, S. 21–32, S. 29.

läßt[21]: Bei Erdbestattungen, wie sie früher einmal einzig üblich waren, machte es Sinn, sich an der Arbeit der Leichenbestatter, den Toten der Erde zu übergeben, symbolisch zu beteiligen.

Aber was ist der Sinn des sich kulturell ausbreitenden Wunsches, das Fortleben in der Erinnerung der Hinterbliebenen zu hintertreiben? Wieso nimmt man im Kontext einer Kultur, die wie nie zuvor eine Kultur durch Tendenzen der Selbsthistorisierung gekennzeichnet ist, den Hinterbliebenen vorsorglich jede äußere Stütze fort, an die ihr Gedächtnis sich halten könnte? Auf den ersten Blick scheint das zum blühenden Historismus unserer modernen Zivilisation nicht zu passen. In den mannigfachen Erscheinungsformen der Nostalgie, auch der Antiquitätenseligkeit und der wachsenden, übrigens kostenträchtigen Bereitschaft, mit dem eigenen älteren Wohnhaus wie mit einem Baudenkmal umzugehen, ist der Historismus der Moderne doch längst zum Bestandteil unserer Alltagskultur geworden, und just dem scheint der sich ausbreitende Wunsch, sich im Tod baldmöglichst Anonymität zu verschaffen, zu widersprechen. Sieht man genauer hin, so erkennt man die Zusammenhänge: Aus den erläuterten Gründen wachsen die Schwierigkeiten, die es mit sich bringt, jemandes Fortleben in der Erinnerung seiner Nachfahren zu sichern, rascher noch als das Interesse an solchem Fortleben. Eben das bedeutet: Die Erinnerungspflicht bekommt Lastencharakter, und in präzeptiver Diskretion befreien wir unsere Hinterbliebenen von dieser Pflicht durch Selbstverpflichtung zur Anonymität von Todes wegen.

Die Praxis anonymer Bestattung gehorcht also der Pragmatik präzeptiver Entlastung von Erinnerungspflichten, deren Erfüllung aus den skizzierten Gründen tatsächlich schwieriger wird. Die fragliche Präzeption ist Teil einer historistischen Kultur, die selbstverständlich auch den Friedhof längst historisiert hat. Tote Friedhöfe, wie Fontane sie nannte, Friedhöfe also, auf denen nicht mehr begraben wird, stehen, sofern sie von einigem Alter sind und ihre Grabsteinrelikte die Anmutungsqualität des Historischen haben, regelmäßig unter Denkmalschutz. Insoweit handelt es sich dann um die Erhaltung eines friedhofskulturgeschichtlichen Denkmals. Aber auch individuelle Gräber werden, in ihrer individuellen Bedeutung, in diesen Denkmalschutz einbezogen, nämlich als Gräber von Prominenten. Liegen auf Friedhöfen Prominente gleich mehrfach, so ist an eine Auflassung solcher Friedhöfe auch dann, wenn es sich um jüngere Friedhöfe handelt, nicht zu denken. Finden auf einem solchen Friedhof aktuell Begräbnisse nicht mehr statt, so darf auch der

[21] Zum Typus der historischen Erklärung cf. das Kapitel „Was heißt ‚Das kann man nur historisch erklären'?" in meinem Buch „Geschichtsbegriff und Geschichtsinteresse. Analytik und Pragmatik der Historie". Basel/Stuttgart 1977, S. 35–47.

Nicht-Prominente, der hier sein Grab noch gefunden hatte, ineins mit den Gräbern der Prominenten die Dauerkonservierung seiner Ruhestätte aus dem Willen öffentlichen Denkmalschutzes erwarten. So gibt es also, komplementär zur sich ausbreitenden Anonymität von Todes wegen, heute nie zuvor gekannte Formen der Dauererhaltung des eigenen Namens, nämlich als Nebeneffekt öffentlicher Verpflichtung zur historisierenden Pflege des Andenkens großer Namen einschließlich ihrer Grabstätten. Gelegentlich glaubt man Anlaß für die Vermutung zu haben, daß auf den Nebeneffekt der Mitbewahrung des eigenen Namens in der denkmalpflegerischen Konservierung von Friedhöfen, die fürs historisierende Bewußtsein als bedeutende Friedhöfe gelten, geradezu spekuliert wird. So galt der unmittelbar nach dem Ende des Zweiten Weltkriegs eröffnete Zehlendorfer Waldfriedhof zunächst „als Sozialfriedhof. Nur die ärmeren Bevölkerungsschichten beerdigten hier ihre Toten, während sich die begüterten Familien um Stadtfriedhöfe bemühten". „Erst mit der Beisetzung von Ernst Reuter ... begann der Friedhof populär zu werden." In den Konsequenzen eines Friedhofsgesetzes, das jedermann verstattet, in einem Grab seiner Wahl, auf welchem Begräbnisplatz auch immer, bestattet zu werden, stellte sich alsbald ein „Belegungsnotstand" ein. Nach Analogie der Prestigedifferenzen zwischen den Stadtquartieren bilden sich solche Differenzen auch zwischen den Friedhöfen aus. Wer auf dem richtigen zu liegen kommt, darf mit größerer Wahrscheinlichkeit auf eine kontingente, nämlich denkmalpflegerische Verewigung seines Namens hoffen[22]. Als Sekundäreffekt von Historisierungsvorgängen ist das schließlich auch noch erreichbar in jenen selten Fällen, in denen der eigene Grabstein seiner künstlerisch-ästhetischen Sonderqualität wegen zum Objekt der Denkmalpflege erhoben wird. Aus dem Grabmal wird ein Denkmal im historischen Sinn, aber nichtsdestoweniger bleibt es ja in dieser Verwandlung das eigene.

„Dauernd erhalten" werden schließlich, in Deutschland, auch die „Gräber der Opfer von Krieg und Gewaltherrschaft"[23]. Auf diese Gräber finden „die Bestimmungen über eine zeitliche Beschränkung des Ruherechts keine Anwendung". Der primäre Sinn der Dauererhaltung dieser Gräber ist natürlich nicht ein historisierender Sinn. In wohlbestimmter

---

22 Zum Zehlendorfer Waldfriedhof cf. Heiderose JENZ: Der Friedhof als stadtgeographisches Problem der Millionenstadt Berlin – dargestellt unter Berücksichtigung der Friedhofsgründungen nach dem 2. Weltkrieg. Abhandlungen des Geographischen Instituts. Anthropogeographie. Band 26. Berlin 1977, S. 77ff.

23 Jürgen GAEDKE: Handbuch des Friedhofs- und Bestattungsrechts. Mit ausführlicher Quellensammlung des geltenden staatlichen und kirchlichen Rechts. Stand: 1. April 1977. Köln, Berlin, Bonn, München 1977, S. 158. – Näheres im Kapitel 7: „Gräber der Opfer von Krieg und Gewaltherrschaft", S. 213ff.

Hinsicht läßt sich sogar sagen: Die Dauererhaltung der Gräber der Opfer von Krieg und Gewaltherrschaft soll der Historisierung der politischen Umstände ihres Todes entgegenwirken. Der Sinn der fraglichen Gräbererhaltung ist näherhin ein politisch-moralischer Mahnsinn. Indessen setzt die Erfüllung dieses Sinns voraus, daß die Mahnung fortdauernd aktuell ist, daß man also, ermahnt, fortdauernden Gefahren oder Geneigtheiten entgegen statt dessen anders handelt.

Man braucht freilich keine besondere Empfindlichkeit, um zu erkennen, daß die in jenen gesetzlichen Vorschriften zur dauernden Erhaltung der Gräber von Kriegs- und Gewaltopfern enthaltene Unterstellung, dem Mahnsinn ihrer Gräber eigne eine Daueraktualität, fiktiv ist. Man erkennt das, wenn man den politisch-moralischen Sinn gegenwärtiger deutscher Mahngrabstätten mit den demgegenüber traditionellen Kriegsfriedhöfen anderer Länder vergleicht. Ein Kriegerdenkmal in Frankreich, das Grab des Unbekannten Soldaten vor der Kreml-Mauer in Moskau mit seiner ewig lodernden Flamme, das Brautpaare nach ihrer Trauung zu besuchen pflegen, ehrt die Toten wegen ihrer erwiesenen Opferbereitschaft und mahnt zu dieser Bereitschaft. Keinen anderen Sinn hatten die deutschen Kriegerfriedhöfe früher auch, und kein dörfliches Kriegerdenkmal läßt sich in seinem originären historischen Sinn anders deuten. Es ist ersichtlich eine Umdeutung, den Sinn ihrer Mahnung, anstatt in der Verpflichtung zu analoger Opferbereitschaft, nunmehr in der rigorosen Verpflichtung zur Verhinderung aller Umstände zu erblicken, unter denen solche Opferbereitschaft früher einmal für unumgänglich gegolten hatte. Selbstverständlich gibt es für diese Umdeutung gute Gründe. Je unwidersprechlicher aber diese Gründe in ihrer aktuellen Geltung sind, um so unübersehbarer wird zugleich der historische Index, der die Formen des politischen Totengedenkens von gestern und vorgestern prägt. Und das stellt sich nicht nur aus Verliererperspektive so dar. Es gibt die Bedingungen nicht mehr, weder politisch noch militärisch, unter denen ein Vorgang analog der Schlacht von Verdun auch nur denkbar wäre, und entsprechend beruht der starke Eindruck, den auch der heutige Besucher des Beinhauses an diesem Platz empfängt, nicht auf der zeitenüberdauernden Konstanz seines ursprünglichen Mahnsinns, vielmehr gerade umgekehrt auf der singulären Historizität der Umstände, die geschichtswissenschaftlicher Erläuterung bedürfen, um sie heute noch verständlich machen zu können[24]. Nicht der ursprünglich gemeinte Mahnsinn der alten Krieger-

---

[24] Reinhart Koselleck: Kriegerdenkmale als Identitätsstiftungen der Überlebenden. In: Odo Marquard, Karlheinz Stierle (Hrsg.): Identität. München 1979, S. 255–276.

gedenkstätten, vielmehr die Evidenz seiner Historizität macht es möglich, die fraglichen Stätten zum Ort der Freundschaftsbekundung ehemaliger Feinde zu machen. Wo man der Historizität der Umstände, denen die Toten zum Opfer gefallen sind, nicht ganz sicher wäre, ginge gerade das nicht.

Selbst für die Gräber der Opfer totalitärer Gewaltherrschaft gilt Analoges. Auch in diesem Fall wird durch die gesetzliche Verpflichtung zur Erhaltung dieser Gräber nicht ein Mahnsinn konstituiert, dessen Geltung geschichtsindifferent für alle Zeiten fortdauern könnte. Je entschiedener durch die Mahnung, die die Grabstätten der Opfer totalitärer Gewaltherrschaft nach deren Zusammenbruch repräsentieren, die ideologischen Grundlagen dieser Gewalt diskreditiert worden sind, um so geringer wird die politische Aktualität dieser Mahnung, und was sich zugetragen hat, gewinnt den Charakter einer historischen Singularität, deren wachsende Unverständlichkeit anzeigt, daß die Wahrscheinlichkeit, daß sich dergleichen wiederholen könnte, abnimmt, und eben das bedeutet, daß die Vergegenwärtigung dieser Singularität zu einem Vorgang ihrer Historisierung wird.

Es ist also unausweichlich: Selbst die gesetzlichen Vorschriften, die uns in politisch-moralischer Absicht zur dauernden Erhaltung der Gräber von Kriegs- und Gewaltopfern verpflichten, fördern im Endeffekt deren Historisierung. Die moderne Kultur ist eine Kultur progressiver Selbsthistorisierung, und auch die Toten, so scheint es, bleiben heute unserer Erinnerung vorzugsweise in den historisierenden Formen ihres Andenkens gegenwärtig. Das ist es übrigens, was die Kirchen, die Pfarrer, auch die für die fraglichen kulturellen Zusammenhänge empfindlichen Frommen, zur modernen Friedhofskultur eher hat in Distanz gehen lassen. Die Mühen und im Endeffekt stets vergeblichen Mühen, die wir uns in unserer Kultur machen, Tote in der Erinnerung fortleben zu lassen, sind ja in religiöser Lebenshinsicht irrelevante Mühen. Was diese Mühen an Aufmerksamkeit binden, wird denjenigen Lebenszwecken entzogen, für die unter dem Aspekt unseres Todes die Antwort auf die Frage gleichgültig ist, wie hoch man den Quellenwert unserer Hinterlassenschaften für die Erforschung der familienhistorischen, vereinshistorischen oder sonstigen, auch politischen Rolle einschätzen wird, die wir gespielt haben mögen. „Die Zukunft der Kirche liegt nicht auf dem Friedhof", findet entsprechend einleuchtend ein Kirchenmann[25]. Nichts-

---

[25] Walter WEISPFENNIG: Der Friedhof als Gemeinschaftsaufgabe – Rechtliche Fragen. In: Der Friedhof als Gemeinschaftsaufgabe. Tagung vom 27. Februar bis 1. März 1978 in der Evangelischen Akademie Hofgeismar, Schlößchen Schönburg, S. 27–38, S. 28.

destoweniger muß das kein Grund sein, sich den historisierenden Tendenzen moderner Friedhofskultur zu widersetzen. Es intensiviert ja die Erfahrung des Todes in seiner absoluten Bedeutung, daß auch noch die Erinnerung stirbt, und die Vergegenwärtigung dieses Doppeltodes erweist sich bei näherem Zusehen als der eigentliche Sinn moderner Friedhofshistorisierung.

1.2 Denkmalschutz oder die Paradoxien des Versuchs, Altes neu zu machen

Auch das Fortleben der Verstorbenen in der Erinnerung ist neuerdings historistisch überformt und geprägt. Erst mit der Friedhofsreform des Aufklärungszeitalters, so haben wir gesehen, entfaltet sich eine Totengedächtniskultur in individualisierender Absicht, und die aktuell sich ausbreitende Neigung, von Todes wegen die Hinterbliebenen zur anonymen Bestattung seiner selbst zu verpflichten, drückt nicht Desinteresse am Fortleben in der Erinnerung aus, vielmehr Erfahrungen wachsender Lasten, die mit der Erinnerungspflicht den Hinterbliebenen aufgebürdet werden. Der Rückzug in die Anonymität hat komplementär dazu den Charakter vorsorglicher Erinnerungsentpflichtung.

Mit der Menge der anonymen, nämlich grabstättenfrei und garantiert denkmallos unter die Erde gebrachten oder als ihr Aschenrest in Flüsse, ja über See verstreuten Toten wächst heute freilich zugleich die Menge der Verstorbenen, deren Namen mit ihrem Grab und Grabstein für eine vorerst unabsehbare Zukunft dauerhaft konserviert bleiben, nämlich über die Erhebung von Grabmalen, ja ganzer Friedhöfe zu Objekten des Denkmalschutzes. Nicht unmittelbar die Erinnerung an die Toten in ihrer singulären Individualität ist hier das Interesse. Es handelt sich vielmehr um erinnernde Vergegenwärtigung von Relikten abgestorbener, nämlich inzwischen historisch gewordener Erinnerungskulturen.

Was ist das für ein Interesse, das sich hier betätigt und sogar noch die Erinnerung an die Toten durch die Erinnerung an diese Erinnerung überbietet? In einer Kultur progressiver Selbsthistorisierung läge es nahe, die Antwort auf diese Frage über eine Vergegenwärtigung der Geschichte der Denkmalpflege zu geben. Diese ist gut erforscht und die wichtigsten Dokumente der Philosophie, von denen die Denkmalpflege in ihren wechselnden Epochen jeweils sich leiten ließ, liegen inzwischen gesammelt vor[1]. Man hätte es alsdann mit einer Erinnerung in dritter Potenz zu tun: Denkmale, die einst der Erinnerung dienten, werden nach dem Erlöschen dieser Erinnerung als Denkmäler der Erinnerungskultur konserviert, und an inzwischen historisch gewordene Formen solcher

---

[1] Norbert HUSE (Hrsg.): Denkmalpflege. Deutsche Texte aus drei Jahrhunderten. München 1984. – Ferner: Georg DEHIO, Alois RIEGL: Konservieren, nicht restaurieren. Streitschriften zur Denkmalpflege um 1900. Mit einem Kommentar von Marion WOHLLEBEN und einem Nachwort von Georg MÖRSCH. Braunschweig/Wiesbaden 1988.

Konservierung erinnert die moderne Historiographie der Denkmalpflege.

Indessen: Die Denkmalpflege als solche ist ja unbeschadet ihrer Erhebung zum Gegenstand historischer Forschung nicht erloschen, vielmehr ein Gegenstand öffentlichen Interesses wie in keiner früheren Epoche der Denkmalpflege zuvor. Was ist es, was heute Bürgerinitiativen gegen den Abriß abgängiger Fabrikhallen aus der Zwischenkriegszeit demonstrieren und protestieren läßt? Was ist das für eine Mentalität, die sich den noch vor zwölf Jahren unbekannt gewesenen Terminus „Rückbau" hat einfallen lassen? Welche Wandlungen hat der Begriff des Fortschritts durchmachen müssen, damit in seinem Namen die Forderung erhoben werden kann, Dörfer, ja ganze Stadtquartiere neu alt zu machen?

Die Antwort auf diese Fragen, die ja, am Beispiel des Denkmalschutzes, eine Antwort auf die Frage nach der modernitätsspezifischen Funktion des historischen Bewußtseins überhaupt ist, habe ich an anderer Stelle gegeben und ausführlich erläutert[2]. Das ist hier im Detail nicht zu wiederholen. Hier soll es sich darum handeln zu zeigen, wieso das historische Bewußtsein, in Abhängigkeit von der in Teilbereichen unserer Zivlisation immer noch wachsenden evolutionären Dynamik, die ihm zugedachten Leistungen aus Überforderungsgründen nicht mehr erbringen kann. Thema sind hier Vermutungen über die Zukunft der im historischen Bewußtsein präsenten Vergangenheit bei fortschreitender Überforderung dieses Bewußtseins. In den aktuellen Formen des Denkmalschutzes läßt sich diese Überforderung anschaulich machen, und zwar auf dem Hintergrund des guten und unabweisbaren Sinns, der in der aktuellen Denkmalschutzbewegung lebendig ist – von den erwähnten Bürgerinitiativen bis hin zu den professionellen Leistungen unserer Restauratoren und amtlichen Denkmalpfleger. Es gibt Grenzen der Erfüllbarkeit der Forderungen historistischer Vergangenheitsvergegenwärtigung, und je dringlicher uns unsere zivilisatorische Lage nach solchen Vergangenheitsvergegenwärtigungen verlangen läßt, um so schwieriger wird es, sie zu erbringen.

Was also ist der gute, inzwischen aber in den Bedingungen seiner Erfüllbarkeit gefährdete Sinn historistischer Vergangenheitsvergegenwärtigung? Die kürzeste mir bislang vorgekommene Beantwortung dieser Frage stammt von einem Städtebauer und Architekten, und sie bezieht sich auf den Denkmalschutz. Sie sei daher auch an dieser Stelle noch einmal vorgetragen. „Wenn mehr als zwei bis drei Prozent der

---

[2] Cf. dazu den Teil II „Pragmatik" meines Buches „Geschichtsbegriff und Geschichtsinteresse. Analytik und Pragmatik der Historie". Basel/Stuttgart 1977.

Altbauten" unserer Arbeits- und Wohnquartiere, unserer Städte und Dörfer „pro Jahr abgerissen und durch Neubauten ersetzt werden", so schreibt Benedikt Huber, „fühlt der Bürger sich verunsichert und reagiert entsprechend"[3]. Änderungstempobedingter Vertrautheitsschwund – das ist die plausible Befindlichkeitsnebenfolge historisch beispielloser Dynamik in der Evolution unseres städtebaulichen Lebensambientes. Ebenso plausibel ist, daß sich just darauf die nach Umfang und historistisch qualifizierter Professionalität gleichfalls historisch beispiellosen Anstrengungen unserer Denkmalschützer beziehen. Ihre Leistungen sind Leistungen der Kompensation eines änderungstempobedingten Vertrautheitsschwundes. Durch Vergangenheitskonservierung sichern sie Bedingungen der Möglichkeit, Kontinuitätserfahrungen zu machen. Sie sichern Wiedererkennbarkeit. Sie halten gegenwärtig, was die Gegenwart mit der Vergangenheit in kollektiver und individueller Erinnerung zusammenbindet.

Die mit der Modernität der Moderne zunehmenden Neigungen zur Kulturkritik legen es nahe zu fragen, welchen Sinn es denn habe, durch Leistungen der Denkmalpflege einen Mangel kompensieren zu sollen, dem man eben als solchem damit nicht abhilft. Die sogenannte Kompensationstheorie der historischen Kulturwissenschaften und der durch sie disziplinierten Leistungen der Denkmalpflege, der Musealisierung und analoger praktischer Formen der Vergangenheitsvergegenwärtigung ist inzwischen zu einem Gegenstand lebhafter intellektueller Auseinandersetzungen avanciert[4]. Davon soll, metakritisch, noch ausführlich die Rede sein[5]. An dieser Stelle muß es genügen zu sagen, daß jener Mangel, der denkmalpflegerisch kompensiert wird, der änderungstempobedingte Vertrautheitsschwund also, ja nicht den Charakter eines mutwillig und sträflich angerichteten Mangels hat. Es handelt sich vielmehr um einen Mangel, der sich als unvermeidliche Nebenfolge eines Fortschritts einstellt, auf den als solchen niemand verzichten möchte und der somit als solcher seine kulturelle und politische Legitimität behauptet. Wohlfahrt, soziale Sicherheit, politische und kulturelle Emanzipation sind es doch, die den Zivilisationsprozeß, über den allein dergleichen erreichbar wurde, unzweifelhaft als Fortschritt charakterisiert sein lassen. Es gibt unverändert keine Massenbereitschaft zum Verzicht auf Wohlfahrt,

---

[3] Benedikt Huber: Irrationale Faktoren in der Stadtplanung. In: Neue Zürcher Zeitung. Nr. 368 (11. August 1974), S. 29.

[4] Cf. dazu exemplarisch Kursbuch 91: Wozu Geisteswissenschaften? Herausgegeben von Karl Markus Michel und Tilman Spengler. Unter Mitarbeit von Hans Magnus Enzensberger. Berlin 1988.

[5] Cf. unten S. 281ff.

soziale Sicherheit, auf politische und soziale Emanzipation, und die Entlarvung des Fortschritts als Illusion ist bislang über das Feuilleton nicht hinausgelangt. Eben das macht zugleich evident, daß fortschrittsabhängige Mängellagen, in die wir inzwischen geraten sind, wenn anders man sie ineins mit den Ursachen ihrer Entstehung beseitigen wollte, sich nur um den Preis des Verzichts auf den Fortschritt aus der Welt schaffen ließen. Die Unterstellung, es gäbe eine Massenbereitschaft zur Aufbringung dieses Preises, hat Absurditätscharakter. Das bedeutet: Die Folgelasten des Fortschritts desavouieren nicht eo ipso die Lebensvorzüge, die der Fortschritt erreichbar gemacht hat und um derenwillen er Fortschritt heißt. Vielmehr haben diese Folgelasten, ökonomisch ausgedrückt, den Charakter von Kosten. Wahr ist, daß in vielen Lebenszusammenhängen die Kosten, die wir für die Vorzüge des Lebens in der modernen Zivilisation zu zahlen haben, rascher als diese Vorzüge wachsen. Aber auch das heißt nicht, daß der Fortschritt in Wahrheit gar keiner gewesen sei. Es heißt vielmehr, daß – abermals ökonomisch ausgedrückt – sein Grenznutzen abnimmt. Wer darauf sich rational einstellt, erklärt nicht bisherige Überzeugtheiten vom Sinn des Fortschritts für illusionär. Er richtet sich vielmehr in erfahrbar gewordenen Grenzen dieses Fortschritts ein.

Änderungstempobedingter kultureller Vertrautheitsschwund, die Desavouierung der Erinnerung, indem wir anstelle dessen, was unser Erinnerungsbild uns erwarten läßt, etwas ganz anderes, Neues in der Realität wiederfinden, Zwänge der Umgewöhnung von Seh- und Gehgewohnheiten in sich verkürzenden Fristen – das sind Folgelasten des Fortschritts, die einzig sich kompensieren lassen, wenn anders der Fortschritt selber weder faktisch noch moralisch umkehrbar ist. Wer möchte denn, im Ernst, den Prozeß revidieren, über den ein großstadtnahes Dorf zum Gartenwohnort von Berufstätigen wurde, die jetzt erst, fortschrittsabhängig, ein Haus im Grünen sich leisten können? Die Folgelasten sind freilich bekannt: Nahverkehrsbauten haben altvertraute Straßenzüge verschlungen, vom alten Dorfrand weg dehnen sich unabsehbare Neubauviertel und im Dorfinnern fressen sich Selbstbedienungsläden mit ihrem Großflächenbedarf durch schmale Giebelhäuser. Wer in sein derart verwandeltes Heimatdorf, nachdem er es, sagen wir, seit fünfzehn Jahren nicht mehr gesehen hat, zurückkehrt, wird finden, es sei nicht wiederzuerkennen, und die zivilisationskritischen Klagen, in die sich diese Erfahrung umsetzt, durchziehen das Feuilleton. Solche Klagen sind nicht nur verständlich; sie sind auch berechtigt. Allein schon in ästhetischer Hinsicht gilt das – von wichtigeren Aspekten der Sache ganz abgesehen. Dennoch folgt daraus nicht, die Entwicklung, deren Resultat wir mit gemischten Gefühlen quittieren, sei also eine Fehlentwicklung gewesen. Man frage die Bewohner der fraglichen Stadtsatellitendörfer, die allmorgendlich und allabendlich ihr Pendlerdasein verfluchen, ob sie denn im Ernst und mit allen Konsequenzen ihr altes Leben in seiner Mietskasernenbeengtheit ihrer jetzigen Gartenstadtbewohnerschaft vorziehen möchten. Die Frage stellen heißt sie beantworten, und es beeinträchtigt die Zustimmungsfähigkeit dieser Antwort nicht, daß aus der Perspektive des Gartenstadtdaseins gesehen andere, neuere Daseinsformen weitaus verlockender erscheinen. Eine Komfortwohnung in verkehrsberuhigten, restaurierten Altstadtquartieren, von der aus der Weg durch die Fußgängerzone zum Büro zwölf Minuten dauert – das ist in der Tat eine attraktive Alternative. Sie hat sich freilich erst im Zeitalter denkmalpflegerisch inspirierter Altstadtsanierung aufgetan. Die Menge der Möglichkeiten restaurierten urbanen Wohnens bleibt aber knapp, daher teuer, und eine Massenabkehr vom Leben im Stadtsatellitendorf wird es entsprechend nicht geben. So bieten also diese Dörfer ihren skizzierten neuen Anblick, und wer ihn vor Augen hat, erkennt, daß sich genau darauf die denkmalpflegerischen Anstrengungen der Gemeindeverwaltung und längst auch der Privateigentümer einschlägig interessanter Objekte in einleuchtender Weise kompensatorisch beziehen.

Die Kritik am Kompensationscharakter solcher Denkmalpflege insinuiert, zur Restauration der Fassaden jener drei schmalen Giebelhäuser am Dorfmarkt, hinter denen sich inzwischen die durchlaufende Kundenhalle der Kreissparkassenfiliale erstreckt, gäbe es eine Alternative. Aber da eine Revision der zivilisatorischen Entwicklung nicht in Frage kommt, als deren vorläufiges Resultat wir das skizzierte Stadtsatellitendorf vor uns haben, verbliebe doch als Alternative einzig der Verzicht auf die Fassadenrestauration. Nichts als eine Baukostenminderung wäre der Gewinn dieses Verzichts. Hingegen ist der Restaurationsgewinn nichtökonomischer Art. Es ist ein überaus subtiler Gewinn. Er besteht, zum Beispiel, in der Verschaffung von Wiedererkennungsmöglichkeiten zugunsten ehemaliger Dorfbewohner. „Nicht wiederzuerkennen" – das mag ihre Standardreaktion sein, wenn sie ihrem Heimatdorf nach einem Dutzend Jahren sich zum ersten Mal wieder nähern. Die restaurierten Giebelhausfassaden im Zentrum wirken dann als überzeugendes Dementi dieses Statements. Der alte Kirchturm deckt sich mit dem Suchbild, das uns bei solcher Heimkehr nach Vertrautem Ausschau halten läßt, ohnehin, und zwar auch dann, wenn seine Zwiebelrundung, statt wie früher mit grün angestrichenem Blech, nunmehr wohlstandsabhängig mit grünspanüberzogenem Kupfer gedeckt ist.

Es erübrigt sich, mit der Schilderung der Erfahrungsmöglichkeiten, die wir uns heute denkmalpflegerisch sichern, fortzufahren – von der Sicherung postkartenfähiger Ansichten, ohne die es für Einheimische und mehr noch für Fremde gar kein Dorfbild gäbe, bis hin zur Sicherung der Möglichkeit, im Anblick des eigenen Dorfes, wie es sich vor einhundert Jahren darbot, das eigene Dorf überhaupt wiederzuerkennen. Zu den besonders beliebten Dorf- und Stadtbilderbüchern gehören ja inzwischen jene Sammlungen von Kontrastphotographien, die links den historischen Anblick zeigen und rechts den aktuellen. Solcher Kontrast wirkt heute zumeist als Auslöser von Nostalgien. Werke gelungener Denkmalkonservierung auf dem aktuellen Bild wirken dann auf den Nostalgie-Affekt moderierend. Im Kontrast der Bilder von Plätzen, die links noch mit Autos vollgestellt erscheinen, rechts aber bereits neu den Fußgängern reserviert sind, wird eine Entwicklung sichtbar gemacht, die als gelungene Fortschrittskompensation jedermann unbefangen als ihrerseits fortschrittliche Leistung begrüßt und die vom Gemeinderat entsprechend herausgestellt wird. So oder so: Es sind die herausragenden, unübersehbaren Objekte der Denkmalpflege, die den architektonischen Neuanblick einer Kommunität auf ihren Altanblick überhaupt erst beziehbar machen und damit die Einheit dessen, was sich ändert, in seiner Änderung sinnfällig halten.

Der gute Sinn moderner Denkmalpflege wird also hier in der skizzierten Weise vorausgesetzt, wenn jetzt von Schwierigkeiten, ja schließlich unlösbaren Schwierigkeiten die Rede sein soll, diesem Sinn unter den Temporalitätsbedingungen der modernen Zivilisation seine Erfüllung zu verschaffen. Ich beschränke mich auf drei Schwierigkeiten denkmalpflegerischen Handelns, die die Denkmalpflege, in der stets auch kulturkritische Impulse wirksam sind, selber zum Objekt der Kulturkritik haben werden lassen. Die erste Schwierigkeit ist dabei noch die harmloseste. Es handelt sich um die Schwierigkeit, sich in der Verwandlung unseres architektonischen Lebensambientes in ein Denkmalambiente Grenzen zu setzen, also in den Aktivitäten der Denkmalpflege nicht zu übertreiben. Die zweite Schwierigkeit hat prinzipiellen Charakter. Es handelt sich um die Schwierigkeit, die Frage beantworten zu sollen, wieviel Nutzungsänderung ein Bauwerk verträgt, wenn es als Denkmal in seiner architekturgeschichtlich wohlbestimmten historischen Identität konserviert werden soll. Die dritte Schwierigkeit folgt aus der zweiten: Jeder konservatorische Akt in denkmalpflegerischer Absicht überliefert der Zukunft nicht unmittelbar konservierte Vergangenheit, vielmehr gegenwärtige Leistungen konservatorischer Praxis.

Die Schwierigkeit, sich in der denkmalpflegerischen Praxis vor Übertreibungen zu hüten, resultiert nicht aus einer vergangenheitsseligen Mentalität. Sie resultiert vielmehr aus der fortschrittsabhängig objektiv zunehmenden Menge denkmalfähigen Kulturguts. Das gilt in temporaler wie in räumlicher Hinsicht. Bedeutende Zivilisationsschübe technischwirtschaftlicher Art verwandeln in sich verkürzenden Zeitabständen über weitgespannte Räume hinweg nicht nur Gebäude, sondern darüber hinaus ganze Infrastruktursysteme in Relikte. Für Systeme der Verkehrsinfrastruktur zum Beispiel gilt das. Ich habe das in anderen Zusammenhängen am Beispiel der Kanäle nordwestdeutscher, auch niederländischer Fehn-Moor-Kolonien erläutert[6]. Diese Kanäle, die in etlichen Fällen bereits im 18. Jahrhundert angelegt wurden, ließen sich an technische Entwicklungen schlechterdings nicht anpassen, die heute Massentransport auf Wasserstraßen einzig noch über Distanzen sowie in Schiffseinheiten einer Größenordnung wirtschaftlich sein lassen, die in ihren Dimensionen die Kapazität des alten Systems mindestens um den Faktor zehn überbieten. Also wurden die alten Systeme transportwirtschaftlich ausseligiert, das heißt sie verfielen[7]. Inzwischen sind die Kanalrelikte zu Denkmälern avanciert. Das bedeutet: Sie werden, soweit noch in ursprünglicher Form vorhanden, konserviert, sonst restauriert. Auch dabei gilt freilich die Regel: Ein Baudenkmal - hier ein dem besonderen Siedlungstypus der sogenannten Fehne entsprechendes Verkehrsbaudenkmal - ist „ohne Nutzung ... verloren“[8]. Solche sekundäre Nutzung ist auch in diesem exemplarischen Falle gegeben. Die Kanalsysteme sind inzwischen vom bootstouristischen Freizeitverkehr entdeckt und angenommen worden. Selbstverständlich wäre es unbillig zu erwarten, daß die wirtschaftlichen Erträgnisse aus diesem Tourismus die Unterhaltungskosten der fraglichen Denkmäler abzudecken vermöchten. Es handelt sich insoweit um Kosten, die eine Gesellschaft, die reich genug ist, sich Denkmäler in wachsender Menge leisten zu können, aus ihren öffentlichen Haushalten finanziert. Die Gemeinden, gewiß, investieren in ihre Denkmäler durchaus in der Hoffnung auf eine Fremdenverkehrsrendite. Aber auch dann, wenn diese Rechnung nicht aufgeht, dürfen sie mit der Zustimmung ihrer Bürger rechnen, und im übrigen verschaffen Mittel aus einschlägigen Landesprogrammen den Ausgleich.

So weit, so gut. Aber wie viele dieser Verkehrsbaurelikte will man denn nun als Denkmäler konservieren, gar restaurieren? Allein in einem kleinen Areal von nicht einmal eintausend Quadratkilometern befinden

---

[6] Cf. dazu Hermann LÜBBE, Geschichtsbegriff und Geschichtsinteresse, a.a.O. (cf. Anm. 2), S. 40ff.

[7] Cf. Jürgen BÜNSTORF: Die Ostfriesische Fehnsiedlung als regionaler Siedlungsformtypus und Träger sozial-funktionaler Berufstradition. Göttinger Geographische Abhandlungen. Heft 37. Göttingen 1966, bes. S. 132ff.

[8] Hans MAIER: Was zu tun ist - zugleich eine Einführung. In: Hans MAIER (Hrsg.): Denkmalschutz. Internationale Probleme - Nationale Projekte. Zürich 1976, S. 7-19, S. 12.

sich nahezu ein Dutzend ehemals selbständiger Dörfer des fraglichen Typus. Daß man eines davon mit seinen Kanalrelikten in ein Denkmal verwandelt, sei in unserer wie nie zuvor vergangenheitsbezogenen Gegenwart als selbstverständlich konzediert – sagen wir das in seinem alten Zustand am besten erhaltene System, das zugleich den Nostalgietouristen, auf die man hofft, für Anreise und Abreise die besten Anschlußmöglichkeiten ans aktive System moderner Wasserstraßen bietet. Das so konservierte und restaurierte Denkmal hätte dann einen exemplarischen Sinn, und wenn man sich mit ihm begnügte, gewänne man die Freiheit, mit den übrigen Relikten nach Zweckmäßigkeit zu verfahren, also die alten Kanäle, wenn anders das nicht ohnehin längst geschehen ist, zuzuschütten, aus ihnen breite und leistungsfähige Straßen zu machen, oder auch, sofern bereits der sogenannte Rückbau aktuell ist, schmalere Straßen, die alsdann von entsprechend vergrößerten Vorgärten der anliegenden Häuser gesäumt wären.

Aber wie ließe sich hier der denkmalpflegerische Wille in seinem zustimmungsfähigen, ja zustimmungspflichtigen Sinn auf ein einziges exemplarisches Objekt beschränken? Wenn wir es in unserer dynamischen Zivilisation schätzen, Relikte früherer Zivilisationsepochen maximal als Denkmäler zu konservieren und so zum Bestandteil unseres gegenwärtigen Lebensambientes zu machen – wie sollte man es rechtfertigen können, diesen Befindlichkeitsnutzen nur den Bewohnern des exemplarisch ausgewählten Fehn-Denkmals zugute kommen zu lassen und nicht allen übrigen Bürgern auch, die noch inmitten verfallener oder verfallender Relikte aus untergegangenen Zivilisationsepochen leben? Also breitet sich der denkmalpflegerische Aktivismus wie ein Fieber aus und über ganze Kulturlandschaften legt sich eine Atmosphäre des Musealen. Die zuständigen politischen und administrativen Instanzen, die anfänglich noch durch ihre ideellen und finanziellen Beiträge diesen Aktivismus ermuntert hatten, merken nun bald, daß hier des Guten zu viel getan wird. Sie merken es nicht nur im Erreichen der Grenzen der Finanzierbarkeit. Sie merken es auch an wachsender Unbereitschaft der Bürger, die Einschränkungen auf sich zu nehmen, die es mit sich bringt, als Dorfbewohner höchst real von Lebensbedingungen abhängig zu sein, deren aktueller Sinn vor allem ein Denkmalsinn ist. Muß es denn sein, daß die Straße, deren Anlieger man ist, verkehrsgefährdend schmal bleibt, weil sie zum konservierten Kanal hin sich nicht erweitern läßt? Muß man es hinnehmen, daß das eigene alte Wohnhaus, nachdem man versäumt hat oder nicht in der Lage war, es bereits vor einem Vierteljahrhundert durch ein modernes zu ersetzen, sich plötzlich im Denkmalverzeichnis wiederfindet? Ist es zumutbar, zum Befindlichkeitsnutzen anderer, gar von Touristen, sein Leben als Denkmalsbewohner fristen zu sollen? – Es erübrigt sich, mit Fragen dieser Art fortzufahren. Sie machen deutlich: Denkmalpflege, wie wir sie heute zur Kompensation von Folgelasten der Modernisierung betreiben, hat ihrerseits Folgelasten, und die finanziellen Folgelasten sind dabei noch die harmlosesten. Plötzlich werden also Grenzen spürbar, jenseits derer Denkmalpflege als übertriebene Denkmalpflege aufdringlich wird, und wir sind Zeitzeugen solcher Aufdringlichkeit.

Das gilt nicht zuletzt für die ästhetische Seite der Sache. Muß man das schildern? Die Fenster der alten Häuser des fraglichen Siedlungstypus waren selbstverständlich Sprossenfenster. Deren Nachteile überwiegen inzwischen ihre Vorteile bei weitem. Nichtsdestoweniger werden, weil man ja sein Haus in einem Siedlungsdenkmal errichtet, sogar Neubauherren zu solchen Fenstern in guter denkmalpflegerischer Absicht gedrängt. Indessen sind die Herstellungskosten solcher Fenster schlechterdings unzumutbar, und als Ausweg bietet sich an, mit Plastikaufklebern auf Großscheiben Sprossenfenster zu imitieren. Bei einem einzigen Rundblick gleich mehrfach Augenzeuge solcher Imitationen zu sein – das ist eine verblüffende Erfahrung. Es ist die Erfahrung der Ästhetik denkmalpflegerischer Replikate, die aus Kosteneinsparungsgründen zwangsläufig schlechte Replikate sind. Die professionellen Denkmalpfleger in den Oberbehörden versuchen natürlich gegenzusteuern. Aber die Verwandlung von Zivilisationsgut in Denkmäler erfolgt in einer dynamischen Zivilisation grundsätzlich rascher als der Ausbau der Aufsichts- und Steuerungskapazitäten professioneller Denkmalpflege. Das gilt nicht zuletzt angesichts des rührenden Eifers jenes rasch wachsenden Anteils von Hauseigentümern, die die Verwandlung ihres Eigentums in ein Denkmal – und sei es in der Hoffnung auf Prestige- und Wertzuwächse – in die eigenen Hände nehmen, vor allem mit Farbe nicht sparen und reichlich Requisiten verwenden, deren Sinn einzig in ihrer Eigenschaft als Träger der Anmutungsqualität „alt" besteht.

Schmerzlich sticht vor allem der Anblick von Bauelementen ins Auge, die einem alten Muster entsprechen, aber ersichtlich funktionslos und in dieser Funktionslosigkeit überdies funktionswidrig sind. Das Museum, gewiß, ist ein Ort der Sammlung funktionsloser Zivilisationsrelikte, wie zumal im Falle eines technischen Museums evident wird. Auf dem inzwischen musealisierten Computer der siebtletzten Generation rechnet ja niemand mehr – es sei denn zu Zwecken der Demonstration, wie damals mit einem solchen Computer sich rechnen ließ. Seine Aufstellung in der neuesten Abteilung, nämlich der Datenverarbeitungsabteilung, im Technik-Museum erfüllt einzig die Funktion, Gelegenheit zum historischen Studium dessen zu bieten. Indessen: Der Denkmalschutz schützt ja nicht Museumsgut, vielmehr nutzungs- und lebensfähig gebliebenes

Altes, und eben das läßt uns auch ästhetisch verlangen, im konservierten Denkmal, sofern es mehr als ein Objekt im Freilichtmuseum ist, seine aktuelle Nutzbarkeit miterkennen zu können. Just dieses Verlangen wird aber aufs gröbste durch das im übrigen durchaus gelungene Replikat einer alten Zugbrücke desavouiert, die einen Wasserlauf überquert, auf dem nach Lage der Dinge kein Schiff, kein Boot mehr verkehrt, so daß auch die Zugbrücke nicht mehr Zugbrücke zu sein bräuchte. Wann hätte man denn je eine Zugbrücke gebaut, die man, und sei es im Kontext eines Verkehrsdenkmals, schlechterdings nicht mehr braucht? Heute geschieht dergleichen, und seinem Begriffe nach handelt es sich dabei darum, die Grenzen zwischen Denkmalschutz und Musealisierung fließend zu machen. Wir gehen heute gern ins Museum, aber doch nicht, um in ihm zu wohnen. Genau das ist die Insinuation, die von der fraglichen Zugbrücke ausgeht, die der im Denkmalsdorf wohnende Pendler morgens und abends zu passieren hat. Es sind Mißlichkeiten ästhetischer Qualität, in die sich dann Widerwille gegen diese Insinuation umsetzt[9].

Das gewählte Fehn-Exempel zur Demonstration der Übertreibungstendenzen im heutigen Denkmalschutz ist beliebig. Es ließe sich durch analoge Exempel ergänzen – von der Verwandlung ganzer Arbeitersiedlungen in Siedlungsdenkmäler nach erfolgter Liquidation der Zechen oder Hütten, denen sie einst zugeordnet waren, bis zur denkmalpflegerischen Umfunktionierung älterer Großkirchen mittleren Denkmalswerts, deren Gemeinden migrations- oder säkularisationsbedingt auf ein Zehntel ihrer ursprünglichen Größe zusammengeschmolzen sind, in Ateliers, Wohnungen oder Ausstellungshallen. Stets handelt es sich um Vorgänge massenhafter und großräumiger Verwandlung von Bausubstanz in Architekturrelikte, und zwar, in Abhängigkeit von der Dynamik unserer Zivilisation, in relativ kurzen Fristen. Dabei ist es stets diese Dynamik, die nach denkmalpflegerischer Konservierung dieser Relikte verlangen läßt. Von den Grenzen der Erfüllbarkeit dieses Verlangens, die in den peinlichen Folgen ihrer Überschreitung spürbar werden, war die Rede.

Als weitere, zweite Schwierigkeit des Denkmalschutzes hatte ich das in letzter Instanz unlösbare Problem erwähnt, die historische Identität architektonischer Hinterlassenschaften der Vergangenheit denkmalpflegerisch nicht-museal, nämlich umfunktioniert, zu neuen Zwecken ge-

---

[9] „Unwissende Kitschbrüder zerstören unsere Heimat" – so der Ausbruch des Schweizer Architekten Rudolf Olgiati angesichts des ‚zu Tode renovierten „Arcas" in Chur'.– Cf. dazu den Bericht von Seraina Gaudenz in: Die Weltwoche Nr. 9 (1. März 1990), S. 77. – Analoge deutsche Unmutsäußerungen bei Christoph Hackelsberger: Gefährliche Gemütlichkeit. In: Süddeutsche Zeitung Nr. 35 (1. Februar 1987), S. III.

nutzt, konservieren zu sollen. Spannungslos gelingt das nur dann, wenn der Zweck, den die Restauration eines Denkmals erfüllt, eben der seiner Musealisierung ist. In genau dieser Weise erfüllt das Goethe-Haus in Frankfurt, musealisiert, ja ersichtlich keinen Zweck, der zu seinem Dasein als Replikat des Hauses, das es vor seiner Kriegszerstörung war, in Spannung stünde. Seine Funktion als Museum ist exklusiv die der Repräsentanz seines Alterswerts. Freilich sollte man sich auch in solchen Fällen keine Illusionen über die Chancen solcher Repräsentanz machen. Auch Alterswerte[10] veralten - vor allem in den Wandlungen der Rezeptionsgeschichte, die historische Interessen erlöschen und andere neu erwachen läßt. Beim Geburtshaus des Klassikers Goethe mag man dergleichen nicht zu befürchten haben. Wer freilich von einem musealisierten Denkmal Originalität selbst im Materiellen verlangte, bekäme Schwierigkeiten mit der Verarbeitung der Erfahrung, daß der Museumsbau in seiner Replikatgestalt eben nichts als die Materialisation eines historisch rekonstruierten Bauplanes ist, für die man zwangsläufig auf Baumaterialien angewiesen war, die hauptsächlich aktueller Produktion entstammen, und sei es einer Spezialproduktion neu alterswert gemachter Materialien.

Aber wenn man von Schwierigkeiten dieser Art, für deren Wahrnehmung es ohnehin einer geschulten Empfindlichkeit bedarf, einmal absieht, so koinzidieren doch beim musealisierten Baudenkmal Alterswert und Funktion. Bei Bauten hingegen, die in nicht-musealisierender Absicht zu Denkmälern erhoben und unter Schutz gestellt werden, treten Alterswert und Funktion zwangsläufig auseinander. Eben diese Inkoinzidenz beherrscht den Eindruck, den die bereits exemplarisch erwähnten drei schmalen Giebelhäuser am Dorfplatz bei uns hinterlassen, hinter deren wohlkonservierten Fassaden sich die Großflächen eines Dienstleistungsbetriebs oder eines Supermarktes erstrecken. Die Behauptung ist nicht, diese Inkoinzidenz wäre nicht zu ertragen. Die Konservierung oder gar Restauration der fraglichen Fassaden entspricht ja dem Bürgerwillen. Bürgerinitiativen haben sich dafür eingesetzt, und das Unternehmen, das die drei bemerkenswertesten Althäuser des Dorfes für seine Geschäftszwecke übernahm, hat sich die Fassadenerhaltung viel kosten lassen. Nichtsdestoweniger läßt sich nicht vermeiden, daß im Anblick des denkmalpflegerisch gesicherten Objekts die Diskrepanz von Alterswert

---

[10] Das Wort „Alterswert" hat als Terminus Alois RIEGL üblich gemacht. Cf. Alois RIEGL: Neue Strömungen in der Denkmalpflege. In: Georg DEHIO, Alois RIEGL: Konservieren, nicht restaurieren. Streitschriften zur Denkmalpflege um 1900. Mit einem Kommentar von Marion WOHLLEBEN und einem Nachwort von Georg MÖRSCH. Braunschweig/Wiesbaden 1988, S. 104–119, S. 114.

und Gebrauchswert aufdringlich wird. Die Giebel tun ja nur noch so, als stünden drei Häuser da. In Wahrheit handelt es sich um historisierendes Blendwerk vor einem Stahlbetonbau, und der Blendwerkseffekt steigert sich noch, wenn man zu wissen bekommt, daß bei der Errichtung jenes Stahlbetonbaus die Fassaden entgegen ursprünglicher Absicht sich gar nicht retten ließen, sondern als Bauschutt abtransportiert worden sind, so daß es sich bei dem Gebilde, das man nun vor sich hat, nicht um Altes, vielmehr um neu nachgemachtes Altes handelt. Nimmt man nun überdies noch wahr, daß die Giebelhäuserattrappe mit ihren Spitzdächern nicht einmal im Grundriß den Platzbedarf des in ihm untergebrachten Dienstleistungsunternehmens zu bedienen vermochte, daß also rückwärts, auf der vom Hauptplatz abgekehrten Seite sich angestückte Flachbauten erstrecken, daß schließlich das ganze Ensemble jede vormalige Erdbindung verloren hat und sich statt dessen auf der Deckplatte einer Tiefgarage befindet – alsdann ist irgendwann die Grenze erreicht, jenseits derer unsere immer noch überwiegende Zustimmung zum Resultat unserer Anstrengungen, denkmalpflegerisch Altes gegenwärtig zu halten, in Ablehnung solcher Versuche umschlägt, um jeden ästhetischen Preis Alterswert und Funktionswert verknüpft zu halten.

Wäre es also nicht besser gewesen, die Schnellstraße, wo sie das schon erwähnte, zum Denkmal erhobene Fehnkanalrelikt kreuzt, über eine attrappenfrei gehaltene und just in diesem Sinne unauffällige Brücke zu führen, anstatt sie mit funktionslosen Klappbrückenattributen auszustatten? Gerade dadurch wird doch, worum es sich in Wahrheit handelt, auf groteske Weise auffällig gemacht. Eine Brücke von Schnellstraßenbreite optisch als Zugbrücke ausgestaltet – das ist, als würde man einen rallyefähigen Sportwagen als Oldtimer verkleiden. Auch das gibt es natürlich längst. Aber es löst eine gewisse Irritation, ja Kopfschütteln bei uns aus, das sich schließlich sogar auf den Besitzer einer solchen Kreation erstreckt. Eben diese Irritation ist es, die uns heute in einer wachsenden Zahl von Fällen der Denkmalschutz bereitet.

Mit Exempeln dieser Art ließe sich endlos fortfahren. Von „Denkmalswut" sprach man, als nach der Reichsgründung im letzten Drittel des vergangenen Jahrhunderts an zahllosen topographisch markanten Punkten Kaiser-Wilhelm- oder Bismarck-Denkmäler errichtet wurden[11]. Inzwischen könnte man von Denkmalschutzwut sprechen. Dabei hat diese Wut nicht nur ihre schon geschilderten Lästigkeiten. Sie läßt sich auch zum eigenen Vorteil nutzen, zum Beispiel zur Umgehung jener

---

[11] Cf. hierzu Thomas Nipperdey: Wie das Bürgertum die Moderne erfand. Berlin 1988, S. 17ff.

Bauleitpläne, die nicht zuletzt aus Landschaftsschutzgründen die Errichtung von Wohnhäusern in offenen Agrarlandschaftsräumen ausschließen – es sei denn, man übernähme ein funktionslos gewordenes Relikt altbäuerlicher Architektur, einen ehemaligen Speicher, ein Kötter- oder Heuermannshaus, eine Windmühle gar, übernähme damit denkmalpflegerische Fassadenerhaltungspflichten und funktionierte im übrigen das Objekt zu einem landschaftlich optimal gelegenen Wohnhaus, zu einem Atelier oder Ferienhaus um. Dieser Vorgang hat inzwischen Massenbewegungscharakter angenommen. Die Behörden sehen das nicht einmal ungern, ja sie fördern es, weil einzig so sich die Mittel für den schönen Zweck aufbringen lassen, Relikte bäuerlicher Architektur nicht nur in Einzelfällen museal im Museumsdorf zu konservieren, vielmehr zahlreich an ihren Ursprungsörtern[12]. Über unsere Agrarlandschaften, die sich aus agrarwirtschaftlich-technischen Gründen seit dem Ende des Zweiten Weltkriegs rascher als jemals zuvor verändert haben, legt sich inzwischen ein Firnis von Denkmalschutz, und wer nur flüchtig hinsieht, nämlich auf der Durchfahrt, wird das schätzen. Sieht man genauer hin, so wird immer wieder einmal die Inkoinzidenz von Denkmalswert und Funktionswert bis zur Peinlichkeit aufdringlich. Wer freut sich nicht über einen wohlkonservierten Rundling? Hingegen gelingt es nicht, den Effekt zu verarbeiten, den das ursprünglich für Wageneinfahrten gedachte Hoftor auf den Betrachter hinterläßt, das zur vollverglasten Lichtschleuse eines Künstlerateliers umfunktioniert worden ist. Windmühlenhelme, die von Wohnungsfenstern durchbrochen sind, wirken ähnlich, und auch die Umfunktionierung der Boxen im alten Kuhstall zu Vorzugsplätzen im Restaurant gehobenen Anspruchs bleibt heikel.

Man könnte von einem Wolpertinger-Effekt sprechen. Man kennt ja die Jux-Kombination von Spezies-Attributen unterschiedlicher und sich ausschließender Evolutionsreihen: Spaßvogelproduktion als gelegentliche Nebentätigkeit von Tierpräparatoren. Der Phänotyp drückt ein unlebbares Funktionenensemble aus. Werden wir vom Anblick eines solchen Phänotyps überrascht, so geben wir uns heiter, und wird er uns ein zweites Mal zugemutet, so sind wir indigniert. Auch der Denkmalschutz löst inzwischen in Fällen, wo die Spannung zwischen Alterswert und Funktionswert zu groß wird, solche Indignation aus.

Gewiß läßt sich sagen, daß Werke der Architektur allein schon ihrer Lebensdauer wegen sich nur in Ausnahmefällen über größere Zeiträume

---

[12] „Kein Wegschleppen ins Museum" – so lautet die entsprechende denkmalpflegerische Forderung. – Cf. Ralf Folke SCHWINGE: Orte des Lebens? – Die Erhaltung des ländlichen Bauerbes. In: Berichte zur Denkmalpflege in Niedersachsen. 9. Jahrgang, Heft 1/89 (März 1989), S. 53–55, S. 53.

hinweg auf ihren ursprünglichen Gebrauchszweck bezogen halten ließen. Bauwerke unterliegen stets Veränderungen, die in einigen Hinsichten den Charakter von Evolutionen haben, das heißt sie geraten unter dem Druck von Veränderungen ihres technischen, wirtschaftlichen, sozialen und kulturellen Umfelds unter Anpassungszwänge, denen nicht gewachsen zu sein bedeuten müßte, daß sie verschwinden. Aus eben diesem Grund sind rezente ältere Bauwerke niemals das, was sie ursprünglich waren. Sie sind vielmehr das Produkt ihrer Anpassungsgeschichte, das Ensemble also von Umbauten, Erweiterungsbauten, Rückbauten und Erhaltungsarbeiten aus höchst unterschiedlichen Epochen. Insofern ist wahr, daß jedes ältere Bauwerk sich in Spannung zu seiner aktuellen Funktion befindet. Aber diese Spannung ist, wie man erkennt, eine Spannung zwischen älteren, untergegangenen Funktionen, die das Bauwerk einmal zu erfüllen hatte, und den aktuellen Funktionen, an die es durch Vorgänge architektonischer Transformation anzupassen war, und das Resultat eines solchen Anpassungsvorgangs pflegt auch ästhetisch, wenn er gelingt, zu befriedigen. Was demgegenüber der Denkmalschutz den Architekten zumutet, ist von grundsätzlich anderer Struktur. Nicht alte Funktionsfähigkeiten eines Bauwerks sind in neue Funktionsfähigkeiten zu überführen. Vielmehr handelt es sich darum, die gänzlich neue, in vormodernen, das heißt vorhistoristischen Epochen nie existent gewesene Funktion, Alterswerte zu konservieren, mit aktuellen Gebrauchsfunktionen kompatibel zu machen. Auch das kann gelingen. Aber noch in der Emphase, mit der man solches Gelingen im Architekturfeuilleton zu rühmen pflegt, spiegeln sich die Schwierigkeiten, die das bereitet, und die Zahl der Fälle nimmt zu, in denen die Architektur an der Aufgabe scheitert, aus Alterswert und aktuellem Funktionswert eine architektur-evolutionär überzeugende Einheit zu machen. Für die Anmutungsqualität, die sich in der Konsequenz dessen über unsere Architekturlandschaft legt, ist inzwischen der Terminus „postmodern" erfunden worden, oder genauer: die geschilderten Effekte sind ein Teil jenes postmodernen Lebensambientes, das aus der Verselbständigung der Vergangenheitsvergegenwärtigungsfunktion in der modernen Kultur resultiert. Darauf ist später noch zurückzukommen[13].

Die dritte obengenannte Schwierigkeit des Denkmalschutzes ist ebenfalls prinzipieller Art. Sie besteht darin, daß das im Denkmalschutz der Zukunft überlieferte Denkmal der Vergangenheit stets von der Praxis seiner Restaurierung oder auch Konservierung überlagert wird, daß also, genauer, nicht das Denkmal der Vergangenheit, vielmehr das Phänomen

---

[13] Cf. unten S. 75ff.

der Interferenz dieses Denkmals mit den gegenwärtigen Hervorbringungen zu seinem Schutze der Zukunft überliefert wird. Es ist diese Einsicht, die bereits zu Beginn dieses Jahrhunderts die „Kopernikanische Wende" im Denkmalschutz – nicht restaurieren, sondern konservieren – erzwungen hat. Sie ist bis heute aktuell geblieben[14]. Ist der Bau der Dom- und Münstertürme zu Köln, Ulm oder Bern Abschluß eines Bauvorhabens gewesen, das sich ein wenig lang, nämlich über einige Jahrhunderte hinzog? Ersichtlich ist das nicht der Fall. Es handelte sich vielmehr um einen Vorgang, in welchem sich die damalige Gegenwart zu den ihr überkommenen unvollendeten Bauwerken der Vergangenheit historisierend verhielt, sie als Denkmäler, ja als Nationaldenkmäler[15], wahrnahm und sie als solche fertigstellte. Nicht dem Aufforderungscharakter eines unvollendeten Bauwerks wurde entsprochen, vielmehr einer vermeintlichen Forderung des Respekts vor einem Denkmal, das eben damit eine Gestalt gewann, die vorzugsweise die Gegenwart dokumentierte. Das ist ein heikler Vorgang. Georg Dehio hat ihn, mit anderen Theoretikern seiner Zeit, für einen in seinem Resultat unerträglichen Vorgang gehalten, und daraus die Konsequenz gezogen: „Abweisung jedes Gedankens an Wiederherstellung heute nicht mehr vorhandener Teile" eines historischen Bauwerks, vielmehr „allein Erhaltung des Bestehenden"[16]. Die „Denkmalerneuerung" sei in Wahrheit nicht Denkmalerhaltung, vielmehr resteverwertende Neubaupraxis historisch geschulter, historisierender Architekten. Das Resultat sei „eine Barbarei trübseligster Art: Gelehrsamkeitsbarbarei"[17].

Die gegen solche „Denkmalserneuerung" kontrastierende „Denkmalpflege" hätte also, wenn anders alterswerte Bauwerke als Ruinen oder unvollendet überkommen sind, Ruinen oder Unvollendetes zu konservieren? Das ergäbe sich tatsächlich als Konsequenz. Konsequenzmacherei hat sich freilich auch in diesem Punkt niemals empfohlen – allein schon deswegen nicht, weil ja naheliegenderweise in vielen Fällen „das

---

[14] Cf. Georg MÖRSCH: ... und heute? Georg DEHIO und Alois RIEGL, 1987 gelesen. In: Georg DEHIO/Alois RIEGL: Konservieren nicht restaurieren, a.a.O. (cf. Anm. 1), S. 120–125.

[15] Cf. dazu Thomas NIPPERDEY: Nationalidee und Nationaldenkmal in Deutschland im 19. Jahrhundert. In: Thomas NIPPERDEY: Gesellschaft, Kultur, Theorie. Gesammelte Aufsätze zur neueren Geschichte. Göttingen 1976, S. 133–173.

[16] Georg DEHIO: Was wird aus dem Heidelberger Schloß werden? (1901). In: Norbert HUSE (Hrsg.): Denkmalpflege. Deutsche Texte aus drei Jahrhunderten. München 1984, S. 108–115, S. 109.

[17] a.a.O., S. 111.

beste Konservieren" eines unvollendet oder als Ruine überkommenen Bauwerks „eben im Restaurieren läge"[18].

So oder so: In solchen Erwägungen, deren Details nicht hierher gehören, wird der Begriff des „Ruinenwertes"[19] geboren. Gegenüber dem restaurierten, nämlich wiederhergestellten oder vollendeten historischen Bauwerk repräsentiert die Ruine den Alterswert eines Bauwerks sozusagen authentisch. Bei genauerem Zusehen enthüllt sich freilich auch das als eine Illusion. Wer in konsequenterem Historismus die konservierte Ruine der Restaurationsgestalt des ruiniert überkommenen historischen Bauwerks vorzieht, überlagert ja, freilich in zunächst weniger aufdringlicher Weise, mit seinem Konservierungshandeln die Originalruine gleichfalls. Man darf sogar sagen: Er tut es in einer auf längere Frist gesehen sogar peinlicheren Weise als der Restaurator. Dieser stellt immerhin ein ruiniertes historisches Gebäude wieder her, und was dem so wiederhergestellten Bauwerk von da an an Unterhaltsarbeiten zugewandt wird, entspricht seiner Pragmatik nach der Unterhaltsarbeit, wie wir sie jedem Gebäude zur Sicherung seiner fortdauernden Benutzbarkeit zuzuwenden haben. Auf lange Sicht würden bei einem restaurierten historischen Bauwerk sogar die von Dehio befürchteten Diskrepanzen zwischen den ‚funkelnagelneuen', nämlich restaurierten Bauteilen einerseits und den authentisch alten Bauteilen des Baudenkmals andererseits weggearbeitet sein[20].

Gewiß: Damals, nämlich zu Beginn unseres Jahrhunderts, als der Denkmalpflegerstreit „restaurieren oder konservieren?" erstmals ausgetragen wurde, hatte man von der Alterungsvorgänge beschleunigenden Kraft der industriegesellschaftsabhängig aggressiv gewordenen Atmosphäre noch keine hinreichende Vorstellung, und so mochte Dehio befürchtet haben, daß der nach Plänen des Oberbaurats Schäfer von der badischen Oberbaubehörde restaurierte Ott-Heinrichs-Bau des Heidelberger Schlosses für unabsehbare Zeit als das neue Alte gegen die Reste

---

[18] So mit Bezugnahme auf Bodo Ebhardt Alois RIEGL: Neue Strömungen in der Denkmalpflege. In: Georg DEHIO, Alois RIEGL: Konservieren, nicht restaurieren, a.a.O. (cf. Anm. 1), S. 104–119, S. 114.

[19] ibid.

[20] Dabei ist der zuletzt genannte Faktor nur einer unter vielen, die fortgesetzt Änderungen denkmalpflegerischer Theorien und Konzepte erzwingen, und es wird plausibel, wieso „die Geschichte der Denkmalpflege" gesamthaft „keine Erfolgsgeschichte" sein kann: stets weiß man erst im nachhinein, was man bereits früher hätte wissen sollen, wenn die Resultate der Denkmalpflege von gestern auch heute noch sollten befriedigen können.– Cf. Marion WOHLLEBEN: Konservieren oder restaurieren? Zur Diskussion über Aufgaben, Ziele und Probleme der Denkmalpflege um die Jahrhundertwende. Zürich 1989, S. 15.

des alten Alten sich in peinigender Weise abheben werde. Die Erfahrungen, die wir inzwischen mit Alterungsvorgängen restaurierter Gebäude gemacht haben, sind eher geeignet, solche Befürchtungen, wie man sie vor neunzig Jahren hegte, zu zerstreuen. Beim Kölner Dom oder beim Ulmer Münster bemerkt zumindest der Laie Unterschiede im Material alter und restaurierter Gebäudebestandteile gar nicht mehr. Hinzu kommt, daß zu rasch wachsenden Anteilen auch das Material der original-alten Bauwerksbestandteile durch neues Material ersetzt wird und so die materiellen Altersunterschiede beim Gesamtbauwerk zum Ausgleich bringt.

Das alles also hat man um die Jahrhundertwende noch gar nicht gesehen. Sieht man es, so ist man weniger sicher als damals, daß die Ruinenkonservierung vor der Ruinenrestauration den Vorzug verdiene. Eine Ruine ist ja, gerade in einem Zeitalter sich beschleunigenden Verfalls, nicht ein verfallenes, vielmehr ein verfallendes Gebäude, und die Ruinenkonservierung wird zum Bemühen, diesen Verfall aufzuhalten. Bei einem fertigen oder auch in restaurativer Absicht wiederhergestellten Bauwerk erwarten wir solches Bemühen. Es einer Ruine zuzuwenden – das ist zumindest etwas baugeschichtlich noch nie Dagewesenes, und man muß wohl schon an Avantgarde-Idealen orientiert sein, um es eben deswegen schätzen zu können. Jenseits solcher Orientierung hat die Ruinenkonservierung, in anderer Weise als die Restauration, ihrerseits prekäre Züge[21]. Es ist verblüffend, höchst fachkundige Leistungen von Spenglern und sonstigen Spezialisten – Kupferbleche, Regenrinnen, Bleivergüsse–, durch die man Mauerwerk vor den ruinierenden Wirkungen eindringenden Wassers zu schützen pflegt, wie zum Beispiel beim Turmrest der Kaiser-Wilhelm-Gedächtniskirche zu Berlin, just einer Ruine zugewandt zu sehen. Beim politischen Symbolwert dieses Gebäudes mag man das hinnehmen. Grundsätzlich ist aber gerade die politische Spekulation auf den Ruinenwert eines Gebäudes prekär. Bei den Großbauten des Dritten Reiches ist ja bekanntlich die Materialauswahl in der Absicht einer Steigerung sogar noch ihres Ruinenwertes erfolgt. Das Dritte Reich sollte ja wenigstens tausend Jahre bestehen. Die künftigen Ruinen der Reichsbauten hingegen hätten, als Ruinen mit einem Materialkern aus Granit, die künftige Erinnerung an das irgendwann einmal ja auch nach der Vorstellung seiner Ideologen in die Geschichte eingegangene Dritte Reich für weitere fünftausend Jahre erhaltungsfähig gemacht und mit der Anschauung seiner Ruinen erfüllt,

---

[21] Zur Kritik der Ruinen-Ästhetik cf. Beat Wyss: Jenseits des Kunstwollens. In: Österreichische Zeitschrift für Kunst und Denkmalpflege. Jahrgang XL (1986), S. 1–8.

ohne daß diesen Ruinen wegen der Dauerhaftigkeit ihres Materials jemals zum Objekt denkmalpflegerischer Ruinenkonservierung hätten werden müssen. Das ist es, was nach dem inzwischen fast ein halbes Jahrhundert zurückliegenden Untergang des Dritten Reiches den Gedanken prekär macht, seine in Nürnberg als Ruinen überkommenen architektonischen Hinterlassenschaften als nicht-konservierte Ruinen zu erhalten, damit man an ihrem alsdann nicht-aufgehaltenen Verfall eine Gelegenheit zur Erinnerung an die originäre Untergangsträchtigkeit des Dritten Reiches habe[22]. Diese Absicht würde ja voraussetzen, daß der Verfall einigermaßen rasch erfolgt. Man wird also prüfen müssen, ob nicht just die zur Versinnbildlichung der Untergangsträchtigkeit des Dritten Reiches in Aussicht genommenen Ruinen in ihrem Kern aus Materialien bestehen, die bereits unter dem Gesichtspunkt ihres erläuterten Ruinenwertes ausgesucht worden sind. Dann würde nämlich gerade durch die Dauerhaftigkeit nicht-konservierter Ruinen die gewollte Erinnerungswirkung an die Verfallsträchtigkeit des Dritten Reichs unterlaufen sein.

Man könnte mit der Veranschaulichung der Paradoxie der denkmalpflegerischen Absicht, Vergangenes für die Zukunft fortdauernd gegenwärtig zu halten, lange fortfahren. Stets handelt es sich darum, daß der Akt der Restaurierung oder Konservierung dem kontingent überkommenen Alten just jenen Stempel denkmalpflegerischer Gegenwart aufprägt, der alsdann ineins mit dem kontingent überkommenen denkmalswerten Alten die aktuellen Hervorbringungen seiner denkmalpflegerischen Sicherung der Zukunft überliefert. Noch ganz naiv und eben deswegen unmißverständlich drückt sich dieser Zusammenhang bereits in Schinkels Memorandum zur Denkmalpflege von 1815 aus. Die „Würdigung unserer Nationalschätze", die Schinkel hier einer „Schutzdeputation" anzuvertrauen empfiehlt, „wäre vielleicht das schönste Denkmal, welches sich die jetzige Zeit selbst setzen könnte"[23]. So ist es in der Tat gekommen. Die in der Absicht, aus ihnen vollendete Denkmäler zu machen, vollendeten Dome stehen heute nicht zuletzt als Denkmäler der Epochen solcher schönen denkmalpflegerischen Absichten vor uns. Und

---

[22] In einem Bericht über Nürnberger Absichten mit den „Führerbauten" daselbst heißt es: „Nachdenkliche Historiker und Architekten hatten die Idee ..., die Bauten als einziges Mahnmal gezielt verfallen zu lassen, um so die Vergänglichkeit der Tyrannei zu versinnbildlichen", so Peter SCHMITT: Das Erbe des Dritten Reiches. Der „braune Stempel" soll nicht verdrängt werden. In: Süddeutsche Zeitung Nr. 30 (Montag, 6. Februar 1989), S. 17.

[23] Carl Friedrich SCHINKEL: Memorandum zur Denkmalpflege (1815). In: Norbert HUSE (Hrsg.), a.a.O. (cf. Anm. 1), S. 70–73, S. 71ff.

so in allem: Konservierungsakte sichern eben nie nur die Überlieferung von Alterswerten an die Zukunft. Sie verwandeln zugleich diese Alterswerte und machen sie zu Zeugnissen einer Gegenwart, die man dann aus fernerer Zukunft als eine vergangene Epoche in der sich ihrerseits wandelnden Geschichte der Denkmalpflege wahrnehmen wird. Das bedeutet: Bei den uns nicht einfach als historische Bauwerke, vielmehr als Objekte der Denkmalpflege überkommenen historischen Bauwerken braucht man, um sie in ihrem gegenwärtigen Anblick voll verstehen zu können, nicht nur die Kenntnis der Architektur- und Kulturgeschichte ihres Entstehungszusammenhangs, sondern darüber hinaus auch die Kenntnis der Geschichte der Denkmalpflege, der das fragliche historische Bauwerk in seiner heutigen Denkmalsgestalt entstammt – einschließlich der Schäden und Verluste, die frühere Denkmalpflege ihm angetan hat[24].

Man erkennt: Die Erfahrung und das Wissen, auf das man für eine historisch adäquate Wahrnehmung der uns umgebenden Baudenkmäler angewiesen wäre[25], verlangen Professionalität. So weit solche professionalisierten Wahrnehmungsweisen nicht gegeben sind, verschwinden je nach unserem bildungsabhängig geringeren oder größeren historischen Auflösungsvermögen die historischen Differenzen des uns umgebenden konservierten Alten in seinem diffusen „Alterswert". Das ist nicht in kulturkritischer Absicht gesagt. Worum es in letzter Instanz beim Denkmalschutz geht, hat wiederum bereits Schinkel ausgesprochen. Modernisierungsprozessen sind ja Alterungsprozesse komplementär, und wenn man das Veraltete in vorhistoristischer Gleichgültigkeit seinem Untergang und seiner Vernichtung überließe, so würden „wir in kurzer Zeit unheimlich, nackt und kahl, wie eine neue Colonie in einem früher nicht bewohnten Lande dastehen"[26].

Die theoretische Quintessenz dieser Bemerkung scheint mir die folgende zu sein: Mit zunehmender Dynamik von Modernisierungsprozessen beschleunigt sich die Diffusion des Modernen im Raum. Der Anblick der Kultur, in der wir leben, wird über alte Herkunftsdifferenzen

---

24 Zur Geschichte der Vergangenheitsliquidation mit den Mitteln der Denkmalpflege cf. exemplarisch Georg Mörsch: Verluste durch Denkmalpflege im 19. Jahrhundert. In: Unsere Kunstdenkmäler. Gesellschaft für Schweizerische Kunstgeschichte XXXII/1 (1981). S. 31–42. – Über Denkmalverluste in der Konsequenz denkmalpflegerischer Purismen cf. Nicola Berger-Keweloh: Die mittelalterlichen Dome im 19. Jahrhundert. München 1986, S. 164ff.

25 Cf. dazu exemplarische Schilderungen bei Hartmut Boockmann: Die Gegenwart des Mittelalters. Berlin 1988, S. 24ff.

26 Carl Friedrich Schinkel, a.a.O. (cf. Anm. 19), S. 70.

hinweg homogen[27], und just diesem Effekt – um Schinkels Begriff anzuwenden – der Colonisierung unserer Kultur durch die dynamisierte Moderne entgegenzuwirken scheint der über ihre unterschiedlichen Epochen hinweg bleibende Sinn der Denkmalpflege zu sein. Sie hält durch ihre Restaurierungs- und Konservierungsleistungen sichtbar, daß Vorgänge beschleunigter zivilisatorischer Evolution nicht zuletzt Vorgänge beschleunigter Verwandlung von Neuem in Altes sind. Das vor seinem Verschwinden gerettete, nämlich konservierte Alte hintertreibt die Borniertheit, die über der Zukunft, die jeder Fortschritt eröffnet, vergäße, daß auf der temporalen Kehrseite des Vorgangs in historisch beispielloser Weise fortschreitend Vergangenheit produziert wird.

[27] Die Homogenisierungswirkungen zivilisatorischer Dynamik hat auch Philippe Ariès bemerkt. Philippe Ariès: Zeit und Geschichte. Aus dem Französischen von Perdita Duttke. Frankfurt a. M. 1988, S. 258ff.

1.3 Die historisierte Moderne oder die Postmoderne

Der praktizierte Denkmalschutz versetzt uns in Stadt und Land in ein noch nie dagewesenes und in genau diesem Sinne in ein spezifisch modernes Architekturensemble. Da gibt es die Hervorbringungen der historisierenden Restaurationsarchitektur, die, vor allem im 19. Jahrhundert, Unvollendetes endlich vollendet hat oder zu Ruinen Verfallenes wiederhergestellt. Ein späterer, konsequenterer Historismus hat solche Restauration verworfen und an seine Stelle, diskreter, eine konservatorische Praxis gesetzt, die das unvollendet oder ruiniert Überkommene als solches erhält. Schließlich hat denkmalpflegerischer Fortschritt die herausragenden Leistungen der Restaurationsarchitektur ihrerseits historisiert. Inzwischen bezieht die Praxis der Ruinenkonservierung längst auch diejenigen Ruinen ein, die uns nicht als die Verfallsgestalt eines ehemals vollendeten Bauwerks überliefert sind, vielmehr als inzwischen verfallsbedrohte architektonische Hinterlassenschaft einer Epoche, der es gefiel, Parklandschaften mit neu erbauten Ruinen zu besetzen. Restaurative Stilreinheitsideale gelten in der Denkmalpflege seit langem zu Recht als unhistorisch. Aber ebenso unhistorisch wäre es, Werke einer älteren Denkmalpflege, die noch an solchen Stilreinheitsidealen orientiert war, zu Objekten eines denkmalpflegerischen Rückbaus zu machen und beispielsweise entbarockisierte Restaurationsgotik restaurativ wieder barock aufzufüllen. So bleibt uns also in historisierender Treue auch noch die stilrein gemachte Restaurationsgotik erhalten, und wo man sie vorschnell neu barock wieder aufgefüllt hat, zusätzlich dieses Resultat eines denkmalpflegerischen Rückbaus, der die ikonoklastischen Effekte eines früheren denkmalpflegerischen Purismus korrigieren wollte.

Die Denkmalpflege konserviert der Absicht nach Architekturrelikte, die in der Dynamik zivilisatorischer Evolution unseres architektonischen Lebensambientes Kontinuitätserfahrungen zu machen verstatten. Konservierende und restaurierende Praxis rettet Altes vor seinem Verschwinden. Eben damit verstärkt sie die temporale Inhomogenität der Elemente des Architekturensembles, in welchem wir leben, und der Pluralismus des so gleichzeitig Existierenden steigert sich noch einmal, indem die rasch sich entwickelnde Denkmalpflege ihre Leistungen von gestern und vorgestern ihrerseits historisiert. Gerade die Denkmalpflege sichert somit nicht Bedingungen der Erfahrbarkeit der Einheit unserer Kultur. Sie fixiert ganz im Gegenteil ihre historische Pluralität. Was sie simultan gegenwärtig hält, erscheint als Reliktgemengelage. Das ist es, was in Streitfällen, die in der Praxis der Denkmalpflege bekanntlich sehr häufig sind, das Argument, einem Objekt fehle die Ensemblepassung, ganz unpassend gemacht hat. Das mußte in St. Moritz der jetzige Eigentümer eines vom Architekten Tessenow[1] erbauten Wohnhauses (Haus Böhler)[2] erfahren, der dieses Haus, weil es sich seinen Geländenutzungsabsichten nicht fügte, abreißen lassen wollte und dafür um Zustimmung mit dem Argument warb, das Haus sei doch an seinem Platz ein singulärer architektonischer Fremdling und so mit den Schutzprivilegien gar nicht ausgestattet, die unser historischer Sinn Bauten autochthonen Charakters verleiht. Ihm wurde naheliegenderweise erwidert, in St. Moritz könne bei der übergroßen Mehrzahl aller Gebäude von einer autochthonen Kulturlandschaftsbindung gar keine Rede sein, und gerade das präge die architektonische Identität dieses Platzes. Gleichwohl ließ sich der Souverän, das Volk, von diesem durchschlagenden Argument nicht überzeugen, verwarf vielmehr in einer Abstimmung den Antrag, das fragliche Haus unter Denkmalschutz zu stellen. Dabei muß man freilich vermuten, daß die Pragmatik dieses Entscheids gar nicht dem Resultat einer Abwägung konkurrierender denkmalpflegerischer Gesichtspunkte gehorchte, vielmehr der Sorge entsprang, die Denkmalpflege könnte die alte und begehrte Praxis, nach Nutzen und Gewinn an die Stelle von Altem Neues zu setzen, durch den innovationsbeeinträchtigenden Modernismus behindern, der das Alte dem Neuen gegenüber mit einem Geltungsvorrang ausstattet.

Gewiß: Die Menge des gleichzeitig präsenten Ungleichzeitigen nimmt in einer sich beschleunigenden kulturellen Evolution auch unabhängig von den Hinzutaten der Denkmalpflege generell zu. Das ist es, was in den Augen unserer Historiker seit je Städte besonders geeignet erscheinen läßt, exemplarisch zu demonstrieren, was ein historischer Gegenstand sei[3]. Schon für den historisch nur wenig geschulten Blick des Touristen bieten ja Städte von einigem Alter synchrone Präsenz von Relikten höchst disparater Epochen der Stadtentwicklung, und es ist evident, daß es den Plan nicht gibt, ja daß ein solcher Plan nicht einmal denkbar wäre, der uns die Stadt so, wie wir sie gegenwärtig vor uns sehen, als Resultat eines planerischen Willens erklären und dadurch verständlich machen könnte. Das bedeutet: Was wir tatsächlich vor uns sehen, läßt sich einzig durch eine historische Erklärung verständlich machen, das heißt durch

---

[1] Gerda Wangerin, Gerhard Weiss: Heinrich Tessenow. Ein Baumeister 1876–1950. Leben, Lehre, Werk. Herausgegeben von der Heinrich-Tessenow-Gesellschaft, mit einem Vorwort von Wilhelm Hofmann und einem Beitrag von Steen Eiler Rasmussen. Essen 1976.

[2] Cf. dazu Heinrich Tessenow: Hausbau und dergleichen. Mit 137 Zeichnungen und Photographien eigener Arbeiten. Berlin [3]1928, S. 148f.

[3] Theodor Schieder: Geschichte als Wissenschaft. Eine Einführung. 2. überarbeitete Aufl. München/Wien 1968, S. 33.

das Erzählen der Stadtbaugeschichte als einer fortgesetzten Stadtumbaugeschichte, in der originäre Funktionselemente zu unvorhergesehen, ja unvorhersehbar neu auftretenden Bedürfnissen und Zwecken sich nicht mehr fügen und somit entweder umfunktioniert oder ausselektiert und damit zu Stadtbauelementen von Reliktcharakter werden. Je dynamischer eine städtebauliche Evolution abläuft, um so größer ist die Reliktdichte im jeweils aktuellen Stadtbausystem, und eben dieser Pluralismus temporal höchst heterogener Elemente, als deren Ensemble Städte sich unserem Anblick darbieten, wird nun modernitätsspezifisch noch einmal durch die denkmalpflegerischen und sonstigen Leistungen aus dem Geiste des Historismus gemehrt und überlagert.

Pluralisierung durch Historisierung – das ist ein Vorgang, der für moderne, dynamische Kulturen charakteristisch ist, und die kulturellen Effekte, die durch die reflexive Ästhetisierung dieses Vorgangs zustande kommen, nennen wir „postmodern".

Auf das Wort zur Kennzeichnung des ästhetisierten Pluralismus historisierter Kultur kommt es hier nicht an, und man sollte sich durch die Semantik der Wortbestandteile der „Post-Moderne" nicht verführen lassen, eine interessante Paradoxie darin zu finden, daß, was sich in der kulturellen Evolution auf der Spitze des Zeitpfeils befindet, die aktuelle Moderne also, eine Postmoderne sein soll. Die Konsequenz des frei im semantischen Raum sich bewegenden Gedankens würde einen alsdann bald auf die Frage bringen, wie denn zu kennzeichnen sei, was wir nach der Postmoderne zu erwarten haben. In der Flut der Literatur zur Postmoderne[4], die immer noch nicht abgelaufen ist, fehlt es nicht an Diagnosen, die am Postmodernismus Alterungserscheinungen festgestellt haben. Wer sich mit der Erledigung seiner Lektüreprogramme nicht beeilt, läuft somit Gefahr, nach der Moderne nun auch noch der Postmoderne als einer inzwischen vergangenen Epoche zu begegnen, die uns zu archivieren und zu historisieren und zumal in ihren architektonischen Hinterlassenschaften unter Denkmalschutz zu stellen bleibt.

Solchen Reflexionen gegenüber empfiehlt es sich, den Sinn der Wortprägung „Postmoderne" zu trivialisieren. Als kulturelle Selbst- und Fremdkennzeichnung ist „modern" ja ein altes Wort[5], und zumal in der

---

[4] Repräsentativ und von postmodernem Epochenbewußtsein erfüllt Wolfgang Welsch: Unsere postmoderne Moderne. Weinheim 1987. – Cf. auch den straffen „Diskussionsbericht" bei Wolfgang Welsch: „Postmoderne". In: Information Philosophie. 15. Jahrgang 5 (1987), S. 20–31.

[5] Zur ursprünglichen Funktion dieser Kennzeichnung cf. Hans Robert Jauss: Ursprung und Bedeutung der Fortschrittsidee in der Querelles des Anciens et des Modernes. In: Die Philosophie und die Frage nach dem Fortschritt. Herausgegeben von Helmut Kuhn und Franz Widmann. München 1964, S. 51–72.

Architekturdiskussion verbinden sich für geübte Feuilletonleser mit dem Wort „Moderne" Vorstellungen von hinreichender Bestimmtheit. Keiner dieser Feuilletonleser hätte Schwierigkeiten, herausragende Bauten der architektonischen Moderne zu nennen, deren Zuordnung zu einem architekturhistorisch anspruchsvollen Begriff der Moderne auch für Spezialisten gänzlich unproblematisch wäre – von Mies van der Rohes Seagram Building in New York bis zum Thyssen-Bau, dem Dreischeiben-Hochhaus in Düsseldorf. In der Postmoderne befänden wir uns demgegenüber dann, wenn uns inzwischen die fragliche Architektur als Architektur einer vergangenen Epoche erschiene. Vergangen ist, was uns in der Brechung des historischen Bewußtseins erscheint, was unbeschadet seiner epochalen Modernität unverkennbar einen historischen Index trägt und was schließlich sogar in dieser Historizität als schutzbedürftig erscheint. Postmodern existiert, wer die Hinterlassenschaften der Moderne als Denkmäler wahrnimmt[6]. Dem exemplarisch erwähnten Dreischeiben-Hochhaus in Düsseldorf, das aus dem Beginn der sechziger Jahre stammt, ist just diese Rangerhebung zu einem Denkmal bereits widerfahren. Es ist zu einem Objekt des öffentlich-rechtlichen Denkmalschutzes geworden.

Die Erhebung von Werken der architektonischen Moderne in den Rang von Denkmälern ist eine recht grobe Art, die Moderne für vergangen zu erklären. Mehr Finesse und um so größere Deutlichkeit hat eine andere Art architektonischer Verabschiedung der Moderne. In Old Westbury, New York, gibt es ein Haus im Stil der sogenannten „Weißen Moderne". Auf den ersten architekturhistorischen Laienblick fühlt man sich ans Bauhaus erinnert. In Wahrheit handelt es sich um ein 1971 vollendetes Werk des Architekten Richard Meier. Wegen der sehr großen chronologischen Distanz zwischen Meiers Bauten einerseits und den originären Bauhaus-Bauten andererseits böte es sich an, von „Neo-Moderne" zu sprechen[7]. Seit dem architektonischen Historismus bedeutet aber die durch die Vorsilbe „Neo-" gekennzeichnete Erneuerung eines Architekturstils nichts anderes als seine historisch reflektierte Wiederholung. „So sehr sich Meier ... zunächst auf die Treue zur Moderne" berief, „so sehr haftet" seinen Werken „bereits etwas von der wiederbelebenden Distanz gegenüber dem Urbild an. Dieser Distanz fehlt die Spontaneität. Die Reflexion ist größer als die selbstverständliche Fortsetzung. Die eindrucksvolle Strahlkraft dieser Bauten, die mit ungebrochenem Glau-

---

[6] Zur ‚logischen Struktur' der Postmoderne cf. Walther Ch. ZIMMERLI: Die distanzierte Besichtigung der Moderne. In: Baukultur 2–3 (1987), S. 8–11.

[7] So Heinrich KLOTZ: Moderne und Postmoderne. Architektur der Gegenwart 1960–1980. Braunschweig/Wiesbaden ^{3}1987, S. 318.

ben an die Moderne entworfen sind, ist dennoch nur der Reflex eines schon Vergangenen"[8].

Hier hat sich somit die architektonische Moderne in der klassischen Gestalt ihres architektonischen Anti-Historismus ihrerseits vollendet historisiert. Die Moderne tritt selber als Inhalt dessen auf, wogegen sie einst sich gewendet hatte. Der historisierte architektonische Anti-Historismus – das ist die Kennzeichnung eines Bauwerks, in welchem die Moderne sich zu sich selber nostalgisch verhält und eben damit evident macht, daß sie aktuell nicht mehr verbindlich ist. Es handelt sich darum, die Gegenwärtigkeit eines kulturellen Bestandes durch einen Akt des historisierenden Festhaltens an ihm zu brechen. So weit es sich bei dem auf diese Weise festgehaltenen Bestand um die architektonische Moderne handelt, konstituiert sich die Postmoderne.

Seiner Struktur nach ist der fragliche Vorgang nicht neu. Er läßt sich bis in die Anfänge des historischen Bewußtseins zurückverfolgen. Man erinnere sich, zum Beispiel, an Caspar David Friedrichs Abendbild mit dem gekreuzigten Christus auf einem Felsen vor den Strahlen der untergehenden Sonne[9]. Bekanntlich handelt es sich um eine Arbeit im Auftrag der Gräfin Thun, die das Bild in ihrem Schloß im nordböhmischen Tetschen als Altarbild verwenden wollte[10]. Man darf vermuten, daß die Gräfin das Bild des gekreuzigten Christus wegen für ein geeignetes Altarbild hielt. Indessen: Caspar David Friedrich hatte ja nicht eine Kreuzigungsszene gemalt, vielmehr eine romantisch gesehene Landschaft, in der frommer Sinn ein Kruzifix aufgestellt hat. Ein Landschaftsbild als Altarbild? Das mißfiel dem Kunstkritiker Ramdohr überaus. Es sei „Anmassung, wenn die Landschaftsmalerei sich in die Kirchen schleichen und auf Altäre kriechen will"[11]. Als Altarbild eignet sich einzig das Bildnis dessen, dem die Verehrung und Anbetung der Gläubigen gilt. Daran hält Ramdohr unnachsichtlich fest und verwirft

---

[8] a.a.O., S. 318f.

[9] Von 1807/1808.

[10] Zu dieser Geschichte des Bildes cf. Helmut Börsch-Supan, Karl Wilhelm Jähnig: Caspar David Friedrich. Gemälde, Druckgrafik und bildmäßige Zeichnungen. Studien zur Kunst des 19. Jahrhunderts. Sonderband. Forschungsunternehmen der Fritz Thyssen Stiftung. Arbeitskreis Kunstgeschichte. Herausgegeben vom Deutschen Verein für Kunstwissenschaft. München 1973, S. 24f.

[11] F. W. B. von Ramdohr: Über ein zum Altarblatte bestimmtes Landschaftsgemälde von Herrn Friedrich in Dresden, und über Landschaftsmalerei, Allegorie und Mystizismus überhaupt. In: Sigrid Hinz (Hrsg.): Caspar David Friedrich in Briefen und Bekenntnissen. Berlin 1968, S. 138–156, S. 154. – Auch die übrigen Dokumente des sich an die zitierte Kritik Ramdohrs anschließenden sogenannten Ramdohr-Streits sind in dem von Sigrid Hinz herausgegebenen Band abgedruckt.

entsprechend die Idee, auf dem Altar das Bild des Gekreuzigten durch das Bild einer Landschaft mit dem Bild des Gekreuzigten zu ersetzen. Aus der Vergegenwärtigung des sich opfernden Gottes im Bild mußte ja die bildnerische Vergegenwärtigung solcher Vergegenwärtigung werden. Nicht mehr, so scheint es, an die Adresse der Frommen ist das Bild gerichtet, vielmehr an die Adresse der Verehrer der Frömmigkeit.

Ramdohrs Kritik an diesem Vorgang bringt freilich in eine Alternative, was erst die reflektierte Wahrnehmung als Alternative überhaupt sehen kann. Die Gräfin Thun hat vermutlich ein frommes Bild gesehen, und die Frage, ob es den Gegenstand der Verehrung der Frommen zeige oder eine Landschaft, geprägt durch fromme bildnerische Vergegenwärtigung dieses Gegenstandes, dürfte nicht ihre Frage gewesen sein. Das bedeutet: Caspar David Friedrichs Landschaftsbild als Altarbild erlaubt beide Sehweisen, und wie man es tatsächlich sieht, hängt vom Reflexionsniveau des Rezipienten ab. Sobald man das sieht, kann man dann auch, anders als der hochreflektierte Ramdohr, das fragliche Bild als Altarbild eines historisch reflektierten Zeitalters gelten lassen.

Mit dem exemplarisch zitierten Bau Richard Meiers verhält es sich analog. Repräsentiert er die architektonische Moderne oder zitiert er sie verehrungsvoll im Bewußtsein der historischen Distanz, in der wir uns inzwischen zu ihr befinden? Der Witz der einschlägigen Bauten Richard Meiers scheint die Einheit dieser unterscheidbaren Aspekte zu sein – postmoderne Moderne. Das Jargonwort für diesen Bestand heißt „Doppelkodierung“[12]. Was man hier sieht, hängt vom Reflexionsniveau des Rezipienten ab. Der historisch Naive sieht die Moderne; der historisch Reflektierte sieht die historisierte Moderne. Wer sieht, daß man die Sache so oder so sehen kann, sieht den Bau postmodern.

Postmoderne – das ist somit die historisch gebrochene Präsenz der Moderne. Naive Moderne gibt es inzwischen kaum noch. Die Architektur der Moderne, die über alle Variationen hinweg Einheit als architektonischer Anti-Historismus hat, ist also längst selber zum Objekt historischen Andenkens geworden. Der historisierende Denkmalschutz hat sich der antihistoristischen Anti-Denkmalarchitektur angenommen. Sogar konstruktivistische Revolutionsarchitektur wird nach Belieben als Element westlicher Wohlstandsarchitektur zitabel – wie zum Beispiel

---

[12] Cf. hierzu Charles JENCKS: Post-Modern und Spät-Modern. Einige grundlegende Definitionen. In: Peter KOSLOWSKI, Robert SPAEMANN, Reinhard LÖW (Hrsg.): Moderne oder Postmoderne? Zur Signatur des gegenwärtigen Zeitalters. Weinheim 1986, S. 205–235, unter Berufung auf Umberto Eco bes. S. 211ff.

unübersehbar El Lissitzkys berühmte Rednertribüne für Lenin im Berliner DLRG-Haus Ludwig Leos[13].

Die Architektur des Historismus, gegen die die Architektur der Moderne kontrastiert, war eine erzählende Architektur. Sie nutzte historische Erinnerungen, zu deren Evozierbarkeit beim Publikum dessen Schulbildung genügte, zur Vergegenwärtigung von Sinnzusammenhängen, in die zu gehören dem Bauwerk anzusehen sein sollte. Das gelang dem architektonischen Historismus durchaus – gelegentlich bis zu penetranter Überdeutlichkeit. Die neogotische Kulturkampfkirche machte sich mit ihrem himmelhohen Turm unübersehbar. Die Neorenaissance des Gymnasiums demonstrierte neuhumanistischen Bildungsstolz. Die Banken der Gründerjahre brachten sich wuchtig neobarock zur Geltung. Das Stadttheater bekundete neuklassizistisch Respekt vor der Klassik. Von Beliebigkeit kann hier gar nicht die Rede sein. Elementare historische Bildung genügte, um im Anblick solcher Architektur ihren kulturellen, politischen, ja ideologischen Sinn zu erkennen.

Bekanntlich hat Friedrich Nietzsche als einer der ersten solche narrativen Plausibilitäten despektiert und hat als dekadent behauptet, was doch dem historistischen Bewußtsein so einleuchtend schien: Sinnvergewisserung durch architektonische Vergangenheitsvergegenwärtigung. „Cultur ist vor allem die Einheit des künstlerischen Stils in allen Lebensäußerungen", schrieb Nietzsche und verwarf damit das „chaotische Durcheinander aller Stile", das ihm die Stilbildungsschwäche einer Epoche zu verraten schien, die in historisierender Fülle jene Stile als Neo-Stile gleichzeitig machte, die einst im Nacheinander die kulturelle Einheit ihrer jeweiligen Epoche architektonisch geprägt hatten[14].

Nachdem der architektonische Historismus seinerseits längst historisiert ist, hat Nietzsches Kritik an Plausibilität verloren. Nietzsche kritisierte den stilistischen Pluralismus des architektonischen Historis-

---

13 Cf. dazu Heinrich Klotz: Vision der Moderne. In:: Heinrich Klotz (Hrsg.): Vision der Moderne. Das Prinzip Konstruktion. München 1986, S. 9–26, bes. S. 12ff.

14 Friedrich Nietzsche: David Strauß, der Bekenner und Schriftsteller. Unzeitgemäße Betrachtungen. Erstes Stück. In: Nietzsche Werke. Kritische Gesamtausgabe. Herausgegeben von G. Colli und M. Montinari. III/1. Berlin/New York 1972, S. 153–238, S. 159. – Zur Kunstgeschichte des ‚eigentümlichen Zwangs', die Einheit von Epochen in ihrer „Stileinheit" finden zu wollen, cf. J. A. Schmoll gen. Eisenwerth: Stilpluralismus statt Einheitszwang. Zur Kritik der Stilepochen-Kunstgeschichte. In: Werner Hager, Norbert Knopp (Hrsg.): Beiträge zum Problem des Stilpluralismus. München 1977, S. 9–19, S. 10.

mus und verkannte die epocheprägende Kraft des historisierenden Sinns mit seiner Souveränität in der bildungsvermittelten simultanen Nutzung historisch höchst heterogener Stilmittel. Der Anblick, den unsere Städte, ja Dörfer simultan bieten, ist ja in einer Kultur von dynamischer Evolution eo ipso ein Anblick von Architekturrelikten heterogener Herkunft. Wo steckte da die Dekadenz einer Kultur, die in reflexiver Vergegenwärtigung der objektiven Historizität ihres architektonischen Ambientes eben diese Historizität ästhetisiert und somit simultan die Stilgemengelage noch einmal reproduziert? Nietzsche hat, in seinem dekadenten Faible für eine neue Einheitsstilkultur, die Einheit der Reflexion verkannt, den sich der stilistische Pluralismus des architektonischen Historismus verdankt. Nietzsches Verwerfung des Historismus möchte unter Bedingungen einer Zivilisation, die ihrer eigenen Historizität unhintergehbar reflexiv inne geworden ist, historische Naivität erneuern – dieses freilich in einem Akt reflektierter Kulturkritik, die, sobald sie sich in Kulturpolitik umsetzt, dazu tendiert, den kulturellen Pluralismus der Moderne kulturrevolutionär durch eine neue Einheitskultur zu ersetzen. Vom antimodernistischen Einheitskulturprogramm moderner Einheitsparteien wird später noch die Rede sein müssen[15].

In ihrem zeitgenössischen Kontext hat Nietzsches Kritik am vermeintlichen Stilchaos des architektonischen Historismus freilich eine bescheidenere Bedeutung als die, von der abzusehen uns nach unseren inzwischen gemachten Erfahrungen mit den Versuchen, Einheitsstile kulturell und politisch neu verbindlich zu machen, nicht mehr gut möglich ist. Unzweifelhaft hat der architektonische Historismus auch Willkürlichkeiten inszeniert, in denen auch höhere Bildung Sinn schwerlich entdecken kann. Der historisch-politische Verweisungszusammenhang, der im Kulturkampf historistische Neugotik plausibel macht, ist bei neubacksteingotischen Postämtern in Preußen zwischen Gumbinnen und Aachen schlechterdings nicht zu entdecken[16]. Durch eine historisierende Fassade in niederländischer Hochrenaissance wird Technik und Ökonomie einer modernen Spinnerei, statt angedeutet, kaschiert, und die beliebigen Architekturgeschichtszitate in den Stuckfassaden großstädtischer Reihenmiethäuser symbolisieren ersichtlich keinen historischen Sinn, der nicht architektonisch gegen Geschichtssinnalternativen beliebig austauschbar wäre. – Man erkennt: Was immer auch die architektonische Moderne sonst sein mag – mit solchen Beliebigkeiten architektonischen Historisierens hat sie aufgeräumt. Zur vereinfachenden Vergegen-

[15] Cf. unten S. 120f.

[16] Cf. SCHWATLO: Kaiserliches Generalpostamt in Berlin. In: Zeitschrift für Bauwesen. Berlin 1875, S. 143ff.

wärtigung einer komplizierten und langen Architekturgeschichte im fraglichen Zeitraum mag man sich vorstellen, daß der Funktionalismus moderner bautechnischer Konstruktionen, der sich hinter den historisierenden Fassaden längst entwickelt hatte, eines Tages kräftig und selbstbewußt genug war, diese Fassaden wegzustoßen und damit ästhetisch als solcher hervorzutreten. Das wäre, als Ultrakurzgeschichte erzählt, der Ursprung der architektonischen Moderne aus dem Geist fälliger Kritik am architektonischen Historismus.

Was wäre, demgegenüber, die Kritik an der architektonischen Moderne, deren Fälligkeit dann die architektonische Postmoderne plausibel machen könnte? Die Antwort auf diese Frage hat, gleichfalls ultrakurz, Julius Posener im Rückgriff auf ein Diktum Hans Poelzigs gegeben: „Was nutzt es denn, daß einer sein Haus von jedem Ornament befreit, wenn er statt dessen das ganze Haus in ein Ornament verwandelt?“[17]. Der historisierende Zierat ist abgetan, den man schließlich als unerträglich empfand, indem er zur Funktion des Gebäudes, das er zieren sollte, in keinerlei Beziehung, also in der Beziehung der Beliebigkeit stand. Der Funktionalismus triumphiert. Sieht man genauer hin, so erkennt man, daß dieser Funktionalismus, der die Anmutungsqualität der architektonischen Moderne überwiegend bestimmt, nun auch seinerseits gerade nicht die soziale, wirtschaftliche oder kulturelle Funktion eines Gebäudes sinnfällig macht, vielmehr einzig den Funktionalismus seiner Konstruktion. An die Stelle der historisierenden Ästhetik der externen Funktionen eines Gebäudes tritt die technisierende Ästhetik der internen Funktionen seiner konstruktiven Elemente. Es bedarf keiner Exemplifizierung, daß diese architektonische Ästhetisierung des konstruktiven Funktionalismus faszinierend wirken kann. Der Preis, der kulturell dafür zu zahlen war, ist der Schwund an ästhetischer Präsenz von Funktionen, die durch Zwecke eines Bauwerks gegeben sind (pragmatischer Funktionalismus).

Man bemerkt den Unterschied, auf den es hier ankommt, wenn man die Frage stellt, wie es eigentlich ein Gebäude architektonisch macht, daß man ihm seine pragmatische Funktion ansieht. Wie macht es ein Rathaus, daß es aussieht wie ein solches und analog ein Theater, ein Museum oder eine Bank, oder auch eine Klinik oder ein Bahnhof? Der architektonische Historismus hatte, wie aus den oben angeführten Exempeln ersichtlich, in etlichen wichtigen Fällen mit der Beantwortung dieser Frage keinerlei Schwierigkeiten. Die Architektur der Moderne

---

[17] Julius Posener: Die moderne Architektur – eine lange Geschichte. In: Heinrich Klotz (Hrsg.): Vision der Moderne. Das Prinzip Konstruktion. München 1986, S. 27–32, S. 28.

hingegen verhält sich zu den Unterschieden zwischen einem Verwaltungsgebäude und einem Hotel, ja zwischen einer Produktionsstätte mit stapelbarer maschineller Einrichtung und einem großstädtischen Luxuswohnsilo grundsätzlich indifferent. Jedenfalls vermag der Tourist im Silhouettenanblick moderner Städte vom architektonischen Profil her pragmatische Funktionen nicht mehr zu identifizieren, so daß er beim Stadtrundblick von einem hohen Gebäude herab fragen muß, was etwas sei und wo sich finde, was man in einer großen Stadt sucht und aufsucht. Es bleibt wahr: Der architektonische Historismus hat sich verführen lassen, über die auch heute noch befriedigenden Fälle hinaus, wo, wie beim Neorenaissance-Gymnasium, historisierendes Dekor und pragmatische Funktion in nacherzählbarer Weise korrespondieren, schließlich auch Dekorationen zu erfinden, die sich zur pragmatischen Funktion des dekorierten Gebäudes vollständig indifferent, also beliebig verhalten. Aber just mit dieser Beliebigkeit der Ästhetik eines Bauwerks im Verhältnis zu seiner pragmatischen Funktion hat auch die architektonische Moderne keineswegs aufgeräumt. Indem sie, statt der pragmatischen Funktion eines Gebäudes, konstruktive Funktionen ästhetisiert, potenziert sie noch den Eindruck der Beliebigkeit, die damit in der übergroßen Mehrzahl der Fälle zwischen der ästhetischen Anmutungsqualität eines Bauwerks und seiner pragmatischen Funktion hergestellt wird. „Das meinte Poelzig mit der Äußerung, Mies habe das ganze Haus in ein Ornament verwandelt“ – so ließe sich das mit Julius Posener resümieren[18].

Die architektonische Moderne hat ästhetisch entdifferenzierend gewirkt – das ist insoweit das Fazit. Die architektonische Postmoderne hingegen dekoriert und differenziert wieder – von Venturi bis Jencks. Gleichwohl wäre es falsch, von architektonischem Neohistorismus zu sprechen. Es wird ja nicht mehr, wie im Historismus, ein in Architekturschulen erlernter reiner Stil zitiert. Es wird vielmehr historisch gemischt zitiert, eklektisch-blütenlesehaft. Daß das, in Produktion und Rezeption, unsere Phantasie zu stimulieren vermag, ist unbestreitbar, und wo es überdies gelingt, mit den Mitteln des historisierenden Zitats pragmatische Funktionen von Gebäuden im Stadtbild sichtbar zu machen, pflegt auch der Bürger die Postmoderne vor der Moderne zu schätzen. Phantasie ist freilich auch unter Architekten, zumindest auf dem hier erforderten hohen Niveau, nicht schlechthin gleichverteilt, und so breiten sich auch im Kontext der architektonischen Postmoderne Wüsteneien der Phantasielosigkeit aus – immer noch einmal dieselben Sprossenfensterchen und Erkerchen-Zitate!

---

[18] a.a.O., S. 29.

Es erübrigen sich hier Hinweise auf gelungene, ja hervorragende Beispiele, wie man heute auch ohne Unterwerfung unter die besonderen ästhetischen Prätentionen der Postmoderne über die Moderne hinaus mit architektonischen Mitteln nicht nur den Funktionalismus der Konstruktion, vielmehr zugleich auch pragmatische Funktionen eines Gebäudes sichtbar machen kann. Nicht zuletzt Museumsarchitekten gelingt das immer wieder einmal hervorragend - vor allem durch die architektonische Umsetzung der expositionstechnisch zentralen Funktion der Belichtung. Man vergleiche mit diesen sprechenden nachmodernen Museumsbauten oder Entwürfen, zum Beispiel, den Bau der Berliner Nationalgalerie. Das ist gewiß ein schöner Bau. Aber man muß wissen, daß es sich um einen Museumsbau handelt, sonst sieht man es nicht.

Jürgen Habermas fand, die Architektur der Moderne sei „immerhin der erste und einzig verbindliche, auch den Alltag prägende Stil seit den Tagen des Klassizismus“[19]. Wahr ist, daß der Stil der architektonischen Moderne sich wie kein anderer zeitgenössischer Stil international durchgesetzt und verbreitet hat. Aber daß es sich hierbei um eine „verbindliche“ Entwicklung handele - das ist eine normative Festlegung aus dem Geist der zitierten Historismuskritik Nietzsches, die den spezifisch modernen Pluralismus, wie er just durch den Historismus freigesetzt wird, perhorresziert und statt dessen Ideale einer rationalen Einheitskultur beschwört, die doch unter Bedingungen der modernen Zivilisation zwangsläufig totalisierend wirken müßten. Noch einmal: Es trifft ja zu, daß sich die architektonische Moderne wie kein anderer Architekturstil bislang global ausgebreitet hat, und nichts steht entgegen zu sagen, daß das auf der „Traditionslinie des okzidentalen Rationalismus“ geschehen sei[20]. Aber was hätte denn die Verbindlichkeit dieser Traditionslinie ausgemacht? Auf diese Frage hat, nüchterner, Julius Posener die folgende Antwort gegeben: „Es mußte schnell gehen, es durfte nicht viel kosten“[21]. Die naheliegende kulturelle Reaktion auf den kulturellen Homogenisierungseffekt der Ausbreitungsdynamik moderner Architektur sei in Erinnerung an bereits früher Gesagtes so zusammengefaßt: Ineins mit der Dynamik der Moderne wächst die Intensität unserer Vergangenheitszugewandtheit[22]. Exemplarisch bedeu-

---

[19] Jürgen Habermas: Moderne und postmoderne Architektur. In: Jürgen Habermas: Die neue Unübersichtlichkeit. Frankfurt a. M. 1985, S. 11–29, S. 15.

[20] ibid.

[21] a.a.O. (cf. Anm. 15), S. 31.

[22] Zum Grundsätzlichen dieses Komplementaritätszusammenhangs cf. mein Buch „Geschichtsbegriff und Geschichtsinteresse. Analytik und Pragmatik der Historie“. Basel/Stuttgart 1977.

tet das: Je mehr sich die Silhouette von Frankfurt der von Denver oder Dallas annäherte, um so unerträglicher mußte den Frankfurtern der Gedanke werden, die historistische Ruine ihres großbürgerlichen Opernhauses zu sprengen und auch an seine Stelle noch etwas Modernes zu setzen. So haben sie also dieses Denkmal des architektonischen Historismus mit einem Aufwand von Dutzenden Millionen getreu rekonstruiert und gleich auch noch gegenüber dem Römer musealisierende Replikate eindrucksvoller Riegelhäuser errichtet. Je rascher die Moderne unsere zivilisatorischen Lebensambientes einander anverwandelt, um so interessierter sind wir, denkmalpflegerisch oder in analogen Leistungen aus historischem Bewußtsein hervorzukehren und gegenwärtig zu halten, was wir kraft kontingenter Herkunftsprägung sind und was uns darin von anderen unterscheidet. Wer wir sind, sagt uns unsere Geschichte, und die Nötigkeit, es uns ausdrücklich gesagt sein zu lassen, nimmt komplementär zum Ausbreitungserfolg zivilisatorischer Modernität, die wir alle teilen, zu.

Es wäre erstaunlich, wenn die Architektur, die als Architektur der Moderne wie wenig andere Kulturelemente das Interesse an kompensatorischer Vergangenheitsvergegenwärtigung[23] bis in die Stadtbildpflege hinein intensiviert hat, nicht ihrerseits wo immer möglich dem erläuterten, modernitätsspezifisch wachsenden Vergangenheitsbedarf neohistoristisch zu entsprechen gelernt hätte. Es bedarf keiner zusätzlichen Erläuterung, daß dieser Neohistorismus der Postmoderne sich an historistischen Stilreinheitsidealen nicht mehr orientieren kann. Auch in der Denkmalpflege sind solche Stilreinheitsideale, wie sie im 19. Jahrhundert noch maßgebend waren, längst als unhistorische Konstrukte erkannt. In Verbindung mit der Forderung Nietzsches nach Einheit des Stils müßten Stilreinheitsideale im Kontext moderner Kultur kulturrevolutionär wirken; die Stildiktatur in der Kunst- und Architekturpolitik totalitärer Mächte in unserem Jahrhundert beweist es. Je dynamischer eine Kultur sich entwickelt, um so größer wird die Heterogenität simultan präsenter Kulturelemente ihres unterschiedlichen Alters wegen. Die Ungleichzeitigkeit des Gleichzeitigen spiegelt nicht die Unfähigkeit einer Gegenwart, zur Einheit eines sie repräsentierenden Stils zu finden, vielmehr die Dynamik der Stilentwicklung. Gemengelage – das ist, noch einmal, die passende geologische Metapher für eine Kultur, die, indem sie ihre Vergangenheit rascher als jemals zuvor eine Kultur

---

[23] Zu diesem Kompensationsargument cf. Odo Marquard: Über die Unvermeidlichkeit der Geisteswissenschaften. In: Almanach. Ein Lesebuch. Band I. 1987, S. 107–118.

hinter sich läßt, in der disparaten Fülle ihrer jeweiligen Gegenwart einzig historisch erklärbar ist. Genau diesen durch ihre evolutionäre Dynamik bewirkten Gemengelagencharakter unserer Kultur ästhetisiert die Postmoderne, indem sie ihn architektonisch wiederholt und verdoppelt...

1.4 Exkurs über Rückbau

Rückbau – das ist die Kunst, Altes neu alt zu machen. Rückbau ist, genauer, die Kunst, dasjenige Neue neu alt zu machen, in das man kurz zuvor noch selber Altes durch Umbau verwandelt hatte.

Es handelt sich beim Rückbau, nach Wiederaufbau, Neubau oder Umbau, nicht um eine Kleinigkeit. Die Rückbauplanung erstreckt sich auf Projekte, die nach Anzahl und Größenordnung gesamthaft Milliardensummen erfordern. Längst gibt es in der öffentlichen Verwaltung Rückbauspezialisten und komplementär dazu auch in der Bauwirtschaft. Ob es in den Geschäftsverteilungsplänen der Bezirksregierungen demnächst, unter diesem Namen, Rückbaudezernate geben wird, bleibt abzuwarten. Unseren kommunalen Räten, auch unseren Parlamentariern geht das Wort „Rückbau" jedenfalls glatt und ohne ironischen Oberton von den Lippen.

Beispiele längst abgeschlossener Rückbauten gibt es in großer Zahl. Aufmerksamer Touristenblick genügt, um sie zu erkennen. Unübersehbar verwandelt vor allem der Tiefbau, als Tiefrückbau, unser landschaftliches Lebensambiente. Wasserläufe, die noch vor fünfundzwanzig Jahren mäandrierend durch Niederungswiesen zogen, alsdann begradigt und eingedeicht wurden, sind neu in Schleifen gelegt, denen auch der Laie ansieht, daß sie kein Resultat naturaler Strömungsdynamik, vielmehr Realisationen von Rückbauplänen sind.

Die Dynamik der Kulturbauentwicklung bringt es mit sich, daß man in einigen Regionen Bau und komplementären Rückbau gleichzeitig beobachten kann. Im Rahmen älterer, aber noch fortgeltender Meliorationsprogramme werden hier noch Sauerwiesen süß gemacht, während da schon die Repaludinisierung angelaufen ist. Das Neuwort „Feuchtbiotop" ist heute jedem Schulkind vertraut, und eine rasch wachsende Menge der mit diesem Wort gekennzeichneten Areale im Landschaftsraum besteht nicht mehr aus Relikten des Unkultivierten, vielmehr aus Dekultivierungsresultaten moderner Rückbaukulturtechnik. Die Hoffnungen, die in die Leistungsfähigkeit dieser Technik gesetzt werden, reichen gelegentlich sehr weit. Man hält es für möglich, sogar Hochmoore wieder unter Bedingungen bringen zu können, die sie erneut wachsen ließen. Gelänge das, so hätte man in tausend Jahren mit einem Meter Torfzuwachs zu rechnen. Inzwischen wird freilich die Torfmullindustrie in Gegenden, in denen nach Lage der Dinge Moorreaktivierungen nicht mehr möglich sind und wo man sie entsprechend weiterarbeiten läßt, die residualen Altmoorbestände binnen fünf Jahren definitiv ausgeräumt haben.

Auch die Straßenbautechnik hat sich inzwischen zur Rückbautechnik entwickelt. Wo man zur Gewinnung zusätzlicher Trassenbreiten noch vor zehn Jahren Vorgärten beschnitt, plant man jetzt, um Streifen für Trottoirs und Fahrradwege zu gewinnen, Rückverengung. Dazu paßt die Rückverwandlung von Straßen in Alleen. Wasserstraßen, Kanäle näherhin, die man, weil sie transportwirtschaftlich längst funktionslos geworden waren, in den Jahren des wirtschaftlichen Aufbaus zugeschüttet hatte, werden wieder aufgegraben und zur Erhöhung ihrer Attraktivität für den expandierenden Wassersportverkehr mit allerlei Nostalgierequisiten wie Zugbrücken oder Drehstegen versehen.

Auch als Hochbau findet Rückbau statt. Hochhäuser, die noch zu Beginn der sechziger Jahre mittelstädtische Aufgeschlossenheit für die architektonische Moderne repräsentierten, werden heute um zwei, drei Stockwerke verkürzt, um den alten Blick auf ein restauriertes Türmchen neu freizugeben. Der in seinem zeitumgangskulturellen Sinn bereits analysierte Denkmalschutz wirkt analog. Denkmalschutz ist freilich nicht Rückbau - es sei denn, es handele sich, wie bei der Rebarockisierung einstmals entbarockisierter gotischer Kirchen, um denkmalpflegerischen Rückbau jenes purifizierenden denkmalpflegerischen Rückbaus von gestern, den man heute als Vandalismus empfindet. Kaufhausfassaden, die einstmals zur Corporate Identity des Konzerns gehörten, werden an das sie umgebende Architekturensemble rückangepaßt. Einst geschlossene schmale Gassen, die heute, statt Straßen, Fußgängerzonen verbinden, werden neu durchbrochen und Plätze, die sich in ampelbestückte Kreuzungsbereiche verwandelt hatten, werden in begehbare Plätze rückverwandelt.

Es wäre reizvoll, den, wie es scheint, unaufhaltsamen Vormarsch des Rückbaus mit zusätzlichen Exempeln zu illustrieren - von wiedergeöffneten Pferdetränken über rückgebaute Trassen längst aufgelassener Eisenbahnen zum Zweck ihrer Nutzung als Wanderwege bis hin zum Rückbau von Heideflächen, die mangels Schafhaltung verwaldet waren, durch Entbirkung. Wichtiger ist, sich durch die semantische Anmutungsqualität des Wortes „Rückbau" nicht täuschen zu lassen. Nirgendwo wird ja durch Rückbau, was einmal war, wiederhergestellt. Die Bauten des Rückbaus sind nie zuvor dagewesene Bauten. Als Naturschutzbauten nehmen sie die Frontlinie zwischen Kultur und Natur nicht zurück, sondern unterwerfen die Natur der Kulturtechnik ihrer residualen Erhaltung. Das Fassadenreplikat einer Riegelhauszeile im Zentrum einer wiederaufgebauten Großtadt repräsentiert, wie wir gesehen haben, weniger ein Stück rekonstruierter Stadtbaugeschichte als aktuell herrschende Stadtbauästhetik, die auf den starken Reiz spekuliert, der stets aus der Kontrastierung von Alt und Neu resultiert, und zwar auch dann, wenn der Kontrast in Wahrheit nicht ein Kontrast von Altem und Neuem ist, vielmehr von Neuem und neu Altgemachtem. Und auch der neu in künstliche Schleifen gelegte Bach mäandriert ja nicht mehr, sondern eilt zwischen wohlgesicherten Ufern mit abgesenkter Fließgeschwindigkeit zum Schöpfwerk. Sein erfreulich frisches Wasser verdankt sich der Effizienz umliegender Kläranlagen und der dichte Edelfischbesatz den Aktivitäten des Anglervereins. Kurz: Rückbau ist kultur-evolutionär spezifisch modern. Aus der Rückschau einer Zukunft, für die unsere Gegenwart Vergangenheit ist, wird sie eines der historischen Charakteristika unserer Zeit sein.

Die Pragmatik der Rückbaubewegung bedarf hier keiner Erläuterung. Sie hat Evidenz – in Naturschutz und Denkmalschutz, in Ökologie und Freizeit. Seiner Struktur nach hat der Rückbau Kompensationscharakter. Er rückversetzt uns nicht in frühere Epochen zivilisatorischer Evolution, sondern kompensiert Folgelasten dieser Evolution. Die kulturkritische Frage, ob es dann nicht doch besser gewesen wäre, gleich in jenen früheren Zuständen zu verharren, die hinter uns gelassen zu haben uns jetzt zu aufwendigen kompensatorischen Rückbauleistungen zwingt, fingiert Handlungsalternativen, die niemals bestanden. Die Dynamik der zivilisatorischen Evolution verdankt sich ja nicht unserer Willkür, vielmehr der Evidenz der Lebensvorzüge, wie sie einzig in dieser Zivilisation zu haben sind. Die rasch wachsenden Rückbaukosten sind ein Teil der Kosten, die wir für diese Lebensvorzüge zu zahlen haben. Rückbauphänomene demonstrieren uns somit nicht den illusionären Charakter der Hoffnungen, die wir einst in den zivilisatorischen Fortschritt gesetzt hatten. Sie demonstrieren vielmehr, daß in vielen Lebensbereichen die Kosten des Fortschritts rascher als die Lebensvorzüge wachsen, die uns, durchaus zu Recht, der zivilisatorischen Evolution Fortschrittscharakter zusprechen ließen. Rückbaukosten sind ein Teil der Kosten, die uns erkennen lassen, daß auch für den Fortschritt das Gesetz des abnehmenden Grenznutzens gilt[1].

[1] Zu dieser Interpretation veränderter Einstellung zu unseren zivilisatorischen Lebensvoraussetzungen und der Fortschrittsnatur ihrer Evolution cf. mein Buch „Der Lebenssinn der Industriegesellschaft. Über die moralische Verfassung der wissenschaftlich-technischen Zivilisation“, Berlin, Heidelberg, New York, London, Paris, Tokyo, Hong Kong 1990.

2. Avantgarde oder Wie man wider Willen die Vergangenheit fortschreitend interessanter macht

2.1 Das Avantgarde-Paradox: Die Vergangenheit rückt der Gegenwart näher

Die Postmoderne werde „auf lange Zeit wahrscheinlich schnell vergessen" sein – so äußerte sich kürzlich ein bekannter Architekt[1] und verwies auf neueste Bauprojekte, die man statt „postmodern" „neo-monumentalistisch" nennen könne. Im Feuilleton mehren sich Rückblicke auf die Postmoderne. Allein schon die Semantik der Wortbestandteile von „Post-Moderne" provoziert dazu, einen Architekturstil, in dessen Selbstkennzeichnung ein anderer Architekturstil für vergangen erklärt ist, seinerseits für vergangen zu erklären. Die Medien in ihren einschlägigen Programmen und analoge Einrichtungen der Dauerreflexion haben sich diese Chance nicht entgehen lassen. Wer architektonisch, literarisch oder philosophisch die Postmoderne nicht mitgemacht, ja vielleicht auch nur verschlafen hat, gewinnt Aussichten, sich seinerseits plötzlich ganz vorn zu befinden. Andererseits verliert allmählich in diesem Prozeß fortgesetzter Überholungen der Platz auf der Spitze des Zeitpfeils an Interesse und Aufmerksamkeitswert. Das ergäbe dann eine Kultur fortschreitender Unverbindlichkeit des Fortschritts. Eben diese Unverbindlichkeit auszurufen, die Ankündigung also, „das Ende der linearen Zeit"[2] sei erreicht, war der Hauptimpuls postmoderner Philosophie. Das bedeutet: Die Postmoderne versteht sich nicht mehr als Avantgarde. Gleichwohl ist sie in den Einrichtungen des Kulturbetriebs als solche behandelt worden. Worin hätte entsprechend der Avantgardismus der Postmoderne bestanden? Er bestand im Nachweis, daß die Paradoxien des Versuchs, Avantgardismus zum Prinzip zu erheben, die Avantgarde ad absurdum geführt haben.

Auch für Zeitgenossen, die nach der Art ihres Berufs und sonstiger Lebensverbringung den Ereignissen und Vorgängen ferner stehen, über

---

[1] Helmut Jahn in „Welt am Sonntag" vom 16. April 1989.

[2] Jean Baudrillard: Die fatalen Strategien. Mit einem Anhang von Oswald Wiener. München 1985, S. 17.

die im Feuilleton berichtet wird, lassen sich die tatsächlich absurden Konsequenzen der Herrschaft des Avantgarde-Prinzips anschaulich machen. Was immer das Avantgarde-Prinzip sonst besagt –: Es enthält ja die Selbstverpflichtung zur innovatorischen Überbietung der Vorläufer in der künstlerischen Produktion. Selbstverständlich kann sich das nur unter Bedingungen einer autonom gewordenen Kunst zur Geltung bringen. Allein eine Kunst, die nach Sujet und Manier nicht mehr an Direktiven eines Auftraggebers gebunden ist, gewinnt schließlich uneingeschränkte Freiheit, in der Wahl des Sujets sich bei Aktualitäten zu engagieren oder in der Vergleichgültigung des Sujets neue stilistische Möglichkeiten zu realisieren, die erst über analoge Realisationen der eigenen Vorgänger entdeckungsfähig geworden sind. Der typische Ort des Auftritts moderner Kunst mit avantgardistischem Anspruch ist der Markt. Der Markt aber ist eine Einrichtung, in der in der Fülle des Angebots vor allem um Aufmerksamkeit konkurriert wird, und Aufmerksamkeit läßt sich nicht zuletzt durch Präsentation des Neuen, Ungewohnten lenken. So beschleunigt der Markt, ohne den eine autonom gewordene Kunst in der wachsenden Zahl ihrer Produkte sich gar nicht an ihre Interessenten vermitteln ließe, die künstlerische Innovationsdynamik zusätzlich. Die Menge des Neuen pro Zeiteinheit wächst, und die evolutionäre Distanz zwischen Alt und Neu vergrößert sich kontinuierlich. Umgekehrt formuliert heißt das: Unter Avantgardebedingungen verringert sich fortschreitend die Zahl der Jahre, die die großen stilistischen Innovationen, die im Gedächtnis der offiziellen Kunsthistoriographie verzeichnet bleiben, voneinander trennen. In exemplarischer Quantifizierung heißt das: Die Menge der stilistischen Innovationen, denen Kunstkritiker und Kunsthistoriker eigene Stilepochennamen zugeordnet haben, ist in einem einzigen Jahrzehnt unseres Jahrhunderts, nämlich zwischen 1960 und 1970, um das Zehnfache größer gewesen als in fünfzig Jahren des vorigen Jahrhunderts, nämlich zwischen 1850 und 1900. So läßt es sich einem Kalendarium kunstgeschichtlicher Epochenbegriffe entnehmen, das Hans Robert Jauß gefertigt hat[3].

Die künstlerische Innovationsverdichtung ist ein hartes Faktum moderner Kunstgeschichte. Im Avantgardismus ist dieses Faktum vorausgesetzt, und die Orientierung an Avantgarde-Idealen beschleunigt zugleich den fraglichen Innovationsprozeß. Die Konsequenzen dieses Vorgangs hat freilich der Avantgardismus zunächst übersehen. Das habe

---

[3] Hans Robert Jauss: Kalendarium zur Verkürzung der Epochenbegriffe. Kunst. Typoskript. Konstanz 1983.

ich an anderer Stelle ausführlicher dargestellt[4]. An die Quintessenz des avantgardistischen Selbstmißverständnisses, die für die Temporalverfassung der Moderne aufschlußreich ist, sei hier noch einmal in aller Kürze erinnert.

Die Avantgarde behauptet den Geltungsvorrang des Neuen und lenkt die Aufmerksamkeit der von ihr erreichten Öffentlichkeit auf es. Der Triumph des Neuen steigert sich mit der Geschwindigkeit, mit der es sich durchsetzt und so das Alte zum Veralteten macht. „Warum hinter uns schauen?" So lautete die rhetorische Frage Marinettis in seinem ersten futuristischen Manifest von 1909[5]. „Wir leben bereits im Absoluten, da wir bereits die ewige, allgegenwärtige Geschwindigkeit geschaffen haben." „Ein Rennwagen" sei „schöner als die Nike von Samothrake" – ein Satz, der heute noch verblüffender klingen mag als damals, wenn man sich vergegenwärtigt, daß hier ein Rennwagen aus dem ersten Jahrzehnt unseres Jahrhunderts gemeint war. „Die neue Schönheit" sei eine „Schönheit der Geschwindigkeit", und die vom Futurismus überholte Kunst, die durch ihre Musealisierung historisierte Kunst der Tradition und damit der Vormoderne, konnte in der Tat den Anblick dieser modernen Schönheit nicht bieten. Als Konsequenz ergab sich: „Wir wollen Italien befreien von den zahllosen Museen, die es bedecken wie zahllose Friedhöfe". „Wir wollen, daß die Kunst, die Vergangenheit verleugnend, endlich den aktuellen Bedürfnissen entspricht, die uns bewegen."[6] – Selbstverständlich steht nichts entgegen, solche Sätze inhaltlich nicht ernst zu nehmen, sie vielmehr als Teil einer Kunstbewegung zu nehmen, in deren Kontext Texte im Ernst weder etwas behaupten noch fordern noch ankündigen, vielmehr einzig die Funktion erfüllen, eine Attitüde in Szene zu setzen, deren ästhetischer Effekt, den man nun schätzen mag oder auch nicht, ihre Unerhörtheit und Neuigkeit ist.

Auf der anderen Seite kann einen niemand hindern, Sätze mit großtönendem Anspruch beim Wort zu nehmen. Man erkennt dann unschwer den Selbstwiderspruch im avantgardistischen Willen, die Gegenwart durch innovatorischen Futurismus endlich von den Lasten der Vergangenheit zu befreien. Der schlichte evolutionstheoretische

---

[4] Cf. dazu meine Abhandlung „Historisierung und Ästhetisierung. Über Unverbindlichkeiten im Fortschritt", in: Hermann LÜBBE: Die Aufdringlichkeit der Geschichte. Herausforderungen der Moderne vom Historismus bis zum Nationalsozialismus. Graz, Wien, Köln 1989, S. 46–63.

[5] Das immer wieder nachgedruckte Dokument ist hier zitiert nach Walter HESS: Dokumente zum Verständnis der modernen Malerei. Reinbek b. Hamburg 1986, S. 71–72.

[6] ibid.

Zusammenhang ist doch der – konträr zur avantgardistischen Erwartung, durch Steigerung der Innovationsrate sich endlich die Vergangenheit vom Halse schaffen zu können–, daß genau komplementär zur Menge des Neuen die Gegenwart einer avantgardistisch dynamisierten Kultur sich mit Veraltetem anfüllt. Kulturen, die sich durch eine gewisse Konstanz ihrer Bedürfnisse, ihrer Produkte, Riten und Stile kennzeichnen lassen, kennen für die Dauer solcher Konstanzen keine veralteten Produkte, Riten und Stile. Erst im Fortschritt fällt Veraltetes an und gewinnt komplementär zur Dynamik des Fortschritts an Aufdringlichkeit. Im Museum, so sah es Marinetti, ist Altes verwahrt, das durch die innovatorische Praxis der Avantgarde zum endgültig Veralteten herabgesetzt wird. Das bedeutet aber, daß, so lange die futuristische Kulturrevolution des Museumssturms noch Bevorstand ist, unter den Voraussetzungen des Avantgardismus das Museum, als Stätte der Gegenwart des Veralteten, statt hinter der rasch wachsenden Menge des Neuen zu verschwinden, seinerseits rasch expandiert. Wer heute bereits von morgen sein will, ist übermorgen von gestern – das ist das unvermeidliche Schicksal jeder Avantgarde, und wenn der Geltungsvorrang der Avantgarde sich jeweils auch auf die Avantgarde von gestern beziehen soll, beschleunigt gerade die Avantgarde ineins mit dem Innovationsprozeß auch die Musealisierung.

Man kann den skizzierten Effekt, daß die Avantgarde, statt die Kultur von der Präsenz des Musealen zu säubern, den Prozeß der Musealisierung unserer kulturellen Umwelt beschleunigt, auch folgendermaßen ausdrücken: Die avantgardistische Erhöhung der Innovationsrate verkürzt die temporale Extension aktueller Geltung des Neuen. Ich habe diesen Effekt in anderen Zusammenhängen als „Gegenwartsschrumpfung" beschrieben, und in diesem Buch werden wir uns dieses Temporalphänomen dynamischer Zivilisationen unter anderem noch am Beispiel der Mengendruckprobleme der Bibliotheken vor Augen führen[7]. Gegenwartsschrumpfung bedeutet, daß temporal die Vergangenheit der Gegenwart immer näher rückt. Das chronologische Alter des Veralteten nimmt ab. Anders ausgedrückt: In einer dynamischen Kultur wird das bereits Veraltete immer jünger.

Hans Tietze hat dieses Phänomen bereits Mitte der zwanziger Jahre hochironisch folgendermaßen beschrieben: „Zwischen Frühlings- und Herbstsalon" öffnen sich „unüberbrückbare Klüfte". „Die Entwicklungsperioden der jungen Genies" werden „nach Monaten registriert"[8].

---

[7] Cf. unten S. 212ff.

[8] Hans Tietze: Lebendige Kunstwissenschaft. Zur Krise der Kunst und der Kunstgeschichte. Wien 1925, S. 39.

Die Werke moderner Künstler veralten, fand er, ehe ihre Farbe trocknet. Sie gelangen somit „ohne Zwischenstadium ins Museum“[9]. Die Avantgarde, die im Futurismus als museumsstürmerische Bewegung angetreten war[10], beschleunigt damit die Transformation der Kunst zur Museumskunst. Hans Tietze empfand in der damals jungen „Tradition der Avantgarde“[11] die Kennzeichnung „Museumskunst“ noch als „Oxymoron“[12]. Aber indem bald darauf, in New York, das erste „Museum of Modern Art“ gegründet wurde, erwies sich definitiv, daß nicht der Begriff der Museumskunst ein Selbstwiderspruch ist, vielmehr die avantgardistische Prätention, durch Selbstverpflichtung der Künstler, als Neuerer tätig zu sein, die Gegenwart endlich von der Vergangenheit zu befreien. Die Avantgarde also, statt das Museum als kulturelle Institution zu entmächtigen, bewirkt, daß nunmehr die künstlerische Produktion wie nie zuvor in ihrer Geschichte von der Spekulation auf einen Platz im Museum geleitet wird. Einzig die Aussicht, Eingang ins Museum oder in museumsanaloge Einrichtungen der Kunstexposition zu finden, macht doch charakteristische Eigenschaften avantgardistischer Kunstwerke verständlich. Das fängt beim Äußerlichsten an, bei den räumlichen Dimensionen moderner Kunstwerke nämlich. Nachdem Schlösser, deren Wände mit Riesenwerken auszufüllen waren, nicht mehr gebaut werden, ist es ersichtlich zumeist die Museumssaalwand, deren Dimensionen moderne Künstler ihre Tafelbilder im Superformat angepaßt machen. Für Environments, die für sich selbst einen ganzen Raum beanspruchen, gilt Analoges ohnehin, und desgleichen für Werke, die in der Empfindlichkeit und Vergänglichkeit ihrer Materialien aus Wartungsgründen auf professionalisierte Konservierungsspezialisten angewiesen bleiben, die als Museumsbeamte oder als Mitarbeiter konservatorisch arbeitender Dienstleistungsbetriebe tätig sind.

Von Anfang an hat die avantgardistische Innovationsrevolution die Zahl der Jahre, für die eine Neuerung auf einige Geltungskonstanz ihres Neuerungswertes hoffen durfte, weit unter die Zahl der Lebensjahre hinabgedrückt, für die ein Künstler hoffen darf, produktiv zu bleiben. Das bedeutet: Das Avantgarde-Prinzip verpflichtet den Künstler zu mehrfacher Selbstüberholung in der kurzen Frist seines eigenen Lebens. Daß dem entsprochen werden kann, ist nicht zu bestreiten, und es

---

[9] a.a.O., S. 60

[10] Cf. dazu Walter GRASKAMP: Museumsgründer und Museumsstürmer. Zur Sozialgeschichte des Kunstmuseums. München 1981, S. 47f.

[11] Ganz unbefangen gebraucht diesen Ausdruck Laszlo GLOZER: Westkunst. Zeitgenössische Kunst seit 1939. Köln 1981, S. 127.

[12] Hans TIETZE, a.a.O. (cf. Anm. 8), S. 60.

erübrigt sich, Namen jener Jahrhundertgenies zu nennen, deren individuelle Produktion in ihrer epochalen Abfolge eine kunstgeschichtliche Evolution repräsentiert. Avantgardistische Innovationsdynamik läßt somit Künstler bereits innerhalb ihrer eigenen Lebensfrist historisch und damit zugleich sich selbst historisch werden. Entsprechend nimmt unter Avantgardebedingungen auch die Zahl der Künstler ständig zu, die, statt dauerhaft sich Zwängen innovatorischer Praxis unterworfen zu halten, dauerhaft als Subjekte der großen Innovation von gestern oder vorgestern gegenwärtig bleiben. An anderer Stelle habe ich das folgendermaßen exemplarisch veranschaulicht: „Die Idee, in künstlerischer Absicht prominente Gebäude, ja unwirtliche Felsengestade zu verpacken, war wirklich etwas Neues. Aber inzwischen verpackt Christo immer noch"[13]. Das ist der Vorgang avantgardistischer Selbstverurteilung zur Rolle permanenter Erinnerung an die Neuererrolle, die man gestern oder vorgestern gespielt hat. Daß das Publikum diese Erinnerung schätzt und vom altgewordenen Neuerer fortgesetzt Wiederholungen längst überholter Neuerungen verlangt, demonstriert abermals den nur scheinbar paradoxen Effekt beschleunigter Selbsthistorisierung der Kunst durch die avantgardistische Beschleunigung ihres Fortschritts.

Wenn die These vom Komplementaritätscharakter von Avantgardismus und historisierender Musealisierung richtig ist, dann muß an der These, „die Musealisierung entmündigt die Kunst", etwas falsch sein. Das ist jedenfalls dann der Fall, wenn sich mit ihr noch die alte futuristische Meinung verbände, avantgardistisch emanzipiere sich die Kunst vom Museum. Der zitierte Satz hat heute lediglich noch die veraltete Anmutungsqualität des futuristischen Museumssturms. Doch er entstammt nicht der ersten Hälfte unseres Jahrhunderts. Es handelt sich vielmehr um die Äußerung eines bekannten zeitgenössischen Kunsthallenchefs und ideologiehistorisch um einen Satz aus dem Kontext jener kulturrevolutionären Bewegtheiten Ende der sechziger Jahre, in denen kurzfristig noch einmal, zumal im akademischen Milieu, die Idee sich wiederbelebte, die kulturelle und politische Evolution gehorche gesamthaft einer Gesetzlichkeit, der die Verpflichtung zu entnehmen sei, die Evolution zu beschleunigen und sich an die Spitze der Bewegung zu setzen, also Avantgarde zu sein[14].

---

[13] Zu Christo cf. Lawrence Alloway: Christo. Stuttgart 1969. – Ferner: Michael S. Cullen und Wolfgang Volz (Hrsg.): Christo. Der Reichstag. 1984.

[14] Der zitierte Satz findet sich als Kapitelüberschrift bei Werner Hofmann: Kunst und Politik. Über die gesellschaftlichen Konsequenzen des schöpferischen Handelns. Köln 1969, S. 25.

Der zitierte Satz verkennt nicht nur den Komplementaritätszusammenhang von innovatorischer und musealisierender Praxis. Er verkennt überdies, daß im Kontext der modernen Kultur das Museum eine der wichtigsten institutionellen Garantien autonomer Kunst darstellt. Ein exemplarischer Rückblick in die Institutionengeschichte neuzeitlicher Kunst mag das verdeutlichen. – Zu den biographisch weniger bekannten Seiten des Lebenswerkes Wilhelm von Humboldts gehört, neben seiner Tätigkeit als Einrichter jenes ersten öffentlichen Kunstmuseums in Preußen, dessen Architekt Friedrich Schinkel war[15], sein Wirken als Vorsitzender des Vereins der Kunstfreunde im Preußischen Staate, dessen Hauptzweck die Förderung von Künstlertalenten war[16]. Das Verhältnis der beiden Tätigkeiten, also der Museumsförderung einerseits und der Künstlerförderung andererseits, sah damals, vor gut einhundertundfünfzig Jahren, folgendermaßen aus. Als Museumseinrichter verfolgte Humboldt den Zweck, alte Kunst gegenwärtig und dem Publikum zugänglich zu machen. Eine Ankaufskommission hatte es mit der Komplettierung der Bestände in der Absicht zu tun, gravierende Lücken in der Präsenz historischer Reihen zu schließen. Das alles wurde auch damals bereits in die Kontrolle des historischen Bewußtseins genommen, und das Museum entwickelte sich darüber zu einer Einrichtung der kunsthistorisch disziplinierten künstlerischen Anschauung und Bildung. Der Kunstverein indessen kaufte, in der Absicht der Künstlerförderung, Gegenwartskunst auf. Dabei war, zunächst noch, diese Gegenwartskunst nach Sujet und Manier überwiegend Auftragsarbeit. In rasch wachsender Zahl wurden dann aber auch frei produzierte Stücke validiert und angekauft. Vor diesem inzwischen historisch weit entfernten Hintergrund erkennt man, was sich seither geändert hat: Die freie Produktion dominiert heute nahezu absolut und ihre medienkommentierte Ausstellung, vom modernen Kunstmuseum organisiert, markiert jenen publizistischen Rang autonomer Kunst, der heute die ideelle Souveränität des Künstlers Auftraggebern gegenüber definitiv untangierbar gemacht hat. Das bedeutet: Das moderne Kunstmuseum als ein Museum für aktuelle Museumskunst wäre durch die Funktion, Kunst zu entmündigen und so

---

15 Zu Humboldts Tätigkeit als Museumseinrichter cf. meine Abhandlung „Wilhelm von Humboldt und die Berliner Museumsgründung 1830", in: Hermann Lübbe: Die Aufdringlichkeit der Geschichte. Herausforderungen der Moderne vom Historismus bis zum Nationalsozialismus. Graz, Wien, Köln 1989, S. 187–206.

16 Zu Schinkels Museumsbau cf. Hans Kauffmann: Zweckbau und Monument: Zu Friedrich Schinkels Museum am Berliner Lustgarten. In: Eine Freundesgabe der Wissenschaft für Ernst-Hellmut Vits zur Vollendung seines 60. Lebensjahres am 19. September 1963. Herausgegeben von Gerhard Hess. Frankfurt a. M. 1965, S. 135–166.

harmlos zu machen, in befremdlicher Weise wirklichkeitsfremd beschrieben. In Wahrheit ist die Funktion des modernen Museums ganz im Gegenteil die einer institutionellen Garantie der Künstlerautonomie.

Neben dem modernen Kunstmuseum ist selbstverständlich auch der Kunstmarkt, auf den ja die Museen ihrerseits als Käufer verwiesen sind, eine funktional gänzlich unentbehrliche Einrichtung, über die erst die förmliche Kunstfreiheitsgarantie der Verfassung sich mit Leben füllen kann. Das schließt fällige Kritik an Erscheinungen der Monopolbildung, die es auch auf Kunstmärkten gibt, nicht aus, vielmehr ein. Aber die Unersetzbarkeit des Kunstmarkts für die faktische Sicherung der Freiheit der Kunst macht man sich am besten durch die Überlegung klar, unter welche Bedingungen die künstlerische Produktion geriete, wenn die Kunstdistribution, anstatt über den Markt, gänzlich durch politische oder administrative Entscheidungsverfahren gesteuert würde. Eine andere Alternative zum Kunstmarkt verbliebe ja nicht. Ersichtlich wäre die Freiheit der Kunst unter solchen Bedingungen selbst dann gefährdet, wenn die fraglichen politischen und administrativen Entscheidungsverfahren sich demokratisch legitimierten.

Erst Markt und Museum machen also Avantgarde möglich. Als weitere Bedingung wäre natürlich noch die Kunstpublizistik zu erwähnen. Allein in Deutschland, so hört man, seien inzwischen über achthundert Kulturjournalisten tätig und über fünfhundert von ihnen seien auf Fragen der bildenden Künste spezialisiert[17]. Das ist selbstverständlich ein kulturpolitischer Faktor erster Größenordnung und der moderne Kunstfreund hätte keine realistische Chance, sich ohne den Beistand der modernen Kunstpublizistik zur Avantgardekunst in eine räsonable Beziehung zu setzen. Man mag gewisse Erscheinungsformen und Wirkungen des Kunst-Feuilletons beklagen. Aber wer gegensteuern möchte, bleibt seinerseits auf Veröffentlichungen in diesem Feuilleton angewiesen.

Die oben zitierte These, das Museum sei eine kulturpolitische Institution zur Asylierung entmündigter Kunst, ist nicht nur ein schlichter neofuturistisch inspirierter Irrtum. Sie beruht überdies auf einer mißweisenden Vermessung des Orts, den innerhalb moderner Gesellschaften die Kunst im öffentlichen Lebenszusammenhang einnehmen kann. Ihr liegt eine regressive Idee der Einheit von Kunst und Leben

---

[17] So der Vorsitzende des Verbandes der Deutschen Kunst-Kritiker, Dr. RICHTER, in seinem Referat vor der Konferenz der Deutsch-Österreichisch-Schweizerischen ICOM-Sektionen am 15. Mai 1982 in Lindau.

zugrunde, deren entfremdungskritisches Pathos[18] verkennt, daß Autonomie und Freiheit der Kunst irreversible Entfremdungsverhältnisse zur Voraussetzung haben. Neutraler formuliert heißt das: Die Freiheit der Kunst ist bis zur Konsequenz ihrer verfassungsrechtlichen Garantie ein Ergebnis von Prozessen kultureller Verselbständigung der Kunst gegenüber anderen Lebensbereichen. Diese Prozesse lassen sich auch als Vorgänge kultureller Ausdifferenzierung und Spezialisierung beschreiben. Drei dieser Vorgänge, die, modernitätsspezifisch, nur mit den Mitteln einer totalitären Kunstpolitik reversibel gemacht werden könnten, möchte ich skizzieren, und zwar durch einige Hinweise auf die Ästhetisierung, auf die Verwissenschaftlichung und schließlich auf die Entpolitisierung unseres Verhältnisses zur Kunst in modernen Gesellschaften.

Die Ästhetisierung unseres Verhältnisses zur Kunst. – Die Kunst ist selbstverständlich auch heute auf Zwecke beziehbar, die ihren kulturellen Ort außerhalb der Kunst haben. Es gibt religiöse Kunst. Es gibt Revolutionskunst, sei es wirkliche, sei es solche, die es gern sein möchte. Sogar für Zwecke politisch-institutioneller Repräsentation ist die Kunst, auch außerhalb totalitärer Systeme, keineswegs unverfügbar geworden, und es gibt jenseits des politischen Lebenszusammenhangs unverändert Fälligkeiten symbolischer Repräsentation, die nur mit Mitteln der Kunst sich erfüllen lassen und die gleichwohl nicht Repräsentationen sind, in bezug auf die die Kunst uneingeschränkt souverän wäre. Das reicht von den Relikten und gelegentlichen Reprisen der Porträtkunst bis zur Kunst in ihrer Funktion, Symbolmedium gruppenspezifischer Identifikationen und erzählender Wiedererkennung zu sein – wie bei den zahllosen einzig narrativ verständlich zu machenden Staats- oder Stadtdenkmälern in aller Welt oder auch bei den Gedächtnis- und Ehrenmalen aller Klassen und Sparten. Nicht ihre Unbeziehbarkeit auf solche privaten und öffentlichen Zwecke macht die Autonomie der Kunst aus – das ist wahr–, vielmehr die Indifferenz ihrer ästhetischen Schätzung im Verhältnis zu unseren lebensmäßigen Verbundenheiten oder auch Unverbundenheiten mit jenen Zwecken.

Diese Indifferenz-These hat, wie man bei genauerem Hinsehen erkennt, mit dem bei Engagierten welcher Wertorientierung auch immer seit je verrufenen L'art-pour-l'art-Grundsatz nichts zu tun. Es wird, noch einmal, nicht behauptet, im Prozeß ihrer kulturellen und politischen Autonomiegewinnung verlöre die Kunst nach Sujet, symbolischer Re-

---

[18] Zum Beispiel in der Klage über die „Folgenlosigkeit der Kunst in der bürgerlichen Gesellschaft" – so Peter BÜRGER: Theorie der Avantgarde. Frankfurt a. M. 1974, S. 78.

präsentativität oder auch nach Wirkungsabsichten des Autors jegliche Beziehbarkeit auf Lebenszwecke jenseits der ästhetischen Sphäre. Kein Kunstwerk, das in solchen Zweckbeziehungen steht, wäre doch ohne Berücksichtigung dieser Lebenszwecke voll verständlich zu machen[19]. Nichtsdestoweniger bedeutet im kulturellen und politischen Pluralismus moderner Gesellschaften Autonomie der Kunst, daß auch der Kunstrezipient die Freiheit hat, sich zu den Werken der Kunst in eine Beziehung zu setzen, die nicht über die Identifikation mit den transästhetischen Zwecken verläuft, bei denen der Künstler seinerseits engagiert sein mag. Das moderne Kunstmuseum erfüllt nun in der Tat, mindestens unter anderem, die kulturelle Funktion, ein Verhältnis zur Kunst institutionell zu ermöglichen, das vom Zwang zur Identifikation mit ihren transästhetischen Zwecken entlastet ist. In der Ästhetisierung und Historisierung der Kunst vollzieht sich diese Freisetzung. „Mögen wir ... Maria noch so würdig und vollendet dargestellt sehen – es hilft nichts, unsere Kniee beugen wir doch nicht mehr“[20] – so lautet ein vielzitierter Satz des Protestanten Hegel, der die Wirkungen der Historisierung und Ästhetisierung der Kunst exemplarisch anschaulich macht. In der Beschleunigung des kulturellen und künstlerischen Wandels hat sich inzwischen die temporale Distanz zwischen dem, was evolutionär noch als der Gegenwart zugehörig erscheint, und dem, was bereits historisch geworden ist, extrem verkürzt, und eben deswegen ist auch die Differenz zwischen historischen Museen einerseits und Museen für moderne Kunst andererseits unscharf geworden. Die Zahl der Museen wächst daher ständig, die ununterscheidbar beides sind – sozusagen Schauhäuser der Kunstgeschichte in ihrem aktuellen dynamischen Ablauf. Der Massenzuspruch, den diese Museen beim Publikum finden, ist bekannt. Sie sind der öffentliche Zentralort, wo das Publikum sich zur Kunst frei vom Zwang der Identifikation mit ihren transästhetischen Zwecken in ein Verhältnis setzen kann.

Das ist, statt Entmündigung der Kunst, in Wahrheit die institutionelle Voraussetzung ihres Daseins in der modernen Kultur. Umgekehrt heißt das: Jeder Versuch, die sogenannte Mündigkeit der Kunst dadurch wiederherstellen zu wollen, daß man ihren ästhetischen Anspruch mit einem öffentlichen Anspruch auf Verbindlichkeit ihrer transästhetischen

---

[19] Das ist, banalerweise, eine auch bei professionellen Kunsthistorikern anerkannte hermeneutische Selbstverständlichkeit. Cf. dazu exemplarisch Leopold D. Ettlinger: Kunstgeschichte als Geschichte. In: Jahrbuch der Hamburger Kunstsammlungen. Band 16 (1971), S. 7–19.

[20] Georg Wilhelm Friedrich Hegel: Vorlesungen über die Ästhetik. Drei Bände. Erster Band. Ed. Glockner Band 12, S. 151.

Zwecke verkoppelt, müßte in der Konsequenz ineins das Publikum und den Künstler entmündigen. In der totalitären Kunstpolitik, auf die noch zurückzukommen sein wird[21], war das der Fall, und auch im Herrschaftssystem des real existierenden Sozialismus war die Gängelung der Kunst kein historischer Unglücksfall, vielmehr die unausweichliche praktische Konsequenz der zugrunde liegenden marxistisch-leninistischen Kunstphilosophie, die ein ästhetisches Verhältnis zur Kunst, so weit es Indifferenz zu den transästhetischen Zwecken der Kunst einschließt, perhorresziert. Nicht trotz der marxistisch-leninistischen Ästhetik, vielmehr in ihrer Konsequenz hat es den kunstpolitisch dogmatisierten sozialistischen Realismus gegeben. Man ahnt diese Zusammenhänge selbst noch in den kunsttheoretischen Äußerungen orthodoxieemanzipierter kritischer Intellektueller im Westen, bei Herbert Marcuse zum Beispiel, der zu Warhol kritisch anmerkte, „die ausgestellte Suppenbüchse" vermittle leider „nichts über das Leben des Fabrikarbeiters, der sie hergestellt hat". Das sei „Mimesis ohne Verwandlung"[22].

Ob nun Pop-art mit dem traditionsreichen Begriff der Mimesis[23] angemessen gekennzeichnet ist oder nicht – für die „Verwandlung", die in dem zitierten Diktum der Kunst als Wirkung angesonnen wird, gilt, daß sie doch außerhalb der Kunstszene ohnehin im Gange ist. Überall in modernen Gesellschaften gibt es Sozialpolitik, die den Staat längst in einen Sozialstaat verwandelt hat; die Gewerkschaften, die Parteien, die Kirchen klagen einschlägige Fälligkeiten ein, und in der Konsequenz dessen verwandelt sich die Lage der „lohnabhängigen Massen" ständig. Es ist demgegenüber eine Vorstellung von rührender Weltfremdheit, die den spätmarxistisch inspirierten Kunsttheoretiker finden läßt, Warhol hätte doch, statt Pop-art zu machen, besser getan, sich mit seinen eindrucksvollen künstlerischen Fähigkeiten in der rückständigen amerikanischen Sozialpolitik zu engagieren. Die Wandlungszwänge, denen wir in der dynamischen modernen Zivilisation unterliegen, sind auch ohne künstlerische Repräsentation unübersehbar und unabweisbar. Und so weit uns inzwischen weniger aufgehaltener Fortschritt, als die Folgelast stattfindenden Fortschritts zu schaffen macht, wissen wir die Kunst, statt als engagierte Kunst, kompensatorisch um so mehr als kulturelles Medium der Entlastung und der Versetzung in Lebenszusammenhänge

---

[21] Cf. unten S. 119ff.

[22] Herbert Marcuse: Die Permanenz der Kunst. Wider eine bestimmte marxistische Ästhetik. München, Wien 1977, S. 57.

[23] Cf. hierzu die Verhandlungen des Gießener Kolloquiums „Nachahmung und Illusion" der Forschungsgruppe „Poetik und Hermeneutik". Band I. München 1969.

zu schätzen, in denen wir Wandlungszumutungen nicht unterliegen[24]. Ist denn Schillers Kontrastierung der Heiterkeit der Kunst gegen den Ernst des Lebens ruchlos? Wer das angesichts des politischen und sozialen Elends, dessen Zeitzeugen wir in unserem Jahrhundert gewesen sind und noch sind, fände, hätte die klassische Ästhetik mißverstanden. Die These von der Heiterkeit der Kunst besagt ja nicht, daß auf der Bühne exklusiv Komödien oder auf Tafelbildern nichts als wirklichkeitsferne amöne Zuständlichkeiten zu sehen wären. Gemeint ist vielmehr, nach Harald Weinrich[25], daß wir in den Werken der Kunst den großen Tragödien des Lebens mit der Freiheit des Publikums gegenübertreten, nämlich im Ambiente des Theaters oder des Museums, von wo wir ja im Regelfall nicht zur großen Weltveränderung, sondern in die Restaurants aufbrechen.

Die Verwissenschaftlichung unseres Verhältnisses zur Kunst. – Die sogenannte Einheit von Kunst und Leben, die der politisch engagierte Avantgardismus beschwört, ist unter den Voraussetzungen einer hochdifferenzierten Kultur auch deswegen ein regressives Ideal, weil dieses Ideal nötige und irreversible Wirkungen der Verwissenschaftlichung unseres kulturellen Verhältnisses zur Kunst verleugnet. Kulturgeschichtlich dokumentiert sich dieser Vorgang der Verwissenschaftlichung exemplarisch in der fortschreitenden Akademisierung und Professionalisierung der Kunstvermittlung. An der Nötigkeit dieses Vorgangs kann man kaum zweifeln. Davon bleibt selbstverständlich unberührt, was Heinrich Lützeler wiederholt geltend gemacht hat: „Die Kunstwissenschaft braucht die Folie einer außerwissenschaftlichen Kunsterfahrung, wenn sie in ihren eigentlichen Absichten und Leistungen erschlossen werden soll“[26]. Aber diese außerwissenschaftliche Kunsterfahrung ist eben ihrerseits wie nie zuvor auf historiographische und hermeneutische, also auf wissenschaftliche Disziplin angewiesen, wenn anders sie in der Konfrontation mit der historisch beispiellosen Fülle gegenwärtiger Kunsterfahrungsmöglichkeiten nicht chaotisch werden soll.

Die Mächtigkeit unseres Interesses am Vergangenen ist das kulturelle Komplement der Macht der Veränderungen, denen wir in unserer

---

[24] Cf. hierzu Odo MARQUARD: Kunst als Kompensation ihres Endes. In: Kolloquium Kunst und Philosophie. Herausgegeben von Willi OELMÜLLER. Band 1: Ästhetische Erfahrung. Paderborn, München, Wien, Zürich 1981, S. 159–168.

[25] Harald WEINRICH: Drei Thesen von der Heiterkeit der Kunst. In: Harald WEINRICH: Literatur für Leser. Stuttgart, Berlin, Köln, Mainz 1971, S. 12–22.

[26] Heinrich LÜTZELER: Die außerwissenschaftliche Kunsterfahrung. In: Jahrbuch für Ästhetik und Allgemeine Kunstwissenschaft. Herausgegeben von Heinrich LÜTZELER. Band 7. Bonn 1962, S. 189–249, S. 189.

Zivilisation unterliegen. Auch die Nostalgien, die bis in den Kunstbetrieb hinein unsere Gegenwartskultur erfüllen, gehören in diesen Zusammenhang. Unübersehbar breitet sich mit den Nostalgiewellen auch eine Gestimmtheit der ‚falschen Vertraulichkeit' im Verhältnis zur Vergangenheit aus, wie das Norbert Kunisch mit A. H. Borbein genannt hat[27]. Demgegenüber ist die historische Kultur, die sich ohne Leistungen historischer Kulturwissenschaften gar nicht entfalten könnte, im Verhältnis zur Kunst eine Kultur der Distanzerfahrung. Das historische Bewußtsein ist ein Medium der Vergangenheitsvergegenwärtigung. Aber es wirkt intellektuell sublimierend durch Intensivierung der Erfahrung der Fremdheit des Vergangenen. Es schärft den Sinn für das Maß der historischen und hermeneutischen Mühen, die aufgewendet sein wollen, wo man verstehen will. Unter Bedingungen avantgardistisch beschleunigter Dynamik der Kunstentwicklung gilt das auch für solche Kunst, die im chronologischen Sinn noch junge Kunst genannt werden müßte.

Unter solchen Voraussetzungen ist es illusionär, eine von institutionellen und wissenschaftlichen Vermittlungen freie Einheit von Kunst und Leben wiederherstellen zu wollen, wie es den Vertretern der futuristischen Früh-Avantgarde vorschwebte. Und auch für diejenige Kunst, noch einmal, über die sich noch nicht der Anhauch des Historischen gelegt hat, gilt ja, daß das Verhältnis zu ihr im Regelfall gerade nicht durch reflexionslose Spontaneität und sinnliche Evidenzen gekennzeichnet wäre. Allein schon die schlichte Phänomenologie eines differenzierten Werkes moderner Kunst verlangt heute Beschreibungsleistungen, zu der einzig kunstgeschichtlich erfahrene esoterische Kennerschaft befähigt[28].

Zusammengefaßt heißt das: Avantgardistisch bewegte Kunst ist nicht eine aus der Abhängigkeit vom Museum emanzipierte Kunst; sie ist ganz im Gegenteil wie nie zuvor eine Kunst aufs Museum angewiesen. Die Avantgarde fördert den kulturellen Musealisierungsprozeß. Überdies ist avantgardistische Kunst gänzlich ungeeignet, Entfremdungsverhältnisse

---

[27] Norbert Kunisch: Antike Kunst (Zur Wiedereröffnung der Kunstsammlungen der Ruhr-Universität Bochum). In: Ruhr-Universität Bochum. Jahrbuch 1982, S. 67–92, S. 75.

[28] Im Gedenken an Max Imdahl möchte ich, als auf ein Beispiel glanzvoll gelungener Beschreibungsleistung, auf seine Darstellung der „Sandmühle" Günther Ueckers verweisen, die sich heute in der Bochumer Universitätskunstsammlung befindet. Die professionell hochtrainierte Unterscheidungsfähigkeit, die sich in dieser Beschreibung betätigt, wirkt um so stärker, als der Autor in diesem Fall sprachlich auf einen elaborierten Code gänzlich verzichtet hat (cf. Max Imdahl: Moderne Kunst. In: Ruhr-Universität Bochum. Jahrbuch 1982, S. 93–107).

im kulturellen und politischen Lebenszusammenhang moderner Gesellschaften zu tilgen. Nicht Einheit von Kunst und Leben wird durch sie wiederhergestellt, vielmehr esoterische Kennerschaft verlangt und begünstigt. Die Professionalisierung und Institutionalisierung der kunstvermittelnden Tätigkeiten erweist sich als unabweisbar, und als Voraussetzung dessen kunstwissenschaftliche und insbesondere auch kunsthistorische Forschung.

Es ist unter diesem Gesichtspunkt, daß man den Sinn und Unsinn kulturpolitischer Programme einer sogenannten Demokratisierung der Kunst beurteilen muß. Diesen Programmen liegt nicht selten ein fundamentales Mißverständnis zugrunde. Es handelt sich um das Mißverständnis, die Herausbildung esoterischer und elitärer kultureller Anspruchsniveaus, die doch faktisch überall die Avantgardekunst begleitet hat, stünde im Widerspruch zur Verpflichtung eines demokratischen Kulturstaats, Gleichheit der Bürger auf Zugang zu den Kulturgütern zu garantieren. Das Gegenteil ist, wie man leicht erkennen kann, der Fall. Auch für den kulturellen Lebenszusammenhang moderner Gesellschaften gilt, daß mit der Gleichheit der Partizipationschancen die Ungleichheit der Partizipationsniveaus, statt abzunehmen, zunimmt[29]. In der Spiegelung eines Bestandes, den jedermann kennt und anerkennt, heißt das: Je erfolgreicher wir in der Bemühung sind, den Sport zur Massenbewegung zu machen, um so stärker differenzieren sich zugleich die Könnerschaften aus und um so höher hinauf treiben wir die Spitzenniveaus. Schaut man sich um, wie Kunst in der modernen Gesellschaft gegenwärtig ist, so zeigt sich strukturell dasselbe Bild. Die Chancen, produktiv oder rezeptiv am künstlerischen Lebenszusammenhang teilzunehmen, sind größer als je zuvor. Umgang und Ausmaß der Nutzung solcher Chancen sind es gleichfalls, und entsprechend hoch ist der Grad erreichter Differenzierung in den produktiven und rezeptiven künstlerischen Betätigungen.

Es hätte schwerwiegende Folgen, wenn man die Differenzierungskonsequenzen avantgardistisch befreiter Kunst im Namen eines populistisch entgrenzten Kunstbegriffs bekämpfen wollte. In der Konsequenz würde das kulturpolitisch die Neigung zu anti-elitären Ikonoklasmen freisetzen. Dafür gibt es inzwischen bekanntlich Beispiele – etwa der selbstbewußte Aggressionsakt, der sich gegen Anthony Caro's Stahlplastik vor der Bielefelder Kunsthalle richtete. Ulrich Weis-

---

[29] Cf. dazu meinen Aufsatz „Wiederentdeckung der Eliten", in: Hermann LÜBBE: Fortschrittsreaktionen. Über Konservative und destruktive Modernität. Graz, Wien, Köln 1987, S. 176–197.

ner hat diesen Fall geschildert[30]. Es handelt sich hier um dieselbe Dialektik, die irgendwann auch auf diejenigen Künstler zurückschlagen mußte, die, selber weltberühmt, mit Hilfe eines entgrenzten Kunstbegriffs jedermann zum kompetenten Künstler ernennen wollten – mit der unglücklicherweise nicht vorhergesehenen Folge, daß diese Jedermanns-Künstler nun mit dem bekannten Basaltsteinhaufen[31], anstatt wie mit dem Teil eines Kunstwerks, wie mit einem Basaltsteinhaufen umgingen.

Die Entpolitisierung unseres Verhältnisses zur Kunst. – Unter der Voraussetzung der skizzierten kulturellen Differenzierungsprozesse, wie gerade Avantgarde-Bewegungen sie auslösen, kann es eine Kunst von politisch verbindlicher kultureller Repräsentativität nicht mehr geben. Es gibt, so lange die Avantgarde ihre politische Unabhängigkeit behauptet, keine staatsrepräsentative Kunst mehr, deren politisch-administrative Privilegierung einer allgemeinen Anerkennung fähig wäre. Gewiß gehört die Kunst, wie die Religion und die Wissenschaft, zu den kulturellen Lebensvoraussetzungen des modernen Staates. Aber der moderne liberale Staat hat auch im Falle der Kunst seine eigenen Lebensvoraussetzungen freigegeben. Dem widerspricht nicht, daß der moderne Staat überall als Subjekt kulturpolitischer Kunstförderung auftritt. Es gibt heute kulturkritisch sensibilisierte Intellektuelle, die sogar das Wort „Förderung“ nicht ertragen und finden, daß ein Staat, der sich anheischig mache, die Künste „großmütig“ zu fördern, noch gar nicht verstanden habe, was es eigentlich mit der Kunst auf sich hat[32]. Wenn man dieser Kritik an der staatlichen Kunstförderung die Maßgabe entnehmen dürfte, man solle die Kunst materiell lieber sich selbst und damit dem Publikum und dem Markt oder privater Mäzenatenschaft überlassen, so hätte sie sogar ihr partielles Recht. Aber so war diese Kritik wohl auch wiederum nicht gemeint, und insoweit ist sie inkonsequent. Was tatsächlich in der staatlichen Kunstpolitik und selbstverständlich auch in der Kunstpolitik unserer Kommunen vor sich geht, sollte man, mit unseren Verfassungsjuristen, als praktische Konsequenz aus der Parallelität von Sozialstaat einerseits und Kulturstaat anderer-

---

30 Ulrich Weisner: Kommunikationsprobleme mit gegenstandslosen Skulpturen der Moderne. Bielefeld o.J.

31 documenta 7. Band 2. Kassel 1982, S. 47.

32 So Peter Wapnewski: Überlegungen zum Ort der Kunst in unserer Gesellschaft. In: Kunstreport. Sonderausgabe „Projekt Bundeskunsthalle“. Herausgeber: Deutscher Künstlerbund e.V. Berlin 1978, S. 12–18, S. 17.

seits beschreiben[33]. Das reicht exemplarisch von der städtischen Ankaufspraxis bis zur Staatspreisverleihung, und es schließt auch die Kunstpräsentation als Staatsveranstaltung nicht aus. Die Repräsentativität, die dabei die Kunst für den Staat in seiner Eigenschaft als Kulturstaat gewinnt, verläuft aber ersichtlich gerade nicht über eine staatliche Erhebung des Geschmacksurteils zum Verwaltungsakt, sondern über die Demonstration der Freigabe dieses Urteils durch den Staat selbst noch in seinen eigenen Hallen. Diese Hallen sind heute in den allermeisten und zugleich wichtigsten Fällen nicht Schlösser und nicht Regierungsgebäude, sondern Museen in öffentlicher Trägerschaft, und die Staatsrepräsentativität dieser Museen resultiert nicht aus der Wohlangepaßtheit der hier öffentlich ausgestellten Kunst an die Regeln einer ideologiepolitisch kanonisierten Ästhetik, vielmehr aus der Demonstration politisch anerkannter Freiheit der Kunst, die gerade für ihre avantgardistische Selbstentfaltung auf die institutionalisierten Freiräume moderner Museen angewiesen ist. Auch moderne Museen, gewiß, machen vor allem Alterungsvorgänge sichtbar und halten, was gestern modern war, heute gegenwärtig. Aber ohne ihre fortgesetzte Musealisierung wäre gerade die Avantgarde-Kunst zu einem lediglich ephemeren Dasein verurteilt. Was neu ist, verlangt, damit es als Neues überhaupt sichtbar sei, die Gegenwart des Vergangenen, zu dem sich die Avantgarde fortschreitend selber macht, und das Museum ist die Veranstaltung dieser Gegenwart avantgardistisch produzierter Vergangenheit.

---

33 Das ist es, was man schließlich auch den kritischen Bemerkungen Wapnewskis über das Verhältnis von Staat und Kunst entnehmen kann. – Zur juristischen Analyse des Kulturstaatsbegriffs, als einer Parallele des Begriffs des Sozialstaats, cf. Peter Häberle: Kulturverfassungsrecht im Bundesstaat. Wien 1980.

2.2 Avantgarde-Komplemente: Eklektik und Klassik

„Hotelbildmalerei und Moderne: Es geht wirklich nicht mehr anders. Tertium non datur“ – so äußerte sich Th. W. Adorno bei Gelegenheit des Baden-Badener-Kunstgesprächs im Jahre 1959[1]. Der Satz klingt anspruchsvoll und ist kunstpolitisch gewiß gut gemeint. Aber die ihm zugrunde liegende Phänomenologie ist dürftig. Je freier und dynamischer die Avantgarde sich in einer liberalen Kultur entfaltet, um so weniger gelingt es ihr, ohnehin fragwürdige Ansprüche auf Allgemeinverbindlichkeit durchzusetzen, und es kann gar keine Rede davon sein, daß, was sich den Avantgarde-Ansprüchen nicht fügt, sich damit eo ipso auf den Rang von Wandschmuck in Drittklaßhotels herunterbrächte. Liebhaberschaften von Dauer sind stets die schönsten, und welchen Grund sollte es geben, bewährte Liebhaberschaften für Hervorbringungen veralteter Avantgarde zugunsten der jeweils neuesten aufzugeben? Je rascher die Avantgarde-Front vorrückt, um so geringer wird die Wahrscheinlichkeit, daß das Intellektuellen-Kommando „An die Front!“ das Publikum der Kunstfreunde gesamthaft zum Aufbruch bewegen könnte. Was die Avantgarde als veraltete Avantgarde hinter sich läßt, nimmt nach Menge und temporaler Dichte mit ihrer Marschgeschwindigkeit zu, und entsprechend nimmt auch die Menge legitimer Möglichkeiten zu, sich vorzugsweise gefallen zu lassen, was die Avantgarde schon hinter sich hat. Selbst im militärischen Ursprungsbereich der Avantgarde-Metapher ist es doch so, daß die Vorhut nur ein kleiner und überdies nicht selten verlorener Haufen ist. Die marschbereite Mehrheit hingegen verharrt in Bereitstellungsräumen, und nicht selten verlangen die Informationen, die von der Vorhut zurückgelangen, daß man, statt ihr zu folgen, sich einzuigeln und am erreichten Platz zu behaupten habe.

Aber lassen wir diese militärischen Implikationen der Avantgarde-Metaphorik[2], die freilich nicht zufällig in den totalitären politischen Bewegungen unseres Jahrhunderts kunstpolitisch in unangenehmer Weise buchstäblich genommen worden ist. Darauf ist noch zurückzukommen[3]. In entmilitarisierter Version ist die Herrschaft des Avantgarde-Prinzips identisch mit permanenter Mehrung der Möglichkeiten, in der Schätzung der Kunst nicht up-to-date zu sein. Und das gilt nicht nur

---

[1] wird die moderne kunst „gemanaget“? Ein Bericht mit Beiträgen von Theodor W. Adorno, Jürgen Beckelmann, Max Bense, Konrad Farner, Daniel-Henri Kahnweiler, Egon Vietta u.a. Baden-Baden, Krefeld 1959, S. 41.

[2] Zur Avantgarde-Metaphorik cf. Hannes Böhringer: Avantgarde – Geschichte einer Metapher. In: Archiv für Begriffsgeschichte. Band XXII (1978), S. 90–114.

[3] Cf. unten S. 119ff.

für Rezipienten. Auch die Kunstproduktion folgt, unbeschadet beobachtbarer und beobachteter Bewegungen einer Avantgarde, in modernen, kulturell und politisch liberal verfaßten Gesellschaften keineswegs den Gesetzen einer geschlossen vorrückenden Front, und wiederum ist es nicht eo ipso Hotelmalerei, was zustande kommt, wo man den avantgardistischen Marschbefehlen nicht Folge leistet. Allein schon die Temporalitätsstruktur der kulturellen Distribution avantgardistischer Neuerungen muß es wahrscheinlich machen, daß mit wachsender Dynamik avantgardistischer Innovation die jeweils aktuelle Kunstszene nicht von der Avantgarde, sondern, zumindest in quantitativer Hinsicht, von inzwischen veralteter Avantgarde geprägt wird. So weit es noch abgelegene Kulturräume gibt („Provinz"), ist ohnehin mit Zeitverzögerungen zu rechnen, und abermals wäre es wirklichkeitsfremd zu vermeinen, das künstlerische Anspruchsniveau der sogenannten Provinz befände sich, weil hier die Avantgarde nur erst im Feuilleton, aber noch nicht in den Ateliers und Galerien präsent ist, auf dem Anspruchsniveau der von Adorno metonymisch so genannten Hotelbildmalerei.

Kurz: Adornos Aburteil über moderne Kunst, die nicht Avantgarde-Kunst ist, im Namen der Avantgarde verkennt die Folgen der Avantgarde. Gerade wo es Avantgarde gibt, gibt es nicht nur diese, vielmehr überdies rezente Avantgarde von gestern, vorgestrige Avantgarde auch noch, Provinz-Avantgarde außerdem, die mehr ist als gestrige oder vorgestrige Avantgarde, nämlich Avantgarde im Rahmen einer abgespaltenen, verselbständigten regionalen Kulturevolution. Je machtvoller Hauptströme künstlerischer Evolution sich vorwärtsbewegen, um so größer wird zugleich die Zahl kleiner Seitenströme. Wirbel bilden sich, Stauungen finden statt, tote Arme bleiben liegen, und auch in der Breite des Hauptstroms sind die Geschwindigkeiten der Vorwärtsbewegung höchst unterschiedlich. Zählten, als sie vor zwanzig Jahren erfolgreich wurden, unsere Neo-Naiven zur Avantgarde? Bewegen sich Hyper-Realisten nach rückwärts oder nach vorn? Sind unsere Trompe-l'oeil-Spezialisten technische Perfektionisten oder Stil-Avantgardisten?[4] Solche Fragen lassen sich nicht beantworten – nicht, weil ihre Beantwortung zu schwierig wäre, sondern deswegen, weil es inzwischen sinnwidrig geworden ist, innerhalb der höchst inhomogenen Entwicklungen moderner Kunst eine Position als temporal ganz vorn und in dieser Charakteristik als Avantgarde auszeichnen zu wollen. Genauer gesagt: In der Konsequenz avantgardistischer Orientierung, die die Innovation normativ auszeichnet, läßt sich schließlich in der Menge der eben dadurch

---

[4] Cf. W. Draeger: Trompe-l'oeil – Anmerkungen zu seiner Entwicklung. In: du. Die Kunstzeitschrift. 6/1980, S. 22–62.

freigesetzten Pluralität avantgardistischer Optionen eine evolutionär als Spitze ausgezeichnete Position gar nicht mehr identifizieren.

Auch hier stoßen wir auf das Mengenproblem. Es ist wie bei Volksläufen: Wenn in Massen vorwärtsgestürmt wird, wächst die Wahrscheinlichkeit, daß für unseren nur in Grenzen für Zeitdifferenzen wahrnehmungsfähigen Blick sehr viele gleichzeitig die Ziellinie erreichen. Technisch realisierte Verfahren, optisch oder elektronisch den Spitzenmann zu identifizieren, haben nur noch für Preisverleihungsriten Bedeutung. Die Publizität des Namens des so ermittelten Ersten kann freilich zu außerordentlichen Spitzenwerten gelangen, und an der Publizität hängen Marktchancen und sonstige soziale Verwertungsmöglichkeiten. Aber zugleich nimmt doch, wie jedermann weiß, mit der Minimalisierung der Abstände zwischen den Angehörigen der Avantgarde im Konkurrenzlauf um die Spitzenposition die Zufälligkeit der Bedingungen ihrer Erreichbarkeit zu. Die Eindeutigkeit in der Korrelation von Publizität und avantgardistischer Qualität löst sich auf. Das legitimiert zur Suche nach Avantgardeleistungen im Aufmerksamkeitsschatten der Öffentlichkeit. Es gibt das sozusagen offizielle Feuilleton mit seinen Kunstrichtern. Aber da ersichtlich auch diese Richter überlastet sind, gewinnt zwangsläufig, komplementär dazu, das Laienkunstrichterurteil fortschreitend an Bedeutung. Durch die Konsequenzen der allgemeinen Orientierung an ihm büßt somit das Avantgarde-Prinzip seine überprüfbare normative Verbindlichkeit ein. Nicht im mindesten gleicht die Avantgarde-Szene dem, was zustande käme, wenn, wer vorne ist, „Mir nach!" riefe und in der evidenten Verbindlichkeit eines solchen Rufes alle ihm folgten. Solche Evidenz hätte doch zwei Voraussetzungen: Eindeutigkeit und eine gewisse temporale Dauerhaftigkeit der avantgardistischen Spitzenposition dessen, der zur Nachfolge aufruft. Eben diese beiden Voraussetzungen werden aber in einer liberalen Kultur um so unwahrscheinlicher, je ungehemmter sie sich avantgardistisch bewegt. Nach vorn drängen viele, und je mehr es erfolgreich tun, um so größer wird die Wahrscheinlichkeit, daß der Ruf „Mir nach!" vielstimmig ertönt. Eben das löst seine Verbindlichkeit auf, und es erweist sich, daß das Avantgarde-Prinzip unter liberalen Bedingungen, das heißt unter Bedingungen seiner politischen Ohnmacht, statt eine Fortschrittsfrontlinie identifizierbar zu machen, Individualismen und Pluralismen und im Umgang mit ihnen Vorlieben und somit Beliebigkeit freisetzt.

Je größer die Menge der Hervorbringungen mit Innovationsanspruch ist, um so freier werden wir, unser vorherrschendes Interesse diesem statt jenem zuzuwenden, auch heute noch bei dem zu bleiben, was bereits gestern von heute war, das sogenannte Provinzielle unüberbietbar apart zu finden und die Originalität in den Seitenlinien zu erkennen, die sich um so häufiger abzuspalten pflegen, je dynamischer sich der Hauptstrom der Entwicklung vorwärtsbewegt. Wahr ist, daß in der Fülle gleich legitimer Möglichkeiten, die gerade unter der Herrschaft von Avantgarde-Idealen in der Kunstszene freigesetzt werden, in residualer Position sich auch die Hotelbildmalerei hält. Gleichwohl bleibt Adornos harsches Diktum, daß es zwischen Hotelbildmalerei und Avantgarde ein Drittes nicht gäbe, ein phänomenwidriges Konstrukt. Jeder, dessen Lebensweise es mit sich bringt, sich immer wieder einmal in Hotels aufhalten zu müssen, sieht doch, daß die Hotelbildmalerei ihrerseits sich unter der Wirkung von Avantgarde-Idealen fortschreitend verändert. Selbst der gute alte Kitsch ist längst vom Avantgarde-Kitsch verdrängt, und qualifiziertes Hotel-Management weiß längst, daß es seinen anspruchsvollen Gästen, von denen etliche doch sogar in Adornos Ästhetik-Seminaren gesessen haben mögen, Kitsch nicht zumuten kann – weder den einen noch den anderen. Noch im nachhinein darf man Adorno bedauern, daß es ihm offensichtlich nicht beschieden war, dann und wann in jenen auch zu seiner Lebenszeit bereits existenten Hotels oder Restaurants sich aufzuhalten, die Kennern in aller Welt als Sammel- und Ausstellungsstätten moderner Kunst ersten Anspruchsranges vertraut sind.

Avantgardismus hat also in einer liberalen Kultur nicht Frontliniencharakter. Er löst ganz im Gegenteil die temporale Homogenität der Kunstszene auf und setzt Beliebigkeit frei. Eklektizismus wird unumgänglich und damit eine zentrale Intellektualtugend des Aufklärungszeitalters rehabilitiert. Auch die sogenannte postmoderne Architekturtheorie hat für den Begriff des Eklektizismus bekanntlich wieder Verwendung[5]. Die neue Nötigkeit eklektischer Verhaltensweisen macht man sich am besten am Ausstellungsbetrieb moderner Kunst deutlich. Wer heute die Entwicklung der Gegenwartskunst im Zeitraum eines knappen halben Jahrhunderts zwischen dem Beginn der dreißiger Jahre und unseren eigenen Gegenwartsjahren in wirklich repräsentativen Materialien vorführen will, benötigt dafür Objekte in einer Menge, die sich in konventionellen Museums- und Ausstellungsräumen gar nicht mehr unterbringen lassen. Entsprechend war man für die repräsentative Westkunst-Ausstellung 1981 in Köln[6] darauf angewiesen, für die ausstellungsmäßige Vergegenwärtigung der Entwicklung der Kunst weniger Jahrzehnte unseres eigenen Jahrhunderts Messehallen in Anspruch zu nehmen. Es ist evident, daß in der avantgardismusbedingt höchst

---

[5] Cf. Charles JENCKS: Die Sprache der postmodernen Architektur. Die Entstehung einer alternativen Tradition. Stuttgart ^{2}1980, S. 132ff.: „Postskriptum für einen radikalen Eklektizismus".

[6] Cf. dazu Laszlo GLOZER: Westkunst. Zeitgenössische Kunst seit 1939. Köln 1981.

disparaten Objektfülle, im Chaos der Reliktmenge, Ordnung von Genesen selbst in den Details allenfalls noch der Spezialist zu erkennen vermag. Die bereits an anderer Stelle als unvermeidlich geschilderte Verwissenschaftlichung unseres Verhältnisses zur modernen Kunst entspricht dem[7].

Andererseits kann das kunstwissenschaftlich elaborierte Verhältnis zur modernen Kunst nicht das einzige sein, das uns heute verstattet wäre. Als Avantgarde-Kunst zugleich Volkskunst zu sein – das gehört zu den nicht einmal geheimen Wünschen europäischer Avantgarde-Bewegungen von Anfang an, und in gewisser Weise, die die Esoteriker freilich ärgert, sind diese Wünsche sogar in Erfüllung gegangen. Das heißt: Die Massen der Relikte aus der Entwicklung avantgardistischer Kunst, für deren Exposition man tatsächlich auf Messehallen angewiesen ist, finden heute das Interesse des Massenpublikums, ohne das die Inanspruchnahme von Messehallen wirtschaftlich doch gar nicht tragfähig wäre. So wallen also diese Massen durch die Hallen und wir alle, sofern wir nicht gerade Experten sind, mit ihnen – eilen hier angewidert vorbei, verharren fasziniert dort, und die Menge dessen, was uns gleichgültig läßt, verschafft die dann und wann nötige Entspannung durch Langeweile. Man verhält sich also, unter dem Mengendruck notgedrungen, zum expositorischen Angebot nicht mehr in der Prätention umfassender Kennerschaft. Kunsthistorisches Expertenurteil kann ohnehin nur eine winzige Minderheit in Anspruch nehmen. Liebhaber mußten sich, im Interesse einer Kultur ihrer Liebhaberschaften, immer schon beschränken, und beim historisch beispiellosen Reichtum des Angebots müssen sie das heute erst recht. Wie nie zuvor legt uns also die aktuelle Kunstszene Selbstbeschränkung durch Verzicht und Auswahl auf. Kurz: Man wird zum Eklektiker. Eklektizismus – das ist heute die Form der Bewahrung intellektueller Souveränität gegenüber dem manifesten Chaos nicht mehr bewältigungsfähiger Reliktfülle in unserer avantgardistisch beschleunigten kunstgeschichtlichen Evolution.

Die deutsche Aufklärung war, wie die britische, im Gegensatz zur französischen eine überwiegend religionsfreundliche Aufklärung, und sie hat sich daher in der Anempfehlung der Intellektualtugend des Eklektizismus gern auf den heiligen Paulus berufen. „Prüfet Alles und das Gute behaltet", heißt es im 1. Thessalonicher-Brief. Faßt man den Sinn der Berufung der Aufklärungs-Eklektiker auf dieses Bibelwort näher ins Auge, so erkennt man freilich, daß die aktuelle Eklektizismus-Renaissance einen veränderten kulturellen Stellenwert hat. In der Frühzeit des historischen Bewußtseins, die mit der Hoch-Zeit der Aufklärung zusam-

---

[7] Cf. oben S. 102f.

menfällt, in der zweiten Hälfte des 18. Jahrhunderts also, erfüllte der Historismus nicht zuletzt die Funktion, in die chaotisch wachsende Menge historischer Materialien eine gewisse Ordnung narrativ konsistenter, also erzählbarer Geschichten zu bringen. Zumal für die moderne Naturgeschichte, die ja als historische Naturwissenschaftsdisziplin sich gleichzeitig mit den historischen Kulturwissenschaften entwickelt hat, gilt das, wie Wolf Lepenies gezeigt hat[8]. Statt Reliktchaos Entwicklungsreihen, Geschichten im modernen, wissenschaftlich diszipliniert erzählbaren Sinn sichtbar zu machen – das ist die ordnungsstiftende Leistung des historischen Bewußtseins gewesen und ist es bis heute. Für Gegenwartsgeschichten einschließlich ihrer kunstgeschichtlichen Aspekte gilt aber, daß sie in ihrer historisch singulären evolutionären Dynamik sich nur noch professionell, in Expertenarbeit, aufarbeiten und narrativ ordnen lassen. Die entsprechend fortschreitende Verwissenschaftlichung gerade auch der neueren und neuesten Kunstgeschichte hat ihr Komplement in der fortschreitenden Inkongruenz von historischer Laienbildung und dem Gegenstand dieser Bildung. Der Eklektizismus, der uns somit diesseits esoterischer Zirkel professioneller Experten im Umgang mit der Überfülle des Reliktmaterials moderner kunsthistorischer Aufstellungen einzig verbleibt, ist also, anders als der Eklektizismus aufgeklärter Intelligenz, der auf einer dem Anspruch nach umfassenden Prüfungskompetenz beruhte, ein Eklektizismus aus der Verlegenheit des überforderten historischen Sinns.

Die Urteilssouveränität, die der Eklektizismus stets für sich in Anspruch genommen hat, verändert sich damit ihrerseits. Sie prätendiert nicht mehr Kennerschaften, die umfassend genug wären, objektivierbar und somit universell kommunizierbar die riesigen Angebote evolutionär oder nach Geltungsklassen zu ordnen (der Zusammenfall beider Ordnungsgesichtspunkte ergäbe das avantgardistische Ordnungssystem). Sie nimmt vielmehr das Recht subjektiver Vorlieben in Anspruch und weiß sich im guten Sinn dieses Rechts durch die erweisbare Willkür in den naiven Urteilssprüchen rezenter Avantgardisten bestätigt.

Es liegt in der temporalen Natur der Sache, daß mit der Dynamik in der Abfolge avantgardistischer Innovationen die eklektische Urteilssouveränität sich nicht zuletzt in der Zurückweisung der Zumutung zur Geltung bringt, sich stets auf der Höhe aktueller Entwicklungen befinden zu sollen. Das setzt sich um in ein Interesse für kulturelle Bestände, die komplementär zu avantgardistisch bewegten Gegenwartsszenen sich

---

[8] Wolf Lepenies: Das Ende der Naturgeschichte. Wandel kultureller Selbstverständlichkeiten in den Wissenschaften des 18. und 19. Jahrhunderts (1976). Frankfurt a. M. 1978.

durch eine größere Geltungskonstanz auszuzeichnen scheinen. Zur Moderne gehört die Klassik, und mit der innovatorischen Dynamik der Moderne gewinnt die Klassik an kultureller Gegenwart. „Je katastrophaler der Weltzustand, um so hermetischer die Kunst", konstatierte Carl Dahlhaus[9]. Das gilt, gerade auch in der Musik, selbstverständlich allein für die Kunst der Avantgarde. Die Räume der Öffentlichkeit, aus denen sie sich zurückzieht und in denen sie ein rezeptionskompetentes Publikum nicht mehr fände, bleiben freilich nicht kunstfrei, und sie werden auch nicht, wie das zitierte Diktum Adornos über den Alternativcharakter von Avantgarde und Hotelbildmalerei vermuten ließe, von der Trivialkunst erobert. Sie werden vielmehr von der Klassik besetzt, und Carl Dahlhaus hat die spezifische Modernität dieses Vorgangs prägnant durch den Hinweis verdeutlicht, daß jene Epoche der Musikgeschichte, der die Musik entstammt, die heute, zum Beispiel als Wiener Klassik, in allen Konzertsälen zu hören ist, ihrerseits gar keine klassische Musik kannte.

Der Begriff der Klassik ist begriffshistorisch ein überaus facettenreicher Begriff[10], und die mannigfachen, nicht immer konsistenten und zweckmäßigen aktuellen Verwendungsweisen des Wortes „klassisch" entsprechen dem[11]. Es erübrigt sich an dieser Stelle, das zu wiederholen oder fortzuführen. Das wichtigste Resultat der Begriffsgeschichte von „klassisch" ist ohnehin in den aktuell dominanten Hauptgebrauch des Wortes „klassisch", also in unsere gemeine Bildungssprache eingegangen. Man verwendet heute, gemeinverständlich, „klassisch" überwiegend nicht als Nominator zur Kennzeichnung der Zugehörigkeit von Objekten zu einer als „Klassik" benannten Epoche. In der Kunsthistoriographie ist „Klassik" überdies als Epochenbezeichnung durch-

---

[9] Carl Dahlhaus: Abkehr vom Materialdenken? In: Algorithmus, Klang, Natur: Abkehr vom Materialdenken? Die 31. Internationalen Ferienkurse für Neue Musik in Darmstadt. Beiträge von: Clarence Barlough, Carl Dahlhaus, Brian Ferneyhough, Gerard Grisey, Harry Halbreich, Helmut Lachemann, Michaël Lévinas, Michael Marschall, Tristan Murail, Nora Post. Mainz, London, New York, Tokyo 1984, S. 45–55, S. 53.

[10] Cf. dazu die Skizze elementarer historischer Wandlungen des Begriffs des Klassischen bei Hans-Georg Gadamer: Wahrheit und Methode. Grundzüge einer philosophischen Hermeneutik. 3., erweiterte Auflage. Tübingen 1972, S. 269–275: „Das Beispiel des Klassischen".

[11] Carl Friedrich Gethmann: Zur Grammatik von „Klassisch". In: Freiheit und Verbindlichkeit. Festschrift zum sechzigsten Geburtstag von Matthias Kohn. Herausgegeben von Heinz Knobeloch. Aachen 1988, S. 315–323.

aus ungebräuchlich[12]. Man verwendet „klassisch“ zumeist als Prädikator, durch den Objekten der Kunst-, Literatur- oder Musikgeschichte ganz unabhängig von ihrer historiographisch üblichen Epochenzuordnung gewisse Eigenschaften zugesprochen werden. Gewiß hören wir noch bei „Klassik“, wenn wir sie gegen „Romantik“ kontrastieren, den Epochennamen mit. Andererseits fühlen wir uns nicht im mindesten gehemmt, Schubert einen „Klassiker des deutschen Liedes“ (mag er sonst auch ein „Romantiker“ sein) zu nennen[13], und das ist der vorherrschende prädikative Gebrauch des fraglichen Wortes.

Welche Eigenschaften sind es, die uns ein Werk als „klassisch“ kennzeichnen lassen? In unserem Zusammenhang kommt es allein auf den temporalen Aspekt der Sache an. In einer avantgardistisch geprägten Kunstszene ist „klassisch“ ein Kontrastbegriff zum Begriff des Modernen[14], das sich, als das ephemer Neue, auf der Spitze des Zeitpfeils befindet. Dabei ist das Klassische nicht einfach das gegenüber dem aktuell Modernen nach gewissen inhaltlichen Kriterien ausgezeichnete Alte. Es ist vielmehr dasjenige Alte, das sich vor dem ephemer Neuen und Neuesten durch eine faktisch erwiesene größere Alterungsresistenz auszeichnet. Das hat plausiblerweise Martin Walser zur Eröffnung einer neuen Klassiker-Gala-Edition in einem eigens dafür gegründeten Klassiker-Verlag als das entscheidende Kriterium herausgehoben. Relative Dauergeltung – das ist es also, was im Kontrast zur aktuellen literarischen Avantgarde den Klassiker ausmacht und das expandierende Interesse fürs Klassische erklärt, dem wiederum der expandierende, auf

---

[12] Cf. dazu Norbert Knopp: Das Problem der Klassik als Norm. In: Rudolf Bockholdt (Hrsg.): Über das Klassische. Frankfurt a. M. 1987, S. 204–209, S. 204.

[13] Rudolf Bockholdt: Über das Klassische der Wiener klassischen Musik. In: a.a.O., S. 225–259, S. 225.

[14] Hans Robert Jauss hat deutlich gemacht, daß aus der Kontrasterfahrung von normativ ausgezeichneter älterer Kunst und der Kunst der „Modernen“, die bereits die berühmten „Querelles des Anciens et des Modernes“ erfüllte, schließlich das spezifisch moderne Bewußtsein der historischen Natur des Unterschieds zwischen beiden resultierte. Cf. dazu Hans Robert Jauss: Ursprung und Bedeutung der Fortschrittsidee in den „Querelles des Anciens et des Modernes“. In: Die Philosophie und die Frage nach dem Fortschritt. Herausgegeben von Helmut Kuhn und Franz Widmann. München 1964, S. 51–72. – Ich habe das Resultat dieser Untersuchungen in den Satz „Die Historisierung der Kunst ist das kulturelle Endergebnis der Versuche, zwischen Altem und Neuem in der Kunst kanonisch zu validieren“ zusammenzufassen versucht. Cf. dazu meine Abhandlung „Historisierung und Ästhetisierung. Über Unverbindlichkeiten im Fortschritt“, in: Hermann Lübbe: Die Aufdringlichkeit der Geschichte. Herausforderungen der Moderne vom Historismus bis zum Nationalsozialismus, S. 46–63, S. 46.

Klassisches spezialisierte Geschäftsbereich der Verlage entspricht. „Die Bücher, die die meisten Leute am längsten brauchen, sind ... klassisch." – So lautet das schlicht, aber genau in der Zusammenfassung[15]. „Klassische Werke", fand Gottfried Boehm, haben „ihre eigene paradoxe Form der Zeit. In ihnen fließt alles Vergangene – sie selbst entstammen der Vergangenheit – in die Gegenwart zurück"[16].

In der beschleunigten Evolution der Kunst erfaßt der dazu komplementäre Alterungsprozeß die Werke der Kunst nicht chronologisch homogen. Je rascher die künstlerische Evolution unter Bedingungen der Autonomie der Kunst und zusätzlich durch die normative Wirkung aufgerichteter Avantgarde-Ideale abläuft, um so unübersehbarer differenzieren sich zugleich Bestände höchst unterschiedlicher Alterungsanfälligkeit aus. Erwiesene Alterungsresistenz wird dabei zur interessantesten Eigenschaft. Klassisch ist, was den Fortschritt[17] aushält, und je irresistibler der Fortschritt sich Bahn bricht, um so nachdrücklicher bringt sich zugleich Klassik in ihrer erprobten Unüberholbarkeit durch den Fortschritt zur Geltung.

Selbstverständlich ist Hans Robert Jauß zuzustimmen, daß die Klassik stets auch ihrerseits Avantgarde repräsentiert, nämlich Avantgarde von gestern oder vorgestern[18]. Die „Perspektive der hypostasierten Tradition" verstelle den Blick dafür, „daß klassische Kunst zur Zeit ihrer Hervorbringung noch nicht ‚klassisch' erschien, vielmehr selbst einmal neue Sehweisen eröffnet und neue Erfahrungen präformiert" hat. Gewiß, und der Wille zur Eröffnung neuer Sehweisen und neuer Erfahrungsmöglichkeiten prägt, so weit die Avantgarde explizit zur Norm geworden ist, die künstlerische Produktion generell. Aber der erfüllte innovatorische Anspruch ist keineswegs eo ipso mit der Verheißung verknüpft, als die große Innovation von gestern oder vorgestern die Geltung des Klassischen zu erlangen. Nie war die Menge der neuen Erfahrungen, die zu machen das Publikum eingeladen ist, größer als

---

15 Martin WALSER: Was ist ein Klassiker? In: Klassiker Magazin Nr. 1. Frankfurt a. M. 1986, S. 5, 22. S. 5.

16 Gottfried BOEHM: Das imaginäre Museum und die Sprache der Bilder. In: a.a.O. (cf. Anm. 11), S. 210–217, S. 216.

17 und damit auch seine Historisierung aushält. Zu diesem Grund der Zuwendung zum Klassischen und seinen Paradoxien in der Wissenschaftsgeschichte der klassischen Philologie cf. Karl REINHARDT: Die klassische Philologie und das Klassische. In: Karl REINHARDT: Vermächtnis der Antike. Gesammelte Essays zur Philosophie und Geschichtsschreibung. Herausgegeben von Carl BECKER. Göttingen ²1966, S. 334–360, S. 336.

18 Hans Robert JAUSS: Literaturgeschichte als Provokation der Literaturwissenschaft. In: Rainer WARNING (Hrsg.): Rezeptionsästhetik. Theorie und Praxis. 1975. 3., unveränderte Auflage. München 1988, S. 126–162, S. 140.

heute. Aber nie war auch der Anteil neu eröffneter Erfahrungsmöglichkeiten größer als heute, für die sich morgen, gar übermorgen, niemand mehr interessiert. Um so interessanter wird, was aus diesem Prozeß avantgardistisch erhöhter Veraltensgeschwindigkeit als alterungsresistenter Bestand hervorgeht, und das ist die temporale Charakteristik des Klassischen, auf die es hier ankommt.

Selbstverständlich verliert die Klassik in diesem Prozeß an Kanonizität. Nicht, daß sich unter Avantgarde-Bedingungen Kanons gar nicht mehr bilden ließen. Aber sie ändern ihre Zusammensetzung, und zwar komplementär zur Dynamik der aktuellen kulturellen Evolution. Anders formuliert: Das, was wir als klassische, das heißt als relativ alterungsresistente Bestände im kulturellen Fortschritt erfahren, nimmt an der Historizität des Prozesses teil, der uns komplementär zu seiner Dynamik nach Gelegenheiten Ausschau halten läßt, Erfahrungen relativer Geltungskonstanz machen zu können. Klassik ist erwiesene Selektionsresistenz in den Prozessen der Organisation und Umorganisation unserer Erinnerung, die die Dynamik des kulturellen Prozesses uns auferlegt. Auch in diesem Zusammenhang wird evident, daß die Adornosche Alternative von Avantgarde und Hotelbildmalerei eine Nonsens-Alternative ist. Gerade wer die Avantgarde schätzt, schätzt um so mehr auch, wogegen sie kontrastiert, und eben diesen Kontrast zur aktuellen Avantgarde bildet die Klassik als inzwischen alterungsresistenzerprobte Avantgarde von gestern oder vorgestern.

Man kann sich diesen Strukturzusammenhang, daß komplementär zur kulturellen Evolutionsdynamik alterungsresistente kulturelle Bestände fortschreitend an Interesse gewinnen, an beliebigen Alltagsphänomenen anschaulich machen. Ich habe zu diesem Zweck wiederholt die kleine Geschichte erzählt, der sich das Siegel der Ruhr-Universität Bochum verdankt[19]. Avantgardistischer Logik hätte es entsprochen, in der Wahl des Universitätsemblems nicht auf Requisiten klassischer bürgerlicher Bildung zu rekurrieren, vielmehr auf Symbole, die Modernität, wissenschaftlich-technische oder auch soziale Aufgeschlossenheit repräsentieren. Tatsächlich wurden bei den Beratungen Symbole dieser Art vorgeschlagen – ein stilisierter Förderturm zum Beispiel oder auch eine Atommodellgraphik. Der durchschlagende Einwand lautete stets, als emblematischer Modernitätsbeweis eigne sich schlecht, was bereits jetzt in hohem Maße als alterungsanfällig erkennbar sei. Das Zechensterben werde uns, so wurde argumentiert, über kurz oder lang auf Bochumer Stadtgrund einen Förderturm einzig noch im Bergbaumuseum finden lassen, und die Atomphysik könne ihrer außerordentlichen

---

[19] Cf. meine in Anm. 14 zitierte Abhandlung a.a.O., S. 58.

Fortschritte wegen ohnehin nur mit Atommodellen von überaus kurzfristiger Geltung aufwarten. Daraufhin wurde, ganz konventionell, auf altvertraute Gehalte klassischer Bildung rekurriert. Epimetheus und Prometheus schmücken seither das Bochumer Siegel, und es ist evident, wieso sie über die konkurrierenden Vorschläge avantgardistischer Modernitätsromantiker zu triumphieren vermochten –: Sie empfahlen sich durch ihre größere Beständigkeit gegenüber Alterungsprozessen. Die Strukturformel, auf die sich das bringen läßt, lautet: In dynamischen Kulturen gewinnt das Alte den temporalen Vorzug, sehr viel weniger rasch als das weniger Alte zu altern.

Der museumsstürmerische Gestus der inzwischen veralteten Avantgarde beruhte, wie man erkennt, auf einem Selbstmißverständnis. Je moderner die Zeiten sind und je mehr wir in modernen Zeiten das Moderne schätzen, um so mehr gewinnt zugleich an Geltung, was wir nicht seiner aktuellen Modernität wegen, vielmehr dauerhaft zu schätzen vermögen. Wahr ist freilich, daß unter Avantgarde-Bedingungen auch die Klassik immer jünger wird. Längst gibt es eine „klassische Moderne", und es kann gar keine Rede davon sein, daß dieser Ausdruck „als Wortbildung ... ebenso unmöglich" sei wie die Wortbildung „Postmoderne"[20]. Die nur scheinbar paradoxe Formulierung „klassische Moderne" macht vielmehr anschaulich, daß erhöhte Innovationsdynamik zugleich auch die Selektionsprozesse beschleunigt, aus denen fortschreitend neu Klassik als erwiesenermaßen alterungsresistenter Bestand hervortritt. Inzwischen ist der Begriff der klassischen Moderne seinerseits schon ein paar Jahrzehnte alt, und nach Analogie der Bildung dieses Begriffs haben wir es nun überall mit Relikten jüngster kultureller Evolutionen zu tun, die als „Inkunabeln" gelten, als „Leitfossilien" identifiziert sind oder als „Urphänomen" in allem, was darauf noch folgte, wiedererkannt werden.

---

[20] So aber Norbert Knopp, a.a.O. (cf. Anm. 12), S. 209.

3. Avantgarde und politische Geschichtssinnverwaltung

3.1 Avantgardistische Kunst und totalitäre Herrschaft

„Cultus ist vor Allem Einheit des künstlerischen Stiles in allen Lebensäußerungen eines Volkes", dekretierte Nietzsche prätentiös 1873 in seiner ersten „unzeitgemäßen Betrachtung" mit ihrer Polemik gegen „David Strauß, den Bekenner und den Schriftsteller"[1]. Dieser oben bereits zitierte Satz ist für sich genommen nahezu unverständlich. Man vermöchte nicht zu sagen, was es denn heißen solle, daß ein ‚künstlerischer Stil' ‚alle Lebensäußerungen eines Volkes' präge. Und daß erst „Einheit" dieses Stils ein Volk zu einem kultivierten Volk mache, klingt für heutige Ohren wie eine kulturpolitische Intellektuellen-Verfügung von Willkür und Arroganz. Nietzsche zögert auch nicht, „Barbarei" zu nennen, was sich zu seiner Verfügung konträr verhält, nämlich das ‚chaotische Durcheinander aller Stile'. In dieser Barbarei, „in diesem chaotischen Durcheinander aller Stile", lebe „aber der Deutsche unserer Tage".

Fragt man nach den kulturhistorischen Beständen, die Nietzsche zu diesen gereizten Hyperbolien veranlaßt haben mögen, so liegt die Erinnerung an den architektonischen Historismus nahe. Die neogotische Kulturkampfkirche, das Gymnasium in bildungsstolzer Neurenaissance, die neobarocke Wucht der Banken oder Versicherungen –: Die Diagnose vom „Durcheinander aller Stile" will darauf passen. Dabei hat in den zitierten Fällen der architektonische Historismus, immerhin, noch einen narrativen Sinn, den zu deuten – elementare historische Schulbildung vorausgesetzt – nicht schwerfallen konnte. Eben solcher Sinn war aber beim backsteingotischen Postamt schlechterdings nicht mehr gegeben und beim ritterlichen Wehrturmlook eines Hochwasserbehälters ebensowenig. Das macht, so scheint es, plausibel, von ‚chaotischem Durcheinander', von einem „grotesken Neben- und Übereinander", von einem „Tumult aller Stile" zu reden[2]. Nichtsdestoweniger ist Nietzsches Chaos-

---

[1] Friedrich NIETZSCHE: David Strauß, der Bekenner und der Schriftsteller. In: Friedrich NIETZSCHE: Unzeitgemäße Betrachtungen. Aus dem Nachlaß 1873–1875. Nietzsches Werke. Taschen-Ausgabe. Band II. Leipzig 1906, S. 1–99, S. 7.

[2] a.a.O., S. 8.

Diagnose von polemischer Oberflächlichkeit. Sie übersieht den Einheitscharakter des historisierenden Stilpluralismus und verkennt das in ihm herrschende Komplementärverhältnis zwischen Einheit und Vielheit. Genauer gesagt: Nietzsche verachtet und verkennt in dieser Verachtung eine Kultur, deren Modernität genau darin besteht, kraft ihrer Einheit Pluralität freizusetzen und anzuerkennen.

Inzwischen haben wir, mehr als hundert Jahre nach Nietzsches Exaltationen über die vermeintliche Barbarei seines Zeitalters, den architektonischen Historismus längst seinerseits historisiert. Davon war oben die Rede[3]. Aus Nietzsches Perspektive gesehen müßte unsere Gegenwart, die das „Chaos“ simultan kultivierter Stile mehrt, indem sie auch noch die Relikte aus dem „Tumult aller Stile“ im architektonischen Historismus mit bedeutenden denkmalpflegerischen Anstrengungen gegenwärtig hält, als Barbarei in Potenz erscheinen. In Wahrheit respektiert darin unsere moderne Kultur ihre eigene Historizität, die Nietzsche zwar gesehen, aber als dekultivierend verschrieen und damit den Konsequenzen ihrer Selbstverachtung überantwortet hat. Nietzsche ist der früheste und wirkungsreichste unter den Analytikern der modernen Kultur, die die Pluralisierungsfolgen und die komplementären Selbsthistorisierungstendenzen der dynamisierten modernen Zivilisation bemerkt, aber als dekadent perhorresziert und entsprechend zu ihrer kulturrevolutionären, stilpolitischen Neugleichschaltung aufgerufen haben.

Es lohnt sich, diesen Zusammenhängen nachzugehen. Dabei kommt es nicht darauf an, die faktorielle Bedeutung Nietzsches in den auf ihn folgenden ideologiepolitischen Prozessen abzuschätzen. Das wäre allenfalls in detaillierten ideologiehistorischen Untersuchungen möglich, die hier nicht das Thema sind. Es genügt, die Signifikanz von Nietzsches Einspruch gegen die Pluralisierungs- und Selbsthistorisierungstendenzen einer dynamisierten Kultur zu erkennen und in einigen kulturpolitischen Manifestationen unseres eigenen Jahrhunderts wiederzuerkennen.

Der grundlegende Zusammenhang ist doch, noch einmal, dieser: Kulturelle Innovationsdynamik mehrt die historische Pluralität simultan präsenter Kultur. „Einheit des Stils“ ist unter solchen Bedingungen ein regressiv wirkendes Ideal. Wer in einer Zivilisation, die ihrer Dynamik wegen eo ipso eine in sich historisch gebrochene Zivilisation ist, bruchlose Einheitskultur wiederherstellen will, muß sich vor allem zu rigoroser Abbruchpraxis entschließen. Herausragende Exempel dessen

[3] Cf. oben S. 75ff.

aus der Geschichte des Städtebaus kennt man[4]. Auch den Manifesten des Futurismus[5] liegt ersichtlich dieselbe Denkfigur zugrunde: Wer die kulturelle Herrschaft des Neuen wirklich universell machen will, darf vor allem nicht zögern, die Relikte des Alten, Veralteten vorweg kulturrevolutionär abzuräumen. Daß die kulturrevolutionäre, also gegenüber dem Alten rücksichtslose Selbstdurchsetzung des Neuen eindrucksvolle Resultate bringen kann, läßt sich billigerweise nicht leugnen. Wen – heute – die Rücksichtslosigkeit des Willens erschreckt, der sich in solchen Vergangenheitsliquidationen betätigt, mag sich denselben Vorgang am Beispiel von Städten vergegenwärtigen, die sich in ihrer geschlossenen neuen Gestalt nicht einem imperialen, abräumbereiten Willen zur Durchsetzung des Neuen verdanken, vielmehr der Fälligkeit eines Wiederaufbaus nach Katastrophen, nach Brandkatastrophen zum Beispiel, die die Betroffenen die außerordentlichen Chancen eines solchen Gesamtwiederaufbaus alsbald erkennen und ergreifen ließen[6]. Indessen: Die Abräumungskosten, die zu zahlen sind, um fürs einheitsstilgeprägte Neue tabula rasa zu schaffen, wachsen ersichtlich mit der historisch differenzierten Fülle dessen, was im Wege steht, und eben diese Fülle wächst ihrerseits komplementär zur Innovationsdynamik moderner Kultur. Das ist es, was uns kürzlich noch die spätstalinistische Hauptstadtverwandlung in Rumänien, mehr noch die Pläne zur architektonischen Dorf-„Systematisierung" daselbst barbarisch nennen und finden ließ[7], und vollends gilt das für Hitlers Pläne zur Verwandlung Berlins in die Weltmachthauptstadt Germania[8], die wegen des Reichsuntergangs, der statt dessen absichtswidrig stattfand, unausgeführt blieben.

Es ist evident: Das architektonische Ambiente, in welchem wir gegenwärtig leben, ist nicht durch die von Nietzsche favorisierte stilisti-

---

[4] Exemplarisch das Paris des 19. Jahrhunderts. Cf. dazu David H. Pinkney: Napoleon III and the Rebuilding of Paris. Princeton (N.Y.) 1958. – Ferner: Mémoires du Baron Haussmann. Grands Travaux de Paris. Tome I. Paris 1979.

[5] Cf. oben S. 93f.

[6] Wie zum Beispiel in Hamburg. Cf. dazu Julius Faulwasser: Der große Brand und der Wiederaufbau von Hamburg. Ein Denkmal zu den fünfzigjährigen Erinnerungstagen des 5. bis 8. Mai 1842. Im Auftrage des Architekten- und Ingenieur-Vereins unter Benutzung amtlicher Quellen bearbeitet. Hamburg 1892. – Ferner, als allererste einschlägige Reaktion auf die große Katastrophe: Friedrich Sass: Geschichte des Hamburger Brandes mit Wünschen für das neue Hamburg. Leipzig 1842.

[7] Cf. dazu den Bericht „Rumäniens Pläne zur Dorfvernichtung", in: Neue Zürcher Zeitung. Nr. 297 (20.12.1988), S. 5.

[8] Cf. dazu Werner Durth: Deutsche Architekten. Biographische Verflechtungen 1900–1970. Dritte, durchgesehene Auflage. Braunschweig/Wiesbaden 1988, bes. S. 126ff.

sche Einheit, vielmehr durch historische und historisierende Vielfalt geprägt. Gewiß gibt es insoweit auch lokale und regionale Unterschiede. Die Dichte historischer Differenzen ist auch in den Werken der Architektur im Raum unterschiedlich verteilt. Sogar nationale Unterschiede drängen sich dem Europareisenden auf, die geeignet zu sein scheinen, Nietzsches deutsche Selbstkritik an der Chaos-Lust der Deutschen zu stützen. Im Vergleich zur Wohnhausarchitektur in niederländischen, britischen oder dänischen Vorstädten wirken deutsche Eigenheimsiedlungen mit ihren prätentiösen architektonischen Eigenheiten wie die Manifestation eines ordnungsunbereiten anarchischen Individualismus. Gesamthaft jedoch hat sich überall gegen die von Nietzsche favorisierte Herrschaft eines Einheitsstilideals die Vielfalt durchgesetzt, deren Dichte mit der kulturevolutionären Innovationsdynamik eo ipso zunimmt, und die Anerkennung dieser Vielfalt – nicht Nietzsches Einheitsstilverfügung – hat sich kulturell durchgesetzt. Nicht die Vielfalt, die ja, noch einmal, schlicht das unvermeidliche Resultat eines Anstiegs der Neuerungsrate ist, gilt heute als „barbarisch", vielmehr der Exzeß der Reliktvernichtung, der unvermeidlich wäre, wollte man heute noch irgendwo jene tabula rasa schaffen, die man bräuchte, um architektonisch oder sogar darüber hinaus gesamtkulturell Einheit zu demonstrieren.

Die Gleichzeitigkeit des geschichtlich Ungleichzeitigen nimmt, wie Nietzsche gesehen hat, in der modernen Kultur zu. Präsenz einer wachsenden Fülle historisch heterogener Bestände, nicht Einheit, prägt zwangsläufig eine sich dynamisch entwickelnde Kultur und eine avantgardistisch bewegte erst recht. In ihren Selbsthistorisierungstendenzen bringt sich die moderne Kultur somit in Übereinstimmung mit sich selbst, während sie unter der Herrschaft eines Einheitsstilwillens sich zu ihrer auffälligsten historischen Eigenschaft, der Gegenwärtigkeit historischer Fülle nämlich, repressiv verhielte. Es wäre sonderbar, wenn eine Kultur, die ihrer Historizität reflexiv bewußt geworden ist, sich zu eben dieser Historizität nicht auch ästhetisch verhielte.

Ästhetisierter Historismus[9] – darum handelt es sich selbstverständlich auch schon beim architektonischen Historismus, den Nietzsche verabscheute. Aber die Ästhetisierung der Historizität der modernen Kultur reicht weit über das souveräne, auch willkürliche Spiel mit Kopien historischer Stile hinaus, durch das der architektonische Historismus eine schon um die Jahrhundertwende im wesentlichen abgeschlossene

---

[9] Cf. dazu meine Abhandlung „Historisierung und Ästhetisierung. Über Unverbindlichkeiten im Fortschritt", in: Hermann LÜBBE: Die Aufdringlichkeit der Geschichte. Herausforderungen der Moderne vom Historismus bis zum Nationalsozialismus. Graz, Wien, Köln 1989, S. 46–63.

Epoche moderner Baugeschichte zu prägen vermochte. Die spezifisch modernen, aus keiner früheren Epoche unserer Kulturgeschichte bekannten Hervorbringungen des Denkmalschutzes, des älteren restaurativen wie des neueren konservativen[10], die die Anmutungsqualität der Kerne unserer alten Städte und Dörfer inzwischen beherrschen, gehören ja gleichfalls zur Ästhetik des Historismus. Sogar die anti-historistische architektonische Moderne ist, wie wir gesehen haben[11], ihrerseits historisiert, steht unter Denkmalschutz, findet sich durch die historisierende Zitatenfreudigkeit der sogenannten Post-Moderne dementiert, die ihrerseits Alterungserscheinungen aufweist, die wiederum objektiv die kulturevolutionäre Reliktfülle mehren, die die Ideologen der Postmoderne, im Kontrast zur anti-historistischen Moderne, unserer Schätzung anempfehlen.

Vieles ist möglich, nicht alles glückt, aber als undurchführbar ist inzwischen das Programm erwiesen, die in der Tat aufdringliche Vielfalt, die sich als das Resultat der Innovationskraft moderner Kultur darstellt, auf den Spuren Nietzsches noch einmal einem Einheitsstilwillen zu unterwerfen. Nietzsche hat in seiner polit-ästhetischen Einheitsstilverfügung die Unvermeidlichkeit im Komplementärverhältnis von Einheit und Vielheit, das die moderne Kultur prägt, verkannt, und zwar zu Lasten der Vielheit. Die Theoretiker der Postmoderne, die sich insoweit verblüffenderweise gern auf Nietzsche zu berufen pflegen, haben sie aber, als Apologeten der Vielheit, gleichfalls verkannt, und zwar zuungunsten der Einheit. Lyotards berühmter „Bericht" über „das postmoderne Wissen"[12] belegt gewiß durch das Faktum seiner Existenz und seines Erfolgs seine Zentralthese vom pluralen Charakter der modernen Kultur, und die lunatischen Qualitäten des fraglichen Großessays belegen überdies, daß unbeschadet fortschreitender Verwissenschaftlichung unserer Zivilisation bis in die Philosophie hinein demonstrative Gleichgültigkeit gegenüber konventionellen wissenschaftlichen Theoriebildungs- und Darstellungsnormen möglich ist. Richtig ist auch, daß wir gegenwärtig Zeit-Zeugen eines dramatisch verlaufenden ideologiepolitischen Geltungsverfalls jener „Groß-Erzählungen" sind[13], die historizistisch[14], sei es in klassentheoretischer, sei es in rassentheoretischer Gestalt, die totalitären politischen Bewegungen unseres Jahrhunderts

[10] Cf. oben S. 68ff.

[11] Cf. oben S. 78f.

[12] Jean-François LYOTARD: Das postmoderne Wissen. Ein Bericht. Herausgegeben von Peter ENGELMANN. Graz, Wien 1986.

[13] a.a.O., S. 112ff.

[14] Cf. dazu Karl R. POPPER: Das Elend des Historizismus. Zweite, unveränderte Auflage. Tübingen 1969.

legitimiert hatten. Aber die Unvermeidlichkeit der in der Einheit moderner Kultur wachsenden Vielfalt hat nur verstanden, wer ihr Komplementaritätsverhältnis zu jener Einheit verstanden hat und damit die Wechselseitigkeit im Bedingungsverhältnis von Einheit und Vielheit. Um es auf einen generellen Satz zu bringen: Die Menge dessen, was in einer modernen, das heißt komplexen und dynamischen Kultur, alle individuellen und kollektiven Kulturgenossen miteinander gemeinsam haben, nimmt in Relation zur wachsenden Vielfalt kultureller Möglichkeiten ab, gewinnt aber zugleich an Verbindlichkeit als zwingende Voraussetzung der Erhaltung und Mehrung dieser Vielfalt. Exemplarisch heißt das: Der Pluralismus moderner Kultur setzt in seiner weit über die Kunstszene hinausreichenden Bedeutung vom Pluralismus moderner Lebensstile bis zur Vielfältigkeit unserer Meinungen, politischen Überzeugungen, ja religiösen Orientierungen strikte Geltung jener einheitsstiftenden Normen moderner Bürger- und Menschenrechte voraus, deren Sinn ist, allgemeinverbindlich jene Lebensbereiche auszugrenzen, in bezug auf die wir nicht wollen können, daß über sie inhaltlich gemeinverbindlich entschieden würde. Kürzer gesagt: Die Einheitsbedingungen einer modernen, pluralen Kultur reduzieren sich mehr und mehr auf Bedingungen bloß formellen Charakters; aber die Geltung eben dieser Bedingungen ist strikt und ausnahmslos.

Nietzsche gehört zu den frühesten unter denen, die sich der Anerkennung des skizzierten Komplementaritätszusammenhangs von Einheit und Vielheit zu Lasten der Vielheit verweigert haben. Die praktischen Konsequenzen dieser Verweigerung sind erheblich. „Einheit des Stils", womöglich Einheit des Stils in allen Lebensäußerungen durchsetzen zu wollen verlangt im Kontext einer modernen Gesellschaft totalitäre Mittel. Totalitäre Ästhetik läßt sich als die Ästhetik eines politisch herrschenden Einheitsstilwillens definieren[15]. Als architektonische Manifestation totalitären Einheitsstilwillens hat natürlich jener variantenreiche Neo-Klassizismus zu gelten, dessen sich Faschisten, Nationalsozialisten und Bolschewisten im Europa der Zwischenkriegszeit mit verblüffenden ästhetischen Konkordanzen über scharfe ideologiepolitische

[15] Das setzt selbstverständlich die fortdauernde Unentbehrlichkeit des Totalitarismusbegriffs für die Beschreibung politischer Realitäten unseres Jahrhunderts voraus. Zeitweilige Versuche, die Unwissenschaftlichkeit des Totalitarismusbegriffs darzutun, sind in ihrer ideologiepolitischen Abzweckung allzu durchsichtig (das mag man sich an folgendem Titel deutlich machen: Reinhard Kühnl: Faschismustheorien. Texte zur Faschismusdiskussion. 2. Ein Leitfaden. Reinbek b. Hamburg 1979. – Als Beispiel einer phänomenologisch abgesättigten Verwendung des Totalitarismusbegriffs cf. Karl Dietrich Bracher: Geschichte und Gewalt. Zur Politik im 20. Jahrhundert. Berlin 1981, bes. S. 113ff.).

Feindschaftslinien hinweg bedient haben. „Die monumentale Ordnung" – so hat Franco Borsi[16] genannt, was sich in dieser Architektur sinnfällig machen wollte. Als herausragendes Beispiel des politdemonstrativen architektonischen Monumentalismus ließe sich Albert Speers deutscher Pavillon auf der Pariser Weltausstellung von 1937 zitieren[17], und gerade in diesem Falle brachte sich ja die Internationalität dieser totalitären architektonischen Internationale eindrucksvoll durch den Komplementärbau des sowjetischen Pavillons auf der gegenüberliegenden Seite der Geländehauptachse zur Geltung. Die ästhetische Korrespondenz der in ideologiepolitischer Absicht frontal gegeneinander errichteten Bauten ist von derartiger Evidenz, daß der Eindruck struktureller Identität der konkurrierenden Ideologien sich unabweisbar aufdrängt und damit der Totalitarismusbegriff als unentbehrlicher Begriff für diese strukturelle Identität.

Gleichwohl wäre es eine historische Selbsttäuschung zu meinen, der neoklassizistische Monumentalismus der Zwischenkriegszeit demonstriere kraft seiner Ästhetik eo ipso die totalitäre politische Option. Nicht zuletzt in Deutschland ist, aus erläuterungsunbedürftigen historischen Gründen, bis heute die Neigung verbreitet, neoklassizistische Architekturrelikte der Zwischenkriegszeit generell als Indikatoren faschistischer Baugesinnung wahrzunehmen. Wäre das richtig, so befände sich auch der Besucher der Universität von London in einem faschistisch geprägten Ambiente[18]. Man hätte Schwierigkeiten, in Genf die Bauten des Völkerbunds, den doch Hitler verachtete und aus dem er mit seinem Dritten Reich austrat, politästhetisch plausibel mit dem eigenen gutgemeinten Antifaschismus in Übereinstimmung zu bringen, und mit den Franzosen fände man sich im Anblick des Musée de la Ville de Paris auch nicht mehr zurecht. Die Irritationen sind, noch einmal und zumal bei Deutschen, historisch verständlich, aber nichtsdestoweniger historisch mißweisend. Der architektonische Monumentalismus der Zwischenkriegszeit war eine gemeineuropäische Erscheinung, und zwar eine Erscheinung, die sich zu den jeweils vorherrschenden ideologischen und politischen Optionen gänzlich indifferent verhält. Liberale, Nationalsozialisten, Internationalsozialisten – sie alle haben sich, mit Variationen, des fraglichen Stils bedient. Nicht die Ästhetik dieses Stils ist somit faschistisch oder sonstwie totalitär, vielmehr der einheitsstilpolitische Wille, der ihn

---

16 Franco Borsi: Die monumentale Ordnung. Architektur in Europa 1929–1939. Stuttgart 1987.

17 a.a.O., S. 33.

18 Cf. den Entwurf für die Universität London von Charles Holden, 1933, bei Franco Borsi, a.a.O., S. 102.

baupolitisch privilegierte und Großbauträger und Architekten auf ihn verpflichtete. Es trifft ja zu: Der architektonische Monumentalismus der Zwischenkriegszeit kontrastiert gegen jene architektonische Moderne, die in ihrer „klassischen" Ausprägung, wie exemplarisch in der Bauhaus-Architektur, gleichzeitig hervortrat, mit ihren singulären Ausbreitungserfolgen freilich erst im Kontext der marktwirtschaftlichen Kapitalismus-Renaissance nach dem Zweiten Weltkrieg triumphierte. Aber der antifaschistische Eifer, der in jeder neoklassizistischen Säulenreihe die ausgerichteten Reihen marschbereit angetretener brauner oder sonstiger Bataillone sich spiegeln sieht, verstellt sich, wie Eifer zumeist, den Blick für die historischen Realitäten. Vittorio Magnago Lampugnani hat die historische Realität des neoklassizistischen Monumentalismus folgendermaßen zusammengefaßt: „Er war durchaus nicht auf die beiden Länder Italien und Deutschland beschränkt: Auch die geographische Definition greift nicht. Der Neoklassizismus erlebte in den späten zwanziger, in den dreißiger und in den vierziger Jahren nahezu allerorten einen bemerkenswerten Aufschwung. In bürgerlich-demokratisch regierten Ländern wie Schweden, Norwegen und Finnland, aber auch in Frankreich und in den Vereinigten Staaten von Amerika entstanden zahlreiche Repräsentationsbauten, die sich der neoklassizistischen Formensprache für die mise en scène nicht-totalitärer und nicht-autoritärer Staatsgewalt bedienten. Der Stil war somit weder örtlich noch national begrenzt und besaß eine eigene kulturelle Autonomie"[19].

Vergegenwärtigt man sich diese historischen Zusammenhänge, so ist es denkmalpflegerisch korrekt und keineswegs eo ipso ein Ausdruck mangelnder Empfindlichkeit für Faschistisches oder gar mangelnder politischer Urteilskraft hinsichtlich fälligen Umgangs mit seinen Relikten, daß man in Berlin Friedrich Hetzelt's Italienische Botschaft, die als Ruine aus dem Krieg überkommen ist, unter Denkmalschutz gestellt hat[20]. Deswegen war es denn auch nichts als ein Versuch instrumenteller Nutzung faschistischer und nationalsozialistischer Vergangenheit zu Zwecken moralisierender Diffamierung, der neu gegründeten Akademie der Wissenschaften zu Berlin ihre Bereitschaft vorzuwerfen, in das restaurierte ehemalige Botschaftsgebäude mit seinem von den Faschisten

---

[19] Vittorio MAGNAGO LAMPUGNANI: Die entnazifizierte Baugeschichte. Architektur im nationalsozialistischen Deutschland und im faschistischen Italien. In: Vittorio MAGNAGO LAMPUGNANI: Architektur als Kultur. Die Ideen und die Formen. Aufsätze 1970–1985. Köln 1986, S. 229–257, S. 240.

[20] Zu diesem Bauwerk cf. Wolfgang SCHÄCHE: Architektur und Architekturgeschichte der ehemaligen italienischen Botschaft. Zur Geschichte des künftigen Gebäudes der Akademie der Wissenschaften zu Berlin. In: Akademie der Wissenschaften zu Berlin. Jahrgang 1987. Berlin, New York 1988, S. 251–269.

geschätzten Monumentalstil einzuziehen. Diese rhetorische Diffamierungstechnik ist, wie man leicht erkennt, selbstverständlich nur in Deutschland möglich. Eristisch arbeitet diese Technik mit dem altvertrauten Fehlschluß, der aus der Übereinstimmung gewisser Eigenschaften zweier Subjekte auf die generische Identität dieser Subjekte schließt–: Faschisten und Nationalsozialisten haben das fragliche Haus erbaut und genutzt, eine Akademie erbaut es restaurativ neu, um es zu nutzen, und wird entsprechend mit dem Verdacht überzogen, auf Faschistisches verwandtschaftsbedingt allzu unsensibel zu reagieren. Den Nonsens-Charakter dieser pseudologischen Schlußart lernt der Philosophiestudent im Proseminar zu durchschauen. Begriffsstutzige mögen sich die rationalitätsmoralische Unzulässigkeit des fraglichen Schlusses durch Vergegenwärtigung seiner praktischen Folgen klarmachen. Als praktische Konsequenz ergäbe sich doch, daß man nicht nur – das war gewollt – die neue Akademie der Zumutung ausgesetzt hätte, sich politmoralischen Verdächtigungen gegenüber rechtfertigen zu sollen[21], vielmehr in analoger Weise zahllose, gänzlich unverdächtige Institutionen überall in Europa desgleichen. Hätte sich denn nicht auch die Republik Italien zu rechtfertigen, die über Restauration und Nutzung des fraglichen Botschaftsgebäudes mit den beteiligten deutschen Instanzen einen Vertrag schloß? Wie ertragen die Finnen ihr Reichstagsgebäude[22], wie die Genfer ihren Hauptbahnhof und wie die Römer im Postfaschismus unverdrossen ihre Universitätsstadt[23]? In Wahrheit ist, noch einmal, der in der Tat von Faschisten, Nationalsozialisten wie Internationalsozialisten, also Bolschewisten geschätzte Stil des monumentalisierenden Neo-Klassizismus eben auch von anderen geschätzt worden, die totalitärer Gesinnung nicht verdächtigt sind, und man erkennt, daß es sich bei der zitierten Polemik um eine politisch gezielte, „sehr deutsche, übertrieben ideologische Architektur-Debatte" handelt[24].

Selbstverständlich könnte in einem liberal-demokratischen Gemeinwesen keine Institution ihre Arbeit in einem Gebäude tun, das zu dem speziellen politpädagogischen Zweck restauriert worden ist, als antitotalitäres Abschreckungsdenkmal zu wirken. Ein solches Abschreckungs-

[21] Zur rhetorischen Figur der instrumentellen Nutzung nationalsozialistischer Vergangenheit zu aktuellen politischen Diffamierungszwecken cf. mein kleines Buch „Politischer Moralismus. Der Triumph der Gesinnung über die Urteilskraft", Berlin ²1989.

[22] Cf. Franco Borsi, a.a.O. (cf. Anm. 16), S. 138.

[23] Cf. dazu Vittorio Magnago Lampugnani, a.a.O. (cf. Anm. 19), S. 231.

[24] Matthias Schreiber: Brutale Bauten? Die Nürnberger NS-Last und die Angst vor dem Großen. In: Frankfurter Allgemeine Zeitung. Nr. 162 (Freitag, 15. Juli 1988), S. 21.

denkmal müßte ja sogar mit den restaurierten Emblemen totalitärer Herrschaft versehen werden, und niemandem wäre es zuzumuten, seiner Arbeit in einem Gebäude nachgehen zu sollen, dessen Portale, wenn auch nur in musealisierender Absicht, mit solchen Schreckensemblemen geschmückt sind[25]. Indessen: Die Absicht der Restauration der italienischen Botschaft zu Berlin war gerade nicht, den Faschismus abschreckungsdenkmalpflegerisch herbeizuzitieren. Die Absicht war vielmehr gerade umgekehrt die, sichtbar zu machen, daß eine freie Kultur zur Überwindung totalitärer Vergangenheit auf das spezifisch totalitäre Mittel nicht angewiesen ist, kulturrevolutionär alles in die Luft zu sprengen, was einst den untergegangenen Machthabern gedient hatte. Es ist eben nicht wahr, daß allein dadurch schon erwiesen wäre, es könne nicht auch legitimen Zwecken dienstbar gemacht werden.

Selbstverständlich ist es kein Zufall, daß die totalitären Regime unseres Jahrhunderts gerade den monumentalisierenden Neo-Klassizismus architekturpolitisch favorisiert haben. Ebensowenig ist es ein Zufall, daß die totalitäre Repräsentationsarchitektur mit den stilistischen Mitteln der avantgardistischen Moderne nicht gearbeitet hat, ja daß diese Moderne zum Objekt kulturrevolutionärer Repression wurde. „Es ist kein Zufall", so resümiert entsprechend Franco Borsi seine Architekturgeschichte des europäischen Jahrzehnts zwischen 1929 und 1939, „daß die ‚monumentale Ordnung' überall dort triumphiert, wo die Freiheit

---

[25] Das wiederum bedeutet nicht, daß die Nutzung traditionsreicher Embleme durch totalitäre Parteien und Mächte diese Embleme auch für andere ein für allemal unverwendbar gemacht hätte. Hätte denn der Kanton St. Gallen sein bereits 1803 gewähltes Fasces-Wappen aus dem Verkehr ziehen sollen, weil auch die inzwischen untergegangenen italienischen Faschisten sich der Fasces emblematisch bedient hatten? Statt dessen haben die St. Galler in ihren jüngsten, lebhaften Auseinandersetzungen um eine Neugestaltung des fraglichen Wappens die Fasces-Emblematik der Faschisten angemessenerweise nicht einmal erwähnt und als Unbetroffene in gehöriger Unbefangenheit sich sogar nicht gehemmt gesehen, abermals die „in der heraldischen Literatur erörterte Streitfrage" aufzuwerfen, ob es sich bei dem von den St. Galler Fasces umschlossenen Beil „um ein Henkerbeil" oder „um eine Kampfwaffe handle" (Das St. Galler Staatswappen. Bericht zur Frage der Neugestaltung. Nr. 53 der Schriftenreihe „Der Kanton St. Gallen heute und morgen". Herausgegeben von der Staatskanzlei St. Gallen 1983, S. 11). – Und hätten die Österreicher darauf verzichten sollen, ihrem Wappenadler die traditionsreichen Embleme von Hammer und Sichel in die Fänge zu geben, während noch in den sozialistischen Nachbarländern mit diesen Emblemen Terrorurteile besiegelt wurden? – Die Antwort muß lauten: Die Verwüstungen, die die totalitären Regime angerichtet haben, sind ohnehin schon viel zu groß, als daß man es sich leisten könnte, ihnen in ihren Untergang überdies noch alles nachzuwerfen, wessen sie sich, ohne daß es ihnen jemals allein gehört hätte, mißbräuchlich bedienten.

bedroht ist"[26]. Nur gilt eben die Umkehrung dieses Resümees nicht, daß überall dort, wo es gelang, die Freiheit zu bewahren, zugleich auch der Geist avantgardistischer Moderne über die Ästhetik des Monumentalismus triumphiert habe. Es ist ein beliebtes Klischee, demzufolge ästhetischer Avantgardismus mit Fortschritt, ja mit politischem Fortschritt, mit Demokratie und Freiheit korreliert, nämlich komplementär zur Korrelation von konterrevolutionärer Unterdrückung der Freiheit einerseits und ästhetischem Anti-Avantgardismus von der Art des faschistischen Monumentalismus andererseits. Aber die historischen Tatsachen fügen sich diesem Klischee nicht. Für den italienischen Futurismus ist das bekannt genug. „Die Daten der Kollaboration zwischen Futurismus und Faschismus sind unwidersprechlich"[27], konstatiert Manfred Hinz, und er macht auch die „Konvergenz gerade des avantgardistischen und revolutionären Impetus des Futurismus mit dem Faschismus" plausibel[28]. Der Futurismus versteht sich als ästhetische Manifestation entdeckter Zivilisationsdynamik, und er entnimmt dieser Dynamik normativ die Verpflichtung, die Aufhalter dieser Dynamik zu denunzieren und ihren Beschleunigern zu applaudieren. „Die Vergangenheit ist immer der Zukunft unterlegen" – auf dieses Motto läßt sich eine Geschichtsphilosophie bringen, die den Richtungssinn des Zivilisationsprozesses als moralisch und politisch verbindlichen Fortschritt interpretiert und somit auch ästhetisch favorisiert[29]. Wie sollten intellektuelle Subjekte, deren politischer und moralischer Common sense so durch das faszinierende Schauspiel moderner Geschichtsbewegtheit geblendet ist, nicht auf eine politische Bewegung setzen, die bis in ihre Selbstkennzeichnung hinein sich eben als „Bewegung" versteht? Die Terrorkonsequenzen dieses Vorgangs ergeben sich nach der bekannten moralischen Logik jeder modernen Revolution: Mit der Menge der Opfer, die dem Fortschritt zu bringen waren, wächst der Verpflichtungscharakter dieses Fortschritts. „Begeistert zitiert Marinetti den Spruch Blériots, der Fortschritt sei nur dann echt, wenn er Opfer fordere und an ihnen zu messen: 'Der Fortschritt braucht noch viele, viele Kadaver'"[30].

---

[26] Franco Borsi, a.a.O. (cf. Anm. 16), S. 197.

[27] Manfred Hinz: Die Zukunft der Katastrophe. Mythische und rationalistische Geschichtstheorie im italienischen Futurismus. Berlin, New York 1985, S. 3.

[28] a.a.O., S. 2.

[29] Filippo T. Marinetti: Teoria e invenzione futurista. Prefazione di Aldo Palazzeschi. Introduzione, testo e note a cura di Luciano De Maria. Verona 1968. S. 260: „Il passato è necessariamente inferiore al futuro".

[30] Manfred Hinz, a.a.O. (cf. Anm. 27), S. 47. – Das Marinetti-Zitat findet sich a.a.O. (cf. Anm. 29), S. 265.

Das also „ist der futuristische Avantgardismus. Der Fortschritt wird hier selbst zum Objekt eines Opferkultus, aus dem er seiner Konzeption nach hätte herausführen sollen“[31]. Für konsequente Marxisten sind das die Konsequenzen eines ‚reaktionären Revolutionsbegriffs'[32]. Dieser in seiner Temporalstruktur interessante Begriff einer reaktionären Revolution kontrastiert natürlich gegen den Begriff einer sozusagen progressiven Revolution, als deren unüberbietbares Muster den Marxisten, und zwar nicht nur den orthodoxen, die Oktober-Revolution gilt oder doch bis vor kurzem gegolten hat. Komplementär zu dieser Unterscheidung von reaktionärer und progressiver Revolution lassen sich dann auch, naheliegenderweise, zwei ihnen ästhetisch korrespondierende Futurismen unterscheiden, vom Italienischen nämlich der früh-sowjetische, und dieser ist bis heute Hauptkultobjekt einer zumal im Westen verbreiteten intellektuellen Avantgardismus-Nostalgie geblieben. In der Tat: Der frühsowjetische Avantgardismus repräsentiert eine bedeutende Epoche innerhalb der Kunstgeschichte unseres Jahrhunderts, und längst hat sich auch im Herrschaftsbereich des real existierenden Sozialismus, der jene Epoche über so viele Jahrzehnte hin perhorreszierte, die Kunsthistoriographie ihrer angenommen[33]. Einspruch bliebe insoweit lediglich gegen die immer noch forterzählte Legende zu erheben, vor Stalin, unter Lenin nämlich, sei der Avantgardismus, politisch bei der richtigen, nämlich progressiven Revolution engagiert, für einige wenige weltgeschichtliche Jahre beides gewesen: freie und zugleich politische, nämlich die Zwecke der Freiheit fördernde und die Freiheitsgeschichte beschleunigende Kunst.

Zwei Gründe sind es, die auch früher schon diese Legende als solche hätten durchschaubar machen sollen. Erstens erhebt sie, im Kontrast zu Stalin, Lenin zu einer revolutionären Lichtgestalt, der zweierlei gleichzeitig gelang, nämlich politisch die rechtliche und soziale Emanzipation der Massen und kulturpolitisch die Emanzipation einer bei diesen Fortschritten engagierten avantgardistischen Kunst. In Wahrheit hat aber nicht erst Stalin das Revolutionsregime in ein Terrorregime verwandelt. Die Macht, die Lenin ergriff und exekutierte, war nach ideologischem Selbstverständnis wie in der Realität eine terroristische Macht von An-

---

31 Manfred Hinz, a.a.O., S. 47.

32 So Sabine Kebir in einer Besprechung des zitierten Buches von Manfred Hinz, in: Referatendienst zur Literaturwissenschaft. DDR-Berlin 1/87, S. 119–122, S. 119.

33 Cf. dazu Selim O. Chan-Magomedow: Pioniere der sowjetischen Architektur. Der Weg zur neuen sowjetischen Architektur in den zwanziger und zu Beginn der dreißiger Jahre. Dresden 1983.

fang an[34], und allein das schon müßte ausreichen, die Meinung von der schönen Koinzidenz von politischen Menschheitszwecken einerseits und ästhetischem Avantgardismus andererseits in der frühsowjetischen Kunst als Irrtum zu erkennen. Hinzu kommen die Zwangsläufigkeiten rigoroser politischer Indienstnahme der Kunst durch eine Ideologie, die sich selbst als Maßgabe einer Politik definitiver Menschheitsbefreiung versteht. Es ist offensichtlich naiv zu vermeinen, daß mit der Verpflichtung der Kunst auf solche Zwecke Freiheit der Kunst vereinbar bliebe. „Den Bedürfnissen des revolutionären Volkes", schrieb in solcher Naivität noch vor einigen Jahren der zitierte Chan-Magomedow, „entsprach auch Lenins Plan der Monumentalpropaganda von 1918. Der Plan sah vor, die Kunst als Mittel der Agitation einzusetzen und hervorragenden Revolutionären und Kulturschaffenden Denkmäler zu errichten. Lenin schlug vor, bildende Künstler zu gewinnen, die in der Lage wären, eine Agitationskunst mit neuem Inhalt zu schaffen"[35], und Chan-Magomedows Schilderungen, wie in der Konsequenz dessen Avantgardisten zu Agitatoren wurden, wirkt rührend: „‚Straßen sind unsere Pinsel, die Plätze unsere Paletten', verkündete damals Wladimir Majakowski. Viele Künstler - Architekten, Bildhauer und Poeten - widmeten sich dieser Sache enthusiastisch und gestalteten Feiertage, öffentliche Theateraufführungen, Agitationszüge, Straßen und Plätze künstlerisch aus. Einen tiefen Eindruck hinterließen die festlichen Ausgestaltungen des Roten Platzes in Moskau (Entwürfe A. und W. Wesnin), des Schloßplatzes in Petrograd (N. Altman) und der Straßen und Plätze von Witebsk (M. Chagall und K. Malewicz)"[36].

Es wäre unhistorisch, die zitierten Künstler, die sich für einen Moment wirklich im Zustand entfremdungsfreier Koinzidenz von politischer und künstlerischer Avantgarde gesehen haben mögen, im Nachhinein moralistisch wegen der Illusionen zu tadeln, denen sie erlegen sind. Unhistorisch wäre es aber ebenso zu verkennen, daß „Futuristen an der Macht"[37] kraft der politisch-moralischen Logik ihres Anspruchs, die ästhetische Repräsentanz des Menschheitsfortschritts zu sein, zur kulturpolitischen Selbstprivilegierung und damit zur Liquidation der Freiheit der Kunst drängten. In „zahlreichen programmatischen Artikeln" der Zeitschrift Moskauer Avantgarde-Künstler erhoben diese „den Anspruch der

---

[34] Cf. dazu Peter Scheibert: Lenin an der Macht. Das russische Volk in der Revolution 1918–1922. Weinheim 1984.

[35] Selim O. Chan-Magomedow, a.a.O. (cf. Anm. 33), S. 13ff.

[36] a.a.O., S. 14.

[37] Cf. dazu Hubertus Gassner, Eckhart Gillen: Zwischen Revolutionskunst und Sozialistischem Realismus. Dokumente und Kommentare. Kunstdebatten in der Sowjetunion von 1917–1934. Köln 1979, S. 34ff.: „Die Futuristen an der Macht".

Avantgarde auf die einzig revolutionäre und dem Proletariat gemäße Kunst"[38]. Im Originaltext einer entsprechenden ‚Programmatischen Deklaration' lautet das so: „Die kommunistische Ordnung fordert ein kommunistisches Bewußtsein. Alle Formen des Alltags, der Moral, Philosophie und Kunst müssen auf den Prinzipien des Kommunismus gegründet werden. Anders ist die weitere Entwicklung der kommunistischen Revolution unmöglich ... Man muß in allen kulturellen Bereichen, auch in der Kunst, alle demokratischen Illusionen, die die bourgeoisen Überbleibsel und Vorurteile üppig überdecken, entschieden verwerfen"[39]. So will es hier nicht Stalin, vielmehr ein „Kollektiv von kommunistischen Futuristen" in seinem Manifest „Kom-Fut." von 1919. Man gestehe, so formulierten es A. V. Lunačarskij und J. Slavinskij in ihren „Thesen des Kunstsektors des NARKOMPROS und des ZK der Gewerkschaft der Kunstarbeiter über die Grundlagen der Politik auf dem Gebiet der Kunst" vom Novembr 1920, „dem Proletariat das volle Recht zu, aufmerksam alle Elemente der Weltkunst, die ihm als Erbe überkommen ist, zu überprüfen". Dabei müsse aber „das Erbe der Vergangenheit unerbittlich von allen Beimengungen bürgerlichen Verfalls und von Verdorbenheit gereinigt werden: von Elementen der Boulevardpornographie, von aller spießbürgerlichen Trivialität, von intelligenzlerischem Überdruß, von erzreaktionären und religiösen Vorurteilen – wenn solche Beimengungen im Erbe der Vergangenheit enthalten sind, müssen sie entfernt werden"[40].

Auch hier ist, wie man erkennt, Nietzsches Einsicht erfüllt, daß Revolutionen Akte der Selbstverschaffung einer neuen Vergangenheit sind, und in den totalitären Systemen unseres Jahrhunderts, auch schon im Frühbolschewismus, vollzieht sich diese Vergangenheitsreorganisation nicht zuletzt mit den Mitteln einer Kunstdiktatur.

Das bedeutet: Zwischen frühsowjetischer Avantgardekunst und Sozialistischem Realismus nach Maßgaben Stalins liegt nicht der Übergang von freier Kunst zu politisch gegängelter Kunst, vielmehr lediglich der Übergang von der diktatorialen kulturpolitischen Selbstprivilegierung der Avantgardisten zur Liquidation des Avantgardismus mit den von diesem selbst favorisierten kunstpolitischen Mitteln. „Dies hier ist ein unerwünschter Künstlertyp", muß sich nunmehr, am 10. April 1935, der gemäßigt avantgardistische Künstler-Genosse S. Nikritin vom Sprecher seines Kollektivs sagen lassen, nachdem sein Bild „Alt und Neu" keine Gnade fand. Es fand keine Gnade, weil die Frage „Könnte ein

---

[38] a.a.O., S. 36.
[39] a.a.O., S. 51.
[40] a.a.O., S. 62.

Parteimann und ein Kommunist so ein Bild malen, und würde er es tun?" einzig mit einem klaren Nein beantwortbar zu sein schien. Das fragliche Bild war nämlich von prekären, überdies nicht auf den ersten Blick deutbaren erotischen Gehalten durchzogen. Es handelte sich somit um „ein schreckliches Bild", nachdem es doch nicht „den geringsten Zweifel geben" kann, „daß das erotische Element im Sozialismus grandios sein wird in seiner Gesundheit und Unverfälschtheit"[41]. „Niemals war die Menschheit im Aussehen und in ihrer Empfindung der Antike näher als heute. Sport-, Wett- und Kampfspiele stählen Millionen jugendlicher Körper und zeigen sie uns nun steigend in einer Form und Verfassung, wie sie vielleicht tausend Jahre lang nicht gesehen, ja kaum geahnt worden sind. Ein leuchtend schöner Menschentyp wächst heran ... " –: Diese Sätze sind nur zwei Jahre jünger als die zitierte Verheißung, „daß das erotische Element im Sozialismus grandios" sein werde; sie stammen aber von Adolf Hitler[42]. Trotz der fundamentalen Differenzen in den Inhalten der konkurrierenden nationalsozialistischen Ideologie einerseits und der internationalsozialistischen Ideologie andererseits ist die Konvergenz der jeweiligen kunstpolitischen Anti-Avantgardismen vollkommen. Der Avantgardismus ist volksfremd. Das macht ihn im vollendeten Totalitarismus „untragbar", wie man das nannte, und zwar unabhängig von dem im übrigen gewaltigen Unterschied, den es bedeutet, ob die Einheit des Volks nun auf rassentheoretischer oder auf klassentheoretischer Basis definiert wird. „... der Künstler schafft nicht für den Künstler, sondern er schafft genauso wie alle anderen für das Volk! Und wir werden dafür Sorge tragen, daß gerade das Volk von jetzt ab wieder zum Richter über seine Kunst aufgerufen wird"[43].

Es ist wahr: Die anti-avantgardistischen Konsequenzen totalitärer Kunstpolitik wurden im nationalsozialistischen Deutschland ungleich rascher als in der sozialistischen Sowjetunion gezogen. Nichtsdestoweniger läßt sich daraus nicht schließen, daß nun eben doch ästhetischer Avantgardismus und Sozialismus kraft ihrer historischen Positionalität eigentlich zueinander gehörten, während Nationalsozialismus und Avantgardismus sich kraft ihrer entgegengesetzten historischen Positionalität abstoßend zueinander verhalten müßten. Es ist bekannt genug, daß die Frühzeit der nationalsozialistischen Diktatur noch mannigfache

---

[41] So in der gespenstischen „Diskussion des Bildes ‚Alt und Neu' von S. Nikritin durch die Kunstkommission der Kooperative ‚Der Künstler'. 10. April 1935", in: a.a.O., S. 508–512.

[42] Hitlers Rede zur Eröffnung der ‚Großen Deutschen Kunstausstellung' 1937. In: Peter-Klaus SCHUSTER (Hrsg.): Die ‚Kunststadt' München 1937. Nationalsozialismus und ‚Entartete Kunst'. München 1987, S. 242–252, S. 250.

[43] Adolf HITLER, a.a.O., S. 251.

Versuche kannte, moderne Kunst kulturpolitisch zu integrieren. Benn und Marinetti hielten im März 1934 Eröffnungsreden bei Gelegenheit der Berliner Ausstellung „Italienische futuristische Flugmalerei“, und Goebbels saß im Ehrenkomitee[44]. Bereits „im Sommer und Herbst 1933“ hatte es „eine Reihe von Versuchen“ gegeben, den deutschen Expressionismus „der deutschen Öffentlichkeit zu erhalten, ihn vielleicht sogar hoffähig zu machen“[45]. Diese Versuche scheiterten freilich rasch. Auch das Muster des mit dem Faschismus verbundenen italienischen Futurismus, auf das sich manche beriefen, um die Übereinstimmung des künstlerischen Avantgardismus mit dem Avantgardismus der neuen politischen Jugendbewegung, ja dem Avantgardismus der „jungen Völker“ darzutun, verfing in Deutschland kulturpolitisch nicht. „Die Unvereinbarkeit der Avantgarde mit politischen Massenbewegungen bedarf“ ja „keiner Erläuterung“[46], und Hitler hat dann ungleich rascher und konsequenter als Mussolini daraus die kunstpolitischen Konsequenzen gezogen. Als kunstpolitischer Populist war Hitler insofern auch konsequenter als Lenin. Aber Stalin begriff dann wie Hitler: Massenbewegungen zu organisieren und politisch-avantgardistisch zu führen – das verlangt als Agitationsmedium, statt Avantgarde-Kunst, eine kommentarunbedürftige Kunst des Massengeschmacks.

Man würde sich die Sache allerdings zu leicht machen, wenn man, gemäß der Adornoschen Alternative von Avantgarde und Hotelbildmalerei, unter der Kunst des Massengeschmacks exklusiv die Tafelbilder des voll entwickelten Sozialistischen Realismus oder des nationalsozialistischen Ideal-Realismus mit ihren strahlenden Helden der Arbeit oder des Krieges verstünde. Klassik und Neoklassik gehören eben auch dazu. Komplementär zur Esoterik der Avantgarde gewinnt, stets erfolgreicher als diese, die Klassik an Gegenwart. Dem steht nicht entgegen, daß auch sie einmal Avantgarde war. Die Temporalstruktur des Klassischen erklärt die Vorzugsrolle im Kontext totalitärer Kunstpolitik hinreichend. Die erläuterte Alterungsresistenz des Klassischen[47] verschafft ihm bis in die Medien, ja die Schulbücher hinein den Vorzug einer sonstigen Wandlungen gegenüber relativ konstanten Dauerpräsenz. Diese verschafft mannigfache Gelegenheiten der Wiedererkennung. Darüber bilden sich Vertrautheiten, ja Gewohnheiten aus, auf die man für rituelle

---

[44] Reinhard MERKER: Die bildenden Künste im Nationalsozialismus. Kulturideologie, Kulturpolitik, Kulturproduktion. Köln 1983, S. 135.

[45] a.a.O., S. 134.

[46] George L. MOSSE: Faschismus und Avantgarde. In: Reinhold GRIMM, Jost HERMAND (Hrsg.): Faschismus und Avantgarde. Königstein/Ts. 1980, S. 133–149, S. 143.

[47] Cf. oben S. 115f.

Zelebrationen und sonstige Vergegenwärtigungen angewiesen ist, und die Schauseite totalitärer Massenbewegungen ist ritengeprägt. Das ist es, was zumal in Architektur und Musik die Vorzugsstellung des Klassischen in der totalitären Kunstpolitik plausibel macht, wobei selbstverständlich, wie in der Musik, die bevorzugte Klassik historisch gesehen Klassik der Romantik sein kann. Die totalitären Neoklassizismen sind dabei nichts anderes als eine kunstpolitische Kanonisierung der auch ganz unabhängig von totalitären Maßgaben wachsenden rezeptionsgeschichtlichen Bedeutung des Klassischen im Kontext avantgardistisch bewegter Moderne. Der Schauseitencharakter der Sache wird nicht zuletzt dadurch bestätigt, daß hinter dieser Schauseite selbst im Nationalsozialismus sich die architektonische Moderne zu halten vermochte. Vor allem Fabrikbauten bezeugen das, Herbert Rimpls Montagehallen der Heinkel-Werke in Oranienburg zum Beispiel[48]. „Es mußte schnell gehen, es durfte nicht viel kosten" – so hat Julius Posener den historisch singulären Ausbreitungserfolg der architektonischen Moderne in den Wiederaufbau- und Ausbaujahren nach dem Zweiten Weltkrieg erklärt[49]. Das genügt, um verständlich zu finden, wieso auch Hitler, unbeschadet seiner repräsentationsarchitekturpolitischen Präferenz für Neo-Klassizismen, für seine Rüstungsbauten die architektonische Moderne ungeniert zuließ. Dem entspricht, daß auch die Architekten der Moderne mit Einschluß nicht weniger Berühmtheiten unter ihnen, die mit Namen zu nennen sich hier erübrigt, sich keineswegs einhellig und durchgängig sogleich in der Rolle von Verfolgten sahen, soweit sie nicht inzwischen zu Rassefeinden ernannt worden waren[50]. Die architekturpolitischen Konvergenzen zwischen den totalitären Systemen des Nationalsozialismus einerseits und des Internationalsozialismus andererseits spiegeln sich nicht zuletzt in der Lebensgeschichte jener bedeutenden Architekten, die beiden Systemen gedient haben[51]. Wahr ist, daß die Architektur der Moderne „dem Geist der Avantgarde entsprungen" ist[52]. Aber eine durchgängige

---

[48] Cf. dazu Vittorio Magnago Lampugnani, a.a.O. (cf. Anm. 19), S. 237f., ferner S. 243ff.

[49] Julius Posener: Die moderne Architektur – eine lange Geschichte. In: Heinrich Klotz (Hrsg.): Vision der Moderne. Das Prinzip Konstruktion. München 1986, S. 27–32, S. 31.

[50] Zu dieser Seite der deutschen Architekturgeschichte der Moderne cf. Vittorio Magnago Lampugnani, a.a.O. (cf. Anm. 19), S. 245ff.

[51] Cf. dazu Werner Durth: Deutsche Architekten. Biographische Verflechtungen 1900–1970. Dritte, durchgesehene Auflage. Braunschweig, Wiesbaden 1988, bes. S. 71ff.

[52] Jürgen Habermas: Moderne und postmoderne Architektur. In: Jürgen Habermas: Die neue Unübersichtlichkeit. Kleine politische Schriften V. Frankfurt am Main 1985, S. 11–29, S. 15.

Alternative von künstlerischem und politischem Avantgardismus einerseits und künstlerischer und politischer Regressivität andererseits existiert keineswegs. Die Unterstellung einer solchen Alternative entstammt vielmehr demselben historizistischen Aberglauben, mit dem schon die politisch engagierte künstlerische Avantgarde vom italienischen bis zum sowjetischen Futurismus ihre Selbstverpflichtung zu totalitärer kunstpolitischer Dienstbereitschaft legitimiert hatte, dem Aberglauben nämlich, daß der Richtung des Zivilisationsprozesses eine zumal in seinen revolutionären Epochen erkennbare normative Verbindlichkeit eigne, die dazu verpflichtet, auch mit den Mitteln der Kunst zur Beschleunigung des Fortschritts beizutragen und seine Aufhalter auszuschalten. Die skizzierten Schicksale des politisch engagierten künstlerischen Avantgardismus sind selbstbereitete Schicksale in den Konsequenzen einer historizistischen Geschichtszeitdeutung. Dem Geschichtslauf wird normativ ein Projekt entnommen, bei dem engagiert zu sein für Avantgardisten verpflichtend ist, dessen politische Realisierung aber die Kraft mobilisierter Massen erfordert, mit deren Geschmacksbedürfnissen indessen der ästhetische Avantgardismus nicht in Übereinstimmung zu bringen ist, so daß er sich schließlich der kulturpolitisch unabweisbaren Forderung ausgesetzt findet, die Wende zur Volkstümlichkeit zu vollziehen.

3.2 Politischer Avantgardismus oder Fortschritt und Terror

Sollte es auch noch im nächsten Jahrtausend, das ja inzwischen nahe bevorsteht, eine Kultur historischer Vergangenheitsvergegenwärtigung geben, so wird darin unser eigenes Jahrhundert, mindestens unter anderem, als das Jahrhundert historisch singulärer politischer Massentötungen präsent sein. Die Deutschen werden sich des fast gelungenen Versuchs in den Endjahren der Diktatur der Nationalsozialistischen Deutschen Arbeiterpartei zu erinnern haben, Europa „judenfrei" zu machen, nämlich durch „Vernichtung der jüdischen Rasse", die Hitler vor aller Welt, nämlich in einer Reichstagsrede, noch zu Friedenszeiten für den Fall des Kriegsausbruchs angekündigt hatte. Es ist erwiesen: Der Dynamik der modernen Zivilisation entspricht auch eine dynamisierte politische Tötungspraxis. Niemals zuvor hat es Exekutionen und Liquidationen in solcher Zeitverdichtung gegeben. Allein schon die verfügbaren technischen Ressourcen hätten dazu in früheren Geschichtsepochen gar nicht ausgereicht[1]. – Die Menge der Toten, die zuvor schon Stalin dem postrevolutionären großen Zweck der Errichtung des Sozialismus in einem Land zum Opfer zu bringen für nötig gehalten hatte, überbietet die quantitativen Dimensionen des nationalsozialistischen Terrors noch beträchtlich[2]. Die organisationstechnisch-fabrikmäßige Perfektion des deutschen Terrors blieb freilich in der Sowjetunion unerreicht. – Daß die Epoche des Massenterrors mit dem Untergang des „Dritten Reiches" beendet gewesen wäre – davon kann leider keine Rede sein. Wenn man vom spätstalinistischen Terror in den zwangssozialisierten Ländern Mittelosteuropas einmal absieht, dessen politische Erinnerungswirkungen in den betroffenen Ländern freilich derzeit immer größer werden, wenn man überdies von China schwiege, bis auch dort die Massengräber geöffnet sein werden, so hätten aber doch sogar die Jüngeren unter uns aus eigener Erinnerung noch gegenwärtig, was sich in den siebziger Jahren auf den Killing-Fields in Kambodscha abgespielt hat. Hier wurde

---

[1] Es ist bekannt genug, daß die nationalsozialistischen Liquidationsformationen selbst erst noch die benötigten technischen Kapazitäten für die geplanten Massenliquidationen zu erfinden und zu entwickeln hatten. Mit den zunächst eingesetzten, sozusagen konventionellen Mitteln (cf. hierzu Helmut KRAUSNICK, Hans-Heinrich WILHELM: Die Truppe des Weltanschauungskrieges. Die Einsatzgruppen der Sicherheitspolizei und des SD 1938–1942. Stuttgart 1981) wäre man nicht ans Ziel gelangt.

[2] Cf. dazu Anton ANTONOW-OWSSEJENKO: Stalin. Portrait einer Tyrannei. München, Zürich 1983 (russische Originalausgabe New York 1980).

derjenige Bevölkerungsteil – die Schätzungen variieren zwischen einem Siebentel und einem Fünftel des Volkes –, von dem man seiner Vergangenheitsgeprägtheit wegen eine moralische Infektion der geplanten Zukunftsgesellschaft zu befürchten hatte, einer Reinigungsaktion zugeführt, die, weil dafür Kugeln zu schade waren, mittels Hacken und Spaten und analogen zu Totschlaggeräten umfunktionierten Werkzeugen durchgeführt wurde. – Die Aussicht besteht, daß politische Formationen, die zu analoger Befreiung der Zukunftsmenschheit von ihrem vergangenheitsverhafteten Anteil entschlossen sind, auch noch den Rest unseres Jahrhunderts überdauern werden. Für die Menschheitsbefreiungsorganisation „Leuchtender Pfad", die bis vor wenigen Jahren auch in Deutschland ihre intellektuellen Sympathisanten hatte, mag das gelten[3].

Die Regeln der Moral, die verletzt sind, indem Menschen dergleichen einander antaten und antun, brauchen nicht erst erfunden zu werden. Entsprechend läßt sich jenen historischen Beispiellosigkeiten, die unser Jahrhundert kennzeichnen, auch nicht die Aufforderung entnehmen, endlich ein Moralbewußtsein zu entwickeln, das uns den Unrechtsgehalt der Massentötungen, deren Zeit-Zeugen wir waren, erkennen ließe. Worin immer „das Problem des (welt-)geschichtlichen Übergangs zur postkonventionellen Moral" bestehen mag[4] –: Es wäre offenkundiger Nonsens, die politischen Massenverbrechen unseres Jahrhunderts aus einem vermeintlichen moral-evolutionären Steckengebliebensein der Täter in irgendeiner Position vor jenem „(welt-)geschichtlichen Übergang" erklären zu wollen. Defizitäre moralische Entwicklungsstände mögen geeignet sein, Verhalten und Handeln jugendlicher Straftäter zu erklären und strafrechtlich zu validieren. Der Versuch, dieses Schema zur Erklärung und praktischen Validierung totalitären Terrors zu nutzen, wäre ein Versuch von befremdlicher Wirklichkeitsfremdheit. Die Auftraggeber und Exekutoren der Klassen- und Rassenvernichtungsaktionen kannten doch die moralischen Normen durchaus, über deren Geltung sie sich mit diesen Aktionen hinwegsetzten. Nichts beweist das

---

[3] Cf. als neueren Bericht hierzu den Artikel „‚Blut wird dieses Land überschwemmen'. Ein Pakt zwischen den Guerilleros vom ‚Leuchtenden Pfad' und Drogenbanditen bedroht Peru", in: Der Spiegel. Nr. 32. 43. Jahrgang (7. August 1989), S. 117–122.

[4] So Karl-Otto Apel: Zurück zur Normalität? Oder könnten wir aus der nationalen Katastrophe etwas Besonderes gelernt haben? Das Problem des (welt-)geschichtlichen Übergangs zur postkonventionellen Moral in spezifisch deutscher Sicht. In: Zerstörung des moralischen Selbstbewußtseins: Chance oder Gefährdung? Praktische Philosophie in Deutschland nach dem Nationalsozialismus. Herausgegeben vom Forum für Philosophie Bad Homburg. Frankfurt a. M. 1988, S. 91–142.

eindrücklicher als der Rechtfertigungsaufwand, den sie trieben, um die Unvermeidlichkeit ihres Bruchs der Normen traditionaler Moral für die weltgeschichtlich fällige Durchsetzung ihrer höheren, durchaus postkonventionellen Zwecke darzutun. Die Regeln traditionaler Moral und herkömmlichen Rechts reichten doch in jeder nur denkbaren Hinsicht aus, um die Subjekte des totalitären Terrors über die moralische und rechtliche Natur ihres Tuns in Kenntnis zu setzen. Wieso sie sich dennoch zu diesem Tun legitimiert wußten – das ist die eigentlich beantwortungsbedürftige Frage, und der Versuch, zur Beantwortung dieser Frage einen kleinen Beitrag zu leisten, gehört auch in den Kontext dieses Buches. Zu den Voraussetzungen der Selbstlegitimation totalitären Terrors gehört nämlich nicht zuletzt Philosophie, näherhin Geschichtsphilosophie und damit eine normative Interpretation vermeintlicher Gesetzmäßigkeiten der naturalen und sozialen Evolution. Indem der totalitäre Terror in singulärer Weise den Regeln traditionaler Moral und herkömmlichen Rechts zuwiderhandelte, benötigte er singuläre Potentiale zur Rechtfertigung dessen. In den geschichtsphilosophischen Kerngehalten der totalitären Ideologien standen diese Potentiale zur Verfügung.

Was also rechtfertigt, im Selbstbewußtsein der Anordnungs- und Vollstreckungsinstanzen, politische Massentötungen? Es lohnt sich, im Versuch der Beantwortung dieser Frage bei der Aufklärung, und zwar speziell beim Terror der Französischen Revolution anzuknüpfen. Zu den guten Gründen, die man hat, in den allgemeinen Lobpreis des Zeitalters der Aufklärung einzustimmen, gehört, wie bereits oben dargestellt wurde[5], auch die Reform unseres Umgangs mit den Toten. Ein Impuls der Aufklärung war, selbst unser Verhältnis zum Tod noch humaner zu machen – hygienisch und ästhetisch, moralisch und erinnerungskulturell. Was hätte das mit Terror zu tun? Ich möchte nicht insinuieren, das aufgeklärte Verhältnis zum Tod, dessen besonders schöne Seite die Friedhofsreform ist, enthalte eine Prädisposition zum Terror. Das wäre Nonsens. Terror und Humanisierung des kulturellen Verhältnisses zum Tod gehören beide dem Zeitalter der Aufklärung an. Aber es ist zunächst nicht erkennbar, wieso ihrer historischen Gleichzeitigkeit ein Sachzusammenhang zugrunde liegen sollte. Der Übergang von jener Reform, die auch noch unser Verhältnis zum Tod Zwecken der Beförderung der Humanität unterworfen hat, zur terroristischen Praxis, die sich im Interesse höherer weltgeschichtlicher Zwecke dazu aufgerufen sieht, den Tod massenhaft zu bereiten, hat insoweit kontingenten Charakter. Nichtsdestoweniger bleibt auch noch dieser Tod, den zu geben die terroristische Auflärung aus Gründen,

---

[5] Cf. oben S. 37ff.

von denen noch ausführlich die Rede sein muß, für unvermeidlich hielt, Zwecken der Humanität unterworfen.

Sogar die Technik terroristischer Liquidationen läßt das erkennen. Immerhin ist die Guillotine als ein Instrument zur Beförderung der Humanität konzipiert worden. Es sollte kurz und schmerzlos abgehen, und dieser Zweck wurde erreicht. Auch in diesem Falle erwies sich, daß eine aus dem Geist moderner Technik konzipierte Maschine weitaus präziser und zuverlässiger als ein handwerkendes Individuum zu arbeiten vermag[6]. Das ist ein Gesichtspunkt, der auch ganz unabhängig vom Terror, nämlich im Kontext konventioneller Strafgerichtsbarkeit des Aufklärungszeitalters, einleuchten mußte. Die Aufklärung hat bekanntlich auch das Recht und die Praxis der Todesstrafe reformiert. Bis ins Renaissancezeitalter sogar reicht die Kritik an der Praxis zurück, selbst kleine Alltagskriminalität unter Todesstrafendrohung zu setzen. Von Thomas Morus zum Beispiel stammt das Argument, die Todesstrafe wirke, statt abschreckend, zusätzlich kriminalitätsfördernd, weil der kleine Dieb, der als Ertappter hängen müßte, kein zusätzliches Risiko eingeht, wenn er seinem Diebstahl nun auch noch eine schwerkriminelle Straftatverdeckungstat folgen läßt[7]. Solche Argumente legten Strafrechtsreformen nahe, die im Zeitalter der Aufklärung rechtspolitisch wirksam wurden. Gleichwohl blieb damals der Gedanke, daß die Todesstrafe schließlich überhaupt abgeschafft werden könne, marginal, und kein Geringerer als Kant hat bekanntlich in einer Erwägung von leicht zopfiger Anmutungsqualität gefunden, ein bürgerliches Gemeinwesen habe, wenn es sich auflösen möchte, vor dem förmlichen Vollzug dieser Auflösung auch noch den letzten zum Tode Verurteilten rechtens hinzurichten[8]. Humanitäre Reformen konnten insoweit nur die Hinrichtungsart betreffen, und die Guillotine diente dem in einleuchtender Weise instrumentell. Das ist strafrechtsgeschichtlich wirksam geworden und hier und da bis heute geblieben. Gewiß: In hygienischer Hinsicht blieb der Vorgang noch mit einigen Mißlichkeiten verbunden, die zu schildern die Diskretion verbietet, und man erkennt, daß es, zum Beispiel, der Sinn der später erfundenen Exekution durch eine definitiv einschläferndes Wohlbehagen bereitende Spritze ist, insoweit den einschlägigen Fortschritt zu bieten.

---

[6] Cf. dazu Kurt Rossa: Todesstrafen. Ihre Wirklichkeit in drei Jahrtausenden. Oldenburg und Hamburg 1966. S. 49: „Gleichheit im Tode: Die Guillotine".

[7] Cf. dazu Thomas More: Utopia, Book I. In: The Complete Works of St. Thomas More. Volume 4. Edited by Edward Surtz, S.J., and J. H. Hexter. New Haven and London [4]1979, S. 61.

[8] Immanuel Kant: Metaphysik der Sitten. Werke. Band VII (Ed. Ernst Cassirer), S. 141.

Die Guillotine ist also nach ihrem Ursprungssinn kein Terrorinstrument, vielmehr ein Instrument zur Gewährleistung humanitärer Zwecke von Todes wegen. Aber der Terror hat dieses Instrument dann bekanntlich genutzt, und zwar durchaus in der guten Nebenmeinung, im Tun des leider Unvermeidlichen die denkbar humanste Form der Vollstreckung zu wählen. Aber was ist es denn, was den Terror im Bewußtsein seiner Vollstrecker unvermeidlich machte? Allein schon die erläuterte Tatsache, daß er, wo immer es anging, noch als sein Instrument eine in humanitärer Absicht konstruierte Maschine nutzte, legt den Gedanken nahe, daß auch der Terror als solcher humanitären Zwecken zu dienen hatte. Zur vorläufigen metaphorischen Charakteristik dieser Zwecke eignet sich ein Wort, das uns bereits aus der aufgeklärten Friedhofsreform vertraut ist, nämlich die „Hygiene". Die Guillotine steht, metonymisch, für das Insgesamt der organisatorischen und technischen Mittel, auf die der Terror, um Masseneffekte erzielen zu können, zurückgreifen mußte. Die Hygiene hingegen taugt als Zentralmetapher zur Charakteristik der außerordentlichen Legitimation, über die stets verfügen muß, wer zum Terror fähig sein will. Im Terror wird aus der uns aus der aufgeklärten Bestattungsreform bereits vertrauten Reinigung der Gesellschaft vom Tod eine Reinigung der Gesellschaft durch den Tod, und die Mechanisierung der Todesbereitung macht terroristische Gesellschaftsreinigung technisch möglich. Das Prinzip der Reinigung oder auch der Säuberung ist das spezifisch moderne, dem Geist der Aufklärung sich verdankende Legitimationsprinzip moderner Massentötungen. Analog zur Hygiene-Metaphorik bietet sich selbstverständlich auch die gleichfalls dem Kontext der Medizin entstammende Chirurgie-Metaphorik an. „Aus Mitleid, aus Liebe zur Menschlichkeit seid unmenschlich; so läßt auch der geschickte und hilfreiche Chirurg unter seinem grausamen und wohltätigen Messer das zerfressene Glied fallen, um den Körper des Kranken zu retten" – so heißt es in einer „Petition an den Nationalkonvent im Jahre II der einen und unteilbaren Französischen Republik" in der Absicht zu begründen, wieso den unterworfenen Konterrevolutionären der Rebellenstadt Lyon Gnade nicht gewährt werden dürfe[9].

Wer heute, in Deutschland, Terror als eine spezielle Sorte politischer Aufklärungspraxis kennzeichnet, muß befürchten, eines unangemessenen Verhältnisses zur Aufklärung, ja gegenaufklärerischer Gesinnung bezichtigt zu werden. Deswegen ist es wohl nützlich, einen Einschub zu machen, der auf die zustimmungsfähigen und zustimmungspflichtigen

---

[9] Walter Markov, Albert Soboul (Hrsg.): Die Sansculotten von Paris. Dokumente zur Geschichte der Volksbewegung 1793–1794. Berlin 1957, S. 251.

Gehalte der politischen Aufklärung einschließlich ihrer Revolutionen verweist. Der Aufklärung entstammen Konzepte liberaler wie totalitärer Demokratie, und auf die freiheitliche Seite der Sache muß man den bekannten Lobpreis der Französischen Revolution von Kant bis Hegel beziehen. „Die Revolution eines geistreichen Volkes, die wir in unseren Tagen haben vor sich gehen sehen, mag gelingen oder scheitern ... diese Revolution, sage ich, findet doch in den Gemütern aller Zuschauer (die nicht selbst in diesem Spiel mitverwickelt sind) eine *Teilnehmung* dem Wunsche nach, die nahe an Enthusiasmus grenzt“[10], schrieb Kant, und ganz analog hat noch Jahrzehnte später im biedermeierlichen Berlin Hegel an diesen Revolutionsenthusiasmus historisch erinnert. „... ein herrlicher Sonnenaufgang“ habe stattgefunden. „Alle denkenden Wesen haben diese Epoche mitgefeiert. Eine erhabene Rührung hat in jener Zeit geherrscht, ein Enthusiasmus des Geistes hat die Welt durchschauert, als sey es zur wirklichen Versöhnung des Göttlichen mit der Welt nun erst gekommen“[11]. Noch in den späten fünfziger Jahren des 19. Jahrhunderts, als die liberal verbliebene deutsche Intelligenz die schmerzlichen Erfahrungen der gescheiterten 48er Revolution zu verarbeiten hatte, bekundete der 1819 geborene, an der Philosophie Hegels geschulte Heinrich Bernhard Oppenheim: „Wir sind alle mit einem gewissen idealen Cultus der ersten Französischen Revolution aufgewachsen“[12]. Die klassische deutsche Philosophie hatte die Textgrundlagen für diesen Cultus geliefert. Die Namen derer, „welche die Sache in Frankreich in die neue Ordnung bringen“, und zwar in jene Ordnung, „die allein würdig ist, sich ewig zu erhalten“, blieben „für den Tempel des Nachruhms aufgespahrt, um darin dereinst aufgestellt zu werden“[13]. Das ist nicht ein Satz aus dem Tagebuch eines Philosophiestudenten, vielmehr ein Diktum des alten Kant.

Nichtsdestoweniger ist, wie man weiß, Kant ein entschiedener Gegner der Revolution gewesen, Hegel desgleichen und die übergroße Mehrzahl ihrer Schüler mit ihnen. Das ist kein Widerspruch. Auch handelt es sich nicht – entgegen der Marxschen Deutung der Sache – um einen getreuen

---

[10] Immanuel Kant: Der Streit der Fakultäten (1798). Werke. Band VII (Ed. Ernst Cassirer), S. 398.

[11] Georg Wilhelm Friedrich Hegel: Vorlesungen über die Philosophie der Geschichte. Werke. Ed. Glockner, Elfter Band, S. 557f.

[12] Heinrich Bernhard Oppenheim: Tocqueville: Über die Französische Revolution (1856). In: Vermischte Schriften aus bewegter Zeit. Stuttgart und Leipzig 1866, S. 300–314, S. 300f.

[13] Kants Handschriftlicher Nachlaß Band VI: Moralphilosophie, Rechtsphilosophie und Religionsphilosophie. Ed. Preuß. Akademie der Wissenschaften XIX, S. 605.

ideologischen Reflex deutscher Zustände, die von einer, wie man das später nennen sollte, „revolutionären Situation“ weit entfernt waren. Es handelt sich bei der deutschen philosophischen Feier der Französischen Revolution vielmehr um eine Akklamation ihrer Prinzipien in Verbindung mit einer Kritik der Revolution selbst als freiheits- und rechtsvernichtender politischer Praxis. Als praktische Resultante dieses doppelten Verhältnisses zur Französischen Revolution in Zustimmung und Widerspruch ergibt sich Reformpolitik.

In der Tat läßt sich die politische Philosophie der deutschen Klassik als Philosophie solcher Reformpolitik lesen. So stellt, zum Beispiel, Kants Spätschrift über den Streit der Fakultäten einen Vorschlag zur Institutionalisierung von Aufklärungsprozessen dar[14]. Solche Institutionalisierung fordert freie Forschung in der unteren, in der philosophischen Fakultät und uneingeschränktes Recht zur Publikation der Ergebnisse solcher Forschung in den oberen, nämlich theologischen, juristischen und medizinischen Fakultäten – in der Gewißheit, daß so die Wahrheit, nicht zuletzt in der irresistiblen Evidenz ihrer Nützlichkeit, die politische Reform jener Gesetze, Kirchenlehren oder auch Medizinalordnungen erzwingen werde, auf die der Unterricht in den oberen Fakultäten verpflichtet ist. Das wirkte in Humboldts preußischer Universitätsreform fort, für die von Fichte über Steffens bis zu Schleiermacher prominente Philosophen als Denkschriftenverfasser tätig waren[15]. Auch das berühmteste Werk politischer Philosophie aus der Epoche des deutschen Idealismus, Hegels Rechtsphilosophie, war ja in seiner damals aktuellen Bedeutung nichts anderes als ein professoraler Beitrag zum schließlich gescheiterten preußischen Verfassungsgebungsversuch um die Wende vom zweiten zum dritten Jahrzehnt des 19. Jahrhunderts[16].

Reform –: das also ist der Name politischer Fortschrittspraxis, die die Einforderung der Bürger- und Menschenrechte mit der Kritik jener revolutionären Praxis verbindet, die sich als Terror dargestellt hatte. Noch Schiller hatte die Greuel der Revolution als eine Erscheinungsform der Pöbelherrschaft zu erklären versucht. „In den niederen und zahlreicheren Klassen“, schrieb Schiller, „stellen sich uns rohe gesetzlose

---

[14] Günther Bien: Kants Theorie der Universität und ihr geschichtlicher Ort. In: Historische Zeitschrift. Heft 219/3 (1974), S. 551–577.

[15] Cf. dazu meine Abhandlung „Deutscher Idealismus als kulturpolitische Philosophie“, in: Hermann Lübbe: Die Aufdringlichkeit der Geschichte. Herausforderungen der Moderne vom Historismus bis zum Nationalsozialismus. Graz, Wien, Köln 1989, S. 163–186.

[16] Cf. dazu Gertrude Lübbe-Wolff: Hegels Staatsrecht als Stellungnahme im ersten preußischen Verfassungskampf. In: Zeitschrift für Philosophische Forschung. Band 35. Heft 3/4 (1981), S. 476–501.

Triebe dar, die sich nach aufgelöstem Band der bürgerlichen Ordnung entfesseln, und mit unlenksamer Wut zu ihrer tierischen Befriedigung eilen". „Die losgebundene Gesellschaft", fand Schiller, „anstatt aufwärts in das organische Leben zu eilen, fällt in das Elementarreich zurück". „Die *moralische* Möglichkeit fehlt", so lautete Schillers Fazit. „Der freigebige Augenblick" finde „ein unempfängliches Geschlecht"[17], und Schillers politisch-pädagogische Ästhetik bezieht sich darauf kompensatorisch in Vorbereitung einer besseren Zukunft.

In Schillers Wahrnehmung sind somit die Schrecken der Revolution Ausdruck defizitärer Moral, und dieses moralische Defizit verhält sich zum moralisch-politischen Sinn der Revolution kontingent. Demgegenüber hat später Hegel den Terror ganz im Gegenteil als eine Erscheinungsform des politischen Moralismus zu sehen gelehrt. Hegels Terroranalysen dürfen als sein fortdauernd bedeutendster Beitrag zur Theorie moderner revolutionärer Praxis gelten. Nicht über einen Rückfall in die Barbarei, vielmehr in einem Akt institutionell emanzipierter moralischer Selbstermächtigung zur Gewalt konstituiert sich der Terror. „Es herrschen nun", schreibt Hegel zur Charakteristik des politischen Zustands in Frankreich vor dem 9. Thermidor des Jahres II neuer Zeitrechnung, die abstrakten „Prinzipien – der *Freiheit*, und wie sie im subjektiven Willen ist, der – *Tugend.* Diese Tugend hat jetzt zu regieren gegen die Vielen, welche mit ihrer Verdorbenheit und mit ihren alten Interessen ... der Tugend ungetreu sind". Die „Tugend ist hier ein einfaches Princip und unterscheidet nur solche, die in der Gesinnung sind und solche, die es nicht sind. Die Gesinnung aber kann nur von der Gesinnung erkannt und beurtheilt werden. Es herrscht somit der Verdacht; die Tugend aber, sobald sie verdächtigt wird, ist schon verurtheilt." „Von Robbespierre wurde das Princip der Tugend als das Höchste aufgestellt, und man kann sagen, es sey diesem Menschen mit der Tugend ernst gewesen. Es herrschen jetzt die *Tugend* und der *Schrecken*; denn die subjective Tugend, die bloß von der Gesinnung aus regiert, bringt die fürchterlichste Tyrannei mit sich. Sie übt ihre Macht ohne gerichtliche Formen und ihre Strafe ist ebenso nur einfach – der Tod"[18].

Der Anblick dieser Schrecken, so hatte bereits Kant gefunden, bewirkt Trauer im moralischen Sinn. Gegenstand dieser Trauer sind nicht einfachhin Übel, die Menschen, indem sie auf Kosten anderer

---

[17] Schillers philosophische Schriften und Gedichte, mit ausführlicher Einleitung herausgegeben von Eugen KÜHNEMANN. Leipzig ^{3}1922, S. 169.

[18] Georg Friedrich Wilhelm HEGEL: Vorlesungen über die Philosophie der Geschichte, a.a.O. (cf. Anm. 11), S. 561.

Menschen ihren Vorteil suchen, einander bereiten, vielmehr jene Untaten, zu denen die Täter sich gerade in „Verfolgung" ihrer „für wichtig und groß gehaltenen" Zwecke legitimiert, ja verpflichtet wissen[19]. Die Schrecken der Revolution, so hat das dann Hegel in einem der eindrucksvollsten Kapitel seiner Phänomenologie des Geistes charakterisiert, verschaffen Anschauung „der absoluten Freiheit" in ihrem ‚negativen Wesen', „welches allen Unterschied und alles Bestehen" eines „Unterschiedes in sich vertilgt"[20] hat.

Was soll das heißen? Es ist kein Anachronismus, vielmehr eine Sache theoriegeschichtlicher Konsequenz, sich die Antwort auf diese Frage vom jungen Karl Marx geben zu lassen. Die Französische Revolution hatte bürgerliche Freiheiten zur Geltung gebracht, und die Deutschen, so Marx, hatten das, freilich auf höchstem spekulativem Niveau, leider bloß nachgedacht. Indessen: Was revolutionär in die Wirklichkeit umzusetzen die Deutschen insoweit bislang schuldig geblieben sind – das waren nun eben nicht Gehalte letzter, vielmehr, nach Marx, historisch vorletzter politischer Emanzipation. Die proletarische Revolution wird die bürgerliche Revolution zu überbieten haben, und die Vertilgung ‚allen Unterschieds', von der Hegel in seiner Analyse der Jakobiner-Herrschaft gesprochen hatte, wird dann folgendermaßen aussehen: An die Stelle der „Freiheit des Eigentums" wird die Befreiung „vom Eigentum" treten, an die Stelle der „Gewerbefreiheit" die Befreiung vom „Egoismus des Gewerbes", die „Religionsfreiheit" wird durch die Befreiung „von der Religion" überboten sein und schließlich die „Judenemanzipation" durch die „Emanzipation der Menschheit vom *Judentum*"[21].

Banalerweise handelt es sich bei dieser zuletzt zitierten politischen Verheißung des Juden Karl Marx nicht um einen rassistischen Antisemitismus, der sich theoretisch und praktisch in Deutschland erst sehr viel später formieren sollte. Es handelt sich vielmehr um ein Programm zur Überbietung der von Marx so genannten „politischen Emanzipation" bürgerlich-liberaler Prägung durch die „menschliche Emanzipation". Das ist das Konzept einer Revolution, deren Träger zu sein, wie Karl Marx fand, gerade die Deutschen, nachdem sie in ihrer bisherigen Geschichte eine Revolution nicht zustande gebracht haben, für ihre politische Zukunft die Verheißung haben. Die Deutschen als Subjekt

---

[19] Immanuel KANT: Kritik der Urteilskraft. Werke. Band V (Ed. Ernst CASSIRER), S. 348.

[20] Georg Wilhelm Friedrich HEGEL: Phänomenologie des Geistes. Nach dem Text der Originalausgabe herausgegeben von Johannes HOFFMEISTER. Hamburg ^{6}1952, S. 414–422: „Die absolute Freiheit und der Schrecken".

[21] Karl MARX: Zur Judenfrage. In: Karl MARX, Friedrich ENGELS: Werke. Band 1. Berlin 1977, S. 347–377, S. 369, 373.

einer die bürgerliche Revolution emanzipatorisch noch überholenden, endgültigen Revolution – das ist die Vision. „Das *gründliche* Deutschland kann nicht revolutionieren, ohne *von Grund aus* zu revolutionieren. Die *Emanzipation des Deutschen* ist die *Emanzipation des Menschen*. Der *Kopf* dieser Emanzipation ist die *Philosophie*, ihr *Herz* das *Proletariat*“[22]. Die Französische Revolution sei nur eine vorletzte Stufe in der menschlichen Freiheitsgeschichte gewesen. „In Deutschland“ hingegen werde „die Unmöglichkeit der stufenweisen Befreiung die ganze Freiheit gebären“. Dazu bedarf es einer Philosophie, in der Deutschland „mit der *offiziellen* modernen Gegenwart“ nicht lediglich „*al pari*“[23] steht, in der es vielmehr die reale Vollendung der Geschichte vorwegnimmt.

Just diese Philosophie ist, in Fortführung der Revolutionsphilosophie des Deutschen Idealismus, die Marx'sche Geschichtstheorie. „Wie die Philosophie im Proletariat ihre *materiellen*“, so werde „das Proletariat in der Philosophie seine *geistigen* Waffen“ finden, und sobald der Blitz des Gedankens gründlich in den deutschen „naiven Volksboden eingeschlagen“ sein werde, vollziehe sich „die Emanzipation der *Deutschen* zu *Menschen*“[24].

Spontan dürften solche Sätze heute kaum noch verständlich sein. Immerhin spürt man, daß sie den philosophischen Revolutionsenthusiasmus deutsch-idealistischer Prägung, für die es von Kant bis Hegel eindrucksvolle Belege gibt, bei weitem überbieten. Erst „im Sozialismus“ sei es den Menschen „objektiv möglich“, „die Gesetze ihres eigenen gesellschaftlichen Tuns, die ihnen“ zuvor „als fremde, sie beherrschende entgegentraten“, zu begreifen und in der revolutionären Praxis zu befolgen – so lautet das ebenso trocken wie unüberbietbar anspruchsvoll im orthodox-marxistischen Philosophischen Wörterbuch aus dem Geist einer ehemals regierenden Einheitspartei[25]. In deren Selbstverständnis hat sich somit, in gewisser Weise, die Marx'sche Gewißheit, daß die Letzten, nämlich die Deutschen, revolutionsgeschichtlich schließlich die Ersten sein würden, erfüllt – wiederum auf der Ebene der orthodox gewordenen Theorie freilich. Ist doch weltweit bei allen, die ans Geschichtskonzept fälliger Überbietung der bürgerlichen Revolution, für die die französische das große Muster ist, durch die proletarische Revolution glauben, Marx bis heute der erste in der Bildnisreihe jener

---

[22] Karl MARX: Zur Kritik der Hegelschen Rechtsphilosophie. Einleitung. In: Karl MARX, Friedrich ENGELS: Werke. Band 1. Berlin 1977, S. 378–391, S. 391.
[23] a.a.O., S. 383.
[24] a.a.O., S. 391.
[25] Philosophisches Wörterbuch. Herausgegeben von Georg KLAUS und Manfred BUHR. Band 2. Leipzig [10]1974, S. 753.

Klassiker geblieben, die als Propheten dieses Glaubens im Herrschaftsbereich des real existent gewesenen Sozialismus zu kanonischer Geltung gelangt sind.

Zusammenfassend gesagt heißt das: Bei Marx vollzieht sich die Verwandlung der Revolutionstheorie in eine politische Ideologie totalitären Typus. „Sie ist kein anatomisches Messer, sie ist eine Waffe. Ihr Gegenstand ist ihr *Feind*, den sie nicht widerlegen, sondern *vernichten* will“[26].

Heinrich Heine hat, noch bevor Marx die zitierten Sätze niederschrieb, dergleichen als Konsequenz deutscher denkerischer Gründlichkeit befürchtet. Entsprechend hielt er auch von jenem deutschen Autostereotyp nichts, demzufolge die Deutschen immer nur denken, was die Franzosen tun, und entsprechend war es die zentrale Absicht seiner Geschichte der Religion und Philosophie in Deutschland, die Franzosen, die in romantischer Germanophilie geneigt waren, die deutsche Philosophie für eine Sache weltfernen spekulativen Tiefsinns zu halten, über die politischen Potenzen dieses Tiefsinns aufzuklären. „Es werden bewaffnete Fichteaner“, schrieb Heine, „auf den Schauplatz treten, die in ihrem Willensfanatismus weder durch Furcht noch durch Eigennutz zu bändigen sind; denn sie leben im Geist, sie trotzen der Materie“. Untangierbar sei der „Transzendental-Idealist“ „in der Verschanzung des eigenen Gedankens“. Daraus werde er mit revolutionärer Kraft eines Tages „hervorbrechen und die Welt mit Entsetzen und Bewunderung erfüllen“[27].

Diese berühmte Passage aus Heines Schrift zur Aufklärung der Franzosen über den vermeintlich politikfernen Charakter deutscher Philosophie ist hier nicht in der Absicht zitiert worden zu insinuieren, spätere Ereignisse der deutschen Geschichte ließen sich in diesem von Heine prognostizierten „Hervorbrechen“ deutscher Idealisten aus ihrer Gedankenschanze vorangedeutet finden. Der Sinn des Zitats ist, auf die deskriptive Genauigkeit aufmerksam zu machen, mit der Heine, als Revolutions- und Terrortheoretiker, die revolutionäre Subjektivität gekennzeichnet hat. „Weder durch Furcht noch durch Eigennutz zu bändigen“ – das ist eine unüberbietbar genaue Charakteristik dessen, was in der Sprache der späteren deutschen Jugendbewegung „Idealismus“ hieß und was politisch als Fanatismus in Erscheinung tritt, wenn die

[26] Karl MARX, a.a.O. (Anm. 22), S. 380.

[27] Heinrich HEINE: Zur Geschichte der Religion und Philosophie in Deutschland (1834). In: Heinrich HEINE: Sämtliche Werke in zwölf Teilen. Mit Einleitungen und Anmerkungen herausgegeben von P. BEYER, K. QUENZEL und K. H. WEGENER. Achter Teil. Leipzig o. J., S. 253f.

Zwecke, von denen man sich „weder durch Furcht noch durch Eigennutz" ablenken lassen will, nicht mehr lediglich Zwecke sind, die der Approbation durch den moralischen Common sense fähig wären, vielmehr Zwecke, die man als Menschheitszwecke weiß und von denen man zugleich zu wissen glaubt, wieso jenseits des Kreises der eigenen philosophischen Erleuchtung die Menschen diese Zwecke als ihre eigenen noch gar nicht erkannt haben. Das ist der Kontext, innerhalb dessen die zitierte Idee, die „Emanzipation der Deutschen" werde zur „Emanzipation des Menschen" werden, überhaupt erst konzipierbar wurde. Die Kühnheit dieser Idee mag man, als letztinstanzliche deutsche philosophische Antwort auf die Herausforderungen der Französischen Revolution, bewundern, aber nicht ohne jenes komplementäre Erschrecken, das Heine gegenüber dem absoluten Idealismus bekundete.

Eben dieser „absolute Idealismus" hat näherhin die Gestalt einer Geschichtsphilosophie. Zu deren Voraussetzung gehört die Wahrnehmung einer durch reale kulturelle, soziale und politische Entwicklungen bewirkte Trennung von Erfahrungsraum und Erwartungshorizont, wie Reinhart Koselleck das genannt hat[28]. Als vorgeschichtsphilosophische Reaktion auf diesen Vorgang läßt sich die von Reinhart Koselleck so genannte Verzeitlichung der Utopie auffassen[29]. Die Wahrnehmung und Kritik der Welt, in der wir tatsächlich leben, aus der Perspektive der Vorstellung einer besseren Welt ist nichts spezifisch Neues, vielmehr ein kultureller Gemeinbestand, der zu den Gehalten klassischer Überlieferung gehört. Bis tief in die Neuzeit hinein, noch in der Renaissance, hatte die damals zuerst so genannte Utopie einen räumlichen Status, das heißt sie zeigte uns das Bild einer besseren Welt als eine in einem anderen, fernen Raum bereits realisierte Welt. Mit der Eroberung des Raums, der auf der Erde schließlich keine unbekannten Gegenden von vermutbarer Attraktivität mehr übrigließ, ging schon aus diesem Grund die Möglichkeit verloren, die bessere Gegenwelt zu unserer eigenen Welt im Raum anderswo zu erwarten.

Die Temporalisierung der Utopie durch Umsetzung der literarisch realisierten Vollkommenheit vom fernen Raum in die ferne Zeit setzt also ersichtlich voraus, daß der gesellschaftliche Zustand, in welchem man sich gegenwärtig befindet, als ein in gerichteter Wandlung befindlicher

---

[28] Reinhart KOSELLECK: ‚Erfahrungsraum' und ‚Erwartungshorizont' – zwei historische Kategorien. In: Günther PATZIG, Erhard SCHEIBE und Wolfgang WIELAND (Hrsg.): Logik, Ethik, Theorie der Geisteswissenschaften. XI. Deutscher Kongreß für Philosophie Göttingen 1975. Hamburg 1977, S. 191–208.

[29] Reinhart KOSELLECK: Die Verzeitlichung der Utopie. In: Utopie-Forschung. Band 3. Frankfurt a. M. 1982, S. 1–14.

Zustand wahrgenommen wird. Das ermöglicht, ja erzwingt schließlich die moralisch-politische Validierung der Zukunft, mit der man unter Bedingungen eines erfahrenen gerichteten Wandels der Dinge rechnen muß, und die Heilsutopie repräsentiert literarisch das positive Resultat in der Validierung dessen, was man für die Zukunft erwartet. Daraus ergeben sich bedeutende kulturelle und schließlich ideologisch-politische Konsequenzen. Erstens wird es nunmehr möglich, den Versuch zu machen, Herkunftsgeschichte in die Zukunftsgeschichte hinein zu verlängern, um so die Zukunft, als ein Besseres jenseits der Gegenwart, zu erkennen. Zweitens wird man im Interesse gegenwärtiger Fälligkeiten den Versuch machen, den Weg der Geschichte zwischen Herkunft und Zukunft epochal zu gliedern, um in solcher Epochenabfolge die ephemere eigene Gegenwartsepoche zu bestimmen. Drittens resultiert aus der Einsicht in die höhere moralische und politische Validität der Zukunft die Verpflichtung, die Bewegung in sie hinein zu beschleunigen.

Damit sind, in äußerster Kürze, die wichtigsten, in politische Ideologie transformierbaren Gehalte klassischer Geschichtsphilosophie beschrieben. In diesem Zusammenhang kommt es auf die Eignung der geschichtsphilosophisch inspirierten, historizistischen Ideologien zur politischen Selbstprivilegierung ihrer Subjekte an. Die in politische Ideologie transformierte Geschichtsphilosophie hat nämlich das Besondere, kraft der für sie charakteristischen Einsicht in den epochalen Geschichtsverlauf den Subjekten dieser Einsicht sagen zu können, wieso sie, kraft ihrer Position im Geschichtsverlauf, die bislang Ersten und Einzigen sind, die der Einsicht in eben diesen Geschichtsverlauf überhaupt fähig sind. Daraus ergibt sich die Selbstzuschreibung der Rolle, als Partei bereits gegenwärtig die Zukunftsmenschheit in Vorhutgestalt zu repräsentieren und das Recht, ja die Pflicht zu haben, die entsprechenden Fälligkeiten politisch verbindlich zu machen. Das politische Programm, das daraus sich herleiten läßt, ist jenes Emanzipationsprogramm, das Erzieher an ihren Zöglingen vollstrecken. Die Erzieher wissen ja bereits, was der Zögling noch gar nicht wissen kann, und just diese Asymmetrie der Beziehungsverhältnisse, die in der Generationenabfolge das Verhältnis von Alten und Jungen bestimmt, wird in einem Konzept der politischen Erziehung des Menschengeschlechts auf die singuläre Entwicklung der Gattung übertragen[30].

Die Konsequenzen der skizzierten geschichtsmetaphysisch-ideologischen Orientierung der Politik an einem als grundsätzlich begriffen

---

[30] Cf. dazu Odo Marquard: Die Erziehung des Menschengeschlechts – Eine Bilanz. In: Der Traum der Vernunft – Vom Elend der Aufklärung. Darmstadt und Neuwied 1985, S. 125–133.

unterstellten Geschichtslauf sind erheblich. Denn nun erst wird die Politik im spezifisch modernen Sinne terrorfähig, nämlich durch die politischen Diskriminierungsfolgen der geschichtsmetaphysisch hergestellten Deckungsgleichheit von Alt und Neu einerseits und Schlecht und Gut andererseits. Zur Ironie der Sache gehört, daß eine so geschichtsmetaphysisch orientierte Politik, wo immer sie zur herrschenden Politik geworden ist, zwangsläufig in Ultrakonservativismus und Dogmatismus umschlägt. Nichts ist ja konservierungsbedürftiger als jene Doktrin, die einem bestätigt, sich in weltgeschichtlich privilegierter temporaler Position zu befinden.

Exemplarisch spiegeln sich die skizzierten geschichtsmetaphysischen Voraussetzungen totalitärer Demokratie in einem markanten Satz, der in der Ausgabe vom 18. August 1919 des Tscheka-Organs „Rotes Schwert" zu lesen war. Der Satz lautet: „Uns ist alles erlaubt". Die Frage ist: Unter welchen Orientierungsvoraussetzungen weiß man sich zu einem solchen Satz legitimiert? Die Antwort ist derselben Nummer des Organs der Organisation zur Zerschmetterung der Konterrevolution zu entnehmen. Sie lautet: „Unsere Humanität ist absolut ..." „Wir erheben zum erstenmal in der Welt das Schwert ... im Namen der allgemeinen Freiheit und der Befreiung von aller Sklaverei"[31]. – Die Selbstermächtigungsformel „Uns ist alles erlaubt" ist also nach Ausweis ihrer sie legitimierenden geschichtsmetaphysischen Gründe keine zynische, vielmehr eine moralische Formel, und die Gewalt, die von ihr freigesetzt wird, folgt nicht aus moralischer Dekomposition. Sie folgt vielmehr aus einem Akt geschichtsphilosophisch präformierter, ideologischer Geschichtssinnergreifung.

Karl Popper hat die vermeintliche Einsicht in die Gesetzmäßigkeit historischer Abläufe „historizistisch" genannt, und er hat sein Buch „Das Elend des Historizismus" den Opfern des Irrglaubens an die Existenz von Geschichtsgesetzen gewidmet[32]. In zurückgenommener, nämlich wissenschaftstheoretischer Weise ausgedrückt liegt dieser Irrtum darin, daß die unverkennbare Gerichtetheit der zivilisatorischen Evolution eben keine Zielgerichtetheit ist, daß die beschleunigenden, ordnungsstiftenden oder auch ordnungsauflösenden Handlungen innerhalb dieses Prozesses sich keineswegs nach Analogie eines Plans aneinander fügen, daß sie vielmehr mit dem Ablauf der Zeit einander mit Interferenzeffekten zu überlagern beginnen, daß sie also im Verhältnis zueinander Ereignischarakter gewinnen – mit der Wirkung, daß die Evolution als solche, unbeschadet

---

[31] Das Zitat findet sich bei Peter SCHEIBERT: Lenin an der Macht. Das russische Volk in der Revolution 1918–1922. Weinheim 1984, S. 85.

[32] Karl R. POPPER: Das Elend des Historizismus. Tübingen [2]1969, S. XI.

ihrer Gerichtetheit, gerade nicht prognostizierbar ist. Einfacher gesagt: Die Zukunft der zivilisatorischen Evolution ist offen, und eine Politik, die sich statt dessen an einer Ideologie orientiert, die die Zukunft als eine durch gesetzmäßige Epochenabfolge besetzte Zukunft behandelt, verwandelt zwangsläufig auch die Gesellschaft von einer offenen in eine geschlossene Gesellschaft.

Karl Popper übrigens hat, selbstverständlich, in seine Kritik des Historizismus über die Geschichtsideologie des marxistisch-leninistischen Internationalsozialismus hinaus auch die naturalisierte Geschichtsphilosophie der nationalsozialistischen Rassenideologie einbezogen. Es ist banal zu sagen, daß diese Rassenideologie nach ihrem intellektuellen Standard mit der Klassenideologie des Marxismus-Leninismus keinerlei Vergleich aushält. Nichtsdestoweniger erfüllt auch der Versuch, sich den Geschichtslauf statt als einen Ablauf von Klassenkämpfen als einen Ablauf von Rassenkämpfen zurechtzulegen, die von Popper analysierte historizistische Denkfigur präzis. Man muß nämlich der Vorzugsrasse, über die uns die fragliche Rassenideologie belehrt, selber angehören, um der Einsicht in die prätendierte Wahrheit dieser Rassenideologie überhaupt fähig zu sein. Auch die naturalisierte Geschichtsphilosophie definiert somit diejenige Position im Ablauf der Geschichte, in der konkret sich zu befinden die reale Bedingung der Möglichkeit der Einsicht in den Lauf der Geschichte ist – auch hier mit der praktisch-politischen Wirkung, sich selber als privilegiertes Geschichtssubjekt zu erkennen und zu ergreifen und alle Widersprechenden kraft ihres Widerspruchs als jene Feinde zu erkennen und anzunehmen, die es nicht zu widerlegen, vielmehr zu vernichten gilt[33].

Die vorstehende kleine Skizze der Denkfigur, die der historizistischen politischen Selbstprivilegierung und der totalitären Selbstermächtigung zur Gewalt zugrunde liegt, enthält ausdrücklich und bewußt einen Vergleich des nationalsozialistischen, rassenideologisch begründeten Massenterrors mit dem leninistisch-stalinistischen, klassenideologisch begründeten Massenterror. Demgegenüber ist im sogenannten „Historiker-Streit“[34] mit Nachdruck die moralische Unzulässigkeit eines solchen Vergleichs vertreten worden. Was ist der Sinn dieses merkwürdigen moralischen Verbots, die großen politischen Massentötungen unseres Jahrhunderts auf ihre Gemeinsamkeiten hin zu untersuchen? Der einzig mir erkennbare Sinn wäre der zu verhindern, den Terror der Massentö-

[33] Zur detaillierten ideologiehistorischen Analyse der skizzierten Zusammenhänge cf. Ernst Topitsch: Gottwerdung und Revolution. Pullach b. München 1973.

[34] „Historiker-Streit“. Die Dokumentation der Kontroverse um die Einzigartigkeit der nationalsozialistischen Judenvernichtung. München, Zürich 1987.

tungen, die im eigenen Lande stattgefunden haben, durch den Hinweis auf den analogen Terror in anderen Ländern zu „relativieren", wie man sagt, und zwar zu Zwecken eigener moralischer Entlastung. Nun ist es ja gewiß wahr, daß Hinweise auf analoge Verbrechen anderer nicht geeignet sind, eigenen Verbrechen auch nur das Geringste von ihrer drückenden moralischen und rechtlichen Qualität zu nehmen. Aber diese Wahrheit hat den Charakter eines moralischen Gemeinplatzes. Eben deswegen ist es eine Dreistigkeit, Historikern, Philosophen oder Soziologen, auch Politikern, die in der Absicht einer Aufklärung der Hintergründe der totalitären Massentötungen in unserem Jahrhundert den Terror unterschiedlicher Systeme miteinander vergleichen, Strategien moralischer Relativierung zu unterstellen. Darin bekundet sich jener „Mangel an Anstand im Historikerstreit", den Gordon H. Craig konstatierte[35]. Im übrigen ist, methodisch gesehen, „die Einzigartigkeit der nationalsozialistischen Judenvernichtung", auf der zu beharren die Hauptwortführer des Historiker-Streits gänzlich unnötigerweise für erforderlich hielten, eine Banalität. Jedes singuläre historische Ereignis, jeder singuläre historische Vorgang ist einzigartig. Wer nichtsdestoweniger solche historischen Einzigartigkeiten mit anderen Einzigartigkeiten vergleicht, also gemeinsame Eigenschaften der fraglichen singulären Ereignisse und Vorgänge feststellt und analysiert, schließt ja von der Identität solcher gemeinsamen Eigenschaften nicht auf die generische Identität der Ereignisse und Vorgänge, die solche gemeinsamen Eigenschaften haben. Die Unzulässigkeit eines solchen Schlusses braucht nicht demonstriert zu werden. Es ist somit banal, daß die Massentötungen des nationalsozialistischen Terror-Regimes, unbeschadet gewisser Gemeinsamkeiten mit den Massentötungen im bolschewistischen Terror-Regime, den Charakter der Einzigartigkeit haben, und elementare Geschichtskenntnis genügt, um entsprechende Einzigartigkeiten herauszuheben. Im nationalsozialistischen Falle sind es vor allem zwei: die speziellen ideologischen, nämlich rassengeschichtstheoretischen Voraussetzungen des Völkermords der Nationalsozialisten einerseits und die technisch hochorganisierte, fabrikmäßige Exekution dieses Völkermords andererseits. Einzigartig hingegen ist nicht die Millionenzahl der Opfer des nationalsozialistischen Terrors, und die historizistische Figur der ideologischen Selbstermächtigung zu diesem Terror ist es auch nicht. Im übrigen wird man darauf beharren dürfen, daß es, wenn schon nicht für die Überlebenden, so doch für die Toten ein akademischer Unterschied bleibt, ob sie von

---

35 Gordon H. Craig: Craig über Craig. „Geschichte Europas im 19. und 20. Jahrhundert". In: Frankfurter Allgemeine Zeitung. Geisteswissenschaften. Werksbesichtigung (XVII). Nr. 182 (9. August 1989), S. N 3.

linken oder rechten Stiefeln zertreten worden sind. Hans-Ulrich Wehler hat freilich just das bestritten. „Der industrielle Massenmord des nationalsozialistischen Systems, das sich in einem hochentwickelten Mitgliedsland des okzidentalen Kulturkreises durchsetzte", verlange „andere Beurteilungskriterien – auch moralischer Natur – als die Exzesse des russischen Bürgerkriegs"[36]. Soll das heißen, daß jene Regeln traditionaler Moral und gemeinen Rechts, die den moralischen und rechtlichen Common sense den totalitären Massenterror als Unrecht erkennen lassen, im vorbolschewistischen Rußland nur eine eingeschränkte Gültigkeit gehabt hätten? Soll die Kennzeichnung des stalinistischen Terrors als „Exzesse des russischen Bürgerkriegs" bedeuten, daß man die Exzesse als Exzesse gewiß zu verurteilen habe, aber eben doch als Exzesse eines politischen Prozesses („des russischen Bürgerkriegs"), der als solcher zustimmungspflichtigen politischen Avantgardismus repräsentiert? Es ist ja richtig: „Wir erheben zum erstenmal in der Welt das Schwert ... im Namen der allgemeinen Freiheit und der Befreiung von aller Sklaverei" – so legitimierten sich die Revolutionäre leninistischer Prägung[37], und so hätten in der Tat die nationalsozialistischen Revolutionäre ihren „Kampf" nicht kennzeichnen können. Indessen: Der zitierte Satz aus Leninschem Geist diente doch zur Rechtfertigung der Selbstermächtigungsformel „Uns ist alles erlaubt", und dieser Selbstermächtigung – nicht irgendeinem „Exzeß" – sind die Millionen und Abermillionen Toten, die das Sowjetexperiment gekostet hat, zum Opfer gefallen.

Um es abschließend zu wiederholen: Die Reinigung der Gesellschaft von denjenigen, die sie – so Hegel – mit ihrer „moralischen Verkommenheit" infizieren – das ist, unter ausdrücklicher Inanspruchnahme medizinischer Metaphorik, seit der Aufklärung stets der Zentralsinn revolutionärer Massenliquidationen gewesen. „Säuberung" ist bis heute der Name jener politischen Praxis geblieben, über die totalitäre Parteien die Reinheit ihres Ursprungsgeistes zu erhalten trachten. Dem entspricht auch eine Bestattungspraxis, die sich zur oben beschriebenen aufgeklärten Friedhofsreform[38] genau komplementär verhält. Das Massengrab ist das Metonym der totalitären Seite in diesem Komplementaritätsverhältnis. Seine Funktion war stets, nach der Liquidation jener Massen, von denen die Gesellschaft zu säubern war, auch noch die Erinnerung an sie

---

[36] So Hans-Ulrich Wehler in einer Kritik meines kleinen Buches „Politischer Moralismus. Der Triumph der Gesinnung über die Urteilskraft" (Berlin 1987), in: Hans-Ulrich WEHLER: Entsorgung der deutschen Vergangenheit? Ein polemischer Essay zum „Historiker-Streit". München 1988, S. 249.

[37] Cf. Anm. 31.

[38] Cf. oben S. 37ff.

dauerhaft zu liquidieren. Allein schon aus diesem Grund wird es tunlichst unauffindbar gemacht. Zum Verschwinden gebracht werden somit diejenigen, die nicht nur als Lebende, vielmehr sogar noch als Tote, nämlich durch Evokation der Erinnerung an sie, Partei, Volk oder Gesellschaft zu beeinträchtigen vermöchten. Noch in der Sorgfalt, mit der der totalitäre Säuberungswille nach der physischen Liquidation die Spuren der Erinnerung an die Liquidierten zu tilgen sucht, spiegelt sich die Bedeutung, die generell das Totengedächtnis im Lebenszusammenhang aufgeklärter Kulturen gewonnen hat. Im Falle Lenins hat der politische Wille zur Erinnerungskonservierung bekanntlich sogar den Leib des Toten ergriffen, und als das Paradox eines unvergänglichen Leichnams ist er im Zentrum des Riesenreichs als Hauptobjekt des politischen Kultus ausgestellt. Indem nun im Geltungsbereich dieses Kultus, metaphorisch oder sogar buchstäblich, die Massengräber der Opfer geöffnet werden, dürfte sich, nach der Pragmatik des Sachzusammenhangs, auch der ideologische Hauptrepräsentant der Prinzipien, in deren Namen die Massengräber einst gefüllt worden sind, in seiner privilegierten Mausoleumsexposition nicht lange mehr halten können. Stalin ist ihm, naheliegenderweise, auf den entsprechend fälligen Wegen bereits vorangegangen.

4. Informationsdynamik und Überlieferungsbildung

4.1 Die Bürokratie und das Reliktmengenwachstum

Bürokratiekritik ist populär. Der Titel „Die verwaltete Welt" hat schon vor Jahrzehnten den Rang eines zivilisationskritischen Schlagworts erlangt[1]. Ins Bild gebracht erscheint diese verwaltete Welt stereotyp als hintergrundserfüllende Aktenmenge - Akten über Akten.

Die Illusion, es ginge auch anders, ist inzwischen erfreulicherweise kaum noch verbreitet. Das schließt, selbstverständlich, im Einzelfall Nachweise von Verwaltungsexzessen nicht aus. Es gibt Behördenschriftwechsel von Kabarettsreife. Aber selbst dann, wenn Rationalisierungsmaßnahmen und Verwaltungsreformen es vermöchten, die Aktenproduktion von allen Überflüssigkeiten zu entlasten, änderte sich am exponentiellen Charakter des Schriftgutwachstums in öffentlichen wie privaten Verwaltungen grundsätzlich nichts. Wieso nicht? Man muß nicht Verwaltungsexperte sein, um zu erkennen: Rascher als die Zahl der Abteilungen oder Unterabteilungen einer Behörde muß die Menge der Akten wachsen, die zur Gewährleistung ihrer Kommunikation und Kooperation anzulegen und hin und her zu bewegen sind. Man kann das auch verallgemeinern und auf die triviale Gesetzmäßigkeit bringen, daß die Menge der Beziehungen, die zwischen den Elementen eines Systems herstellbar sind, stets rascher wächst als die Menge dieser Elemente. In der sozialen, auch institutionellen Realität hat, was soeben „Beziehung" genannt worden ist, zumeist den Charakter des Mitteilungsaustausches. Verwaltungsunerfahrene Romantiker des gesprochenen Wortes als des vornehmsten Kommunikationsmediums haben immer wieder einmal beklagt, daß in der „verwalteten Welt" beschriebenes Papier, eben Aktenschriftgut, die Unmittelbarkeit des gesprochenen Worts mehr und mehr verdränge, es materiell objektiviere und technisch verdingliche. Die Wahrheit ist statt dessen, daß mit dem Größenwachstum der Büros nicht nur Schriftgutproduktion und Aktenaustausch, vielmehr zugleich auch

---

[1] Näherhin im Kontext kritischer Analysen der dieser Welt zugehörigen Sprache: Karl Korn: Sprache in der verwalteten Welt. Olten und Freiburg i. Br. ^{2}1959.

die verbalen Kommunikationen nach Anzahl und sozialer Reichweite, ja nach temporaler Ausdehnung und Intensität zugenommen haben. Besprechungen, Rücksprachen, Sitzungen aller Art dominieren im Terminkalender zumindest der in der Funktionshierarchie einer Verwaltung höher Positionierten – von den Telefonaten, die freilich die erwähnten Romantiker technikfreier Gesprächsunmittelbarkeit als kommunikative Akte im emphatischen Sinn nicht werden gelten lassen, gar nicht zu reden. Gewiß schlagen sich auch diese Gespräche ihrerseits wieder in Papier nieder, als Protokoll, als Aktenvermerk, als schriftliche Weisungskonsequenz eines Konferenzbeschlusses, und den erwähnten Telefonaten korrespondieren als Aktenbeleg Telefonnotizen. Gleichwohl: Mit dem Wachstum der verbalen Kommunikation, die man als Laie hinter den durchs Verwaltungshandeln aufgehäuften Aktenbergen kaum noch vermuten möchte, wächst die Menge der verlorenen Worte ungleich rascher noch als die Menge der aktenmäßig festgehaltenen. Das hat für unsere Erinnerungskultur Folgen, auf die noch zurückzukommen sein wird.

Wie auch immer: Die wachsende Aktenmenge macht deutlich, daß Prozesse funktionaler Differenzierung vor allem die Kommunikationsfunktion begünstigen. Das klingt abstrakt. Aber die zugehörige Anschauung steht ja als erfahrungsgesättigte Alltagsanschauung jedermann zur Verfügung. Es war einmal, daß man nach Wiederherstellung der Gesundheit den Arzt für seine Dienste schriftverkehrfrei direkt bezahlte. Heute kommt die Rechnung nicht vom Arzt, vielmehr aus erläuterungsunbedürftigen Gründen von einer Inkassostelle, deren Leistungen zu mißtrauen man gewiß keinen Grund hat, zu der aber doch das Vertrauensverhältnis nicht personalen, sondern bürokratieangemessenen Charakter hat. Das bedeutet, daß man Zahlungsbelege für die Dauer üblicher Verjährungsfristen aufzubewahren hat, damit man für alle Fälle, zum Beispiel für computerbedienungsfehlerbedingte Mahnungsfälle, über ein verfahrensabkürzendes Beweisstück verfüge. Für Rückerstattungsanträge bei der privaten Krankenversicherung späterhin hat man den Vorgang ohnehin als Akte zu verwahren, überdies Kopien des Vorgangs zur vorsorglichen Sicherung von Anspruchsrechten aus dem Beihilfewesen, und noch einmal bekommt der Vorgang gegenüber einer weiteren Instanz Aktencharakter, nämlich unter Inanspruchnahme der Dienste des Steuerberaters dem Finanzamt gegenüber, wenn außergewöhnliche Belastungen geltend zu machen wären. So verwandelt sich ein archaischer Vorgang, nämlich ärztliche Hilfeleistung im Krankheitsfall, in einen Vorgang der Aktenbearbeitung und des Postverkehrs mit mindestens vier Verwaltungsdienstleistungsinstanzen, in deren Registraturen man selbst, gegebenenfalls unter differenzierten Gesichtspunkten mehrfach, als Akte präsent ist.

Und so in allem: Rascher als die Wohlfahrt wächst der zu ihrer Gewährleistung nötige bürokratische Apparat; rascher als die Produktivität unserer Arbeit wächst der Aufwand, den wir planerisch und organisationstechnisch zur Sicherstellung der Kooperation jener Spezialisten treiben müssen, deren arbeitsteilige Spezialisierung jener Produktivitätssteigerung ursprünglich zugrunde liegt. Rascher auch als der Fortschritt wissenschaftlicher Erkenntnis wächst der Lektüreaufwand oder auch der Aufwand an sonstiger Kommunikation, der nötig ist, um mit dem Stand der Forschung vertraut zu werden, auf den sich die eigenen Erkenntnisbemühungen beziehen sollen.

Noch einmal: Mit Schilderungen der Fortschritte in der Bürokratisierung unseres sozialen Lebenszusammenhangs, der Fortschritte also in Organisation, Technik und Institutionalisierung der Kommunikation, die in modernen Gesellschaften ungleich rascher als die Menge ihrer sonstigen Funktionen expandiert, sollte man kulturkritische Intentionen zunächst gar nicht verbinden. Die Akte als Metonym der Verfassung moderner Gesellschaften provoziert Ironie, gewiß. Aber es handelt sich dabei um eine wohlfeile Ironie, die man sich einzig im Vertrauen auf die Leistungsfähigkeit moderner Gesellschaften gestatten kann. Von der Bildungschancengleichheit über Wohlfahrt und soziale Sicherheit bis zur selbstbestimmten Persönlichkeitsentfaltung setzt die Gewährleistung und Erfüllung unserer modernitätsspezifischen Rechte und Ansprüche eben jene Bürokratien und uns verwaltenden Dienstleistungsbetriebe voraus, die unser Handeln und Sein wie nie zuvor in Akten repräsentiert und verbürgt sein lassen.

„Der selbständige und der betreute Mensch" – auf diese Alternative hat Helmut Schelsky[2] den Unterschied von freier und verwalteter Lebensverbringung gebracht. Aber es handelt sich hierbei um eine Scheinalternative: Selbstbestimmte Lebensführung setzt bis in ihre Konsequenz fortschreitender Pluralisierung der Lebensstile hinein, die uns später noch zu beschäftigen haben wird[3], gerade die Gewährleistung unserer Ansprüche auf Wohlfahrt und soziale Sicherheit voraus, die einzig bürokratisch zu haben ist[4]. In den von Helmut Schelsky gewählten

---

[2] Helmut SCHELSKY: Der selbständige und der betreute Mensch. Politische Schriften und Kommentare. Stuttgart 1976.

[3] Cf. unten S. 345ff.

[4] Das ist die Zentralthese des Buches von Wolfgang ZAPF, Sigrid BREUER, Jürgen HAMPEL, Peter KRAUSE, Hans-Michael MOHR, Erich WIEGAND: Individualisierung und Sicherheit. Untersuchungen zur Lebensqualität in der Bundesrepublik Deutschland. München 1987, S. 3.

Worten ausgedrückt heißt das: Zu jener Selbständigkeit, auf die wir in der Tat wie nie zuvor Ansprüche erheben, werden wir erst durch die mannigfachen leistungsstaatlichen Betreuungen freigesetzt, die uns heute zugewandt werden – vom unentgeltlichen Hochschulbesuch über gesundheitsdienliche Kuraufenthalte in Staatsbädern bis hin zu jenem Sicherheitsgefühl in der Nutzung technischer Gerätschaften oder Infrastrukturen, das sich kraft öffentlich garantierter und überwachter technischer Sicherheitsstandards gemeinhin als berechtigt erweist. Freiheit und ihre Sicherheitsvoraussetzungen werden heute gleichzeitig in Anspruch genommen, und wenn es auch wahr ist, daß wir mit Bürokratien nicht gern zu tun haben – wer füllt schon gern seine Einkommenssteuererklärung aus, und wer freut sich auf den Tag der fälligen Vorführung seines Autos beim Technischen Überwachungsverein –, so erkennt und anerkennt doch jedermann ihre Unvermeidlichkeit. Nicht als ein über uns gekommenes Verhängnis nehmen wir die Bürokratie wahr, vielmehr als die Kostenseite der Lebensvorzüge, die ohne diese Bürokratie gar nicht zu haben wären.

Die Charakteristik der Lästigkeiten und Lasten, die uns durch die uns verwaltende Bürokratie tatsächlich in einem immer noch zunehmenden Ausmaß aufgeladen sind, als Kosten hat ihre Wichtigkeit. Sie läßt uns die Unangemessenheit der Karzinommetaphorik erkennen, die zur Kennzeichnung wuchernder Bürokratie im zivilisationskritischen Feuilleton geschätzt wird – gelegentlich unter zusätzlicher Berufung auf das „Gesetz" der Unaufhaltsamkeit dieser Wucherung, das sich, zum Genre der Jux-Soziologie gehörig, mit dem Namen Parkinsons verbindet[5]. Die Krebs-Metaphorik insinuiert, es handle sich um eine Befallenheit, die einen, wenn man sie sich wegdenken könnte, sich in wunschlos gesunder Übereinstimmung mit sich selbst wiederfinden ließe. Hingegen sind die Wucherungen der Bürokratie unvermeidliche Nebenfolge eines politischen, sozialen und kulturellen Fortschritts, der nicht als Illusion entlarvt ist, wenn man zeigt, daß in Teilbereichen unseres modernen Lebenszusammenhangs seine Kosten einschließlich seiner Verwaltungskosten rascher als jene Lebensvorzüge wachsen. Anders gesagt: So weit die Folgekosten rascher als jene Wohlfahrtsgewinne und sonstigen Vorzüge zunehmen, die uns dem Zivilisationsprozeß Fortschrittsnatur

[5] Cyril Northcote PARKINSON: Parkinson's Law or the Pursuit of Progress. London 1957. – Wegen des außerordentlichen Erfolgs dieses Titels hat Parkinson inzwischen noch ein zweites „Gesetz" herausgefunden und publiziert: Cyril Northcote PARKINSON: Parkinsons neues Gesetz. Aus dem Amerikanischen von Dr. Klaus MACHOLD. Reinbek bei Hamburg 31.–34. Tausend 1990 (Die amerikanische Originalausgabe erschien 1980 unter dem Titel „Parkinson: The Law" in Boston).

zusprechen lassen, nimmt der Grenznutzen des Fortschritts ab, und das ist etwas grundsätzlich anderes als die vermeintliche Entdeckung, er sei in Wirklichkeit gar keiner gewesen.

„Das kann ja nicht immer so weitergehen" – das ist der Common sense-Kommentar zu der insoweit skizzierten Entwicklung des Verwaltungswesens[6]. Akten sind das anschauliche Metonym dieses Wesens, und die Zahlen, die die Ergebnisse der Vermessung der Zunahme der Aktenproduktion repräsentieren, müssen auf Laien, das heißt auf den noch nicht in der Verwaltung tätigen Anteil der Berufstätigen, ihrer Unfaßbarkeit wegen verblüffend wirken. Exemplarisch heißt das, „daß die Schriftgutproduktion der US-Verwaltung für die Jahre 1862 bis 1914 auf insgesamt 500000 laufende Meter Akten taxiert wurde, während allein im Jahre 1962 mehr als 1000 km Schriftgut neu entstanden"[7]. Die Vergegenwärtigung solcher Zahlen hat in diesem Zusammenhang zunächst nur einen rhetorischen Sinn. Das heißt selbstverständlich nicht, wie es ein traditionsreiches Mißverständnis der Rhetorik will, daß die fraglichen Zahlen absichtlich mißweisend oder sonstwie in unzulässiger strategischer Absicht präsentiert seien. Die Zahlen sind aus zuverlässiger Quelle zitiert. Aber eine pragmatische Einschätzung ihrer Bedeutung ist dem archivkundlichen oder verwaltungspraktischen Laien ja zunächst gar nicht möglich. Man gewinnt vorläufig nur den vagen Eindruck – und ihn zu vermitteln ist der Zweck der fraglichen Zahlenrhetorik –, daß man es hier mit einem jener zivilisationsspezifischen Wachstumsprobleme zu tun habe, auf die der Common sense-Kommentar „Das kann ja nicht immer so weitergehen!" in der Tat zutrifft.

Man kann den damit geweckten Sinn für die Dynamik aktueller zivilisatorischer Verläufe und für die rasch näherrückenden Grenzen der Verarbeitbarkeit solcher Dynamik noch schärfen, indem man durch Extrapolation zu berechnen versucht, wieviel tausend Kilometer Akten die US-Verwaltung inzwischen jährlich produzieren müßte, wenn die Beschleunigung dieser Produktion, die 1962 die hundertfache Aktenmenge entstehen ließ als einhundert Jahre zuvor, seither konstant geblieben wäre. Oder hat diese Beschleunigung sogar ihrerseits zugenommen? Die Verwaltungsexperten und Archivkundler werden es wissen. – Anschaulicher würden 1000 km Akten noch, wenn man sich das Bauvolumen vergegenwärtigte, das jährlich zusätzlich zur Verfügung gestellt werden muß, um die Akten benutzbar und zugleich datenschutz-

---

[6] Zur Tradition der Bürokratiekritik cf. Henry Jacoby: Die Bürokratisierung der Welt. Ein Beitrag zur Problemgeschichte. Neuwied und Berlin 1969, bes. S. 78 ff.

[7] Eckhart G. Franz: Einführung in die Archivkunde. Darmstadt ^{2}1977, S. 73.

gesichert unterzubringen. Das erübrigt sich hier. Zur Bekräftigung seien lediglich noch einige weitere Zahlen zitiert, die belegen, daß auch diesseits des Ozeans, zum Beispiel in Hessen, sich die Verhältnisse naheliegenderweise analog entwickelt haben. Für dieses Bundesland wurde 1972 „ein jährlicher Aktenanfall von 16000 Regalmetern errechnet". Dahin mußte es kommen, so erkennt man, wenn man sich von Archivhistorikern sagen läßt, „der Umfang des Belegschriftguts zur Jahresrechnung einer größeren Mittelstadt" habe im Jahre 1800 noch den bescheidenen Umfang von 0,15 m betragen, sei hingegen gut achtzig Jahre später bereits auf das Zehnfache angeschwollen, seither aber noch einmal um das Achtzigfache.

Wie läßt sich mit dieser „Schriftgutlawine"[8] fertig werden? Dem Laien wird als Antwort auf diese Frage zunächst der Papierkorb einfallen. Irgendwann wird ja jede Akte geschlossen. Ansprüche verjähren, Urteile werden rechtskräftig, und die Subjekte denkbarer Wiederaufnahmeanträge sind schließlich verstorben. Kurz: Jeder Aktenbestand veraltet einmal definitiv. Irgendwann wachsen Akten nicht mehr und niemand rekurriert mehr auf sie. Sie sind nicht mehr die objektivierte Kommunikation, die aktuell Körperschaften, sonstige Institutionen, ja ganze Gesellschaften in der Fülle und Differenziertheit ihrer Elemente zusammenbindet. Sie sind nur noch ein Relikt von Vorgängen längst abgeschlossener Kommunikation, an die man sich erinnern mag, auf die zu rekurrieren aber an ihren Resultaten nichts mehr zu ändern vermöchte, so daß sie in genau diesem Sinne nicht mehr Gegenstand eines pragmatischen Interesses, des Interesses der Verschaffung von Beweismitteln zum Beispiel, sein können. In diesem Sinne veraltet und fortschreitend veraltend verlieren die Dokumente erledigter kommunikativer Interaktionen juridischer, administrativer oder sonstiger Art schließlich sogar, für geschichtswissenschaftliche Laien zumindest, ihre Verständlichkeit, ja ihre Lesbarkeit.

Man kennt das in unserer verwalteten Welt ansatzweise auch privat aus dem Umgang mit den mannigfachen häuslichen Papierbündeln, den Briefwechseln mit Behörden, den Hausbauakten, den Kontostandsbelegen, der Dokumentation eines rechtskräftig abgeschlossenen Zivilprozesses, in welchem man erfolglos als Kläger auftrat, den biographisch erledigten Privatkorrespondenzen mit Freunden, die schon seit vielen Jahren tot sind, etc. Es gibt die häuslichen Verhältnisse nicht, deren Verwahrkapazität der unablässig steigenden Flut des Papiers in unseren Privatarchiven gewachsen wäre. Der Charaktertyp, der gelegentlich vorkommt und auffällig wird, weil er nichts wegwerfen kann, gerät

---

[8] Eckhart G. Franz, ibid. (cf. Anm. 7)

wegen der Zustände, die sich von seinem häuslichen Schreibtisch aus in die übrigen Teile der Wohnung verbreiten, schließlich in den Geruch der Sonderbarkeit. Geordnete Verhältnisse im Aktenschrank haben reichliche Benutzung des Papierkorbs zur Voraussetzung. Dabei muß der Umsatz des Papierkorbs sogar rascher als der Schriftwechsel wachsen. Mit zusätzlicher Inanspruchnahme der Chaos-Kategorie ausgedrückt heißt das: Ordnungskonservierung innerhalb eines Systems setzt Mehrung des Chaos außerhalb dieses Systems voraus – im exemplarischen Fall in Gestalt der Altpapierproduktion.

Die Bürokratie ist, wie wir aus ihrer Geschichte wissen, früher nicht anders verfahren. Sie hat sich immer wieder einmal der Last veralteter Aktenbestände durch Wegwerfaktionen entledigt. So haben meine ostfriesischen Landsleute noch zu Beginn des 19. Jahrhunderts, als in anderen Zusammenhängen das spezielle historische Interesse fürs Veraltete längst erblüht war, umfangreiche Aktenbestände, die sich, weil sie bekanntlich schlecht brennen, durch Feuer nicht vernichten ließen, vergraben. Inzwischen sind sie verrottet, so daß dem Kummer heutiger Archivare, die die fraglichen Aktenbestände natürlich gern als Geschichtsquelle verfügbar hätten, nicht aufzuhelfen ist[9]. Es mag die Ostfriesen trösten, daß auch in anderen Weltgegenden vorhistoristisch öffentliche Körperschaften, sogar solche von herausragendem Rang, sich an vorauseilender Sicherung der Quellen ihrer späteren geschichtswissenschaftlichen Erforschung nicht sonderlich interessiert gezeigt haben. So kennt zum Beispiel das britische Parlament gedruckte Berichte über seine Arbeit erst seit den siebziger Jahren des 18. Jahrhunderts[10], wobei selbstverständlich auch in diesem Fall die Verschriftlichung in erster Linie der Herstellung von Öffentlichkeit und nicht der Geschichtsquellensicherung diente. In der deutschen Parlamentsgeschichte beginnt man mit Druck und Veröffentlichung der Verhandlungsprotokolle sogar noch später[11], womit dann die Dokumente, auf die sich ein späteres historisches Interesse zurückzubeziehen hatte, allein schon durch ihre Verbreitung, nämlich in den Magazinen einer Vielzahl von Bibliotheken, gesichert waren. Kurz: Vorauseilende Selbsthistorisierung durch Sicherstellung des Papierniederschlags der eigenen kommunikativen Lebensbeziehungen ist eine relativ junge Form kulturellen Zukunftsverhältnisses.

---

[9] Für den Hinweis auf den vorhistoristischen ostfriesischen Akten-Vandalismus habe ich Herrn Archivdirektor Dr. Walter DEETERS in Aurich (Ostfriesland) zu danken.

[10] Carl HAASE: Studien zum Kassationsproblem. In: Der Archivar. Jahrgang 29 (1976), Heft 2, Sp. 183–196, Sp. 185.

[11] ibid.

Dabei darf man den spezifisch modernen, historistischen Spurensicherungswillen, der sich im Festhalten und Aufbewahren aller kommunikativen Akte in Aktengestalt betätigen möchte, nicht mit dem pragmatischen Willen verwechseln, der für später überraschend doch noch einmal eintretende praktische Fälle, sozusagen für alle Fälle, vorsorglich Beweismittel sichergestellt oder auch sonstige Nutzungsmöglichkeiten vermeintlich veralteten Schriftguts offengehalten haben möchte. Unbestreitbar ist freilich, daß solche Fälle dann und wann vorkommen. Beim „Streit um die Seegrenze zwischen Lübeck und Mecklenburg in der Lübecker Bucht, der vor einigen Jahrzehnten zu einem langwierigen Prozeß führte", wurde tatsächlich „auf Material zurückgegriffen", „das bis in das 13. Jahrhundert zurückreicht"[12]. Wer hätte das gedacht? – so möchte man das kommentieren, und auch der Staatsarchivar, für den sich hier plötzlich vermeintlich rein historisches Urkundenmaterial in ein rechtsstreiterhebliches Beweismittel verwandelte, wird dergleichen mit Sicherheit nicht als Nachweis für die praktische Relevanz seines Berufsstandes behandelt wissen wollen. Das moderne Archivwesen ist ein Wesen aus dem Geiste des Historismus, und dem entspricht, daß heute „der Archivar ... im Regelfall Historiker" ist[13].

Es geht hier nicht um archivgeschichtliche Mitteilungen aus zweiter Hand. Thema ist der Ursprung der modernitätsspezifischen Praxis vorauseilender Selbsthistorisierung aus der Erfahrung von Schwierigkeiten mit der Selbstüberlieferung der Gegenwart an die Zukunft, deren Last zunimmt mit erhöhter Veraltensgeschwindigkeit des papiernen und sonstigen materiellen Niederschlags kommunikativer gesellschaftlicher Lebensbeziehungen einerseits und mit der dramatisch wachsenden Menge dieses Niederschlags andererseits. Philosophen mögen ungeduldig sein, daß sie bei Reflexionen über ein Zukunftsverhältnis, das sich als ein Interesse an derjenigen Vergangenheit enthüllt, das unsere Gegenwart künftig geworden sein wird, sich für archivkundliche Fakten interessieren sollen. Indessen: Das kulturelle Faktum fortschreitend sich intensivierender Selbstwahrnehmung der Gegenwart als jene Vergangenheit, die sie für ein künftiges historisches Bewußtsein geworden sein wird, existiert ja nicht a priori, so daß es in Akten reflexiver Selbsterkenntnis der Vernunft entdeckt werden könnte. Man braucht Kenntnis moderner kultureller, auch institutioneller Realität, um des Phänomens zukunftsbezogener Selbsthistorisierung unserer Gegenwart überhaupt ansichtig zu werden. Das Archivwesen hat dabei, gewiß, nur exemplarische

---

[12] Carl HAASE: Studien zum Kassationsproblem. In: Der Archivar. Jahrgang 28 (1975), Heft 4, Sp. 405–418, Sp. 408.

[13] Eckhart G. FRANZ: a.a.O. (cf. Anm. 7), S. 75.

Bedeutung. Andere Exempel modernitätsspezifischen Verhaltens zu sich selbst als einem Gegenstand historischer Erinnerung Späterer gibt es natürlich auch – von interessanten Neuerungen im Bestattungswesen bis hin zur Bibliotheksreform[14]. Insoweit bleibt, an die Adresse der Nicht-Historiker unter den Philosophen, lediglich geltend zu machen, daß in einer Zivilisation, die sich selbst vollständig in die Zuständigkeit des historischen Bewußtseins genommen hat, Archive ja keine marginalen Institutionen sind, vielmehr die mit Abstand wichtigsten Veranstaltungen zur Sicherung der Quellen unserer historischen Selbst- und Fremderkenntnis. Die relative Bedeutung der Archive nimmt dabei sogar noch ständig zu, und zwar in demselben Maße, in welchem ineins mit dem Komplexitätszuwachs moderner Gesellschaftssysteme papierne oder sonstwie materialisierte Kommunikationsniederschläge die moderne Zivilisation überfluten.

Eine Gegenwart, die sich selbst als Objekt eines zukünftigen historischen Bewußtseins diesem überliefern will, muß naturgemäß vor allem bemüht sein, ihr Schrift- und sonstiges Kommunikationsgut der Zukunft unverkürzt und vorsorglich organisationstechnisch zugänglich gemacht zu hinterlassen. Je rascher die Aktenmenge wächst, um so rascher veraltet sie auch, und eben aus diesem Grund ist ihre Verwahrung für künftige historische Zwecke beim „Schriftgutproduzenten"[15] nicht in den besten Händen. Das bedeutet: Die Funktion der Verwahrung veralteten, seines Veraltetseins wegen nur noch historistisch nutzbaren Schriftguts verselbständigt sich institutionell gegenüber den Institutionen seiner pragmatisch gesteuerten Produktion. Handlungsinteressen und historisierende Interessen treten institutionell auseinander, oder genauer: Erst durch dieses Auseinandertreten konstituiert sich das historisierende Interesse als solches. „Irgendwann verdrängt die historische Bedeutung eines Schriftstückes die rechtliche oder verwaltungsmäßige Bedeutung und bleibt allein übrig"[16]. Nicht, daß in dieser Verwandlung von ‚Arsenalen des Rechts' in „Arsenale der Geschichte"[17] die Archive jemals in der Lage gewesen wären, die Totalität ausgefällter Kommunikationsrelikte administrativer, juridischer oder sonstiger Art in Verwahrung zu nehmen. Das war auch schon vor der inflationsartig ansteigenden Schriftgutflut, deren Zeitzeugen wir in unserem eigenen Jahrhundert

---

[14] Cf. S. 37ff. sowie S. 212ff.

[15] So der Sammelbegriff für alle aktenerzeugenden Subjekte bei Carl Haase, a.a.O. (cf. Anm. 12), Sp. 406.

[16] Carl Haase, a.a.O. Sp. 411.

[17] So, unter Berufung auf A. Wagner, Gerhard Granier: Benutzungsgrenzjahre in öffentlichen Archiven. In: Der Archivar. Jahrgang 29 (1976), Heft 2, Sp. 195–202, Sp. 196.

sind, weder möglich noch sinnvoll. Insofern bedeutete die mit der Errichtung des modernen Archivwesens besorgte Abtrennung der schriftgutverwahrenden von den schriftgutproduzierenden Institutionen zunächst einmal lediglich die Überantwortung unvermeidlicher Vernichtung von Kommunikationsrelikten in reliktumgangserfahrene Hände, nämlich in die von Archivaren in ihrer Rolle als professionelle Historiker.

Selbstverständlich blieb dabei das dominante Interesse stets das Verwahrungsinteresse – sozusagen nach dem Grundsatz „So viel Reliktkonservierung wie möglich, so wenig Reliktvernichtung wie nötig". Und in der Tat ließ sich und läßt sich sowohl organisationstechnisch wie durch Techniken der Reliktverkleinerung viel zur Minimalisierung des Umfangs unvermeidlicher Reliktvernichtungsaktionen tun. Allein schon die Errichtung von eigenen Archivbauten, flächendeckend in Zuordnung zu den Haupt- und Nebensitzen der öffentlichen Verwaltung, schuf ja Raumkapazitäten für Zwecke der archivarischen Aktenaufstellung in einem Umfang, von dem man in der Frühzeit erwachender historischer Interessen nicht einmal hätte träumen können. Spezielle Archivbauten gehören seit langem zum Architektur-Ensemble unserer Verwaltungshauptstädte – durch ihre Lichtschlitze auch für den Laienblick als Magazinbauten erkennbar, in Preußen überdies durch Architekturattribute historistischer Neo-Renaissance die humanistische Zweckbestimmung der fraglichen Bauten andeutend – den schönen Zweck nämlich der Verwahrung objektivierten Sinns auch nach dem Untergang der Handlungszusammenhänge, deren Sinn dieser Sinn einst gewesen war. Zusätzliche Verwahrungskapazitäten werden inzwischen durch Komprimierung der Relikte im Raum geschaffen. Indem man Regale auf Schienen beweglich macht, reduziert man den Raum, der benötigt wird, um sie zugänglich zu halten, auf einen einzigen schmalen Laufweg, und aller übrige Raum wird zum Stauraum. Ungleich leistungsfähiger noch sind natürlich die Miniaturisierungsvorgänge, insbesondere die Ersetzung von Schriftgut durch seine Mikrophotographie usf.

Es erübrigt sich hier, das im Detail zu schildern, oder auch auf die organisatorischen und technischen, überdies finanziellen Probleme einzugehen, mit denen unsere Archivare zu kämpfen haben. Lediglich einige spezielle Schwierigkeiten seien exemplarisch erwähnt, die sich als Schwierigkeiten der besonderen Temporalitätsbedingungen begreifen lassen, in die die Reliktverwahrungspraxis unserer historischen Kultur, die aus der Temporalverfassung der modernen Zivilisation resultiert, ihrerseits gerät. Kulturelle Schriftgutrelikte verwahren –: das heißt ja nicht nur, sie nicht wegzuwerfen. Es heißt auch, die materiellen Träger historisierten Sinns maximal alterungsresistent zu halten oder zu machen. Die Vernichtungskapazitäten moderner Waffen haben sich ja noch rascher als die Schriftgutmenge entwickelt, und einzig das erklärt wohl in letzter Instanz das aufwendige Programm, phototechnische Dubletten der wichtigsten Aktenrelikte unserer Regierungs- und Verwaltungsgeschichte herzustellen und atombombensicher in Granitstollen des Schwarzwaldes einzulagern. Sogar in der Schweiz wird verlangt, daß „für die wertvolleren Archivalien Schutzräume zu errichten" seien, „welche mindestens [sic!] die gleichen Anforderungen erfüllen müssen wie solche für Personen"[18]. Das ist plausibel; denn auch im Zeitalter der oral history haben selbstverständlich Akten für die künftige historische Rekonstruktion derjenigen Vergangenheit, die unsere Gegenwart später geworden sein wird, eine ungleich größere Bedeutung als der Gedächtnisinhalt beliebiger Individuen. Und weiterhin: Was die Alterung von Papier anbelangt, so verfügt man diesbezüglich über alte Erfahrungen. Weniger bewährt sind die Erfahrungen mit der Alterung der Mikrophotographien, die man inzwischen von allen Dokumenten herzustellen begonnen hat, die auf besonders rasch alterndem Zeitungspapier oder auf Papier von Notzeitenqualität überliefert sind. Hier versucht man, Alterungsvorgänge, die man in natura abzuwarten noch nicht Gelegenheit hatte, durch chemietechnisch arrangierte Vorgänge künstlich beschleunigter Alterung vorwegzunehmen. Aber eine Chance, hierbei die Totalität der Einflußfaktoren zu erkennen und in realistischer Mischung experimentell ins Spiel zu bringen, besteht kaum, so daß Mißtrauen in die Resultate der fraglichen Experimente angebracht bleibt. Man kennt ja zur Genüge aus anderen, einfacheren Zusammenhängen, wie wenig die Resultate künstlich beschleunigter Alterungsvorgänge den Resultaten natürlicher Alterung gleichen – auf dem kulinarischen Sektor zum Beispiel. Gesetzt aber, man dürfe insoweit unbesorgt sein und vertrauen, daß Mikrofilme von Akten auch dann noch, wenn die Akten im Original längst zu Staub zerfallen sind, nichts an Lesbarkeit eingebüßt haben, so könnten sich neue Probleme in der Konsequenz des technischen Fortschritts Lesegeräte betreffend ergeben, nämlich mangelnde Passung des alten Filmmaterials zur modernen Ablesetechnik. In der Praxis der Archivierung von Magnetbändern zumindest sind, wie aus den USA berichtet wird, solche Schwierigkeiten bereits aufgetreten. Da nicht denkbar ist, daß man die technische Evolution von Datenträgern einerseits und komplementären Informationsabrufgeräten andererseits zur Sicherstellung der techni-

[18] Walter Lendi: Rechtliche Aspekte des Archivierens und Sicherung des Archivgutes. In: Archivführung in Gemeinden und Korporationen. Veröffentlichungen des Schweizerischen Instituts für Verwaltungskurse an der Hochschule St. Gallen. Neue Reihe Band 11. St. Gallen 1977, S. 21–36, S. 33.

schen Lesbarkeit von historisch interessanten Altdatenmengen stillstellt, wird es Techniken der historischen Rekonstruktion veralteter Ablesetechniken geben müssen[19].

Mit der Schilderung von Schwierigkeiten dieser Art ließe sich lange fortfahren. Es handelt sich, noch einmal, strukturell um Schwierigkeiten, die sich aus der evolutionstempobedingten Temporalstruktur unserer archivarischen und sonstigen Anstrengungen ergeben, die immer rascher anwachsende Reliktmenge für Zwecke ihrer künftigen historischen Rezeption verwahrbar zu halten. Unbeschadet solcher Schwierigkeiten hat die Verwahrkapazität, wie geschildert, seit der institutionellen Verselbständigung der Verwahrfunktion im modernen Archivwesen dramatisch zugenommen. Aber ungleich dramatischer noch hat gleichzeitig die Menge des Reliktgutes zugenommen, dessen sich der Verwahrungswille gern annehmen möchte. Einige einschlägige Zahlen sind oben[20] zur Verschaffung einiger Anschauung der Größenverhältnisse, um die es sich hier handelt, zitiert worden. Sie lassen erkennen, daß der zivilisatorische Kommunikationsreliktanfall unseren Reliktkonservierungskapazitäten mit fortschreitend sich vergrößerndem Abstand vorauseilt. Entsprechend bleiben auch im Zeitalter des erblühten und bemühten historischen Bewußtseins Reliktvernichtungsaktionen fällig, und das Ausmaß unvermeidlicher Reliktvernichtung wächst ständig. Der Papierkorb ist nur noch ein rührendes Symbol dessen. Archivare haben heute mit Containerkapazitäten zu rechnen, und der technische Fortschritt in der Steigerung der Leistungsfähigkeit der Reißwölfe, die heute allein schon aus Datenschutzgründen zu bemühen sind, verläuft entsprechend rapide. Indessen: Der Akt der Selektion, der den verwahrungswürdigen Kommunikationsniederschlag von demjenigen trennt, der nicht mehr als Information, vielmehr nur noch als ihre günstigenfalls recyclingfähige materielle Trägersubstanz zu behandeln ist, erfolgt heute nicht mehr kontingent, das heißt durch historisch inkompetente Verwaltungsbeamte, sondern historisch professionalisiert durch Archivare, und genau dieser Selektionsakt heißt im Archivardeutsch (westdeutscher Prägung) „Kassation".

---

[19] Der zitierte Bericht über Probleme, die sich aus der Alterung der technischen Infrastruktur technisch komprimierter archivierter Altdatenmengen ergeben, findet sich bei Brigitte MELES: Datenbanken in den Geisteswissenschaften. In: Neue Zürcher Zeitung. Technologie und Gesellschaft. Nr. 250 (Mittwoch, 28. Oktober 1987), S. 66.

[20] cf. p. 159.

4.2 Kassation oder die archivarische Altaktenvernichtung

Zukünftiger historischer Forschung, so scheint es, sind goldene Zeiten gesichert, wenn die schriftgutproduzierenden Behörden und Ämter veraltete, administrativ oder juridisch-prozessual funktionslos gewordene Akten nicht mehr von sich aus vernichten dürfen, wenn sie also gehalten sind, die papiernen Relikte ihrer Entscheidungen und Tätigkeiten von gestern und vorgestern komplett Institutionen anzubieten, den Archiven nämlich, deren Funktion die der Verwahrung der fraglichen Relikte in historisierender Absicht ist. Auch der erläuterte, durch die Massenhaftigkeit des Reliktanfalls bedingte Zwang zur Kassation, das heißt zur partiellen definitiven Aktenvernichtung, scheint an der historisch einzigartigen Gunst der Umstände grundsätzlich nichts zu ändern, unter denen künftige Historiker arbeiten können, deren Gegenstand diejenige Vergangenheit sein wird, die derzeit noch unsere eigene Gegenwart ist. Aktenvernichtung –: das war früher, aus der Perspektive des erwachten historischen Bewußtseins gesehen, ein Vorgang erinnerungskultureller Barbarei. Der pure Zufall steuerte die Entscheidung zwischen Reliktkonservierung einerseits und Reliktvernichtung andererseits. Zufallssache bliebe der Relikttransfer in die Zukunft auch heute noch, wenn die Schriftgutproduzenten, selbst wenn es sich um verwahrungsfreundliche Produzenten handelte, zugleich über die Selektion dessen zu entscheiden hätten, was mengendruckerzwungen kassiert werden muß. Ihre Entscheidung wäre ja im Regelfall eine geschichtswissenschaftlich unqualifizierte, nämlich im Hinblick auf die historischen Forschungsdesiderate der Zukunft kontingente Entscheidung. Mit dem Übergang der Kassation in die Zuständigkeit professioneller Historiker ist, so scheint es, dem Zufall bei der Zusammenstellung und Sicherung desjenigen Materials, das zukünftiger historischer Forschung als Quelle zu dienen haben wird, das Handwerk gelegt worden. Historiker wissen, was Historiker brauchen, und Historiker sind es, die mit allen Mitteln ihrer Kunst aus den informationellen Kommunikationsrelikten unserer Gegenwartszivilisation bereits jetzt als Quelle fassen, was unseren Nachfahren künftig als Quelle historischen Wissens über uns sprudeln soll. Der zukünftige Historiker, so scheint es, muß Beleglücken seiner Vergangenheitsbeschreibung nicht mehr mit Analogieschlüssen und sonstigen Vermutungen schließen. Eher wird er Schwierigkeiten mit dem Überfluß vorsorglich und sachkundig angelegter Altdatensammelbecken haben.

Wenn sich das so verhielte – und die Fortschritte in geschichtswissenschaftlicher Professionalisierung in Verwahrung und Aufbereitung der Altdatenbasis künftiger historischer Forschung sind in der Tat eindrucksvoll und ohne historisches Beispiel–, müßte es den Historiker der Zukunft freilich auch um spezifische Lüste bringen, die mit seinem Beruf bis heute verbunden sind, soweit sich seine Forschungen auf Epochen beziehen, die noch keine in die Kontrolle des historischen Bewußtseins genommene Altdatenkonservierung kannten. Der Zufallscharakter vorhistoristisch entstandener Quellenlagen, auf die der Geschichtsforscher zunächst einmal sich verwiesen sieht, erhöht die Wahrscheinlichkeit ihrer Verbesserung durch Zufallsfunde. Erfahrung und Findigkeit erhöhen diese Wahrscheinlichkeit im individuellen Fall noch einmal, und wer den Staub der Dachböden oder den Moder von Kellergelassen bei seinen Nachforschungen nicht scheut, stößt tatsächlich dann und wann auf Bündel vergilbter Papiere, ja auf ganze Waschkörbe, angefüllt mit Nachlaßteilen von Politikern oder Gelehrten. In der Mehrzahl solcher Fälle handelt es sich dabei freilich um Politiker oder Gelehrte dritten Ranges. Gleichwohl: Dergleichen Funde sind Sternstunden im Leben eines Regionalhistorikers oder Editors. Der Fund und seine primäre Auswertung verbinden sich fortan mit dem Namen des Entdeckers, wie früher die erstmals beschriebene seltene Pflanze mit dem Namen dessen, der sie zum ersten Mal in ihrer Seltenheit wahrnahm.

Archive sind also Institutionen zur Reduktion von Zufälligkeiten in der Bildung von Quellen späterer historischer Forschung. Kontingenzreduktion in der forschungspraktischen Entdeckung des Neuen scheint sich, wie einem Gesetz wissenschaftsgeschichtlicher Evolution entsprechend, seit langem in vielen Wissenschaften zu vollziehen. Die Praxis des Suchens und Findens geschieht hochorganisiert und systematisiert und überdies technisch instrumentiert. Es erübrigt sich hier, das exemplarisch zu schildern – vom gerasterten Sternezählen bis zur Kohortensoziologie, die, zum Beispiel als Demoskopie, langfristige Meinungswandlungsprozesse aufschlußträchtig mit Jahrgangsunterschieden zu korrelieren vermag. Forschungsmethoden, Forschungsorganisation und Forschungstechnik sind Formen der Zufallsausschließung im Findungsprozeß, und just das, so scheint es, ist auch die Pragmatik geschichtswissenschaftlicher Professionalisierung der Verwahrung und Aufbereitung der wachsenden Menge anfallender Altdaten für Zwecke zukünftiger historischer Forschung, wie sie sich in der relativ jungen Geschichte des modernen Archivwesens vollzogen hat und noch vollzieht. Was der künftige Historiker insoweit an stimulierenden Überraschungen durch Zufallsfunde vermissen wird, gewinnt er an widerlegungsresistenter Verläßlichkeit des Datenmaterials, das ihm die geschichtswissenschaftlich kompetente Arbeit früherer Historiker zugeliefert haben wird.

„So scheint es" – so lautet der Dauervorbehalt bei den bisherigen Schilderungen jener historisch beispiellos wohlgesicherten Voraussetzungen künftiger geschichtswissenschaftlicher Forschung, für die bereits gegenwärtig höchst sachkundig vorgesorgt wird. Der durch geschichtswissenschaftlich kompetente Methodik und Systematik ausgeschlossene Zufall in der Sicherung und Aufbereitung anfallender zivilisatorischer Altdatenmengen wird nämlich kraft anderer Faktoren gleichwohl wieder als Zufall wirksam. Es läßt sich zeigen, daß der Versuch, die Relikte unserer zivilisatorischen Evolution geordnet, nämlich in zufallsfreier repräsentativer Vollständigkeit der Zukunft zu überliefern, niemals gänzlich gelingen kann. Es gibt eine Reihe von Gründen, die die moderne archivarische Praxis der vorauseilenden Sicherung der Quellen künftiger historischer Forschung nur sehr begrenzt erfolgreich sein lassen. Einige dieser Gründe, die mit der Kommunikationsstruktur moderner Gesellschaften zusammenhängen, seien genannt. Da ist zunächst, im Verkehr der Behörden und Ämter, der wachsende Anteil verbaler Kommunikation, die sich nur teilweise in Gesprächsprotokollen, Telefonnotizen etc. niederschlägt, im übrigen aber alsbald für immer verflogen ist. Es ist wahr: Der Schriftgutniederschlag politischer, administrativer und sonstiger gesellschaftlicher Kommunikation hat inzwischen ein niemals zuvor gekanntes Ausmaß erreicht, und er wächst aus den oben erläuterten Gründen[1] immer noch[2]. Gleichwohl wächst, gemessen an den dabei verlorenen Worten, der mündliche Anteil der Kommunikation in Behörden und sonstigen öffentlichen Einrichtungen noch rascher als der verschriftlichte. Romantiker der Begegnung von Ich und Du im Gespräch haben immer wieder einmal zivilisationskritisch die Rückläufigkeit des Gesprächsanteils an unserer Lebensverbringung moniert. In Wahrheit expandiert dieser Gesprächsanteil, nachdem die Technik es möglich gemacht hat, Distanzen mündlich zu überwinden, über die hin man sich früher einzig schriftlich verständigen konnte. Wenn es sich denn schon um Zivilisationskritik handeln soll, so wäre es eher berechtigt zu bedauern, daß unsere nahezu unbegrenzt gewordenen Möglichkeiten, zu jeder Zeit mit jedermann über beliebige Entfernungen hinweg Gespräche zu führen, unsere Briefschreibekultur beschädigt haben, die in früheren Zeiten, zumal im späten 18. Jahrhundert,

---

[1] Cf. oben S. 158.
[2] Cf. oben S. 157f.

Literaten und Gelehrte und schreibkundige Private kommunikativ zusammenband[3].

Wer gesprächsromantisch fände, das technisch vermittelte Gespräch, nämlich das sogenannte Fern-Gespräch, sei doch in Wirklichkeit gar keines mehr, hat schlecht beobachtet. Selbstbeobachtung könnte genügen, um zu sehen, daß die technisch eröffneten Reichweiten verbaler Kommunikation uns heute soziale Verbindungen zu schaffen und aktiv zu erhalten verstatten, an die früher nicht zu denken gewesen wäre. Verwandtschaftsbeziehungen, die in vortechnischen Zivilisationsepochen rudimentär einzig in der Erinnerung einiger daran speziell interessierter Familienmitglieder präsent waren, werden heute ferngesprächsweise lebendig gehalten, ja sogar neu aufgenommen. Speziell für unsere Alten gilt, daß in Nutzung des Telephons der Grad ihrer kommunikativen Einbezogenheit ins Familiengeschehen nicht geringer, vielmehr größer als früher ist.

Daß die technisch expandierte und zugleich intensivierte verbale Kommunikation in ihren Formen und Gehalten verändert wird, darf man freilich nicht übersehen. In unserem Zusammenhang kommt es insoweit allein auf die Expansion des schriftlosen Kommunikationsanteils an. Das geht nicht nur zu Lasten der Briefschreibekultur im schreibkompetent alphabetisierten Bevölkerungsteil. Es geht auch zu Lasten der Aussagekraft des behördlichen und sonstigen öffentlichen Schriftgutes, das künftigen Historikern als wichtigste Quelle ihrer Kenntnis unserer Gegenwart dienen muß. Gewiß: Es gibt die bereits erwähnten verwaltungsinternen Vorschriften, die verlangen, über Telefonate von einiger Wichtigkeit aktenfähige Notizen anzulegen. Aber Fleiß in der Beachtung solcher Vorschriften ist zumeist nur Sache unterer Chargen. Wer hingegen in Ämtern und Behörden wirklich entscheidungskompetent ist, nimmt sich erfahrungsgemäß die Freiheit, um die Vollständigkeit des Aktenniederschlags eines Entscheidungsvorgangs nicht weiter besorgt zu sein. Er verzichtet also auf Telephonnotizen oder legt sie nur dann an, wenn es sich in Streitsachen darum handelt, einen Gesprächsinhalt jenseits der Grenzen der Verläßlichkeit ehrenwörtlicher Versicherungen rekursfähig zu halten.

Die technisch bedingte Expansion der mündlichen Kommunikation bewirkt also, daß die Aussagekraft der expandierenden Aktenmenge fortschreitend geringer wird. Kein Interesse an der Sicherung der Quellen künftiger historischer Forschung, und sei es noch so intensiv, kann daran

[3] Der relative Quellenwert moderner Korrespondenzen ist daher im Regelfall geringer als der Quellenwert von Briefwechseln in Zeiten geringer Reisemobilität und nichtexistenter Fernsprechkommunikation.

etwas ändern. Die Vorstellung, daß auch die fernmündliche Kommunikation unverkürzt zum Aktenbestandteil würde, ist eine Vorstellung von beeindruckender Absurdität. Die Altdatenmenge, die in Schriftform anfällt, wächst exponentiell. Wollte man, was ja technisch gewiß realisierbar wäre, auch noch den wachsenden Anteil der mündlichen Kommunikation aktuellen Verwaltungshandelns elektronisch oder gar ausgedruckt zum Aktenbestandteil machen, so müßte die Verwaltung unrettbar in ihrem eigenen Datenniederschlag ertrinken.

Für die Brauchbarkeit gegenwärtig produzierter Akten als Quelle künftiger historischer Forschung bedeutet das–: die Menge des berücksichtigungsbedürftigen Materials wächst, und seine relative Aussagekraft wird gleichzeitig geringer. Der Zufall behauptet im Quellenbildungsprozeß unbeschadet professioneller Steuerung dieses Prozesses durch unsere Archivare seine Rolle, nämlich als die Zufälligkeit in der behördeninternen Verteilung jener Mentalitäten, denen gemäß Beamte im weiten Spielraum allenfalls bestehender Vorschriften reichlicher oder spärlicher Gesprächsnotizen hinterlassen. Während der erste Blick auf den gewaltigen Schriftgutzuwachs, in welchem sich die kommunikative Verdichtung moderner Öffentlichkeiten niederschlägt, zu verheißen schien, daß unsere Zukunft wie nie zuvor eine Zukunft über jene Vergangenheit historisch Bescheid wissen werde, die unsere Gegenwart künftig geworden sein wird, läßt uns ein zweiter Blick, nämlich auf den relativ wachsenden Anteil mündlicher Kommunikation, erkennen, daß der für Zwecke späterer historiographischer Vergangenheitsrekonstruktion nutzbare Aussagegehalt modernen Aktenschriftgutes eher dünner und zufallsabhängiger wird.

Die Lage verschärft sich noch, wenn man sich klar macht, wie sich die Kommunikationsstruktur unserer Gesellschaft durch unsere historisch beispiellose Mobilität ändert. Allwerktäglich sind morgens und abends die Flugzeuge und Eisenbahnzüge mit Diplomaten, Militärs, Vorstandsmitgliedern und höheren Verwaltungsbeamten angefüllt, die von Konferenz zu Konferenz reisen, die der Entscheidungsvorbereitung mit den Mitteln der Uraltkommunikation, nämlich dem Gespräch unter vier oder auch unter vierzig Augen dienen. Die erwähnten, zur Zivilisationskritik neigenden Gesprächs-Romantiker sind durch dieses Faktum zusätzlich widerlegt. Man kann ihnen das technophobe Argument, fernmündliche Gespräche seien ihres technisch vermittelten Charakters wegen nicht „eigentliche" Gespräche, sogar schenken. Alsdann bleibt immer noch das Faktum bestehen, daß wir mobilitätsbedingt Gespräche von Angesicht zu Angesicht in einem Ausmaß zu führen Gelegenheit haben wie niemals in der Kulturgeschichte zuvor – freilich mit häufig wechselnden Partnern.

Weit gefehlt, daß bei den fraglichen Konferenzen jedes gefallene Wort auf Tonbändern oder in Protokollabschriften festgehalten würde. Die Menge protokollverewigter Gespräche wächst tatsächlich dramatisch. Aber noch rascher wächst die Menge derjenigen Gespräche hochrangiger Entscheidungsträger, die allein schon aus Gründen zu vermeidender Publizität nichts aus ihren schallabgedichteten Konferenzräumen hinausdringen lassen. Auch insofern gilt abermals: Die Menge des Schriftgutniederschlags gesellschaftlicher Kommunikation, der der Zukunft als Quelle historischer Forschung methodisch professionalisiert überliefert wird, wächst, aber zu relativen Lasten der Aussagekraft des einschlägigen Materials. Wer aussagekräftigere und weniger kontingenzdurchherrschte Quellen ausfindig machen und zum Sprechen bringen möchte, muß sich kompensatorisch der Methoden der oral history bedienen. Oral history – das ist keineswegs nur eine Methode, Subjekte als Geschichtsquellen zu erschließen, die im Regelfall sich als Schriftgutproduzenten nicht zu betätigen pflegen, die sogenannten kleinen Leute also[4]. Wichtigste informelle Entscheidungsprozesse in Politik, Verwaltung und Wirtschaft sind heute, ihrer beabsichtigten Unprotokolliertheit wegen, im Nachhinein einzig über Gespräche mit den inzwischen alt gewordenen, einstmals Beteiligten zu rekonstruieren. Wer Vertrautheit mit der Forschungsförderung hat, kennt die zunehmende Zahl der Anträge von Historikern auf Finanzierung von Reisen, die Gesprächen mit altgewordenen Zeitzeugen dienen sollen, und als wichtigste Begründung der Dringlichkeit der einschlägigen Anträge gilt regelmäßig der Hinweis, daß mit dem absehbaren Ableben des fraglichen Zeitzeugen eine Geschichtsquelle von unersetzbarem Wert definitiv versiegt sein werde. Es gilt somit einerseits, daß der Altdatentransfer in die Zukunft heute wie nie zuvor zufallsfrei-professionell erfolgt. Aber andererseits gilt ebenso, daß die nicht als Aktenverwahrungsvorgang darstellbare Sicherung der Geschichtsquelle, die die Zeitzeugenschaft darstellt, heute wie nie zuvor zufallsabhängig gelingt oder mißlingt – ob man nämlich in der Absicht, Zeitzeugen zum Sprechen zu bringen, der Altersschwäche oder gar dem Tod noch zuvorkommt oder nicht.

Dabei ist die relativ expandierende Mündlichkeit moderner Entscheidungsvorgänge nur einer der Faktoren, die die Selbstüberlieferung unserer Gegenwart an die Zukunft zum Zweck der Sicherung ihrer historischen Erforschbarkeit komplementär zum geschichtswissenschaftlich professionalisierten Charakter dieser Selbstüberlieferung er-

---

[4] So aber Lutz Niethammer (Hrsg.) unter Mitarbeit von Werner Trapp: Lebenserfahrung und kollektives Gedächtnis. Die Praxis der „Oral History". Frankfurt a. M. 1980.

schweren und zufallsabhängig machen. Ein weiterer, eher beiläufig wirkender, aber signifikanter Faktor wäre die moderne Üblichkeit, in Ergänzung offizieller Aktenvorgänge sogenannte Handakten anzulegen. Mit der politischen Prominenz und der Einflußreichweite eines Amtschefs expandiert der Bereich informeller Kommunikation, deren Niederschlag sich nicht im Aktenbestand offizieller Verfahren wiederfindet, vielmehr in jenen Schränken und Schreibtischladen, zu denen kein Amtsdiener Zugang hat, und die bei Amtsverlust oder Amtsaufgabe vor Amtsübergabe an den Amtsnachfolger geräumt werden. Wichtige Dokumente, die weit besser als offizielle Akten Aufschluß über politische Hintergründe bedeutsamer Entscheidungen zu geben vermöchten, persönliche Korrespondenzen, in denen sich informelle Einflußnahmen spiegeln, Entwürfe von Reden in öffentlichkeitsentlasteten, aber politisch gewichtigen kleinen Gremien – dergleichen also sammelt sich in den Dossiers, die nicht einer Institution, einem Amt oder einer Verwaltungsabteilung, vielmehr der Individualität von Personen der Zeitgeschichte zugeordnet bleiben und diese bis in ihre Altersruhesitze begleiten. In den für die Zeitgeschichtsforschung der Zukunft glücklichen Fällen werden die einschlägigen Materialien zu Autobiographien verarbeitet. Wenn diese erkennbar apologetischen Charakter haben oder sonstwie als Beiträge zur Behinderung historischer Aufklärung einzuschätzen sind, wäre für Historiker in ihrem Bemühen herauszufinden, wie es wirklich gewesen ist, Zugänglichkeit der fraglichen Handakten um so wichtiger. Das macht plausibel, wieso unsere Archivare in ihrer Praxis vorauseilender Sicherung der Quellen künftigen historischen Wissens auf solche Handakten besonders scharf sind. Ersichtlich kann die Bemühung, den inoffiziellen Kommunikationsniederschlag zeitgeschichtlich bedeutsamer politischer, sozialer und wirtschaftlicher Vorgänge offiziell in die Verwahrung der Archive zu bringen, niemals vollständig gelingen, und abermals zeigt sich, daß das Prinzip des Zufallsausschlusses in der archivarischen Überlieferungsbildung sich nur begrenzt zur Geltung bringen läßt.

Die Reihe solcher Exemplifizierungen des Prinzips des nicht auszuschließenden Zufalls in der modernen historistischen Praxis, die Gegenwart als zuverlässige Quelle ihrer künftigen geschichtswissenschaftlichen Erforschung dokumentarisch zu sichern, ließe sich lange fortsetzen. Eine besondere Rolle müßte dabei naturgemäß die Tatsache spielen, daß in der Evolution moderner Gesellschaften die Menge der Institutionen ständig wächst, die als Schriftgutproduzenten nicht in einem System von Kompetenzhierarchien miteinander verbunden sind, die vielmehr frei im politischen, sozialen und kulturellen Raum agieren und kommunizieren und entsprechend ganz nach eigenem Gutdünken einen Kommunikationsniederschlag in Aktengestalt produzieren oder auch darauf verzichten. Zentralität in der Zugriffsmacht zu den Quellen künftigen Wissens über unsere Gegenwart nimmt in modernen Gesellschaften nicht zu, sondern ab. „Welche Bereiche des staatlichen Lebens ... von der öffentlichen Hand erfaßt und gelenkt werden, das ist in den einzelnen Staaten höchst verschieden. Die Unterscheidung von Staaten mit Zentralverwaltungswirtschaft (‚Ostblock') und von Staaten mit freier Wirtschaft (‚freie Welt') bietet nur ein ganz grobes Raster, zeigt aber, worauf es hier ankommt."[5] Dabei wäre es allerdings ein Irrtum anzunehmen, die vollständige Kontrolle des Zugangs zu den Quellen historischen Wissens und damit der Überlieferungsbildung sei im Zeitalter hochentwickelter Kommunikationstechnik immerhin prinzipiell möglich. In Wahrheit nimmt mit der Menge erzeugter und verbreiteter Informationen, die moderne Gesellschaften kommunikativ zusammenbinden, auch in totalitären Systemen die Wahrscheinlichkeit informationeller Verschmutzung zu, das heißt die Menge der Informationen wächst, die, einmal ausgegeben, auch dann, wenn man im Nachhinein fände, daß doch statt dessen besser ganz andere Informationen ausgegeben worden wären, sich aus prinzipiellen Gründen nicht mehr zurückrufen lassen. Anders ausgedrückt: Orwell's Idee einer zentralisierten Totalkontrolle über die Vergangenheit, näherhin über die Quellen des erwünschten Wissens über sie, ist ein eindrucksvolles Konzept der Vollendung totalitärer Herrschaft; aber es ist eine Idee, deren Realisierungschancen mit der zivilisatorischen Evolution aus prinzipiellen Gründen immer geringer werden[6]. Anschaulich gemacht besagt das: Je größer und erfolgreicher in der leninistischen Frühzeit der großen Revolution die Anstrengungen waren, das berühmte Bild Lenins in seiner unvergleichlichen Lehrer- und Rednerpose mit seinem Getreuen Trotzki am Fuß der Tribüne über das ganze Reich hin zu verbreiten, um so aussichtsloser mußte das spätere Bemühen Stalins bleiben, das alte Bild durch ein neues mit liquidiertem, das heißt wegretouchiertem Trotzki vollständig zu verdrängen. Auf den Dachböden irgendwelcher sibirischer Hütten blieb ja zwangsläufig in Altpapierhaufen das alte Bild als potentielles Objekt entlarvender Zufallsfunde unrückrufbar verborgen. Das ist es, was sich als „informationelle Verschmutzung" kennzeichnen läßt, die, neutral

[5] Carl HAASE: Studien zum Kassationsproblem. In: Der Archivar. Jahrgang 28 (1975), Heft 4, Sp. 405–418, Sp. 412.

[6] Näheres cf. in meinem Aufsatz „Rückblick auf das Orwell-Jahr: die Schreckensutopien", in: Utopien – Die Möglichkeit des Unmöglichen. In Zusammenarbeit mit Jacqueline BAUMANN und Rosemarie ZIMMERMANN herausgegeben von Hans-Jürg BRAUN. Zürich 1987, S. 87–100.

formuliert, als Vorgang unkontrollierbarer, zufälliger Geschichtsquellenbildung in allen modernen Gesellschaften zunimmt.

Kurz: Der Traum zufallsbereinigter Geschichtsquellenbildung ist unerfüllbar. Die Zentralität der Geschichtsquellenbildung nimmt ab, der Pluralismus unkoordinierbar fließender Ströme aus Kommunikationsniederschlägen höchst unterschiedlicher Verteilung und Dichte nimmt zu, und die eindrucksvollen, partiell durchaus erfolgreichen Bemühungen professioneller Überlieferungsbildungsspezialisten, Verwahrung und Aufbereitung der Materialien künftiger historischer Forschung nach einheitlichen Grundsätzen zu ordnen, haben rein kompensatorischen Charakter. Sie beziehen sich, wie Kompensationen zumeist, auf einen Mangel, der rascher wächst als die Chance, ihn auszugleichen.

Aber der Zufall schleicht sich in die auf künftige historiographische Zwecke bezogene Überlieferungsbildung nicht nur aus Gründen mangelnder Kontrollierbarkeit ein. Zufallsgenerator ist aus Gründen, die in unserem Zusammenhang von ganz besonderem Interesse sind, der in der archivarischen Praxis normale Vorgang kontrollierter Aufbereitung des verwahrenswerten Aktenmaterials selbst. Die am Ende des vorhergehenden Kapitels erwähnte Kassation ist als solche ein unausschließbar zufallsträchtiger Vorgang. Kassation, das heißt die mengendruckerzwungene Entscheidung, welcher Altaktenanteil zu archivieren und welcher Anteil als Altpapier zu behandeln sei, ist banalerweise auf Kriterien angewiesen. Dem Laien wird auf der Zunge liegen zu sagen, zu verwahren sei, was wichtig ist, und das Unwichtige sei auf ewig seinem verdienten Vergessenwerden durch Vernichtung zu überantworten.

Indessen: Die Vorstellung, in der Überlieferungsbildung zu künftigen historiographischen Zwecken ließe sich Wichtiges vom Unwichtigen gemeinsinnsfähig und fortdauernd unbestreitbar unterscheiden, wird in unserem Zeitalter eines vollerblühten historischen Bewußtseins bei allen, die mit historischer Arbeit auch nur von fern in Berührung gekommen sind, ein Lächeln des Besserwissens bewirken. Wir glauben inzwischen zu sehen, daß, was man in historischer Absicht wissen und daher auch in den Quellen dieses Wissens zugänglich halten möchte, sich mit der Geschichte, auf die sich das fragliche historische Wissen bezieht, seinerseits ständig ändert. Insoweit wäre dann mit der Auskunft, man verwahre, was für ein künftiges historisches Wissen als seine Quelle wichtig ist, nur wenig gewonnen. Jeder Student der Geschichtswissenschaften, der einmal an einer Lehrveranstaltung zur modernen Historik teilgenommen hat, formuliert im Examen die Einsicht von der Geschichtsabhängigkeit unseres jeweiligen historischen Vergangenheitsinteresses mühelos – so mühelos, daß es schon wieder nötig ist, daran zu erinnern, daß der historische Prozeß, der auch das historische Wissen alt werden und schließlich veraltet sein läßt, keineswegs ein Prozeß ist, der in allen seinen Teilen mit gleicher, sozusagen synchronisierter Geschwindigkeit abläuft. Es ist wahr und für die Selbstverständigung über die Struktur unseres Vergangenheitsverhältnisses wichtig, daß das historische Wissen selber der Historizität unterliegt. Aber der Geschichtsprozeß hat – um die anschauliche strömungstheoretische Metapher hier noch einmal zu verwenden – nicht laminaren Charakter. Die zivilisatorische Evolution, die sich inzwischen mit einer Dynamik vollzieht, die sie innerhalb der kurzen Frist einer einzigen Generation aufdringlich und unübersehbar werden läßt, reißt nicht in homogener Bewegung alle Zivilisationselemente auf einmal mit sich. Es gibt Alterungsresistenzen. Es gibt Rekurrenzen, das heißt Bewegungen der Rückkehr über Umwege zum Ausgangspunkt, ohne daß dieser, wie in einer Spirale, sich jeweils auf einem höheren Niveau befände. Einiges dreht sich auf der Stelle, und anderes bewegt sich, wie ein Fels, überhaupt nicht, oder doch nur in Zeiträumen von geologischen Dimensionen.

Solche Differenzen in der Bewegtheit der Elemente eines sich evolvierenden Systems spiegeln sich natürlich auch im Prozeß der Überlieferungsbildung zu Zwecken künftiger historischer Vergegenwärtigung jener Vergangenheit, die derzeit noch Gegenwart ist. Die unter dem Mengendruck anfallender Altdaten unvermeidliche Unterscheidung dessen, was als Geschichtsquelle und was als Altpapier zu behandeln sei, ist nicht in allen ihren Teilen in gleicher Weise zeitbedingt. Zeitbedingt ist sie immer, gewiß; aber sie bezieht sich auf Altdaten von erkennbar unterschiedlicher Temporalität, und es läßt sich somit, innerhalb ungewisser Grenzen, einigermaßen verläßlich sagen, welche Überlieferungsbestandteile eine größere historiographische Alterungsresistenz für sich haben werden. Simultan gerät niemals die Totalität eines synchron anfallenden Überlieferungsbestandes in den Aufmerksamkeitsschatten des sich wandelnden historischen Interesses. Dauerobjekt historischen Interesses bleibt, was als Ereignis oder Vorgang von gestern jene Strukturen der relativ größeren Dauerhaftigkeit schuf, in denen sich unterschiedliche Zeiten auch über größere chronologische Distanzen hinweg wiedererkennen. Jede Kassation, die das Wichtige vom weniger Wichtigen oder Unwichtigen unter Aspekten der historiographischen Interessen der Zukunft zu unterscheiden hat, trägt gewiß selber einen historischen Index. Nichtsdestoweniger kann sie in einem ungewissen Umfang und innerhalb ungewisser Grenzen sich als Kassation von relativ dauerhafter geschichtswissenschaftlicher Akzeptanz erweisen – soweit sie nämlich eine Entscheidung zugunsten der Verwahrung des Dokumentenniederschlags von Ereignissen und Vorgängen war, über die in der sozialen, politischen und kulturellen Wirklichkeit Strukturen von relativ größerer Dauerhaftigkeit sich gebildet haben.

Die am historischen Interesse der Zukunft orientierte Unterscheidung des Wichtigen vom weniger Wichtigen, wie sie in jeder Kassation zu vollziehen ist, wäre insoweit eine Unterscheidung von Altdatenniederschlägen nach der größeren oder geringeren Zukunftsreichweite der Ereignisse und Vorgänge, auf die sie sich beziehen. Zu konservieren ist der Aktenniederschlag dessen, was sich länger erhält. Um der Besorgnis vorzubeugen, diese Beschreibung kassationsleitender Orientierung kultiviere konservative Ideale, sei noch hinzugefügt, daß es sich bei den Ereignissen und Vorgängen, deren Dokumente vorrangig verwahrungsbedürftig sind, natürlich auch um Ereignisse und Vorgänge handeln kann, die verdiente und noch im Nachhinein beifallsträchtige Untergänge bewirkt haben. Für etliche Revolutionen gilt das ja: Sie vollziehen irreversible Liquidationen und legen alte Verhältnisse endgültig zu den Akten, und sie richten zugleich neue Verhältnisse ein, die zumindest nach dem Willen der Revolutionäre mit dem Akt der Revolution ein für alle Mal eingerichtet sein sollen. So weit sie in diesem Willen erfolgreich sind, ist somit nach der erläuterten Kassationsregel nichts verwahrungspflichtiger als der Dokumentenniederschlag einer solchen Revolution.

Man erkennt: Das Kassationskriterium des Vorrangs von Materialien der relativ größeren Beständigkeit ist ideologiepolitisch neutral. Gegenüber dem Unterschied von konservativer Historiographie auf der einen Seite und progressiver Historiographie auf der anderen Seite, den es ja einmal gab und in Reliktform immer noch gibt, verhält es sich vollkommen indifferent. Wie auch immer die Historiker der Zukunft ideologiepolitisch optiert haben werden –: sie werden alle in gleicher Weise auf die Überlieferungsbildungsarbeit früherer Archivare angewiesen sein, die sich vorzugsweise und unbeschadet der Historizität ihrer Auswahlarbeit erfolgreich derjenigen Bestände angenommen haben, aus denen sich historiographisch die Genesis dessen rekonstruieren läßt, was sich, nach Gewinn oder Verlust, als Bestand von fortwirkender Dauer erwiesen haben wird.

Lassen sich solche Bestände von prospektiv größerer Dauerhaftigkeit im Vorhinein identifizieren? Man übertriebe die Zufallsträchtigkeit von Überlieferungsbildungsvorgängen für Zwecke künftiger historischer Forschung, wenn man auf die gestellte Frage rundweg mit einem Nein antworten wollte. Institutionen, Gebietskörperschaften zum Beispiel, haben doch im Regelfall eine größere Beständigkeit aufzuweisen als die Vollzüge und Verrichtungen, die gemäß ihrer generellen Zuständigkeit oder Zweckbestimmung nach wechselnden Lagen im Einzelfall fällig werden. Verkehrswege sind in ihrer raumordnungsstiftenden Wirkung ungleich dauerhafter als die Technik des Verkehrs auf diesen Wegen. Exemplarisch heißt das: Nicht wenige Schnellstraßen liegen auf Trassen spätmittelalterlicher Prägung[7]; in topographisch einschlägig begünstigten Regionen bleibt die Streckenführung für Hochgeschwindigkeitszüge weitgehend mit der Streckenführung identisch, zu der man sich schon in der Frühzeit des Eisenbahnbaus entschieden hatte; die Marktplätze als Zentren moderner Fußgängerzonen entstammen nach Lage und Größe stadtbaugeschichtlichen Vorgängen vor mehr als einem halben Jahrtausend, und beliebte Bootswanderstrecken erweisen sich bei näherem Zusehen als Kanalrelikte des Barockzeitalters. Es ist nicht erkennbar, wieso die relative Dauerhaftigkeit solcher Raumordnungsentscheidungen sich nicht auch für die Zukunft unserer eigenen Gegenwart sollte vorhersehen lassen – vom Eisenbahntrassenbau, der heute für die Zwecke des Hochgeschwindigkeitsverkehrs die kurvenreichen Strecken, die Flußläufen folgten, ersetzt bis hin zur Irreversibilität jener Hochmoorkultivierungen, die noch vor drei Jahrzehnten Ödland in Agrarfläche verwandelten und die keine Rückbaukunst naturmusealisierender Biotoppfleger mehr rückgängig machen kann. Welche Schwierigkeiten sollten Archivare haben, auf solche Evidenzen beim Kassationsvorgang Rücksicht zu nehmen?

Hat man die Temporalstruktur dieser Zusammenhänge erkannt, in denen Entscheidungen und Vorgänge von größerer und geringerer Wirkungsdauer gegeneinander kontrastieren, so fallen einem mühelos analog strukturierte Bestände ein. Dauerhafter als die Staatsform ist die Staatsheraldik. Die Rechtssetzungsnormen sind von größerer Konstanz als das rechtssetzungsnormengemäß gesetzte Recht. Orthographien sind dauerhafter als Ausspracheweisen. Bekenntnisse sind geltungsstabiler als Frömmigkeitsformen, und was diejenigen wollen, die als Sieger aus Revolutionen oder Kriegen hervorgehen, prägt im Regelfall zukünftige Entwicklungen dauerhafter als das, was die Verlierer statt dessen gewollt hatten.

Daß die Sieger über das hinaus, was sie den zukünftigen Entwicklungen dauerhaft vorzugeben vermögen, auch noch die Arbeit der Historiker präformieren und zugleich auch die Arbeit derer, die vorsorglich die Quellen künftiger Historiographie zu sichern bemüht sind – das hat Walter Benjamin anstößig gefunden. „Dem historischen Materialisten" sei mit dem Hinweis auf die historistische Interessen lenkende Kraft der von Siegern geschaffenen Fakten „genug gesagt"[8]. Dieser als Entlarvung

[7] Cf. dazu Hartmut Boockmann: Die Gegenwart des Mittelalters. Berlin 1988, S. 16f.
[8] Walter Benjamin: Illuminationen. Ausgewählte Schriften. Frankfurt a. M. 1961. Geschichtsphilosophische Thesen, S. 268–279, S. 271.

gemeinte Kommentar Benjamins ist verblüffend. Erstens bezeugt er Unkenntnis der Historiographie im ideologiepolitischen Herrschaftsbereich des historischen Materialismus. Nie zuvor ist doch die Geschichte konsequenter als Geschichte aus der Perspektive von Siegern, und zwar ihrer vermeintlich letzten und endgültigen Sieger, gesehen und dargestellt worden als im ideologischen Kontext des historischen Materialismus. Zweitens wäre es auch ganz unabhängig von den speziellen ideologischen Voraussetzungen sogenannter materialistischer Historiographie aus den erläuterten Gründen eine sonderbare Art der Geschichtsschreibung, die, anstatt zu erzählen, was sich mit prägenden Langfristwirkungen tatsächlich zugetragen hat, mitteilt, was möglicherweise Wirklichkeit geworden wäre, wenn anstelle der tatsächlichen Dominanzverhältnisse geschichtsbestimmender Kräfte fiktiv das Gegenteil angenommen würde. Der rührend-naive Historismus-Tadel Benjamins ist also weder historisch-materialistisch, noch läßt er sich überhaupt innerhalb eines geschichtswissenschaftspraktisch rationalen Vergangenheitsverhältnisses beherzigen. Man kann durchaus innerhalb unsicherer Grenzen wissen, was Spätere vorzugsweise über uns wissen möchten, und unbeschadet der Historizität des fraglichen Wissens gibt es Chancen der Dauerhaftigkeit der Entscheidungen, die auf Grund solchen Wissens in der Praxis archivarischer Überlieferungsbildung getroffen werden.

Aber nicht nur die Entscheidung darüber, was verwahrungspraktisch für Zwecke künftiger historischer Forschung als wichtig zu gelten hat, läßt sich innerhalb ungewisser Grenzen einigermaßen kontingenzfrei, nämlich über Fristen von einiger Dauer auch noch für spätere Historiker zustimmungsfähig treffen. Umgekehrt gilt, daß Unwichtiges zu gewißen Anteilen erkannt, kassiert und dem Altpapierrecycling überantwortet werden kann, ohne daß man zu befürchten hätte, alsbald seine Kassationsentscheidung von gestern bereuen zu müssen.

Von der allgemeinen Regel, daß mit der Menge des aktenmäßigen Kommunikationsniederschlags im Lebenszusammenhang moderner Gesellschaften die Potenz der Einzelakte, künftig als Geschichtsquelle zu dienen, zugleich abnimmt, war bereits oben die Rede[9]. Wir haben gesehen, daß in modernen Gesellschaften die schriftlose, also mündliche, näherhin fernmündliche Kommunikation noch rascher expandiert als die schriftguthinterlassende Kommunikation, und das bedeutet ja, daß der relative Anteil von kommunikativen Vorgängen zunimmt, die zukünftige Historiker interessieren müßten, die aber ihrer Spurlosigkeit wegen nicht überlieferungsfähig sind. Doch es hat auch noch andere Gründe, daß der Geschichtsquellenwert des in modernen Gesellschaften

---

[9] Cf. oben S. 171.

produzierten Schriftguts relativ abnimmt, und diese Gründe sind für die Kommunikationsgestalt komplexer Gesellschaften aufschlußreich. Modernisierungsprozesse sind, unter anderem, Prozesse der Freisetzung der Individuen für eine beispiellose Fülle von Möglichkeiten, ihre Individualität zu kultivieren. „Selbstverwirklichung“ ist daher als hellstrahlender Stern am modernen Wertehimmel aufgegangen[10]. Nicht als sogenannte Massengesellschaft stellt die moderne Gesellschaft sich dar, vielmehr als eine Gesellschaft der in ihren Individualitätsprofilen sich wie nie zuvor voneinander unterscheidenden Individuen. Das ist an dieser Stelle in seinen Gründen nicht näher zu erläutern. Hier kommt es auf die kommunikative Seite dieser Individualisierungsprozesse an. Niemals zuvor stand das Individuum, der Bürger, in so vielfältigen kommunikativen Beziehungen wie heute, nämlich über den privaten Bereich hinaus mit jener immer noch wachsenden Zahl von Ämtern, Behörden, Körperschaften und Vertragspartnern, ohne deren Leistungen und Dienstleistungen die sozialen und kulturellen Voraussetzungen gar nicht existierten, die Selbstverwirklichungsambitionen erst realistisch machen. Dem entspricht, daß bei all diesen privatrechtlichen oder öffentlichrechtlichen Einrichtungen, mit denen moderne Individuen kommunizieren, die Individualität dieser Individuen in Aktengestalt präsent ist. Das reicht von den Kraftfahrzeugämtern, die die Geschichte unserer Pkw-Lenkerpraxis dokumentieren, über die Steuer- und Standesämter, über die Schulen und Hochschulen, bei denen die Ur-Urkunden erworbener Abschlüsse und Grade verwahrt sind, bis hin zu den Arbeitsämtern, die, sofern wir jemals arbeitslos waren, aktenmäßigen Einblick in unseren beruflichen Lebensweg haben. Die Personalbüros unserer Arbeitgeber haben diesen Einblick ohnehin; bei unserem Krankenversicherungspartner ist unsere Lebensgeschichte unter dem Aspekte von Krankheit und Gesundheit festgehalten; Vorstrafenregister und unseren individuellen Fall betreffende Gerichtsakten gibt es auch noch und unsere langdauernden Geschäftsbeziehungen zu Banken, Lieferanten und Unternehmern finden ihren Aktenniederschlag in Gestalt persönlicher Konten. Kontrollakten solcher persönlichen Akten verwahren die Individuen überdies zu Hause, und so läßt sich sagen: Nie war die unverwechselbare Individualität unserer Handlungs- und Leidensgeschichte, unsere Le-

---

[10] Cf. dazu meine Abhandlung „Der Wertewandel und die Arbeitsmoral“, Köln 1984, bes. S. 37ff., ferner, zum Thema der Individualisierung der Lebensstile, die sich als naheliegende Konsequenz aus selbstverwirklichungsorientierter Lebenspraxis ergeben muß, die Untersuchung von Wolfgang Zapf, Sigrid Breuer, Jürgen Hampel, Peter Krause, Hans-Michael Mohr, Erich Wiegand: Individualisierung und Sicherheit. München 1987.

bensgeschichte also, in Aktenbeständen mit Urkundencharakter so wohldokumentiert wie heute.

Hinzu kommt, daß die Zahl der Individuen, für die sich die Öffentlichkeit interessiert, die also Publizität genießen, nie größer als heute war, und sie wächst ständig. An der gewaltigen Zahl der Personenartikel in Lexika, in Gelehrten-Handbüchern oder in den immer dicker anschwellenden nationalen und internationalen Who-is-Who-Werken läßt sich das ablesen. Dem entspricht die wachsende Zahl der Individuen, die bereits zu Lebzeiten in den historischen Rang von Persönlichkeiten der Zeitgeschichte erhoben werden und deren Namen mit beträchtlicher Wahrscheinlichkeit in zukünftigen geschichtswissenschaftlichen Arbeiten aufscheinen werden.

Individualisierungsprozesse schlagen sich also nicht zuletzt im dramatischen Wachstum der Personalaktenmenge nieder. Aber trotz der wachsenden Zahl der Individuen, deren Name heute Publizität gewinnt, verwandelt sich der Personalaktenbestand fast vollständig in Datenschutt, sobald die juridischen und administrativen Vorgänge erledigt, die Verjährungsfristen verstrichen, die Individuen gar verstorben und die Erbschaftsangelegenheiten einschließlich ihrer steuerlichen Seite geregelt sind. Und selbst dann, wenn es sich um Individuen gehandelt haben sollte, deren Nachlaß man aus Gründen vermuteten künftigen historischen Interesses an ihnen für sicherungsbedürftig hält, so sind es doch im Regelfall die Steuerakten, die Kontenblätter und Versicherungsdossiers gerade nicht, für die sich ein Biograph in erster Linie zu interessieren hätte. Das bedeutet: Im fraglichen Personalaktenniederschlag erscheint unsere Individualität, von Ausnahmefällen abgesehen, weniger in ihrer Singularität als in jenen Eigenschaften, die sie mit einer wechselnden Zahl anderer Individuen teilt, so daß Gruppen entstehen, deren Charakteristik statistischer Art ist. Für die Überlieferungsbildung, die auf den Quellenbedarf künftiger Historiker Rücksicht zu nehmen sucht, wird es sich somit darum handeln müssen, „aus den massenhaften gleichförmigen Einzelakten der modernen Verwaltung in gezielter oder schematischer Auswahl (bestimmte Orte, Jahrgänge oder Anfangsbuchstaben) repräsentative Dokumentationsausschnitte zu formieren“[11].

Just das besorgt, mit ihren speziellen Methoden und Techniken, die amtliche Statistik ohnehin. Deren Aufgaben sind überwiegend gewiß andere als die der Überlieferungsbildung. Die amtliche Statistik hat nach ihrer Primärfunktion Informationen über Fakten und Trends bereitzustellen, auf die man angewiesen ist, um die Wirklichkeitsannahmevoraussetzungen rationaler Planungen und Entscheidungen in administrati-

---

[11] Eckhard G. Franz: Einführung in die Archivkunde. Darmstadt ^{2}1977, S. 75.

ven und politischen Handlungszusammenhängen verläßlich halten zu können. Indessen: Zu ihren Nebenzwecken zählt die amtliche Statistik längst auch die Sicherung der Quellen künftiger historischer Forschung: „Will man nicht in einen geschichtslosen Zustand versinken, so müssen Situationsbilder über die Fakten und Strukturen in einer Gesellschaft ... für spätere Zeiten festgehalten werden“[12]. Vergegenwärtigt man sich, daß statistische Erhebungen und die Auswertung ihrer Ergebnisse, die der Absicht nach zunächst durchaus der Verbesserung der Entscheidungsgrundlagen der Verwaltung dienen sollten, sobald sie vorliegen, „eigentlich schon an Aktualität“ verloren haben, weil sie inzwischen längst von der „Wirklichkeit überholt“ worden sind[13], so verbleibt schon aus diesem temporalen Grund als Dauerwert der erhobenen und statistisch verarbeiteten Daten einzig der eines künftigen historischen Interesses an ihnen.

Indem also, was der Datenschutt erledigter personenbezogener Akten an Informationen enthält, die Gegenstand eines künftigen historischen Interesses sein könnten, ohnehin statistisch verarbeitet überliefert wird, verbleibt den fraglichen Akten nur noch Altpapierwert, und die Wahrscheinlichkeit ist gering, daß jemals ein Archivar nachträglich die einschlägige frühere Kassationsentscheidung seiner Behörde bereuen sollte. Nicht nur Wichtiges also, nämlich Dokumentationen von Vorgängen und Entscheidungen, die unbeschadet der Dynamik der zivilisatorischen Evolution Fakten von einiger Dauer geschaffen haben, vielmehr auch Unwichtiges läßt sich beim Kassationsvorgang innerhalb ungewisser Grenzen durchaus einigermaßen kontingenzfrei identifizieren. Die Zufälligkeit im Wandel der Rezeptionsinteressen ist nicht total, und man kann somit auch über längere Fristen hin wissen, was mit großer Wahrscheinlichkeit niemandes künftiges historisches Interesse finden wird.

Schließlich gibt es noch einen weiteren Grund, der modernitätsspezifisch mit der Menge des aktenmäßigen oder sonstigen Kommunikationsniederschlags den Wert dieses Niederschlags als Quelle künftigen historischen Wissens mindert. Wir können diesen Grund als das Prinzip der informationsmengenabhängig wachsenden informationellen Redundanz kennzeichnen. Mit der Menge der Stellen, die in einer modernen Verwaltung miteinander kommunizieren, wächst zugleich die Menge der Kopien, die zur Abkürzung der Zeit, die für den Umlauf einer Akte in

[12] Max Wingen, Rolf Deininger: Kontinuität und Wandel. Die amtliche Statistik in der ersten Hälfte der 80er Jahre. Statistisches Landesamt Baden-Württemberg. Stuttgart 1987, S. 8.

[13] Josef Schmidl: Informationspolitik in der amtlichen Statistik. Statistisches Landesamt Baden-Württemberg. Stuttgart 1988, S. 18.

Originalgestalt benötigt würde, von dieser Akte oder ihren wichtigsten Teilen hergestellt und ausgesandt werden. Anders ausgedrückt: Mit der Anzahl der in einer modernen Verwaltung sich ausdifferenzierenden Zuständigkeiten wächst der Anteil identischer Texte in ihrem Aktenmaterial. Exemplarisch heißt das: Immer dieselben Planungsunterlagen für einen Hafenneubau, ein Kohlekraftwerk oder eine Überschlickungsmelioration finden sich bei der gesetzlichen Antragsgenehmigungsbehörde wie beim staatlichen Zuschußgeber, beim Bauträger ohnehin, bei einspruchsberechtigten Betroffenen, beim technischen Überwachungsverein, schließlich zu relevanten Anteilen in den Ausschreibungsunterlagen, die, vervielfältigt, gegen eine Schutzgebühr von Hochbau- oder Tiefbauunternehmern bezogen werden und immer häufiger auch von Umweltschützern, Bürgerinitiativen und Parteibüros. Bei solcher Redundanz in der aktenförmigen Präsenz ein und desselben Vorgangs ist der Stammtischwunsch, im Finanzamt möge ein Feuer ausbrechen, ein in den vermuteten Folgen seiner Erfüllung längst veralteter Wunsch. Erstens ist, was die Steuerakte an rechtlich relevanten Daten enthält, ohnehin bereits elektronisch im Computer einer entfernten Datenverarbeitungszentrale gespeichert; zweitens ist in bezug auf übrige Daten deren Rekonstruktion durch Rekurs auf die Akten von Personalbüros, Banken, Geschäftspartnern im Rechtsstreitfall jederzeit möglich; drittens gibt es komplette Dubletten der Unterlagen beim Steuerberater, und schließlich gäbe es ja auch noch die heimischen Akten, die spurlos aus der Welt zu schaffen eine sorgfältig geplante Parallelvernichtungsaktion erforderlich machen würde.

Generell, so scheint es, haben Texte in der Informationsgesellschaft eine Neigung, sich zu vervielfachen. Das bedeutet, mit leichter Übertreibung gesagt: Aktenuntergangskatastrophen sind heute in einem geringeren Ausmaß mit irreversiblen Informationsverlusten verbunden als jemals zuvor. Auch für analoge Informationssammelstellen gilt das, für Bibliotheken zum Beispiel, deren Untergang ja heute in keinem einzigen Falle noch einmal Folgen jener irreversiblen Informationsvernichtung haben könnte, wie sie der Brand der Bibliothek von Alexandria einst gehabt hat. Das gilt jedenfalls für diejenigen bibliothekarisch verwahrten Informationen, die bereits dem Zeitalter ihrer allgemeinen Vervielfältigung entstammen.

Das skizzierte Prinzip moderner Informationsredundanz macht natürlich den Aktenniederschlag ohne Informationsverlust hochkomprimierbar. Die Menge dessen, was sich, ohne den Quellenbedarf künftiger Historiker zu verkürzen, wegwerfen ließe, wächst anteilmäßig ständig. Der einschlägige Kassationsvorgang bliebe sogar prinzipiell für dauernd revisionsunbedürftig, und alle verbleibenden Schwierigkeiten sind somit einzig selektionstechnischer, näherhin zeitknappheitsbedingter Art –: wer vermöchte denn die Arbeitsstunden zu bezahlen, die nötig wären, um aus den Produkten von Aktenproduzenten unterschiedlicher Zuständigkeit die identischen Textanteile auszusondern?

Insoweit ließe sich also die Kassation, das heißt die mengendruckerzwungene Selektion in der Überlieferungsbildung, als ein rationaler, von den Zufälligkeiten sich wandelnder Rezeptionsinteressen einigermaßen unabhängiger Vorgang durchaus plausibel machen. Indessen: Was für unzweifelhaft langfristig Wichtiges der skizzierten Art einerseits und analog für evident Unwichtiges andererseits gelten mag, gilt für die Masse des Informationsniederschlags, der in modernen Gesellschaften anfällt, gerade nicht. Die Menge der Vorgänge wächst, von denen niemand im Vorhinein wissen kann, ob sie Gegenstand eines künftigen historischen Interesses sein werden oder definitiv in den Aufmerksamkeitsschatten dieses Interesses absinken. Im Zeitalter einer Kultur progressiver Selbsthistorisierung ist natürlich, zumal in der Politik, die Neigung ausgeprägt, Entscheidungen, die man getroffen hat, zum Zweck der Erhöhung ihres Aufmerksamkeitswerts als „historische" Entscheidungen auszugeben. Der Prädikator „historisch" repräsentiert in solchen Fällen den Anspruch, die getroffene Entscheidung sei von einer Wichtigkeit, die ihr Berichtspflichtigkeit auch noch in der Geschichtsschreibung der Zukunft garantiere.

Solche vorauseilende Selbsteinschätzung künftiger Bedeutung des eigenen Tuns hat jedoch zumeist eher Beschwörungscharakter als einen prognostischen Wert. In der Mitte zwischen evident Wichtigem einerseits und evident Unwichtigem andererseits wird man auch auf den herausgehobenen Ebenen in der Hierarchie politischer, administrativer und ökonomischer Zuständigkeiten gewöhnlicherweise mit Angelegenheiten beschäftigt, die aus der Perspektive historischer Interessen, die sie späterhin einmal finden oder auch nicht finden dürften, gegenwärtig unmöglich sich einschätzen lassen.

Man kann diese Schwierigkeit, die zukünftige Gegenwart jener Vergangenheit zu antizipieren, die die gegenwärtige Gegenwart einst sein wird, exemplarisch sogar an Widerfahrnissen im Umgang mit dem papiernen Niederschlag eigener Lebensverbringung ablesen. Selbst private oder nebenberufliche Korrespondenzen werden heute kopiengesichert abgewickelt. Bei kommunikationsfreudigen Zeitgenossen sammeln sich daher in relativ kurzen Fristen Korrespondenzen in einem Umfang an, dem die Lagerkapazitäten selbst von Dachböden und Kellerräumen schließlich nicht mehr gewachsen sind, so daß Kassationsvorgänge unvermeidlich werden. Wichtiges, nämlich bleibend Wichtiges möchte man verwahren. Aber was wichtig werden wird, ist schwerlich vorauszusehen, zum Beispiel jene spätere außerordentliche Prominenz alter Brieffreunde, die bewirkt, daß man inzwischen ihre früheren Handschreiben auf dem Autographenmarkt losschlagen könnte, wenn sie nicht längst häuslichen Entrümpelungsaktionen zum Opfer gefallen wären. Und speziell bei Wissenschaftlern, bei Geisteswissenschaftlern zumal, sammeln sich in den Privatarchiven auch über die Korrespondenzen hinaus zahllose Papiere an – Publikationsentwürfe, Vorlesungsnachschriften, Vorträge und Reden etc. Wahr ist, daß gebotene Bescheidenheit in der Selbsteinschätzung, die als bescheidene im Regelfall zugleich eine realistische Selbsteinschätzung sein dürfte, verlangt, solche Privatarchive nicht mit Quellen zukünftiger Wissenschaftshistoriographie zu verwechseln. Andererseits hat man aber doch zur Kenntnis zu nehmen, daß die wissenschaftsgeschichtliche Forschung längst nicht mehr nur Forschung über Leben und Werk der Klassiker ist, vielmehr darüber hinaus Erforschung der institutionellen, schulmäßigen und kollegialen Kontexte der singulären Leistungen dieser Klassiker. Ein Gebirge besteht eben nicht nur aus Gipfeln, sondern desgleichen aus den Tälern, Einbrüchen, ja Ebenen und Einöden, die sich zwischen ihnen erstrecken, und erst über die Beschreibung solcher Zwischenräume werden die Aufgipfelungen in ihrer Größe voll sichtbar. Sähe man es so, so dürfte sich auch der kleine Mann in der Wissenschaft mit seiner angemessen bescheidenen Selbsteinschätzung schon für verpflichtet halten, das Schriftgut seiner wissenschaftskulturellen Transfer- und Innovationsversuche in Respekt vor dem Quellenbedarf der Wissenschaftshistoriker der Zukunft maximal archivarisch zu konservieren.

Und wiederum müßte sich beim Versuch zu entscheiden, welcher Anteil privaten Archivguts unbeschadet solcher Konservierungspflichten voraussichtlich nie jemandes historisches Interesse finden dürfte und entsprechend zu kassieren sei, die unaufhebbare Zufallsabhängigkeit eines solchen Versuchs zur Geltung bringen. Wie auch immer: Die Bibliotheken und sonstigen nachlaßhütenden Einrichtungen, die auf ihre gelehrten Nachlässe aus dem 18., ja noch aus dem 19. Jahrhundert selbst in drittklassigen Fällen durchaus stolz sind, sehen mit Grausen die Nachlaßflut der Angehörigen einer Wissenschaftlerkommunität auf sich zukommen, die sich in der zweiten Hälfte unseres eigenen Jahrhunderts vervielfacht hat[14]. Auch hier verschärft sich das Kassationsproblem und damit die Zufallsträchtigkeit der tatsächlich getroffenen Kassationsentscheidungen aus den nicht im Vorhin-

[14] Zu diesen und analogen Zahlen cf. Derek J. Solla Price: Little Science, Big Science. Von der Studierstube bis zur Großforschung (1963). Frankfurt a. M. 1974.

ein fixierbaren Gesichtspunkten historiographischer Interessen der Zukunft.

Dabei stellt sich das Kassationsproblem in der akademischen Welt längst nicht mehr nur für Wissenschaftler von größerer oder auch von geringerer Prominenz. Sogar Studenten, die über Jahrhunderte unserer Universitätsgeschichte hin es niemals mit der Frage zu tun hatten, ob und wie sie den papiernen Niederschlag ihrer Studien der Zukunft überliefern sollten, haben heute bei vollentwickelter historischer Bewußtheit Kassationsentscheidungen zu treffen. Das klingt wie ein ironischer Kommentar zum modernen Wissenschaftsbetrieb, der beim inoffiziellen Teil eines Festkommerses gesprochen sein könnte, und dennoch verhält es sich so. Als wichtige Quellen fürs Verständnis der Werke philosophischer und sonstiger Klassiker gelten ja heute nicht zuletzt studentische Nachschriften ihrer Vorlesungen. Nicht selten werden sie gänzlich zufällig entdeckt, und man muß es nicht tadeln, daß die Entdecker naheliegenderweise geneigt sind, solchen Entdeckungen möglichst Sensationscharakter zuzuschreiben. Auf die Interpretationshilfe studentischer Vorlesungsnachschriften ist man natürlich nicht angewiesen, wenn die fraglichen Professoren bei richtiger Selbsteinschätzung ihres künftigen Klassiker-Ranges die definitive Überlieferungsgestalt ihrer Vorlesungen nicht dem Verständnis und der stenographischen Kompetenz ihrer Studenten überantwortet wissen wollten, wenn sie vielmehr selbst den vollständigen Kanon aller gehaltenen Vorlesungen der Nachwelt überlieferten. Das hat dann freilich zur Folge, daß die Gesammelten Werke der fraglichen Neo-Klassiker einen Umfang annehmen, der den Zufall, der insofern aus der Überlieferungsgestalt eines Werkes getilgt ist, potenziert in der Zufälligkeit selektiver Kenntnisnahme eines solchen schon aus temporalen Gründen unlesbar gewordenen Riesenwerkes wiederkehren läßt. Aber das sind Ausnahmefälle. Im Regelfall sind tatsächlich Vorlesungsnachschriften bis heute eine wichtige Quelle der Kenntnis des Vorlesungsoeuvres großer Gelehrter geblieben, und zumindest dann, wenn diese Bedeutung schon heute den Studenten erkennbar ist, wäre nun tatsächlich diesen eine Entscheidung darüber abverlangt, ob sie gewichtige Worte, die für künftige wissenschaftshistorische Rekonstruktionen verfügbar sein sollten, spurlos verklungen sein lassen wollen oder in Gestalt der eigenen, am besten gleich transkribierten Vorlesungsnachschrift dem Universitätsarchiv zur Verfügung stellen. Die Kontingenzabhängigkeit solcher Entscheidungen bedarf keiner Erläuterung, und sie nimmt mit der Unbeherrschbarkeit der sich aus dem Niederschlag kommunikativer Prozesse erzeugenden Informationsflut zu, die sich in die Zukunft hineinwälzt.

Was so für die Kassationsentscheidungen gilt, die heute schon Privaten abverlangt sind, gilt natürlich für die Kassationsentscheidungen öffentlicher schriftgutproduzierender Institutionen erst recht. Ist die Aktenmenge, in der sich kommunale Bemühungen zur Erschließung eines Industrieansiedlungsgebietes niederschlagen, überlieferungsbedürftig oder nicht? Das wird, einerseits, von der Nichtvorhersehbarkeit abhängen, ob die fraglichen Erschließungsbemühungen den erhofften Wandel der Kommune zur Industriekommune eingeleitet haben oder eine Fehlinvestition blieben, oder ob sie, andererseits, wenn sie denn erfolgreich waren, zum Grund der Dauerreue Späterer wurden, die inzwischen ihr ehemaliges Städtchen, statt als Industriestadt, lieber als nostalgietouristisch interessanten Fremdenverkehrsort sich hätten entwickeln sehen. Man kennt den Kontext nicht, aus dem heraus sich Spätere für das interessieren oder nicht interessieren werden, was einen selbst gegenwärtig vorrangig beschäftigt oder gerade nicht beschäftigt. Gewiß hat man sich daran gewöhnt, daß öffentliche wie private Bauten über immer kürzere Fristen in den Rang architekturgeschichtlicher Denkmäler versetzt werden. Das läuft regelmäßig auf Fassadenkonservierung hinaus. Sehr selten hingegen kommt es vor, daß bei Gebäuden extraordinären architekturhistorischen Ranges schließlich auch die Binnengestalt des Gebäudes als Architekturdenkmal rekonstruiert werden soll. Aber wie ließe sich das voraussehen und wie ließen in solcher Voraussicht Bauakten eines Hauses, das man zur Zeit seiner Errichtung und noch über viele Jahre hernach für ein durchaus gewöhnliches Haus hielt, sich vorsorglich vor der Kassation schützen? In weiterführenden Schulen und Hochschulen, die von Jugendlichen eines hier und da immer noch leicht wachsenden Jahrgangsanteils durchlaufen werden, stapeln sich in nie gekannter Menge Matura-Aufsätze und Examensarbeiten. Daß sie über die Dauer von Fristen, in denen aus Rechtsgründen Rekurse auf diese Dokumente möglich sind, verwahrt werden müssen, versteht sich. Alsdann jedoch ist es aus Verwahrungskapazitätsgründen unvermeidlich, sie nicht mehr nach ihren Sinngehalten, vielmehr als Altpapier einzuschätzen. Arbeiten von Genies, die schon im Schüler- oder Studentenalter als solche erkennbar waren, wird man zur vorsorglichen Sicherung von Quellen ihrer späteren Biographie vielleicht aussondern. Aber Spätentwickler unter den Genies – das gibt es – sind als Objekte eines künftigen Interesses an der Darstellung ihrer Entwicklung im Vorhinein nicht erkennbar, und damit ist es die Verwahrungsbedürftigkeit früher Urkunden dieser Entwicklung ebensowenig.

In dieser Weise könnte man endlos fortfahren, die Zufallsabhängigkeit der Voraussicht zukünftiger historischer Interessen anschaulich zu machen – vom Wechsel des lokalhistorischen Interesses an Persönlichkeiten, die im unkalkulierbaren Wandel politischer Präferenzen plötzlich als Namensgeber für neue Strassen in Frage kommen, bis zur Unvorhersehbarkeit der künftigen historischen Bedeutung einer Vereinsgründung zu Zwecken, die zunächst als marginal angesehen, ja belacht werden, Jahrzehnte später aber als zivilisatorische Jahrhundertzwecke jedermann evident sind. So gäbe man heute viel darum, wenn die historischen Vereine, die in ihrer Gründungsgeschichte bis in die Frühzeit moderner historischer Kultur zurückreichen, ihre eigenen Vereinsakten getreuer als Quellen späterer Vereinshistoriographie verwahrt hätten, und Analoges gilt bereits jetzt für die Frühgeschichte sich intellektuell und vereinsmäßig organisierender ökologischer Interessen, deren Ursprünge um Jahrzehnte hinter die Gründungsphase von Bewegungen und Parteien mit der Symbolfarbe „grün" zurückreichen.

Verallgemeinert bedeutet das: Wie nie zuvor hätten wir nötig zu wissen, was Künftige in historischer Absicht über unsere Gegenwart wissen möchten. „Seitdem sich ..., vornehmlich seit dem 18. Jahrhundert, die Geschichte als Wissenschaft mit immer mehr verfeinerten Methoden herausgebildet hat, erwartet ... der Historiker von morgen, daß ihm der Archivar das Material zur Beantwortung der Fragen ... bereitstellt", die sich auf jene Vergangenheit beziehen, die zu der Zeit, als es das Material bereitzustellen galt, noch Gegenwart war oder doch die Vergangenheit einer anderen Gegenwart als die Gegenwart jener „Historiker von morgen"[15]. „Wertvoll ist, was für die Forschung künftiger Generationen wichtig ist!" – Das ist das Fundamentalprinzip aller Überlieferungsbildung im Kontext der sich selbst historisierenden modernen Kultur[16]. Aber wie kann man wissen, was künftig für Zwecke historischer Forschung wichtig sein wird? Verlangt wird somit eine „Futurologie wissenschaftlicher Fragestellungen", näherhin geschichtswissenschaftlicher Fragestellungen[17], deren Prognosechancen jedoch, wie bei jeder Futurologie, mit der Dynamik des Zivilisationsprozesses, den es zu prognostizieren gilt, abnimmt[18]. Und doch wächst der Bedarf an futurologischem Wissen über künftige historische Forschungsinteressen mit der Menge des Materials, das bei den Vorgängen der Überlieferungs-

---

[15] Carl HAASE, a.a.O.(cf. Anm. 5), Sp. 405–418, Sp. 411.

[16] Hans BOOMS: Gesellschaftsordnung und Überlieferungsbildung. Probleme archivarischer Quellenbewertung. In: Der Archivar. Jahrgang 25 (1972), Heft 1, Sp. 23–28, Sp. 26.

[17] ibid.

[18] Zu den prinzipiellen Schwierigkeiten der Prognostik komplexer zivilisatorischer Evolutionen cf. meinen älteren Aufsatz „Ernst und Unernst der Zukunftsforschung" (1969), in: Hermann LÜBBE: Theorie und Entscheidung. Studien zum Primat der praktischen Vernunft. Freiburg i. Br. 1971, S. 85–92.

bildung zu berücksichtigen wäre. Es wird als Kriterum um so dringlicher benötigt, je mehr der Anteil aktenmäßiger oder sonstiger Kommunikationsrelikte zusammenschrumpft, der gegebener Verwahrungskapazitätsgrenzen wegen überhaupt in die Zukunft transferierbar ist.

Es lohnt sich auch hier, sich von den quantitativen Dimensionen dieses Problems exemplarisch eine Anschauung zu verschaffen. „Maximal 10% des gesamten entstehenden Schriftgutes", findet ein Experte, habe „die Archivierungsquote" zu betragen[19]. Es kommt auf ein Referat der fachlichen Argumentationen, die eine Verwahrungsquote dieser Größenordnung plausibel machen, hier nicht an. Andere Archivare liegen in ihren Schätzungen tatsächlicher Verwahrungsquoten, bezogen auf Akten juridischen und administrativen Charakters, weit unter dem zitierten Soll, nämlich bei unter 5% des angebotenen Aktenmaterials[20]. In anderen Nationen scheint man es sogar für erforderlich zu halten, den Anteil inaktivierten Schriftgutes, den man zur Bedienung ihrer historischen Interessen der Nachwelt zu überliefern habe, noch radikaler zu reduzieren: „Englische, amerikanische oder auch sowjetische Archivare" halten bereits „eine Reduktion auf nur 1 oder 2% des Gesamtanfalls für notwendig"[21]. Wie auch immer: Die Dringlichkeit des Wissens über zukünftige historische Forschungsinteressen nimmt zu, wenn der Anteil der Kommunikationsrelikte, die der Nachwelt zu überliefern man sich technisch imstande sieht, absinkt. Zugleich wächst die Dringlichkeit des fraglichen Zukunftswissens zusätzlich mit der Dynamik jener zivilisatorischen Evolution, aus der sich nicht nur das Mengenproblem anfallender Kommunikationsrelikte ergibt, vielmehr überdies auch ein dynamisierter Wandel historischer Rezeptionsinteressen. Je rascher sich kulturelle Gegenwartslagen ändern, um so rascher ändern sich mit ihnen die kulturell vorherrschenden Fragen, die die geschichtswissenschaftliche Forschung leiten und jeweils die Berücksichtigung spezieller Quellen beim Versuch ihrer Beantwortung erforderlich machen.

Man erkennt: Eine Zivilisation, die wie nie zuvor eine Zivilisation sich selbst historisiert, ist aus eben diesem Grund gezwungen, ein sehr spezielles, nie zuvor gekanntes Zukunftsverhältnis auszubilden, nämlich eine gegenwärtige Vorwegnahme künftiger historischer Interessen an derjenigen Vergangenheit, die unsere Gegenwart einst geworden sein wird. Anders gesagt: Selbstwahrnehmung der Gegenwart als zukünftiger

---

[19] Carl Haase: Studien zum Kassationsproblem. In: Der Archivar. Jahrgang 29 (1976), Heft 1, Sp. 65–76, Sp. 65.

[20] So die Auskunft von Herrn Archivdirektor Dr. Walter Deeters, Aurich (Ostfriesland).

[21] Eckhart G. Franz: Einführung in die Archivkunde. Darmstadt [2]1979. S. 73.

Vergangenheit – das ist es, was den professionellen Überlieferungsbildnern heute abverlangt ist. Die Bedeutung, die das im Kontext einer sich selbst historisierenden Kultur hat, legt es nahe, für die fragliche historisierende Selbstwahrnehmung der Gegenwart als künftiger Vergangenheit auch einen speziellen Begriff zu bilden. Dazu schlage ich den Begriff der Präzeption vor.

4.3 Präzeption oder die gegenwärtige Vorwegnahme zukünftiger Vergangenheitsrezeption

Der Begriffsname „Präzeption" ist eine Analogiebildung zum Begriffsnamen „Rezeption", der uns aus der Hermeneutik vertraut ist. Rezeption – das ist jene Vergegenwärtigung von Vergangenem in historischer Absicht, die, als immer neue Vergegenwärtigung desselben Vergangenen, selber einem historischen Wandel unterliegt und sich inzwischen ihrer eigenen Historizität bewußt geworden ist. Das ist die Struktur, die plausibel macht, wieso Rezeptionsgeschichten ihrerseits zum Objekt historisierenden Vergegenwärtigungsinteresses werden können. Historiographien dieser Art, in der das historische Interesse sich selber historisiert, sind heute sogar ein erstrangiges Thema kulturhistorischer Disziplinen von den Literatur- und Kunstwissenschaften bis zur allgemeinen Geschichtswissenschaft[1]. Entsprechend breit streut die Charakteristik der Gegenstände, um die es sich bei jenem Vergangenen jeweils handelt, deren historisch interessierte Aneignung stets selber einen historischen Index trägt. Das reicht von Vorgängen oder Ereignissen von der Art epochemachender Revolutionen über Oeuvres oder auch Einzelwerke so genannter Klassiker bis hin zu herausragenden Persönlichkeiten der Politik- oder Kulturgeschichte. Die Einsicht, daß das Bild, das wir uns von solchen Persönlichkeiten machen, sich wandelt, ist natürlich keine neue Einsicht. Relativ neu, das heißt wissenschaftstheoretischen Erörterungen der vergangenen zwanzig Jahre entstammend, ist aber das geschichtswissenschaftstheoretische Verständnis der Historizität von Rezeptionsvorgängen und damit auch der Begriff der Rezeption selbst als eines Begriffs der hermeneutischen Theorie. Wer war denn nun, zum Beispiel, in Relation zu den sich wandelnden Luther-Bildern Luther selbst? Wäre es denn nicht die eigentliche Aufgabe objektivierender Geschichtswissenschaft, an die Stelle der wechselnden subjektiven Luther-Bilder wechselnder Zeitgenossenschaften endlich den wahren Luther zu präsentieren? Diese Fragen sind hier bereits so formuliert, daß sie als widersinnige Fragen in die Augen springen. Schwieriger als das zu erkennen ist es indessen geblieben zu sagen, wieso es denn widersinnig sei, an die Stelle der sich wandelnden Gestalten der Rezeption eines Vergangenen endlich dieses selbst zu setzen, und sei es auch nur tendenziell und fortschreitend annäherungsweise.

---

[1] Cf. dazu, für die Literaturwissenschaften, exemplarisch Rainer WARNING (Hrsg.): Rezeptionsästhetik. Theorie und Praxis. München 1975.

Persönlichkeiten, ihre Werke, epochemachende Ereignisse, die Epochen selbst sind Singularitäten, Individuen, die sich in ihrer Individualität niemals vollständig, auch nicht annäherungsweise vollständig, vielmehr stets allein unter selektionsbestimmenden Gesichtspunkten unseres Verhältnisses zu ihnen beschreiben lassen. Individuum est ineffabile, so lautet der dafür bildungssprachlich verfügbare Topos. Dieser Topos hat eine scholastische Anmutungsqualität; er stammt aber von Goethe[2]. Seine Wahrheit ist uns aus unserem autobiographischen Selbstverhältnis vertraut. Dabei ist das hier gemeinte autobiographische Selbstverhältnis nicht eine Spezialität literarisch ambitionierter Persönlichkeiten, vielmehr ein Jedermannsselbstverhältnis in einer Kultur, in der uns dann und wann Lebensläufe abverlangt werden. Durch unseren Lebenslauf sagen wir, wer wir sind. Er repräsentiert unsere Identität, wie man das heute in theoretischer Wendung eines vertrauten Worts aus dem Paß- oder Personalausweiswesen zu nennen pflegt. „Die Geschichte steht für den Mann" – so hat das in seiner Geschichten-Phänomenologie Wilhelm Schapp formuliert[3]. Die gewisse Mühelosigkeit, mit der wir, nach einiger Schulübung, unsere Lebensläufe abzufassen wissen, ergibt sich naheliegenderweise nicht aus einer schließlich sozusagen vollendeten Selbstkennerschaft, die uns ein für alle Mal objektiv Antwort auf die Frage zu geben verstattet, wer wir seien. Sie ergibt sich vielmehr aus der gewissen Konstanz dessen, was andere, Personalbüros zum Beispiel, über uns wissen möchten – vom Lebensalter über unsere in Ausbildungsgängen erworbene Qualifikationen bis hin zu unserer bisherigen beruflichen Karriere. Ändern sich in Abhängigkeit vom wissenschaftlichen und technischen Fortschritt, von sich ändernden Produktionsweisen oder Marktgegebenheiten, in Abhängigkeit schließlich auch vom sogenannten Wertewandel, die Anforderungsprofile, so ändern wir unsererseits die autobiographischen Auskünfte, die Dritten abzuschätzen erlauben, ob wir für eine ausgeschriebene Stelle geeignet sein dürften oder eher nicht. Der Wechsel in der curricularen Selbstdarstellung gewinnt natürlich ganz andere Dimensionen, ja er bekommt geradezu Bruch-Charakter, wenn wir, aus welchen Gründen auch immer, unsere bisherige Karriere abbrechen möchten, ein neues Leben beginnen, auswandern oder gar, sei es legal, sei es illegal, die Identität wechseln. Und noch einmal variieren

---

[2] Cf. Ludger Oeing-Hanhoff: Individuum, Individualität II Hoch- und Spätscholastik. In: Historisches Wörterbuch der Philosophie. Herausgegeben von Joachim Ritter und Karlfried Gründer. Band 4: J – K. Basel/Stuttgart 1976, Sp. 304–310, Sp. 309.

[3] Wilhelm Schapp: In Geschichten verstrickt. Zum Sein von Mensch und Ding (1953). Mit einem Vorwort zur Neuauflage von Hermann Lübbe. Wiesbaden 1976, S. 103.

unsere selbstverfaßten Lebensläufe simultan mit der Varianz ihrer Adressaten – ob es sich um Parteidienststellen oder um Kirchen handelt, um einen literarischen oder um einen wissenschaftlichen Who-is-Who, um eine Selbstbekanntmachung bei Partnervermittlungsbüros oder sogar um eine Autobiographie sei es in literarischer, sei es in apologetischer Absicht. Im Kontrast zu solcher Varianz in der Selbstbeantwortung der Frage, wer wir seien, doch nun endlich sagen zu sollen, wer wir wirklich sind, ist nicht etwa sehr schwierig, vielmehr evidenterweise unsinnig. Die Frage, wer wir sind, stellt sich nicht kontextfrei, und es gäbe daher auf sie kontextfrei auch gar keine Antwort. Es sind Interaktionszusammenhänge, über die es erst Sinn und Bedeutung gewinnt, dieser und kein anderer zu sein, so daß sich sinnentsprechend auch sagen läßt, daß wir es seien. Im exemplarischen Trivialfall heißt das: Eine Bewerbung hat in ihrem beigeschlossenen Lebenslauf deutlich zu machen, daß man nach Ausweis dieses Lebenslaufs in der Lage sei, ihn innerhalb des neuen Zusammenhangs, in den man eintreten möchte, sinnvoll fortzusetzen.

Es gibt die Lebensgeschichte nicht, die wir von uns selbst unabhängig von solchen sozialen, politischen, kulturellen, schließlich auch religiösen Interaktionszusammenhängen zu erzählen vermöchten. Was so für die eigene Geschichte gilt, gilt aber für Fremdgeschichten nicht anders. Naheliegenderweise ist das katholische Lutherbild der Kulturkampfzeit[4] ein anderes als das einer späteren Zeit säkularisationserfahrungsbedingten Bedauerns über gemeinchristlich belastende Folgen der Kirchenspaltung[5] [6], und es wäre erkennbar sinnwidrig, Objektivität historiographischer Darstellungen für etwas zu halten, was in bisherigen Rezeptionsgeschichten nur mangelhaft erreicht worden wäre, allmählich aber über beharrliche geschichtswissenschaftliche Forschungsarbeit als Forderung erfüllbar scheint, bis wir schließlich wissen werden, „wie es wirklich gewesen ist".

Objektivität als ein in der Tat unabdingbares Postulat für historische Vergangenheitsvergegenwärtigungen, wenn anders sie wissenschaftlich disziplinierte Vergangenheitsvergegenwärtigungen sein wollen, hat einzig einen forschungsmethodischen Sinn. Das Objektivitätspostulat in dieser Charakteristik ist erfüllt, soweit die in einen Rezeptionsvorgang

---

[4] Heinrich DENIFLE O.P.: Luther und Luthertum in der ersten Entwicklung. Zwei Bände. I. Mainz ²1905; II. Mainz 1909.

[5] Joseph LORTZ: Die Reformation in Deutschland. Zwei Bände. Freiburg i. Br. ²1941.

[6] Heinrich LUTZ: Zum Wandel der katholischen Lutherinterpretation. In: Reinhart KOSELLECK, Wolfgang J. MOMMSEN, Jörn RÜSEN (Hrsg.): Objektivität und Parteilichkeit in der Geschichtswissenschaft. München 1977, S. 173–198.

eingehenden Behauptungen über das, was der Fall war, nach den in der Kommunität der jeweiligen Fachwissenschaftler geltenden Regeln für die Begründung historischer Behauptungen wohlbegründete Behauptungen sind („Begründungsobjektivität"). Die so charakterisierte Begründungsobjektivität ist ein Postulat von schlichter methodologischer Pragmatik, was natürlich nicht ausschließt, daß es faktisch in Einzelfällen überaus schwer zu erfüllen ist. Ist es erfüllt, so bleiben gleichwohl Rezeptionsdivergenzen möglich. Das heißt exemplarisch: Die Darstellung des jungen Marx oder des späten Hegel, gesehen aus dem Blickpunkt von Philosophiehistorikern reformkommunistischer Prägung, unterscheidet sich von der Darstellung des jungen Marx oder des späten Hegel aus dem Blickpunkt von Ideologiehistorikern, die der Geschichte totalitären Denkens auf der Spur sind, in den seriösen Fällen, die hier allein von Interesse sind, nicht durch geringere oder größere Solidität erbrachter Begründungsleistungen hinsichtlich der historischen Aussagen über die genannten Klassiker. Der fragliche Unterschied ergibt sich vielmehr durch Hervorkehrung dessen, was erst in Abhängigkeit von Fragestellungen wahrnehmbar wird, die ihrerseits geschichtswissenschaftspraktisch nicht einfach und ein für alle Mal da sind, die vielmehr speziellen geschichtswissenschaftsgeschichtlichen, ja darüber hinaus kulturellen und politischen Lagen entsprechen.

Sogar mit der ideologiepolitischen Forderung der Parteilichkeit ist, im Prinzip, das in seinem schlichten methodologischen Sinn erläuterte Postulat der Begründungsobjektivität verbindbar. Darauf beruht es ja, daß wir, zumindest als geübte Leser, auch aus parteilichen Geschichtsdarstellungen von Historikern, deren Partei nicht die unsrige ist, durchaus Geschichte lernen können. Eben das wäre nicht möglich, wenn eine Rezeptionsgestalt eines Vergangenen eo ipso den Charakter der Widerlegung einer anderen Rezeptionsgestalt desselben Vergangenen hätte. Andererseits folgt daraus wiederum nicht, daß man der Sache selbst, die man im Kontrast zu jenen Rezeptionsgestalten so nennen möchte, über Akte fortschreitender Synthetisierung der Rezeptionsgestalten sich annähern könnte. Das wahre Luther-Bild tritt nicht aus dem Versuch hervor, die divergierenden Luther-Bilder der Kulturkampfparteien übereinanderzuschieben. Nicht ein objektives Bild, vielmehr ein Unbild gewänne man so – analog zur Un-Partei, die sich als Konstrukt aus dem Nonsens-Gedanken ergäbe, die Kulturkampfparteien hätten sich, anstatt sich aneinander abzureiben, sich in Gleichgewichtspunkten einzurichten oder Kompromisse zu schließen, als solche synthetisiert. Soweit das richtig ist, ließe sich dann auch von späteren Luther-Bildern nicht sagen, daß ihre Zustimmungsfähigkeit, diesseits wie jenseits residual noch verbliebener Grenzverläufe zwischen katholischen Orientierungen einerseits und liberalen, säkular-staatlichen oder protestantischen Orientierungen andererseits, sich einem Objektivitätszuwachs aus methodisch disziplinierter geschichtswissenschaftlicher Forschungspraxis zu verdanken habe. Verändert haben sich vielmehr objektive historische Lagen, die einen damals kulturell, konfessionell und politisch um Luther streiten ließ, heute aber nicht mehr, so daß insoweit Vorgänge der Rezeption, die früher überaus kontrovers waren, konvergieren und schließlich wechselseitig konsensfähig werden können.

Von dem Bild, das früher einmal die Franzosen von sich selber hatten, und von dem Bild, das sie sich gleichzeitig von den Deutschen machten, von dem komplementären Selbstbild der Deutschen und vom deutschen Franzosen-Fremdbild unterscheiden sich die heute greifbaren Auto- und Heterostereotypen der beiden Nationen in erheblicher Weise. Das gilt nicht nur für jene Selbst- und Fremdwahrnehmungen, die sich mit den Mitteln der Demoskopie greifen lassen. Es gilt auch auf der Aktions- und Interaktionsebene geschichtswissenschaftlicher Forschung, der Schulgeschichtsbuchinhalte und der Bemühungen, diese Inhalte wechselseitig konsensfähig zu machen. Es wäre eine befremdliche Vorstellung von den Möglichkeiten und Verfahrensweisen geschichtswissenschaftlicher Forschung, wenn man solche Konvergenzprozesse in der Rezeption eigener und fremder Geschichte für ein Resultat erfüllter Historikerpflichten hielte, sich an die methodischen Regeln ihres Faches halten zu sollen und exklusiv zu behaupten, was sich solchen Regeln entsprechend auch begründen läßt. Rezeptionskonvergenzen folgen Änderungen der Interaktion von Subjekten, die sich weit über die wissenschaftliche Praxis hinaus bis in politische Lebenslagen hinein erstrecken und schließlich, im glücklichen Fall, konsensuell wahrnehmbar machen, worüber man zuvor bis ins akademische Rezensionswesen hinein sich zerstritten zeigte. Es steht nichts entgegen, auch auf diesen Bestand den Prädikator „Objektivität“ zu beziehen. Sie wäre dann als „Konsensobjektivität“ von der zuvor erläuterten Begründungsobjektivität zu unterscheiden[7].

Hat man verstanden, daß Divergenzen in der Rezeption eines Vergangenen – synchron zwischen verschiedenen Rezipienten, diachron sogar in der Geschichte des Vergangenheitsverhältnisses ein- und desselben Rezipienten – als vermeintliche Indikatoren forschungspraktischer Objektivitätsdefizite schlechterdings mißverstanden wären, dann versteht man auch, daß unbeschadet sich forterhaltender oder auch neu

---

[7] Ausführlicher habe ich mich über Objektivitätsbegriffe geschichtswissenschaftstheoretisch in dem Kapitel „Identitätspräsentation, Objektivität und Parteilichkeit“ meines Buches „Geschichtsbegriff und Geschichtsinteresse. Analytik und Pragmatik der Historie“, Basel/Stuttgart 1977 geäußert (S. 168–185).

sich erzeugender Divergenzen in der Rezeption eines Vergangenen dessen Erforschung im methodischen Sinne und damit auch im Sinne von Forderungen der Begründungsobjektivität Fortschritte machen kann. Historische Aussagen verlangen zu ihrer Begründung vor allem Quellen, nach Möglichkeit zusätzliche Quellen, verläßlichere Quellen etc. Quellen aber sind kein konstanter Bestand. Sie werden erschlossen. Man sucht sie und findet sie oder auch nicht, und immer wieder einmal stößt man auch zufällig auf sie. Wer aber sucht, braucht ein Suchbild, sonst findet er nichts, und nichts anderes als das jeweils herrschende Rezeptionsinteresse ist dieses Suchbild.

Was heißt das für jenen Überlieferungsvorgang, über den Quellen zukünftiger historischer Forschung für die alsdann forschungsleitenden Rezeptionsinteressen zur Verfügung zu stellen sind? Es heißt, daß man imstande sein müßte, diese künftigen Rezeptionsinteressen bereits jetzt vorwegzunehmen, und der Begriff der Präzeption ist der Begriff für das Insgesamt der Bemühungen und Versuche, das zu tun. Präzeption leitet die Überlieferungsbildung in der Absicht, ein künftiges historiographisches Rezeptionsinteresse quellenmäßig bedienbar zu halten. Hat man von der Historizität der Rezeption eine erfahrungsgesättigte Anschauung, hat man sich näherhin von der Historizität der Rezeption durch das Studium von Rezeptionsgeschichten, wie sie heute in großer Zahl verfügbar sind, ein Bild verschafft, so ist man zugleich der Naivität nicht mehr fähig, diePräzeption, ohne die ja eine selektiv verfahrende Überlieferungsbildung gar nicht stattfinden könnte, ließe sich ihrerseits dem historischen Wandel entzogen halten. Wer darüber nachdenkt, daß komplementär zur Rezeptionsgeschichte auch die Präzeption ihre Geschichte hat, wird bald zu dem Schluß gelangen, daß die Vorstellung eine sinnwidrige Vorstellung ist, man könne präzeptiv in der Überlieferungsbildung mit ihren unvermeidlichen Selektionen verläßlich und dauerhaft zukünftige Rezeptionsinteressen vorwegnehmen. Die bisherigen Ergebnisse kassationsgesteuerter Überlieferungsbildung, so findet ein Professioneller, seien jedenfalls sehr „unterschiedlich" gewesen und „mußten unterschiedlich sein, da jeder Archivar für sich, auf Grund seiner Erfahrung, zumeist aber ohne klare Richtlinien und Wertungsmaßstäbe entscheiden mußte. Selbst da, wo der Archivar über seine persönlichen Forschungsneigungen hinaus das Gesamtinteresse der Geschichtsforschung zugrunde zu legen suchte" – genau das ist die Präzeption –, „mußten die sich wandelnden Richtungen und Interessen eben dieser Forschung zu wechselnden Auswahlkriterien" führen. Entsprechend war es unvermeidbar, daß jeweils spätere Historiker finden mußten, frühere Überlieferungsbildner hätten bei ihren Kassationen und Selektionen doch anders entscheiden sollen: „Der Archivar des 19. Jahrhunderts hat fast zwangsläufig vieles zur Kassation freigegeben, was der erst später entwickelten Sozialgeschichtsforschung heute bei ihren Arbeiten fehlt"[8]. „Die Notwendigkeit, den Aspekt der Zukunft und der zukünftigen Fragen an die Archive bei der Kassation mitzuberücksichtigen", bestehe nun einmal, bedeute aber die „Quadratur des Zirkels", meint Carl Haase und er fordert entsprechend, die präzeptive Kassation sei „allein den wissenschaftlich breit ausgebildeten ‚Spezialisten' des höheren Dienstes" vorzubehalten[9]. Die Meinung, die sich mit dieser Qualifikationsvorschrift für präzeptiv tätige, beamtete Überlieferungsbildner verbindet, ist natürlich nicht, daß akademisches Studium und Großes Staatsexamen Garantien für Kompetenzen seien, unlösbare Probleme vielleicht doch noch lösbar zu machen. Die Meinung ist ganz im Gegenteil die, daß geschichtswissenschaftspraktische Erfahrung in bezug auf die Chancen, das Präzeptionsproblem lösbar zu machen, desillusioniert. „Das Problem ist ... der Natur der Sache nach unlösbar", lautet entsprechend das Resümee[10].

Gleichwohl sollte man sich vor Übertreibungen hüten. Es gebe, findet der Fachmann, immerhin Möglichkeiten, „kleinere und lösbare Stücke" vom grundsätzlich unlösbaren Präzeptionsproblem „abzusprengen"[11]. Was das heißen kann, ist im vorhergehenden Kapitel dargestellt worden[12]. Es gibt Belanglosigkeiten, die bei einer innerhalb ungewisser Grenzen doch immerhin möglichen Einschätzung dessen, wofür sich Menschen überhaupt zu interessieren vermögen, getrost kassiert werden dürfen, und komplementär dazu auch Aktendokumentationen von Vorgängen und Entscheidungen, an deren langfristig Geschichtsinteressen bindender Wichtigkeit verständigerweise kein Zweifel möglich ist. Es gibt im Zeitalter der progressiv verlaufenden allgemeinen Vervielfältigung forschungsunerhebliche, ja forschungsstörende Redundanzen. Es gibt schließlich, zumal bei den unteren Behörden, Massenakten, deren Informationsgehalt, von Sonderfällen abgesehen, einzig in statistischer Verarbeitung interessant ist, so daß, sobald die einschlägigen Statistiken, vor allem über die Tätigkeit der hierfür zuständigen speziellen Ämter, verfügbar sind, ihre Massenaktenbasis ohne erhebliche Gefährdung überlieferungswerter Informationsgehalte eingestampft werden kann. Aber für die aktenmäßigen Kommunikationsniederschläge des mittleren

---

8 Eckhart G. Franz: Einführung in die Archivkunde. Darmstadt ^{2}1977, S. 72f.

9 Carl Haase: Studien zum Kassationsproblem. In: Der Archivar. Jahrgang 29 (1976), Heft 1, Sp. 65–76, Sp. 70.

10 a.a.O. Sp. 73.

11 ibid.

12 cf. oben S. 176.

Überlieferungswertes gibt es solche Evidenzen fortdauernder Wichtigkeit einerseits und dauerhaft gesicherter Belanglosigkeit andererseits gerade nicht. Insoweit verbliebe dann nichts als die zitierte Einsicht in die prinzipielle Unlösbarkeit des Präzeptionsproblems.

Indessen: Zur Geschichte der spezifisch modernen Einsicht in die Historizität von Natur und Kultur[13], zur Geschichte des historischen Bewußtseins somit und seiner wissenschaftlichen und kulturellen, ideologischen und schließlich politischen Äußerungsformen gehört auch die Geschichte der mannigfachen intellektuellen Widerstände gegen diese Einsicht. Der mit Abstand prominenteste Fall solchen Widerstands ist die Geschichtstheorie marxistischer Herkunft und Prägung. Es gibt freilich das berühmte Marx-Engelsche Diktum, es gebe „nur eine einzige Wissenschaft, die Wissenschaft der Geschichte“[14]. Dieses Diktum scheint ja auf den ersten Blick die Einsicht in die Historizität von Natur und Kultur keineswegs zu verweigern. Es scheint ganz im Gegenteil die dieser Einsicht folgende Nötigkeit moderner historischer Wissenschaften eher zu übertreiben. Gleichwohl verrät sich gerade in dem zitierten Diktum der hier gemeinte intellektuelle Widerstand gegen den modernen Historismus einschließlich seiner kulturellen und ideologiepolitischen Folgen. Marx und Engels haben nämlich nur deswegen „die Wissenschaft der Geschichte“, obwohl doch im 19. Jahrhundert sich komplementär zu den modernen historischen Wissenschaften auch die theoretischen, nämlich auf die Erkenntnis von Gesetzmäßigkeiten naturaler und sozialer Prozesse spezialisierten Wissenschaften sich wie nie zuvor entfalteten und als erfolgreich erwiesen, als „einzige Wissenschaft“ apostrophieren können, weil sie die „Wissenschaft der Geschichte“ ihrerseits für eine Wissenschaft von Gesetzmäßigkeiten, und zwar der umfassendsten aller Gesetzmäßigkeiten hielten. Der Anspruch ist, dem „Naturgesetz“ der „Bewegung“ der Gesellschaft „auf die Spur“ gekommen zu sein – so lautet das in einem gleichfalls berühmten Satz von Karl Marx[15]. Dieser Anspruch ist dann, über die ideologiepolitische Herrschaftsgeschichte des Marxismus-Leninismus, zu kanonischer Geltung gelangt und findet sich bis in jüngstvergangene Jahre hinein stereotyp in geschichtswissenschaftstheoretischen Texten als Orthodoxie-Bekundung. Man konsta-

---

[13] Zur Gleichzeitigkeit der Entdeckung der Historizität der Natur einerseits und der Kultur andererseits sowie zur strukturellen Einheit dieser Historizität, die sich zum Unterschied von Natur und Kultur indifferent verhält, cf. meine Abhandlung „Die Einheit von Naturgeschichte und Kulturgeschichte“, in: Hermann Lübbe: Die Aufdringlichkeit der Geschichte. Graz, Wien, Köln 1989, S. 64–80.

[14] Karl Marx/Friedrich Engels: Werke Band 3. Berlin 1962, S. 18.

[15] Karl Marx: Das Kapital. Kritik der Politischen Ökonomie. Erster Band. Vorwort zur Ersten Auflage (1867). Berlin 1959, S. 5–9, S. 7.

tiert obligat den ‚gesetzmäßigen Charakter des geschichtlichen Gesamtprozesses‘[16], was natürlich nicht ausschließt, daß man nach solchen Respektserweisen vor den kanonisierten Lehren der Erzklassiker im übrigen dann historische Forschung betreibt, wie die Regeln der Zunft es verlangen, ohne sich sonderlich irritiert zu finden, wenn einem dabei nach der Natur der Sache der „gesetzmäßige Charakter des geschichtlichen Gesamtprozesses“ schließlich aus den Augen gerät.

Es wäre denkbar, daß es hier und da immer noch Geschichtsdenker gibt, die, auch außerhalb des Herrschaftsbereichs marxistisch-leninistischer Ideologie, die These von der Existenz und Erkennbarkeit gesamtgesellschaftlicher Geschichtsgesetze spätmarxistisch bekräftigt wissen möchten. In eine Auseinandersetzung damit ist hier in den wissenschaftstheoretischen Details nicht einzutreten[17]. Es muß genügen, als These zu formulieren, daß Geschichtsprozesse, und zwar indifferent gegenüber dem Unterschied von Natur und Kultur, den Charakter sehr oft tatsächlich gerichteter, alsdann aber nicht zielgerichteter, überdies irreversibler und zugleich nicht-prognostizierbarer Vorgänge haben. Für kulturelle Prozesse heißt das: sie lassen sich unbeschadet dessen, daß sie über Handlungen der involvierten Individuen oder Institutionen verlaufen, nicht nach Analogie von Handlungen verstehen. Lebenspraktisch gewendet heißt das: Niemand kann sich als der, der er jeweils ist, also in seiner individuellen oder auch gruppenspezifischen Identität, als das Resultat der Betätigung seines Willens, dieser zu sein, verständlich machen. Wer wir sind, unsere individuellen und kollektiven Identitäten also, darüber hinaus generell gesellschaftliche Zustände lassen sich vielmehr stets einzig historisch erklären, nämlich als jeweils erreichte Endpunkte der Transformation offener Systeme, die kraft der Einwirkung externer Faktoren, die in Relation zu den sich entwickelnden Systemen kontingenten Charakter haben, sich in ihrer Entwicklung im Vorhinein prinzipiell nicht prognostizieren, vielmehr stets nur im Nachhinein erklären, näherhin historisch erklären lassen.

Es sei noch, um einem verbreiteten Mißverständnis vorzubeugen, hinzugefügt, daß die so begründete These von der Nichtprognostizierbarkeit und damit die These von der in Gesetzeswissen nicht einholba-

---

[16] So Wolfgang Küttler, Gerhard Lozek: Marxistisch-leninistischer Historismus und Gesellschaftsanalyse. Die historische Gesetzmäßigkeit der Gesellschaftsformationen als Dialektik von Ereignis, Struktur und Entwicklung. In: Ernst Engelberg (Hrsg.): Probleme der marxistischen Geschichtswissenschaft. Beiträge zu ihrer Theorie und Methode. Köln 1972, S. 33–77, S. 34.

[17] In Aufnahme der wichtigsten einschlägigen geschichtswissenschaftstheoretischen und geschichtsideologischen Literatur habe ich diese Auseinandersetzung in meinem unter Anm. 7 genannten Buch geführt.

ren Struktur historischer Prozesse sich gerade nicht mit der vermeintlichen Nicht-Prognostizierbarkeit des Entscheidens und Handelns frei entscheidender und handelnder Personen begründen läßt. Insoweit wäre vielmehr zu sagen, daß in Lebenszusammenhängen, in denen handelnde Personen uneingeschränkte Handlungsfreiheit besitzen und somit nichts sie hindert zu tun, was sie wollen, daß also in institutionell gesicherten, Handlungsfreiheit garantierenden Ordnungen, in einer Marktordnung zum Beispiel, just das freie Handeln der Individuen sich sehr wohl voraussagen läßt. Die Wirtschaftswissenschaften, aber auch andere Sozialwissenschaften, die, von der Soziologie bis zur Politikwissenschaft, empirisch gehaltvolle Theorien anzubieten haben, verschaffen uns Einsicht in die entsprechenden Gesetzmäßigkeiten. In der sogenannten Strukturgeschichte wird das bekanntlich genutzt, nämlich in der Form abgekürzter Darstellung von Massenbewegungen in Sozialsystemen durch Rekurs auf theoretisch erkennbare Regelmäßigkeiten, denen diese Bewegungen über gewisse Zeitstrecken hinweg zu gehorchen scheinen. Aber stets enden solche Zeitstrecken bei Massenbewegungseffekten, von denen zu behaupten, daß sie einer höheren, übergeordneten sozialen oder politischen Gesetzmäßigkeit gehorchten, zumeist den Tatbestand der Theorien-Hochstapelei erfüllt, oder sie enden unter der Wirkung externer Faktoren, deren ablaufsstörende Intervention theoretisch ableiten zu wollen Theorie-Kapazitäten eines Ausmaßes erforderlich machen würde, die Laplace fiktiv seinem berühmten Dämon zugeschrieben hat.

Das bedeutet: Sogenannte Strukturgeschichte einerseits und sogenannte Ereignisgeschichte andererseits lassen sich sowohl inhaltlich wie methodisch durchaus unterscheiden. Aber daß es sich dabei keineswegs um eine Unterscheidung des Unvereinbaren handelt, vielmehr um eine Unterscheidung forschungspragmatischer und darstellungspragmatischer Art, ergibt sich nicht zuletzt aus der höchst pragmatischen Natur des unterschiedlichen Quellenbedarfs, der für Zwecke der Ereignishistoriographie einerseits und für Zwecke der Strukturhistoriographie andererseits zur Verfügung gestellt sein will.

Unsere Archivare jedenfalls haben sich in ihrer Praxis der Überlieferungsbildung auf die fragliche Unterscheidung bereits eingestellt und finden plausiblerweise, „daß die ‚Ereignisgeschichte‘ sich vornehmlich in Archivalien der zentralen Ebene spiegelt, dagegen die ‚Strukturgeschichte‘ in denen der regionalen und lokalen Ebene. Je höher die Ebene, desto stärker verdichten sich die Strukturen zu abstrakten Formeln, zu Halbsätzen in langen Berichten, zu Zahlen und Statistiken. Das ... Strukturelle in den Strukturen findet sich, so paradox das klingen mag, vor allem in den unteren Etagen des behördlichen Stufenbaus“[18]. Indessen wäre die fragliche Unterscheidung von Ereignisgeschichte und Strukturgeschichte, die so bis in die Überlieferungsbildungspraxis unserer Archivare hinein ihren guten pragmatischen Sinn hat, mißverstanden, wenn man sie für eine Unterscheidung zweier geschichtswissenschaftsgeschichtlicher Entwicklungsstände hielte, von denen der zweite, der Entwicklungstand der Strukturgeschichte nämlich, die endlich erreichte Verwandlung der Geschichtswissenschaft in eine theoretische Wissenschaft repräsentierte. Diese Vorstellung wäre deswegen unangemessen, weil die sogenannten Strukturen, denen man sich, statt der handelnden Individuen – seien es Personen, seien es Institutionen – nunmehr in der Geschichtswissenschaft zuwenden möchte, ihrerseits ja, nicht anders als Personen oder Institutionen, ihre Geschichte haben, und zwar eine Geschichte der skizzierten Struktur. Das heißt: Sie haben den Charakter von Prozessen, die zeitweise gerichtet, aber gerade nicht zielgerichtet sind, überdies irreversibel, vor allem aber nicht-prognostizierbar, weil durch Einwirkung kontingenter Faktoren mitbestimmt und eben deswegen gesamthaft nicht theoriefähig.

Aber es kommt hier auf die geschichtswissenschaftstheoretische Kritik des unüberbietbar von Karl Marx formulierten Anspruches, dem Gesetz der „Bewegung“ der Gesellschaft nach Analogie eines ‚Naturgesetzes‘ „auf die Spur“ kommen zu wollen, nicht weiter an. Es darf hier genügen, die Absurdität dieses Anspruchs, in welchem die Erfahrung des kontingenzbestimmten Charakters historischer Evolutionen verweigert wird, durch Hinweis auf die schlimmen Folgen der Politik zu kritisieren, die sich an diesem Anspruch orientiert. Um welche Folgen handelt es sich? Es sind Folgen der politisch-ideologischen Selbstprivilegierung durch Selbsteinweisung in die geschichtssinnvollstreckende Avantgarde-Position innerhalb des in seiner Gesetzmäßigkeit erkannten Geschichtslaufs. Wie funktioniert das? Es funktioniert so: Wer kraft seiner theoretischen Einsicht in die gesetzmäßige Abfolge der großen Gesellschaftsformationen weiß, wieso einzig er kraft seiner Zugehörigkeit zur fortgeschrittensten Gesellschaftsformation zur Einsicht in die Gesetzmäßigkeit des Geschichtsverlaufs überhaupt fähig ist, weiß damit eo ipso, daß diejenigen, die sich noch in einer untergangsbedrohten, absterbensreifen gesellschaftlichen und intellektuellen Verfassung befinden, eben deswegen zur Einsicht in die Gesetzmäßigkeit des Geschichtslaufs unfähig sind. Ihr Widerspruch gegen jene Geschichtstheorie, die die grundlegende Gesetzmäßigkeit des Geschichtslaufs formuliert und damit den Sinn der Geschichte erschließt, hat dann entsprechend auch nicht

[18] Carl Haase, a.a.O. (cf. Anm. 9), Sp. 65–76, Sp. 74.

lediglich theoretische Bedeutung. Der fragliche Widerspruch zeigt vielmehr an, daß man es, statt mit einem widersprechenden Diskurspartner, mit einem Fortschrittsaufhalter, näherhin mit einem Klassenfeind zu tun hat. Damit gewinnt der Widerspruch gegen jeden Widerspruch seinerseits eo ipso politische Qualität. Die Geschichtstheorie wird zur Kritik, und zwar über die theoretische Kritik hinaus zur praktischen Kritik. Ihr Gegenstand ist ihr „*Feind*, den sie nicht widerlegen, sondern *vernichten* will“[19]. So hat es der junge Karl Marx formuliert. Das ist deutlich, und das ist zugleich, wenn eine solche Lehre unter gegebenen historischen Randbedingungen in den Rang einer herrschaftslegitimierenden, nämlich die Herrschaft einer Einheitspartei legitimierenden Ideologie einrückt, erwiesenermaßen potentiell tödlich. Das ist es, was Karl Popper veranlaßt hat, sein Buch „Das Elend des Historizismus“[20] den Millionen Opfern zu widmen, die in den totalitären Systemen unseres Jahrhunderts dem Irrglauben an die Existenz von Geschichtsgesetzen zum Opfer gefallen sind. Das klingt naiv, weil man hier die Philosophie, die uns doch normalerweise als eine recht harmlose kulturelle Erscheinung begegnet, zur materiellen Gewalt erhoben findet. Aber der Anspruch, aus der Philosophie ein Medium der intellektuellen Formierung politisch organisierter Massen zu machen, ist bereits beim jungen Marx nachweisbar, und beim älteren Marx sind dann theoretisch die realen Bedingungen identifiziert und prognostiziert worden, unter denen solche Verwandlung der Theorie in politische Praxis sich vollziehen werde.

Notabene: Daß eine kritische Theorie des skizzierten Typus ihre Gegner nicht widerlegen, vielmehr vernichten will, paßt strukturgenau auch auf jene historizistische Geschichtstheorie, die die Geschichte, statt als Geschichte von Klassenkämpfen, als Geschichte von Rassenkämpfen glaubt erklären und voraussagen zu können. Auch für die Rassentheorie gilt, daß, wer ihrer Einsichten teilhaftig geworden ist, damit zugleich weiß, daß er das einzig seiner Zugehörigkeit zu jener Vorzugsrasse verdankt, über deren Vorzugscharakter ihn just die fragliche Theorie belehrt. Auch hier ist die Einheit von Theorie und Praxis vollkommmen. Der Widerspruch gegen eine solche Theorie hat keinerlei diskursive Bedeutung mehr; er hat den Charakter einer Feindschaftserklärung. Das Faktum des Widerspruchs gegen das, was man für richtig hält, wirkt damit stets zugleich als Medium der Stärkung der eigenen Überzeugtheiten. Das Orientierungssystem ist durch Argumente nicht mehr erreich-

---

[19] Karl Marx: Zur Kritik der Hegelschen Rechtsphilosophie. Einleitung. In: Karl Marx: Die Frühschriften. Hrsg. von Siegfried Landshut. Stuttgart 1953, S. 207–224, S. 210.

[20] Zuerst 1960. Zweite, unveränderte Auflage Tübingen 1969.

bar. Sein Zusammenbruch wäre mit dem politischen Zusammenbruch seines Subjekts identisch, so daß, in diesem Fall, selbst noch der unabwendbar bevorstehende eigene Untergang als Beweis der Wahrheit der eigenen ideologischen Überzeugungen dienen kann.

Auf die intellektuelle Faszination, die von der Verheißung ausgeht, die Politik lasse sich in eine von der Einsicht in das Grundgesetz der Geschichte geleitete Praxis verwandeln, ist in einem anderen Zusammenhang schon die Rede gewesen[21]. Hier handelt es sich zunächst lediglich darum, sichtbar zu machen, daß der in seiner Grundstruktur skizzierte, von Karl Popper so genannte Historizismus sich konsequenterweise auch im Archivwesen spiegelt. Das Archivwesen gehört gewiß zu den harmlosesten und freundlichsten Einrichtungen in totalitären Gesellschaftssystemen. Da jedoch, wie geschildert, totalitäre Herrschaftssysteme sich vor allem geschichtsideologisch legitimieren, erfüllen Archive, als Institutionen der organisierten Überlieferungsbildung, eine unentbehrliche legitimatorische Hilfsfunktion. Entsprechend prägt sich das geschichtstheoretische Spezifikum des Historizismus auch in der Theorie historizistischer Überlieferungsbildung signifikant aus. Die Einsicht, daß die Präzeption zukünftiger Rezeptionsinteressen selber jenem historischen Wandel unterliegt, auf den man sich in der Überlieferungsbildung einzustellen versucht, die Einsicht also in die definitiven Grenzen der Bemühung, sich die Gegenwart als zukünftige Vergangenheit vorzustellen, demonstriere, so heißt es, die „Ausweglosigkeit der bürgerlichen Archivwissenschaft“[22].

Welchen Ausweg hat, oder hatte doch, dieser Ausweglosigkeit des bürgerlichen Archivwesens gegenüber, der sozialistische Archivar zur Verfügung? Es ist natürlich die prätendierte Kenntnis der Gesetzmäßigkeit gesellschaftlicher Entwicklungen im Großen und Ganzen. Weiß man endlich, auf welche gesellschaftliche Endformation hin sich alle Geschichte bewegen muß, ist man damit überdies in der Lage, für die eigene Gesellschaft den Ort innerhalb der gesetzmäßigen Abfolge der großen Gesellschaftsformationen en gros und en détail zu bestimmen, so kann man auch grundsätzlich wissen, was die Historiker der Zukunft, sagen wir die Historiker des künftig real existierenden Kommunismus, historisch an der gegenwärtigen Epoche des real existierenden Sozialismus

---

[21] Cf. S. 137ff.

[22] Mit diesem Zitat charakterisiert Hans Booms das theoretische Überlegenheitsbewußtsein, das dann und wann zu bekunden der marxistisch-leninistische Archivar sich verpflichtet weiß. – Hans Booms: Gesellschaftsordnung und Überlieferungsbildung. Probleme archivarischer Quellenbewertung. Vortrag des 47. Deutschen Archivtages. In: Der Archivar. Jahrgang 25 (1972), Heft 1, Sp. 23–28, Sp. 26.

vorzugsweise interessieren wird. Wichtig wird sein, was in der gesetzmäßigen Abfolge der Gesellschaftsformationen gerade das Spezifikum der gegenwärtigen Formation ausmacht. Was gegenwärtig gedacht, erkämpft und erarbeitet wird, ist in seinem dokumentarischen Niederschlag just das, dem die Historiker der Zukunft als ihrer Vergangenheit zugewandt sein werden. Was also wird wichtig sein? Die gegenwärtigen Maßgaben der Einheitspartei, als der organisierten Avantgarde der Arbeiterklasse, die ihrerseits die Zukunftsmenschheit in Gegenwartsgestalt repräsentiert – dieses vor allem. Es erübrigt sich, die sich davon ableitenden Wichtigkeiten aufzuzählen – von den sich überbietenden Selbstverpflichtungen im sozialistischen Wettbewerb der kollektiven Selbstlosigkeiten, wo man goldene Worte seinen Taten vorauswirft und verheißt, noch mehr zu halten als man verspricht, über die Planungspraxis auf allen Planungsebenen und die komplementären Sollerfüllungen bis hin zu den Schwierigkeiten, die es natürlich auch gibt, sei es durch Störversuche des Klassenfeindes, sei es kraft jener kontingenten Unvorhersehbarkeiten, die, als historisches Oberflächenphänomen, auch die historizistische Geschichtstheorie selbstverständlich nie geleugnet hat. Was hingegen dauerhaft als weniger wichtig, ja als unwichtig gelten muß, ergibt sich komplementär dazu – Residuales, Restbestände dessen, was in der Vergangenheit Fortschritt war, gegenwärtig aber eine ohnmächtige und daher politisch vernachlässigungsfähige Form der Fortschrittsverweigerung darstellt. Religiosität wäre dafür ein Beispiel, die durch den gesetzmäßig-objektiven Verlauf der Ideologieentwicklung längst marginalisiert ist. Ein anderes Beispiel wären Kriminalitätsrelikte, die der in allen ihren schöpferischen Kräften voll entfalteten sozialistischen Persönlichkeit nicht mehr anhängen werden. Wozu sollte dergleichen in seinem historisch bedeutungslosen Geheimaktenniederschlag der Zukunft überliefert werden? Allenfalls exemplarisches Material könnte hier von Interesse sein, nämlich zum Studium dessen, was sich scheinbar den gesetzmäßigen Entwicklungen nicht fügt und gerade deswegen aus der Rückschau der Zukunft die Unaufhaltsamkeit des Fortschritts nur um so deutlicher zu machen und damit die unvergängliche Wahrheit der Klassiker-Lehre zum wiederholten Male zu bekräftigen geeignet ist.

Unter den Bedingungen der Geschichtstheorie des Marxismus-Leninismus verliert somit der Kassationsakt, also die Selektionsentscheidung, durch die aus inaktivierten Aktenbeständen einerseits Quellen künftiger historischer Forschung und andererseits Altpapiermassen werden, ihren im bürgerlich-historistischen Kontext unvermeidlich kontingenten Charakter. Die Präzeption künftiger Rezeptionsinteressen wird auf eine geschichtstheoretisch-prognostisch gesicherte Basis gestellt. Der „Wert der Dokumente“, die der Verwahrung bedürfen, ergibt sich „aus ihrer Bedeutung für die Erkenntnis historischer Tatsachen", für deren Erforschung man sie künftig benötigt, und was eine historische Tatsache von bleibender Bedeutung sei, läßt sich nunmehr objektiv ermitteln, nämlich alles, was „den historischen Prozeß und seine Gesetzmäßigkeiten" erkennen läßt und somit die in ihren Grundzügen von den Klassikern bereits formulierte Theorie dieser „Gesetzmäßigkeiten" erneut bestätigen zu können die Verheißung hat[23]. Entsprechend sind dann im historizistischen Archivwesen die mannigfachen individualistischen Reflexionen zur Kassationsphilosophie entbehrlich. Vielmehr gibt es einheitliche und verbindliche „Grundsätze der Wertermittlung für die Aufbewahrung und Kassation von Schriftgut der sozialistischen Epoche in der DDR"[24]. Die fraglichen Bewertungsgrundsätze lassen sich in angedeuteter Weise vom „Standpunkt des Marxismus-Leninismus" aus entwickeln und setzen in ihrer ‚richtigen Anwendung' im übrigen „die Beherrschung des dialektischen und historischen Materialismus" voraus[25].

Ein westdeutscher Archivar hat demgegenüber, 1972, die „Behauptung gewagt", daß auch damit die Paradoxie des Kassationsproblems, in einer dynamisch verlaufenden zivilisatorischen Evolution präzeptiv bereits jetzt zukünftige Rezeptionsinteressen kennen zu sollen, nicht aufgelöst sei[26]. Inzwischen läßt sich sagen, daß diese Behauptung nicht allzu gewagt war. Der Marxismus-Leninismus, der, immerhin, gerade auch für westdeutsche Intellektuelle in den späten sechziger und frühen siebziger Jahren noch einmal im Glanz der Verheißung stand, der verläßliche Fahrplan zu sein, an dem sich die Menschheit für ihre Zukunftsreise orientieren könne, ist seither in einer auch Nicht-Marxisten überraschenden Weise selber zum Relikt geworden. Nichtsdestoweniger wird deshalb die Arbeit der DDR-Archivare – soviel wird sich zumindest für die Dauer einiger Jahrzehnte präzeptiv sagen lassen – nicht vergeblich gewesen sein. Das historische Interesse am kulturellen Niederschlag des Marxismus-Leninismus aus der Epoche seiner ungebrochenen ideologiepolitischen Herrschaft wird wachsen. Man wird doch künftig wissen wollen, was das eigentlich für ein Glaube war, der in der Gewißheit, dem „Naturgesetz" der Gesellschaft auf die Spur

---

[23] Artikel „Bewertung" im Lexikon Archivwesen der DDR. Hrsg. von der Staatlichen Archivverwaltung des Ministeriums des Innern der DDR. Berlin 1977, S. 93–95, S. 94.

[24] Potsdam 1965 AVO, §§ 13–16. In: a.a.O., S. 95–96, S. 95.

[25] Cf. das Stichwort „Bewertungsgrundsätze – Regeln für die Bestimmung des Wertes von Registraturgut zum Zwecke der Aufbewahrung oder Kassation", in: a.a.O., S. 97–98, S. 97.

[26] Hans Booms, a.a.O. (cf. Anm. 22), Sp. 26.

gekommen zu sein, sich für berechtigt hielt, für seine Geschichtssinnvollstreckung millionenfache Opfer zu fordern, bis er begann, sich in Zynismen und Bitternisse aufzulösen und damit zu alltagserfahrungsnäheren, common sense-fähigen Formen der Verständigung über den Weltlauf zurückzukehren. Das Scheitern des weltgeschichtlichen Großversuches, Geschichte in Übereinstimmung mit ihrer vermeintlichen Gesetzmäßigkeit zu machen, hat somit den Historismus, den er zu dementieren vermeinte, bestätigt: Nicht einmal seine eigene Evolution hat der Historizismus zu prognostizieren vermocht. Daß es ihn, und zwar als ein in der Tat weltgeschichtlich wirksam gewordenes Glaubenssystem einmal gab, läßt sich inzwischen, ganz konventionell historistisch, nur noch historisch erklären[27].

Für das Problem der Überlieferunsbildung, mit dem wir uns hier zu beschäftigen haben, bedeutet das freilich, daß auch diejenigen, die mit der historizistischen Lösung des Kassationsproblems geliebäugelt haben sollten, sich erneut auf die Erfahrung zurückgeworfen finden, daß in einer dynamisch verlaufenden kulturellen Evolution die Präzeption künftiger Rezeptionsinteressen grundsätzlich nicht möglich ist. Wir können nicht wissen, was man, wenn unsere Gegenwart Vergangenheit geworden sein wird, von dieser wissen möchte. Nicht theoriegeborene Bewertungsgrundsätze, vielmehr Urteilskraft, die Gemeinwissen über Wichtigkeiten und Unwichtigkeiten im Wandel humaner Lebensverhältnisse auf den Dokumentenniederschlag dieser Lebensverhältnisse in überlieferungsbildender Absicht bezieht, hat innerhalb ungewisser Grenzen eine Chance, Überlieferungsentscheide zu treffen, die auch künftig noch zustimmungsfähig sein werden.

Es ist Common sense-Wissen, auf das wir in Fällen zu rekurrieren haben, in denen wir wissen, daß wir nicht wissen können, was man wissen müßte, um den Wirklichkeitsannahmeprämissen fälliger Entscheidungen den Status theoretischer Gewißheiten zu verschaffen. Was also bleibt, Common sense-orientiert, zu tun, wenn wir wissen, daß präzeptiv theoretische Gewißheit über zukünftige Rezeptionsinteressen nicht zu erlangen ist? Eine alltagserfahrungsbewährte Antwort lautet: Man zögere den Zeitpunkt hinaus, zu dem man entscheidet, was man zur Sicherung der Quellen zukünftiger historischer Forschung verwahren will und was man, als für alle erkennbare Zukunft historisch uninteressante Gegenwartsdokumente, definitiv kassiert. Man kennt das sogar aus dem häuslichen Umgang mit Materialien, die für die private, familiäre

[27] Zur Wissenschaftstheorie historischer Erklärungen cf. das Kapitel „Was heisst ‚Das kann man nur historisch erklären'?" in meinem unter Anm. 7 zitierten Buch, S. 35–47.

Überlieferungsbildung und Erinnerungskultur bedeutsam sein könnten. In allen modernen Gesellschaften gibt es ja inzwischen eine Vollversorgung mit Photoapparaten. Sie werden vorzugsweise zur Dokumentation der Familiengeschichte benutzt. Jedermanns Lebenslauf ist heute in allen seinen Phasen vollillustriert. Kein Familienfest ohne Gruppenbild; bei jeder Ausfahrt wird der Ansichtskartenindustrie Konkurrenz gemacht; von der Schultüte über die familieneigenen Pkws bis zum Hausbau oder Ferienhausbau bleibt alles im Bild festgehalten. Das ist kulturgeschichtlich ganz neu, und entsprechend variantenreich ist auch der Umgang mit der ständig wachsenden Menge einschlägiger Familiengeschichtsdokumente. An vollständige Verwahrung dieser Dokumente ist nicht zu denken – vor allem aus Gründen erschöpfter Verwahrungskapazitäten, dann aber auch in der Evidenz des Desinteresses, das ein rasch wachsender Anteil der fraglichen Dokumente spätestens bei der übernächsten Generation finden müßte. Das Kassationsproblem stellt sich unter dem wachsenden Mengendruck der Kommunikationsniederschläge moderner Lebensverbringung also auch privat, und aus der Praxis privater Überlieferungsbildung wissen wir, was wir tun, wenn wir beim Durchsortieren unsicher bleiben, was noch ein Rezeptionsinteresse künftiger Generationen finden könnte und was nicht mehr: Wir schieben die Kassationsentscheidung auf die lange Bank – in realistischer Voraussicht, daß, wenn die eigenen Kinder, Enkel gar, in ein Lebensalter eingetreten sein werden, in dem man ein Interesse an sich selbst als Interesse an dem, der man früher war, auszubilden beginnt, sich schon herausstellen wird, was den Blick in die eigene Vergangenheit fesselt und was nicht, so daß es in den Papierkorb wandert. Gewiß: In solchen Akten innerfamiliärer Überlieferungsbildung können immerhin Rezipienten und Präzipienten noch über drei, ja vier Generationen hinweg unmittelbar miteinander kommunizieren. Das entfällt natürlich bei Akten kollektiver Überlieferungsbildung, für die man mit längeren Überlieferungsfristen rechtnet, womit sich die Wahrscheinlichkeit entsprechend verringert, im Kassationsvorgang eine gewisse Kongruenz von Präzeption und Rezeption zu erreichen.

So oder so: Späte Kassation erhöht die Wahrscheinlichkeit solcher Kongruenz. Archivierungspraktisch heißt das: Das Schriftgut wird vorläufig übernommen, um es ablagern zu lassen und so Zeit zu gewinnen, bis eine sachgerechtere Wertung unter dem Gesichtspunkt „‚Archivierung oder Kassation?‘ möglich ist“[28]. Ablagern lassen, Zeit gewinnen – das also sind die durchaus rationalen, nämlich gemeinsinns-

---

[28] Carl Haase: Studien zum Kassationsproblem. In: Der Archivar. Jahrgang 29 (1976), Heft 2, Sp. 183–196, Sp. 193.

erprobten Hilfsgrundsätze, die unbeschadet der Einsicht in die grundsätzliche theoretische Unlösbarkeit des Präzeptionsproblems verfügbar bleiben. Man muß potentielles Überlieferungsgut tunlichst alt werden lassen, um herauszufinden, was trotz seines Alters und schließlich wegen seines Alters zum Objekt eines alterungsresistenten Interesses Zukünftiger an ihrer Vergangenheit werden könnte. Mit wachsendem temporalen Abstand von einer Lage gewinnt diese an historischer Übersichtlichkeit. Je ferner wir ihr rücken, um so mehr hebt sich heraus, was eben damit erst als ihr beherrschendes Element sichtbar wird. So ungefähr lauten die vertrauten, metaphernreichen Beschreibungen der Erfahrung, daß man Zeit vergehen lassen muß, um Vergangenheit, die zum Objekt eines dauerhaften Vergegenwärtigungsinteresses werden könnte, erkennen zu können.

Über die technischen Voraussetzungen der Praxis, Alterungsresistenz von Materialien eines zukünftigen historischen Interesses durch Ablagern zu erproben, ist hier nicht zu berichten. „Zwischenarchive" lautet dafür das einschlägige Stichwort[29]. Ob und in welchem Umfang man sich solche Zwischenarchive leisten kann, ist nicht eine Frage des Prinzips, vielmehr eine Frage verfügbarer Mittel und darüber hinaus eine Frage der Intensität herrschender historischer Interessen, von der ja wiederum abhängt, in welchem Umfang sich Mittel zur Bedienung dieser Interessen verfügbar machen lassen. Generell, so scheint es, steht es damit günstig. Mit der Dynamik des zivilisatorischen Fortschritts, dessen Maß ja zugleich ein Maß für die Veraltensgeschwindigkeit unserer Zivilisation ist, intensiviert sich das Interesse, das lebenspraktisch veraltete Zivilisationsgut als Objekt künftigen historischen Interesses gegenwärtig zu halten. Aber wieweit man auch bisherige Grenzen gegebener Verwahrungskapazitäten hinauszuschieben vermag – stets wird man an Grenzen stoßen, und zwar um so eher, je rascher der Informationsniederschlag wächst, der in modernen, das heißt in dynamischen Gesellschaften von zunehmender Komplexität anfällt. Alsdann wird, was man zunächst sicherheitshalber doch noch verwahrte, kassiert werden müssen, und je länger man sich gegebener Zwischenarchivkapazitäten wegen Zeit lassen konnte, es „ablagern zu lassen", um so sicherer wird man die Feststellung treffen: „Heute würde ich dieses Zeug", das man früher einmal von den Schriftgutproduzenten übernommen hatte, „auf keinen Fall übernehmen". Also kassiert man es im Nachhinein. „Nachkassation" heißt das in der Sprache der professionellen Überlieferungsbildner – früher einmal ein ‚archivisches Tabu', heute eine mengendruckerzwungene Notwendigkeit, deren Rechtfertigung in der Erfahrung liegt, daß in einer dynami-

[29] ibid.

schen und eben deswegen sich selbst historisierenden Zivilisation die Identifizierbarkeit von Materialien eines zukünftigen historischen Interesses von einiger Kontinuität mit dem Alter dieser Materialien zunimmt. Der Vorgang der Überlieferungsbildung muß sich selber als einen historischen Vorgang wahrnehmen. Das erlaubt es, ihn zu dynamisieren, das heißt sich aus der vermeintlichen Verbindlichkeit überlieferungsbildender Entscheidungen von gestern oder vorgestern zu emanzipieren. Präzeptionen sind ja nichts anderes als Versuche, zukünftige Rezeptionsinteressen vorwegzunehmen, und diese wie jene tragen einen historischen Index. Für die Praxis der jeweils gegenwärtigen Überlieferungsbildung bedeutet das die Freiheit zur Revision der Verwahrungsentscheidungen von gestern oder vorgestern. Die Kassationsentscheidungen, die man in bezug auf eine gegenwärtig gegebene Menge von Dokumenten früher glaubte treffen zu können, kann man doch, nachdem jene frühere Gegenwart nunmehr längst Vergangenheit ist, um so besser treffen, und es ist nicht erkennbar, wieso der erwiesene Irrtum im Urteil über die Verwahrungsbedürftigkeit angefallener Kommunikationsrelikte bloß deswegen, weil es sich um einen Irrtum über den vermeintlichen künftigen historischen Wert von Schriftgutrelikten handelte, nun selber für immer verwahrungsbedürftig sein sollte. Präzeptionen eines künftigen historischen Interesses an den Hinterlassenschaften jener Vergangenheit, die noch Gegenwart ist, sind, weil sie selber historisch sind, nicht kanonisierbar, und die einzige Verpflichtung, die demjenigen zuwächst, der die präzeptiv geleiteten Kassationsentscheidungen von gestern oder vorgestern revidiert, ist die Verpflichtung zur dokumentarischen Fixierung dieser Revision im Interesse der Sicherung des Quellenmaterials für eine künftige Präzeptionshistoriographie[30]. Im Kontext einer Kultur, die ihrer eigenen Historizität bewußt wird, erzeugt sich nicht nur ein Interesse an der Vergegenwärtigung der Geschichte der sich wandelnden Präsenz eines Vergangenen („Rezeptionsgeschichte“). In Überbietung dessen entfaltet sich also schließlich sogar ein Interesse an der Geschichte der sich wandelnden Präsenz zukünftiger historischer Interessen an Vergangenheiten, die noch Gegenwart sind („Präzeptionsgeschichte“).

Es handelt sich in der Praxis der Überlieferungsbildung, wie wir gesehen haben, nicht einfach um „la mémoire“, vielmehr um „la mémoire du futur“. Man wird nicht wissen können, wer wir waren, „si l’on ne conserve pas des éléments jugés aujourd’hui sans intérêt ..., mais qui seront indispensables demain à la compréhension de notre société“. So

[30] Cf. zum Vorstehenden den Abschnitt X.: „Die Nachkassation – Verletzung eines archivischen Tabus?“, in: Carl Haase, a.a.O. Sp. 193–196.

formulierte es Jean Favier, „Directeur des Archives Nationales“, bei Gelegenheit des 11. Internationalen Kongresses der Archivare in Paris im August 1988, der der Theorie und Technik der „mémorisation de l'information“ gewidmet war. Da diejenige Zukunft, deren Erinnerung die Archivare präzeptiv bereits jetzt zu organisieren haben, ihrerseits eines Tages Vergangenheit sein wird, wird alsdann auch die Geschichte jener Organisation der Voraussetzungen damals zukünftiger Erinnerung selber historiographisch aufzuarbeiten sein. Die Praxis, über die unsere Kultur ihre Selbsthistorisierung betreibt, ist einschließlich der Zukunftsbezogenheit dieser Praxis[31] selbst der generell wirksamen Selbsthistorisierungstendenz unterworfen.

Es entspricht französischen Traditionen, zur institutionellen Sicherung dieser Selbsthistorisierungstendenzen unserer Kultur ein „Projet de Très Grande Bibliothèque“ zu entwerfen und dazu den Präsidenten der Republik vor der in der Hauptstadt versammelten Internationale der Überlieferungsbildner sprechen zu lassen. Erst die moderne Kultur ist eine Kultur organisierter Selbsthistorisierung, und das macht dann plausibel, wieso das Projekt der Très Grande Bibliothèque von den Kommentatoren als „le plus onéreux de tous les grands travaux entrepris ou poursuivis par le président de la République“ gekennzeichnet werden konnte. Unter Bedingungen allgemeiner öffentlicher Zustimmung zum großen Werk organisierter Selbsthistorisierung unserer Gesellschaft ist auch die vom Kongreßberichterstatter dem Präsidenten zugeschriebene Idee „de laisser son nom à une Très Grande Bibliothèque“ in der Gewißheit, damit die Erinnerung an sich selbst dauerhaft zu machen, sehr realistisch[32].

In Föderalsystemen hätte die fragliche Idee einer Très Grande Bibliothèque als Zentralinstitution nationalstaatlich organisierter Überlieferungsbildung schon aus verfassungsrechtlichen Gründen kaum eine Chance. Es wäre falsch, das ausschließlich für einen Nachteil zu halten. Unter Gesichtspunkten der erläuterten Schwierigkeiten, die Überlieferungsbildner mit dem Präzeptionsproblem haben, ist ein regionaler und funktionaler Pluralismus in der institutionalisierten Überlieferungsbildung sogar vorteilhaft. Dieser Vorteil ergibt sich nach der Goetheschen

---

[31] Diese Zukunftsbezogenheit der Archivpraxis erlaubt es dann auch, die Modernisierung dieser Praxis als eine „révolution des conservateurs“ zu kennzeichnen: „Pour le premier d'entre eux, Jean Favier, l'avenir importe encore plus que le passé“, so Bernard Ullmann: Archives: La course contre l'oubli. In: L'Express (1.9.1989), S. 42–48, S. 47.

[32] Cf. zum Vorstehenden Emmanuel de Roux: Le Onzième Congrès International des Archives. La mémoire du futur. In: Le Monde. 26. August 1988, S. 1; 17.

Regel „Wer vieles bringt, wird manchem etwas bringen“[33]. Sollten sich die in einem Bundesland, unter welchen Einwirkungen eines regional vorherrschenden Zeitgeistes auch immer, vorzugsweise beachteten Präzeptionsgesichtspunkte im nachhinein als unzweckmäßig erweisen, so läßt sich der fragliche Mangel vielleicht durch Überlieferungsbestände kompensieren, die in anderen Bundesländern durch Kassationsentscheidungen gebildet worden sind, die anderen Präzeptionsgesichtspunkten folgten. Auch wirkt sich der Umstand vorteilhaft aus, daß in modernen Informationsgesellschaften Kommunikationsniederschläge nicht nur beim Staate anfallen, vielmehr zu wachsenden Anteilen überdies bei der ständig wachsenden Zahl von Institutionen, die außerhalb der Grenzen staatlicher Organisationsmacht ökonomisch, sozial und kulturell tätig sind. Es gibt die Zentralinstanz nicht, die über das pluralistisch besetzte Feld organisierter Interessen hinweg Präzeptionsgesichtspunkte kollektiver Überlieferungsbildung durch Verordnung sinnvoll verbindlich machen könnte. Entsprechend erhöht sich in freien Lebensverhältnissen die Wahrscheinlichkeit, daß in der Arbeit, über die unsere Kultur ihre Selbsthistorisierung besorgt, nicht nur mit dem Zeitgeistwind gesegelt, vielmehr auch gegen ihn gekreuzt wird. Damit bliebe, was man hier als historisch dauerhaft uninteressant einschätzen möchte, dort als Gegenstand einer präzeptiven Sondereinschätzung verwahrt, die sich später als rezeptive Gemeineinschätzung erweisen könnte. In einer dynamischen Kultur sind Pluralisierungstendenzen nicht zuletzt Tendenzen unterschiedlicher historischer Präferenzen. Die Individuen gewinnen die Freiheit, sich über das, was up-to-date sei, ihr eigenes Urteil zu bilden. Die Freiheit, überhaupt nicht up-to-date sein zu wollen, ist auch jedermann unbenommen, und wo Avantgarde-Ideale herrschen, nimmt mit dem Rigorismus der Orientierung an ihnen die Verschiedenheit der Wegstrecken zu, um die man der Gegenwart voraus ist. Anders gesagt: Mit der Modernität, das heißt mit der Dynamik und Komplexität unserer gesellschaftlichen Lebensverhältnisse nimmt die historische Ungleichzeitigkeit chronologisch simultan existierender Individuen zu. Auch die Institutionen einschließlich der Institutionen der Überlieferungsbildung nehmen an diesem Pluralisierungsprozeß teil, und mit der entsprechend steigenden Inhomogenität unserer Präzeptionen wächst die Wahrscheinlichkeit, daß höchst heterogene Rezeptionsinteressen der Zukunft sich überlieferungspraktisch bedient finden können.

---

[33] Faust, Vorspiel auf dem Theater. Worte des Direktors.

4.4 Speicherbibliotheken oder der Zwang zur Entmischung aktueller und veralteter Information

Das historische Bewußtsein ist kein Traditionsbewußtsein. Es hütet nicht unverändert geltende Überlieferungen. Es erwächst vielmehr aus der Erfahrung ihres Veraltens. Traditionen – das sind orientierungspraktische kulturelle Selbstverständlichkeiten von generationenüberdauernder Geltung[1]. Innerhalb der Geltungsfrist solcher Traditionen unterscheiden sich die Zeiten chronologisch, aber nicht historisch. Die Generationen wechseln. Aber die Erfahrungen, die gemacht und über den Generationenwechsel hinweg weitergegeben werden, bleiben als solche konstant. Im Rahmen von Erfahrungen, die in der Abfolge der Generationen nicht dementiert, vielmehr bekräftigt werden, expandiert die Gegenwart. Die Jahre kommen und gehen, aber über ihren Wechsel hinweg behält, was überliefert wird, bleibende Gegenwart.

Im Kontrast dazu ist also das historische Bewußtsein kein Traditionsbewußtsein. Es schließt vielmehr Erfahrungen des Veraltens von Traditionen ein, ja es wird erst durch diese Erfahrungen überhaupt hervorgerufen. Historische Erfahrungen sind Erfahrungen gerichteter Veränderung unserer Lebensverhältnisse durch Neuerungen, deren Kehrseite Vorgänge des Veraltens sind. Nicht die bleibende Gegenwart dessen, was in seiner Geltung Konstanz hat, vielmehr die schrumpfende Gegenwart einer Kultur, in deren temporaler Orientierung Erfahrungsraum und Zukunftshorizont auseinandertreten, ist die Gegenwart historischer Erfahrung[2].

Über die Inhalte modernitätsspezifischer Erfahrungen steigender Innovationsraten einerseits und, komplementär dazu, zunehmender Geschwindigkeit des Veraltens kultureller Bestände andererseits braucht man nicht zu spekulieren. Nicht zuletzt in der Geschichte des Publikationswesens und näherhin in der Geschichte der Institutionen zur Verwahrung des Publizierten, das heißt in der Geschichte unserer Bibliotheken, liegt zutage, daß moderne Geschichtserfahrung eine Erfahrung ist, die durch die rasch wachsende Menge des Neuen einerseits und durch die komplementär dazu ebenso rasch wachsende Menge von

[1] Alle wesentlichen Aspekte des Traditionsbegriffs behandelt Edward Shils: Tradition. London, Boston 1981.

[2] Zur temporalen Charakteristik der Ursprungssituation des historischen Bewußtseins durch das Auseinandertreten von Erfahrungsraum und Zukunftshorizont cf. Reinhart Koselleck: ‚Erfahrungsraum‘ und ‚Erwartungshorizont‘ – zwei historische Kategorien. In: Reinhart Koselleck: Vergangene Zukunft. Zur Semantik geschichtlicher Zeiten. Frankfurt am Main 1979, S. 349–375.

Fortschrittsrelikten andererseits provoziert wird. Der dramatische Anstieg der Titelflut schon im späten 17. und dann vor allem im 18. Jahrhundert ist bekannt und historisch vermessen[3]. Es liegt nahe zu vermuten, daß die Erfahrungen, denen das historische Bewußtsein sich verdankt, in seinen Ursprüngen nicht zuletzt Lesererfahrungen gewesen sind. Aber auf die historische Verifikation dieser Zusammenhänge soll es hier nicht ankommen. Für die Gegenwart ist evident: Mit der Menge des Neuen wächst die Aufdringlichkeit des Veralteten. Das wirkt sich bis in die technische Seite des Umgangs mit dem Veralteten aus, und es lohnt sich, auch diese Seite der Sache ins Auge zu fassen. Die Arbeit des historischen Bewußtseins, in einer dynamischen Zivilisation Vergangenes gegenwärtig zu halten, vollzieht sich nicht nur mental. Sie hat auch ihre materiellen und organisatorischen Aspekte. Unter dem fortschrittsabhängig wachsenden Druck des Alten werden schließlich unsere Erinnerungskapazitäten knapp. Auch für die Praxis der Überlieferungsbildung gibt es Grenzen des Wachstums. Das ist am Exempel der Archivpraxis bereits deutlich geworden. Es gilt, mutatis mutandis, für das Bibliothekswesen nicht anders.

Ist es nötig, das an Zahlen aus der Bibliotheksstatistik zu demonstrieren? Für Bibliothekare erübrigt sich das selbstverständlich. Aber für die bibliothekswissenschaftlichen Laien, zu denen in der überwiegenden Mehrzahl der Fälle auch die Fleißigen unter den Bibliotheksbenutzern zählen, hat es doch seinen Nutzen, sich durch ein paar exemplarisch genannte Zahlen eine Vorstellung von den Größenverhältnissen der Entwicklung zu verschaffen, um die es sich hier handelt. Es gehört ja seit langem zu den Standardberichten des Feuilletons, auch des Wirtschaftsteils unserer Tages- und Wochenzeitungen, den Buchmessen von Jahr zu Jahr neue Rekorde zu bescheinigen. Nach Auskünften der Deutschen Bibliographie sieht das so aus: In der Bundesrepublik Deutschland einschließlich West-Berlins wurden 1951 gut 14000 Titel produziert; zwanzig Jahre später war die Menge der Titel bereits auf nahezu 43000 angestiegen; in fünfzehn weiteren Jahren kamen dann noch einmal 20000 hinzu. Solche Zahlen sind natürlich nichtssagende Zahlen, wenn man, wie leider immer noch viele unserer Geisteswissenschaftler, in der Einschätzung der qualitativen Bedeutung quantitativer Entwicklungen ungeübt ist. Das Mißbehagen, das aus der Zumutung resultiert, auch im kulturellen Bereich Statistiken für bedeutsam halten zu sollen, setzt sich

---

[3] Für das wissenschaftliche Zeitschriftenwesen zum Beispiel durch David A. Kronick: A History of Scientific and Technical Periodicals. The Origins and Development of the Scientific and Technical Press 1665–1790. Metuchen (N.J.) [2]1976.

dann nicht selten in kulturkritische, näherhin kulturpessimistische Kommentare um. Für solchen Pessimismus mag es sogar Gründe geben. Das zu zeigen bedürfte aber detaillierter Analysen. So lange das nicht geleistet ist, bleibt es unbenommen, der Neigung, quantitatives Wachstum im Kulturbereich als qualitativ bedeutungslos einzuschätzen, zuversichtlich entgegenzutreten. Mehr Titel, mehr Bücher – das bedeutet, immerhin, daß mehr gelesen wird, wenn anders man nicht die Absurdität für wahr halten möchte, daß zwar die Zahl der gekauften Bücher, wie man nicht leugnen kann, steigt, zugleich aber die Zahl der gelesenen Bücher stagniert oder sogar, wie populäre Kritik der kulturellen Wirkungen des Fernsehens es will, sich rückläufig entwickelt[4].

So oder so muß, wie man rasch erkennt, die exemplarisch zitierte quantitative Entwicklung sehr erhebliche qualitative Folgen haben, insbesondere für die heute so genannte Lesekultur[5]. Darauf ist noch zurückzukommen. Hier soll es sich zunächst um die Konsequenzen des fraglichen Vorgangs für die Praxis der Überlieferungsbildung in historischer Absicht handeln. Die wachsende Bücherproduktion setzt sich naturgemäß auch in analog wachsende Bibliotheksbestände um – für die Universitätsbibliotheken in der ehemaligen DDR von zweieinhalb Millionen Bänden kurz vor dem Ersten Weltkrieg auf knapp zehn Millionen Bände zwanzig Jahre nach Gründung der DDR – mit einer verblüffenden Steigerung um noch einmal fünfzig Prozent in den darauffolgenden vier Jahren[6]. Diese Zahlen überbieten die Durchschnittszuwachszahlen beträchtlich, die Adelheid Kasbohm aus UNO-Statistiken ermittelt hat, nach denen sich „alle zwanzig Jahre eine Verdoppelung der Bestände von Universitätsbibliotheken“ ergibt[7]. Das rechtfertigt die Kennzeichnung unserer Gegenwart als einer „Zeit stürmischer Bibliotheksentwicklung“[8]. Das gilt auch dann, wenn besonnene Kommentatoren vorliegender Bibliotheksentwicklungspläne finden, zumindest für die Bibliotheken von Gesamthochschulen sei die

---

[4] Zu den zitierten Zahlen cf. Buch und Buchhandel in Zahlen. Ausgabe 1987, S. 11.

[5] Cf. dazu Rolf ENGELSING: Die Perioden der Lesergeschichte in der Neuzeit. Das statistische Ausmaß und die soziokulturelle Bedeutung der Lektüre. In: Börsenblatt für den Deutschen Buchhandel. Frankfurter Ausgabe. Nr. 51 (27. Juni 1969), S. 1541–1569.

[6] Gerhard SCHWARZ: Die Speicherung wenig benutzter Literatur in der DDR. In: Zentralblatt für Bibliothekswesen. Jahrgang 89 (1975), S. 397–401, S. 397.

[7] Adelheid KASBOHM: Kriterien für die Aussonderung wenig benutzter Literatur. In: Zentralblatt für Bibliothekswesen. Jahrgang 86 (1972), S. 263–278, S. 263.

[8] Günther PFLUG: Bildungsplanung und Bibliotheksentwicklung. In: Wege zur Neuen Bibliothek. 74. Deutscher Bibliothekartag in Bielefeld vom 12. – 16. Juni 1984. Hrsg. von Rudolf FRANKENBERGER, Jürgen HERING und Eberhard ZWINK. Frankfurt a. M. 1985, S. 15–27, S. 15.

Erwartung einer „Verdoppelung der jährlich zu erwerbenden Bände im Laufe von 10 Jahren" „zu hoch"[9].

Die Vorstellungskraft eines Laien genügt auch in diesem Fall, um alsbald zu dem Schluß zu kommen, das könne doch nicht immer so weiter gehen. Über Extrapolationen jüngstvergangener bibliothekarischer Wachstumsprozesse erkennt man rasch die Absurdität der Lage, in die man geriete, wenn man einmal fiktiv unterstellte, die Wirklichkeit entwickele sich extrapolationsgemäß. Zu Beginn des nächsten Jahrtausends hätte dann allein die Bayerische Staatsbibliothek weit über sieben Millionen Bände unterzubringen und noch einmal ein halbes Jahrhundert später fast die doppelte Menge[10]. Dramatischer noch verläuft die Wachstumsgeschwindigkeit, wenn, in einem Einzelfall, der Buchzugang sich in zwanzig Jahren vervierfacht hat[11]. Solche Entwicklungen machen evident: „Binnen verhältnismäßig kurzer Frist werden ... die in den letzten Jahrzehnten errichteten Neubauten kaum irgendwo noch ausreichen!". „Kann man sich vorstellen, daß es möglich sein werde, mit den Methoden des 20. Jahrhunderts überall für diese Entwicklung Raum zu schaffen?"[12] Man kann es sich nicht vorstellen. Zahlen sind überaus nützliche Anschauungshilfen, und wer es noch anschaulicher haben möchte, mag die exemplarisch genannten Band-Zahlen in Regal-Meter umrechnen, diese in Raumbedarf und nach fachlich beratener Kalkulation zusätzlich benötigter Personalstellen für die Erhaltung der Arbeitsfähigkeit künftiger Superbibliotheken den Finanzbedarf, um das alles darstellen zu können. Spätestens bei der Kalkulation der finanziellen Seite solcher Entwicklungen würde zur Evidenz gebracht sein, daß man bereits jetzt eine Politik rationaler Wachstumsbegrenzung einleiten muß, um der sonst unvermeidlichen Selbstbeendigung des Wachstums durch Umschlag ins Chaos vorzubeugen.

Was tun? Anders als in der Praxis archivarischer Überlieferungsbildung gilt für die Praxis bibliothekarischer Überlieferungsbildung der

---

[9] Heinrich WIMMER: Modelle für die Berechnung des Literaturbedarfs an Universitätsbibliotheken. In: Literaturversorgung in den Geisteswissenschaften. 75. Deutscher Bibliothekartag in Trier 1985. Hrsg. von Rudolf FRANKENBERGER und Alexandra HABERMANN. Frankfurt a. M. 1986, S. 31–51, S. 39.

[10] Zu diesen Zahlen nebst analogen Zahlen andere Bibliotheken betreffend cf. Wilhelm TOTOK, Reinhard OBERSCHELP: Wie lange können unsere Bibliotheken noch weiterwachsen? In: Buch und Bibliothek. Jahrgang 34 (1982), S. 820–824, S. 821.

[11] Antonius JAMMERS: Abgabe von Bibliotheksgut der Hochschulen. In: Verband der Bibliotheken des Landes Nordrhein-Westfalen. Mitteilungsblatt. N.F. Jahrgang 32 (1982), S. 370–378, S. 370: „So hat sich der Buchzugang der Zentralbibliothek der TH Aachen in den letzten 20 Jahren etwa vervierfacht".

[12] Wilhelm TOTOK, Reinhard OBERSCHELP, a.a.O. (cf. Anm. 10), S. 821.

Grundsatz: „Vollständige Sammlung des Geistesgutes der Gegenwart bleibt weiterhin das Ziel"[13]. Archivare, so haben wir gesehen, kassieren, das heißt sie vernichten Altakten in sehr erheblichem Umfang, und der Anteil des Schriftguts, den sie für überlieferungsbedürftig halten, sinkt mit der Geschwindigkeit, mit der die anfallende Schriftgutmenge wächst. Daraus ergibt sich das erörterte Präzeptionsproblem, das Problem also, wie sich zukünftige Rezeptionsinteressen vorwegnehmen lassen. Von den Grenzen der Lösbarkeit dieses Problems war schon die Rede. In der bibliothekarischen Praxis der Überlieferung des „Geistesguts der Gegenwart" entfällt das Präzeptionsproblem. Die Sammlung dieses Guts als „vollständige Sammlung" zukünftigen Generationen zu übereignen gilt, wie zitiert, als bibliothekarische Selbstverständlichkeit. Man mag, bei einer genaueren Analyse gegenwärtiger Publikationspraxis, auch im Bereich einiger Wissenschaften zu dem Schluß kommen, so selbstverständlich sei die kulturelle Verpflichtung zur vollständigen Sammlung des bibliotheksfähig Gedruckten gar nicht. Mit der Menge des Gedruckten wächst auch, wie jeder Leser bestätigen kann, die Menge der Gelegenheiten, Erfahrungen der Überflüssigkeit des Gelesenen zu machen. Aber daraus folgt, für vorerst unabsehbare Zeit, gar nicht, auch die Bibliotheken müßten, nach Analogie der Archive, Kassationsentscheidungen treffen und bibliothekarisches Schriftgut, das als überlieferungsunwert erwiesen ist, zu Altpapier machen. Man erkennt leicht, daß es im Bibliotheksbereich vollends aussichtslos wäre, Kriterien für die Identifizierung von Büchern garantierten zukünftigen Desinteresses zu finden. Stets gibt es eine intentio obliqua, in der, was intentio recta in der Tat niemanden mehr interessieren könnte, zu einem Thema wird. Selbst Groschenhefte sind, wie man sich erinnert, plötzlich zum Forschungsobjekt von Trivialliteratursoziologen avanciert, und die Kitsch-Ästhetik braucht, um fortgeschrieben werden zu können, gleichfalls ihre Materialien. Aus der intentio obliqua des historischen Interesses, so scheint es, könnte vollends kein Buch jemals herausfallen. So oder so sind es Prägungen unserer Kultur, die immerhin auf ein Buch gegründet ist, welche uns eine Scheu verspüren lassen, Bücher zu vernichten. Auch in unserem privaten, häuslichen Umgang mit Büchern ist, sobald die Unterbringungskapazitäten definitiv erschöpft sind, der pragmatische Grundsatz kaum zu befolgen, jede Neuanschaffung sei von nun an mit einer Buch-Kassation zu verbinden. Man darf sicher sein, es mit einem entschlossenen, rational kalkulierenden Charakter zu tun zu haben, wenn einer es fertig bringt, Bücher in den Papierkorb zu tun – und seien

[13] ibid.

es Bücher, nach deren Lektüre man weiß, daß sie überflüssig war und entsprechend niemals mehr wiederholt werden wird.

Kurz: Bibliothekarische Überlieferungsbildung bleibt bislang kassationsfreie Überlieferungsbildung. Aber welche Lösung gibt es dann für das Problem, mit dem Mengendruck sich beschleunigender, in Buchgestalt sich niederschlagender Informationsproduktion fertig zu werden? Die derzeit favorisierte Lösung ist von grundsätzlichem Interesse für die Temporalverfassung aktueller Zivilisationsdynamik. Sie stellt ab auf den Unterschied von aktueller und veralteter Information. Dabei handelt es sich ersichtlich um einen Unterschied, dessen praktische Relevanz mit der Innovationsdynamik zunimmt. Archive haben es, als Institutionen der Überlieferungsbildung in einer sich selbst historisierenden Kultur, mit dem fraglichen Unterschied gerade nicht zu tun. Archive übernehmen Schriftgutniederschläge gesellschaftlicher Kommunikationsvorgänge, die abgeschlossen sind, verjährt, außerhalb der Archive längst vergessen, für aktuelle Entscheidungs- und Handlungszusammenhänge definitiv bedeutungslos und just in diesem Sinne nur noch historisch von Interesse. Für die Bibliotheken hingegen gilt, trivialerweise, aber fundamentalerweise, ganz im Gegenteil, daß sie, zumal als wissenschaftliche Bibliotheken, die aktuelle Information zu sammeln und für die Zwecke der Forschung und des Studiums bereitzustellen haben. Auch für die Geschichtswissenschaften und für das historische Studium gilt das. Die Geschichtswissenschaften nehmen ja, unbeschadet des Vergangenheitscharakters ihres Gegenstandes, ihrerseits am Fortschritt teil, und dieser will in seinem jeweils neuesten Stand zugänglich gehalten sein. Aber gerade in ihrer von der Dynamik des wissenschaftlichen Fortschritts diktierten Verpflichtung, das Neue und Neueste verfügbar zu machen, geraten Bibliotheken, wie andere aktualitätsverpflichtete kulturelle Institutionen auch, unter den Druck der Menge des Veralteten, die komplementär zur Innovationsrate anwächst. Auf Märkten, wo neueste Informationen gehandelt werden, gilt zwingend, daß man sich von der rasch wachsenden Menge veralteter und daher im Regelfall nicht mehr nachgefragter Informationen alsbald zu befreien habe. Jeder Zeitungskiosk verfährt so, und Märkte, die Produkte mit modeabhängigem Design anbieten, das ja nach dem weitgespannten Informationsbegriff unserer Semasiologen gleichfalls zu den jeweils maßgebenden kulturellen Informationsbeständen zu zählen wäre, verfahren analog und organisieren Schlußverkäufe.

Der Einwand liegt nahe: Wie kann man denn nur Bibliotheken mit Zeitungskiosken vergleichen? Die Semantik des deutschen Wortes „Vergleichen“ erlaubt es leider, demjenigen, der vergleicht, zu unterstellen, er behaupte eine spezifische Identität dessen, was er vergleicht[14]. Indessen: Wer feststellt, daß etwas von etwas anderem sich spezifisch unterscheide, muß ja gleichfalls verglichen haben, und zwar auch dann, wenn das Resultat der Vergleichsaktion emphatisch „unvergleichlich!" lautet. In genau diesem Sinne sind Bibliotheken und Zeitungskioske banalerweise unvergleichlich. Weniger banal ist es, sie unter Aspekten fälligen Umgangs mit veraltetem Informationsgut zu vergleichen. Zeitungen veralten von Tag zu Tag oder doch von Woche zu Woche. Bei Büchern und Zeitschriften dauert es etwas länger. Wäre im übrigen der Unterschied der, daß Bücher und Zeitschriften, sobald sie in ihrem Informationsgehalt nicht mehr neu sind, sich in Quellen historischen Wissens verwandeln, während aus Journalen durch Datumswechsel Altpapier wird? Das ist ersichtlich nicht der Fall. Wahr ist, daß man die Zeitung von gestern, von vorgestern gar, am Kiosk nicht mehr kaufen kann. Wieso nicht? Die Gründe liegen auf der Hand: Erstens ist die Nachfrage nach veralteten Zeitungen, die durchaus vorkommt, derart gering, daß es sich nicht lohnt, zur Bedienung solcher Nachfrage an Straßenecken oder auch in Bahnhöfen Märkte einzurichten. Zweitens erzeugen sich aus der hohen Veraltensgeschwindigkeit des fraglichen Informationsguts Mengenprobleme, die sich unter den gegebenen Bedingungen von Straßenecken oder Bahnhöfen weder technisch noch organisatorisch bewältigen ließen. Allein deswegen wird das veraltete Informationsgut in demselben Rhythmus, in welchem das neue hereinkommt, also täglich, weggegeben - nicht aber, weil es, im Unterschied zu Bibliotheksbeständen, sich kraft Veraltens nicht in einen Gegenstand historischer Interessen verwandelte. Zeitungen gelten ja seit langem als Geschichtsquellen bedeutenden Ranges, und diese ihre Bedeutung nimmt mit der Modernität der modernen Gesellschaft zu. Die hier gemeinte Modernität ist die Modernität der Informationsgesellschaft, in der die mediale Information über die Welt, in der wir leben, als Information aus zweiter Hand sich fortschreitend weiter über den Umkreis derjenigen Weltkenntnis hinaus erstreckt, die unserer lebensweltlichen Primärerfahrung entstammt[15].

---

[14] Genau das ist, zum Beispiel, die semantische Bedingung der Möglichkeit des sogenannten „Historiker-Streits" gewesen. - „Historikerstreit". Die Dokumentation der Kontroverse um die Einzigartigkeit der nationalsozialistischen Judenvernichtung. München, Zürich 1987. - Zur Metakritik logisch fauler Kritik des Vergleichens cf. mein Büchlein „Politischer Moralismus. Der Triumph der Gesinnung über die Urteilskraft". Berlin ^{2}1989.

[15] Zu diesem Thema cf. meinen Aufsatz „Erfahrungsverluste und Kompensationen", in: Hermann LÜBBE: Die Aufdringlichkeit der Geschichte. Herausforderungen der Moderne vom Historismus bis zum Nationalsozialismus. Graz, Wien, Köln 1989, S. 105–119.

In einer so charakterisierten Informationsgesellschaft treten die reale Bedeutung von Ereignissen und Vorgängen einerseits und ihre mediale Publizität und damit ihre Bedeutung als Element öffentlicher Meinung andererseits potentiell immer weiter auseinander. Das macht dann die herrschende Meinung über einen realen Vorgang selber zu einem eigenständigen realen Vorgang. In einer sogenannten Informationsgesellschaft ist die Geschichte der öffentlichen Meinung integrierendes Moment der Geschichte der Ereignisse und Strukturen selbst, auf die sich die öffentliche Meinung bezieht, und Zeitungen sind naheliegenderweise eine besonders wichtige Quelle für die Erforschung der Meinungsgeschichte. Entsprechend gibt es seit langem Zeitungsarchive, spezialisierte sogar. Selbstverständlich sind auch die Zeitungsverlage vollhistorisiert, und sie bedienen die Leser ihrer Produkte, komplementär zum aktuellen Informationsangebot, mit Auszügen aus der Berichterstattung ihrer Tageszeitung vom gleichen Datum vor einhundert Jahren. Sogar private Sammler von Zeitungen, insbesondere Wochenmagazinen, gibt es, und die Magazinverlage offerieren Register und Einbanddecken. Selbstverständlich verfügen, unabhängig von den speziellen Zeitungsarchiven, auch unsere Bibliotheken über reiche Zeitungsbestände, deren Verwahrung freilich wegen der geringen Alterungsresistenz von Zeitungspapier ihre besonderen Schwierigkeiten hat. Information, die rasch veraltet, wird nicht in Stein gehauen, vielmehr tunlichst dem billigsten Informationsträgermaterial anvertraut. Das tritt dann, eben der geringen Alterungsresistenz dieses Materials wegen, in Spannung zum historischen Wert des darauf festgehaltenen Informationsguts. Dieser historische Wert nimmt ja mit dem Alter dieses Informationsguts nicht ab, vielmehr zu. Darauf ist noch zurückzukommen.

Zusammenfassend läßt sich sagen: Je rascher Informationsgut seine Aktualität verliert und damit sich in ein Objekt historischen Interesses verwandelt, um so unabweisbarer wird es, in unseren Bemühungen, Information vorrätig und zugänglich zu halten, die Bedienung des Interesses für Aktuelles funktional von der Bedienung des historischen Interesses für veraltete Informationen zu trennen. Just diese Trennung ist im Zeitungswesen seit eh und je selbstverständlich.

Inzwischen sind aber auch unsere Bibliotheken unter den Druck der Folgeprobleme erhöhter Veraltensgeschwindigkeit des bibliothekarischen Informationsguts geraten, und die gegenwärtigen bibliothekspolitischen Erwägungen, funktional und schließlich auch räumlich das aktuelle Informationsgut vom bloß noch historisch interessanten zu trennen, sind darauf die naheliegende Antwort. Das ist es, was insbesondere den Empfehlungen des deutschen Wissenschaftsrats zum Magazinbedarf wissenschaftlicher Bibliotheken zugrunde liegt[16]. Es ist das oben[17] mit einigen wenigen Zahlen exemplarisch belegte Mengenproblem, das „von der Idealvorstellung, dem Benutzer in der Stadt große Buchbestände unmittelbar zur Verfügung zu stellen", „Abschied zu nehmen zwingt"[18]. Die Verwahrungskapazitäten für Bücher und Zeitschriften lassen sich nicht gleichzeitig in allen Bibliotheken parallel zum Wachstum der Bücher- und Zeitschriftenproduktion steigern. Die Konsequenz liegt nahe: „Eine Abgabe von weniger benutzten Buchbeständen an zentrale Speicherbibliotheken wird künftig nicht mehr zu umgehen sein"[19]. Die ‚weniger benutzten Buchbestände' wären dann eben nicht mehr überall und in allen einschlägigen Bibliotheken zugänglich, sondern nur noch an einigen Zentralorten konzentriert. Die dadurch frei gewordenen Magazine stünden für die Aufstellung der rasch wachsenden Menge des aktuellen Bibliotheksguts zur Verfügung. Das klingt plausibel, zumindest in den Ohren bibliothekarischer Laien, die mit den mannigfachen technischen, auch personellen und damit in letzter Instanz finanziellen Problemen nicht vertraut sind, wie sie von den Fachleuten seit langem erörtert werden[20].

Von größtem Interesse ist in diesem Zusammenhang natürlich die Beantwortung der Frage, welche Buchbestände dauerhaft als ‚weniger benutzte Buchbestände' einzuschätzen sind. Für die jeweilige Gegenwart läßt sich die Frage der Benutzungshäufigkeit eines Buches leicht beantworten. Das gilt zumindest im Prinzip, wenn dem auch praktisch, zumal unter der Voraussetzung älterer Bibliotheksorganisation, erhebliche Schwierigkeiten entgegenstehen mögen. Bei Nutzung aller Möglichkeiten moderner Datenverarbeitungstechnik würden diese praktischen Schwierigkeiten entfallen, jedenfalls im Prinzip, wenn auch praktisch, sogar in modernen Bibliotheken, aus Gründen kaum behebbaren Personalmangels die Umstellung der papiernen Kataloge für ältere Buchbestände auf elektronische Datenträger in absehbarer Zeit gar nicht zu leisten wäre.

---

[16] Cf. hierzu Hermann HAVEKOST: Überlegungen zur Kosten-Nutzen-Rechnung in den Empfehlungen des Wissenschaftsrates zum Magazinbedarf Wissenschaftlicher Bibliotheken. In: Zeitschrift für Bibliothekswesen und Bibliographie. Jahrgang 35 (1988), S. 1–29.

[17] Cf. oben S. 213f.

[18] Wilhelm TOTOK, Reinhard OBERSCHELP, a.a.O. (cf. Anm. 12), S. 822.

[19] a.a.O., S. 823.

[20] Cf. dazu exemplarisch Hans-Jörg HAUSER: Ausweichmagazin oder Speicherbibliothek. Zur Auslagerung von Literaturbeständen aus wissenschaftlichen Bibliotheken. In: Zeitschrift für Bibliothekswesen und Bibliographie. Jahrgang 30 (1983), S. 371–389.

Wie auch immer: Selbst wenn man, jedenfalls im Prinzip, für die Gegenwart wissen könnte, welche Buchbestände viel und welche wenig oder kaum benutzt werden, so käme es doch für eine Trennung dieser Buchbestände und damit für die Aufstellung der selten benutzten in zentralen Archivbibliotheken darauf an, die Buchbestände geringer Nachfrage mit einiger Verläßlichkeit auch für die Zukunft als solche identifizieren zu können. Die Antwort auf die Frage, um welche Art von Buchbeständen es sich dabei handle, scheint leider auf der Hand zu liegen: Es handelt sich um das veraltete, nämlich durch den wissenschaftlichen Fortschritt inzwischen überholte bibliothekarische Informationsgut. Die Bekundung des Bedauerns in dieser Antwort nimmt die Standardreaktion des kulturhistorisch gebildeten Publikums auf den Vorschlag vorweg, aktuelle und wenig benutzte, nämlich bloß noch historische Literatur bibliothekstechnisch zu separieren. Tatsächlich hat der zitierte Vorschlag des Deutschen Wissenschaftsrats, zur Entlastung der wissenschaftlichen Bibliotheken sogenannte Archivbibliotheken zu errichten[21], Entrüstungsstürme im Feuilleton hervorgerufen. Den Impuls, der sich in solchen Protesten zum Ausdruck gebracht hat, wird man in einer fortschreitend sich selbst historisierenden Kultur leicht nachempfinden können. Nichtsdestoweniger entspringt er einem doppelten Mißverständnis. Das eine Mißverständnis beurteilt Bibliotheken nach Analogie von Archiven. In einer sich selbst historisierenden Kultur sind in der Tat Bibliotheken wie Archive Institutionen der Überlieferungsbildung. Aber der ebenso banale wie fundamentale Unterschied zwischen beiden Einrichtungen ist doch der, daß Archive es in ihrer Praxis der Überlieferungsbildung exklusiv mit dem aktenmäßigen Informationsniederschlag administrativer, politischer und juridischer Prozesse zu tun haben, in die im Regelfall aktuell niemand mehr involviert ist und die in genau diesem Sinne definitiv veraltet und zum Objekt historischer Interessen geworden sind, während die Bibliotheken nach ihrem Primärzweck, den als solchen nicht anzuerkennen lebensfremd wäre, genau umgekehrt das jeweils Neueste präsent und zugänglich zu halten haben. Von allem, was geeignet ist, die Erfüllung dieses Primärzwecks zu beeinträchtigen, haben die Bibliotheken sich entsprechend freizumachen. Auf die fortschrittsabhängig rasch wachsende Menge veralteter und kaum noch benutzter Bibliotheksbestände trifft das unter der Voraussetzung erschöpfter Verwahrungskapazitäten zu.

Das andere Mißverständnis, aus dem heraus gegen die bibliothekarische Separierung aktueller und veralteter, nämlich bloß noch historisch interessanter Buchbestände protestiert worden ist, beruht auf einem

---

[21] Cf. Hermann Havekost, a.a.O. (cf. Anm. 16).

seinerseits veralteten Verständnis der Art und Weise, wie in einer dynamischen Zivilisation deren Vergangenheit einzig sich gegenwärtig halten läßt. Man stellt sich vor, daß ineins mit der studienmäßigen Aneignung eines verwissenschaftlichten Lebensbereichs sich auch die Geschichte dieses Lebensbereichs in ihren Grundzügen aneignen lasse. Diese Vorstellung ist in früheren Epochen der Geschichte unserer historischen Kultur tatsächlich einmal studienpraktische Realität gewesen – zum Beispiel in Gestalt jener obligatorischen rechtshistorischen Studienanteile, wie sie bis in unser eigenes Jahrhundert hinein zum akademischen Curriculum der Juristen gehörten. Sieht man genauer hin, so erkennt man, daß es sich dabei um curriculare Relikte eines Studiums von Beständen gehandelt hat, die einst kanonische Bedeutung besaßen, jedoch in dieser Kanonizität durch die Vorgänge moderner Gesetzeskodifikationen einerseits und durch die komplementäre Historisierung älteren Rechts andererseits schließlich vollständig aufgelöst wurden. Fortschrittsabhängig intensiviert sich die Erfahrung der Historizität der Vergangenheit, und eine Vergangenheit, die wirklich als historische wahrgenommen wird, muß dann schließlich auch als Gegenstand spezieller geschichtswissenschafticher Studien curricular vom Studium theoretischer, empirischer oder aktuell handlungsbezogener Disziplinen abgetrennt werden. Ersichtlich heißt das gerade nicht, daß im modernen Wissenschafts- und Studienbetrieb die historischen Kenntnisse in Verfall gerieten. Das genaue Gegenteil trifft zu. Die historische Forschung, näherhin auch die wissenschaftshistorische Forschung spezialisiert und differenziert sich personell und institutionell aus. Die Wissenschaftsgeschichte verselbständigt sich in Forschung und Lehre fachlich gegenüber den Wissenschaften, um deren Geschichte es sich dabei handelt. Das aber heißt, daß es widersinnig wäre, im Studium einer Wissenschaft das Studium einer anderen Wissenschaft, nämlich das Studium der Geschichte der erstgenannten Wissenschaft, obligatorisch zu halten. Die gemeine akademische und sonstige kulturelle Präsenz des fachlich verselbständigten wissenschaftshistorischen Wissens wird somit über diesen Prozeß zum Inhalt eines Studium generale. Dieses blüht überall, auch als wissenschaftshistorisches Studium generale, und verdeutlicht eben damit, als seine reale wissenschaftsgeschichtliche Voraussetzung, das inzwischen erreichte Tempo fortschrittsabhängiger Verwandlung früherer Forschungsstände in veraltete Forschungsstände.

Wenn man die quantitativen Dimensionen dieses Prozesses ins Auge faßt, so erkennt man rasch die Absurdität der Erwartung, Bücherbestände, die noch gestern als aktuelle Bestände nachgefragt wurden, könnten heute in analoger Häufigkeit aus historischem Interesse nachgefragt sein. In Wahrheit stellt sich die Verwandlung aktueller Bücherbestände in solche, die nur noch historisch interessant sind, als ein Prozeß dramatisch verlaufender Schrumpfung der Nachfragehäufigkeit dar. Gegenstand des spezifisch modernen historischen Interesses ist eben nicht, was mit traditionaler Selbstverständlichkeit im Kontext der kulturellen Gegenwart nicht anders als in der Vergangenheit Geltung hätte, also unbeschadet seines chronologischen Alters nicht veraltet wäre und somit auch zukunftsfähig. Exklusiv das Veraltete bedarf, weil es sonst rasch spurlos verschwände, der Konservierung und expliziter Bemühung, es durch Rekurs auf Funktionen und Nötigkeitsbedingungen, die es früher einmal erfüllte, verständlich zu machen und als so Verstandenes gegenwärtig zu halten. Evolutionsbedingt fremd gewordene Vergangenheiten aneignungsfähig und zuschreibungsfähig zu machen –: das ist es, was das historische Bewußtsein leistet. Nur so lassen sich eigene Geschichten und die Geschichten anderer erzählen und läßt sich damit aussagbar halten, wer wir sind, wer die anderen sind und wer wir in unseren wechselseitigen Beziehungen sind. Identitätsvergegenwärtigung ist eine kulturelle Nötigkeit unter Bedingungen beschleunigten Identitätswandels. Selbsthistorisierung wird durch die Erfahrung evolutionsbedingter Entfremdung von Gegenwart und Vergangenheit erzwungen. Nichts wird uns rascher fremd als das Veraltete. Das historische Bewußtsein, das sich seiner annimmt, hebt damit nicht sein Veraltetsein auf, sondern hält es als das verstandene Veraltete gegenwärtig.

Jeder Museumsbesuch verschafft uns Anschauung dieser temporalen Zusammenhänge[22]. Bei den Archiven, die freilich im Regelfall vorzugsweise von professionellen Historikern aufgesucht werden, ist vollends evident, daß Kulturgut historisch einzig um den Preis seines Herausfalls aus kommunikativen Beziehungen von aktueller Bedeutung wird. Die geschlossene und nicht die noch offene Akte wird zum Überlieferungsgut, und sie wird dazu einzig in historischer Absicht.

Haben die schriftgutproduzierenden Behörden und Ämter, indem sie sich von ihren rechtlich und verfahrenspraktisch bedeutungslos gewordenen Akten trennten und diese in die Verwahrung spezieller, der Überlieferungsbildung gewidmeten Institutionen, nämlich der Archive gaben, den historischen Sinn beschädigt? Ersichtlich liegen die Dinge genau umgekehrt. Der historische Sinn – das ist der Sinn für die Nötigkeit, das Veraltete gerade als das Veraltete überliefern und zugänglich halten zu sollen, damit es vergegenwärtigungsfähig bleibt,

---

[22] Cf. dazu meine Abhandlung „Der Fortschritt und das Museum", in: Hermann Lübbe: Die Aufdringlichkeit der Geschichte. Herausforderungen der Moderne vom Historismus bis zum Nationalsozialismus. Graz, Wien, Köln 1989, S. 13–29.

und in der institutionellen Verselbständigung der Verwahrungs- und Überlieferungsbildungsfunktion drückt sich der historische Sinn aus.

Wieso sollte das bei den Bibliotheken anders sein? Der Protest gegen die Errichtung von Archivbibliotheken aus Sorge um die Zukunft historischer Kultur ist unbegründet. Um noch einmal auf den Kiosk zurückzukommen –: wäre es denn in einer Kultur, in der Zeitungen als Geschichtsquellen hervorragenden Ranges bekannt und anerkannt sind, ein Ausdruck historischen Banausentums, daß am Kiosk exklusiv die Zeitungen des Tages aushängen? Komplementär dazu sind ja Zeitungsarchive längst existent, und einzig sie sind überhaupt in der Lage, Zeitungsbestände von gestern und vorgestern in einer Weise zu überliefern und zugänglich zu halten, die modernen Vergangenheitsvergegenwärtigungsinteressen entspricht. Auch hier schlägt sich der Unterschied zwischen aktueller und veralteter Information nicht zuletzt in der höchst unterschiedlichen Nachfragehäufigkeit nieder. Wie oft kaufen wir denn eine Zeitung und wie oft gehen wir, im Kontrast dazu, ins Zeitungsarchiv? Selbst beim professionellen Zeitungshistoriker noch ergäben sich in Beantwortung dieser Frage verblüffende Diskrepanzen. Und so in allem: In einer dynamischen Kultur expandiert die Nachfrage nach Veraltetem, aber sie steigt naturgemäß nie so hoch wie die Nachfrage nach jenem Neuen, über dessen Hervorbringung das Veraltete zum Veralteten wird. Wie könnte das bei den Bibliotheken anders sein? Irgendwann müssen die Diskrepanzen in der Benutzungshäufigkeit des Aktuellen einerseits und des komplementär dazu bereits Veralteten andererseits aufdringlich werden, und purer Mengendruck erzwingt schließlich die Separation der Bestände an der Schnittstelle hochfrequentierter Aktualitäten und nachfrageschwacher Altbuchbestände. Solche Separation widerspricht keineswegs einer sich progressiv selbsthistorisierenden Kultur. Das Gegenteil ist der Fall: Eben jene evolutionäre Dynamik, die die Selbsthistorisierung unserer Kultur erzwingt, erzwingt unter Verhältnissen eines innovationsabhängig steigenden Mengendrucks auch Formen separater Verwahrung des Alten.

In einer dynamischen Zivilisation wird es also schwieriger, Aktuelles und bloß noch historisch Interessantes lebenspraktisch ungetrennt zu halten. Daß die Bibliotheken, im Gegensatz insbesondere zu den Archiven, bislang immer noch überwiegend solche Mischungen repräsentieren, hat vor allem zwei Gründe. Erstens ist das Wachstum der Buchbestände, unbeschadet seiner mit einigen Zahlen belegten Dynamik[23], weitaus geringer als die Expansion der Aktenbestände bei unseren schriftgutproduzierenden Verwaltungen, Behörden und Ämtern. Die

---

[23] Cf. oben S. 213f.

Evidenz, daß das Mengenproblem mit den bisherigen organisatorischen und technischen Mitteln nicht lösbar sein werde, stellte sich bei den Bibliotheken entsprechend erst später ein. Zweitens schienen Buchbestände doch langsamer zu veralten als verjährungsfristgebundene Steuerakten oder Baugenehmigungsschriftgut. Technisch ausgedrückt: Für die Kategorie der Halbwertszeit hatte man bibliothekspraktisch bis vor kurzem kaum Verwendung.

Inzwischen ist von der absinkenden Halbwertszeit der Bücherbestände und, insbesondere, der Zeitschriftenbestände überall die Rede. Dabei bedarf es keiner näheren Ausführungen, daß es überaus mühselig wäre, bei einem Lehrbuch oder auch bei einem Zeitschriftenaufsatz überholte Forschungsergebnisse zu Forschungsergebnissen noch fortdauernder Geltung in eine unstrittige quantifizierte Relation setzen zu wollen und so über die Entwicklung dieser Relation in der Zeit die Halbwertszeit des fraglichen Lehrbuches oder Zeitschriftenaufsatzes zu ermitteln. Hingegen kann man verläßlich wissen, wie die Nachfrage nach wissenschaftlicher Literatur in Abhängigkeit von ihrem Alter absinkt, und auf eben dieses Wissen kommt es bibliothekspraktisch an. „Aus umfangreichen Analysen verschiedener Experten geht eindeutig hervor, daß die Benutzung mit steigendem Alter der Veröffentlichung absinkt.“[24] Für die naturwissenschaftliche Literatur gilt das zumal, und die einschlägigen Zahlen sind für Kulturhistoriker, die an etwas längere Geltungsfristen ihrer Literatur gewöhnt sind, in der Tat eindrucksvoll: 75% aller Zitate in Publikationen aus dem Bereich der Physik waren Schriften von Kollegen entnommen, die weniger als zehn Jahre alt sind, stellte Dedijer bereits für das Jahr 1963 fest[25]. Solchen Zahlen, deren Erwähnung hier natürlich gar keinen technischen Sinn, vielmehr allein den rhetorischen Sinn der Verschaffung einer Anschauungsstütze hat, entsprechen die Korrelationen von Entleihungshäufigkeit und Alter der entliehenen Buchbestände[26], und nicht zuletzt daraus ergeben sich für den Laien verblüffende Anteile nie oder überaus selten genutzter bibliothekarischer Buchbestände. Für eine britische Bibliothek heißt das exemplarisch: „Indeed, the figures suggest that perhaps three-quarters of the current serials in the Science Museum Library are so little used that one loan copy of these

---

[24] So Adelheid Kasbohm: Kriterien für die Aussonderung wenig benutzter Literatur. In: Zentralblatt für Bibliothekswesen. Jahrgang 86 (1972), S. 263–278, S. 269.

[25] Zitiert bei Adelheid Kasbohm, a.a.O.

[26] D. J. Urquhart: Use of Scientific Periodicals. In: Proceedings of International Conference on Scientific Information. Washington D.C. 1959, S. 287–300.

serials somewhere in the United Kingdom should be sufficient to meet the needs of all uses in the United Kingdom“[27].

Selbstverständlich ist Alterung nicht der einzige Grund geringer Nachfragehäufigkeit. Die „10 der wertvollsten Zeitschriften“, mit denen die Bibliothekare „80% der Benutzeranforderungen“ zu befriedigen vermögen[28], sind nicht eo ipso die allerneuesten Zeitschriften. Je mehr Zeitschriften es insgesamt gibt, um so mehr differenzieren sie sich nicht nur nach disziplinären Gesichtspunkten, vielmehr überdies nach Gesichtspunkten fachlicher Esoterik einerseits und populärwissenschaftlicher Unterrichtung andererseits, und auch daraus ergeben sich naturgemäß große Differenzen in der Häufigkeit der Benutzung. Schließlich repräsentieren nicht alle in der rasch wachsenden Menge wissenschaftlicher Zeitschriften Spezialitäten sich ausspezialisierender neuer Disziplinen. Zeitschriften werden heute auch zu sekundären Zwecken gegründet – in der Absicht, auf Publikationsmärkten Konkurrenz zu machen, in der Absicht überdies, sich als Zeitschriftenherausgeber hervorzutun und so seine akademische Biographie um ein ansehens- und karriereträchtiges Detail zu erweitern etc. usf. Insofern hängt der Erfolg einer Zeitschrift alsdann nicht nur von ihrer Qualität, vielmehr desgleichen von kontingenten Randbedingungen ab, und die geringere oder größere Nachfragehäufigkeit ist in solchen Fällen somit nicht primär eine Datumsfrage. Gleichwohl: Alterung von Büchern und mehr noch von Zeitschriftenbeständen ist der wichtigste Grund nachlassender Nachfrage nach ihnen. Dieser Prozeß beschleunigt sich mit der sich beschleunigenden Produktion neuen Wissens in der Forschung, so daß es dann insoweit auch nicht pure Willkür ist, die Halbwertszeit wissenschaftlicher Literatur über die Halbwertszeit ihrer Benutzungshäufigkeit zu messen[29].

Eine Kultur progressiver Selbsthistorisierung ist eine Kultur fortschreitender Entmischung aktuell nutzbarer und bereits veralteter Kulturelemente. Dieser Vorgang erreicht nun also auch die Bibliotheken, und zwar nicht im Widerspruch zu den Erfordernissen historischer Kultur, vielmehr in der Konsequenz der realen Bedingungen, die die historische Kultur ihrerseits nötig machen. Die Gründung eigener Archivbibliotheken mit ihrer Funktion der Sonderverwahrung nicht zuletzt der veralteten Bücherbestände wäre somit kein Anlaß zu Protesten aus Sorge um die Zukunft historischer Kultur. Sie würde ganz im Gegenteil einen Fortschritt dieser Kultur bedeuten, nämlich einen

---

[27] D. J. URQUHART, a.a.O., S. 293.
[28] Adelheid KASBOHM, a.a.O. (cf. Anm. 24).
[29] R. E. BURTON, R. W. KEBLER: The „Half-Life“ of Some Scientific and Technical Literatures. In: American Documentation. Vol. XI (1960), S. 18–22.

Fortschritt in der Verselbständigung der speziell ihr gewidmeten Institutionen. Man mag sich die Gewöhnung an diesen Vorgang durch die Erinnerung erleichtern, daß Bruchlinien zwischen Alt und Neu schon seit langem zu unserer Bibliotheksgeschichte gehören. Die kulturelle Evolution erzeugt solche Bruchlinien sogar ohne Zutun der Bibliothekare. Entwicklungen in Kenntnis und Nutzung alter Sprachen, selbstverständlich auch, jedenfalls über größere Zeiträume hinweg, Alterungsvorgänge innerhalb der eigenen Sprache, Wechsel der Schrifttypen mit ihren Konsequenzen für die Lesbarkeit alter Texte – das und anderes mehr sind Vorgänge, die die Benutzbarkeit einstmals vielgelesener Literatur aktuell auf Experten von Profession einschränkt. Auch der technische Fortschritt erzeugt Bruchlinien – zum Beispiel zwischen derjenigen Literatur, die als neuangeschaffte Literatur bereits elektronisch katalogisiert und gespeichert oder über Mikrofichefolien abrufbar ist, und jener älteren Literatur, die gegebener Personalengpässe wegen für unabsehbare Zeit einzig über Zettelkataloge zugänglich bleibt, was naheliegenderweise vor die ältere Literatur die Schwelle einer inzwischen ungewohnt gewordenen Zugangsart legt. Schließlich gibt es – durch den spezifisch modernen historistischen Respekt vor dem Seltenheitswert des sehr Alten erzwungen – seit langem die Praxis der Ausgrenzung von Rara und Rarissima aus dem Geltungsbereich allgemeiner bibliothekarischer Benutzungsregeln. Sie bleiben, zum Beispiel, von der Fernleihe ausgeschlossen, können nur im Lesesaal benutzt werden, schließlich überhaupt nicht mehr, was bedeutet, daß allerseltenste Bücher sich substantiell in Objekte von Restauratoren und Konservatoren verwandeln, allenfalls unter Vitrinen museal im Foyer ausgestellt bleiben und in ihren semasiologischen Gehalten einzig über Replikate zugänglich sind[30]. Die Errichtung spezieller Archivbibliotheken muß man in der Kontinuität dieser Entwicklungen sehen. Die neue, freilich benutzungstechnisch tief einschneidende Bruchlinie, die in der Konsequenz der Errichtung von Archivbibliotheken unsere institutionalisierten Bücherbestände neu durchzöge, wäre jüngster Ausdruck der Betätigung des historischen Sinns und gerade nicht Ausdruck seines Verfalls.

Es ist längst erwiesen: Veraltetes Kulturgut, das zu Zwecken der Überlieferungsbildung in historischer Absicht als historisches Sondergut

[30] Cf. die „Empfehlungen zur Verwaltung alter und wertvoller Buchbestände und zur Organisation von Rara-Sammlungen", in: Zeitschrift für Bibliothekswesen und Bibliographie. Jahrgang 30 (1983), S. 351–355.

ausgesondert und behandelt wird, läßt eben dadurch das ihm zugewandte historische Interesse expandieren[31].

Noch einmal also: Mit fortschrittsabhängig sich beschleunigenden Alterungsvorgängen sinkt die Nachfrage nach den jeweils älteren Bücherbeständen dramatisch ab. Unter dem Druck sonst unlösbarer Mengenprobleme erzwingt das die Idee, das Veraltete als Sondergegenstand spezialisierter historischer Sonderinteressen separat zu archivieren, und wo das, sei es als Rara-Sammlung, sei es schließlich als Archivbibliothek, geschieht, steigert sich eben dadurch die historisch interessierte Nachfragehäufigkeit – bis hin zur Gefährdung der materiellen Substanz sehr alter Buchbestände durch die steigende Häufigkeit ihrer Benutzung. Auch aus diesem Grund haben unsere Buchrestauratoren wie nie zuvor zu tun[32]. Es ist somit wahr: In der nicht-entmischten, vielfach sogar unentdeckten Präsenz des sehr Alten inmitten von Beständen unterschiedlichsten Alters war das Alte besser geschützt denn als separiertes Sensationsobjekt moderner historischer Neugier. Insoweit haben die Bibliothekare analoge Probleme wie unsere Archäologen: Altertümer, die, unter günstigen chemischen Umständen, unter der Erde für Jahrtausende sicher und unbeschädigt ruhten, sind nun, ans Licht gehoben, vom Verfall bedroht – durchs Klima, durch Fährnisse des Transports im Ausstellungsbetrieb, durch Diebstahl und Vandalismen.

Die Gefährdung des Alten durch die Betätigungsformen des ihm zugewandten historischen Interesses – das wäre noch eine eigene Betrachtung wert. Hier kam es, am Exempel der Bibliotheken, auf die Einsicht an, daß eben dieselben Bedingungen, die das historische Interesse provozieren, auch die fortschreitende Abtrennung seiner Gegenstände vom übrigen kulturellen Lebenszusammenhang unvermeidlich machen. In der Zusammenfassung bedeutet das: Mit der Dynamik der modernen Kultur wird es fortschreitend schwieriger, innerhalb dieser Kultur Leistungen der Erinnerung zu erbringen, die nicht Erinnerungsleistungen professionalisierter Experten in ausspezialisierten Institutionen der Überlieferungsbildung wären.

---

[31] Wolfgang Dittrich: Erfahrungen und Probleme bei der Benutzung besonders schützenswerter Bestände. In: Wege zur neuen Bibliothek. 74. Deutscher Bibliothekartag in Bielefeld vom 12. bis 16. Juni 1984. Hrsg. von Rudolf Frankenberger, Jürgen Hering, Eberhard Zwink. Frankfurt a. M. 1985, S. 155–169, bes. S. 157.

[32] Cf. dazu Helmut Bansa: Schriftgutrestaurierung heute. In: Dauerhaftigkeit von Papier. Frankfurt a. M. 1980, S. 233–239 (Zeitschrift für Bibliothekswesen und Bibliographie. Sonderheft 31).

5. Informationsdynamik und wissenschaftlich-technische Evolution

5.1 Wissenschaftskulturelle Folgen dynamisierter Erkenntnispraxis

Die Vorstellung, daß Wissen ein Bestand sei, der wächst, ist alt. Bereits die Art, in der Aristoteles[1] die Geschichte der seinen eigenen Bemühungen vorausliegenden Prinzipienforschung erzählt, ist von dieser Vorstellung geleitet[2]. Die Zahl der Prinzipien ist begrenzt, eins nach dem anderen wird entdeckt, bis endlich, nämlich bei Aristoteles selbst, ihre Entdeckungsgeschichte abgeschlossen ist. Das Schema, das dieser Vorstellung vom Fortgang der Wissensgeschichte zugrunde liegt, ist von äußerster Simplizität. Aber es hat eben deswegen eine Plausibilität, der man sich schwerlich entziehen kann. Man mag sich aus seiner Schulzeit noch an die Mathematiklehrbücher der Gymnasialmittelklassen erinnern, wo den Lehrsätzen der Geometrie und Arithmetik, die man erlernte, indem man sie zu beweisen lernte, im Anmerkungskleindruck von Thales bis zu Fermat die Namen und Lebensdaten der Wissensfinder beigegeben waren, die die fraglichen Lehrsätze zuerst formuliert und bewiesen hatten. Das Bild der Wissensgeschichte, das sich aus solchen historischen Anmerkungen ergibt, ist das Bild eines Fortschritts im Wissen, in welchem neues Wissen bereits vorhandenem Wissen hinzugefügt wird – nach Analogie der Aufeinanderfolge von Lehrbuchkapiteln, die nun der Schüler nacheinander im Laufe der Schuljahre durchzuarbeiten hat, um so auf die Höhe des gesamthaft inzwischen vorhandenen Wissens der Zeit sich hinaufzuarbeiten. In der Ontogenese des Wissens wiederholt sich seine Phylogenese, und beiderlei Genesen sind stets unabgeschlossen: Das Individuum lernt nie aus und die Menschheit auch nicht.

Inzwischen ist es längst zum Gemeinplatz geworden, daß die Wissensgeschichte weder individuell noch kollektiv dem Schema additiver

---

[1] Met. 983aff.

[2] Cf. dazu Olof GIGON: Die Geschichtlichkeit der Philosophie bei Aristoteles. In: Archivio di filosofia (1954), S. 129–150.

Wissensakkumulation entspricht. Es ist populär, auch auf die Wissenschaftsgeschichte die Revolutionsmetaphorik anzuwenden, zumal seit Thomas S. Kuhn's Analysen zur Struktur wissenschaftlicher Revolutionen[3]. Als Revolutionen gelten hier sprunghafte Änderungen in den sozialen und kognitiven Voraussetzungen der Wissenserzeugung, die sprunghaft die Fragemöglichkeiten der individuellen und kollektiven Wissenschaftssubjekte verändern – mit der Folge, daß das unter veränderten Prämissen der Wissenserzeugung produzierte Wissen sich nicht mehr einfach kumulativ zum vorher schon vorhandenen Wissen fügt, vielmehr dieses durch Integration in neue, übergeordnete theoretische Zusammenhänge verwandelt und es somit in seiner Originalgestalt historisch indiziert. Das bedeutet: Neues Wissen ist nicht einfach zusätzliches Wissen, das bisheriges Wissen in seiner Geltung unverändert läßt. Neues Wissen überholt vielmehr bisheriges Wissen, verändert seinen theoretischen Stellenwert und begrenzt so seine Geltung im Kontext neuer, umfassenderer Theorien. Erst unter solchen Voraussetzungen läßt sich früheres Wissen als veraltetes Wissen identifizieren, oder doch als Wissen in einem Theorierahmen der Wissenserzeugung, dessen Leistungsfähigkeit definitiv erschöpft ist. Im Bewußtsein der so strukturierten Historizität der Wissenschaftsgeschichte werden dann auch Vorandeutungen wissenschaftlicher Revolutionen historisch entdeckbar, die erst später erfolgreich, also in der wissenschaftlichen Öffentlichkeit durchsetzungsfähig wurden. Exemplarisch heißt das: Nachdem durch den Erfolg des zitierten Kuhnschen Buches die Vorstellung, die Wissenschaftsgeschichte mache ihre großen Sprünge in Vorgängen revolutionären Wechsels der die Wissensproduktion jeweils leitenden Produktionsparadigmen, zu einer weit über den Kreis der professionellen Wissenschaftshistoriker hinaus verbreiteten Vorstellung geworden ist, läßt sich nun im Rückblick sehen, daß auch früher schon die Revolutionsmetaphorik für Zwecke der Beschreibung des Verlaufs wissenschaftsgeschichtlicher Prozesse gelegentlich genutzt worden ist – durch Kant zum Beispiel. Dieser hielt es für erklärungsbedürftig, wieso die Geschichte der Metaphysik, in ihren Anfängen auch die Geschichte der Physik, keineswegs sich seit eh und je als „sicherer Gang", als „beständiger Anbau des Bodens" darstellt und darstellen läßt, vielmehr als ein Prozeß des Scheiterns mißleitender ursprünglicher Fragestellungen, der dann

---

[3] Thomas S. Kuhn: Die Struktur wissenschaftlicher Revolutionen (1962). Frankfurt a. M. 1967, bes. S. 128ff.: Das Wesen und die Notwendigkeit wissenschaftlicher Revolutionen.

schließlich durch Einsicht in die Gründe dieses unvermeidlichen Scheiterns sozusagen klug und wissenschaftsfähig werden läßt[4].

Für das Verständnis der Entwicklung individueller Wissenssysteme erfüllt der Bildungsbegriff in seiner Prägung durch die klassische deutsche Literatur und Philosophie analoge Funktionen[5]. Auch Lernen, das ja zum Bildungsvorgang gehört, läßt sich – das ist ein pädagogischer Gemeinplatz – nicht als Wissensakkumulation beschreiben, vielmehr einzig als ein Vorgang der Selbstergreifung des Subjekts durch Verwirklichung seiner Möglichkeiten, in welchem es durch Lernen lernt zu lernen. Aufs Wissen bezogen bedeutet das: Lernend wird nicht Wissen um weiteres Wissen vermehrt, sondern Wissen, das man ineins mit der Kunst seiner Erwerbung erworben hat, als Faktor der Steigerung der Kunst solcher Erwerbung genutzt. Dabei ändert sich zugleich fortschreitend die Ordnung des Wissens, das heißt späteres Wissen gewinnt die Bedeutung eines veränderten Wissens vom Stellenwert früher erworbenen Wissens. Für diese Struktur steht seit Hegel, ja seit Kant in seiner modernen Prägung auch der traditionsreiche Begriff der Dialektik zur Verfügung – als ein Begriff für den Prozeß der Steigerung der kognitiven und praktischen Kompetenzen eines Subjekts durch produktive Rückaneignung seiner Hervorbringungen in Ausübung seiner Kompetenzen früherer Stufe. Sprechend sprechen lernen, mit Werkzeughilfe leistungsfähigere Werkzeuge machen, Forschungsresultate nutzend neue Forschungsfelder eröffnen – das ist die Struktur, die in einer deutschen philosophischen Sondertradition „dialektisch" genannt wurde, wobei mit einem Gewinn an Gemeinverständlichkeit für unsere heutigen Ohren das Wort „dialektisch" auch durch das Wort „rückgekoppelt" ersetzt werden könnte[6].

Aus der Perspektive eines Entwicklungsbegriffs, der es uns inzwischen selbstverständlich gemacht hat, auch die Wissenschaftsgeschichte, statt als Akkumulationsprozeß, als einen Prozeß der Theorientransformation

---

[4] Cf. dazu meinen Aufsatz „Philosophiegeschichte als Philosophie. Zu Kants Philosophiegeschichtsphilosophie." In: Einsichten. Gerhard Krüger zum 60. Geburtstag. Frankfurt a. M. 1962, S. 204–229.

[5] Cf. hierzu Hans-Georg Gadamer: Wahrheit und Methode. Grundzüge einer philosophischen Hermeneutik. 3., erweiterte Auflage. Tübingen 1972, S. 7ff.

[6] Cf. hierzu meinen kleinen Aufsatz „Dialektik, Gesellschaftssystem und die Zukunft der wissenschaftlich-technischen Zivilisation. Kommentar zum Beitrag von Herbert Hörz", in: Paul Hoyningen-Huene, Gertrude Hirsch (Hrsg.): Wozu Wissenschaftsphilosophie? Positionen und Fragen zur gegenwärtigen Wissenschaftsphilosophie. Berlin, New York 1988, S. 252–264. – Als Zeugnis früher amerikanischer Wahrnehmung der Begriffsnamensäquivalenz von „Dialektik" und „feed-back" cf. Edward G. Ballard: On the Nature and Use of Dialectic. In: Philosophy of Science 22 (1955), S. 205–213.

zu sehen, hat man natürlich Schwierigkeiten, frühere und spätere wissenschaftsgeschichtliche Entwicklungszustände quantifizierend als Zustände geringeren oder größeren Wissens gegeneinander zu kontrastieren. Aristoteles hatte es insofern noch einfach: Die Geschichte der Metaphysik von Thales bis zu ihm selbst erschien ihm, wie gesagt[7], als Geschichte eines Fortschritts in der Prinzipienfindung, in der eine Prinzipienfindung auf die andere folgt, bis die Forschung das lange Verborgene schließlich gänzlich enthüllt hat. Wir hingegen fühlen uns geschichtstheoretisch sogar gehemmt, den Weg „Vom Mythos zum Logos"[8], den Weg also von vor-wissenschaftlicher Weltorientierung zu wissenschaftlicher Wirklichkeitsorientierung im Medium von Begriffen und Theorien, als „Fortschritt" zu charakterisieren, und glauben, orientierungspraktische Äquivalenzen zwischen mythischem Wirklichkeitsverhältnis einerseits und wissenschaftlichem Wirklichkeitsverhältnis andererseits zu erkennen[9].

Ohne Angabe näherer Vergleichsgesichtspunkte ließe sich also gar nicht sagen, was wir eigentlich meinen, wenn wir das Wissen unserer wissenschaftlichen Zivilisation ein gegenüber dem Wissen früherer Zivilisationen fortgeschrittenes Wissen nennen. Gleichwohl ist es eine populäre Metaphorik zu sagen, daß das wissenschaftliche Wissen sich gegenwärtig geradezu explosionsartig vermehre. In der Redeweise aktueller Wissenschaftswissenschaft heißt das, „daß bei jeder vernünftigen Meßweise das normale Wachstum beliebiger genügend großer Teilstücke der Wissenschaft exponentiell erfolgt". „Wissenschaft wächst wie ein Kapital mit Zinseszins, sie multipliziert sich in gleichen Zeitintervallen mit dem gleichen Faktor"[10]. Das hört sich wohltuend präzis an. Quantifizierte Fakten werden verheißen, die ältere und neuere Wissensstände unter pragmatisch zweckmäßigen Gesichtspunkten miteinander zu vergleichen verstatten. Indessen: Nicht zufällig wird in der quantifizierenden historischen Vergleichspraxis der fraglichen Wissenschaftswissenschaft gar nicht direkt älteres Wissen mit jüngerem Wissen verglichen. Verglichen werden vielmehr wissenschaftskulturelle und wissenschaftssoziologische Bestände, deren Quantifizierung in der Tat unproblematisch ist. Exemplarisch heißt das, „daß 80–90 % aller

---

[7] Cf. oben Anm. 1 und Anm. 2.

[8] Wilhelm NESTLE: Vom Mythos zum Logos. Die Selbstentfaltung des griechischen Denkens von Homer bis auf die Sophistik und Sokrates. Stuttgart 1940.

[9] Cf. hierzu Kurt HÜBNER: Aufstieg vom Mythos zum Logos? Eine wissenschaftstheoretische Frage. In: Peter KEMPER (Hrsg.): Macht des Mythos – Ohnmacht der Vernunft? Frankfurt am Main 1989, S. 33–52.

[10] Derek J. SOLLA PRICE: Little Science, Big Science. Von der Studierstube bis zur Großforschung. (1963). Frankfurt a. M. 1974, S. 16.

Wissenschaftler, die je gelebt haben, heute leben“[11]. Die Zahl der in der Wissenschaft Tätigen – das ist in der Tat eine anschauliche Größe zur Vergegenwärtigung des ständig wachsenden „Wissenschaftsvolumens“. Zählt man, was ja naheliegt, auch die Publikationen, in denen sich die Forschungsergebnisse der Wissenschaftler schließlich niederschlagen, so ergibt sich: „Heute hat das Wissenschaftsvolumen, gemessen in Manpower oder in Publikationszahlen, eine Verdoppelungszeit von 10 bis 15 Jahren“[12]. Es erübrigt sich, spezifiziert nach einzelnen Wissenschaftsbereichen, aufzulisten, welche absoluten Publikationszahlen solchen Wachstumszahlen entsprechen. Von solchen Zahlen war bereits oben[13] bei der Analyse der bibliothekstechnischen Konsequenzen die Rede, die sich aus der Erhöhung der Veraltensgeschwindigkeit wissenschaftlicher Literatur ergeben, die sich zur Wissensvermehrung komplementär verhält.

Ungleich schwieriger als die Ermittlung der Zahlen, in denen sich das „Wissenschaftswachstum“ nach „Manpower, Ressourcen, Publikationen, Patenten“ spiegelt, ist natürlich der Versuch abzuschätzen, was solche Zahlen für das System des kulturell verfügbaren wissenschaftlichen Wissens bedeuten und darüber hinaus kulturell, sozial und politisch für unsere wissenschaftliche Zivilisation in ihren mannigfachen Aspekten. Für solche Abschätzungen braucht man zweckmäßige Gesichtspunkte. Ohne solche Gesichtspunkte würde sich aus der Exponentialkurvengestalt aktuellen Wissenschaftswachstums nichts als eine diffuse Ratlosigkeit ergeben, vielleicht sogar ein Erschrecken, dessen Expression der banalerweise zutreffende Satz wäre „Das kann doch nicht immer so weitergehen!“. Zu vermutende, auch beobachtbare Konsequenzen des exponentiellen Wissenschaftswachstums seien im folgenden unter einigen besonders wichtigen Stichworten beschrieben und analysiert.

„Informationsexplosion“[14]. – Es will auch dem Laien plausibel erscheinen, daß mit der Zahl der in der Forschung tätigen Wissenschaftler zugleich die Menge des produzierten und verfügbaren wissenschaftlichen Wissens wächst. Man erkennt freilich rasch, daß Wissenswachs-

---

[11] a.a.O., S. 13.

[12] a.a.O., S. 17.

[13] Cf. oben S. 213f.

[14] Nach Helmut F. Spinner: Der Wandel der Wissensordnung und die neue Aufgabe der Philosophie im Informationszeitalter. Themen und Thesen zur philosophischen Bewältigung der neuen Wissenslage des kognitiv-technischen Komplexes superindustrieller Informationsgesellschaften. In: Willi Oelmüller (Hrsg.): Philosophie und Wissenschaft. Kolloquien zur Gegenwartsphilosophie. Band 11. Paderborn, München, Wien, Zürich 1988, S. 61–78, S. 63.

tumsraten sich ungleich weniger leicht quantifizieren lassen als materielle oder personelle Forschungsressourcen oder als die bibliothekarischen oder sonstigen Volumina zur Speicherung des Textniederschlags wissenschaftlichen Wissens. Es gibt die Meßgröße nicht, in deren Nutzung sinnvoll gesagt werden könnte, in welchem Umfang wir von der Welt, in der wir leben, nach Einstein mehr als nach Newton wissen. Sinnvoller ist es zu sagen, daß sich die Theoriegestalt des einschlägigen Wissens geändert hat. Diese repräsentiert aber nicht eine Wissensquantität, und zwar unbeschadet der quantifizierbaren Wissensbestände, die den paradigmatischen wissenschaftsgeschichtlichen Wechsel der fraglichen Groß-Theorien ermöglicht, ja erzwungen haben. Gleichwohl gibt es natürlich den für das Laienurteil plausiblen Zusammenhang, daß mit der personellen, finanziellen und apparativen Expansion des Forschungsvolumens zugleich auch die Wissensquantität zunimmt, nämlich als Menge aufzählbarer und abzählbarer Auskünfte über das, was der Fall ist. Nachrichten aus der wissenschaftlichen Welt werden im Wissenschaftsfeuilleton dem Laienpublikum nicht zuletzt, ja vorzugsweise in der Gestalt solcher neuen Auskünfte präsentiert. Jedermann kennt ja den Mond und hat ihn, sei es als Vollmond, sei es als schmale Sichel, gelegentlich betrachtet. Seit der Schulzeit ist ihm die räumliche Distanz zwischen Erde und Mond bekannt, vielleicht sogar noch der Monddurchmesser, und das Phänomen der Mondfinsternis vermöchte er aus dem Hindurchgang des Vollmonds durch die Ebene der Erdbahn zu erklären. Wissen dieser altvertrauten Art ist es, an das sich nun mühelos unser neueres Wissen von der Oberflächengestalt der Mondrückseite anschliessen läßt – ein freilich für den Laien vollkommen nichtssagendes Wissen, zu dessen Beschaffung nichtsdestoweniger der Milliardenaufwand für jene Weltraumsonde erforderlich war, die erstmals hinter den Mond gelangte. Inzwischen finden wir unser Mond-Wissen sogar durch Zeitungsbilder der Monde des fernen Neptun erweitert – von den Monden des Jupiter oder Saturn ganz zu schweigen. Unser bisheriges lexikographisches Wissen von der Zahl dieser Monde ist korrigiert, und es wird über Vorgänge berichtet, die man vorzugsweise als „sensationell" kommentiert: Vulkane schleudern Feuergarben in die Jupitermondnacht, aus Wunden der Tritonkruste quillt Methan-Eis, und auf der Neptunoberfläche toben Orkane, deren Zentren sich mit einer Geschwindigkeit von 600 Kilometern in der Stunde fortbewegen. Zeitungen, die sich sonst mit Wissenschaftskulturkritik hervortun, feiern das neue Wissen, und zwar im Feuilleton: „In majestätischem Glanz strahlt die schmale Sichel des Planeten Neptun, der, fast viereinhalb Milliarden Kilometer von der Sonne entfernt, gelassen seine Bahn um unser Zentralgestirn zieht. Triton und mindestens sieben weitere

Monde sind seine ständigen Begleiter in der Dunkelheit des Weltraums“[15].

Analog wird von Forschungsmaschinen berichtet, die, im Weltraum installiert, uns die Mühsal des Sternezählens erleichtern und dabei zugleich die Menge der gezählten Objekte drastisch erhöhen werden. Auch naturale Verläufe werden vermessen und die Vermessungsergebnisse dem Publikum mitgeteilt – Artenschwund oder globale klimatische Temperaturbewegungen, demographische Entwicklungen, die Rückläufigkeit der Regenwaldflächen und die Wüstenexpansion. Aber nicht nur bedrückendes Wissen häuft sich an. Erfreuliche Forschungsresultate gibt es auch – von der Rückläufigkeit der Herztodquote über die Expansion der Waldflächen in hochindustrialisierten Gesellschaften bis zur zunehmenden Sichttiefe unserer Flüsse und Seen.

Es hat also seine Evidenz, daß mit der Expansion der Zahl der Forscher und der ihnen zur Verfügung stehenden finanziellen und apparativen Mittel zugleich auch die verfügbare Information in ihren meßbaren quantitativen Dimensionen zunimmt. Überall, wo, was der Fall ist, beschrieben wird und das Beschriebene gezählt und vermessen, häufen sich Datenmengen an. Die Geschichte der Statistik demonstriert uns das eindrucksvoll, nämlich über die Geschichte der mathematischen Theorie der Statistik hinaus als materielle statistische Aufbereitung und Erschließung unserer ökonomischen, demographischen, sozialen und kulturellen Lebensvoraussetzungen. Springquellen fortgesetzt neu zufließenden Wissens sind durch die quantifizierend beschreibenden Sozialwissenschaften erschlossen worden, und im Hochmut jener philosophierenden Theoretiker unter den Sozialwissenschaftlern, die die quantifizierende deskriptive Vermessung gesellschaftlicher Tatbestände als „Fliegenbeinzählerei“ verachteten, bekundete sich zumeist nichts als ein Mangel an Urteilskraft hinsichtlich der praktischen Relevanz der Ergebnisse solcher Vermessung in Wirtschaft, Verwaltung und Politik.

Wie auch immer: Das plausible Laienvorurteil, die quantitative Expansion des Forschungsvolumens werde sich auch in quantitativ meßbares Wissenswachstum umsetzen, ist wohlbegründet. Jedem Lexikonbenutzer ist dieser schlichte Zusammenhang an der von Auflage zu Auflage wachsenden Zahl der Bände allgemeiner wie fachlicher Nachschlagewerke evident. Ersichtlich hängt auch die Expansion des Lebenszeitanteils, den wir der Ausbildung und dem Studium widmen, mit den wachsenden Quantitäten aneignungsbedürftigen Wissens zusammen. Überdies wird die Expansion der Lebenszeiträume, die heute der

[15] Frankfurter Allgemeine Zeitung. Nr. 202. (Freitag, 1. September 1989). Feuilleton, S. 33.

Fortbildung eingeräumt werden, durch die innovationsabhängig erhöhte Veraltensrate verfügbaren und benötigten Wissens bewirkt. Die Quantitäten der forschungspraktisch erzeugten Daten haben in vielen Forschungsbereichen inzwischen Dimensionen erreicht, die mit den traditionellen Techniken der Datenspeicherung längst nicht mehr zu bewältigen sind. Die Datenmengen, die zum Beispiel unser statistischen Ämter zu erheben und zu speichern haben, wären im Medium des Papiers nicht mehr verarbeitungsfähig und nutzbar zu halten. Für die Informationen, die heute forschungsintern in elektronischen Datenbanken gespeichert werden, gilt Analoges, und wer in Wirtschaft oder Verwaltung planend tätig ist, könnte sich ohne Rückgriff auf solche Datenbanken die Auskünfte über das, was der Fall ist, nicht mehr verschaffen, die als Wirklichkeitsannahmevoraussetzungen in seine Planungen eingehen. Es ist den Tatsachen angemessen, von einer „Fusion von Wissen und Technik zum kognitiv-technischen Komplex“ zu sprechen[16].

„Informationsimplosion“. – Komplementär zur Informationsexplosion laufen Datenverdichtungsvorgänge ab. Um etwas grundsätzlich Neues handelt es sich dabei freilich nicht. Studenten haben immer schon lernen müssen, Texte zu kürzen. Das kann bedeuten, Überflüssiges wegzulassen. Häufiger bedeutet es, dasselbe anders, nämlich kürzer zu sagen. Metaphorisch heißt das: „Das Wasser aus der Butter drücken“. „Weniger wäre mehr gewesen“ – so pflegt man Texte mit kondensationsfähiger Überinformation zu glossieren. Zeitzwang ist es heute vor allem, der solche Informationskondensationen erzwingt. Gewiß gehören längere Ausbildungszeiten zu den Voraussetzungen jener Steigerung der Produktivität unserer Arbeit, ohne die längere Ausbildungszeiten sogar ökonomisch gar nicht verfügbar wären. Zugleich aber gilt: Die Menge des verfügbaren und benötigten Wissens wächst ungleich rascher als unsere durchschnittliche Lebenserwartung, woraus banalerweise folgt, daß der Lebenszeitanteil, den wir der Ausbildung widmen, nicht unbegrenzt komplementär zur Expansion berufspraktisch einschlägigen Wissens expandieren kann. Hinzu kommt, wie schon erwähnt, daß mit der innovationsabhängig erhöhten Veraltensrate einmal erworbenen Wissens die Lebenszeitanteile wachsen müssen, die wir der Fortbildung widmen. Auch das erzwingt knappe primäre Ausbildungsgänge – von den destruktiven Folgen ganz abgesehen, die es für die Persönlichkeitsentwicklung haben müßte, sich weit über die Mitte des dritten Lebensjahrzehnts hinaus in den erfahrungsverdünnten akademischen Räumen ohne den Rückhalt berufspraktischer Verantwortlichkeiten aufzuhalten.

---

[16] So Helmut F. SPINNER (cf. Anm. 14), S. 65.

In der Zusammenfassung heißt das: Mit der Extension des Wissens über Gegenstände verkürzt sich in Relation zur Zeit, die zur detaillierten Aneignung dieses Wissens erforderlich wäre, aus Gründen der Temporalverfassung des Lebensablaufs der Zeitumfang unserer Bemühungen zur Aneignung dieses Wissens. Partiell wird hier der Ausgleich natürlich über fachliche und innerfachliche Spezialisierung gesucht. Die Sachbereiche, für die institutionell in Forschung und Lehre eine Wissenschaft disziplinär zuständig ist, werden enger definiert, wodurch sich das Ausmaß, in welchem man forschend oder lernend Disziplinkompetenz in Anspruch nehmen oder erwerben kann, wieder vergrößert. Aber stets verläuft der Spezialisierungsprozeß langsamer als der Wissenszuwachs. Entsprechend hat jeder Curriculumplaner wie nie zuvor Kondensationsprobleme zu lösen und jeder Lehrbuchverfasser desgleichen. Es sind kognitive, auch didaktische und rhetorische Prozesse sehr interessanter, jedenfalls komplexer Art, die in den Vorgängen der Kondensation insgesamt verfügbaren Wissens ablaufen. Sie sind bislang kaum durchanalysiert worden.

In etlichen, auch wichtigen Fällen scheint auf der Hand zu liegen, was beim Kondensationsproblem vor sich geht, in der Summary-Technik zum Beispiel, bei der in Gestalt einiger weniger Sätze Forschungsergebnisse mitgeteilt werden, aber unter Verzicht auf die Beschreibung der methodischen, experimentellen und sonstigen Operationen, als deren Resultat sie gewonnen wurden. Seit alters ist uns auch aus den geschichtenerzählenden Disziplinen – handle es sich nun um Naturgeschichten oder um Kulturgeschichten – vertraut, daß jede Geschichte sich in längerer oder in kürzerer Version darstellen läßt, und welche Länge man einer Geschichtserzählung schließlich gibt, hängt von pragmatischen Umständen ab, vom sozialen Kontext der fraglichen Narration etwa oder von ihrem medial bedingten Zeitrahmen. Aber auch in diesem vertrauten Fall hätte es seine Schwierigkeit, analytisch genau zu sagen, wodurch sich eigentlich, vom Umfang abgesehen, lange und kurze Version ein und derselben Geschichte unterscheiden und welche Version zur Erfüllung gegebener forschungspraktischer oder sonstiger Zwecke nötig ist.

Schließlich spielt unverändert auch heute noch die traditionale Art der Kondensation forschungspraktisch erhobener Datenmassen eine wichtige Rolle, die Theoriebildung nämlich, die bei erkennbarer Nicht-Zufälligkeit der fraglichen Daten die Regel heraushebt, der sie nach Abfolge oder nach der Struktur ihres Zusammenhangs gehorchen, so daß wir, in Kenntnis dieser Regel, entsprechende Daten auch empiriefrei generieren, also zum Beispiel unter gegebenen Randbedingungen ihren Eintritt prognostizieren können. Als „Denkökonomie“ hat schon vor nahezu einhundert Jahren Ernst Mach den pragmatischen Sinn der Theoriebildung gekennzeichnet[17] – Reduktion der Scheinkomplexität von Datenmengen durch Angabe der Regel, der sie nach Anordnung oder Abfolge sich fügen. Wahr ist, daß die Wissenschaften in ihrer Zuwendung zu praktisch höchst relevanten, aber zugleich hochkomplexen Gegenstandsbereichen bei Versuchen ihrer quantifizierenden Beschreibung Datenmengen erzeugen, deren Reduktion auf eine Ordnung schließlich nicht mehr gelingen will, so daß sie in ihrer Anordnung und Abfolge theoretisch unbeherrschbar kontingent erscheinen. Das Wetter ist der dem allgemeinen Publikum vertrauteste Gegenstandsbereich dieser Art, den theoretisch zu beherrschen eine Sache außerordentlichen praktischen Interesses wäre, dessen Beobachtung und fortlaufende Vermessung daher mit einem ständig wachsenden personellen und apparativen Aufwand betrieben wird, dessen globale Beschreibung entsprechend mit nie zuvor gekannter Datendichte erfolgt, ohne daß es gelungen wäre und vermutlich, aus prinzipiellen Gründen, je gelingen könnte, unser einschlägiges Regelwissen und damit unsere prognostischen Möglichkeiten auch nur annähernd so rasch zu steigern wie den Meßdatenanfall. Von analoger Art sind die Schwierigkeiten der Prognostik langfristiger klimatischer Entwicklungen und ihrer vermutlichen Folgen für globale Verschiebungen ackerbaufähiger Regionen, für Veränderungen in den Ausmaßen der Vergletscherung oder gar für die biologische Evolution.

Das Weltpublikum erschrak, als mit weltweiter Publizität die Vermessung der Grenzen des Wachstums vorgelegt wurden[18]. Mit verblüffender Präzision endeten hier die Schaukurvenbilder der rechnerischen Extrapolation vermessener Trends von der Ressourcenerschöpfung über den Anfall ökologisch destruktiven Abfalls bis zur demographischen Entwicklung in Bereichen, die Zivilisationskatastrophen bedeuten. Indessen: Die fraglichen Kurven zeigen ja nur, was geschehen würde oder doch mit einiger Wahrscheinlichkeit geschehen könnte, wenn nichts geschähe, es abzuwenden. Sobald man aber die Wirkungen solcher Bemühungen zur Gegensteuerung, die ja inzwischen gleichfalls beobachtbar sind, in die Rechnungen einbezieht, gewinnen diese rasch einen Grad der Komplexität, die sich in theoretische Gewißheit nicht mehr verwandeln

---

[17] Cf. hierzu Ernst Mach: Die Leitgedanken meiner naturwissenschaftlichen Erkenntnislehre und ihre Aufnahme durch die Zeitgenossen. Leipzig 1919. – Ferner Ernst Mach: Die ökonomische Natur der physikalischen Forschung. In: Populärwissenschaftliche Vorlesungen. Leipzig 1896, S. 203–230, S. 209f.

[18] Donalla H. Meadows, Denis L. Meadows, Jörgen Randers, William W. Behrens III: The Limits to Growth. New York 1972.

läßt. Wie auch immer: Schwierigkeiten der Theoriebildung in bezug auf Prozesse von hoher Komplexität haben in der Zuwendung der Forschung zu solchen Prozessen unzweifelhaft eine „Verschiebung ... der Wissenslage zum Datenwissen“ zur Konsequenz, wenn es auch übertrieben zu sein scheint, die sich gegenwärtig herausbildende neue „Wissensordnung“ eine „daten- statt theorienzentrierte“ Wissensordnung zu nennen[19]. Angemessener wäre wohl die folgende Beschreibung: Mit der Komplexität der Gegenstände, die die Wissenschaft heute in ihre Datenerhebungs- und Theoriebildungspraxis einbezieht, wachsen zugleich die Anstrengungen zu ihrer theoretischen Reduktion[20]. Aber rascher als unsere theoretische Einsicht wächst die Menge der Daten aus der Beobachtung und Beschreibung hochkomplexer Zustände und ihrer Entwicklung, die teils wegen unzureichender Datenverarbeitungskapazitäten, teils aus prinzipiellen Gründen theoretischer Beherrschbarkeit entzogen sind[21]. Zur Bewältigung der anfallenden Datenmassen erfolgt überall die Installation von ‚Datenbanken, Dokumentationssystemen, Expertensystemen‘, deren „Zugänglichkeit innerhalb von Telekommunikationsnetzen“ gesteigert wird[22]. Die so beschriebene Zugänglichkeit verfügbarer und benötigter Daten betrifft freilich nur die technische Seite der Sache. Eine pragmatisch sinnvolle Nutzung dieser Daten setzt aber vor allem entsprechende Selektionskapazitäten der Benutzer voraus, und diese Kapazitäten scheinen sich weniger rasch ausweiten zu lassen als die technischen Kapazitäten der Datenspeicherung.

Selektion und Distribution. – Spezialisierungen, über die sich im Wissenschaftssystem Diszplinen und Subdisziplinen ausdifferenzieren und institutionell verselbständigen, begrenzen sektoral das Informationsangebot, das man fachintern forschungspraktisch zu berücksichtigen hat. Aber die Informationsmenge wächst rascher als die Menge der Disziplinen, und der Anteil fachlich einschlägiger Publikationen wächst

---

[19] So aber Helmut F. Spinner, a.a.O. (cf. Anm. 14), S. 66f.

[20] Cf. dazu Günter Hotz: Komplexität als Kriterium in der Theorienbildung. Mainz 1988 (Akademie der Wissenschaften und der Literatur. Abhandlungen der Mathematisch-Naturwissenschaftlichen Klasse. Jahrgang 1988. Nr. 1).

[21] Cf. dazu die interdisziplinären Beiträge bei Klaus Hierholzer, Heinz-Günter Wittmann (Hrsg.): Phasensprünge und Stetigkeit in der natürlichen und kulturellen Welt. Wissenschaftskonferenz in Berlin 8.–10. Oktober 1987. Stuttgart 1988.

[22] Günther Ropohl: Information gibt keinen Sinn, oder: Relevanzdefizit in der Informationstechnik und seine gesellschaftlichen Gefahren. In: Alois Huning, Carl Mitcham (Hrsg.): Technikphilosophie im Zeitalter der Informationstechnik. Beiträge zum deutsch-amerikanischen Symposium in Tarrytown, N.Y. und New York September 1983. Braunschweig/Wiesbaden 1986, S. 97–110, S. 107.

in der übergroßen Mehrzahl der Disziplinen ungleich rascher als die individuellen oder auch institutionellen Kapazitäten zu ihrer Rezeption. „In der Physik allein lassen sich jährlich 110000–120000 Publikationen" zählen[23]. Wie also wählt man aus, und zwar in kontrollierbar sinnvoller Weise, wenn anders sich der Abstand zwischen Informationsangebot und Rezeptionskapazität uneinholbar fortschreitend vergrößert? Ein paar naheliegende Techniken zur Lösung dieses Problems sind jedem, der am wissenschaftspraktischen Alltag teilnimmt, bekannt. Trivial, aber überaus nützlich ist zum Beispiel die alte und bereits erwähnte Summary-Technik, in der in einigen wenigen Sätzen einer längeren Abhandlung eine quintessentielle Auskunft über ihren Inhalt vorangestellt wird, die dem Leser vor der Lektüre zu entscheiden erlaubt, ob in einem gegebenen Arbeitszusammenhang die Lektüre sich überhaupt lohnen dürfte oder eher nicht. In Disziplinen, in denen, anders als in vielen Naturwissenschaften, noch Fachbücher, die keine Lehrbücher sind, geschrieben werden, also in den Geistes- und Sozialwissenschaften zumal, pflegen Autoren im Interesse ihrer potentiellen Leser und damit im eigenen Interesse ihren Büchern Einleitungen oder Nachworte voran- oder nachzustellen, die analoge Summary-Funktionen erfüllen. Es gibt Literaturberichte, freilich stets weniger als man benötigen würde. Der wissenschaftskommunikative Sinn dieser Berichte ist, daß einer für alle liest und somit allen, die noch nicht gelesen haben, rational zu entscheiden erlaubt, ob auch sie hier noch lesen sollten. So weit solche Entscheidungshilfen fehlen, kann man auch institutsintern durch lesefähige Mitarbeiter lesen lassen, und der in Einzelfällen geradezu unfaßbare Reichtum an Literaturbelegen, die manchen Abhandlungen, durchaus sachkundig, beigegeben sind, erklärt sich so.

Wer sich freilich, in welcher Disziplin auch immer und unter welchem Stichwort auch immer, über moderne leistungsfähige elektronische Bibliographien Listen einschlägiger Literaturtitel verschafft, wird immer häufiger die Erfahrung machen, daß selbst mit Hilfe der skizzierten traditionellen Techniken eine sinnvolle Auswahl sich nicht mehr treffen läßt. In solchen Fällen lösen die „Datenbanken, Dokumentationssysteme, Expertensysteme" das Informationsproblem nicht, das einem zu schaffen macht, sondern bewirken es. Entsprechend sucht man alsdann nicht mehr in diesen Systemen herum, sondern fragt im Uraltkommunikationsverfahren des direkten Gesprächs den Kollegen, von dem man

---

[23] Paul Hoyningen-Huene: Kommunikation in der Wissenschaft: Fakten und Probleme. In: Alphons Silbermann, Heinz Neubert (Ed.): Communications. The European Journal of Communication. 14. Jahrgang, Heft 2 (1988), S. 133–144, S. 134.

weiß, daß er in der Spezialität, der man sich zuwenden möchte, bereits größere Kompetenzen erworben hat als man selbst. Er wird einem dann im glücklichen Fall jene sieben Titel nennen können, deren Lektüre anstelle der sieben mal siebzig Titel, die einem der Computer ausgedruckt hat, wirklich zwingend ist. Die Selektionseffizienz solcher Immediatkommunikation steigert sich noch durch die Reichweite des Telephonnetzes, das uns alle verbindet: Nicht nur der Kollege nebenan, sondern auch der Kollege jenseits der Landesgrenzen, ja jenseits des Ozeans, ist jederzeit in der skizzierten Absicht befragbar.

Wenn man verstanden hat, wieso und aus welchen Gründen komplementär zur technischen Informationsspeicherung auch die personale Immediatkommunikation sich erhält, ja in Nutzung abermals technischer Kommunikationsmedien sich zusätzlich entwickelt und an Reichweite gewinnt, dann versteht man auch den Sinn des immer noch expandierenden wissenschaftlich-akademischen Kongreßwesens, der Symposien und der ad hoc oder periodisch tagenden Arbeitsgruppen. Wenn man, wie billig, vom ironiefähigen Unsinnsüberschuß dieses Betriebs einmal absieht[24], so verbleibt als sein zwingender Sinn die Nötigkeit, dem wachsenden Informationsdruck durch komplementär wachsende Selektionskompetenz standhalten zu müssen, und erfahrungsgemäß ist der direkte Austausch, zumal in qualifiziert besetzten kleinen Gruppen, das mit Abstand beste Verfahren zur Steigerung solcher Selektionskompetenz. Freilich: Nicht jeder Fachgenosse findet den Zugang zu diesen begünstigenden kleinen Gruppen. Man muß bereits über jenes Maß an Bekanntheit und Anerkennung verfügen, ohne das man niemals eine Einladung zur Teilnahme an der Arbeit dieser Gruppen erhielte. Als Initiant solcher Arbeit ist man auf gute Verbindung zu forschungsfördernden Drittmittelgebern angewiesen. Wer aus welchen Gründen auch immer von solchen Begünstigungen ausgeschlossen bleibt, ist isolationsbedroht; er nimmt an jenen Kommunikationen nicht oder nur begrenzt teil, in denen sich über institutionelle, nationale und kulturelle Grenzen hinweg wissenschaftspraktisch jene Standards bilden, über die in einer Disziplin der Stand der Forschung, der über individuelle Befragung der Datenbanken, bibliothekarischer oder sonstiger Datenspeicher längst nicht mehr festgestellt werden könnte, soziale Realität gewinnt.

Man erkennt: Als soziale Realität ist die wissenschaftliche Kommunikationsgemeinschaft als Gemeinschaft von Individuen mit symmetrisch verteilten Chancen der Kommunikationspartizipation eine Fiktion. Sie

---

[24] Als literarisches Beispiel solcher Ironie cf. Arthur KÖSTLER: Die Herren Call-Girls. Ein satirischer Roman. Bern und München 1971.

ist nichts als das fingierte Subjekt der Geltung von Kommunikationsnormen, die für jeden Kommunikationsteilnehmer gelten. Aber die Gleichverteilung der Teilnahmechancen kann nur als Gleichheit im Recht der Bemühung um sie existent sein – nicht als soziale Realität. Insoweit gilt in der wissenschaftlichen Kommunität, was in jeder Kommunität gilt, in der ein jedermann offenstehender Reichtum an Möglichkeiten sich allein über gelingende Selektionsprozesse realisieren läßt: In Abhängigkeit von prinzipiell, nämlich unaufhebbar zufällig ungleich verteilten Bedingungen individueller Selektionskompetenz differenzieren sich in der sozialen Realität höchst unterschiedliche Niveaus individueller Kommunikationsteilnahme heraus. Dabei handelt es sich nicht um ein bedauerliches Zurückbleiben der sozialen Realität hinter einem Ideal, das wir dieser Realität in normativer Absicht vorzuhalten hätten. Es handelt sich vielmehr um einen Vorgang, der nach der Regel „Formale Egalität setzt reale Ungleichheit frei" abläuft – eine Regel, die die Liberalität liberaler Kommunitäten ausmacht und daher auch in freien wissenschaftlichen Kommunitäten Anerkennung verlangt.

Verstärkt wird der skizzierte Effekt noch durch gewisse Wirkungen der Aufmerksamkeitslenkung in großen, medial integrierten Öffentlichkeiten. Auch für die wissenschaftliche Welt gilt: Mit der wachsenden Diskrepanz zwischen der Menge produzierter Information einerseits und den mobilisierbaren Kapazitäten zu ihrer Rezeption andererseits wird Aufmerksamkeit zu einem besonders knappen, kostbaren Gut. Auf was sollen wir sie lenken? Es ist nicht irrational, sie demjenigen zuzuwenden, dem andere ihre Aufmerksamkeit bereits zugewandt haben. Einmal erlangte Publizität wird durch ihre aufmerksamkeitslenkende Wirkung rasch vermehrt. Der Wert der Publizität ist ein mehr Publizität heckender Wert, und der fragliche Vorgang läuft um so freudiger ab, je größer die medial integrierte Kommunikationsgemeinschaft ist, in der die Individuen um öffentliche Aufmerksamkeit konkurrieren. Bei der Bedeutung dieses Vorgangs wäre es verwunderlich, wenn sich die Wissenschaftsforschung seiner Analyse nicht längst angenommen hätte. Publizität pflegt man dabei mit dem Quotienten der Zahl der Kollegen, die man kennt, und der Zahl der Kollegen, von denen man gekannt wird, zu messen –: Je kleiner der Quotient, um so größer die Publizität. Kulturkritisch gestimmte Geisteswissenschaftler pflegen solche Quantifizierungen degoutant zu finden, und je weniger Publizität einer hat, um so mehr verachtet er sie. Er beharrt statt dessen auf dem Kriterium des Gewichts einer Persönlichkeit und somit in der Wissenschaft auf dem Kriterium des Gewichts dessen, was einer zu sagen hat. Aber auch diese Gewichtigkeit pflegen unsere Wissenschaftsforscher inzwischen zu messen, nämlich „als den Logarithmus der

Anzahl der Aufsätze", die ein Wissenschaftler „im Laufe seines Lebens verfaßt hat"[25].

Nichts steht entgegen, das pseudopräzis zu finden. Indessen: Es verbergen sich doch hinter solchen Definitionen Erfahrungen, die zu machen kein Mitglied der wissenschaftlichen Kommunität umhinkommt. Aus der Mitarbeit in Berufungskommissionen weiß man, welches Gewicht dem puren Umfang einer Publikationsliste beigemessen wird und analog dann auch dem Autor der fraglichen Titel. Selbst in der alsbald geäußerten obligaten Warnung, daß man doch einen Wissenschaftler nicht allein nach dem Umfang seines Oeuvres einzuschätzen habe, bekundet sich noch der Respekt vor diesem Umfang, und die im übrigen unbestreitbare Wahrheit, daß nicht jeder Vielschreiber so viel zu sagen hat, wie er schreibt, wird auch in der zitierten Definition von Solla Price berücksichtigt: Nicht die „Anzahl der Aufsätze" charakterisiert ja „die Gewichtigkeit eines Mannes", sondern der „Logarithmus" dieser Anzahl. Die Wirklichkeitsnähe dieser Charakteristik ist beachtlich. Wer mit dem, was er geschrieben hat, einmal Aufmerksamkeit gefunden hat, kann schwerlich umhin, aus eben diesem Grund Zusätzliches zu schreiben, das er ohne diesen Grund niemals geschrieben hätte. Nichts fördert ja die Beachtung, die Zeitschriften, Verlagsreihen etc. finden, mehr als das Aufscheinen eines Namens von großer Publizität im Kreis der Autoren. Also wird, wer eine gewisse Publizität einmal erlangt hat, umworben, schließlich in einem Umfang, der ihn zwingt, die übergroße Mehrzahl der Anfragen negativ zu beantworten. Nichtsdestoweniger wächst die Wahrscheinlichkeit, daß er sich schließlich doch breitschlagen läßt, sich auch an dieser, bislang für entlegen geltenden Stelle noch einmal zu äußern. Gern wird man ihm dabei gestatten, ja man erwartet, daß er auch an dieser Stelle mit gewissen Variationen noch einmal sagt, was als das Seinige sich mit seinem Namen in der Öffentlichkeit vor allem verbindet. Kurz: Prominent ist, wer nicht vermeiden kann, sich zu wiederholen. Je mehr einer unter dem so charakterisierten Wiederholungszwang schreibt, um so weniger braucht man, um das Seinige zur Kenntnis zu nehmen, alles von ihm je Geschriebene zu lesen. Gleichwohl verkehrt sich damit der extraordinäre Umfang eines Schriftenverzeichnisses nicht in einen Einwand gegen das Gewicht des Autors. Er wird vielmehr zum Indikator seiner Publizität, die ihrerseits als Kriterium des Gewichts eines Autors niemand unbeachtet lassen kann. Wer das täte, hielte das Verhältnis des Forschers zur Wahrheit für ein sozial unvermitteltes

[25] Derek J. Solla Price (cf. Anm. 10), S. 61.

Verhältnis, während er sich doch damit zu begnügen hätte zu sagen, daß unbeschadet des sozialen Vermittlungscharakters unseres forschungspraktischen Verhältnisses zur Wahrheit Wahrheitskonsens kein Wahrheitskriterium ist.

Das exponentielle Wachstum wissenschaftlicher Information bedeutet in temporaler Hinsicht, daß Probleme der Aktualitätssicherung, auch der Prioritätssicherung an Bedeutung gewinnnen. Die Fristen, die für die drucktechnische und verbreitungstechnische Verarbeitung einer Information benötigt werden, sind nicht selten länger als die Fristen, innerhalb derer einer Information Aktualität zukommt. Entsprechend versenden Wissenschaftler längst nicht mehr nur Sonderdrucke, vielmehr Preprints, für deren Verbreitung an wichtige Adressen man heute in wichtigen Fällen nicht einmal mehr auf die guten alten Dienstleistungen des Briefträgers angewiesen ist. Über solche Kommunikationsformen, über die man die Zeitmaße der Informationsverbreitung an die knappen Aktualitätsfristen neuer Information angepaßt zu halten sucht, werden zugleich wieder die schon erwähnten Sondergruppenbildungen in der wissenschaftlichen Kommunität begünstigt. Wer einer ist, bemißt sich nicht zuletzt nach der Häufigkeit des Aufscheinens seines Namens auf dem Preprintverteiler. Selbstverständlich fehlt, zu Zwecken der Prioritätssicherung, heute weder auf Offprints noch auf Preprints das Datum, an dem der fragliche Text abgeschlossen wurde. Im Extremfall hängt an solchen Prioritätssicherungen der Unterschied, den es macht, ob einem publizitätsträchtige Preise zufallen oder entgehen. Je kürzer dabei die Zeitdifferenzen zwischen zwei analogen Innovationen werden, um so zufallsabhängiger sind sie zugleich. Wie in modernen Sportwettbewerben verliert schließlich der Zeitvorsprung in der Tendenz seiner Verringerung jegliche Aussagekraft. Das gilt dann auch für die Publizitätsprämien, die an die temporale Priorität geknüpft sind, und die bei einem mäßigeren Tempo des Wissenschaftsfortschritts so lange gegeben gewesene Sinnevidenz einer Beschleunigung dieses Fortschritts zersetzt sich. Auch in der Wissenschaftsentwicklung, so scheint es, ist das maximale innovatorische Tempo mit dem optimalen nicht identisch. Technisch, sozial und psychisch scheint es Grenzen produktiver Innovationsverarbeitung zu geben, und beim Überschreiten dieser Grenzen müßte schließlich der Ort, an welchem sich der wissenschaftliche Fortschritt derzeit befindet, seine forschungspraxisleitende Feststellbarkeit verlieren.

Curiose und relevante Information. – In wohlbestimmter Hinsicht verlieren die Auskünfte der Wissenschaften über die Welt, in der wir leben, mit ihrer rasch wachsenden Menge an kulturellem Interesse. Das habe ich in anderen Zusammenhängen ausführlicher dargestellt[26]. Dem ist hier noch die temporale Seite der Sache hinzuzufügen. Je mehr und je rascher sich die Wissenschaften forschungspraktisch in die Dimensionen des sehr Großen, des sehr Kleinen und des sehr Komplizierten hineinarbeiten, um so lebensweltferner werden die wissenschaftlichen Informationen, um so weniger sind sie noch an Primärerfahrungen anschließbar und um so weniger lassen sie sich zu einem anschaulichen Bild der Welt, in der wir leben, verarbeiten. Die wissenschaftskulturellen Konsequenzen dieses Vorgangs sind erheblich. Vor allem entfallen die Konflikte zwischen religiöser, zumal dogmatisch fixierter Wirklichkeitsorientierung einerseits und wissenschaftlichen Weltbildern andererseits, wie sie das Zeitalter der Aufklärung in Europa mit Nachwirkungen bis tief in das 19. Jahrhundert hinein erfüllten. Man erinnere sich an die außerordentliche Provokation, die die Evolutionstheorie in ihrer zukunftsträchtigen Darwinschen Fassung bei Theologen und Frommen auslöste. Die Kirche bekämpfte damals in Publizistik und Vereinswesen, in der Schule und in der Predigt die Vorstellung eines evolutionären Spezies-Wandels wie eine Ketzerei. Parlamentarische Auseinandersetzungen entzündeten sich an der Frage des Rechts staatlich angestellter Professoren zu dieser Ketzerei und der Grenzen dieses Rechts[27]. Komplementär dazu organisierten sich, siegesgewiß, freigeistige Weltanschauungskämpfer unter den Wissenschaftlern, unter Chemikern, Biologen und Medizinern zumal, in kirchenanalogen Zusammenschlüssen, von denen, in Deutschland, der Monistenbund der wirksamste war[28]. Man wallfahrte zu den Saurierfunden in der Schwäbischen Alb, Wilhelm Ostwald hielt „monistische Sonntagspredigten"[29], und Ernst Haeckel formulierte die Quintessenz des ihm zugänglichen naturwissenschaftlichen Wissens seiner Zeit als „Glaubensbekenntnis eines Naturforschers"[30].

---

[26] Cf. dazu meine Abhandlung „Die Wissenschaften und ihre kulturellen Folgen. Über die Zukunft des Common sense", Rheinisch-Westfälische Akademie der Wissenschaften G 285, Opladen 1987.

[27] Cf. dazu exemplarisch meine wissenschaftskulturgeschichtliche Untersuchung „Wissenschaft und Weltanschauung. Ideenpolitische Fronten im Streit um Emil Du Bois-Reymond", in: Hermann LÜBBE: Die Aufdringlichkeit der Geschichte. Herausforderungen der Moderne vom Historismus bis zum Nationalsozialismus. Graz, Wien, Köln 1989, S. 257–274.

[28] Cf. hierzu das Kapitel „Weltverbesserung aus ‚Wissenschaftlicher Weltanschauung'" in meinem Buch „Politische Philosophie in Deutschland. Studien zu ihrer Geschichte", Basel/Stuttgart 1963, S. 127–172.

[29] Wilhelm OSTWALD: Monistische Sonntagspredigten. Leipzig 1911 ff.

[30] Diese Kennzeichnung galt seiner berühmt gewordenen Altenburger Rede „Der Monismus als Band zwischen Religion und Wissenschaft" (1892), in: Ernst HAECKEL: Gemeinverständliche Werke. Herausgegeben von Heinrich SCHMIDT. Fünfter Band. Vorträge und Abhandlungen. Leipzig und Berlin 1924, S. 407–444.

Es fällt schwer, zu diesen wissenschaftskulturgeschichtlichen Vorgängen und Ereignissen, die immerhin weniger als hundert Jahre zurückliegen, sich ironiefrei zu verhalten. Aber darin bekundet sich nur die Schwierigkeit, die wir heute haben, den außerordentlichen historischen Abstand, der uns von jenen chronologisch ja doch noch recht nahen Vorgängen und Ereignissen trennt, mit Verstehensleistungen zu überbrücken. Die kognitiven Dissonanzen zwischen wissenschaftlicher Wirklichkeitsorientierung einerseits und religiöser Wirklichkeitsorientierung andererseits, die den Gläubigen wie den Freigeistern damals stechend in den Ohren klangen, sind inzwischen vollständig verklungen – fast vollständig müßte man genauer sagen, nachdem ja im sogenannten Creationismus-Streit in den USA der traditionelle Aufklärungskonflikt zwischen Wissenschaft und Religion relikthaft, wenn auch nicht unauffällig, fortdauert. Die besonderen kultur- und näherhin rechts- und verfassungsgeschichtlichen Voraussetzungen sind hier nicht das Thema[31]. In Europa gibt es relikthafte Formen der Verteidigung religiösen Glaubens gegen vermeintliche Zumutungen und Herausforderungen wissenschaftlicher Wirklichkeitsannahmen gewiß auch noch, aber lediglich öffentlichkeitsfern in kulturell isolierten Kommunitäten selbstgenügsamer Sekten. Offiziell, auch kirchenoffiziell, ist der skizzierte Aufklärungskonflikt zwischen den hypothetischen Wirklichkeitsannahmen der Wissenschaft einerseits und unseren religiösen, glaubensgeleiteten Wirklichkeitsorientierungen andererseits für erledigt erklärt worden. Das kulturgeschichtlich herausragende Dokument dieses Vorgangs ist die Ansprache, die Papst Johannes Paul II. bei seiner ersten Visitation in Deutschland am 15. November 1980 an die im Dom zu Köln versammelten Wissenschaftler richtete[32]. Für den speziellen Fall des Streits um den Darwinismus hatte Kardinal Ratzinger schon 1969, noch zur Zeit seiner Tätigkeit als Professor, die glaubenspraktische Irrelevanz der Hypothesen der Evolutionstheorie bekräftigt[33]. Komplementär dazu ist in den

---

[31] Cf. dazu Marcel C. La Follette (ed.): Creationism, and the Law. The Arkansas Case. Cambridge, (Mass.), London 1983. – Zu den religionskulturellen und staatskirchenrechtsgeschichtlichen Hintergründen cf. Elwyn A. Smith: Religious Liberty in the United States. Development of Church State Thought since the Revolutionary Era. Philadelphia 1972.

[32] Papst Johannes Paul II.: Ansprache an Wissenschaftler und Studenten im Kölner Dom am 15. November 1980. In: Predigten und Ansprachen von Papst Johannes Paul II. bei seinem Pastoralbesuch in Deutschland sowie Begrüßungsworte und Reden, die an den Heiligen Vater gerichtet wurden. 15.–19. November 1980. Offizielle Ausgabe. Bonn 1980, S. 26–34.

[33] Joseph Ratzinger: Schöpfungsglaube und Evolutionstheorie. In: Hans-Jürgen Schultz (Hrsg.): Wer ist das eigentlich: Gott? München 1969, S. 232–245.

Einrichtungen der Wissenschaft der antiklerikal zugespitzte intellektuelle Freigeist-Gestus, wie er noch zu Beginn dieses Jahrhunderts im Monisten-Bund kultiviert wurde, vollständig verschwunden.

Die wissenschaftskulturellen Konsequenzen dieses Vorgangs sind erheblich. Mit ihrer fortschreitenden Lebensweltferne haben die Wissenschaften in ihren Auskünften über die Welt, in der wir leben, ihre Fähigkeit zur Provokation von Weltanschauungskonflikten verloren. Es läßt sich auch bei konservierter Geneigtheit, an Ergebnissen kognitiven Fortschritts Anstoß zu nehmen, schlechterdings nicht mehr sagen, welche Lebensbedeutsamkeit eigentlich an dem Unterschied hängt, ob am Ende seiner derzeitigen Expansion unser Kosmos schwerkraftabhängig in sich zurücksinken werde oder ob seine beobachtbare Expansion dauerhaft sei[34]. Man kann das auch so ausdrücken: Mit seiner fortschreitenden Lebensweltferne wird der wissenschaftliche Erkenntnisfortschritt kulturell indifferent.

Die temporale Seite der Sache ergibt sich aus der Dynamik der permanent gewordenen Revolution wissenschaftlicher Weltbilder. Es kann ja gar keine Rede davon sein, daß der Provokationseffekt der Darwinschen Weltbildrevolution die Konsequenz einer vermeintlich singulären Eingriffstiefe ins traditionelle Weltbild gewesen sei, so daß man, komplementär dazu, die inzwischen eingetretene Beruhigung weltanschaulicher Auseinandersetzungen aufgeklärter Tradition einer abnehmenden Eingriffstiefe aktueller wissenschaftlicher Innovationen in unsere vorherrschende Wirklichkeitsorientierung zuzuschreiben hätte. Es trifft nicht zu, daß der heutige wissenschaftliche Erkenntnisfortschritt uns einen geringeren weltanschaulichen Umorientierungsaufwand als früher zumutet. Die Revolutionen, die sich forschungsabhängig gegenwärtig auf der kognitiven Ebene vollziehen, sind nach Karl Popper in ihren weltbildumstürzenden Konsequenzen nicht geringer, sondern eher größer als in früheren Epochen neuzeitlicher Wissenschaftsgeschichte[35]. Der Unterschied unserer aktuellen Reaktion auf forschungspraktisch induzierte Weltbildrevolutionen zu den Reaktionen kultureller Erschütterung, die solche Revolutionen noch vor einhundert Jahren auszulösen vermochten, beruht vielmehr auf ihrer inzwischen evident gewordenen Lebensweltferne. Noch einmal: Je tiefer

---

[34] Wie zum Beispiel Wolfgang Priester anzunehmen geneigt ist: Wolfgang PRIESTER: Vom Ursprung des Universums. In: Heinz MAIER-LEIBNITZ (Hrsg.): Zeugen des Wissens. Mainz 1966, S. 127–156, bes. S. 141ff.

[35] Karl R. POPPER: The Rationality of Scientific Revolutions. In: Rom HARRÉ (ed.): Problems of Scientific Revolution. Progress and Obstacles to Progress in the Science. Oxford 1975, bes. S. 88ff.

die Wissenschaften heute in die Dimensionen des sehr Großen, des sehr Kleinen und des sehr Komplizierten eindringen, um so weniger läßt sich sagen, welchen Unterschied es lebensorientierungspraktisch eigentlich ausmacht, ob der Fall ist, was wir gestern dafür hielten, oder ob vielmehr der Fall ist, was wir heute anzunehmen überwiegende Gründe haben. Die Dynamik, mit der heute unsere kognitiven Wirklichkeitsannahmen wissenschaftspraktisch revolutioniert werden, verstärkt die kulturelle Vergleichgültigung der jeweils geltenden kognitiven Gehalte wissenschaftlicher Weltbilder. Es hat ja seine Evidenz, daß für die Art, wie wir uns als Kulturgenossen kognitiv zur Wirklichkeit in ein lebensdienliches Verhältnis zu bringen haben, ein Erkenntnisfortschritt, auf dessen Höhe zu bleiben selbst Experten ihre Schwierigkeiten haben, irrelevant sein muß. Die Geschwindigkeit, mit der uns die Forschung heute Neuigkeiten präsentiert, mindert fortschreitend die Kulturbedeutsamkeit dieser Neuigkeiten. Wohlgemerkt: Das gilt für den kognitiven Prozeß, während für die Folgen technischer und sonstiger Nutzung dieses Prozesses selbstverständlich ganz anderes gilt.

Der Bestsellererfolg, zu dem auch heute noch gelegentlich Werke popularisierter Naturwissenschaft gelangen, widerspricht dem nicht. Gewiß: Stephen W. Hawking's „kurze Geschichte der Zeit" stand über Monate hin auf den Bestsellerlisten[36]. Gleichwohl kann man den Erfolg dieses Buches nicht nach Analogie des allerdings noch bedeutend größeren Erfolgs erklären, den seinerzeit Haeckels „Welträtsel" erzielten[37]. Haeckel bot damals ein Säkular-Äquivalent vermeintlich veralteter religiöser Wirklichkeitsorientierung. Darauf beruhte die Wirkung seines Buches – bei Volksschullehrern zum Beispiel, die es als geistige Waffe im Kampf gegen die geistliche Schulaufsicht schätzten. Hawking's Bestseller prätendiert nichts dergleichen. Die gelegentlichen Bezüge auf Schwierigkeiten von Kirchenmännern, sich Einsichten der modernen Kosmologie zu eigen zu machen, sind Bezüge auf Schwierigkeiten, deren Konfliktträchtigkeit minimal oder längst gänzlich geschwunden ist. Überdies handelt es sich zumeist um Schwierigkeiten, die ja der Leser des fraglichen Bestsellers selber hat: Moderne Kosmologie ist eben in den Anschauungshorizont von Laien nur sehr schwer integrierbar. Die Kunst der Popularisierung, die den Wissenschaftlern

---

[36] Stephen W. HAWKING: Eine kurze Geschichte der Zeit. Die Suche nach der Urkraft des Universums. Mit einer Einleitung von Carl SAGAN. Deutsch von Hainer KOBER unter fachlicher Beratung von Dr. Bernd SCHMIDT. Reinbek b. Hamburg 1988.

[37] Ernst HAECKEL: Die Welträtsel. Gemeinverständliche Studien über Monistische Philosophie. 341.–360. Tausend. Leipzig 1918.

oder auch Wissenschaftspublizisten beim Versuch solcher Integration abverlangt ist, erweist sich als eine überaus schwere Kunst, und auch Hawking ist ihr ersichtlich nur begrenzt gewachsen. Was er über die Urknall-Singularität oder über schwarze Löcher, die keine Haare hätten, mitteilt, ist in Horizonte unserer Lebenserfahrung oder auch unseres Laienwissens sinnvoll gar nicht einbeziehbar. Wieso fasziniert es dennoch? Die Antwort scheint mir zu lauten: Popularwissenschaft wird heute als Kontingenzerfahrungsmedium konsumiert. Gerade weil niemand zu sagen vermag, was es denn für unsere Lebenssituation für einen Unterschied ausmachte, ob die Antworten auf die Fragen „Woher kommt das Universum? Wie und warum hat es begonnen? Wie wird es enden? Und wenn, wie wird dieses Ende aussehen?" so oder anders ausfallen, ist es eine Sache von eindrücklicher, purer, nämlich absolut sinnfreier Faktizität, wie sie denn schließlich ausfallen. Hawking's Versicherung „Das sind Fragen, die uns alle angehen"[38] repräsentiert ein wissenschaftskulturelles Relikt. In Wahrheit läßt sich gar nicht sagen, was sie uns angehen, wenn anders für alles, was uns tatsächlich angeht, gilt, daß es von Relevanz sei, ob es sich so oder vielmehr anders verhalte. Medium der Erfahrung sinnfreier Faktizität der Welt, in der wir leben, zu sein – auf diese Funktion ist die Kulturbedeutsamkeit modernen naturwissenschaftlichen Wissens zusammengeschrumpft. Speziell im Falle Hawking's kommt hinzu, daß uns hier über eine bedeutende Autorschaft Gelegenheiten humaner Selbsterfahrung vermittelt werden: äußerste Zerbrechlichkeit der leiblichen Verfassung eines Subjekts in Verbindung mit der außerordentlichen Kompetenz dieses Subjekts, uns über das Ende der Zeiten Bericht zu erstatten. Ein Wissen wie nie zuvor als Medium der Erfahrung der Unmöglichkeit, diesem Wissen eine Bedeutsamkeit zuzuschreiben – das, so scheint es, ist die Endgestalt der Kulturbedeutsamkeit unseres Wissens. Das mannigfach bekundete Entzücken der Berichterstatter über die Erkundungserfolge der Reise einer Sonde ins Sonnensystem zum Jupiter, zum Saturn und zum Neptun bestätigt das. Der Unterschied, den es macht, daß, wie die erwähnten Sondenphotos uns demonstrieren, Vulkane auf Jupitermonden Feuer spucken, auf dem größten der Neptunmonde aber, statt Lava, Methan-Eis hervorquellen lassen, ist ja gewiß ein Unterschied, der für Spezialisten von sehr erheblicher theoriebildungspraktischer Relevanz ist. Für den Laien hingegen bleibt es ein Unterschied von vollendet sinnfreier Faktizität, und die Kulturbedeutsamkeit der Erfahrung dieses Unterschieds ist somit, wie man erkennt, seine

---

[38] Cf. Stephen W. Hawking, a.a.O. (cf. Anm. 36), S. 7.

Bedeutung als Gelegenheit, auf spektakuläre Weise Kontingenz zu erfahren.

Soviel zur kognitiven Seite des wissenschaftlichen Fortschritts, auf die wir uns in theoretischer Neugier beziehen. Unter Relevanzgesichtspunkten ergeben sich für den wissenschaftlichen Fortschritt gänzlich andere Perspektiven.

5.2 Innovationsverdichtung in der technischen Evolution

Rainer Lepsius hat in einer Abhandlung über die Entwicklung der Soziologie nach dem Zweiten Weltkrieg[1] seine deutschen Fachkollegen darauf aufmerksam gemacht, daß der Beitrag der Naturwissenschaften und der Medizin zu jenem „Entscheidungswissen“, auf das sich die Gesetzgebungsakte der gesetzgebenden Körperschaften und analog auch die Verordnungen der öffentlichen Verwaltungen stützen, ungleich größer sei als der Anteil, zu welchem die Sozialwissenschaften und insbesondere die Soziologie zu diesem Entscheidungswissen beigetragen haben. Diese Feststellung hat eine ernüchternde Wirkung. Sie kontrastiert gegen die Euphorie, mit der gegen Ende der sechziger und noch zu Beginn der siebziger Jahre in Deutschland, zumal im akademischen Bereich, überall sozialwissenschaftliche Forschungs- und Lehrkapazitäten in der Meinung erweitert wurden, daß damit ein besonders wirksamer Beitrag zur Rationalisierung des öffentlichen Handelns in Politik und Administration, in Erziehung und Recht geleistet werden könne. Insbesondere setzte man damals auf die „Kritische Funktion“ der Sozialwissenschaften, während man just diese Funktion den Natur- und Technikwissenschaften, sogar ausdrücklich, absprach[2]. Die Verwandlung der Universität in eine Einrichtung öffentlicher Kritikgewalt wurde programmiert, die „nach den Gesetzen der politischen Gegenmacht und des sozio-ökonomischen Widerstands gegen die Gleichschaltungstendenzen der bürokratisch und am Profitkalkül geführten Massengesell-

---

[1] M. Rainer Lepsius: Die Entwicklung der Soziologie nach dem Zweiten Weltkrieg 1945–1967. In: Günther Lüschen (Hrsg.): Deutsche Soziologie seit 1945. Entwicklungsrichtungen und Praxisbezug. Opladen 1979, S. 25–70.

[2] Zur Fälligkeit der Kritik an der vermeintlich gesellschaftskritiklosen akademischen Wissenschaft cf., als ein beliebiges Beispiel unter zahllosen seinesgleichen, Stephan Leibfried: Die angepaßte Universität. Zur Situation der Hochschulen in der Bundesrepublik und in den USA. Frankfurt a. M. 1968. – Zur analogen Kritik an den angeblich unkritisch angepaßten Ingenieurwissenschaften cf. exemplarisch Gerd Hortleder: Das Gesellschaftsbild des Ingenieurs. Zum politischen Verhalten der technischen Intelligenz in Deutschland. Frankfurt a. M. [2]1970. – Die Behauptung von der begrenzten oder „halbierten“ Rationalität der sogenannten „positivistischen“ Wissenschaften war damals der Auslöser des wirkungsreichen Streits der angegriffenen „Positivisten“ mit den Repräsentanten einer sich über die „traditionelle“ Theorie hinaus wissenden „kritischen Theorie“: Theodor W. Adorno u.a.: Der Positivismusstreit in der deutschen Soziologie (1969). Neuwied, Berlin [3]1971.

schaft“[3] wirksam sein sollte, wobei die in solcher Weise wirksamen kritischen Potentiale nicht „technischem Berufswissen“, vielmehr „kritischem Handlungswissen“[4] sozialwissenschaftlicher Prägung zugeschrieben wurden.

Inzwischen liegt die Zeit, in der man, vorzugsweise in Deutschland, so über die Verteilung der Aufgaben zwischen Sozialwissenschaften einerseits und Natur- und Technikwissenschaften andererseits zu denken vermochte, mehr als zwei Jahrzehnte zurück, und die historische Ferne jener Jahre ist weitaus größer als die geringe chronologische Distanz, die uns von ihnen trennt, vermuten lassen könnte. In der Hochschulreform haben sich, aus gutem Grund, statt der Zwecke der Etablierung einer vierten Gewalt im Staat, einer Kritik-Gewalt also, vor allem die finanziell, organisatorisch und lehrmäßig höchst anspruchsvollen Zwecke wissenschaftlicher Massenausbildung zur Geltung gebracht[5], und die Pragmatik dieser Zwecke bestimmt das hochschulpolitische Handeln in Verwaltung und Selbstverwaltung[6]. Forschungspolitisch aber bestimmt die Nutzbarkeit der Wissenschaften für unabweisbare Zwecke das öffentliche Handeln, und auch für das Verhältnis der Öffentlichkeit zu den Sozialwissenschaften gilt das wieder. Nicht, daß darüber der wissenschaftspolitische Sinn für die Erfordernisse jener Wissenschaften verlorengegangen wäre, die, wie insbesondere die sogenannten Geisteswissenschaften, einen Anwendungsnutzen gar nicht vorzuweisen haben, vielmehr nichts als kulturelle Medien historischen Selbst- und Fremdverstehens sind. Auch die historischen Kulturwissenschaften stehen in Blüte und erfreuen sich öffentlicher Gunst und Förderung. Daß es aber irgendeine Wissenschaft geben könne, die als Wissenschaft öffentlich maßgebend zu sagen vermöchte, nach welchen Kriterien unser Gemeinwesen politisch und moralisch zu beurteilen sei – dieser platonisierende Traum ist ausgeträumt. Die Prätention, an die Stelle des Gemeinsinns ließen sich die Sinnmaßgaben einer höheren Wissenschaft setzen, korrumpiert beides – den Gemeinsinn wie die

---

[3] So Horst BAIER: Die Revolution der Wissenschaft zwischen Hochschulreform und politischer Revolte. In: Horst BAIER (Hrsg.): Studenten in Opposition. Beiträge zur Soziologie der deutschen Hochschule. Bielefeld 1968, S. 7–24, S. 21.

[4] Universität und Politik, Arbeitsblätter I des Wissenschaftspolitischen Clubs Münster, Berlin 1967, auszugsweise abgedruckt bei Horst BAIER, a.a.O., S. 23.

[5] Cf. dazu meine Abhandlung „Hochschulpolitik in der BRD und in der Schweiz. Ein Vergleich“, in: Lord ANNAN, Michel DEVEZE, Hermann LÜBBE: Universität gestern und heute. Salzburg, München 1973, S. 45–66.

[6] Cf. dazu die repräsentative Sammlung von Horst Albert GLASER (Hrsg.): Hochschulreform – und was nun? Berichte – Glossen – Perspektiven. Frankfurt/M., Berlin, Wien 1982.

Wissenschaft. Die Erfahrungen unseres Jahrhunderts mit den totalitären Ideologien, deren Totalität ja nicht zuletzt in ihrem Anspruch bestand, Wissenschaft zu sein, bestätigen das, und die inzwischen erledigten Versuche, eine Sozialwissenschaft höheren Anspruchs unter dem Namen einer „kritischen Theorie" gegenüber allen übrigen Wissenschaften des traditionell-theoretischen Typus moralisch und politisch zu privilegieren, verhalten sich dazu als Satyrspiel.

Für die Sozialwissenschaften, so weit sie, weitaus überwiegend, den fraglichen Leitwissenschaftsprätentionen gegenüber resistent geblieben sind, bedeutet das: Ihr Nutzen ist, analog zum Nutzen der Naturwissenschaften und der Medizin, ein Anwendungsnutzen. Sie erbringen ihn durch ihre Beiträge zu den deskriptiven und theoretischen Wirklichkeitsannahmen, die als „Entscheidungswissen" wissenschaftlicher Herkunft in einer wissenschaftlichen Zivilisation dem öffentlichen Handeln in Wirtschaft, Verwaltung und Politik stets zugrunde liegen. Und von eben diesem Entscheidungswissen hat nun Lepsius gesagt[7], daß der Beitrag zu ihm, den die Naturwissenschaften geleistet haben und fortgesetzt leisten, ungleich größer sei als der entsprechende Beitrag der Sozialwissenschaften. Wieso das, recht besehen, auch gar nicht anders sein kann, erkennt man über die Vergegenwärtigung der Art und Weise, wie in Prozessen der Normengenerierung praktisches Wissen einschließlich des praktischen Wissens aus gemeiner Moral, als deren Subjekte Politiker ja gerade nicht Experten, vielmehr Repräsentanten des Gemeinwesens sind, einerseits und Expertenwissen andererseits ineinandergreifen. Zur Normenbegründung gehört, wie man sich aus jeder soliden Gesetzesbegründung deutlich machen kann, zunächst eine von herrschenden praktischen Interessen selektiv bestimmte Beschreibung einer sozialen oder naturalen Situation, die evident macht, daß eine Änderung der Situation nötig ist oder, umgekehrt, Maßnahmen ihrer Konservierung fällig sind. Zweitens gehört dazu die in kognitiver Hinsicht zumeist triviale Explikation dieser Fälligkeiten, deren Urteilssubjekt eben der Gemeinsinn mit seinem lebenserfahrungsbewährten Wissen über Zuträglichkeiten und Unzuträglichkeiten, über Güter und Tugenden, also über das, was wir heute in diffuser Kombination beider Begriffe „Werte" zu nennen pflegen. Drittens wird dann bei jeder Normenbegründung eine empirisch gehaltvolle Theorie benötigt, die erklärt, wodurch die Unzuträglichkeiten der gegebenen Situation bewirkt sind. Schließlich bedarf es einer Theorie der realen sozialen oder auch naturalen Wirkungen jener Handlungen, die absichtsgemäß zur Herbeiführung gewünschter Wirkungen nötig wären und in entsprechenden generalisierten Handlungsvorschriften („Nor-

---

[7] M. Rainer Lepsius, a.a.O. (Anm. 1), S. 54.

men“) eben gesetzgeberisch oder verordnungspraktisch verbindlich zu machen sind.

In den beiden zuletzt genannten Elementen einer jeden rationalen Normenbegründung steckt das fragliche Expertenwissen, und seine Nötigkeit nimmt mit dem Grad unserer Abhängigkeit von Lebensvoraussetzungen zu, die ihrerseits bereits das Resultat eines expertenwissensabhängigen Produzierens und Handelns sind. Das System der modernen Industriegesellschaft wäre in den Voraussetzungen seiner immer noch konstatierbaren überwiegenden Massenzustimmung zu ihren historisch beispiellosen Lebensvorzügen längst zusammengebrochen, wenn im Standardfall gesetzlicher und verordnungspraktischer Normierung unseres produktiven und kooperativen sozialen Lebens verläßliches Expertenwissen in der skizzierten Funktion nicht zur Verfügung stünde. Es ist eine durch Medienberichterstattung verzerrte Aufmerksamkeit, die uns alljährlich, ja alltäglich auf die großen Streitfälle in Gesetzgebung und Regierung aufmerksam sein läßt. Hingegen entzieht sich, sofern wir nicht gerade selber als Experten oder als speziell Betroffene involviert sind, die überwiegende Menge expertenwissensabhängiger Normierungsvorgänge in Politik und Verwaltung ihrer evidenten Nötigkeit und Nützlichkeit und überdies ihres fraglos-klaglosen Funktionierens wegen der öffentlichen Aufmerksamkeit. Hat man herausgefunden – und nur Professionelle können das–, daß der Rückgang der Felchenfänge im Bodensee nicht, wie jedes aufgeweckte Fernsehkind hätte vermuten mögen, auf der Unzuträglichkeit der Bodenseewasserverschmutzung für Felchen beruht, vielmehr ganz im Gegenteil auf der verschmutzungsabhängig üppig gewordenen Nahrungsbasis der Felchen, die dieser Üppigkeit wegen nun schon als jungfräuliche Fische in den Netzmaschen traditioneller Größe hängenblieben, so ist die administrative Vorschrift zur Vergrößerung der fraglichen Netzmaschen die unwidersprechliche Konsequenz, und so geschah es in diesem nicht-fiktiven Fall. Daß man die Felchenbestände in artsicherndem Umfang zu erhalten habe – das ist dabei ersichtlich kein Geheiß aus Expertenkompetenz. Kulinarische Gewohnheiten genügen insoweit, darüber hinaus Respekt vor den Erhaltungsbedingungen des Fischerberufs, Respekt vor der Schöpfung schließlich, der seine Disziplin nicht im Biolabor, vielmehr, zum Beispiel, im Konfirmandenunterricht hat. Was aber zu tun oder zu lassen sei, damit wir, was wir, insoweit, alle einvernehmlich wollen, auch können – das vermag in diesem einfachen wie in zahllosen anderen, auch komplizierteren Fällen einzig der Experte zu sagen, der erfahrene Fischer oder auch – und so war es im exemplarisch genannten Fall – der amtlich als Experte in Anspruch genommene Zoologe.

Analog funktioniert die Kooperation von praktischem Gemeinwissen einerseits und Expertenwissen andererseits heute alltäglich, und es ist schon spektakulär, wenn schließlich der Experte uns über die bis anhin unbekannte Kausalität sich beunruhigend häufender Schädigung Neugeborener, wie im bekannten Thalidomid-Fall, belehrt, wobei es dann, im gegebenen Einzelfall wie generell für künftige Fälle, dem Gemeinsinn nicht schwerfällt, den entsprechenden Regelungsbedarf zu erkennen, was auch dann gilt, wenn wegen unterschiedlicher Regelungsnebenfolgenbetroffenheiten sich über die konkreten Ausgestaltungen evidenter normativer Erfordernisse alsbald schon politischer Streit erhebt.

Ich wiederhole: Die zitierte Lepsius-Bemerkung wird plausibel, wenn man sich problematische Situationen vergegenwärtigt, in denen, sobald verläßliches, insbesondere kausalanalytisch verläßliches Expertenwissen von der Technik bis zur Medizin zur Verfügung steht, die normativen Konsequenzen sich mit unauffälliger Evidenz ergeben. Der Anteil der „harten" Wissenschaften am gesamtwissenschaftlichen Beitrag zum geltenden gesetzlichen und sonstigen Normenbestand ist somit, wie man leicht erkennt, deswegen so groß, weil die übrigen Wissenschaften einschließlich der theoriebildenden Sozialwissenschaften – von den Geisteswissenschaften ganz zu schweigen – zur Proliferation eines situationsbezogenen Expertenwissens von evidenter normativer Bedeutung ungleich seltener fähig sind.

Die skizzierten Zusammenhänge machen deutlich: Theoretischer Fortschritt als Zuwachs in der Menge verfügbarer, erklärungskräftiger und prognostisch valider Theorien bedeutet in praktischer Hinsicht Zuwachs an Handlungsmöglichkeiten. Es ist übrigens genau in dieser Hinsicht, daß von einer Äquivalenz wissenschaftlichen Wirklichkeitsverhältnisses einerseits und vor- oder außerwissenschaftlicher, also zum Beispiel mythischer Wirklichkeitsverhältnisse andererseits nicht mehr die Rede sein kann. Bezieht man Wirklichkeitsauslegungen auf anthropologische Fälligkeiten der Stabilisierung von Befindlichkeiten im Verhältnis zu auffällig Kontingentem oder auch der Gewißheitsstiftung in bezug auf Lebensvoraussetzungen, in deren Verläßlichkeit wir müssen vertrauen können, so hat in der Tat der Logos dem Mythos nichts voraus[8], wohl aber der Mythos dem Logos etliches, zum Beispiel seine ästhetische Nutzbarkeit. Technisch nutzbar hingegen ist allein die wissenschaftliche Theorie. Wenn wir wissen, was der Fall ist, wenn wir überdies wissen, nach welcher Regel, was der Fall ist, sich ändert, wenn

---

[8] Cf. dazu Kurt Hübner: Die Wahrheit des Mythos. München 1985. – Ferner Peter Kemper (Hrsg.): Macht des Mythos–Ohnmacht der Vernunft. Frankfurt a. M. 1989.

wir schließlich wissen, wie sich, was der Fall ist, durch Wirkungen unseres Handelns ändert, so sind wir auch, wenn wir wissen, was wir wollen, in der Lage zu sagen, was wir tun müssen, damit wir können, was wir wollen. Beschreibungen und Theorien sind so in Handlungsregeln transformierbar. Wissenschaftlicher Fortschritt bedeutet Erweiterung unserer Handlungsmöglichkeiten. Damit ist selbstverständlich nicht gesagt, daß die Erweiterung unserer Handlungsmöglichkeiten wissenschaftskulturgeschichtlich für die Anstrengungen der Theoriebildung stets das ausschlaggebende Motiv gewesen wäre. Das war bekanntlich nicht der Fall, und auch heute liegt unserer historisch beispiellos aufwendig gewordenen Forschungspraxis das Motiv ihrer Nutzbarkeit keineswegs generell zugrunde – in der Absicht der Geldgeber nicht und in der Subjektivität der am Forschungsprozeß teilnehmenden Wissenschaftler erst recht nicht. Die Transformierbarkeit erklärungskräftiger und prognostisch valider Theorien in Handlungsmöglichkeiten, den theoretischer Fortschritt bedeutet, besagt selbstverständlich auch nicht, daß der Zuwachs von Handlungsmöglichkeiten eo ipso auch zur Realisierung dieser Handlungsmöglichkeiten drängte. Banalerweise hängt die technische Nutzbarkeit theoretischen Fortschritts von einer Fülle von Zusatzbedingungen ab – kulturell und institutionell, wirtschaftlich und wiederum technisch. Gleichwohl gilt: Der seinerseits längst forschungstechnisch vermittelte theoretische Fortschritt ist die entscheidende Bedingung des technischen Fortschritts, und über welche sozialen, ökonomischen und technischen Vermittlungszusammenhänge auch immer bedingt die Dynamik in der Entwicklung unserer theoretischen Kenntnis dessen, was der Fall ist, die Dynamik der natural wie sozial wirklichkeitsverändernden Nutzung dieser Kenntnis.

Die Abhängigkeit der dynamisierten technischen Evolution vom neuzeitlich beschleunigten forschungspraktischen Wissenszuwachs bedeutet selbstverständlich nicht, daß technischer Fortschritt allein auf der kognitiven Basis eines in sozial und institutionell ausspezialisierter Forschungspraxis gewonnenen Wissens möglich sei. Die Geschichte der Technik ist ursprünglich von der Geschichte der Wissenschaften unabhängig gewesen, und sogar für spätere Epochen in der Fortschrittsgeschichte der Technik gilt das noch. Den elementarsten und kulturevolutionär fortdauernd wirksam gebliebenen technischen Erfindungen liegt ja an stets benötigten verläßlichen Kenntnissen über das, was der Fall ist, nicht wissenschaftliches Wissen zugrunde, vielmehr der kognitive Gehalt gemeiner und allmählich sich professionalisierender Alltagserfahrung. Nur die Temporalität vorwissenschaftlicher technischer Evolution ist eine andere: Sie verläuft, meßbar, ungleich langsamer als die technische Evolution, die von einer sozial und institutionell verselbständigten Wissensproduktion abhängig geworden ist. Auch die Ur- und Frühgeschichte ist bekanntlich bereits eine Geschichte technischer Fortschritte gewesen, wobei allerdings für die Zeiträume, die hier die bedeutenden technischen Innovationen voneinander trennen, gilt, daß sie das Mehrfache des Zeitraums umfassen, in welchem sich bis heute die dynamisierte Geschichte unserer Hochkultur vollzogen hat. Da ist von ostafrikanischen Steinwerkzeugen die Rede, deren älteste „auf etwa 2,6 Millionen Jahre datiert" werden. Die Machart dieser „rund zweieinhalb Millionen Jahre alten Steinwerkzeuge", so heißt es dann, „bleibt durch die folgende Zeit noch sehr lange im wesentlichen unverändert erhalten". „Erst Hunderttausende von Jahren später, nach neueren Datierungen vor etwa 1,4 Millionen Jahren, tritt jene Form von Steinwerkzeugen auf ..." etc. „Im Laufe der nächsten Jahrtausende sind verschiedene Verfeinerungen zu erkennen." „Eine ausgeprägte Dominanz schmaler feiner Klingen beginnt vor etwa 35000 Jahren mit dem Anfang des Jungpaläolithikums, und vor etwa 10000 Jahren, mit dem Beginn des Mesolithikums, häufen sich dann in bestimmten Gebieten die ‚Mikrolithen', d. h. ganz winzige Steinartefakte. Im Neolithikum wird schließlich die zuvor nur hie und da auftretende Technik der Bearbeitung des Steins durch Schleifen allgemein üblich. Diese Veränderung der Techniken der Steinbearbeitung und der Wandlung in den Formen der Artefakte zeigt deutlich eine laufende Verkürzung der Zeitspanne bis zum Auftreten der jeweils neueren Art"[9].

Verrechnet man diese Erfindungen nach ihrer Zahl pro Zeiteinheit, so erhält man auch für die Ur- und Frühgeschichte einen „exponentiellen Verlauf", und selbst diejenigen Geisteswissenschaftler, die dergleichen Verrechnungen für eine Spielerei zu halten geneigt sind, werden darüber vielleicht anders zu denken beginnen, wenn sie sich klarmachen, was solcher exponentieller Verlauf des technischen Fortschritts für seine Gewichtung im Vergleich der historischen Epochen bedeutet. Er bedeutet nämlich, daß die Beschleunigung, mit der das Tempo der technischen Evolution zunimmt, heute im wesentlichen dieselbe ist wie die Beschleunigung in der Geschwindigkeit der technischen Evolution in der Steinzeit: „Die weit zurückliegenden Änderungen erscheinen nur im Vergleich zu späteren Wandlungen geringfügig, sind aber für ihre Zeit ebensogroß wie die – von uns aus gesehen – größeren Veränderungen späterer Zeiten"[10]. In ihrer Fortschrittsnatur waren also, so weit unsere technikhistorischen Kenntnisse reichen, alle Kulturepochen von der Steinzeit bis

[9] Karl J. Narr: Zeitmaße in der Urgeschichte. Rheinisch-Westfälische Akademie der Wissenschaften. G 224. Opladen 1978, S. 16, 18.
[10] a.a.O., S. 41.

zur „Siliziumzeit“[11] sich gleich, und wir hätten insofern nicht den geringsten Grund, unsere zivilisatorische Gegenwart ihrer Dynamik wegen zivilisationskritisch negativ gegenüber der Archaik unserer Herkunftswelten auszuzeichnen: Auf Fortschrittsabwegen befand sich die Menschheit – wenn anders denn der Fortschritt ein Fehltritt gewesen sein sollte – immer schon. Auch wer im Umgang mit der Geschichte sich vorzugsweise für das interessiert, was sich gerade nicht ändert und sich als konstant erweist, käme insofern auf seine Kosten: Die Beschleunigung der zivilisatorischen Evolution, so scheint es, ist als solche eine Kulturkonstante.

Selbstverständlich tritt die Exponentialkurvengestalt der technischen Evolution nur bei makrohistorischer Betrachtung ästhetisch befriedigend hervor. Faßt man kürzere Zeitabschnitte ins Auge, so werden auch in dieser Evolution, statt Kontinuitäten, Sprünge oder Schübe sichtbar, so daß es sich aufdrängt, statt von „Evolution“ von „Revolution“ zu sprechen, wobei, wie man erkennt, der Unterschied von Revolution und Evolution hier nichts anderes ist als ein Unterschied in der Erscheinungsweise eines Prozesses aus mikrohistorischer Perspektive einerseits und aus makrohistorischer Perspektive andererseits. Aus der Perspektive jener Zeit, in der sich zum ersten Mal, sei es enthusiastisch, sei es mit Bekundungen der Abscheu, eine Zeit als Revolutionszeit erfahren hat, aus der Perspektive des späten 18. Jahrhunderts also[12], erschien das Mittelalter gewiß nicht als eine revolutionäre Geschichtsepoche[13]. Inzwischen gilt aber: „The Middle Ages are not what they used to be“. „They continue to change with such rapidity that even professionals in the field scarceley realize the velocity of the current that sweeps them along.“[14] Das gilt nicht zuletzt für das Bild vom Mittelalter, das sich aus der Erforschung der Technikgeschichte dieser Epoche ergibt. Wer als alternder Intellektueller seine Brille auf der Nase trägt, braucht sich der kulturrevolutionären Wirkung ihrer Erfindung nicht bewußt zu sein. Vermißt er sie einmal, kann er die Zusammenhänge ahnen und den Fortschritt preisen, den wir insoweit dem italienischen Hochmittelalter verdanken. „People were able to read more and to read in their maturer years.“ Lynn White hält das für eine Voraussetzung des „feverish tempo

[11] So nach der Formulierung von Hans-Joachim QUEISSER: Die Siliziumzeit. In: Heinz MAIER-LEIBNITZ (Hrsg.): Zeugen des Wissens. Mainz 1986, S. 203–236.

[12] Cf. hierzu die große Studie zum Selbstverständnis der amerikanischen und französischen Revolutionäre von Hannah ARENDT: Über die Revolution. München 1963.

[13] Cf. Hartmut BOOCKMANN: Die Gegenwart des Mittelalters. Berlin 1988, S. 23.

[14] Lynn WHITE: Medieval Religion and Technology. Collected Essays. Berkeley, Los Angeles, London 1978, S. XI.

of thought characteristic of the fourteenth and fifteenth centuries“[15]. Ohne Steigerung der Informationsrezeption liefe der Prozeß der Steigerung der Informationsproduktion leer, und schon im Mittelalter also verlief die Steigerung der Informationsrezeption über eine technische Innovation, die im erläuterten Sinne[16] als klassische, das heißt als von nun an fortdauernd unentbehrliche, im Grundsätzlichen zugleich unüberholbare und insofern alterungsresistente Innovation gelten muß. Zu den Besonderheiten dieser Innovation gehört übrigens bereits, daß sie von kognitiven Prämissen abhängig ist, die nicht gemeiner Lebenserfahrung entstammen, vielmehr theoretisch emendationsfähig gewordenem Handwerk.

Für andere technische Innovationen von revolutionärer Auswirkung, die historisch dem Mittelalter zuzuschreiben sind, gilt freilich, daß sie einem Tätigkeitskontext ohne verselbständigte theoretische Überlieferung zugehören – die Erfindung der Schubkarre zum Beispiel, „which cut in half the number of labourers needed to haul small loads by substituting a wheel for the front man of the hand-barrow“[17] und damit zugleich das Kleintransporttempo erheblich steigerte. Für die technische Revolution, aus der die moderne Industriegesellschaft hervorgegangen ist, steht wie kein anderes Gerät metonymisch die Dampfmaschine. Was sie, als Lokomotive, für die Steigerung des Gütertransports und seiner Geschwindigkeit bewirkt hat, vollzieht sich, in Relation zu den zuvor gegebenen Bedingungen, mit analogen revolutionären Steigerungsraten im Frühmittelalter, als „almost simultaneously, three major inventions appear: the modern horse-collar, the tandem harness, and the horseshoe“[18]. Wer alt genug ist, sich an Ferien erinnern zu können, die er vor einem halben Jahrhundert als Kind auf Bauernhöfen verbracht hat, wo das Pferd noch die mit Abstand wichtigste Quelle mechanisch genutzter Energie war, mag sich an Fälle erinnern, in denen durch Schäden am Pferdegeschirr evident wurde, in welchem Umfang die Nutzbarkeit des Energiepotentials des fraglichen Haustiers von den zitierten Erfindungen abhängig war.

Die exemplarisch erwähnten frühmittelalterlichen technischen Innovationen zur Steigerung der mechanischen Nutzbarkeit tierischer Energie repräsentieren überdies einen Fall technischen Fortschritts, der erkennen läßt, wie ein technischer Fortschritt einen anderen zur Voraus-

---

[15] a.a.O., S. 3ff. – Hier finden sich auch detaillierte Literaturangaben zur Erfindungsgeschichte der Brille.

[16] Cf. oben S. 112ff.

[17] Lynn White, a.a.O. (cf. Anm. 14), S. 10.

[18] a.a.O., S. 19.

setzung hat, und das wechselseitig. Die durch technische Erfindungen leistungsfähiger gemachten Pferde waren ja ihrerseits auf eine gesteigerte Zufuhr von Energie aus Verbrennungsvorgängen angewiesen, das heißt sie brauchten, individuell und als wachsende Population, Futter in nie zuvor gekannten Mengen, und einzig über eine technische Erfindung ließen sich neue Futterenergiequellen erschließen: „Under the two-field system the peasant's margin of production was insufficient to support a work-horse; under the three-field system the horse gradually displaced the ox as the normal plough and draft animal of the northern plains“[19].

Mit der Zitation solcher Exempel ließe sich lange fortfahren – von den pflugtechnischen Innovationen über die Fortschritte im Schiffbau bis zur Mühlentechnik. Die Ergebnisse der Forschung, die solche Exempel heute erst vorführbar machen, haben nicht nur unser Bild vom Mittelalter revolutioniert. Sie wecken zugleich auch den Sinn für die Einheit der technischen Evolution und dementieren die Empfindungen aus technophober Romantik, die auf moderne Technik wie auf eine Technik aus dem Ungeist der Naturbeherrschung reagieren, der vormodernen Technik hingegen den Geist der Naturscheu andichten. „Das Wasserkraftwerk ist in den Rheinstrom gestellt. Es stellt ihn auf seinen Wasserdruck, der die Turbinen daraufhinstellt, sich zu drehen, welche Drehung diejenige Maschine umtreibt, deren Getriebe den elektrischen Strom herstellt, für den die Überlandzentrale und ihr Stromnetz zur Strombeförderung bestellt sind. Im Bereich dieser ineinandergreifenden Folgen der Bestellung elektrischer Energie erscheint auch der Rheinstrom als etwas Bestelltes. Das Wasserkraftwerk ist nicht in den Rheinstrom gebaut wie die alte Holzbrücke, die seit Jahrhunderten Ufer mit Ufer verbindet. Vielmehr ist der Strom in das Kraftwerk verbaut“[20]. Diese gern zitierte Passage zum vermeintlichen Gegensatz der geistigen Verfassung moderner Technik einerseits und vormoderner Technik andererseits ist in der phänomenologischen Evidenz, die sie zu haben scheint, erschlichen. Es ist, sozusagen, unfair, das moderne Großwasserkraftwerk mit einer alten Holzbrücke zu vergleichen. Was sich verändert hat, sieht man doch, ineins mit dem, was sich gleichzeitig nicht verändert hat, naheliegenderweise besser, wenn man, statt modernes Kraftwerk mit alter Brücke, neue Brücke mit alter Brücke und modernes Kraftwerk mit altem Kraftwerk vergleicht. In der Tat läßt sich sagen, daß „der Strom in das Kraftwerk“ moderner technischer Prägung „verbaut“ sei. Für die alte Holzbrücke läßt sich das nicht sagen. Aber für eine moderne Spannbe-

[19] ibid.

[20] So Martin HEIDEGGER: Die Frage nach der Technik. In: Martin HEIDEGGER: Vorträge und Aufsätze. Pfullingen 1954, S. 13–44, S. 23.

tonbrücke ließe sich das doch auch nicht sagen. Vergleicht man indessen das moderne Wasserkraftwerk mit alten – diese sind freilich nur noch residual oder aber musealisiert gegenwärtig –, so erkennt man rasch, daß auch schon im alten Wasserkraftwerk, handle es sich nun um eine Mühle, um eine Sägemühle oder um ein Hammerwerk, der Wasserlauf gänzlich verbaut war. Das Wehr, quer in das Flußbett gestellt, staute das Wasser auf, um seine Ableitung für den Antrieb der Mühlenmechanik möglich zu machen, und in trockenen Jahren erfolgte diese Wasserableitung sogar vollständig. Im modernen Wasserkraftwerk, fand Heidegger, sei der Strom zum „Wasserdrucklieferanten" denaturiert und zu einem Seienden aus dem Wesen des Kraftwerks geworden. Das mag dann in der Tat ein ungeheurer Vorgang sein, und wir mögen noch gar nicht imstande sein, „das Ungeheure, das hier waltet, auch nur entfernt zu ermessen"[21]. Indessen: Das „Ungeheure" wäre alsdann, bei genauerem Hinsehen, nicht erst als Charakter moderner Technik auszumachen, vielmehr desgleichen als Charakter mittelalterlicher Technik, in die aus sozial und institutionell verselbständigter Wissenschaftspraxis stammende kognitive Prämissen im Regelfall noch gar nicht eingegangen waren. Einzig die bereits von Wittgenstein als Ursache vieler philosophischer Krankheiten ausgemachte unzureichende Beispielsdiät schafft hier einen Anschein des „Wesens"-Gegensatzes moderner und vormoderner Technik, während, zumindest im Heideggerschen Kontext einer Beschreibung dessen, was uns die gewählten Exempel sehen lassen, sich aus dem historischen Wasserkraftwerksvergleich lediglich dieses ergibt, daß der Wasserlauf, der in beiden Fällen „in das Kraftwerk verbaut" ist, früher stets nur ein Bach oder ein kleiner Fluß war, während er heute in Extremfällen tatsächlich ein „Strom" ist. Das ist nun gewiß ein Unterschied, der in seinen Voraussetzungen und Folgen erheblich ist. Aber diese Erheblichkeit betrifft nicht das „Wesen" der Technik, sondern hat mit dem inzwischen erfahrbar gewordenen abnehmenden Grenznutzen ihres Fortschritts zu tun[22], und man braucht Wissenschaft, um diesen Grenznutzenverlauf vermessen zu können, und überdies moderne Technik für die Lösung der Steuerungsprobleme, die sich aus Fälligkeiten der Einrichtung in Grenzen des Fortschritts ergeben.

Vielleicht hätte Martin Heidegger dem nicht einmal widersprochen, alsdann aber die europäische Technik, modern oder vormodern, insgesamt zu einem Ereignis jener Seinsgeschichte erklärt, die uns seit ihrer

---

[21] ibid.

[22] Cf. hierzu mein Buch „Der Lebenssinn der Industriegesellschaft. Über die moralische Verfassung der wissenschaftlich-technischen Zivilisation". Berlin, Heidelberg, New York, London, Paris, Tokyo, Hong Kong 1990.

klassisch-griechischen Wendung den metaphysischen „Überfall auf das Dingsein des Dinges" mitsamt seinen späteren umwälzenden Folgen beschert hat[23]. Dieser „Überfall" der Metaphysik auf das, was ist, und die Übermächtigung der Dinge durch diesen Überfall besteht ja nach Heidegger in der Zurechtlegung dessen, was ist, nach Maßgabe der kategorialen Elemente wahrheitsfähiger Aussagen über das, was ist. Moderne Wissenschaft ist ein Abkömmling der Metaphysik und nicht etwa ihre Widerlegung. Was Heidegger zur Plausibilisierung dieser großen historischen These aufgeboten hat, ist schwerlich bestreitbar. Man gewinnt Einsicht in die historische Kontingenz („Seinsgeschick") jener metaphysikabhängigen Kultur, die als einzige unter allen Weltkulturen Wissenschaft und Technik hervorgebracht hat, und zwar näherhin eine Technik, die zumindest als moderne Technik auf der Aufwendung und Nutzung eines theoretischen Wissens beruht, das in der historischen Evolution des Wissens Metaphysik zur Voraussetzung hat.

Wo die Nutzung eines aus sozial und institutionell verselbständigter Forschungspraxis hervorgehenden Wissens nicht nur zufällig, vielmehr absichtlich und gezielt geschieht, wo die Forschungspraxis in ihren Einrichtungen damit ihrerseits vom Zweck ihrer Nutzung wesentlich mitbestimmt ist, wo näherhin den Einrichtungen der Produktion betriebsintern Einrichtungen der Forschung und Entwicklung zugeordnet werden, wo somit der Anteil der Gesamtausgaben für Forschung und Entwicklung in einer Volkswirtschaft, der in den Unternehmen ausgegeben und zumeist auch aufgebracht wird, absolut und relativ ständig wächst, beschleunigt sich entsprechend die technische Evolution. Das bedeutet selbstverständlich nicht, daß die freie, also institutionell nicht unmittelbar auf Erwerbszwecke bezogene Forschung an Bedeutung verlöre. Die Aufwendungen für diese wachsen ja auch, nur weniger rasch als die wirtschaftsintern ausgegebenen Mittel für Forschung und Entwicklung. Von diesen Verschiebungen bleibt selbstverständlich unberührt, daß die Grundlagenforschung, die nach der Natur der Sache sich niemals unmittelbar auf Nutzungszwecke beziehen kann, langfristig stets die entscheidende Voraussetzung für die künftige Nutzbarkeit der Forschung bleibt[24]. Nichts ist nützlicher als eine Wissenschaft, die von unmittelbarer Verpflichtung auf Nützlichkeit freigestellt ist. Diese Ein-

---

[23] So Martin HEIDEGGER in dem Abschnitt „Das Ding und das Werk" in seiner großen Abhandlung „Der Ursprung des Kunstwerkes", in: Martin HEIDEGGER: Gesamtausgabe. I. Abteilung: Veröffentliche Schriften 1914–1970. Band V. Holzwege, S. 1–74, S. 15.

[24] Cf. hierzu meine Abhandlung „Universitäten im kulturellen Wandel – forschungspolitische Aspekte", in: Erhard BUSEK, Wolfgang MANTL und Meinrad PETERLICH (Hrsg.): Wissenschaft und Freiheit. Wien, München 1989, S. 164–173.

sicht lag bereits der preußischen Universitätsreform Wilhelm von Humboldts zugrunde[25], und ihr entspricht heute, daß selbstverständlich auch in den Labors und sonstigen Forschungsstätten jene Grundlagenforschung stattfindet, ohne deren Resultate es gar nicht möglich wäre, die anwendungsbezogene Forschung nützlich zu halten. Nicht, daß jeder forschungspraktische Zuwachs nutzbaren Wissens sich stets alsbald in technische Innovationen umsetzte. Ob solche Umsetzung erfolgt und, vor allem, wie schnell sie erfolgt, hängt von einer Fülle historisch-kultureller Sonderbedingungen ab, stets auch von wirtschaftlichen, sozialen und normativen Voraussetzungen – von den Zollvorschriften bis zum Patentrecht. Sind solche Voraussetzungen in begünstigender Weise erfüllt, so bedeutet dann im weiteren in der Tat forschungspraktisch beschleunigtes Wissenswachstum eo ipso beschleunigte technische Evolution. Selbstreferentiell war diese Evolution immer. Bereits für die Steinzeit gilt: „In einem engen Kreis der Wechselwirkung zwischen Werkzeug und Werkstoff beschleunigte sich der Entwicklungsprozeß, überflügelte sich in steigendem Tempo die bisherige Technik“[26]. Für die Nutzung des Wissens als Voraussetzung für die Gewinnung neuen oder verbesserten Wissens gilt Analoges, und es gilt noch einmal für die Nutzung des Wissens für technische Realisationen, die ihrerseits als Forschungsmittel zu Zwecken der Wissensgenerierung eingesetzt werden können. Für den Interaktionszusammenhang von Informationsverarbeitungstechnik und Forschung zum Zweck der Mehrung und Verbesserung derjenigen Informationen, auf die man zur Steigerung der Leistungsfähigkeit der Informationstechnologie angewiesen ist, gilt das exemplarisch.

Gesamthaft ergibt sich, daß unter Bedingungen sozial und institutionell verselbständigter Forschungspraxis, die ihrerseits nach Organisation und Ressourcenzuwendung nutzungsbestimmt ist, „das Tempo der technologischen Erneuerung schneller als je zuvor“[27] sein muß. Jeder Laienliebhaber der Technikgeschichte kennt das aus den Erfindungschronologien, wie sie den generellen oder speziellen Technikhistorien beigegeben werden. Der Kommentar zu solchen Chronologien hat regelmäßig denselben Tenor: Es spiegle sich darin „die rasante Entwick-

---

[25] Cf. dazu meine Abhandlung „Deutscher Idealismus als kulturpolitische Philosophie“, in: Hermann Lübbe: Die Aufdringlichkeit der Geschichte. Herausforderungen der Moderne vom Historismus bis zum Nationalsozialismus. Graz, Wien, Köln 1989, S. 163–186, bes. S. 172ff.

[26] Hans-Joachim Queisser: Die Siliziumzeit, a.a.O. (cf. Anm. 11), S. 203.

[27] David S. Landes: Der entfesselte Prometheus. Technologischer Wandel und industrielle Entwicklung in Europa von 1750 bis zur Gegenwart (1969). Köln 1973, S. 479.

lung“ in Wissenschaft und Technik „seit der ‚Ersten industriellen Revolution‘“[28]. Exemplarisch heißt das: Für das Jahr 1878 werden sieben folgenreiche wissenschaftlich-technische Innovationen verzeichnet – von Siemens’ Elektroschmelzofen über die Indigo-Synthese von Bayer und Hofmann bis zum ersten europäischen Krematoriumsbau in Gotha. Einhundert Jahre später hat sich die Zahl der Innovationen, die als berichtspflichtig eingeschätzt werden, mehr als verfünffacht – vom gelungenen Koppelungsmanöver dreier unabhängig voneinander in den Weltraum geschossener Raumkörper bis zum Dioden-Laser-Strahl, der in der Phonoplattentechnik die Nadeln ersetzt[29]. Bezieht man in einer Gesamtgeschichte der Technik die Ur- und Frühgeschichte ein, so ergibt sich analog, daß für die Aufzählung der großen, revolutionierend wirkenden technischen Innovationen von den frühesten bekannten Steinwerkzeugen bis zur frühesten Fensterglasherstellung in Rom bald nach Beginn unserer Zeitrechnung, also für einen Zeitraum, der viele Jahrzehntausende umfaßt, die Registraturkapazität einer Buchseite genügt, während für unsere Gegenwart eine Buchseite gerade für die Aufzählung der wichtigsten technischen Innovationen eines halben Jahrhunderts reicht – vom Helikopter I. Sikorsky’s bis zum ersten Telephonverkehr über Glasfaserkabel in Berlin[30].

Dieselbe temporale Innovationsverdichtung demonstrieren uns die Chronologien spezialisierter Technikhistoriographien[31]. Selbstverständlich läßt sich einwenden, daß solche Chronologien Verzerrungen aufweisen müssen. Für sehr weit entfernte technikgeschichtliche Zeiträume gilt, wie für andere Bereiche historischer Forschung auch, daß der Quellenfluß dünn und unsicher wird. Komplementär dazu gilt für gegenwartsnahe Zeiträume, daß die Abschätzung der wirtschaftlichen, sozialen und kulturellen Bedeutung wissenschaftlich-technischer Innovationen selbsttäuschungsträchtiger wird. Gleichwohl ergibt sich auch bei Berücksichtigung solcher Unsicherheiten das Bild einer in evidenter Weise durch temporale Innovationsverdichtung gekennzeichneten Entwicklung, die einen mit Verblüffung sich fragen läßt, wie denn diejenigen die Geschich-

---

[28] Zeittabellen von 1800 – 1978. Neubearbeitung von Willy KELLER. Herausgegeben vom Schweizerischen Gewerkschaftsbund zum 100jährigen Bestehen 1880–1980. Bern 1980, S. VII.

[29] a.a.O., S. 26, 130–132.

[30] Friedrich KLEMM: Geschichte der Technik. Der Mensch und seine Erfindungen im Bereich des Abendlandes. Reinbek b. Hamburg 1983, S. 7–14 („Zeittafel“).

[31] Cf. exemplarisch Karl-Heinz MOMMERTZ: Bohren, drehen und fräsen. Geschichte der Werkzeugmaschinen, mit einem Anhang „Werkzeugmaschinen im Deutschen Museum“ von Karl ALLWANG. Reinbek b. Hamburg 1981, S. 9–19 („Zeittafel“).

te unserer Zivilisation wahrgenommen haben, die den Beschleunigungscharakter ihrer Evolution glaubten bezweifeln zu sollen[32].

Selbstverständlich ist es Kulturphilosophen unbenommen zu fragen, ob denn die Dynamik, die die technische Evolution unübersehbar kennzeichnet, auch über die Technik hinaus die Kulturgeschichte prägt. Verhält sich nicht evidenterweise der Fortschritt in der Abspieltechnik von Phonoplatten, die der zitierte Dioden-Laser-Strahl repräsentiert, vollständig indifferent zum bleibenden Rang des klassischen Kunstwerks, das er, mit leicht verbesserter Klang-Qualität gegenüber jener, die zuvor mit den Abspielnadeln erreichbar war, zu Gehör bringt? Ist nicht der Gewinn, den das erste Raumsondenphoto von der Rückseite des Mondes für unser kulturell maßgebendes Weltbild gebracht hat, ein Gewinn von vollendeter Irrelevanz? Steht nicht zur hochentwickelten Technik jener Raumsonde der kulturelle Gewinn der Erkenntnis, daß der Mond, im wesentlichen, von hinten genauso aussieht wie von vorn, in einem Verhältnis eindrucksvoller Belanglosigkeit? Was heißt insoweit „Fortschritt", und welchen Sinn hätte es, hier gar von Fortschrittsdynamik zu sprechen?

Gewiß: Wenn man die Fragen so stellt, so ist die Antwort die gewünschte. Indessen: Die Auswahl der exemplarischen Materialien, auf die man zur Veranschaulichung und Plausibilisierung kulturanalytischer Theoreme angewiesen bleibt, ist eine Sache der Urteilskraft, ja – aristotelisch gesprochen – der gesunden Sinne. Hätte denn die Revolution der Satz- und Drucktechnik im Zeitalter Gutenbergs nicht kulturrevolutionäre Folgen gehabt? Setzt denn nicht noch die weltweite und massenhafte Verbreitung einer prominenten technikkritischen Philosophie mit ihrer elitären Selbstabhebung vom „Betrieb", der ja in der Tat kritikbedürftig sein mag, nach Produktion und Vertrieb eben jenen Betrieb voraus, von dem sie sich abhebt? Muß nicht, wer Rezeptionsgeschichten schreibt und dabei im Wandel seiner Rezeptionsgestalten die Kontinuität, das heißt die fortdauernde Gegenwart des Rezipierten sichtbar macht, als Bedingung der Möglichkeit dieser spezifisch modernen, hochesoterischen Form der Vergangenheitszuwendung eben jenen dynamischen Wandel der bildungsgeschichtlichen, lesekulturgeschichtlichen und damit auch technischen Überlieferungskontexte anerkennen, in Relation zu dem Phänomene kultureller Kontinuität überhaupt erst als solche auffällig werden? Wer hingegen, weniger esoterisch, sich eher für die sozio-kulturellen Konsequenzen der technischen Evolution interessiert und zu Zweifeln neigt, ob denn, alles in allem und unter Berücksichtigung ihrer Schädlichkeitsnebenfolgen, dem technischen

---

[32] Cf. unten S. 269ff.

Fortschritt in seiner unbezweifelbaren Dynamik überhaupt Verbesserungen der Lebenslage der Menschen entsprechen, möge eine Geschichte der Armut studieren[33], oder er möge sich, im exemplarischen historischen Detail, vergegenwärtigen, daß sogar noch nach der Erfindung der Dampfmaschine und ihrer Nutzung für die Zwecke der Wasserführung im Bergbau Bergleute in Extremfällen Schachttiefen von vierhundert Metern herunter und hinauf mit Leitern zu überwinden hatten, und zwar vor und nach Beginn der lohnmäßig verrechneten Arbeitszeit, bis dann mit den Mitteln der Technik auch dieses Elend beseitigt wurde[34].

Dergleichen ist es doch, was wir „Fortschritt" nennen –: praktisch zustimmungsfähiger, ja zustimmungspflichtiger sozialer Wandel, und zwar in diesem Fall ein vor allem technisch bedingter sozialer Wandel. Gegen Zweifel, ob denn die technische Evolution einschließlich ihrer sozialen und sonstigen Folgen auch gegenwärtig noch und für absehbare Zukunft dauerhaft eine Evolution mit Fortschrittscharakter sei und bleiben werde, vermögen freilich solche exemplarischen Vergegenwärtigungen unzweifelhafter Fortschritte wenig. Welchen Sinn hat es denn, Kohlelagerstätten in immer größerer Tiefe zu erschließen, Menschen in wachsender Zahl in diese Tiefen hinabzuschicken, wenn auch schließlich mit der Erleichterung des Transports dahin mit Hilfe jener Dampfmaschine, die zunächst nur zur Lösung der Probleme der Wasserführung eingesetzt wurde, die ohne sie nicht hätten bewältigt werden können? Eine Teilantwort auf diese Frage lautet leider: Man brauchte die Kohle in Mengen, wie sie einzig in jenen Tiefen erschließbar waren, nicht zuletzt als Energiespender für den Betrieb jener Dampfmaschinen, die ihrerseits jene Erschließung erst technisch möglich machten. In vertretbarer Weise verallgemeinert heißt das: In Teilbereichen der modernen Zivilisation wächst der forschungspraktische, technische und ressourcenverbrauchende Aufwand, den die Steigerung unserer Wohlfahrt („Fortschritt") uns abverlangt, rascher als diese Wohlfahrt. Kombiniert man die Konsequenzen dieser Diskrepanz mit den sich verschärfenden Konsequenzen des von der wissenschaftlich-technischen Evolution mitbedingten globalen Bevölkerungswachstums, so ergeben sich in der Tat jene quantifizierbaren und graphisch anschaulich darstellbaren Effekte, wie sie heute jedem wachen Gymnasiasten aus seiner Lektüre des Reports

---

[33] Cf. Wolfram FISCHER: Armut in der Geschichte. Erscheinungsformen und Lösungsversuche der „Sozialen Frage" in Europa seit dem Mittelalter. Göttingen 1982.

[34] Joachim VARCHMIN/Joachim RADKAU: Kraft, Energie und Arbeit. Energie und Gesellschaft. Reinbek b. Hamburg 1984, S. 113.

„global 2000" vertraut sind[35]. Es mag somit durchaus sein, daß uns, unbeschadet unzweifelhafter und auch von uns allen in unserer Eigenschaft als Zivilisationsgenossen in Anspruch genommener technischer, sozialer und sonstiger Fortschritte, der Zivilisationsprozeß gesamthaft als ein Fortschritt mit rasch abnehmendem Grenznutzen aufdringlich wird, ja als ein katastrophenträchtiger Prozeß. Aber hier kommt es nicht auf die Erörterung der Gründe an, die wir haben, über die Evolution der modernen Industriegesellschaft besorgt zu sein[36]. Die Frage war ja vielmehr, ob der dynamische Charakter der zivilisatorischen Evolution, den man in Kenntnis elementarer technikhistorischer Fakten schwerlich leugnen kann, auch der kulturellen Wirklichkeit jenseits der Technik zugesprochen werden kann. Noch einmal: Es ist eine Frage theoriepraktischer Urteilskraft, sich im Bemühen um eine Beantwortung dieser Frage exemplarisch geeignete Anschauung der Realität zu verschaffen. Von der Entwicklung der Lesekultur bis zur technikabhängig fortschreitenden Anhebung der Wohlfahrt und vom inzwischen erreichten Grad der sozialen Diffusion von Kenntnissen klassischer Texte bis zur Steigerung des Lebenszeitanteils, den wir ihrer Lektüre oder auch anderen Zwecken zu widmen frei sind, ist ersichtlich von evolutionärer Dynamik weit mehr kulturelle Realität als bloß die schnöde Technik ergriffen. Bei der Beschreibung dieser evolutionären Dynamik kann man sogar auf die Verwendung des Begriffs des Fortschritts gänzlich verzichten. „Fortschritt" - das ist, noch einmal, die zivilisatorische Evolution, sofern wir sie in praktischer Absicht für zustimmungsfähig, ja für zustimmungspflichtig halten. Von der Frage, ob und in welchem Umfang und in welchen Lebensbereichen heute Fortschritt stattfindet oder auch nicht mehr, ist aber die Frage nach dem Evolutionscharakter unserer Zivilisation gänzlich unabhängig. Um diese zweite Frage handelt es sich hier. Die Absicht ist, sichtbar zu machen, daß die Dynamik in der Änderung unserer Lebensverhältnisse nicht nur ihre technisch-industriellen Bedingungen betrifft, vielmehr diese Lebensverhältnisse insgesamt. Das freilich wiederum will im Detail gezeigt sein, und zunächst wenden wir uns zeitumgangskulturellen Konsequenzen der technischen Evolution zu.

---

[35] Global 2000. Der Bericht an den Präsidenten. Herausgabe der deutschen Übersetzung Reinhard Kaiser. Frankfurt am Main [27]1981 (Amerikanische Originalausgabe Washington 1980).

[36] Cf. hierzu mein in Anm. 22 zitiertes Buch.

6. Exkurse

6.1 Exkurs I. Kulturrevolutionäre Beschleunigung: Schein oder Sein?

Die sogenannte Schnellebigkeit unserer Zeit beschäftigt die Zeitgenossen anhaltend seit vielen Jahrzehnten. Für die Verarbeitung der Belege wäre man auf Datenverarbeitungsgeräte angewiesen. Selbst bei Beschränkung auf Prominenten-Zitate müßte man zur Demonstration der Aufmerksamkeit unserer Zeitgenossenschaft auf die Bewegtheit unserer Zivilisation noch allzu ausführlich werden – von Goethe über Jacob Burckhardt bis zu Martin Heidegger. Die anhaltende Allgegenwart von Bekundungen des Eindrucks wachsender Dynamik der Entwicklungen, denen wir unterliegen, legt es nahe zu vermuten, daß es sich bei diesem Eindruck um eine kulturelle, näherhin anthropologische Konstante handele. Das Leben ist kurz – das ist Väter-Weisheit, und je größer der Lebenszeitanteil ist, den man bereits hinter sich hat, um so knapper wird banalerweise die Lebensfrist, mit der man noch rechnen kann, um so rascher verfliegt sie zugleich, und das ist, auch wenn es sich dabei um eine Gemeinerfahrung handelt, weniger banal. Man könnte also finden: In den Dauerkommentaren zur Schnellebigkeit moderner Zeiten spiegelt sich altvertraute Lebenserfahrung, die sich in aktuelle Kulturkritik umsetzt. – Indessen: Die Menge der Äußerungen über die Schnellebigkeit unserer Zeit ist keine Zeit-Konstante. Sie wächst vielmehr ihrerseits, und wer vermuten möchte, daß das in Korrelation zur wachsenden Vielschreiberei unserer Zeit so sei, hätte eben damit seinerseits einen der kulturellen Bestände genannt, über die sich der Eindruck des Beschleunigungscharakters zivilisatorischer Evolution objektivieren ließe.

Hanno Helbling bleibt skeptisch: Man habe „Anlaß genug, der eigenen Zeit-Wahrnehmung zu mißtrauen". „Von so unscharfen Begriffen wie ‚langsam' und ‚schnell'" müsse „die Logik die Finger lassen" und somit der Historiker gleichfalls. Gewiß könne, „wer heute Wert darauf legt, daß die Welt im letzten halben Jahrhundert" sich rascher „als je zuvor" gewandelt habe, „manches anführen, was für diese Behauptung spricht". „Die Pille", zum Beispiel, habe gewiß „die Gesellschaftsordnung revolutioniert, wer wollte es leugnen". „Ob sie aber mehr bewirkt hat oder weniger als die Französische Revolution" – das sei doch schlechterdings „nicht zu entscheiden"[1].

Die Helblingsche Skepsis ist nützlich. Man braucht intellektuelle, sogar emotionale Resistenzen wider die Expressivitäten der dromologischen Literatur. Der Futurismus, der Tempo berauschend fand und die politische Ästhetik um die Attitüden der Dauerbewegtheit und permanenten Aufbruchsgestimmtheit bereicherte, ist seiner bekannten ideologiepolitischen Verwicklungen wegen ohnehin in unguter Erinnerung. Komplementär dazu verhält sich die postmoderne Klage „Alles geht zu schnell"[2]. Der phänomenologische und analytische Status der postmodernen Dromologie ist freilich desolat. Im literarisch-feuilletonistischen Kampf um knappe Aufmerksamkeit setzt sie vor allem auf das Mittel der Übertreibung („die Gewalt der Geschwindigkeit ist gleichzeitig zum Ort und zum Gesetz, zum Zweck und zur Bestimmung der Welt geworden"[3], etc.), und der Dauergebrauch dieses Mittels erzeugt Langeweile. Wie auch immer: Die intellektuellen Reaktionen auf Erfahrungen wachsender Geschwindigkeit zivilisatorischer Abläufe haben in unserem Jahrhundert immer wieder einmal und bis in die Gegenwart hinein Exzeßcharakter angenommen. Um so mehr empfiehlt sich in der Tat Skepsis gegenüber der beliebten zeitkritischen Tempo-Diagnostik – sei sie nun euphorisch oder apokalyptisch gestimmt.

Man könnte Helblings Aufforderung, tempobeeindruckt „der eigenen Zeit-Wahrnehmung zu mißtrauen", sogar noch mit weiteren guten Argumenten stützen. Es gibt ja nicht nur Gelegenheiten, Erfahrungen mit Tempo-Steigerungen zu machen. Komplementär dazu finden auch Verlangsamungsvorgänge statt. Die durchschnittliche Fortbewegungsgeschwindigkeit von Pkw-Benutzern im städtischen Nahverkehrsbereich sinkt seit langem. Das Tempo in der Erledigung traditionsreicher Serviceleistungen von der Art der Briefzustellung stagniert zumindest. Mit der wachsenden Regelungsdichte verlängern sich die Fristen, die man für die Erledigung von Anträgen an die öffentliche Verwaltung in Rechnung zu stellen hat; jeder Bauherr weiß das. Drastisch hat auch die Zahl der Ausbildungsjahre zugenommen, die man bis zur Erlangung uneingeschränkter Berufsfertigkeit hinter sich gebracht haben muß. Die

---

[1] Hg. [Hanno Helbling]: Zeitsprünge? In: Neue Zürcher Zeitung. Fernausgabe Nr. 172 (Freitag, 28. Juli 1989), S. 33.

[2] So Philippe Gavi auf der Buchrückseite von Paul Virilio: Geschwindigkeit und Politik. Ein Essay zur Dromologie. Aus dem Französischen übersetzt von Ronald Voullié. Berlin 1980.

[3] a.a.O., S. 199.

Menge des Unerledigten wächst und die Zahl der technischen, administrativen und wirtschaftlichen Vorhaben gleichfalls, die über nie gekannte Zukunftszeiträume hinweg als unfertige, unabgeschlossene Vorhaben gelten müssen. Sind nicht unsere heutigen historisch-kritischen Klassiker-Editionen, obwohl niemand ihre nationale, ja internationale Bedeutung bezweifelt, in prominenten Fällen zu Vorhaben von vorerst unabsehbarer Dauer geworden? Ist eine Kette von Fristverlängerungen, die insbesondere ihre finanziellen Träger immer wieder einmal verärgert, nicht das Hauptkennzeichen ihrer temporalen Verfassung?

Joachim Kaiser fand, die Kompositionspraxis unserer Musiker habe sich verlangsamt, und das Ergebnis eines Längenvergleichs der Werkverzeichnisse moderner Komponisten einerseits und, sagen wir, der Komponisten der Wiener Klassik andererseits könnte Kaisers Beobachtung in plausibler Weise stützen. Was den politischen Lebenszusammenhang anbelangt, so wäre schließlich jeder Medienkonsument imstande, auf Vorgänge zu verweisen, die uns nicht ihrer Dynamik wegen, vielmehr wegen ihrer Zähflüssigkeit besorgt, ja bedrückt machen. Für die Abrüstungsverhandlungen zum Beispiel galt das noch bis vor kurzem, und dem Kenner der Materie ist vertraut, daß die inzwischen erreichte größere Beweglichkeit, auf die der Zeitgenosse erfreut reagiert, leider immer noch ein Oberflächenphänomen ist. Auch die ökologischen Reformen bleiben, in wichtigen Bereichen, in ihrer Dynamik weit hinter objektiven temporalen Erfordernissen zurück. – So ließe sich von der wünschenswerten Rückführung der Geschwindigkeit des Bevölkerungszuwachses bis zu den temporalen Diskrepanzen der AIDS-Ausbreitung einerseits und der therapieträchtigen AIDS-Forschung andererseits lange fortfahren, und man würde sich berechtigt wissen, dem Topos „schneller als je zuvor" den Komplementärtopos „langsamer als je zuvor" entgegenzusetzen.

Indessen: Die Zähflüssigkeiten und Langsamkeiten, von denen zuletzt die Rede war, werden ja als solche im Kontrast zu unseren Wunschvorstellungen erfahren. Langsam ist, was sich weniger rasch bewegt als wir möchten. Unter diesem Gesichtspunkt lassen sich in der Tat unterschiedliche Evolutionstempi verschiedener Zivilisationsepochen gar nicht sinnvoll vergleichen, und wer insoweit seiner Erfahrung oder Empfindung Ausdruck gibt, die Verhältnisse stagnierten, galoppierten oder änderten sich, obwohl sie sich immerhin ändern, bei weitem nicht schnell genug, teilt uns nichts über die unterschiedliche Temporalität von Zivilisationsepochen mit, sondern gibt lediglich eine Auskunft über sich selbst, nämlich über einen individuellen oder sonstigen subjektiven Zustand, in Relation zu dessen Bedürftigkeiten sich ein Temporalitätsoptimum gegebener Verhältnisse definieren ließe. Es muß sich bei diesen

Bedürftigkeiten nicht einmal um Beliebigkeiten handeln. Die optimalen Tempi stattfindender Entwicklungen mögen sich auf objektive Notwendigkeiten beziehen, von deren Erfüllung oder Nichterfüllung Fortbestand oder Untergang eines Systems abhängig ist. Aber auch in diesem Fall objektivierbarer Nötigkeiten setzt man die Veränderungen als „langsame" oder „schnelle" oder auch als „zu langsame" Entwicklungen zu solchen Nötigkeitsbedingungen der Selbsterhaltung in Beziehung, und von einem Vergleich der Temporalität unterschiedlicher Epochen einer Evolution ist gar nicht die Rede.

Richtig ist, daß auch bei einem methodisch sinnvollen Vergleich der Entwicklungstempi unterschiedlicher Epochen unserer Zivilisation für unsere Gegenwart sich nicht nur Temposteigerungen, vielmehr komplementär dazu auch Verlangsamungen ergäben. Aber der Begriff der Zivilisationsdynamik, von dem in diesem Buch immer wieder Gebrauch gemacht wird, ist ja als solcher indifferent gegenüber dem Unterschied, den es macht, ob es sich bei den im Vergleich der Zeiten konstatierten Veränderungen in der Geschwindigkeit evolutionärer Abläufe um Vorgänge der Beschleunigung oder der Verlangsamung handelt. Beschleunigungsvorgänge und Verlangsamungsvorgänge bedingen sich in mannigfacher Weise wechselseitig, und schon aus diesem Grund sind Versuche nach der Art unserer postmodernen Dromologen, die Theorie der modernen Zivilisation auf die Quintessenz „Alles geht immer schneller" zu bringen, zum Scheitern verurteilt. Solche Versuche scheitern an ihrer Einseitigkeit. Man braucht ja kein Ingenieur zu sein und Gemeinerfahrung von Pkw-Besitzern genügt insoweit, um wissen zu können, daß, zum Beispiel, jenseits gewisser Optima in der Relation von Energieverbrauch und Geschwindigkeit in der Fortbewegung mit weiterhin steigendem Energieverbrauch die Geschwindigkeitzuwächse immer geringer werden. Verlangsamungsvorgänge dieser Charakteristik sind gleichfalls zivilisationsspezifisch. Aber daraus folgt wiederum nicht, daß man den Analytikern der Dynamik unserer zivilisatorischen Evolution als Einwand entgegenhalten könnte, es gäbe doch eben nicht nur Vorgänge der Beschleunigung, vielmehr Verlangsamungsvorgänge gleichfalls, so daß es im Resümee wohl darauf hinauslaufe, in der Summe der Zeiten verliefe heute das Leben wie eh und je.

Die Sache ist die: Zivilisationsdynamik ist ein Begriff für das Ausmaß evolutionärer Veränderungen unserer Zivilisation in der Zeit, und dieser Begriff umfaßt beides: Beschleunigungsvorgänge und Vorgänge der Verlangsamung. Will man sie konstatieren, so muß man verschiedene Epochen zivilisatorischer Evolution in geeigneter Hinsicht vergleichen. Sonst sieht man nichts und erschöpft sich im feuilletonistischen Streitgespräch über die vermeintliche oder tatsächliche singuläre Dynamik der modernen Zivilisation in der Präsentation gegenläufiger Beispiele für Beschleunigungsvorgänge einerseits und Verlangsamungsvorgänge andererseits. Der eine sagt dann: „Die Pille hat die Gesellschaftsordnung revolutioniert". „Wer wollte es leugnen", konzidiert der andere, erwidert aber, daß doch damit für einen Beweis der Schnellebigkeit unserer Zeit noch gar nichts gewonnen sei. Denn ob die Pille „mehr bewirkt hat oder weniger als die Französische Revolution" – das sei doch gar „nicht zu entscheiden"[4]. Das ist gewiß wahr. Aber es wäre Nonsens zu meinen, in der evidenten Unbeantwortbarkeit der Frage, ob die Französische Revolution oder die Pille größere Veränderungen ausgelöst habe, spiegele sich die Unentscheidbarkeit des Problems, ob denn nun unsere Zeit „schnellebiger" sei als die Zeit vor sechs oder sieben Generationen. Die Unbeantwortbarkeit dieser Frage ergibt sich vielmehr aus ihrer Sinnlosigkeit, die sich ihrerseits aus der vollständigen Undeutlichkeit des Gesichtspunkts ergibt, unter welchem hier ein historischer Vorgang mit einem anderen verglichen werden soll. Die Temporalität von Vorgängen verschiedener historischer Epochen läßt sich doch nur dann vergleichen, wenn ein Begriff dessen verfügbar ist, was die fraglichen Vorgänge in generischer Hinsicht als dieselben Vorgänge identifizierbar macht. Was hat mehr Veränderung bewirkt – die Pille oder die Französische Revolution? Diese Frage also ist, noch einmal, unbeantwortbar, weil niemand weiß, worauf er eigentlich blicken soll, um Unterschiede in den Entwicklungstempi der fraglichen Vorgänge konstatieren zu können.

Just damit verhält es sich – das wird hier in Anspruch genommen – bei den bislang exemplarisch vergegenwärtigten und analysierten Vorgängen anders. Der Begriff der Verwaltung, auf deren expansive Tätigkeit wir uns bezogen hatten, ist ein Begriff, den auf ein Vierteljahrtausend neuzeitlicher Verwaltungsgeschichte anzuwenden wir keinerlei konzeptuelle, theoretische oder historische Hemmung verspüren. Die Einheit des Begriffs der Verwaltung besagt ja nicht, daß die Verwaltung selbst in dem fraglichen Vierteljahrtausend stets ein- und dieselbe geblieben sei. Der Begriff der Verwaltung ist vielmehr, ganz im Gegenteil, nichts als ein Begriff für die Einheit des Referenzsubjekts der Geschichte, die wir als neuzeitliche Verwaltungsgeschichte erforschen und beschreiben. Daß ein solcher Begriff selbst stets einen historischen Index trägt, verschlägt dabei nichts. Die Historizität unserer deskriptiven Begriffe ändert nichts an der methodischen Nötigkeit eines Begriffs zur Charakteristik der Einheit dessen, wessen Geschichte wir erforschen und schreiben möchten. Lebensweltlich ist diese Abhängigkeit historischer Deskriptionen von der begrifflichen Identifizierbarkeit des Referenzsubjekts solcher

[4] Helbling, a.a.O. (cf. Anm. 1).

Deskriptionen doch sogar jedem Viehzüchter vertraut. Züchtungspraktisch ist die übergroße Mehrheit der Viehtypen, die noch vor einem halben Jahrhundert unsere Ställe bevölkerten, längst eliminiert worden, und die Viehzuchtgeschichte beschreibt diesen evolutionären Prozeß, aber eben das doch im Rahmen der Einheit eines Begriffs dessen, um wessen Züchtungsgeschichte es sich hier handelt. Und so – von der Stadtgeschichte bis zur Seekriegsgeschichte und von der Mathematikgeschichte bis zur Geschichte der Bestattungskultur – in allem: Niemand kann Geschichte schreiben, der nicht über Begriffe zur Klassifikation der Referenzsubjekte seiner Geschichten verfügte, wobei die Historizität der so benötigten Begriffe stets anderen Geschichten und Evolutionen zugehört als den Geschichten und Evolutionen, die über diese Begriffe identifiziert werden.

Noch einmal also: Die Verwaltungsgeschichte der letzten fünfzig, gar hundert Jahre ist eine Geschichte dramatischer Veränderungen. Aber sie als eine Geschichte derjenigen Einrichtungen zu begreifen, für die uns der Begriff der Verwaltung zur Verfügung steht, haben wir nicht die geringsten Schwierigkeiten, und so weit wir sie nicht haben, verfügen wir dann auch über den Gesichtspunkt, der uns im historischen Vergleich zu sagen erlaubt, wie sich etwas heute von dem, was es, als generisch dasselbe, gestern war, unterscheidet. So haben wir nicht schlechthin die Verwaltung, vielmehr ihren aktenförmigen Kommunikationsniederschlag gestern und heute verglichen. Näherhin haben wir, mit Rekurs auf die Untersuchungen und Dokumentationen von Archivwissenschaftlern, uns auf die Entwicklung des archivpraktischen Kassationswesens bezogen, das heißt auf die Veränderungen in der Relation derjenigen Altaktenanteile, die präzeptiv als für künftige historische Forschung irrelevant eingeschätzt und somit dem Reißwolf übergeben werden, und komplementär dazu derjenigen Anteile, die für vorerst unabsehbare Zeiten aufzubewahren als unumgänglich gilt. Solche Vergleichszahlen sind dann sprechende Zahlen. Denn sie ergeben sich aus dem Vergleich von Entwicklungsständen, deren Vergleichbarkeit keine unlösbaren kategorialen Probleme aufwirft, und erst unter dieser Voraussetzung läßt sich, exemplarisch, in der Tat die Frage beantworten, ob denn nun unsere Zeit schnellebiger sei als frühere Zeiten oder nicht und in welchen Hinsichten das der Fall sei oder auch nicht. Was das Aktenproblem anbelangt, so hatte sich in der Konsequenz eines solchen Vergleichs ergeben, daß komplementär zur explosionsartig wachsenden Altaktenmenge sich der relative Anteil derjenigen Akten fortschreitend verringert, der in unseren Archiven für Zwecke zukünftiger Vergangenheitserforschung aufbewahrt bleibt. Dieser Komplementärzusammenhang ist freilich bei einiger Vertrautheit mit den quantitativen Dimensionen des

Vorgangs trivial, das heißt niemand vermöchte wirklichkeitsnah Bedingungen angeben, unter denen das anders sein könnte. Weniger trivial ist – und vor allem aus diesem Grund haben uns die aktuellen Probleme unserer Archive beschäftigt –, daß es bei näherem Zusehen sich als unmöglich erweist, bereits gegenwärtig, präzeptiv, zu sagen, von welcher Art das historische Interesse sein wird, das zukünftig die historische Rezeption derjenigen Vergangenheit leitet, zu der unsere Gegenwart alsdann geworden sein wird[5].

Fortschrittsbedingte Veränderungen in der Gegenwart von Zukunft und Vergangenheit waren dann auch das Thema bei der Erörterung der Probleme, in die unsere Bibliotheken mengendruckabhängig geraten sind[6]. Zur Beschäftigung mit dem Mengenproblem im Buchwesen hat mich zuerst Reinhart Koselleck veranlaßt. Ich habe das bereits im Vorwort dieses Buches erwähnt. Damals beschäftigten wir uns, nämlich im Arbeitskreis „Theorie der Geschichte", der über einige Jahre hin von der Werner-Reimers-Stiftung zu Bad Homburg v.d.H. getragen wurde, mit dem Versuch, die Geburt des historischen Bewußtseins aus modernitätsspezifischen Erfahrungen kulturevolutionärer Beschleunigung plausibel zu machen. Man wird theoretisch einleuchtend finden, daß die Entdeckung der Historizität unserer Zivilisation eine aufdringlich gewordene Dynamik ihrer Evolution zur Voraussetzung hat. Aber die Schwierigkeit bleibe doch, fand Reinhart Koselleck, die zivilisatorischen Prozesse konkret zu identifizieren, deren Beschleunigungscharakter in der Tat bereits für die Zeitzeugen des 18. Jahrhunderts unübersehbar werden mußte. Wir einigten uns damals darauf, die bereits etliche Jahre zuvor vom Amerikaner Kronick[7] vermessene Explosion wissenschaftlicher Publikationsorgane im Zeitalter der europäischen Frühaufklärung als Beleg für den unterstellten Beschleunigungscharakter neuzeitlicher Kulturgeschichte gelten zu lassen. Dem lesenden Publikum, zumal den Intellektuellen, ist ja nachweislich die steigende Literaturflut bereits im 18. Jahrhundert auffällig und zu einem ebenso lebenspraktisch wie theoretisch wichtigen Thema geworden. Veränderungen, die sich als gerichtete, irreversible Veränderungen, als Evolutionen also und damit, bei gegebener praktischer Zustimmungsfähigkeit dieser Evolutionen, als Fortschritt vor den eigenen Augen abspielen – sie haben in der Tat bis in die Philosophie hinein Theorie provozierend, und zwar näherhin Ge-

---

[5] Cf. oben S. 196ff.

[6] Cf. oben S. 212ff.

[7] David A. Kronick: A History of Scientific and Technical Periodicals. The Origin and Development of the Scientific and Technological Press 1665–1790. New York 1962.

schichtstheorie provozierend gewirkt[8], und die Menge von Kommentaren der Zeitgenossen des Zeitalters der Französischen Revolution, die sich, so oder so, auf erfahrene Geschichtsdynamik beziehen, wird rasch unübersehbar, sobald man mit einem geschichtskulturhistorisch gelenkten Interesse nach ihnen sucht.

Aber die historische Anschauung des Zusammenhangs von Vorgängen evolutionärer Beschleunigung einerseits und kultureller Selbsthistorisierung unserer Zivilisation andererseits bleibt eine schwache Anschauung im Vergleich mit der Penetranz der Bestände, die aktuell, nämlich in unserer eigenen Gegenwart, diesen Zusammenhang deutlich machen. Von größter Aufdringlichkeit sind dabei Überforderungen unserer Kapazitäten zur Verarbeitung des kulturellen Informationszuwachses. Hat man den Blick dafür einmal gewonnen, so findet sich Gelegenheit zur Anschauung dessen in Hülle und Fülle. In diesem Buch wird das ausgebreitet – von den Überforderungen unserer kulturellen Erinnerungspflicht, die sich in den aktuellen Entwicklungen des Bestattungswesens zum Ausdruck bringen, bis hin zu der Scheinparadoxie, daß mit der Herrschaft des Avantgardismus über die ihm komplementäre Erhöhung der Geschwindigkeit im Veralten des Neuen genau jene Musealisierung der Kunst gefördert wird, die doch der Avantgardismus in seiner museumsstürmerischen Phase gerade beenden wollte[9].

Auch Helbling möchte in seiner Skepsis einer Geschichtsphilosophie gegenüber, die die zivilisatorische Evolution generell sich beschleunigen sieht, natürlich nicht bestreiten, „daß unzählige Einzelbeobachtungen" dieser Philosophie „recht geben"[10]. Aber Helbling möchte vor übereilten Generalisierungen warnen. Eine solche Warnung ist stets berechtigt. Nichts stünde ja entgegen, die in diesem Buch bislang präsentierte Phänomenologie der evolutionären Dynamik unserer Gegenwartskultur, unbeschadet der in ihr verarbeiteten unleugbaren Fakten, für eine Phänomenologie marginaler kultureller Erscheinungen zu halten. Welche kulturelle Relevanz hätten denn die aktuellen Probleme unseres Archivwesens? Wie oft in durchschnittlicher zeitgenössischer Lebensverbringung wissen wir uns denn, sofern wir nicht gerade Historiker sind, auf Dienstleistungen eines Staatsarchivs angewiesen? Der ehrenwerte Berufsstand der Archivare ist, im Vergleich mit der Größenordnung

---

[8] Cf. dazu meinen älteren Aufsatz „Philosophiegeschichte als Philosophie. Zu Kants Philosophiegeschichtsphilosophie", in: Einsichten. Gerhard Krüger zum 60. Geburtstag. Frankfurt a. M. 1962, S. 204–229. – Dieser Aufsatz analysiert die bereits im Werke Kants greifbare Tendenz der Selbsthistorisierung der Philosophie.

[9] Cf. oben S. 91ff.

[10] Hanno Helbling, a.a.O. (cf. Anm. 1).

anderer Berufsgruppen, verschwindend klein. Wo also läge die Repräsentativität der analysierten Archivprobleme für die Dynamik unserer zivilisatorischen Evolution? So mag der Skeptiker fragen. Andererseits: In den aktuellen Archivproblemen spiegelt sich doch das Bürokratisierungsproblem, das sich inzwischen in jedermanns Lebenserfahrungen zur Geltung bringt – von den beiläufigen Lästigkeiten der Steuererklärung bis zum Zentralproblem des ständig wachsenden Einkommensanteils, den man als Steuern zur Finanzierung der Kosten zu entrichten hat, die es macht, verwaltet zu werden. Man erkennt: Es ist gar nicht so leicht, die Relevanz und Repräsentativität der exemplarisch analysierten Archivprobleme für unsere zivilisatorische Befindlichkeit in ihrer vollen Reichweite einzuschätzen. Für die Probleme unserer Bibliotheken, die, immerhin, das Wissen unserer Zeit zugänglich halten, gilt das natürlich erst recht, und nachdem das Sozialprestige der Künstler seit der Romantik ständig gestiegen ist, wird man auch den Folgen der Herrschaft des Avantgardeprinzips für die Kunst eine mehr als marginale Bedeutung für unsere Gegenwartskultur beimessen.

Gleichwohl: Für eine Philosophie und Theorie zivilisatorischer Evolution und näherhin für den Erweis der These wachsender Dynamik dieser Evolution wird mehr verlangt als die Präsentation eines Exempelmaterials, dessen Realzusammenhang nicht erkennbar ist, das insofern zufällig wirken muß und Skeptiker ermuntert, sich auf die Suche nach Gegenbeispielen zu begeben. Man wird freilich nicht erwarten dürfen, daß als Beleg der These immer noch zunehmender Geschwindigkeit zivilisatorischer Evolution ein Exempel ausfindig gemacht werden könnte, daß im realen Zivilisationsprozeß die Rolle eines Hauptverursachers aller Beschleunigungsvorgänge spielte. In der Kultur hängt, wie in der Natur, sozusagen alles mit allem zusammen. „Dialektik“ nennen das rezente Angehörige einer früheren Philosophenschule[11]. Die Frage also, welches denn die letztinstanzliche Ursache der angenommenen zivilisatorischen Beschleunigung sei, ist, als eine falsch gestellte Frage, unbeantwortbar. Man kann also die These, der Prozeß der Zivilisation beschleunige sich, nicht durch Vergegenwärtigung einer Ursache plausibel machen, die kausalanalytisch nachweisbar in allen möglichen Zivilisationssektoren prozeßbeschleunigend wirkt. Aber das schließt nicht aus, eine Bedingung zu identifizieren, ohne die sich nirgendwo diese Dynamik

---

[11] Cf. dazu meinen Aufsatz „Dialektik, Gesellschaftssystem und die Zukunft der wissenschaftlich-technischen Zivilisation. Kommentar zum Beitrag von Herbert Hörz“, in: Paul Hoyningen-Huene, Gertrude Hirsch (Hrsg.): Wozu Wissenschaftsphilosophie? Positionen und Fragen zur gegenwärtigen Wissenschaftsphilosophie. Berlin, New York 1988, S. 252–264.

entfalten könnte und der insofern für das Verständnis der zivilisatorischen Evolution eine Schlüsselrolle zukommt. Die fragliche Schlüsselgröße ist dieselbe, auf die wir auch für das Verständnis naturaler Evolutionen angewiesen sind und in der sich insofern naturale und kulturelle Evolutionen gar nicht unterscheiden. Gemeint ist das, was wir „Information" nennen. Das Wort „Information" ist uns gemeinsprachlich oder doch bildungssprachlich vertraut, und dem sinnvollen Gebrauch, den wir so von diesem Wort zu machen verstehen, widerspricht auch der elaborierte Informationsbegriff der Informationstheorie nicht, den zu explizieren hier nicht der Ort ist[12]. Information, so ließe sich bildungssprachlich und auch informationstheoretisch anstoßfrei sagen, ist ein Begriff für den Inhalt einer Tradition, über die intergenerativ Ordnung transferiert wird. Ordnung ist dabei ihrerseits nichts anderes als ein Maß für die Nicht-Zufälligkeit eines Systems – mag es sich nun bei diesem System, biologisch, um einen Organismus oder, kulturell, um eine Institution oder um ein sonstiges Regelsystem handeln.

Nicht wenige Geisteswissenschaftler werden sich freilich sträuben, den in Anspruch genommenen Begriff der Tradition indifferent gegenüber dem Unterschied von Natur und Kultur zu gebrauchen, und sie werden darauf beharren, Tradition sei ein kultureller Bestand. Darüber zu streiten lohnt nicht; es würde sich um einen Streit um Worte handeln. Traditionen sind Vorgänge intergenerativen Informationstransfers – das mag, sofern kulturelle Überlieferungsvorgänge gemeint sind, auch der Geisteswissenschaftler gelten lassen. Aber da die Formel, die er so gelten läßt, anstoßfrei auch auf die Vorgänge paßt, durch die, biologisch, verschiedene Generationen einer Spezies miteinander verbunden sind, ist nicht recht einzusehen, wieso der traditionsreiche Traditionsbegriff nicht vom Bereich der Kultur auf den Bereich der Natur übertragen werden sollte. So oder so: Evolutionen lassen sich im Kontext dieser Beschreibung als Vorgänge gerichteter, ihrer Zufallsmitbestimmtheit wegen nicht prognostizierbarer und der hohen Unwahrscheinlichkeit ihrer Umkehrung wegen irreversibler Änderungen eines Traditionsinhalts auffassen. „Die Evolution der Organismen läßt sich als Erzeugung von Erbinformation auffassen" – so heißt das lapidar in der Formulierung eines Molekularbiologen[13], und die ja auch den Geisteswissenschaftlern ver-

---

[12] Cf. dazu die Kurz-Information über den Informationsbegriff der Informationstheorie bei Bernd-Olaf Küppers: Der Ursprung biologischer Information. Zur Naturphilosophie der Lebensentstehung. Vorwort von Carl Friedrich von Weizsäcker. München, Zürich 1986, S. 59ff.

[13] Alfred Gierer: Die Physik, das Leben und die Seele. München, Zürich 1985, S. 89.

traute Redeweise von der Entwicklung einer Tradition entspräche dem kulturtheoretisch. Eine Absicht, die Unterschiede zwischen Natur und Kultur einzuebnen, ist mit solchen Beschreibungen, die sich zu diesem Unterschied indifferent verhalten, nicht im mindesten verbunden, und die Geisteswissenschaftler mögen sich historisch erinnern, daß auch der traditionsreiche Begriff der Geschichte einschließlich seiner modernen historistischen Fassung ein gegenüber dem Unterschied von Natur und Kultur indifferenter Begriff war und ist. Wissenschaftskulturgeschichtlich heißt das: Die Historizität der Kultur und die Historizität der Natur sind gleichzeitig entdeckt worden, und die Errichtung kulturhistorischer Museen aus dem Geiste des Historismus einerseits und die Errichtung naturhistorischer Museen andererseits vollzog sich kulturgeschichtlich parallel. Hat man das verstanden, so erkennt man auch, daß historische Kulturwissenschaften einerseits und Naturwissenschaften andererseits sich nicht dadurch unterscheiden, daß die einen, die historischen Kulturwissenschaften, es eben mit einem durch Geschichtlichkeit ausgezeichneten Gegenstand zu tun hätten, die Naturwissenschaften aber mit einem ungeschichtlichen Gegenstand. Naturgeschichten sind vielmehr Geschichten wie Kulturgeschichten[14]. Die Besonderheit der Kulturgeschichte besteht insofern in nichts anderem als in der sprachlich-symbolischen Form des kulturellen intergenerativen Informationstransfers – im Unterschied zur genetischen Form des intergenerativen Informationstransfers in der biologischen Evolution. Der sprachlich-symbolische Modus des Informationstransfers, wie er für die Kulturgeschichte charakteristisch ist, ist lediglich die entscheidende Bedingung für die gegenüber der biologischen Evolution so extrem gesteigerte Geschwindigkeit der kulturellen evolutionären Abläufe.

Aber in der kulturellen wie in der naturalen Evolution gilt zugleich, daß ihre Geschwindigkeit nicht in allen Entwicklungsbereichen gleichgeschaltet ist. Komplexe wie „Kultur" oder „Gesellschaft" wälzen sich keineswegs, wie in der Tradition der klassischen Geschichtsphilosophie noch Karl Marx annahm, von den materiellen Produktivkräften bis zur sogenannten Ideologie in allen ihren Teilen jeweils mit parallel geschalteter Geschwindigkeit in toto um. Der Zivilisationsprozeß verläuft, um es auch hier noch einmal strömungstheoretisch auszudrücken, nicht laminar. Es gibt die schon erwähnten Wirbel, die sich als solche nicht vorwärtsbewegen. In Ausbuchtungen herrscht annäherungsweise voll-

---

[14] Cf. dazu meine Abhandlung „Die Einheit von Naturgeschichte und Kulturgeschichte", in: Hermann LÜBBE: Die Aufdringlichkeit der Geschichte. Herausforderungen der Moderne vom Historismus bis zum Nationalsozialismus. Graz, Wien, Köln 1989, S. 64–80.

ständiger Bewegungsstillstand, und gerade hier bilden sich, wie jeder Angler weiß, besonders üppige Biotope. Kurz und metaphernfrei gesagt: Kulturelle und soziale Entwicklungen sind interagierende Entwicklungen von höchst unterschiedlicher Dynamik. Das ist es, was kulturell und schließlich auch politisch unter dem Druck der Erfahrung aufdringlich gesteigerter kulturevolutionärer Bewegung den Sinn für solche Bestände schärft, die vergleichsweise verharren, den Vorzug der Alterungsresistenz aufweisen, die also alt, aber nichtsdestoweniger nicht veraltet sind. Der moderne Begriff des Klassischen ist, wie wir gesehen haben[15], ein Begriff genau dieser Bestände, die komplementär zur Erfahrung zivilisatorischer Evolutionsdynamik Kontinuitätserfahrungen zu machen gestatten. Entsprechend möchte ich auch gar nicht Karlfried Gründer widersprechen, der meinen Analysen zivilisatorischer Beschleunigungsvorgänge regelmäßig ganz im Sinne Helblings entgegenhält, statt durch ihre Dynamik ließe sich doch unsere Zivilisationsepoche ebenso auch durch allerlei Zähflüssigkeiten charakterisieren. Die kulturelle Bedeutung klassischer, das heißt im erläuterten Sinne alterungsresistenter Bestände nimmt mit der Dynamik zivilisatorischer Evolutionen zu und nicht etwa ab, und es irrt sich nicht, wer zur Korrektur der geschwindigkeitsfixierten exaltierten Einseitigkeit sogenannter Dromologen auf Beständigkeiten verweist. Die Selbsttäuschung bestünde insofern lediglich in der Verkennung des Komplementärzusammenhangs von zeitgenössischen dromologischen Reflexionen einerseits und Kontinuitätsreflexionen[16] andererseits. Eben dieser Komplementärzusammenhang von Zivilisationsdynamik und kulturellen, sozialen und politischen Kontinuitätsinteressen gehört zu den Zentralthemen des vorliegenden Buches.

---

[15] Cf. oben S. 112ff.

[16] Karlfried GRÜNDER: Reflexion der Kontinuitäten. Zum Geschichtsdenken der letzten Jahrzehnte. Göttingen 1982.

6.2 Exkurs II. Der Streit um die Kompensationsfunktion der Geisteswissenschaften

Joachim Ritter veröffentlichte 1961 einen Vortrag mit dem Titel „Die Aufgaben der Geisteswissenschaften in der modernen Gesellschaft"[1]. Hier sagt Ritter, den Kompensationsbegriff eher beiläufig verwendend, „die Zugehörigkeit der Geisteswissenschaften" zur modernen Gesellschaft sei in der für diese Gesellschaft „konstitutiven und unaufhebbaren Abstraktheit und Geschichtslosigkeit" begründet, und die Geisteswissenschaften entwickelten sich als Antwort auf die Herausforderung dieser Geschichtslosigkeit, „weil die Gesellschaft notwendig eines Organs" bedürfe, „das ihre Geschichtslosigkeit kompensiert und für sie die geschichtliche und geistige Welt des Menschen offen und gegenwärtig hält"[2]. Das habe ich in meinem 1977 erschienenen geschichtswissenschaftstheoretischen Buch „Geschichtsbegriff und Geschichtsinteresse"[3] aufgegriffen und gefunden, „Kompensation" sei „das entscheidende Stichwort" in der zitierten Ritterschen Antwort auf die Frage „Wozu Geisteswissenschaften?". Mit Hilfe des Kompensationsbegriffs lasse sich „eine überwältigende Fülle von Phänomenen" aus der jungen Geschichte der spezifisch modernen historischen Kultur erschließen[4]. Odo Marquard ist es dann gewesen, der dem fraglichen Kompensationstheorem allgemeine öffentliche Aufmerksamkeit verschafft hat – zunächst über die Fachgrenzen der Philosophie und näherhin der Geschichtswissenschaftstheorie hinaus in der akademischen Öffentlichkeit und alsbald auch in der Öffentlichkeit des feuilletonlesenden Publikums. Die Auswirkungen dieser Publizität des Themas reichen bis in die Wissenschaftspolitik, ja generell bis in die Kulturpolitik hinein. Marquards Schlüsselsatz „Je moderner die moderne Welt wird, desto unvermeidlicher werden die Geisteswissenschaften" wird heute sogar in Parlamentsdebatten zitiert. Begeisterte Zustimmung zu seiner Version der Kompensationstheorie löste Odo Marquard mit seiner Rede bei Gelegenheit der Jahresversammlung der Westdeutschen Rektorenkonferenz vom 5. Mai 1985 in

---

1 Joachim Ritter: Die Aufgaben der Geisteswissenschaften in der modernen Gesellschaft. In: Jahresschrift 1961 der Gesellschaft zur Förderung der Westfälischen Wilhelms-Universität zu Münster. S. 11–39. – Wiederabdruck in: Joachim Ritter: Subjektivität. Sechs Aufsätze. Frankfurt am Main 1974, S. 105–140.

2 a.a.O., S. 33.

3 Hermann Lübbe: Geschichtsbegriff und Geschichtsinteresse. Analytik und Pragmatik der Historie. Basel/Stuttgart 1977.

4 a.a.O., S. 304.

Bamberg aus. Diese Rede ist vielfältig nachgedruckt worden[5]. – Die Zahl der Stimmen, die sich zur fraglichen Kompensationstheorie kritisch äußern, ist inzwischen Legion. Exemplarisch verweise ich auf Günther Patzigs Rede bei Gelegenheit der Feier der Göttinger Akademie der Wissenschaften aus Anlaß des 250jährigen Bestehens der Göttinger Universität[6], ferner auf das Kursbuch 91, das dem Thema „Wozu Geisteswissenschaften?" gewidmet war, und zwar mit kritischen Beiträgen von Karl Markus Michel und Herbert Schnädelbach, von Christian Meier und Oskar Negt zu einigen in diesem Kursbuch neuerlich abgedruckten „Materialien" zur Kompensationstheorie von Odo Marquard, von mir und von Henning Ritter[7].

Der beabsichtigten Skizze zentraler Gehalte der Kompensationstheorie der Geisteswissenschaften ist zunächst eine Bemerkung zum Begriff der Geisteswissenschaften vorauszuschicken. Dieser Begriff umfaßt in seinem gegenwärtigen Gebrauch auch solche Disziplinen, auf die die fragliche Kompensationstheorie gar nicht paßt. Noch immer gibt es ja Philosophische Fakultäten, die nach der Ablösung der Naturwissenschaften von ihnen[8] ungeteilt blieben und somit neben den historischen und philologischen Fächern auch Diszplinen umfassen, deren Forschungsabsichten überwiegend nicht historisches Wissen betreffen, vielmehr die Ausarbeitung empirisch gehaltvoller Theorien, die sich, anders als historisches Wissen, in keineswegs marginalen Fällen praktisch nutzen lassen. Für die Psychologie, auch für die Soziologie, zum Beispiel, gilt das. Es gilt auch, nämlich im Fächerbereich der hier und da noch ungeteilt existenten Rechts- und Staatswissenschaftlichen Fakultäten, für die Volkswirtschafts- und Betriebswirtschaftslehre. Alle exemplarisch genannten nicht-historischen Disziplinen müssen es sich aber im heute herrschenden Sprachgebrauch gefallen lassen, den sogenannten Geisteswissenschaften zugezählt zu werden, und wenn man fragen wollte, was denn unter dem Begriff der Geisteswissenschaften, sagen wir,

---

5 Zum Beispiel in der Fassung Odo Marquard: Über die Unvermeidlichkeit der Geisteswissenschaften. In: Almanach. Ein Lesebuch. Band I. Bonn 1987, S. 107–118. – Der zitierte Schlüsselsatz findet sich a.a.O., S. 109.

6 Die Göttinger Akademie: Gegenwärtige Lage und Zukunftsaufgaben. Vortrag, gehalten im Rahmen der Veranstaltungen zur Feier des 250jährigen Bestehens der Georg-August-Universität am 22. Mai 1987. In: Jahrbuch der Akademie der Wissenschaften in Göttingen. Göttingen 1987, S. 56–66.

7 Kursbuch 91. Wozu Geisteswissenschaften? März 1988.

8 In Münster i. W. erfolgte die Verselbständigung der Mathematisch-Naturwissenschaftlichen Fakultät erst 1948, in Marburg noch später, früher hingegen, bereits 1863, in Tübingen und schon 1858 in Zürich. In Österreich wurde die alte, Natur- wie Geisteswissenschaften umfassende Philosophische Fakultät sogar erst in den siebziger Jahren von Gesetzes wegen aufgelöst.

die klassische Archäologie einerseits und die Betriebswirtschaftslehre andererseits zusammenbände, so stünde auf diese Frage eine überzeugende Antwort allenfalls noch den Universitätsarchitekten zur Verfügung. In deren Sprachgebrauch sind nämlich „Geisteswissenschaften" im Unterschied zur Mehrzahl der naturwissenschaftlichen Disziplinen, der Fächer der theoretischen Medizin und der Ingenieurwissenschaften diejenigen Wissenschaften, die ihres geringeren Installationsbedarfs und ihrer bescheideneren Ansprüche auf Belastbarkeit von Etagendecken wegen im stapelbaren Bereich, also in oberen Stockwerken untergebracht werden können.

Auf einen Geisteswissenschaftsbegriff von dieser konturlosen Weite bezieht sich selbstverständlich die Kompensationstheorie nicht. Es ist keineswegs überflüssig, das ausdrücklich festzuhalten. Schon hat man, zum Beispiel, Juristen protestieren hören, nur dem Ahnungslosen könne es einfallen, der Jurisprudenz Kompensationsfunktionen zuzuschreiben. Der Protest ist berechtigt. Indessen: Die fragliche Kompensationstheorie betrifft auch die Jurisprudenz gar nicht – mit Ausnahme freilich der im Lehrbetrieb einer heutigen Juristischen Fakultät marginalisierten Rechtsgeschichte. Auch jene Wissenschaften, die zweckmäßiger denn als Geisteswissenschaften als Handlungswissenschaften[9] zu kennzeichnen wären, nämlich Pädagogik und Psychologie, Soziologie und Politikwissenschaft, sind nicht gemeint. Auf welche Wissenschaften bezieht sich also die sogenannte Kompensationstheorie der Geisteswissenschaften? Sie bezieht sich exklusiv auf die historischen Kulturwissenschaften. Von diesen nun vorweg, das heißt vor der angekündigten Skizze des Inhalts der Kompensationstheorie, einen Begriff zu geben, wäre unpassend. Die fragliche Theorie läßt sich nämlich ihrerseits als ein Beitrag zur Konstitution des Begriffs der historischen Kulturwissenschaften auffassen–: Historische Kulturwissenschaften sind diejenigen, auf die die Kompensationstheorie der sogenannten Geisteswissenschaften einzig anwendbar ist. Terminologiegeschichtlich ist uns im Deutschen der Begriffsname „Kulturwissenschaft", auch wenn er sich nicht eigentlich durchzusetzen vermochte, seit langem vertraut[10]. Es hat auch Versuche gegeben, den Gebrauch des Terminus „Kulturwissenschaft" mit Verzicht auf das Wort „Geisteswissenschaft"

---

[9] Zum Begriff der Handlungswissenschaften cf. Helmut SCHELSKY: Einsamkeit und Freiheit. Idee und Gestalt der deutschen Universität und ihre Reformen. 2., um einen „Nachtrag 1970" erweiterte Auflage. Düsseldorf 1971, S. 210 ff.: „Von der Einteilung der Wissenschaften".

[10] Insbesondere durch das Buch von Heinrich RICKERT: Kulturwissenschaft und Naturwissenschaft. Tübingen ^{2}1910.

zu reaktivieren[11]. Dem möchte ich mich hier anschließen – freilich in Benutzung des gegenüber dem Terminus „Kulturwissenschaften" spezifizierten Terminus „Historische Kulturwissenschaften". Deren Funktion sei nun mit Hilfe der Kompensationstheorie erläutert.

Joachim Ritter hat also die historischen Kulturwissenschaften funktional als ein Medium gekennzeichnet, durch das die moderne Kultur „ihre Geschichtslosigkeit kompensiert"[12]. Zum Verständnis dieser Kennzeichnung bedarf es zunächst einer Verständigung über das, was hier „Geschichtslosigkeit der modernen Kultur" heißen soll. „Geschichtslos" nennt Ritter diejenigen Elemente moderner Kultur, die sich in deren evolutionärer Ausbreitung herkunftsneutral über unsere jeweiligen Herkunftskulturen legen.

Das ist eine Beschreibung modernitätsspezifischer kultureller Gegebenheiten auf hohem Abstraktionsniveau. Entsprechend hat man sich Anschauung des Gemeinten zu verschaffen. Dafür eignet sich das Exempel der Architektur. Im globalen Ausbreitungserfolg der architektonischen Moderne begegnen uns die in ihrem Stil errichteten Bauten, zumeist als Hochhäuser, rings um den Erdball. Sie prägen die Skylines unserer Metropolen in allen Erdteilen, und zwar indifferent im Verhältnis zu den herkunftsabhängigen Verschiedenheiten der jeweiligen regionalen, nationalen und sonstigen Architekturtraditionen. Die Präsenz evolutionär erfolgreicher Kulturelemente, die sich zu den Unterschieden unserer Herkunftskulturen indifferent verhalten – das also ist es, was Ritter die Ungeschichtlichkeit der modernen Kultur nennt.

Wie diese Ungeschichtlichkeit mit den Mitteln einer historischen Kultur kompensiert wird, läßt uns die in ihren Scheinparadoxien bereits analysierte Denkmalschutzpraxis erkennen. Durch Restauration oder Konservierung vormoderner Bausubstanz[13], für die man selbstverständlich auf die Maßgaben professioneller Kunst- und Architekturhistoriker angewiesen ist, kompensieren wir Stadtbilder, sofern sie durch die Ungeschichtlichkeit, nämlich Herkunftsneutralität der sich unter dem Zwang funktionaler Erfordernisse ausbreitenden architektonischen Moderne geprägt sind. Mühelos lassen sich heute Bürgerinitiativen für

---

[11] Cf. Paul Lorenzen, Oswald Schwemmer: Konstruktive Logik, Ethik und Wissenschaftstheorie. Mannheim, Wien, Zürich 1973, S. 179 ff.: „Theorie des historischen Wissens".

[12] Cf. Anm. 2.

[13] Zur Unterscheidung von Restauration und Konservierung cf. die in der Geschichte der Denkmalschutztheorie klassische Kontroverse bei Georg Dehio, Alois Riegl: Konservieren, nicht restaurieren. Streitschriften zur Denkmalpflege um 1900. Mit einem Kommentar von Marion Wohlleben und einem Nachwort von Georg Mörsch. Braunschweig/Wiesbaden 1988.

denkmalpflegerische Zwecke mobilisieren, wobei es zumeist genügt, daß der Bau, für dessen Erhaltung man sich engagiert, die Anmutungsqualität eines Altbaus hat – ganz unabhängig von seinem architektonischen Rang. Bezieht man sich auf dieses Faktum, das sich ja bis in den politischen Lebenszusammenhang hinein auswirkt, so ist zur Beschreibung dessen, was sich insoweit vor unseren Augen abspielt, der Kompensationsbegriff von einer kaum noch erläuterungsbedürftigen Zweckmäßigkeit.

Das Kompensationsbedürfnis, auf das die Moderne mit der Ausbildung einer historischen Kultur antwortet, ist keineswegs ein elitäres Bedürfnis kleiner esoterischer Intellektuellengruppen. Es erzeugt sich vielmehr aus gemeinen modernitätsspezifischen Lebensweisen. Wer von Geschäftssitzung zu Geschäftssitzung oder auch, im Wissenschaftsbetrieb, von Konferenz zu Konferenz in immer denselben Flugzeugtypen den Erdball umkreist, wer dabei, weil er keine hat, sich keine Zeit zum Studium jeweiliger Regionalkulturen nehmen kann, wer entsprechend im immer gleichen Ambiente der Hotels internationaler Hotelketten ein paar Tage und Nächte verbringt, macht ja seine Erfahrungen mit dem Aufenthalt im Medium der Moderne mit ihren technischen, auch organisationstechnischen Infrastrukturen, die Ritter, im Kontrast gegen die Geschichtlichkeit unserer Herkunftswelten, als herkunftsindifferent, eben als ungeschichtlich abhob. Um so entschiedener nimmt man sich vor, doch immerhin fürs nächste Mal einen Museumsbesuch einzuplanen, und als minimale einschlägige Serviceleistungen offerieren Kongreßleitungen Informationsmaterial über die Stadt oder die Region, in der man sich gerade aufhält, und nie fehlt inzwischen in diesem Informationsmaterial eine Kurzgeschichte der fraglichen Region oder Stadt. Dabei wäre es durchaus unangemessen, über diese Kurzgeschichten zu lächeln. Sie stammen zumeist aus kompetenter Feder und sind immer wieder einmal kleine Meisterwerke literarischer Verdichtung komplexer Genesen.

Es erübrigt sich, diese kleine Erinnerung an uns alle vertraute Bestände fortzusetzen – vom entdifferenzierenden Komfortbedarf des Tourismus über die sich ausbreitende analoge Nutzung moderner Agrartechnologie bis hin zur Technik des Dienstleistungswesens, die tendenziell überall in der Welt Verwaltung und Therapie, Unterhaltung und Kommunikation in analoger Weise revolutioniert. Und man erkennt: Komplementär dazu wächst zugleich unser Interesse an den Herkunftskulturen, über die sich das alles lagert, und gehen wir diesem Interesse nach, so kompensieren wir die Erfahrung der Ungeschichtlichkeit der modernen Kultur durch Vergegenwärtigung der jeweiligen Herkunftskulturen.

Die Beantwortung der Frage steht noch aus, wieso wir das tun. Das erkennt man im Ausgang von einer fälligen Differenzierung in der Beschreibung jener Eigenschaft der modernen Kultur, die Ritter ihre „Ungeschichtlichkeit" genannt hat. Unzweifelhaft ist Ritters Kennzeichnung der Moderne als „Ungeschichtlichkeit" einerseits von erheblicher kulturdiagnostischer Produktivität. Das habe ich zu zeigen versucht. Andererseits ist diese Kennzeichnung aber unzweckmäßig. Das sieht man, wenn man sich die temporalen Bedingungen des globalen Ausbreitungserfolgs der zivilisatorischen Moderne vergegenwärtigt. Dieser Ausbreitungserfolg ist ja nichts anderes als der räumliche Aspekt der historisch singulären Dynamik der modernen Zivilisation. Nicht, weil die moderne, wissenschaftlich-technische Zivilisation eine ungeschichtliche Zivilisation wäre – so müßte man im Kontrast zur These Ritters sagen –, sondern genau umgekehrt deswegen, weil sie durch eine historisch beispiellose Entwicklungsdynamik gekennzeichnet ist, überlagert die zivilisatorische Moderne alle sich ungleich langsamer entwickelnden Herkunftskulturen. Die Homogenität der wissenschaftlich-technischen Zivilisation ist, in ihrer globalen Expansion, nichts anderes als der räumliche Effekt ihrer nach temporalen Maßstäben zu messenden Entwicklungsdynamik. Der auffällige Kontrast von wissenschaftlich-technischer Modernität einerseits und regional differenzierten Herkunftskulturen andererseits, durch den die sich fortschreitend intensivierende Vergangenheitszugewandtheit der Moderne ausgelöst wird, ist nicht ein Kontrast geschichtlicher und ungeschichtlicher Welten, vielmehr der Kontrast von Geschichtsformationen unterschiedlicher Entwicklungsdynamik.

Diese Fortschreibung der Ritterschen Kulturtheorie hat fürs Verständnis des ausgeprägten Historismus unserer Gegenwartskultur erhebliche Konsequenzen. Wäre die Rittersche Beschreibung angemessen, daß die zivilisatorische Moderne einerseits und unsere Herkunftskulturen andererseits als ungeschichtliche und geschichtliche Kulturen gegeneinander kontrastieren, so müßte das von Ritter als spezifisch modern erkannte Interesse an der Vergegenwärtigung unserer geschichtlichen Herkunftswelten sich in erster Linie oder gar exklusiv auf vormoderne Kulturelemente beziehen. Davon kann aber, wenn man die kulturellen Leistungen des historischen Bewußtseins ins Auge faßt, gar keine Rede sein. Die technische Zivilisation ist ihrerseits voll und einschränkungslos längst in die Kultur des historischen Bewußtseins einbezogen. Weit gefehlt, daß das Interesse der zahllosen Vergangenheitssucher, als die sich ja unsere Museumsbesucher auffassen lassen, sich exklusiv oder auch nur vorzugsweise auf die kulturelle Vormoderne bezöge. Ganz im Gegenteil gehören unsere blühenden Technikmuseen bekanntlich ihrerseits zu den Publikumsmagneten ersten Ranges. Die außerordentliche Beliebtheit, der sich das Deutsche Museum im München erfreut, wäre dafür ein naheliegender Beweis. Analoges gilt aber auch für die inzwischen zahllosen firmeneigenen Museen, in denen große wie kleine Unternehmen, komplementär zu ihren Exponaten marktfähiger Produkte auf den großen nationalen und internationalen Messen, eine Schau der Relikte ausgelaufener Produktionen den Schaulustigen anzubieten pflegen. Technikhistorische Literatur ist taschenbuchfähig geworden, und Fördertürme, Funkmasten, Schiffshebewerke, ja Fabrikbauten aus dem Beginn des zweiten Drittels unseres Jahrhunderts sind zu Objekten des öffentlich-rechtlichen Denkmalschutzes avanciert.

Um es zusammenfassend zu sagen: Nicht die Ungeschichtlichkeit, vielmehr die historisch singuläre, über Innovationsraten oder absinkende Halbwertszeiten auch durchaus meßbare Geschichtlichkeit der wissenschaftlich-technischen Zivilisation, also die beispiellose Kraft dieser Zivilisation zur Veränderung unserer Lebensverhältnisse läßt uns auf die kompensatorischen Leistungen der Geisteswissenschaften, das heißt der historischen Kulturwissenschaften angewiesen sein.

Das mag zur Erläuterung des Sinns der Kompensationstheorie der historischen Kulturwissenschaften hier genügen. Noch einmal sei, um Mißverständnissen vorzubeugen, gesagt, daß in dieser Theorie nicht beansprucht wird, mit der Funktion der Kompensation die einzige Funktion benannt zu haben, die im Kontext der modernen Kultur von den historischen Kulturwissenschaften bedient wird. Es verbindet sich mit der fraglichen Theorie insofern auch nicht die Absicht, andere Funktionen, die von den historischen Kulturwissenschaften gleichfalls erfüllt werden mögen, zu leugnen, und man sollte daher den Kompensationstheoretikern auch nicht in beliebter, aber durchaus unproduktiver eristischer Dialektik eine Absicht des Bestreitens dessen unterstellen, wovon sie lediglich nicht gesprochen haben. Das sollte auch bei der Auseinandersetzung beachtet bleiben, aus der ich im folgenden einige zentrale Argumente zitieren und erörtern möchte.

Auf vier Argumente, die gegen die Kompensationstheorie vorgebracht worden sind, möchte ich eingehen. Ich benenne diese Argumente zunächst und erläutere sie dann. Erstens handelt es sich um das Argument, die Kompensationstheorie der historischen Kulturwissenschaften schwäche diese in ihren wissenschaftspolitischen Bestandsvoraussetzungen. Das zweite Argument will wissen, die Kompensationstheorie der historischen Kulturwissenschaften verkenne in deren Funktionalisierung die eigentümliche Würde ihrer Gegenstände, die, sozusagen, um ihrer selbst willen und nicht um der Erfüllung irgendwelcher Funktionen willen unser Interesse beanspruchen. Das dritte Argument kritisiert die Kompensationstheorie ihrer vermeintlich traditionalistisch-kulturkonservativen Gehalte wegen, und zwar sowohl in wissenschaftstheoretischer wie in ideologischer Hinsicht. Das vierte Argument bezichtigt die Kompensationstheorie der Abkoppelung der historischen Kulturwissenschaften von der gesellschaftlichen und näherhin politischen Praxis.

Günther Patzig hat im Sinne des erstgenannten Arguments gegen die Kompensationstheorie eingewandt, sie gefährde die Bereitschaft der kulturellen Öffentlichkeit, die Geisteswissenschaften, das heißt die historischen Kulturwissenschaften, auch unter veränderten Zukunftsverhältnissen noch zu fördern. Der Einwand, so vordergründig wissenschaftspolitisch er daherkommt, hat Gewicht. Er setzt voraus, daß die Beschreibung der kulturellen Funktion einer Wissenschaftsgruppe keine folgenlose interne Seminarangelegenheit ist, vielmehr eine Sache von potentiell erheblichen wissenschaftspolitischen Folgen. Das also vorausgesetzt lautet Patzigs Argument folgendermaßen: „... würden diejenigen, die jetzt auf die Notwendigkeit historischen Orientierungswissens in einer schnellem technischem Wandel unterworfenen Gesellschaft hinweisen, damit zufrieden sein, daß die Geisteswissenschaften nicht mehr in vergleichbarer Weise gefördert werden, falls der technische Entwicklungsprozeß sich einmal verlangsamen sollte?"[14].

Man kennt Günther Patzig als einen der in der jüngeren deutschen akademischen Tradition eher seltenen Philosophen, die ihre Texte und überdies ihre Reden von seminaristischem oder pseudoliterarisierendem Jargon vollständig freizuhalten wissen und es verschmähen, sich durch Mehrdeutigkeiten interessant zu machen, die zustande kommen, wenn man seinen Texten einiges von den Dunkelheiten der Tiefe oder von den Blendwirkungen extremer Reflexionsniveauhöhen beimischt. Kurz: Patzig schreibt klar. Das ist eine Feststellung wert, weil man zu einer solchen Feststellung nur selten Gelegenheit hat. Zugleich ist aber Patzig ein Meister freundlicher Ironie, und er schlägt auch den rhetorischen Vorteil nicht aus, den man gewinnt, wenn man die Lacher auf seine Seite bringt. Das ist wohl der Effekt, auf den Patzig spekulierte, als er sich über die Aussicht besorgt gab, daß, wenn das Kompensationstheorem wissenschaftspolitisch Geltung gewänne, die Förderung der Geisteswissenschaften eines künftigen Tages eingestellt werden könnte, „falls der technische Entwicklungsprozeß sich einmal verlangsamen sollte".

Statt mit Ironie möchte ich auf diese ironisch geäußerte Besorgnis trocken antworten: Es wäre eine grobe, Mißverständnisse fördernde Einseitigkeit, die kompensatorischen Leistungen der historischen Kul-

---

14 Günther PATZIG, a.a.O. (cf. Anm. 6), S. 64.

turwissenschaften exklusiv auf den ‚technischen Entwicklungsprozeß' zu beziehen. Die These ist doch, daß diese Wissenschaften Teil einer Kultur sind, die ihre eigene Historizität entdeckt hat, und daß überdies diese Entdeckung den objektiven Bestand einer dynamisierten zivilisatorischen Evolution, die nicht nur die Technik umfaßt, zur Voraussetzung hat, die in ihren orientierungspraktischen Folgen schließlich unabweisbar aufdringlich wird. Selbstverständlich läßt sich die modernitätsspezifische Zeit-Erfahrung, die sich in historisches Bewußtsein umsetzt, exemplarisch auch an der technischen Evolution erläutern. Vom Komplementärcharakter des technischen Fortschritts einerseits und des Fortschritts in der Musealisierung der Technik andererseits war ja die Rede. Aber im übrigen kommt es nicht auf die Technik als Technik an, vielmehr lediglich unter anderem auf die Technik als ein sich evolvierendes Teilsystem im interdependenten Zusammenhang von Entwicklungen, die von den Wissenschaften bis zur Wirtschaft und von der Kunst bis zu den Alltagslebensformen unsere Zivilisation ausmachen.

Auch in diesem Buch wird ja zum Zweck der Analyse modernitätsspezifischer Zeit-Erfahrungen nicht nur auf die Technik rekurriert. Vielmehr ist, zum Beispiel, von der Praxis präzeptiv geleiteter Kassationen im mengendruckbelasteten Archivwesen die Rede, von den Fälligkeiten einer Reorganisation der Bibliotheken in den Konsequenzen absinkender Halbwertszeit wissenschaftlicher Literatur, vom Musealisierungsschub, den der ursprünglich museumsstürmerisch bewegte Avantgardismus ausgelöst hat, oder auch von der Erinnerungskulturrevolution, die sich auf unseren Friedhöfen beobachten läßt. Allenfalls gilt für den Denkmalschutz, daß man ihn direkt zu technischen, näherhin bautechnischen Entwicklungen in Beziehung setzen könnte. Aber selbst in diesem Fall ist die Technik nur eine Komponente unter anderen, und die Postmoderne demonstriert uns, daß auch die architektonische Moderne eher dem kunstgeschichtlichen als dem technikgeschichtlichen Teil der Baugeschichte zuzuzählen ist.

Im Resümee heißt das: Erst wenn man sich bis in die quantitativen Dimensionen der Sache hinein eine anschauungsgesättigte Vorstellung von der historisch singulären Dynamik unserer zivilisatorischen Evolution verschafft hat, entwickelt man auch einen Sinn für die Potenz der modernen Zivilisation, Vergangenheit zu erzeugen, also veralten zu lassen und unseren Vergangenheitshorizont mit fortschreitender Annäherung an die Gegenwart mit kulturellen Hinterlassenschaften anzufüllen, die in ihrer wachsenden Fremdheit verstehbar zu halten komplementär Leistungen des historischen Bewußtseins erforderlich macht. Kompensatorischen Charakter haben diese Leistungen, sofern man vorauszusetzen hat, daß die Zukunftsfähigkeit von Individuen wie von Kulturen nicht zuletzt von einem Selbstverhältnis abhängig ist, das seinerseits ein Selbstverständnis aus angeeigneter und somit verstandener Herkunftsgeschichte einschließt. Die Tendenzen progressiver Selbsthistorisierung unserer Zivilisation sind also ohne Rekurs auf die Dynamik dieser Zivilisation unverständlich. Bei der Analyse der unsere zivilisatorische Evolution dynamisierenden Faktoren ist gewiß die Technik von zentraler Bedeutung. Gleichwohl: Wenn man, wie Patzig, den Kompensationstheoretikern unterstellt, diese möchten mit den Mitteln der Geisteswissenschaften technische Entwicklungen kompensieren, so muß das bei unbefangenen Lesern die Vorstellung erwecken, die Kompensationstheoretiker verstünden sich nach Art eines zivilisatorischen Verschönerungsvereins, dessen Mitglieder die Technik nicht sehr mögen und empfehlen, man solle sich zum Ausgleich an den Schätzen unserer historischen Bildung schadlos halten. Gerade die Existenz von Museen, die der Technik als solcher gewidmet sind, ließe sich ja aber auf diese Weise nicht erklären.

Patzig befürchtet also, daß, sofern man den Kompensationstheoretikern glaubt, die Bereitschaft zur Förderung der Geisteswissenschaften erlöschen könnte, falls sich die technische Evolution einmal verlangsamen sollte. Dagegen bliebe überdies zu erwidern, daß es stets müßig ist, sich über die Konsequenzen der Erfüllung einer Hypothese Sorgen zu machen, die als solche windig ist. Wie hätte man sich denn eine Zukunft vorzustellen, in der wir es mit einer abgeschlafften technischen Evolution zu tun hätten? Es dürfte sich ja nicht um eine Zukunft handeln, in der die technische Evolution ein wenig langsamer verläuft. Das änderte an den Nötigkeitsbedingungen ihrer Kompensation grundsätzlich gar nichts. Es müßte sich also schon um Verlangsamung der Entwicklung in einem Ausmaß handeln, die für das Publikumsbewußtsein nahezu Stillstand bedeuten würde. Selbstverständlich kann, prinzipiell, niemand eine solche Zukunft stillgestellter technischer Evolution ausschließen. Es ließe sich denken, daß eine Öko-Partei, als herrschende Einheitspartei, mit diktatorischen Mitteln den Stillstand der technischen Evolution verfügt. Vorschläge in dieser Richtung gibt es längst[15]. Spekulativ denkbar wäre statt dessen auch, daß die technische Evolution durch allerlei Katastrophen, in die sie selber hineinläuft, gestoppt wird.

---

[15] Wolfgang Harich hat bekanntlich die Einheitsparteien marxistisch-leninistischer Prägung, nachdem sie als Promotoren des Kommunismus erwiesenermaßen gescheitert sind, ihrer Diktaturpotentiale wegen als Retter der Welt vor der drohenden ökologischen Katastrophe empfohlen. Wolfgang HARICH: Kommunismus ohne Wachstum? Babeuf und der ‚Club of Rome'. Sechs Interviews mit Freimut DUVE und Briefe an ihn. Reinbek b. Hamburg 1975, S. 134 ff.: „Kommunismus als Lösung".

Neoapokalyptik ist ja eine signifikante, sich mannigfach äußernde Gegenwartsbefindlichkeit[16]. Beide Möglichkeiten sind, wie stets bei Erwägungen dieser Art, im Prinzip natürlich nicht auszuschließen. So oder so: Sollten sie Wirklichkeit werden, so hätten wir es dann freilich mit einer Lage zu tun, in der uns die absinkende Bereitschaft zur Förderung der Geisteswissenschaften die allergeringsten Sorgen bereiten würde.

Vielleicht hat, statt dessen, Patzig eine sanfte Reduktion technischer Entwicklungsdynamik vorgeschwebt, ein neuer Gleichgewichtszustand, in welchem, bei Schwankungen ums Stabilitätsoptimum, alle gesellschaftlichen Prozesse einschließlich der technischen, im wesentlichen, nur noch der Systemerhaltung dienen, aber nicht mehr bedeutenden und dazu noch raschen Systementwicklungen. Auch solche Vorstellungen sind sehr aktuell, und die Faszination des Studiums der Ethnologie beruht bei etlichen nicht zuletzt auf der Konfrontation mit archaischen Kulturen, die mit dem Vorzug einer Jahrtausende umfassenden Dauerhaftigkeit ausgestattet waren, bis sie schließlich in unserem Jahrhundert der destruktiven Dynamik unserer eigenen Kultur erlagen. In früheren Epochen ihrer Evolutionsgeschichte hatte tatsächlich die Zivilisation eine solche Stabilität aufzuweisen, wie uns die Ur- und Frühgeschichtler berichten, die die Temporalverfassung des Paläolithikums vermessen haben[17]. Unterstellt man nun auch für die Zukunft solche Stabilität, so müßte man sich freilich um die kompensationstheoretisch interpretierten Geisteswissenschaften keine Sorgen machen. Die Kompensationstheorie unterstellt in der Tat einen Zusammenhang zwischen auffällig beschleunigter Zivilisationsdynamik einerseits und zivilisatorischen Selbsthistorisierungstendenzen andererseits, von denen die Geisteswissenschaften, näherhin die historischen Kulturwissenschaften ein Teil sind. Die Konsequenz dieser Unterstellung ist, daß in Zivilisationsepochen, die ihrer eigenen Historizität noch gar nicht ansichtig wurden, die Nötigkeitsbedingungen historischer Kulturwissenschaften fehlten und damit auch diese selbst inexistent waren. In der Tat gab es sie im Paläolithikum nicht. Das ist trivial; denn damals gab es überhaupt keine Wissenschaften. Weniger trivial ist, daß im Kontext europäischer Wissenschaftsgeschichte, die man doch bis in die Antike zurückverfolgen kann und zu deren Erforschung nicht zuletzt Patzig bedeutende Beiträge geleistet hat[18], die historischen Kulturwissenschaften, näherhin die Geschichts-

---

[16] Cf. dazu meinen Aufsatz „Neue Apokalyptik und alte Konstellationen", in: Hermann Lübbe: Fortschrittsreaktionen. Über konservative und destruktive Modernität. Graz, Wien, Köln 1987, S. 93–98.

[17] Cf. dazu Karl J. Narr: Zeitmaße in der Urgeschichte. Opladen 1978.

[18] Cf. hierzu Günther Patzig: Die Aristotelische Syllogistik. Logisch-philosophische Untersuchungen über das Buch A der „ersten Analytiken". Göttingen ³1969.

wissenschaften, sich erst sehr spät, nämlich im 18. Jahrhundert zu entfalten begannen. Wem angesichts des traditionsreichen Titels „Historia" nicht spontan deutlich ist, was es heißt, daß die Geschichtswissenschaft, wie wir sie als einen Teil der inzwischen so genannten Geisteswissenschaften kennen, sich erst in der zweiten Hälfte des 18. Jahrhunderts herausgebildet haben soll, mag sich für Kurzinformationszwecke mit der Geschichte des Begriffs befassen, den wir unter dem Begriffsnamen „Geschichte" oder unter den entsprechenden fremd- und altsprachlichen Namensäquivalenten kennen. Eine Ultrakurzgeschichte des Vorgangs böte auch Reinhart Kosellecks Historiographie des Topos „Historia magistra vitae"[19], und exemplarisch würde einem das schlechterdings Neue des historischen Bewußtseins am historisierenden Sinn eines modernen Kunstmuseums, wie es in Preußen zum Beispiel Wilhelm von Humboldt zuerst eingerichtet hat[20], deutlich werden – im Kontrast zum kanonischen Sinn vormoderner Antikensammlungen oder Kunstkabinette. Wenn somit vorauszusetzen wäre, daß die historischen Kulturwissenschaften, in der Tat, um es mit Reinhart Koselleck zu sagen, Erfahrungen „neuzeitlich bewegter Geschichte" zur Voraussetzung haben, so würden sie gleichwohl ihre Nötigkeitsbedingungen nicht verlieren und mangels öffentlicher Förderungsbereitschaft von der akademischen und sonstigen kulturellen Szene verschwinden, wenn dermaleinst der evolutionäre Schub, den unsere Zivilisation derzeit erleidet, seine Schubkraft verloren und unsere Gesellschaft sich neuerlich in einen relativ stabilen Gleichgewichtszustand eingeregelt hätte. Es würde sich ja alsdann um einen Zustand handeln, der sich selbst als das Resultat einer Vergangenheit, die von historisch beispielloser Dynamik erfüllt war, zu begreifen hätte, und einzig historische Kulturwissenschaften könnten forschungspraktisch und hermeneutisch die Arbeit leisten, die zu solchem Begreifen erforderlich wäre. – In der Zusammenfassung bedeutet das: So weit unsere Zivilisation eine Zukunft hat, haben auch die Geisteswissenschaften eine, und so weit sie keine hat, wäre es sonderbar, just wegen der Zukunft der Geisteswissenschaften sich Sorgen machen zu sollen.

Das zweite Argument zur Kritik der Kompensationstheorie, das hier erörtert werden soll, ist das Argument der Funktionalisierung der

---

[19] Reinhart Koselleck: Historia magistra vitae. Über die Auflösung des Topos im Horizont neuzeitlich bewegter Geschichte. In: Natur und Geschichte. Karl Löwith zum 70. Geburtstag. Stuttgart, Berlin, Köln, Mainz 1967, S. 196–219.

[20] Cf. dazu meine Abhandlung „Wilhelm von Humboldt und die Berliner Museumsgründung 1830", in: Hermann Lübbe: Die Aufdringlichkeit der Geschichte. Herausforderungen der Moderne vom Historismus bis zum Nationalsozialismus. Graz, Wien, Köln 1989, S. 187–206.

historischen Kulturwissenschaften, die von den Kompensationstheoretikern betrieben werde. Wiederum ist es Günther Patzig, dem mißfällt, daß durch die Kompensationstheorie der Sinn der Geisteswissenschaften zum Sinn „einer bloßen Service-Leistung für den technischen Fortschritt“ heruntergebracht werde. Demgegenüber sei „auf der eigenen Würde der Gegenstände der Geisteswissenschaften“ zu „beharren“[21]. Dieses Argument wirkt durchschlagskräftig. Nichtsdestoweniger ist es ein Argument auf der Basis unzureichender Unterscheidungen. Gewiß ist es wahr, daß die „Gegenstände der Geisteswissenschaften“ eine „Würde“ haben, die gänzlich unabhängig von diesen oder jenen Funktionen besteht, die einige Philosophen den Geisteswissenschaften als spezifisch moderne Funktionen andienen möchten. Hinzuzufügen bliebe insoweit lediglich, daß die Geisteswissenschaften es natürlich nicht nur mit Gegenständen eigener Würde zu tun haben, vielmehr ebenso auch mit Gegenständen höchst eigener Unwürde. Wie der Poesie, so ist auch den Geisteswissenschaften nichts Menschliches fremd. Nur: Die Würde oder auch Unwürde ihrer Gegenstände ist ja mit der Würde oder auch Unwürde der Geisteswissenschaften selbst nicht identisch, und wer somit in der Reihe der kulturellen Hervorbringungen des Menschen, zu denen im Kontext moderner Wissenschaften speziell auch die Geisteswissenschaften gehören, diese in ihrer speziellen kulturellen Funktion würdigt, übersieht oder dementiert ja damit nicht im mindesten die eigenständige Würde oder auch Unwürde „der Gegenstände der Geisteswissenschaften“. Um es exemplarisch zu sagen: Auch der Nutznießer einer technischen Zivilisation dürfte noch ein hinreichend ausgeprägtes Bewußtsein vom besonderen Stellenwert der ernährungspraktischen und damit auch agronomischen Voraussetzungen seiner Existenz haben. Entsprechend wird es ihm keinerlei Schwierigkeiten bereiten, einen Pflug zum Beispiel als einen Gegenstand von eigentümlicher Würde zu erkennen. Das ist es, was den Pflug auch heute, metonymisch, metaphorisch oder symbolisch, einen sinnträchtigen Gegenstand sein läßt, und emblematisch, rhetorisch oder rituell wird daraus bis in politische Lebenszusammenhänge hinein Nutzen gezogen. Der so evozierte Sinn bedarf zu seiner Vergegenwärtigung ersichtlich elaborierter geisteswissenschaftlicher Sonderbemühungen gar nicht, und das unbeschadet der Tatsache, daß es sich um einen Sinn handelt, der neue und alte Zeiten zusammenbindet. Aber was ist es denn, was es uns im Kontext der spezifisch modernen Selbsthistorisierung unserer Zivilisation hat einfallen lassen, diesen Gegenstand von unzweifelhafter und unbestrittener Würde zu historisieren, seine kulturrevolutionären Wirkungen im Neolithikum zu analysieren, seine techni-

[21] Günther Patzig, a.a.O. (cf. Anm. 6), S. 64.

sche Evolution im Detail zu erforschen, Zufallsfunde archaischer Pflüge mit erheblichem finanziellem und technischem Aufwand zu konservieren und als Attraktion ersten Ranges im agrartechnischen Museum zu exponieren? Just diese Frage läßt sich durch den insoweit banalen Hinweis auf die originäre „Würde der Gegenstände der Geisteswissenschaften" gar nicht beantworten. In vorhistoristischen Zeiten hätte man doch jenen Zufallsfund zum alten Eisen oder zum Brennholz geworfen. Wieso bemühen wir heute, statt dessen, geisteswissenschaftliche, näherhin agrartechnikhistorische und agrarwirtschaftshistorische Spezialisten? Nicht, daß das mit der „Würde" des fraglichen Gegenstands nichts zu tun hätte. Aber so weit es sich nur um die Vergewisserung dieser Würde handelte, wären die Geisteswissenschaften durchaus entbehrlich. Dafür genügt es, Teilnehmer eines internationalen Pflügerwettbewerbs zu sein, bei dessen Eröffnung sinnfällig herausgestellt wird, wieviel besser es sei, miteinander zu pflügen als gegeneinander zu kämpfen, und schon die Propheten lehrten es ähnlich. Es ist doch offensichtlich, daß zu den Voraussetzungen geisteswissenschaftlicher Beschäftigung mit dem höchst würdigen Gegenstand des Pfluges über die Anerkennung seiner Würde hinaus spezifisch moderne Erfahrungen gehören, nämlich Erfahrungen einer dramatisch verlaufenden technischen Evolution, denen gerade auch dieser Gegenstand unterlag und unterliegt, Erfahrungen überdies der umwälzenden Folgen dieser Evolution und Erfahrungen schließlich dessen, was es bedeutet, einer solchen Evolution zu unterliegen. Das ist es und nicht die jedem Kulturgenossen seit alters ohnehin gegenwärtige „Würde" des fraglichen Gegenstandes, was erst die spezifisch moderne geisteswissenschaftliche Beschäftigung mit ihm provoziert, und der Kompensationsbegriff ist nichts als ein Begriff zur Beschreibung des höchst speziellen Sinns dieser Beschäftigung. Um es in der Wiederholung zu sagen: Die Geisteswissenschaften antworten kulturell auf die Erfahrung, die überhaupt erst im Kontext einer dynamisierten zivilisatorischen Evolution sich machen läßt, auf die Erfahrung nämlich fortschrittsabhängig wachsender Herkunftsfremdheit, und sie kompensieren diese Erfahrung durch professionalisierte Leistungen der Herkunftsvergegenwärtigung mit geschichtswissenschaftlich-hermeneutischen Mitteln. Das ist ersichtlich etwas ganz anderes als eine „Service-Leistung für den technischen Fortschritt". Es bleibt bei näherem Zusehen verblüffend, wie man hat finden können, irgend jemand habe finden können, der Sinn der Geisteswissenschaften sei jene „Service-Leistung". Es ist ja ein alter, bis in die Antike zurückreichender Grundsatz der Rhetorik, daß man seine eigene Position schwäche, wenn man in Debatten seinem Gegnern sich selbst widerlegenden Nonsens unterstellt. Just dazu hat sich aber Patzig verführen lassen – wohl durch den rhetorischen Effekt, den es macht, wenn man anstelle „einer bloßen Service-Leistung für den technischen Fortschritt“ vor Mitgliedern einer altehrwürdigen Akademie Anerkennung der eigenständigen „Würde der Gegenstände der Geisteswissenschaften“ verlangt.

Das dritte Argument, das hier erörtert werden soll, kritisiert die Kompensationstheorie ihrer vermeintlich traditionalistisch-kulturkonservativen Gehalte wegen. Dieses Argument hat mit besonderem Nachdruck Herbert Schnädelbach vorgetragen[22]. Schnädelbach möchte ich zunächst zugute halten, daß selbstverständlich niemand einen Anspruch darauf hat, gelesen zu werden. Insofern dürfen auch diejenigen, die in der Tat bei ihren Versuchen zur Beschreibung der kulturellen Funktion der Geisteswissenschaften mit dem Begriff der Kompensation arbeiten, sich Schnädelbach gegenüber nicht beklagen, daß sie mangelhaft rezipiert worden seien. Andererseits gilt die Regel, daß man öffentlich nur kritisieren solle, was man im Rahmen zumutbarer Gründlichkeit auch zur Kenntnis genommen hat. Eben das hat Schnädelbach versäumt, wenn er mir unterstellt, ich erneuere in meiner Wissenschaftstheorie der historischen Kulturwissenschaften „die alte Entgegensetzung von Erklären und Verstehen (Dilthey)“, indem ich sie mit verbaler Variation als Entgegensetzung „Erklären vs. Erzählen“ anböte. Richtig ist, daß die fragliche „alte Entgegensetzung“ „der komplexen Wissenschaftswirklichkeit noch nie gerecht zu werden“ vermochte[23]. Aber genau das habe ich in meiner Geschichtswissenschaftstheorie nicht nur implizit, vielmehr explizit in einem eigenen der Dilthey-Kritik gewidmeten Kapitel zu zeigen versucht[24]. Allein daraus folgt schon, daß Schnädelbach meine Analyse des gesamthaft stets narrativen Charakters historiographischer Texte gar nicht verstanden hat. Solches Nichtverstehen ist freilich im interkollegialen Diskurs der allergewöhnlichste Fall, und das gilt selbstverständlich grundsätzlich stets wechselseitig. In diesem Fall handelt es sich allerdings um ein Nichtverstehen in einer Sache, die für das Verständnis der Funktion der historischen Kulturwissenschaften von grundlegender Bedeutung ist. Es wäre purer Nonsens, Erklären und Erzählen als sich wechselseitig ausschließende, alternative, heterogene Wissenschaften charakterisierende wissenschaftspraktische Operationen zu behandeln. Entsprechend ist es auch ein kaum geringerer Nonsens, einem Kollegen

---

[22] Herbert SCHNÄDELBACH: Kritik der Kompensation. In: Kursbuch 91. Wozu Geisteswissenschaften? Berlin 1988, S. 35–45.

[23] a.a.O., S. 39.

[24] Cf. das Kapitel „Erklären, um zu verstehen“ in meinem Buch „Geschichtsbegriff und Geschichtsinteresse. Analytik und Pragmatik der Historie“, Basel/Stuttgart 1977, S. 48ff.

zu unterstellen, just das habe er getan. Schnädelbach weiß es doch: „Narratives … findet sich in fast allen Wissenschaftssparten mehr oder weniger." Es bliebe lediglich noch hinzuzufügen, daß dieses für das Erklären nicht anders gilt. Ohne Rekurs auf die Erklärungspotentiale von Theorien, seien es triviale, seien es wissenschaftspraktisch elaborierte, ist keine Geschichtsschreibung möglich, und umgekehrt sind, durchaus strukturell analog zu den historischen Kulturwissenschaften, auch in den historischen Naturwissenschaften von der Paläontologie über die Geologie bis zur umfassenden Kosmologie die epochemachenden Ereignisse narrativ miteinander verknüpft. Eben diesem Nachweis ist meine Abhandlung „Die Einheit von Naturgeschichte und Kulturgeschichte" gewidmet[25], während Schnädelbach den Kompensationstheoretikern unterstellt, sie variierten die These von den „zwei Kulturen", und zwar in vermeintlich traditionell deutschkultureller Abneigung gegen alles Zivilisatorische von den Naturwissenschaften bis zur Technik. So hat es Schnädelbach als Quintessenz speziell des ‚Ritterschen Kompensationsmodells' ausgemacht, während in verblüffendem Widerspruch zu dieser Unterstellung den Ritter-Schülern Marquard und Lübbe nachgesagt wird, sie wollten mit ihrer Kompensationstheorie der Geisteswissenschaften den ‚technisch-wissenschaftlichen Fortschritt der prinzipiellen Kritik entzogen und der allgemeinen Bejahung anempfohlen' sein lassen. Indem auch das bloß so dahingesagt ist, enthüllt sich als Hintersinn dieser Kritik an der Kompensationstheorie der Geisteswissenschaften, statt ein analytischer, ein ideologiepolitischer Sinn. Die Absicht ist, auch für die Philosophie, ja für die Geisteswissenschaften insgesamt, eine fortdauernde Geltung des geschichtsphilosophischen Interpretaments vom Gegensatz konservativer, sozusagen traditioneller Theorie einerseits und kritischer Theorie andererseits zu retten. Demgegenüber macht die Kompensationstheorie der historischen Kulturwissenschaften just den Reliktcharakter dieses Interpretaments plausibel. Sind Denkmalschutzbewegungen, auch Naturschutzbewegungen, konservativ oder kritisch-progressiv? Die Frage ist unbeantwortbar, denn sie ist sinnlos. Sie ist sinnlos, weil die Herausforderungen moderner Zivilisationsdynamik sich nicht in den altvertrauten, aber ihrerseits längst veralteten Optionen von konservativ-beharrender Praxis einerseits und kritisch-auflösender Praxis andererseits beantworten lassen. Bilden denn unsere Museumsspezialisten eine Traditionalistenkompanie? Verhält sich der Denkmalschützer, indem er die Leistungen erbringt, die Bürgerinitiativen eingefordert haben, affirmativ zu jenen städtebaulichen Modernisierungsvorgängen, die den Denkmalschutz in seiner kompensatorischen

---

[25] a.a.O. (cf. Anm. 25), S. 64–80.

Funktion wie nie zuvor interessant gemacht haben? Mutet ihm irgend jemand zu, diese Affirmation ohne weiteres zu vollziehen? Was stünde denn entgegen, den Forderungen der Gewerkschaft der Angehörigen des öffentlichen Dienstes nach weiterer Arbeitszeitverkürzung zu widersprechen, deren Vorausetzung doch eine Produktivitätssteigerung wäre, die sich bis in den Städtebau hinein als weiterer Modernisierungsschub auswirken müßte? Und wie sind denn nun diese Forderungen ihrerseits in ihrer modernisierungsbeschleunigenden Wirkung einzuschätzen –: Sind sie gemäß philosophischer Validierung des aktuellen Geschichtslaufs progressiv oder nur noch beschränkt progressiv und somit kritikbedürftig? Die Kompensationstheorie der historischen Kulturwissenschaften gibt auf solche Fragen schlechterdings keine Antwort. Sie analysiert zunächst lediglich den ja nun hinlänglich verdeutlichten Funktionszusammenhang, daß alles, was im Kontext der modernen Zivilisation zusätzliche Modernisierungsschübe auslöst, komplementär dazu auch Tendenzen der Selbsthistorisierung dieser Zivilisation fördert, ja kompensatorisch erzwingt. Wirken darin die historischen Kulturwissenschaften nun selber progressiv oder konservativ? Auch diese Frage ist sinnlos, weil sie Begriffe verwendet, deren ideologiehistorischer Reliktcharakter erweislich ist. Man möchte aus diesem Grund Schnädelbach zustimmen, wenn er seine Kritik an der Kompensationstheorie der Geisteswissenschaften mit der Aufforderung beschließt, die Geisteswissenschaften sollten sich doch „von niemandem vereinnahmen lassen – weder von den Kulturrevolutionären noch von den Kulturkonservativen“. Indessen: Zur Abwehr der Kompensationstheorie der Geisteswissenschaften ist diese Aufforderung ungeeignet. Denn diese beschäftigt sich exklusiv mit denjenigen Nötigkeitsbedingungen der historischen Kulturwissenschaften, die diese in ihrer Zugehörigkeit zur modernen Zivilisation gänzlich indifferent gegenüber rezenten Versuchen sein lassen, sie ideologiepolitisch auszumünzen. Es ist doch ein billigungsfrei anerkennungsbedürftiges Faktum, daß die historischen Kulturwissenschaften in allen modernen Gesellschaften präsent sind – in rechtstotalitären wie linkstotalitären, in liberalen Gesellschaften und in autoritären desgleichen. Es ist dieses Faktum, auf dessen Erklärung sich das Kompensationstheorem bezieht. Damit verbindet sich die Insinuation nicht, daß die Geisteswissenschaften sich von ihren politischen Kontextbedingungen unberührt halten ließen. Sie bleiben stets für die politischen Voraussetzungen durchsichtig, denen sie ihre Entfaltungsmöglichkeiten verdanken, von denen sie darin beschränkt oder sogar gelenkt sind. Das verlangt dann Kritik. Aber die Kriterien solcher Kritik sind nicht auch ihrerseits jener Theorie zu entnehmen, die die Nötigkeitsbedingungen der historischen Kulturwissenschaften im Bedarf an Leistungen der Vergegenwärtigung jener Vergangenheiten zu erkennen meint, die uns komplementär zur Dynamik des zivilisatorischen Fortschritts immer rascher zu fremden Vergangenheiten werden. Die Instanz der Kritik am politischen Gebrauch oder Mißbrauch der Geisteswissenschaften ist überhaupt keine diesen vorgeordnete Theorie, vielmehr die common-sense-gefestigte Urteilskraft. Die Supertheorie ist weder möglich noch verfügbar noch nötig, durch die wir der zivilisatorischen Evolution selbst die Kriterien zu entnehmen vermöchten, auf die wir angewiesen sind, wenn wir über ihren Nutzen und Nachteil urteilen möchten[26].

Das vierte Argument, das als eines der gegen die Kompensationstheorie der historischen Kulturwissenschaften vorgebrachten Argumente hier erörtert werden soll, ist eher polemischer Natur. Es unterstellt den Repräsentanten der fraglichen Theorie die Absicht der Abkoppelung der historischen Kulturwissenschaften von der gesellschaftlichen und politischen Praxis. Dieses Argument wird nicht nur polemisch vorgetragen. Es verkennt zugleich die wissenschaftstheoretische Natur historischen Wissens, das sich aus prinzipiellen Gründen weder in moralische noch in politische Handlungsregeln transformieren läßt. Karl Markus Michel bringt Marquards Beschreibung der Rolle der Geisteswissenschaften im Kontext der modernen Zivilisation auf die Absicht, „uns ...

---

[26] Auch Christian MEIER hat sich in die Reihe der Kritiker der Kompensationstheorie begeben und ihr mit emanzipatorischem Gestus entgegengehalten, es handle sich doch „in den Geisteswissenschaften allgemein und speziell in der Geschichte", statt um Kompensation, „um Erkenntnis, um Aufklärung" (Christian MEIER: Klio als Klatschbase. In: Kursbuch 91. Wozu Geisteswissenschaften? Berlin 1988, S. 47–56, S. 55). Entweder Kompensation oder Aufklärung? – Das ist eine Entgegensetzung, die, was sich ergänzt, als Alternative behandelt. Wodurch wäre denn ausgeschlossen, daß Geschichtswissenschaft, die uns unsere Vergangenheit verständlich macht und so deren evolutionsbedingte Fremdheit kompensiert, eben darin zugleich aufklärend wirkt? Die Kompensationsfunktion bezieht sich auf Nötigkeiten der Vergangenheitsvergegenwärtigung in einer Zivilisation, die ihrer Dynamik wegen uns immer rascher von Teilen unserer Vergangenheit entfernt. Die Aufklärungsfunktion bezieht sich hingegen auf fällige Tilgung von Widerständen, die wir immer wieder einmal der Einsicht entgegensetzen, daß unsere Vergangenheit eine andere gewesen ist als wir im nachhinein gern hätten, daß sie es gewesen sei. Auf den Nonsens-Charakter der Alternative von Kompensation einerseits oder Aufklärung andererseits hätte Meier aufmerksam werden können, wenn er zur Kenntnis genommen hätte, daß die Kompensationstheoretiker ja ihrerseits sich zugleich auch, und zwar wiederholt, über die Aufklärungsfunktion geschichtswissenschaftlichen Wissens geäußert haben. Ich verweise in diesem Zusammenhang auf meine Abhandlung „Wer kann sich historische Aufklärung leisten? Der Streit um die politische Funktion der Geschichtswissenschaften", in: Willi OELMÜLLER (Hrsg.): Wozu noch Geschichte? München 1977, S. 310–329.

das schlechte Gewissen“ zu nehmen, „wenn wir zum Beispiel den Rhein vergiften: Die Volkskundler erzählen uns dann, was der Rhein einmal war“[27]. Wie soll man darauf erwidern? Den produktivsten Gebrauch hätte man von dieser Polemik noch gemacht, wenn man die Sammlungen eristischer Figuren um sie erweiterte. Darüber hinaus bleibt es von Interesse, nach der konkurrierenden Theorie der Geisteswissenschaften zu fahnden, die hinter dieser Polemik verborgen ist. Man darf vermuten: Es handelt sich um eine Theorie der Geisteswissenschaften, die diesen, statt Kompensationsfunktionen, praktisch-kritische Funktionen ansinnt. Gewiß: Der Zustand des Rheins verlangt Kritik. Aber das ist derart banal, daß man mit Verblüffung zur Kenntnis nimmt, die Kompensationstheoretiker möchten, im Widerspruch zu dieser Banalität, uns just über den Zustand des Rheins beruhigen und sie hielten die Historiographie der Rhein-Romantik für den geeigneten Tranquilizer.

Natürlich drängt sich die Anschlußfrage auf, welche Interessen es denn wohl sein mögen, von denen die angeblichen, mit geisteswissenschaftlichen Mitteln arbeitenden Beruhigungsabsichten sich leiten lassen. Die Antwort auf diese Anschlußfrage versteht sich für jeden, der das ABC der kritischen Theorie erlernt hat, von selbst: Es sind natürlich die Kapitalverwertungsinteressen der industriellen Rheinverschmutzer. Läßt man einmal diesen unausgesprochenen Possenhintergrund der ganzen Argumentation auf sich beruhen, beharrt man also entgegen der zitierten Polemik auf der Banalität, daß der Zustand des Rheins ein kritischer und daher kritikbedürftiger Zustand ist, so steht man vor der Frage, wie sich denn hierfür, entgegen ihrer den Kompensationstheoretikern nachgesagten Verwendung als Betäubungsmittel, die Geisteswissenschaften nutzen ließen. Etwa kritisch? Eine solche Nutzung der Geisteswissenschaften wäre, wenn sie nicht schon überdies sinnwidrig wäre, gänzlich überflüssig. So weit nämlich der Zustand des Rheins zum Himmel stinkt, bedarf es zur Kritik dieses Zustands überhaupt keiner Wissenschaft, weder der Geisteswissenschaft noch irgendeiner anderen Wissenschaft, vielmehr der gesunden Sinne. Wahr ist freilich, daß unsere gesunden Sinne bei weitem nicht ausreichen, alle Eigenschaften des Wassers, das heute durch den Rhein fließt, wahrzunehmen, die sich, in welchen technischen oder physiologischen Zusammenhängen auch immer, schädigend auswirken. Aber auch insoweit sind es dann die Geisteswissenschaften zuletzt, auf die wir zur kompensatorischen Schärfung unserer in ihren naturalen Kapazitäten längst unzureichend gewordenen Sinne angewiesen wären. Vielmehr benötigen wir Meßstationen,

---

[27] Karl Markus MICHEL: Der Ruf nach dem Geist. In: Kursbuch 91. Wozu Geisteswissenschaften? Berlin 1988, S. 27–33, S. 29.

Labors und Testapparaturen und das in sie eingegangene naturwissenschaftliche und technische Wissen. Und was über solche Registratur und Vermessung des bestehenden Zustands hinaus seine fällige Abänderung anbetrifft, so sind es abermals die Geisteswissenschaften gerade nicht, auf deren Beistand wir angewiesen wären. Auf die Frage „Was tun?" antworten sie gar nicht. Unmittelbar tun das freilich die Naturwissenschaften, die Technikwissenschaften und die sonstigen theoriebildenden Wissenschaften einschließlich der theoretisch potenten Wirtschafts- und Sozialwissenschaften auch nicht. Aber sie, einzig sie und abermals nicht die Geisteswissenschaften, tun es, indem man sie technologisch auf den durchaus common-sense-fähigen, also keinerlei kritisch-wissenschaftlicher Eruierung bedürftigen praktischen Zweck bezieht, das Wasser des Rheins, wenn nicht schon in einen vorindustriellen Zustand zurückzuversetzen, so doch in seiner Sichttiefe zu verbessern, es als Gebrauchswasser mit bedeutsam abgesenkten Reinigungskosten wiederverwendungsfähig zu machen und es als Biotop Lachsen, die auch als Speisefische genießbar wären, zurückzuerstatten. Was also müssen wir tun, damit wir können, was wir in diesem exemplarisch erläuterten, common-sense-fähigen Sinne einvernehmlich wollen? Noch einmal: Zu den kognitiven Voraussetzungen der Antwort auf Fragen von dieser Struktur gehören die Geisteswissenschaften, näherhin die historischen Kulturwissenschaften gerade nicht. Diese Voraussetzungen sind exklusiv den Naturwissenschaften, den Technikwissenschaften, den Wirtschafts- und Sozialwissenschaften zu entnehmen, so weit diese über einschlägig relevante, empirisch gehaltvolle Theorien verfügen, die für Zwecke kausaler Erklärung des nicht-historischen Typs geeignet sind, die entsprechend Verlaufsprognosen verstatten und eben in dieser Potenz, die den historischen Kulturwissenschaften gänzlich abgeht, sich auch technologisch für Handlungszwecke umsetzen lassen.,

Inzwischen erkennt man wohl: Der eigentliche Gegenstand der Empörung, die den beiden zitierten Traditionalisten kritischer Theorie in ihrer Kritik an der Kompensationstheorie der Geisteswissenschaften die Feder führt, ist eine Geisteswissenschaft, die als historische Kulturwissenschaft nichts als Vergangenheiten verständlich macht, die also, was ist, als Resultat seiner Herkunftsgeschichte erklärt, die somit die Tiefe unserer Herkunftsräume aufschließt, Sinn für die Kontingenz der Evolutionen erweckt, deren Abkömmlinge wir sind, die schließlich die fortschrittsabhängig wachsende Fremdheit selbst junger und jüngster Vergangenheiten kompensatorisch tilgt und so diese Vergangenheiten uns oder anderen zuordnungsfähig und aneignungsfähig macht, so daß in unser individuelles und kollektives Selbstverhältnis auch und gerade im Kontext der modernen Zivilisation ein Selbstverständnis durch

Herkunftsverständnis eingeschlossen bleibt. Das Ärgernis ist eine Geisteswissenschaft, die alles dieses sich zu leisten bemüht, aber die Erwartung als kulturell und politisch destruktiven Nonsens zurückweist, die Geisteswissenschaften wären in der Lage, den historischen Prozeß auf eine Theorie zu bringen, die als Kriterium der Unterscheidung von politischer Reaktion und politisch-moralischer Avantgarde tauglich ist und somit aus dem Studium der Geschichte die praktische Auskunft gewinnt, wie in aktuellen moralischen und politischen Lagen die Frontlinien zwischen Freund und Feind, also zwischen Zukunftsverpflichteten und Herkunftsverhafteten, verlaufen. Das ist der Hintergrund, den man sich vergegenwärtigt haben muß, um sich nicht einmal mehr zu wundern, wenn nun zu unguter Letzt der zitierte Kritiker der Kompensationstheorie im Geist der durch sie erklärten Geisteswissenschaften den „deutschen Ungeist" erkennt, „der weiterwest, trotz tausend Jahren"[28]. Das ganze Stück sei schon einmal aufgeführt worden, „nämlich im Wendejahr ‚33, als Heidegger den deutschen Geist der entfesselten Technik zur Seite stellte; nur brauchte er damals, um beide zu versöhnen, einen dritten, einen höchsten Willen, einen Führer. Den haben wir heute nicht, Kohlseidank".

Diese bizarre Argumentation wäre unbeachtlich, wenn sie nur ein weiteres Beispiel zeitgenössischer deutscher Üblichkeit wäre, alles, was einem, aus welchen Gründen auch immer, nicht paßt, kurz und bündig dadurch zu erledigen, daß man es in die braune Ecke stellt. Das wäre, insoweit, die vertraute instrumentelle Nutzung nationalsozialistischer Vergangenheit zu Zwecken der Erringung eines politischen Vorteils durch moralische Selbstprivilegierung mittels politisch-moralischer Delegitimierung des Gegners[29].

Aber der Hintergrund der zitierten Ungehörigkeiten ist ernster. Es handelt sich um ein rezentes Fortleben jener von Popper „historizistisch" genannten Geschichtsphilosophie[30], die dem Geschichtslauf selber die verbindliche Norm entnehmen zu können glaubt, an der sich unser gegenwärtiges Handeln moralisch und politisch auszurichten habe und die damit zugleich die Unterscheidbarkeit von politischer Avantgarde und Reaktion sicher macht. Was herauskommt, wenn man in dieser Orientierung zum Beispiel ein Kunstmuseum besucht, hat uns schon Herbert Marcuses verblüffender Kommentar gezeigt, der in Warhol's

---

28 a.a.O., S. 32.

29 Cf. zu diesem Zusammenhang mein Buch „Politischer Moralismus. Der Triumph der Gesinnung über die Urteilskraft", Berlin ^{2}1989.

30 Karl R. Popper: Das Elend des Historizismus. Zweite, unveränderte Auflage. Tübingen 1969.

Suppendosen „Mimesis ohne Verwandlung“ und somit affirmative Mimesis erkannte[31]. Sieht man von den ideologiepolitischen Implikationen dieses Kommentars einmal ab, so handelt es sich ersichtlich um einen Nonsens-Kommentar. Und analoger Nonsens käme heraus, wann immer man den Versuch unternähme, Geschichtsstudien oder Museumsbesuche, Aktionen der Denkmalpflege oder auch der Erweiterung einer paläontologischen Sammlung auf die Quintessenz einer emanzipatorischen Weisung zu bringen. Man kennt schon den Einwand, den jetzt diejenigen vorbringen werden, die sich dem Sinn moderner historischer Kultur so beharrlich verweigern, weil sie durch diesen Sinn den vermeintlichen Maßgabesinn der Geschichte relativiert und aufgelöst finden. Sie werden, wenn alles nichts hilft, schließlich auf Auschwitz verweisen und fragen, ob denn der Sinn der historischen Beschäftigung mit diesem Ereignis nicht einzig der sei, nun endlich die Gesellschaft in einen Zustand zu überführen, der die Wiederholung eines solchen Vorgangs ausschließt. Es empfiehlt sich, der Suggestion dieser Frage nicht vorschnell nachzugeben. Die Sache ist nämlich abermals die, daß wir, um uns zu den historisch beispiellosen politischen Massentötungen, deren Zeitzeugen wir in unserem Jahrhundert gewesen sind, in ein Verhältnis des angemessenen moralischen Urteils zu bringen, auf professionelles Geschichtswissen, wie es unsere Historiker uns zur Verfügung stellen, gar nicht angewiesen sind. Orientierung an Grundsätzen konventioneller Moral genügt, um urteilen zu können, daß dergleichen niemals hätte geschehen dürfen und niemals sich wiederholen darf. Somit verbleibt als Frage, wieso es dennoch geschehen ist, und genau darauf ist einzig eine historische Antwort möglich, und es wäre naiv zu vermeinen, daß bei der Größenordnung und Komplexität jener Frage zu ihrer Beantwortung historisches Laienwissen genügte. Einzig Resultate professioneller historischer Forschung können uns ihrer Beantwortung näher bringen. Das mag noch, bis man sich insoweit historisch einigermaßen zurechtgefunden haben wird, einige Zeit dauern. Allein schon aus diesem Grund ist doch evident, daß es die Arbeit der Historiker nicht ist, auf deren Abschluß wir angewiesen wären, aus den Erfahrungen politischer Massenverbrechen angemessene praktische Konsequenzen zu ziehen. Sie sind ja auch schon gezogen, und gewiß bleibt es unbenommen zu finden, daß auch insoweit noch viel zu tun ist. Die Unterstellung jedoch, die fraglichen Konsequenzen seien, im Grundsätzlichen, noch gar nicht gezogen, ist wirklichkeitsfremd – befremdlich wie die zitierte Insinuation, einen Führer nach Art dessen, der sich selbst so titulierte,

---

[31] Herbert Marcuse: Die Permanenz der Kunst. Wider eine bestimmte marxistische Ästhetik. München, Wien 1977, S. 57.

hätten wir gegenwärtig, Kohlseidank, deswegen nicht, weil eben Kohl die Kanzlerposition blockiere. Es ist wahr: Auch Denkschulen veralten heute rasch. Wem es nicht gelingt, sich aus der Reliktposition, in die man darüber als Intellektueller gerät, zu befreien, versteht dann die Welt nicht mehr, so daß ihm, um die Gegenwart seiner rezenten kritisch-theoretischen Orientierung konform zu machen, nichts anderes übrig bleibt, als in jeder im eigenen Konzept nicht vorgesehenen Neuigkeit eine Renaissance des alten Bösen zu vermuten.

Damit sei die Erörterung einiger Argumente, die in kritischer, zum Teil auch polemischer Absicht gegen die Kompensationstheorie der historischen Kulturwissenschaften vorgebracht worden sind, abgeschlossen. Bereits bei der Erörterung des an vierter Stelle zitierten Arguments ist beiläufig auf eine Funktion historischen Wissens verwiesen worden, die sich in der Tat nicht unter Inanspruchnahme des Kompensationsbegriffs sinnvoll beschreiben ließe. Ich meine die Bedeutung der historischen Wissenschaften als eines Mediums der Erfahrung der Kontingenz unserer kulturellen wie auch unserer naturalen Identität. Geschichten sind ja singuläre Vorgänge der Änderung der Struktur von Systemen, die wegen der Offenheit dieser Systeme durch Ereignisse und Vorgänge in der Systemumgebung, die sich zum Funktionalismus des sich ändernden Systems kontingent verhalten, mitbestimmt sind. Geschichten sind entsprechend Prozesse, die gesamthaft keiner angebbaren Gesetzmäßigkeit gehorchen, die somit auch nicht, und zwar unbeschadet ihrer Gerichtetheit, prognostizierbar sind, die überdies, mit extrem hoher Wahrscheinlichkeit, irreversiblen Charakter haben und damit zugleich auch mit extrem hoher Wahrscheinlichkeit sich niemals wiederholen werden und genau in diesem Sinne singulär sind. Für unsere moralische, politische und technische Lebenspraxis folgt aus solcher Einsicht in die Kontingenz historischer Prozesse gar nichts. Geleistet wird durch die historischen Wissenschaften insoweit eben nichts anderes als die Vergegenwärtigung dessen, was es heißt zu sein, nämlich in seiner jeweiligen individuellen oder kollektiven oder auch institutionellen Identität Resultat einer kontingenzmitbestimmten singulären historischen Evolution zu sein. In dieser Bedeutsamkeit historischer Wissenschaften unterscheiden sich übrigens die historischen Kulturwissenschaften einerseits und die historischen Naturwissenschaften andererseits nicht, wie es denn ja auch kein Zufall ist, daß gleichzeitig mit der Entdeckung der Historizität der Kultur gegen Ende des 18. Jahrhunderts auch die Entdeckung der Historizität der Natur erfolgt ist. Entsprechend haben auch im bürgerlichen Bildungsbewußtsein von Anfang an Kulturhistoriographie und Naturhistoriographie gleichen Rang behauptet. Aus gutem Grund hat man daher vor dem Portal der alten Friedrich-Wilhelms-Universität

Unter den Linden zu Berlin den beiden Brüdern Humboldt, dem Kulturhistoriker Wilhelm und dem Naturhistoriker Alexander, das ihnen gebührende Denkmal gesetzt. Auch die Wiener Ringstraße dokumentiert architekturhistorisch die Gleichursprünglichkeit unseres kulturellen Interesses an der Kulturhistorie und an der Naturhistorie, nämlich durch die gleichgewichtigen markanten Kuppelbauten des Kulturhistorischen Museums einerseits und des Naturhistorischen Museums andererseits. In beiden Fällen, im Falle der Naturgeschichte nicht anders als im Falle der Kulturgeschichte, erbringt das historische Bewußtsein eine analoge, kontingenzerfahrungsträchtige Ordnungsleistung. Es ist die Leistung der Herstellung einer genetischen Verknüpfung von naturalen und kulturellen Evolutionsrelikten, die, unverbunden, ein Chaos bilden würden und die sich erst durch Herstellung eines Deutungszusammenhangs ihrer entwicklungsmäßigen Abhängigkeit voneinander zur Ordnung einer erzählbaren Geschichte zusammenfügen[32].

[32] Wie sich auf diese Weise der spezifisch moderne Begriff von Naturgeschichte konstituiert, läßt sich nachlesen bei Wolf Lepenies: Das Ende der Naturgeschichte. Wandel kultureller Selbstverständlichkeiten in den Wissenschaften des 18. und 19. Jahrhunderts. Frankfurt a. M. 1978.

7. Zeitnutzungszwänge

7.1 Technisch induzierte Zeitnutzungszwänge

Temporale Innovationsverdichtung kennzeichnet die technische Evolution – epochal in Schüben, über große Zeiträume hinweg kontinuierlich. Die technischen Innovationen haben ihrerseits, nicht immer, aber sehr oft eine elementare temporale Charakteristik: Sie verbessern die Nutzbarkeit der Zeit. Die mittelalterliche Erfindung der Brille, die das intellektuelle Leben revolutionieren sollte, ließ den Lebenszeitanteil, den man lesend zu verbringen vermochte, wachsen, und die bessere oder billigere Lampe entsprechende Tages- und Jahreszeitanteile. Aber ungleich wichtiger als solche technisch bewirkte Expansion nutzbarer Zeiträume ist natürlich die fortschrittsbewirkte Steigerung der Produktion pro Zeiteinheit oder die Steigerung der Produktivität. Die ökonomische Seite der Sache ist die technisch ermöglichte Absenkung der Produktionskosten. In der Zusammenfassung heißt das: „Technischer Fortschritt bedeutet ... die Schaffung neuer, d. h. bis zu der betreffenden Zeit unbekannter Produkte bzw. Dienstleistungen, bzw. neuer, besserer Qualitäten" sowie „den Übergang zu neuen Produktionsverfahren, die es gestatten, eine gegebene Menge von Produkten mit geringeren Kosten bzw. mit den gleichen Kosten eine größere Produktmenge herzustellen"[1].

Diese Charakteristik ist gewiß trivial, aber sie ist zugleich fundamental. Sie paßt auf die Steinzeit mit ihrer Nutzung von Werkzeugen zur Herstellung besserer Werkzeuge, die nicht nur die Finesse der Produkte, vielmehr überdies auch die Produktion zu steigern erlaubte. Sie paßt auf die mittelalterliche Erfindung verbesserten Pferdegeschirrs, die die Nutzbarkeit tierischer Energie sprunghaft erhöhte, oder auch auf die revolutionäre Erfindung der Dreifelderwirtschaft, die die Ertragskraft der Böden verbesserte oder doch den Rückgang der Ertragskraft genutzter Böden aufhielt. Sie paßt auf die moderne Technik erst recht, die

---

[1] Alfred E. Ott: Einige Überlegungen zur Technik-Kritik und Technik-Feindlichkeit. In: Gottfried Bombach, Bernhard Gahlen, Alfred E. Ott (Hrsg.): Technologischer Wandel – Analyse und Fakten. Tübingen 1986, S. 297–308.

in wichtigen Teilbereichen der Güterproduktion Handwerkszeug durch Werkzeugmaschinen[2] ersetzte und damit jene Massenproduktion einleitete, die übergangsweise unmittelbar betroffene Manufakturisten ins Elend stieß, gesamthaft aber die Überwindung der Massenarmut erst möglich machte[3].

In der konventionellen und trotz widersprechender Fakten immer noch überdauernden Zivilisationskritik werden der technisch ermöglichten Massenproduktion Vermassungseffekte zugeschrieben. Es wird vermutet, daß die Vielfalt und Varianz handwerklicher Produkte durch maschinelle Massenproduktion eingeebnet werde und ein homogenes Einerlei sich ausbreite, wo zuvor kultivierte handwerkliche Individualität die ästhetische Anmutungsqualität der Güter prägte. Das gab es wohl, und das gibt es in Entwicklungsländern auch heute noch. Die „blaue Ameise" steht oder stand metaphorisch für diesen Effekt, wobei man allerdings billigerweise den Beitrag ideologisch motivierter Produktionsmaßgaben zu diesem Effekt von der Kritik an den Wirkungen maschineller Massenproduktion in Abzug bringen müßte. Inzwischen erlaubt freilich die Werkzeugmaschine im jüngsten Stand ihrer Entwicklung durch elektronische Steuerung ihrer Produktion einen Austausch der Produktionsprogramme auf Knopfdruck. Das bedeutet: Beim Programmwechsel spielt der Zeitfaktor, wegen der Geschwindigkeit dieses Wechsels, fast keine Rolle mehr, und die Konsequenz ist eine Variantenvielfalt analoger Produkte, die gerade auch unter handwerklichen Produktionsbedingungen niemals erreichbar gewesen wäre. Exemplarisch heißt das: Nie zuvor war im Angebot der Gebrauchsgüter von der Tapete über Textilien bis zu unseren Fahrzeugen nach Farbe und Design und sonstigen Elementen ihrer Ästhetik die Varianz analoger Produkte größer als heute, und die ästhetischen Verwüstungen, die in unserer Alltagskultur in der Tat zu beobachten sind, ergeben sich gerade nicht aus den Vermassungswirkungen der Industrieproduktion, vielmehr aus der Überforderung unserer ästhetischen Urteilskraft im Umgang mit einer historisch beispiellosen Fülle dessen, zwischen dem wir zu wählen haben.

Steigerung der Produktion pro Zeiteinheit, Steigerung der Produktivität also, Steigerung der Geschwindigkeit im Produktionsprogramm-

---

[2] „Werkzeugmaschine" – so nennt man im Deutschen merkwürdigerweise, was nach der Kombinationssemantik von Wörtern, die aus zwei Nomen gebildet sind, eigentlich „Maschinenwerkzeug" heißen müßte.

[3] Cf. hierzu Wolfram Fischer: Armut in der Geschichte. Erscheinungsformen und Lösungsversuche der ‚Sozialen Frage' in Europa seit dem Mittelalter. Göttingen 1982.

wechsel und damit Steigerung der Varianz zwischen analogen Produkten – diese Gehalte der technischen Evolution bewirken, temporal ausgedrückt, eine bis dahin nicht gekannte Gegenwartskonzentration nicht nur der Menge, vielmehr auch der Vielfalt der Güter bis in ihre Ästhetik hinein. Die Dynamik, mit der dieser Vorgang abläuft, erscheint exemplarisch derzeit bis ins Extrem in der Evolution der Halbleitertechnik gesteigert. Ökonomisch spiegelt sich das in einem so nie zuvor beobachtbar gewesenen produktivitätssteigerungsabhängigen Preisverfall der fraglichen Produkte. „Auf ein Tausendstel ist der Preis pro gespeichertem Informations-Bit von 1970 bis 1985 gefallen. Eine erstaunlich exakte Gesetzmäßigkeit ist zu erkennen, und man rechnet, daß diese Gesetzmäßigkeit sich wenigstens in den nächsten 5 bis 10 Jahren, vielleicht aber noch weit bis ins nächste Jahrhundert wird fortsetzen lassen“[4]. „Erstmals“, so hören wir, sei „in der Geschichte menschlicher Technik und Wirtschaft über mehrere Jahrzehnte ein exponentieller Verlauf der Verbilligung eingetreten“[5]. Technisch-wirtschaftliche Abläufe dieser Geschwindigkeit haben Unterschiede in den Entwicklungsständen zur Folge, die sich jenseits gewisser Ausmaße dieser Entwicklungsunterschiede plausiblerweise gar nicht mehr einholen lassen[6].

In der Verallgemeinerung heißt das: Mit der Geschwindigkeit evolutionärer Abläufe nimmt die Diskrepanz zwischen den Entwicklungsständen zu, die in Abhängigkeit von kontingenten Faktoren die individuellen, kollektiven und institutionellen Subjekte, so weit sie an den fraglichen Entwicklungen partizipieren, zu erreichen vermögen. Selbstverständlich kann man aus der Charakteristik der technischen Evolution als eines Prozesses fortschreitender Produktivitätssteigerung nicht schließen, die Produktivität menschlicher Arbeit erhöhe sich in Abhängigkeit von der sich steigernden Leistungsfähigkeit moderner technischer Arbeitsmittel generell. „Die Zunahme der Produktivität in den Industrienationen ist rückläufig“, konstatieren hart unsere Ökonomen[7]. Die Erklärung dieses nach dem bisher Gesagten vielleicht überraschenden

[4] Hans-Joachim Queisser: Die Siliziumzeit. In: Heinz Maier-Leibnitz (Hrsg.): Zeugen des Wissens. Mainz 1986, S. 203–236, S. 216f.

[5] a.a.O., S. 222.

[6] Zur Plausibilisierung entsprechender Vermutungen cf. Hans-Joachim Queisser: Der Sprung vom Komponierten zum Integrierten. In: Klaus Hierholzer, Heinz-Günter Wittmann (Hrsg.): Phasensprünge und Stetigkeit in der natürlichen und kulturellen Welt. Stuttgart 1988, S. 225–236, bes. S. 232ff.: „Europas veschleppter Phasenübergang“.

[7] Horst Siebert: Technologischer Wandel, Beschäftigung und Wachstum. In: Gottfried Bombach, Bernhard Gahlen, Alfred E. Ott, a.a.O. (cf. Anm. 1), S. 311–323, S. 311.

Bestandes muß man den Ökonomen überlassen. Aber auch für das Laienurteil ist ja einleuchtend, daß mit der Produktivitätssteigerung, die durch den technischen Fortschritt ausgelöst wird, der relative Anteil derjenigen Berufstätigen, die im Bereich der industriellen Produktion beschäftigt sind, zugunsten des Anteils der in Dienstleistungsberufen Tätigen stagnieren oder gar absinken muß – insbesondere auch in Tätigkeitsbereichen, in denen, wie bei der Erziehung oder auch bei der Krankenpflege, technisch vermittelte Produktivitätssteigerungen gar nicht oder nur in sehr engen Grenzen denkbar sind[8].

Technisch bedingte Produktivitätssteigerungen sind stets eo ipso Vorgänge der Zeitfreisetzung gewesen. Sie haben entsprechend Veränderungen im kulturellen Umgang mit Zeit bewirkt. Das heißt selbstverständlich nicht, daß diese Veränderungen immer auch unter der kulturellen Herrschaft von Zeitnutzungsimperativen gestanden hätten. Aber in der emanzipierten Ökonomie freier Märkte haben sich solche Zeitnutzungsimperative unter dem Druck von Konkurrenzverhältnissen bekanntlich herausgebildet. Die personelle und institutionelle Verselbständigung der Produktion der kognitiven Voraussetzungen der Technik hat wie nichts anderes die technische Evolution beschleunigt, und die Verkürzung der Zeiträume, die die kognitive Innovation von ihrer technischen Umsetzung trennen, spielt hierbei eine zusätzlich beschleunigende Rolle. Unter den Zwängen wirtschaftlicher Konkurrenz wird die Verkürzung dieser Zeiträume explizit Handlungszweck. Im grobhistorischen Vergleich bedeutet das: „Die Dampfmaschine ... benötigte mehr als hundert Jahre, um sich von den auf dem Papier stehenden Entwürfen des 17. Jahrhunderts zu der Wattschen Niedrigdruckmaschine und den kompakteren Hochdruckmaschinen Trevithicks und Evans' zu entwickeln. Im Gegensatz hierzu hat die Kernkraft in weniger als einer Generation den Weg von den theoretischen Gleichungen zu den Atomkraftwerken zurückgelegt"[9]. Erkennbare Vorteile ihrer wirtschaftlichen Nutzung beschleunigen hier die Verkürzung des Zeitabstands zwischen kognitiver Innovation und ihrer technischen Realisierung. Für den Exempelbereich „von 20 größeren amerikanischen Neuerungen zwischen 1880 und 1955" bedeutet das, „daß von 1885 bis 1919 die Zeitspanne vom Entwurf bis zur kommerziellen Verwertung durchschnittlich 37 Jahre" betrug, „seit dem Ende des letzten Kriegs" hingegen lediglich noch „14

---

[8] Cf. dazu a.a.O., S. 317.

[9] David S. LANDES: Der entfesselte Prometheus. Technologischer Wandel und industrielle Entwicklung in Europa von 1750 bis zur Gegenwart (1969). Köln 1973, S. 478.

Jahre umfaßte"[10]. „Das Rennen wird immer schneller"[11], und die Kehrseite dieses Vorgangs ist auch im wirtschaftlichen Lebenszusammenhang die Erhöhung der Veraltensrate.

Der Komplementärzusammenhang von Fortschrittsdynamik und Veraltensgeschwindigkeit gehört zu den Voraussetzungen fortschreitender Musealisierung unserer kulturellen Umwelt[12]. Dem entspricht betrieblich, daß technische Produktionsmittel, Werkzeugmaschinen zum Beispiel, immer häufiger rascher veralten als sie gebrauchsabhängig verschlissen sind. Dieser Vorgang ist bereits für das frühe 19. Jahrhundert beobachtet worden. Für Spinnereien zum Beispiel galt damals zunächst noch die naheliegende „Devise, daß Gewinne mit vollamortisierten Maschinen zu erzielen" seien, „auch wenn diese nicht mehr dem neuesten Stand der Technik" entsprachen. „Der Sprung in der technischen Entwicklung und der Anwendung neuer Technologie in den 1830er Jahren" machte es dann aber unumgänglich, alte Maschinen durch produktivitätssteigernde neue zu ersetzen, auch wenn die alten durchaus „noch nicht schrottreif" waren[13].

Man erkennt die Veränderungen im Begriff des Alterns, die hier vor sich gehen. Bevor die technische Evolution als solche bemerkbar war und bevor man sich den skizzierten wirtschaftlichen Zwängen ausgesetzt fand, sich auf das Faktum der technischen Evolution einzustellen, Zeitgewinne zu machen und Zeitgewinne zu nutzen, war „alt" stets eine Eigenschaft, die ein Gebrauchsgegenstand mit der Dauer seiner Nutzung annahm. Unter Bedingungen des technischen und wirtschaftlichen Fortschritts hingegen ist „alt", was unabhängig von den Wirkungen seines dauernden Gebrauchs innovatorisch überholt ist, und zwar insbesondere durch produktivitätssteigernde Innovationen Zeitnutzungsimperativen besser zu entsprechen verstatten.

Es liegt nahe zu vermuten, daß es die Ausbreitung und damit die Publizität wissenschaftlich-technischer Innovationen hemmen müßte, wenn die Nutzung einer Innovation zu wirtschaftlichen Zwecken jedermann entgeltfrei und zeitlich unmittelbar offen stünde. Die historische Antwort auf die Herausforderung dieses spezifisch modernen Problems

---

[10] a.a.O., S. 479.

[11] a.a.O., S. 495.

[12] Cf. dazu meine Abhandlung „Der Fortschritt und das Museum", in: Hermann Lübbe: Die Aufdringlichkeit der Geschichte. Herausforderungen der Moderne vom Historismus bis zum Nationalsozialismus. Graz, Wien, Köln 1989, S. 13–29.

[13] Peter Dudzik: Innovation und Investition. Technische Entwicklung und Unternehmerentscheide in der schweizerischen Baumwollspinnerei 1800–1916. Zürich 1987, S. 295.

ist bekanntlich der Patentschutz[14]. Es gibt allerdings auch eine liberale Orthodoxie, der der Patentschutz stets verdächtig gewesen ist. „Die neoliberale Schule beispielweise sieht die innovations- und diffusionshemmenden Wirkungen des Patentschutzes als so gravierend an, daß sie für die Abschaffung des Patentsystems oder doch wenigstens für die erhebliche Herabsetzung des Patentschutzes durch Einführung eines allgemeinen Lizenzzwangs" plädiert[15]. Schon für das 19. Jahrhundert fanden die Liberalen: „Der dem Patent innewohnende Monopolgedanke paßt nicht in die geltende liberale Wirtschaftspolitik der Zeit, und allein der noch immer vorhandenen merkantilistischen Komponente verdankt es das Patentwesen, daß es überhaupt in sehr enger Anwendung weiter in Kraft blieb"[16]. Daß sich der Patentschutz aber, international, als nützlich und zweckmäßig durchgesetzt hat, beruht, im wesentlichen, auf zwei temporalen Aspekten der Sache. Erstens steigern Patente die Diffusionsgeschwindigkeit technischer Innovationen. Das ist nur scheinbar paradox. Gäbe es keine Patente, so müßten die Innovatoren interessiert sein, ihr neues nutzbares Wissen tunlichst geheimzuhalten, und sie würden im Versuch solcher Geheimhaltung um so erfolgreicher sein, je größer der theoretische Komplexitätsgrad dieses Wissens ist, das neuen Produkten oder Verfahren zugrunde liegt. Um so schwieriger und zeitraubender würden entsprechend Versuche kopierender Aneignung dieses Wissens durch Nachbau sein. Ungleich rascher vermag sich somit die wirtschaftlichen Vorteile moderner Technik zu erschließen, wer die Nutzungsrechte der in sie eingegangenen patentierten und damit zugleich veröffentlichten Innovationen kauft. „Patente fördern so ... die Ausbreitung des Wissens"[17]. Zweitens stimuliert und erhält der Patentschutz, ökonomisch wie psychisch, die Innovationsmotivation durch Einräumung einer befristeten, aber garantierten Zeit der Alleinverfügung über das Recht der Innovationsnutzung – zumal in solchen Fällen, wo Kopien kurzfristig möglich wären. Die durch den Patentschutz selbst gesteigerte wissen-

---

[14] Cf. hierzu Karl Heinrich Oppenländer (Hrsg.): Patentwesen, technischer Fortschritt und Wettbewerb. Berlin, München 1984.

[15] Cf. Karl Heinrich Oppenländer: Patentschutz und Wettbewerb im Innovationsprozeß. In: a.a.O., S. 47–75, S. 62.

[16] So Wilhelm Treue: Die Entwicklung des Patentwesens im 19. Jahrhundert in Preußen und im Deutschen Reich. In: Helmut Coing, Walter Wilhelm: Wissenschaft und Kodifikation des Privatrechts im 19. Jahrhundert IV. Eigentum und industrielle Entwicklung, Wettbewerbsordnung und Wettbewerbsrecht. Frankfurt a. M. 1979, S. 163–182, S. 166.

[17] Erich Kaufherr: Patente, Wettbewerb und technischer Fortschritt. Wirtschaftsrecht und Wirtschaftspolitik. 14. In Verbindung mit Kurt Biedenkopf und Erich Hoppmann, herausgegeben von Ernst-Joachim Mestmäcker. Band 14. Bad Homburg v.d.H. 1970, S. 11.

schaftlich-technische Innovationsdynamik macht somit, unabhängig von förmlich geltenden Schutzfristen, faktisch den Patentschutz immer rascher gegenstandslos, nämlich durch Innovationen, die, auf der Grundlage der Innovationen von gestern entwickelt, diese sowohl technisch wie ökonomisch überbieten. In der Geschichte des Patentwesens spiegelt sich das im hohen Anteil derjenigen Patente, deren Inhaber offensichtlich nicht interessiert waren, sie über ihre ganze gesetzliche Schutzdauer hinweg zu erhalten und sie entsprechend durch Einstellung der Zahlung fälliger Schutzgebühren erlöschen ließen. Exemplarisch heißt das: Im Deutschen Reich wurden in den beiden letzten Jahrzehnten des vorigen Jahrhunderts „nur 0,07% aller Erfindungen ... über die gesamte Schutzdauer von fünfzehn Jahren aufrechterhalten“[18]. Die volle Ausnutzung gesetzlicher Patentschutzfristen lohnte sich eben nur in bezug auf jene seltenen Erfindungen, die über die Eigenschaft der Neuigkeit hinaus auch noch die Eigenschaft einer gewissen Überbietungsresistenz aufzuweisen hatten. In Anwendung des oben erläuterten Begriffs des Klassischen[19] als eines Begriffs für alterungsresistente, wirkungsgeschichtlich fortdauernd produktive Bestände könnte man die sehr seltenen Innovationen des fraglichen Typus „klassische Erfindungen“ nennen: „Nur langsam veraltende, sehr lohnende und zugleich für die technische Entwicklung richtungweisende Erfindungen“[20]. Das fortschrittsabhängige Erlöschen des Interesses an Patentschutzrechten, die als in Anspruch genommene Rechte fortschrittsfördernd wirken[21], spiegelt sich überdies im wachsenden Anteil jener Patentanmelder, die während der unvermeidlich gewordenen langen Wartefristen bis zur definitiven Patenterteilung das Interesse an dieser verlieren[22].

Zu den technisch induzierten Zeitnutzungszwängen gehört nicht zuletzt die fortschreitende Expansion jener Zukunftszeiträume, die planungspraktisch vergegenwärtigt werden müssen. Nicht, daß nicht auch bereits in vorindustriellen Zivilisationsepochen menschliches Handeln sich in chronologisch sehr weit gespannten Zukunftshorizonten vollzogen hätte. Die Geschichte der Forstwirtschaft bietet dafür das

---

[18] Wilhelm Treue, a.a.O. (Anm. 16), S. 180.

[19] Cf. oben S. 112ff.

[20] Wilhelm Treue, a.a.O. (cf. Anm. 16), S. 181.

[21] So nach dem optimistischen Titel von Friedrich-Karl Beier: Patentschutz – weltweit Grundlage technischen Fortschritts und industrieller Entwicklung. In: Karl Heinrich Oppenländer, a.a.O. (cf. Anm. 14), S. 29–45.

[22] Cf. hierzu und zu den statistischen Details das Lehrbuch des Patentrechts. – Recht der Bundesrepublik Deutschland, Europäisches und Internationales Patentrecht. Begründet von Wolfgang Bernhardt, 4., völlig neu bearbeitete Auflage von Rudolf Krasser. München 1986, S. 59f.

anschaulichste Material: Wiederaufforstungen bezogen sich ja, von Sonderfällen einmal abgesehen, auf Nutzungszeiträume weit jenseits der Lebensfrist der wiederaufforstenden Generation. Man hatte durch gegenwärtiges Handeln Lebensvoraussetzungen der Urenkel zu sichern. Gleichwohl war es nicht Planung, durch die hier die durch Generationen getrennten Handlungen der Väter einerseits und der Urenkel andererseits zusammengebunden gewesen wären. Die Konstanz der Bedingungen, die den Sinn gegenwärtigen Handelns im Handeln zeitlich sehr entfernter anderer sich erfüllen lassen, wurde nicht ihrerseits handelnd sichergestellt, sondern war als verläßlich natural oder sozial gegeben, im fraglichen Vorgang lebenserfahrungspraktisch vorausgesetzt. Moderne Technik hingegen erzwingt Planung als institutionell gesicherte temporale Organisation von Handlungsabfolgen, über die im raschen Wechsel moderner Lebensvoraussetzungen künstlich die Bedingungen gesichert oder hergestellt werden, von denen der Eintritt künftiger gewünschter Handlungsergebnisse abhängt. Großtechnik erhöht die Eingriffstiefe in naturale und soziale Lebensvoraussetzungen. Temporal heißt das: Die Zukunftsreichweite der Handlungen wächst.

Organisatorisch verlangt das institutionelle Garantien für die Realisierung planerisch festgestellter nötiger Handlungsschritte. Nie hat eine zivilisatorische Gegenwart chronologisch ausgedehntere Zukunftszeiträume planungstechnisch und organisatorisch aktualisiert als unsere eigene Gegenwart. Wir beziehen uns heute gegensteuernd auf Mängellagen, deren Eintritt kaum vor der Mitte des nächsten Jahrhunderts zu erwarten ist – Mängellagen aus Erschöpfung der Öl-, Gas- und Uranvorkommen zum Beispiel. Komplementär dazu lebt die Fusionsforschung von der Hoffnung, mit ihren laufenden Entwicklungsprogrammen etwa in demselben Zukunftszeitraum zu einem definitiven, praktisch nutzbaren Erfolg gelangen zu können. Träte der Erfolg tatsächlich ein, so wäre damit gemäß den in den Weltmeeren vorhandenen Deuteriumsvorräten „die Energieversorgung der Menschheit während zehn Milliarden Jahren“ gesichert[23]. Es ist natürlich schwer, zur somit bekundeten Genugtuung über die Aussicht, durch gegenwärtiges technisches Handeln, statt der Lebensbedingungen von Urenkeln, die Lebensbedingungen der Menschheit in einer Zukunft zu sichern, die von der Gegenwart ungefähr soweit entfernt ist wie in der Vergangenheit der Urknall, sich nicht ironisch zu verhalten – etwa indem man fragt, was denn geschehen solle, wenn nach Ablauf jener zehn Milliarden Jahre die Deuteriumsvorräte

[23] So der Bericht „Fortschritte der Fusionsforschung. Rekordtemperaturen und-einschlußzeiten am Jet in Culham“, in: Neue Zürcher Zeitung. Forschung und Technik. Nr. 10 (14. Januar 1987), S. 65.

erschöpft sein werden. Auch die Lebensweisheit „Kommt Zeit, kommt Rat" wirkt ja über solche Zeiträume hinweg nicht mehr tröstlich. Wie auch immer: es verbleibt als höchst realer Kern der Sache, daß wir inzwischen Zeitzeugen von Handlungen sind, die institutionell gesicherten Plänen folgen, die Zeiträume von weit mehr als einem halben Jahrhundert umfassen und damit in die Gegenwart einbeziehen.

Analoges gilt leider komplementär dazu auch für jene Handlungspläne, über deren Realisierung wir uns technisch wie temporal verläßlich von den toxischen Abfällen unserer industriellen Güterproduktion zu befreien suchen. Nach der Natur der Sache eignen sich dafür vorzugsweise Lagerstätten, die im Kontrast zur Dynamik, die im übrigen auch unsere Erdgeschichte prägt, den Vorzug extremer temporaler Konstanz aufweisen – Salzstöcke zum Beispiel, die überdies in dem Material, aus welchem sie gebaut sind, mit dem toxischen Material, das sie dauerhaft aufnehmen sollen, schwach oder gar nicht interagieren. „Zuverlässig und permanent" – das sind hier die beiden gewünschten Eigenschaften, wobei sich die temporale Eigenschaft der Permanenz ersichtlich genau komplementär zur Dynamik jener zivilisatorischen Evolution verhält, die uns nach Stätten verlangen läßt, in denen sich, wie in einem alten Grab, nichts mehr ändert[24]. Was in den Lagerstätten dauerhaft schadensfrei eingelagert wird, ändert sich natürlich nach seiner wissenschaftlich-technischen Charakteristik in Abhängigkeit von den Fortschritten unserer Zivilisation. Insofern hätte man dann in der Abfolge der endgelagerten Materialien und Gerätschaften ein Reliktenarsenal abgelaufener zivilisatorischer Evolution im Spiegel ihrer toxischen Abfälle – „eine Art technisches Museum"[25]. Diese nicht erfundene, vielmehr belegte Wahrnehmbarkeit sogar noch des gefährlichen Industrieabfalls als Museumsgut unterstreicht in eindrucksvoller Weise die Mächtigkeit der Selbsthistorisierungstendenzen, die sich zur modernen Zivilisationsdynamik komplementär verhalten.

Die temporalen Stabilitätsbedingungen von Endlagerstätten für strahlende Materialien, die temporalen Aspekte des Ressourcenverbrauchs und die komplementären Zeiträume, die als Verfügbarkeitsdauer alternativer technischer Energien inzwischen berechnet sind – das sind natürlich extreme Exempel für die zivilisationsabhängige Expansion planungstechnischer Zukunftszeitnutzung. Als kulturtheoretisch signifi-

---

[24] Cf. hierzu den Bericht „Umweltgerechte Endlagerung toxischer Abfälle in der Bundesrepublik Deutschland. Die Untertage-Deponie Herfa-Neurode", in: Neue Zürcher Zeitung. Forschung und Technik. Nr. 286 (9. Dezember 1987), S. 65.

[25] ibid.

kante Marginalie sei dem noch hinzugefügt, daß das Problem, wie sich denn Endlagerstätten dauerhaft sprachlich als solche erkennbar und nach den Erfordernissen des Umgangs mit ihnen mitteilungsfähig halten lassen, derzeit noch ungelöst ist. Gewisse strahlende Materialien wollen über mehr als zehntausend Jahre sicher verwahrt sein. Aber welche Sprache kennen wir denn, die sich semantisch und syntaktisch, orthographisch und schriftzeichenmäßig auch nur über einige Jahrhunderte hin für jedermann verständlich gehalten hätte? Man sieht: Handlungsabläufe, die nach der Natur der zu handhabenden Sache über die Dauer subastronomischer Zeiträume hinweg planungstechnisch gesichert sein wollen, erzwingen zusätzlich eine institutionelle Garantie permanenter Übersetzungspraxis, die, was einst als Warnung oder Umgangsanweisung niedergeschrieben war, an die zukünftige Sprachevolution unserer Zivilisationsgenossenschaft angepaßt hält. Längst gibt es Kooperativen von Linguisten und Technikern, die sich mit diesem Problem beschäftigen. Es handelt sich, wie man erkennt, um ein gänzlich neues Problem. Die Arbeit unserer Philologen bezog sich, als Übersetzungsarbeit, bislang ausschließlich auf alte Texte in veralteten Sprachen, die der Vergangenheit entstammen. Inzwischen bezieht sie sich auch auf heutige Texte, die künftig Texte von fortdauernd aktueller Pragmatik, aber in veralteter Sprache geschriebene Texte sein werden[26]...

---

[26] Zum Vorstehenden cf. Roland Posner: Mitteilungen an die ferne Zukunft. Hintergrund, Anlaß, Problemstellung und Resultate einer Umfrage. In: Zeitschrift für Semiotik. Band 6. Heft 3 (1984), S. 195–228.

7.2 Zeit als Medium der Handlungskoordination. Sozial bedingte Zeitnutzungszwänge

Die Extension der Zukunftszeiträume, auf die wir uns bereits jetzt planungspraktisch einzustellen haben, erzwingt die Extension des Kalenders. Die Kulturgeschichte des Kalenders liegt in zahllosen Fragmenten vor[1]. Was sich in dieser Geschichte abspielt, vollzieht sich freilich mit einer Dynamik, die heute wichtige Ereignisse und Vorgänge der Kalendergeschichte aus individueller Erinnerung zu rekonstruieren erlaubt. Der portable Kalender, der Taschenkalender, ist gewiß keine Erfindung unseres Jahrhunderts. Aber erst in unserem Jahrhundert, vorzugsweise in seiner zweiten Hälfte, ist er zum Massenartikel geworden[2]. Er ist das mit Abstand beliebteste Firmengeschenk zum Jahreswechsel. Der Vorgang verläuft parallel zur Rückläufigkeit des Anteils derjenigen Berufstätigen, die ohne jede individuelle Dispositionsmöglichkeit temporal fix organisierter Fabrikarbeit nachgehen. Je weiter komplementär dazu der Dienstleistungssektor expandiert, um so mehr nimmt auch der Anteil derjenigen Berufstätigen zu, die ihre beruflichen Aktivitäten temporal mit den Zeitverbringungsagenden Dritter zu koordinieren haben, und das wichtigste Instrument zur temporalen Koordination Mehrerer, die nicht in Lebensverhältnissen kontinuierlich unmittelbarer Kommunikation miteinander verbunden sind, ist eben der Taschenkalender. Manager ohnehin, aber selbst Gymnasiasten pflegen ihn inzwischen mit sich zu führen. Insbesondere macht Mobilität temporale Handlungskoordination nötig. Je weiter der Raum sich erstreckt, über den hin heute Subjekte miteinander kommunizieren, um so geringer wird die Wahrscheinlichkeit von Zufallsbegegnungen, und wer einen Treffpunkt gleichzeitig mit anderen erreichen will, muß Termine und Wegzeiten fixieren. Wo das Gedächtnis überfordert wäre, hält der Kalender als Zeitagende das fest.

---

[1] Cf. den lexikographischen Überblick bei Rudolf Schenda: Der Kalender. In: Alfred Clemens Baumgärtner (Hrsg.): Lesen – Ein Handbuch. Hamburg 1973, S. 32–37. – Ferner: Rudolf Schenda: Volk ohne Buch. Studien zur Sozialgeschichte der populären Lesestoffe 1770–1910. Frankfurt am Main ³1988, S. 281ff. – Zur Theorie und Historie der chronologischen Voraussetzungen des Kalenders cf. Heinz Zemanek: Kalender und Chronologie. Bekanntes und Unbekanntes aus der Kalenderwissenschaft. München, Wien ²1981. – Ferner: Joachim W. E. Krütt: Der Kalender im Wandel der Zeiten. 5000 Jahre Zeitberechnung. Stuttgart 1972.

[2] Nach branchenkundigen Schätzungen, für die ich Herrn Dr. F. Bauer (Calendaria AG Immensee) zu danken habe, werden allein in der Schweiz jährlich ca. zweieinhalb Millionen Taschenagenden produziert, zusätzlich dreieinhalb Millionen Planer sowie achthundert Tausend Pultagenden. Nur zwanzig Prozent davon gehen in den Export.

Der altvertraute Wandkalender ist darüber in seinem höchst bescheidenen Zeitumgangsnutzen zum Relikt geworden. Mit der Häufigkeit, mit der man einen Blick in seinen Terminkalender zu werfen hat, nimmt die Nötigkeit ab, sich ans Tagesdatum durch die Unübersehbarkeit massiver Wandkalenderziffern erinnern zu lassen. Die blühende Kunstkalenderproduktion repräsentiert insofern nichts anderes als sekundäre luxurierende Nutzung eines Relikts. Um die Ästhetik des Kalenderblatts ist es zu tun, und die abreißbare Datenleiste am unteren Rand dient keinerlei Zeitplanungszwecken mehr. Sie mahnt nur noch den Blattwechsel an, und das ist es wohl, was die Zählebigkeit dieses Relikts erklärt: Vergegenwärtigung der Zeitflucht durch Kalenderblattwechsel.

Das hat in vorsäkularisierten Epochen unserer Kulturgeschichte den Wandkalender nicht zuletzt als Requisit praktizierter Alltagsfrömmigkeit geeignet gemacht. Jeder Tag hatte sein Datum, aber er hatte auch seinen Bibelspruch und auf der Rückseite des Kalenderblatts die fromme Auslegung dieses Spruches. Das Abreißen des Blatts in der Absicht, es zu lesen, war ein Frömmigkeitsritual, im Fallen der Kalenderblätter wurde Vergänglichkeit alltagssinnfällig, und zugleich blieb für die wenigen Fälle, für die man darauf zeitumgangspraktisch wirklich angewiesen war, gewährleistet, daß einem der Kalender das richtige Datum wies. Zeitplanungstechnisch hingegen hatten die fraglichen Wandkalender Funktionen kaum zu erfüllen – so wenig wie die mannigfachen gebundenen Haus- und Heimatkalender, die vor allem seit der 2. Hälfte des 18. Jahrhunderts populär wurden. Sie enthielten Nützlichkeiten und Erbaulichkeiten aller Art, aber eben Freiraum für die Eintragung individualisierter Zeitverbringungsagenden nicht, das heißt sie waren als Terminkalender nicht nutzbar. Die Daten für Jahrmärkte und Viehmärkte waren verzeichnet. Eine informationspraktische Bedeutung hatte das so wenig wie die Datierung von Neumonden oder Vollmonden. Die Mondstände hatten ihre Sinnfälligkeit. Aber eine planungspraktische Funktion erfüllte ihre kalendarisch festgehaltene Prognostik schlechterdings nicht, und was die Märkte anbetrifft, so war man, um sich ihres Datums zu versichern, gleichfalls auf den Kalender kaum angewiesen. So weit diese Daten nicht ohnehin ihrer Periodizität wegen bekannt waren, verschaffte Teilnahme an der Immediatkommunikation kleiner Gruppen die nötige Kenntnis, und dasselbe gilt auch für die Kenntnis der Daten der beweglichen Feiertage. Der Kalender war somit – und ist es in Reliktform noch heute – ein kulturelles Medium der Zeit- und näherhin Zeitablaufsvergegenwärtigung. Aber er war gerade nicht ein Terminkalender und ein Terminkalender für die Notation individualisierter Zeitverbringungsagenden erst recht nicht. Gerade das macht, im Kontrast zum modernen Terminkalender, die exemplarisch erwähnten älteren Kalenderformen vom pietistischen Wandkalender bis zum gebundenen Kalender in seiner Funktion als Hausfreund nostalgierelevant. Die in historisierender Form fortgeführten alten Hauskalender erfreuen sich großer Beliebtheit. Sie sind geschätzt als Dokumente einer Zeitumgangskultur, die in der Verlaufsgestalt eines Jahres sich explizit den Ablauf der Zeit und damit Vergänglichkeit vergegenwärtigt, das aber termindruckfrei[3].

Gegenwärtig vollzieht sich nun eine Kalenderrevolution, die geeignet ist, die Nostalgie noch erheblich zu intensivieren, die heute die historisierend präsent gehaltenen älteren Kalender bei uns auszulösen vermögen. Die fragliche Revolution betrifft vor allem die Expansion kalendarisch durchgeplanter Zukunftszeiträume. Die guten alten Kalender waren Jahreskalender, und relikthaft begegnen uns sogar heute noch dann und wann die Jahrestaschenkalender. Inzwischen ist aber der Anderthalbjahreskalender zur Regel geworden. Er dementiert sinnfällig den Sinn des Jahresendes als einer relevanten Zäsur im Ablauf verplanter Zeit. Der Zäsurcharakter des Jahresendes beruht ersichtlich auf seiner Bedeutung als Vollendung eines Ablaufs von Bewegungen mit Wiederholungscharakter –: Sonnenstände und Jahreszeiten, Monate, Tage und Feiertage, auch zyklisch sich wiederholende Steuertermine etc. Unter Bedingungen einer dynamisierten Zivilisation werden die Zeitzyklen durch planungstechnisch fixierte Handlungsabläufe überlagert, die ihrerseits temporal nicht zyklisch organisiert sind, die vielmehr singuläre Terminabfolgen repräsentieren. Für solche singulären Terminabfolgen ist insbesondere dann, wenn sie chronologisch weit gespannt sind, der Jahreszyklus eine Zählgröße, aber nicht mehr ein Handlungsabläufe temporal prägender Rahmen, und eben das verleiht dann dem Jahreskalender in der Begrenzung seines Zeitrahmens Willkürcharakter.

So wird der Anderthalbjahreskalender sinnvoll und ob diese Kalender ihrerseits ein zeitplanungsinstrumental sinnvoller kalendarischer Zeitraum sind oder nicht, hängt von den speziellen Zeithorizonten der ausgeübten Tätigkeit ab. Für einen wachsenden Anteil Berufstätiger expandieren diese Zeithorizonte immer noch, und entsprechend ist der Anderthalbjahreskalender längst durch den Dreijahreskalender überboten worden. Schon gibt es Kalender, die nach Format und Handlichkeit dazu bestimmt sind, auf dem Leibe mitgeführt zu werden, deren Planungszeitraum sich aber tief bis ins nächste Jahrtausend erstreckt. So

---

[3] Entsprechend ist denn auch der „Katalog 88" der Time/System Bibliothek zu Neerach, der einerseits Titel wie diesen anbietet: Verein Internationales Forschungsinstitut für Angewandtes Zeit-Management (Hrsg.): Das 1x1 des Zeitmanagement, andererseits mit dem Bildnis eines Kalendergeschichten lesenden Bauernmädchens geschmückt.

offeriert das bekannte Dienstleistungsunternehmen „prognos" („Solving problems – Shaping the future") seinen Geschäfts- und Kommunikationspartnern einen Kalender „for your personal long-range planning up to the year 2010 – all the luck und best wishes!"[4]. Auf solche guten Wünsche fühlt man sich als Empfänger einer solchen Kalendergabe tatsächlich angewiesen – insbesondere dann, wenn man sich bereits in einem Lebensalter befindet, in welchem es nach Auskunft der in der eigenen Region geltenden Lebenserwartungsstatistik nur unter äußerst günstigen Lebensumständen überhaupt denkbar wäre, daß man den kalendarisch offerierten Planungszeitraum auch tatsächlich durchlebt.

Indessen: Die fraglichen kalendarischen long-range-planning-Mittel dienen ja nicht der temporalen Organisation des eigenen, statistisch wahrscheinlichen Lebensablaufs. Sie dienen vielmehr der temporalen Koordination von Handlungen Verschiedener, die institutionell oder projektbezogen miteinander kooperieren und in Zusammenhängen, die die Lebenszeit eines Einzelnen übergreifen, bereits gegenwärtig Zukunftsfälligkeiten zu berücksichtigen haben, die sich zur lebensalterabhängigen Lebenserwartung der beteiligten Individuen indifferent verhalten. Daß der Zeithorizont eigenen Tuns sich weit über die eigene Lebensfrist hinaus erstreckt – das ist, selbstverständlich, nichts Neues, und ich hatte für vorindustrielles Handeln eines extrem weit gespannten, mehrere Generationen umfassenden Zeithorizonts exemplarisch die Wiederaufforstung erwähnt[5]. Was also ist neu? Welches sind die Umstände, die für Handeln in generationenumspannenden Zeithorizonten heute den Kalender als Zeitplanungsinstrument nötig machen? Erstens nimmt mit der Zahl der Individuen, die an einem Projekt beteiligt sind, sowie mit dem Differenziertheitsgrad der Funktionen, die sie erfüllen, und schließlich mit der räumlichen, institutionellen und sozialen Distanz, in der sie sich zueinander befinden, die Nötigkeit zu, ihre Handlungen explizit temporal zu koordinieren. Zweitens wächst mit der

---

[4] Die inzwischen auf den Markt gelangten elektronischen Kalender reichen noch sehr viel weiter. Sie präsentieren sich als „immerwährendes Notizbuch", so „Digital Diary": „Jeder beliebige Monat im 20. und 21. Jahrhundert und Ihre tägliche persönliche Terminplanung finden darin Platz." – Da man in einer Zivilisation, die Kalender technisch erforderlich macht, den Verantwortungsbereich und damit den Einfluß einer Persönlichkeit nicht zuletzt temporal messen kann, nämlich nach der chronologischen Extension der Planungsräume, in denen er handelt, lassen sich anspruchsvolle Planungsagenden sekundär auch als Prestigeobjekte nutzen. Cf. dazu Marlise SCHORI: Die neue Bibel des Managers. Die Super Agenden: Prestigeobjekte für die einen, unentbehrliches Planungssystem für die anderen. In: Züri Woche. 7. Dezember 1989, S. 17.

[5] Cf. oben S. 312.

sozialen Reichweite unserer Kooperationen die Menge der Anforderungen, die die Individuen in unvorhersehbarer Weise wechselseitig aneinander richten, und einzig über kalendarisch gesicherte temporale Kompatibilität solcher Anforderungen vermögen die Individuen ihre Kooperationsfähigkeit zu erhalten. Drittens nimmt in der Evolution der Industriegesellschaft die Menge temporal weit gespannter Projekte zu, die gegenwärtig eingeleitet werden müssen, um in weit entfernter Zukunft Eintritt und Verfügbarkeit alsdann benötigter Handlungs- und Lebensvoraussetzungen sicherzustellen. Das erzwingt zusätzlich temporale Handlungskoordination über große Zeiträume hinweg und damit Terminplanung in Kalendern, die Großzeiträume repräsentieren.

Wie die technische Evolution Zeitplanungshorizonte erweitert, ist exemplarisch inzwischen jedem Medienkonsumenten geläufig. Planung und Bau moderner Massenverkehrssysteme umspannen Zeithorizonte von weit mehr als einem Jahrzehnt. Großbaustellen haben fürs Bewußtsein von Kindern, die in ihrer Nähe leben, den Charakter dessen, was als immer schon Dagewesenes dauert. Energieversorgungsszenarien gleich welcher Option umfassen zeitplanungstechnisch Jahrzehnte, und fürs Wartungs- und Entsorgungshandeln beim Betrieb großtechnischer Anlagen gilt Analoges. Die Verhaltensfolgen industrieabhängiger Wohlfahrt, wie sie sich in der demographischen Entwicklung niederschlagen, erzwingen jetzt sozialpolitische Entscheidungen, die Schritt für Schritt die Lösbarkeit von Problemen sicherstellen sollen, die sich aus dem voraussehbaren Altersaufbau der Bevölkerung nach Ablauf von vierzig Jahren ergeben. In speziellen technischen Zusammenhängen steigern sich überdies auch die Anforderungen an die temporale Präzision in der Abwicklung von Plänen sprunghaft, zum Beispiel in der Sekundengenauigkeit, mit der im Projektzeithorizont von weit mehr als einem Jahrzehnt Befehle elektronisch an Raumsonden zu übermitteln sind. – Es erübrigt sich, diese fortschreitende und fortschreitend genauere Fixierung von Zukunftsterminen in gegenwärtiger Zeitplanung detailliert exemplarisch zu schildern. Es genügt, noch hinzuzufügen, daß natürlich auch Zeitpläne in unserer dynamischen zivilisatorischen Evolution Geltung einzig unter Randbedingungen haben, die sich ihrerseits nur in sehr engen Grenzen planungstechnisch beherrschen lassen. Das bedeutet: In Abhängigkeit von der Komplexität unserer zivilisatorischen Lebensbedingungen einerseits und in Abhängigkeit von ihrer evolutionären Dynamik andererseits sind auch Pläne, deren Sinn ja die Fixierung temporaler Handlungsabläufe ist, Alterungsprozessen ausgesetzt. Rascher als die Menge der Pläne, die sich, indem sie glückhaft fortgeschrieben wurden, als realisierbar erwiesen, wächst die Menge der gescheiterten Pläne. Investitionen zur ökonomischen oder sonstigen Nutzung innovatorischer technischer oder sonstiger Ideen erweisen sich in immer kürzeren Fristen in der Konsequenz überbietender Innovationen als Fehlinvestitionen. Die Zahl der Investitionsruinen nimmt zu. „TV-Sat schon vor dem Start veraltet“ heißt es exemplarisch in einer Zeitungsschlagzeile[6], und einzig seiner spektakulären finanziellen und technischen Dimensionen wegen ist dieser Fall medienberichtspflichtig.

Weniger spektakuläre Fälle derselben Struktur sind inzwischen Bestandteil unseres Alltags geworden. Strukturell handelt es sich hier nicht um den vertrauten Vorgang, daß Fortschritt den Fortschritt von gestern zum veralteten, musealisierungsbedürftigen Fortschritt macht. Es handelt sich vielmehr darum, daß der Fortschritt den Fortschritt bereits überholt, bevor er nutzbar geworden ist. In Ergänzung zum technischen Museum, das veraltete Technik gegenwärtig hält, ließe sich entsprechend ein imaginäres technisches Museum konzipieren, das uns mit Projekten konfrontiert, bei denen der Zeitraum ihres Veraltens kürzer war als der Zeitraum, den ihre Realisierung erfordert hätte. Komplementär zur Stadtbaugeschichte gibt es auch eine Geschichte liegengebliebener Stadtbauentwicklungspläne[7]. Es gibt die Geschichte der innovationsabhängig Plan gebliebenen Innovationen, und anspruchsvolle Technik- oder Architekturgeschichten gewähren uns Einblicke in diesen Vorgang. Solche Einblicke dämpfen in angemessener Weise Planungseuphorie. Nichtsdestoweniger folgt daraus nicht, daß man alsdann doch lieber gleich auf Handlungsplanung in großdimensionierten Zukunftszeiträumen verzichten solle. Die Sache verhält sich insoweit umgekehrt: Der Zwang zur Planung wächst komplementär zur zivilisationsbedingt abnehmenden temporalen Konstanz unserer Lebenslagen, und er wächst außerdem ineins mit der temporalen Reichweite der Wirkungen unseres technisch instrumentierten Handelns.

Das technische Großsystem, das mehr als jedes andere die Unvermeidlichkeit rationaler Zeitorganisation und rationaler Zeitnutzung für die frühindustrielle Zeitgenossenschaft aufdringlich gemacht hat, ist bekanntlich die Eisenbahn. Ihr Betrieb setzt Pläne voraus, die den Charakter terminlich fixierter Handlungsabfolgen haben, Fahrpläne nämlich, die als ein betriebsgesellschaftseigener Terminkalender für jeden Tag, für jede Woche eines Jahres jeden kundenrelevanten Vorgang temporal festlegen. Das erzwang, wie man weiß, über die in das Eisenbahnsystem einbezogenen Räume hinweg die Einführung einer

---

[6] Ostfriesische Nachrichten. Nr. 269 (19. November 1987), S. 10.

[7] Cf. hierzu Werner Durth, Niels Gutschow: Träume in Trümmern. Planungen zum Wiederaufbau zerstörter Städte im Westen Deutschlands 1940–1950. Erster Band: Konzepte. Braunschweig/Wiesbaden 1988.

Standardzeit. Sie erzwang überdies bei den Nutzern des neuen Verkehrs- und Transportsystems ein Rechnen mit dieser Zeit und somit Pünktlichkeit, und selbst noch für die alsbald einsetzende Nutzung des Eisenbahnverkehrs für Freizeitzwecke gilt das[8]. Ohne die außerordentlich gesteigerte Transportgeschwindigkeit einerseits und Transportkapazität andererseits, die das neue Verkehrssystem mit sich brachte, wäre banalerweise auch die Distribution der industrieabhängig rasch wachsenden Gütermenge gar nicht möglich gewesen. Was die Dampfmaschine neu und zusätzlich zu produzieren erlaubte, bedurfte der auf die Schienen gesetzten Dampfmaschine, um es großräumig an entfernte Plätze bringen zu können, und das mit entfernungsadäquat gesteigerter Geschwindigkeit.

In der überwiegenden Evidenz seiner Vorzüge hat sich das Eisenbahnsystem über alle Widerstände hinweg, die ihm entgegengesetzt wurden, ausgebreitet. Es muß mit dieser Evidenz ihrer Lebensvorzüge zusammenhängen, daß sich die Eisenbahntechnik inzwischen längst als nostalgiefähig erwiesen hat. Vor den Bahnhöfen an modernen Hochgeschwindigkeitsstrecken sind aufgelassene Dampfloks als Nostalgierequisiten postiert. Musealisierte Schmalspurbahnen verkehren in abgelegenen Gebirgstälern während der Hauptsaison für Touristen nach festem Fahrplan. Ein blühendes Vereinsleben macht sich um die Förderung des Spielzeugeisenbahnwesens verdient. Man darf vermuten, daß der Nostalgieeffekt, der von der historisierten Eisenbahn ausgeht, auf dem Kontrast älterer, sozusagen gemütlicherer Zeitnutzungszwänge gegen die ungleich schärferen Zeitnutzungszwänge beruht, denen wir technikabhängig inzwischen ausgesetzt sind. Die Eisenbahn, noch einmal, hat wie kein anderes technisches Großsystem zuerst Zeit landesweit, ja über Kontinente hinweg zur Standardzeit werden lassen, Zeitnutzungspläne in Form von Fahrplänen omnipräsent gemacht und ein Massenpublikum zur Pünktlichkeit, die auf die Minute ging, erzogen[9]. Aber wer nicht zu spät gekommen war und im Zuge saß, verfügte plötzlich über Zeit, wie sie einem zufällt, wo man nur noch abzuwarten braucht, im exemplarischen Fall aufs Ankommen, und vor der Langeweile, die uns bedroht, wo wir nichts zu tun haben als aufs Vergehen der Zeit zu warten, schützte jedermann, der nicht blöden Blickes war, der ständige Wechsel der Stadt- und Landschaften, der sich vom Zugfenster aus darbot. Demgegenüber

---

[8] Phillip S. Bagwell: The Transport Revolution from 1770. London 1974.

[9] Cf. dazu Helmut Böhme: Soziale Auswirkungen des technischen Fortschritts in historischer Perspektive. In: Hermann Lübbe (Hrsg.): Fortschritt der Technik – gesellschaftliche und ökonomische Auswirkungen. Heidelberg 1987, S. 1–27, S. 13ff.

verkehren moderne Hochgeschwindigkeitszüge über die Hälfte der Strecke hin durch Tunnels. Ihre Insassen haben die Verbindung, die im Taktverkehr stündlich besteht, in Kombination mit den Terminen ihrer Tagesagende gewählt. Entsprechend ist man, um beim fälligen Zugwechsel den eingeplanten Anschluß zu finden, darauf angewiesen, daß der Zug so pünktlich ist wie man selber. Bei technisch bedingten Verzögerungen beginnt man Minuten zu zählen, Anschlußalternativen zu kalkulieren, und man findet sich so in der Erledigung der Arbeitspensen gestört, die man sich für die fahrplanmäßigen Fahrzeiten vorgenommen hatte. Die Abfolge von Fälligkeiten hat sich temporal fließbandanalog verdichtet, und der Bummelzug, der technikgeschichtlich doch diesen Verdichtungsvorgang ausgelöst hatte, wird in der nostalgischen Rückschau zum Metonym für Formen weniger zeitnutzungsintensiver Zeitverbringung.

Das Fließband demonstriert natürlich noch drastischer als das Eisenbahnsystem technisch induzierte Zeitorganisation und die dieser Organisation entsprechenden Zeitnutzungszwänge[10]. Zivilisationskritisch gestimmte Gebildete denken hierbei an Charlie Chaplins Wettlauf mit der Zeit im Bemühen, mit steigender Fließbandgeschwindigkeit nicht zum Störfaktor im Betriebsablauf zu werden. Die Zeitnutzungstechnik vollendet sich in Chaplins „Erfindung der Eßmaschine ..., die den Arbeiter automatisch und ohne Zeitverlust füttern soll“[11]. Nostalgiefähig ist hier natürlich nichts, und zwar vor allem deswegen nicht, weil die mit der Temporalität organismischer Abläufe in der Tat unverträglichen Zeitnutzungszwänge technischer Abläufe von Automaten erledigt werden, die zur Mikrosekundenpräzision fähig sind, ohne Nervosität zu zeigen. Was man ohnehin nicht zu leisten vermöchte, wird in der Vorstellung, es wäre einem zugemutet, zum Schreckbild, und komplementär dazu formt sich das Bild einer Zeitverbringung, wie man sie illusionär sich statt dessen ersehnt. Darauf ist noch zurückzukommen[12].

Zunächst haben wir uns noch einmal mit der Expansion der Planungszeiträume zu befassen, die durch die technisch induzierte Verlängerung von Handlungsketten erzwungen wird. „How far do governments look ahead?“ – so hat man gefragt[13], und die Antwort auf diese Frage, die

---

[10] Zur Geschichte des Fließbands cf. Siegfried GIDION: Die Herrschaft der Mechanisierung. Ein Beitrag zur anonymen Geschichte. Mit einem Nachwort von Stanislaus VON MOOS. Frankfurt a. M. 1982, S. 101ff.: „Fließband und wissenschaftliche Betriebsführung“.

[11] a.a.O., S. 151.

[12] Cf. unten S. 334ff.

[13] Gerald SCHNEIDER: How far do governments look ahead? A comparative analysis of the factors contributing to the variance in the time horizons of 40 states. Frankfurt a. M. 1989.

sich, bei einigen methodischen Schwierigkeiten, empirisch gehaltvoll durchaus geben läßt, ist innerhalb einer zivilisatorischen Entwicklung, die in einer rasch wachsenden Zahl von Fällen temporal weit Entferntes bereits jetzt sicherstellende oder auch gegensteuernde Entscheidungen verlangen würde, eine überlebensrelevante Antwort. Sorgenvoll wird nicht zuletzt die wachsende Diskrepanz zwischen der Kürze der in den demokratisch organisierten politischen Systemen üblichen Wahlperioden einerseits und der Weite der Zeithorizonte andererseits konstatiert, die planungs- und handlungsrelevant uns durch die technisch-industrielle Evolution eröffnet sind. In der Tat: Was man tun muß, um wiedergewählt zu werden, will in ungleich kürzeren Fristen getan sein als das, was man tun muß, um in der Industriegesellschaft temporal weit entfernte zukünftige Lebensbedingungen zu sichern, und die Frage ist, ob die wenigen kurzen Schritte, die sich in einer einzigen Wahlperiode für Zwecke einer fernen Zukunft tun lassen, als notwendige und entsprechend zustimmungsträchtige Schritte vor der Wähleröffentlichkeit dargestellt werden können. Als naheliegende Empfehlung ergibt sich, die Wahlperioden zu verlängern. So ist man in etlichen Fällen verfahren, und in anderen Fällen hat man den Zeitraum, während dessen man innerhalb einer Wahlperiode sich nicht unmittelbar an den Erfordernissen von Wahlkämpfen zu orientieren hat, gestreckt, indem man die Termine von Wahlen zu lokalen und regional übergeordneten Wahlkörperschaften koordiniert. Die Empfehlung, der man dabei gefolgt ist, lautet: „Preventing the permanent election campaign". „The power struggle becomes less salient and the tendency to introduce policies based on inadequate temporal orientations is reduced."[14] Inzwischen wächst freilich die Menge der Gesetze ständig, die planungsrechtlich für staatliches und sonstiges öffentliches Handeln Zeithorizonte eröffnen, die weit über die Zeithorizonte von Wahlperioden hinaus reichen. Gebietsentwicklungspläne zum Beispiel erstrecken sich über mehr als zwei Wahlperioden, nämlich über zehn Jahre hinweg. Die Mehrzahl gesetzlich vorgeschriebener Planungen greift allerdings zeitlich kürzer. Sogar Politiker tadeln das und monieren diese „bescheidenen Zeithorizonte"[15].

Indessen: Wie realistisch sind Langzeitplanungen? Planung wäre mißverstanden, wenn man sie als eine Praxis der Organisation von Handlungsabläufen verstünde, die bislang chaotisch verlaufen wären. Genau umgekehrt verhält sich Planung zur objektiv rückläufigen

---

[14] a.a.O., S. 141.

[15] Christoph ZÖPEL: Wie weit kann und muß der Staat in die Zukunft sehen? In: Joachim Jens HESSE/Hans-Günter ROLFF/Christoph ZÖPEL (Hrsg.): Zukunftswissen und Bildungsperspektiven. Baden-Baden 1988, S. 13–33, S. 23.

Verläßlichkeit der Wirklichkeitsannahmen, die wir unseren zukunftsbezogenen Entscheidungen zugrunde legen müssen, kompensatorisch. Planung setzt Institutionen voraus, die Handlungsabläufen einen mit organisatorischen Mitteln einigermaßen zufallsinterventionsfrei gehaltenen und damit prognostisch einigermaßen beherrschbaren Raum verschaffen. Im trivialen, aber praktisch überaus relevanten Exempel heißt das: Einzig weil der Schienenverkehr vor dem Straßenverkehr von Gesetzes wegen Vorrang genießt, ist die Planungsfiktion eines auf Minuten fixierten Kursbuches eine in bekannten Grenzen realistische Fiktion. Planung verwandelt nicht bislang ungeordnete Abläufe in verläßliche, auf die sich nun Dritte und Vierte mit ihren eigenen Plänen einstellen können. Sie kompensiert vielmehr die mit der zunehmenden Dynamik zivilisatorischer Evolution sowie mit der Komplexität unserer zivilisatorischen Lebensvoraussetzungen objektiv abnehmende Kalkulierbarkeit dieser Grundlagen mit künstlichen Mitteln moderner Prognostik sowie der normativ-institutionellen und organisatorischen Sicherung der Voraussetzungen von Handlungsabläufen, auf die sich Dritte und Vierte auch über größere räumliche und zeitliche Distanzen hinweg mit ihren eigenen Plänen einigermaßen sollen verlassen können. Die Grenzen dieser Verläßlichkeit markieren die Grenzen, innerhalb derer sich die zivilisatorische Evolution handlungsanalog interpretieren ließe. Jenseits dieser Grenzen bleiben natürlich Handlungen, Pläne und Planrealisationen wichtigste Evolutionsfaktoren. Aber der Zivilisationsprozeß läßt sich insoweit nichtsdestoweniger nicht nach Analogie einer Planrealisation verständlich machen. Sein Verlauf hat vielmehr Evolutionscharakter, das heißt unvermeidliche Interferenzeffekte von Plänen und Handlungen, die sich überlagern, die sich stören oder auch in überraschender, also ungeplanter Weise ergänzen, wirken auf Pläne und Handlungsabläufe zufällig ein und machen den Gesamtprozeß unvorhersehbar. Um so dringlicher wird der Zwang zur Planung empfunden, und nichts ist geeigneter, die Zwecke eigenen Handelns, so weit es vom Handeln anderer abhängig ist, zu fördern als Zeitplanung, mit der wir, in Nutzung von Kalender und Uhr, Handlungen Verschiedener temporal koordinieren.

Als subjektive Handlungsprädisposition erzwingt das die sekundäre Tugend der Pünktlichkeit. Es handelt sich hierbei, wie man leicht erkennt, um eine spezifisch moderne Tugend. Ihre Abhängigkeit von einer Zivilisation, die, wie die unsrige, ohne Nutzung von Instrumenten der Zeitplanung („Kalender") und der Zeitmessung („Uhr") Handlungen sozial gar nicht koordinieren könnte, ist oft beschrieben worden. „Knowledge of the time must be combined with obedience – what social scientists like to call time discipline", wenn anders dieses „Wissen" zeitumgangspraktisch nutzbar sein soll[16]. Die Kennzeichnung der Pünktlichkeit als Sekundärtugend ist dabei sogar mißverständlich. Diese Kennzeichnung erweckt ja den Anschein, als handle es sich um eine Tugend, für die sich die kulturellen Institutionen, die für die Tugendlehre und für die Erziehung zur Tugend primär zuständig sind, Kirche und Schule also, nur beiläufig zu interessieren hätten. In Wahrheit hat man, komplementär zur wachsenden objektiven Nötigkeit der Pünktlichkeit, in den Anfängen neuzeitlicher Zivilisation alsbald Unpünktlichkeit sogar als Sünde qualifiziert - „lateness sin"[17] - und damit die neuen zivilisationsspezifischen Zeitumgangsfähigkeiten in religiöser Kultur abgesichert. Norbert Elias hat den Prozeß der Zivilisation als einen Vorgang fortschreitender Ablösung der sozial unmittelbar wirkenden Handlungszwänge in der Interaktion kleiner Gruppen durch Selbstbestimmung zum Handeln im institutionellen Rahmen organisierter großer Gruppen beschrieben. Mit der Menge und Komplexität der Sozialbeziehungen, in die man sich handelnd zu integrieren hat, wächst der Zwang zum Gebrauch von Kalender und Uhr als den Instrumenten temporaler Handlungskoordination, und es wächst zugleich der Druck der Erwartung, daß man sich nach ihnen richte[18]. Die Emphase, die in den Anfängen der modernen Zivilisation die Pünktlichkeit zur Tugend erhob, ist uns fremd geworden. Aber das ist nicht deswegen so, weil Pünktlichkeit und analoge Zeitnutzungstugenden inzwischen weniger nötig geworden wären. Es ist ganz im Gegenteil deswegen so, weil eine Verhaltensnorm emphatischer Erinnerung nicht bedarf, deren Einhaltung durch die evident mißlichen Folgen ihrer Verletzung hinreichend geschützt ist. Technische Verrichtungen wie soziale Kooperationen sind in ihrem Gelingen in unwidersprechlicher Weise von Zeitnutzungskompetenzen der Handelnden abhängig, und damit die Handelnden ihrerseits in ihrer sozialen Kooperationsfähigkeit von selbstbestimmter Einhaltung von Terminen und Fristen.

Die Zwänge, die sich aus der Zeitplanungsabhängigkeit unseres Handelns ergeben, sind ein besonders beliebtes Objekt der Zivilisationskritik. Darauf ist noch zurückzukommen[19] - auf die Berechtigung wie auf die Nonsensgehalte dieser Kritik. Vorläufig mag es genügen, noch einmal zu sagen, was die frühneuzeitliche Subsumtion der Pünktlichkeit unter

---

[16] David A. LANDES: Revolution in Time. Clocks and the Making of the Modern World. Cambridge (Mass.), London 1983, S. 3.

[17] ibid.

[18] Norbert ELIAS: Über die Zeit. Arbeiten zur Wissenssoziologie II. Herausgegeben von Michael SCHRÖTER. Frankfurt a. M. 1984.

[19] Cf. unten S. 332ff.

die Tugenden plausibel macht. Dahinter steckt weniger die Nutzung der Verbindlichkeit, die den Tugenden eignet, als Disziplinierungsmittel als vielmehr die erfahrungsgesättigte Einsicht, daß wir, pünktlich, ja doch vor allem Rücksicht auf andere nehmen und so im durchaus konventionellen Sinne moralisch handeln. Im übrigen ist dann auch hier Moral, als Praxis der Erfüllung dessen, was wir anderen schuldig sind, im Regelfall zugleich eine überaus nützliche, zumal auch uns selbst nützende Sache–: Es sind unsere eigenen Interessen und Bedürfnisse, die sich im modernen Lebenszusammenhang über Kooperationen erfüllen, die einzig als temporal koordinierte Kooperationen erfolgreich sein können. In Normallagen geordneten Zusammenlebens fällt, jedenfalls auf lange Sicht und im ganzen, das, was wir sollen, mit dem zusammen, was wir selber wünschen und möchten, und in der lebenspraktisch bewährten Evidenz dieses Zusammenfalls, der im modernen Lebenszusammenhang für pünktliche Einhaltung von Terminplänen gegeben ist, ist explizite Moralisierung der Pünktlichkeit inzwischen entbehrlich.

Mehr noch als der Kalender ist die Uhr Symbol einer Zivilisation der temporal durchorganisierten Interaktionen geworden. Anders als den Kalender trägt man die Uhr, die als Instrument der Zeitmessung die im Kalender fixierten Termine zu identifizieren erlaubt, offen, und das macht sie für sekundäre symbolische Zwecke nutzbar. Als Geschenk bei Schulabschluß oder Konfirmation symbolisierte sie früher den Eintritt in den Ernst des Erwachsenenlebens als eines auf selbstbestimmte Einhaltung von Zeitordnungen verpflichteten Lebens. Als Instrument mit spezifizierten Zeitmessungsfunktionen symbolisiert sie Professionalität, als preislich ausgewiesenes Exklusivprodukt professionelles oder sonstiges soziales Gewicht, als Luxusgut das soziale Privileg uneingeschränkter Zeitumgangssouveränität und als Modeartikel schließlich die Freiheit der Freizeit.

Im übrigen ist die Nötigkeit der Uhr sozial auch weiter verbreitet als die Nötigkeit des Kalenders. Kalender, als Instrumente der Terminplanung, werden erst bei relativ hoch individualisierten Terminabfolgen und damit temporalen Handlungskoordinationsplänen wirklich unentbehrlich. Auf eine Uhr ist aber jedermann angewiesen, der, um sich in öffentlich geltende und allgemein bekannte Handlungsabfolgen, also in öffentliche Verkehrspläne zum Beispiel, mit seinen eigenen Entscheidungen und Handlungen einfügen zu können, wissen muß, wie spät es ist. Das aber sind in modernen Lebenszusammenhängen fast alle. Entsprechend ist die Uhr in modernen Gesellschaften omnipräsent geworden, und in der Entwicklung der „world production of watches“ spiegelt sich das. In dreißig Nachkriegsjahren steigerte sie sich, im Total der wichtigsten Produktionsländer, um mehr als das

Zehnfache von gut 21 Millionen 1945 auf gut 224 Millionen im Jahre 1975[20].

Schon ihrer ungleich größeren sozialen Verbreitung wegen ist daher die Uhr besser als der Kalender zur Symbolisierung der Zeitnutzungszwänge geeignet, denen wir in der modernen Zivilisation unterliegen. Hinzu kommt, daß die kalendarisch vergegenwärtigten Zeiträume in ihrem dynamischen Aspekt allenfalls blätternd erfahrbar sind, während die Uhr den Ablauf der Zeit als Bewegung sichtbar macht, und zwar in Gestalt jener exemplarischen, normierten Bewegung einer Rekurrenz, als deren Vielfaches wir die temporale Extension faktischer Bewegungen messen. Schließlich ist, seit der Frühaufklärung, die Präzisionsmechanik der Uhr sinnfällig als Symbol für den Zwangscharakter moderner Lebensverhältnisse interpretierbar gewesen. Geschwindigkeiten lassen sich steigern, der Ablauf der Zeit aber nicht. Ihr Ablauf ist von erbarmungsloser Gleichförmigkeit wie die Bewegung des Pendels, und für die Kooperationsform der Individuen in einer Gesellschaft, die nach der Uhr lebt, scheint sich als Metapher der alternativenfreie Funktionalismus des Uhrenräderwerks anzubieten[21]. In der Tat: Soziale Beziehungen, die nach metaphorischer Maßgabe eines Uhrwerks adäquat gedeutet wären, hätten den Charakter autoritärer Systeme. Entsprechend gibt es eine Geschichte der „Ablehnung der Uhrenmetapher im Namen der Freiheit“[22], und als technische Metapher für liberale Systeme bieten sich statt dessen die „Metaphern der Waage und des Gleichgewichts“ an[23]. In der politischen Metaphorologie Großbritanniens ist diese Präferenz der Waage gegenüber der Uhr tatsächlich nachweisbar, und das scheint, schon für das 18. Jahrhundert, eindrucksvoll den tendenziellen Zwangscharakter einer zeitplanungstechnisch durchorganisierten Zivilisation voranzudeuten. Indessen: Was die Uhr als Metapher von Zwangssystemen geeignet macht, ist ja einzig ihre Mechanik und gerade nicht ihre Funktion als Instrument der Zeitmessung zu Zwecken technischer und sozialer Handlungskoordination. Zeitmessung macht Zeit verfügbar, und mit der Verfügbarkeit der Zeit, als gemessener Zeit, expandieren zugleich, technisch und sozial, unsere Handlungsmöglichkeiten. Expandierende Handlungsmöglichkeiten – das aber ist nichts anderes als der

---

[20] Cf. mit Rekurs auf dort zitierte produktionsstatistische Quellen David S. Landes, a.a.O. (cf. Anm. 16), S. 386.

[21] Zur Uhrenmetaphorik im Kontext der Uhrengeschichte cf. Otto Mayr: Uhrwerk und Waage. Autorität, Freiheit und technische Systeme in der frühen Neuzeit. Aus dem Amerikanischen von Friedrich Griese. München 1987.

[22] Cf. Mayr, a.a.O., S. 149ff.

[23] a.a.O., S. 169ff.

pragmatische Gehalt expandierender Freiheit. Das macht es plausibel, wieso just in jenen hochentwickelten technischen Zivilisationen, in denen die Uhr omnipräsent geworden ist, zugleich auch die Freiheit ihren höchsten kulturellen und politischen Kurswert erlangt hat. Daß das kein Widerspruch ist, wird zu zeigen sein.

8. Zeitgewinne und kulturelle Zeitnutzungsfolgen

8.1 Zeit als Freiheit

Die bislang vorgetragenen Schilderungen der evolutionären Dynamik unserer wissenschaftlich-technischen Zivilisation ließen sich folgendermaßen zusammenfassen. Erstens wächst in Wissenschaft und Technik die Rate der Innovationen pro Zeiteinheit, und zwar exponentiell. Das bedeutet trivialerweise, daß das Maß der Steigerung der Innovationsrate als solches den Charakter einer historischen Konstante hat. In der Tat sind auch für frühere Zivilisationsepochen evolutionäre Schübe vermessen worden, die in ihrer Dynamik der Dynamik unserer Gegenwartszivilisation durchaus analog sind. Das gilt für das Mittelalter[1], und es gilt sogar schon für die Ur- und Frühgeschichte[2]. Aber erst sehr viel später erreichte die Zivilisationsdynamik ein Ausmaß, das sie innerhalb der Lebensfrist jener drei Generationen, die sich über ihre Lebenserfahrungen unmittelbar auszutauschen vermögen, unübersehbar und nach Nutzen und Nachteil aufdringlich machte. Seit Beginn der sogenannten industriellen Revolution ist das der Fall. Seither lebt die Industriegeschichte kulturell im Bewußtsein ihrer eigenen Historizität und ist erfüllt von Fortschrittshoffnung und, komplementär dazu, von Fortschrittskritik. – Zweitens verkürzen sich mit der industriegesellschaftlichen Entwicklung fortschreitend die Fristen zwischen wissenschaftlich-technischer Innovation einerseits und ihrer wirtschaftlichen Nutzung andererseits. Die Verkürzung dieser Fristen vollzieht sich dabei nicht nur faktisch. Sie wird zum Programm, und damit folgt man, zumal unter Konkurrenzdruck, explizit Zeitnutzungszwängen. – Drittens haben die wissenschaftlich-technischen Innovationen im Kontext der Industriegesellschaft zu einem nicht unerheblichen Teil den pragmatischen Sinn, die Produktivität, das heißt die Produktionsgeschwindigkeit oder auch die pro Zeiteinheit produzierbare Gütermenge zu erhöhen. – Viertens

---

[1] Cf. dazu Lynn White: Medieval Religion and Technology. Collected Essays. Berkeley, Los Angeles, London 1978.

[2] Cf. dazu Karl J. Narr: Zeitmaße in der Urgeschichte. Rheinisch-Westfälische Akademie der Wissenschaften. G 224. Opladen 1978.

erzwingen die wirtschaftlichen Vorteile der damit erreichbaren Produktionskostenabsenkung, wiederum vorzugsweise über Zwänge wirtschaftlicher Konkurrenz, generell die Teilnahme an den einschlägigen Modernisierungsprozessen, und der Imperativ, sich auf der Höhe der Zeit halten zu sollen, gewinnt Unabweisbarkeit. – Fünftens erhöht sich mit der Menge der Produkte sowie mit ihrer Spezifikation, die in Abhängigkeit von modernen Produktionsverfahren gleichfalls dramatisch zunimmt, die räumliche und soziale Reichweite der Märkte. – Sechstens expandiert damit der Transport, und zwar ein Massentransport von Gütern und Personen, der seinerseits eine Revolution der Transporttechnologie zur Voraussetzung hat. Die wachsende distributionsbedürftige Gütermenge und überdies die Extension der Strecken im Raum, über die hin Güter zu transportieren sind, verlangt vor allem eine Steigerung der Transportgeschwindigkeit, wie sie technisch zunächst einzig im Eisenbahnverkehrssystem erreichbar war. – Siebtens verlangt die Steigerung der Geschwindigkeit des Verkehrs in Verbindung mit der Ausweitung des verkehrstechnisch erschlossenen Raumes Standardisierung der Zeit als des Mediums der Handlungskoordination und ineins damit Aufstellung und Nutzung von temporalen Handlungsablaufsagenden, von Fahrplänen zumal. – Achtens erfordert die institutionell normierte Zeit, die im Interesse gelingender Kooperation über expandierende Räume hinweg gemäß immer kleineren Zeiteinheiten berücksichtigt werden will, kulturell Veränderungen des Zeitumgangsverhaltens. Die Tugend der Pünktlichkeit gewinnt an Nötigkeit. Unpünktlichkeit bewirkt Ausschluß von sozialen Kommunikations- und Kooperationschancen, und die Instrumentarien der Synchronisierung von Handlungs- und Planungsabläufen gewinnen gemeinkulturelle Gegenwart – von der Uhr, die jedermann mit sich trägt, bis zum Terminkalender. Zeitdisziplin wird entsprechend von Norbert Elias als eine der subtilsten Folgen des Zivilisationsprozesses beschrieben[3].

Es ist verblüffend, aber ein Faktum, daß die sekundäre Tugend der Pünktlichkeit neuerdings zum Objekt harscher Zivilisationskritik geworden ist. Verblüffend ist das deswegen, weil doch in einer Zivilisation, in der wie nie zuvor Zeit als Medium der Handlungskoordination aufdringlich geworden ist, Pünktlichkeit eine Sozialtugend von herausragender Wichtigkeit darstellt. Nicht pünktlich zu sein heißt, andere warten zu lassen, und es ist nicht leicht erkennbar, was einen berechtigen könnte, wider eine Tugend zu sprechen, deren Vernachlässigung andere warten macht. Vielleicht stellt man sich vor, warten, als eine besonders

---

[3] Norbert Elias: Über die Zeit. Arbeiten zur Wissenssoziologie II. Herausgegeben von Michael Schröter. Frankfurt a. M. 1984.

unangenehme Weise der Zeitverbringung, in der man vorzugsweise aufs Vergehen der Zeit fixiert ist, sei seinerseits ein der Zivilisationskritik bedürftiger Zustand. Wieso warten wir denn aufs Vergehen der Zeit, anstatt uns in ihr gelassen zu befinden? Es ist wahr: Warten von der aufbringenden Art, das uns durch die Unpünktlichkeit anderer zugemutet wird, ist eine Lästigkeit spezifisch moderner Lebensverbringung, und die Orte, an denen wir uns befinden, wenn uns andere warten lassen, sind zumeist wenig dazu angetan, Zeit, statt als Wartezeit, als Zeit erfüllter Lebensverbringung erfahrbar zu machen. Indessen: Da doch die zivilisatorische Lage, in der wir uns befinden, sich nicht durch eine Bewußtseinsrevolution oder durch eine sonstige Operation in der Innerlichkeit der Zivilisationsgenossen ändern läßt, bleibt es dabei, daß Unpünktlichkeit den Tatbestand der Verschwendung der Zeit unserer Kooperationspartner erfüllt – jedenfalls solange wir im übrigen auf die Lebensvorzüge der modernen Zivilisation unsererseits nicht verzichten möchten. Man mag alsdann in der Einsicht in die zivilisationsspezifische Nötigkeit der Tugend der Pünktlichkeit unsere Zivilisation verfluchen, kann aber unter ihren Bedingungen schwerlich diese Nötigkeit bestreiten. Wer sich dennoch der fraglichen Tugend, unfähigkeitshalber oder trotzig, verweigert, wird in kurzer Frist die Erfahrung machen, daß er als kooperationsunfähig eingeschätzt wird. Die Kultur der Unpünktlichkeit in zivilisationskritischer Absicht bedeutet insofern Selbstausschließung von sozialen Kommunikations- und Kooperationschancen, und wer, zum Beispiel als Lehrer, jungen Menschen Pünktlichkeitsverweigerung als höhere Moral des Zivilisationswiderstands anempfiehlt, bringt somit diese um das, was den Vorzug der modernen Zivilisation ausmacht, und verurteilt sie dazu, statt des Nutzens unserer Zivilisation vorzugsweise deren Nachteil zu erfahren.

Unbeschadet der lebenspraktischen Evidenz dieser Zusammenhänge gewinnt derzeit die Zivilisationskritik als Kritik an der Temporalverfassung der modernen Zivilisation an Intensität. Inzwischen haben sogar Kirchentage die Kritik einer kulturellen Lebensform, zu der die Omnipräsenz von Uhr und Kalender gehört, zu ihrem Thema gemacht. Der evangelische Kirchentag zu Berlin 1989 stand unter dem Titel „Unsere Zeit in Gottes Händen", und ein zu diesem Titel herausgegebenes Lesebuch paraphrasiert ihn mit zeit-kritischen Reflexionen, die man für überfällig hält[4]. Die Zivilisation unter der Herrschaft der Uhr erscheint

---

[4] Alles hat Seine Zeit. Zeit-Zeugnisse. Ein Lesebuch zum Kirchentag 1989. Zum Einlesen, Meditieren, Vorbereiten. Herausgeber: RAST (Arbeitsstelle der Evangelischen Kirche von Westfalen für den Kirchentag Ruhrgebiet 1991), durch Silja BERENDSEN und Alfred BUSS. Bielefeld 1989.

als Zivilisation des universell gewordenen Zeitnutzungszwangs. Die Zeit sei „zur Ware geworden. Die Ware Zeit ist knapp am Markt. Zeitersparnis ist darum so viel wie bares Geld“[5]. Das mag man als eine Beschreibung der bekannten Austauschbarkeit von Zeit und Geld, wie sie unter Bedingungen technisch induzierter ökonomischer Zeitnutzungszwänge aufdringlich und verhaltensnormierend wird, gelten lassen. Die Technik- und Sozialgeschichte, auf die sich frühneuzeitlich schon der allbekannte Topos „Time is money“ bezog, ist wohlerforscht. Die Geltung des fraglichen Topos dauert fort, und der Anteil der Zivilisationsgenossen, die sich ihr unterworfen finden, weitet sich immer noch aus. Gleichwohl ist, zumindest in historischer Perspektive, nicht plausibel, daß damit „Zeit ihrem Heilscharakter völlig entkleidet“ sein soll[6]. Die Erfahrung der Zeitknappheit ist doch, kulturhistorisch gesehen, nicht zuletzt eine eschatologischer Erwartung entstammende Erfahrung. Gewiß ist es der Teufel, der „weiß, daß er wenig Zeit hat“[7]. Aber das heißt doch, in biblischer Orientierung, gerade nicht, daß wir, im Widerstand gegen den Teufel, komplementär zur teuflischen Eile uns in allem reichlich Zeit lassen sollen. Es heißt ganz im Gegenteil, daß wir unsererseits, um seinen Machenschaften in Erwartung des Heils zuvorzukommen, uns zu beeilen haben. Im wirkungsgeschichtlichen Resümee bedeutet das: Es sind von der Vorstellung „der Beschleunigung des Ablaufs der heilsgeschichtlichen Ereignisse der Endzeit, der die Gläubigen von Gott her ausgesetzt sind, gewaltige geschichtliche Wirkungen ausgegangen, die die ganze Menschheitsgeschichte tiefgreifend verändert haben. Erst in der Folge dieser Akzelerationsidee hat sich das Geschichtsbewußtsein der Menschen zu einem universalen, die ganze Menschheit umfassenden Geschichtsbewußtsein erweitert“[8]. Die spezifisch moderne Zeitdruckerfahrung einschließlich der technisch-ökonomisch induzierten Zeitnutzungszwänge ist unzweifelhaft eine christlich präformierte Erfahrung, so daß man nähere Erläuterungen verlangt, wenn inzwischen just zur Gelegenheit eines Kirchentages dem Kirchentagsvolk gesagt wird, die als knapp erfahrene Zeit – „jede Minute ist kostbar“ – sei eine „ihrem Heilscharakter völlig“ entkleidete Zeit.

Erläuterungen werden im zitierten Lesebuch zum Kirchentag in der Tat gegeben, aber sie überzeugen nicht recht. „Jede Minute ist kostbar“ –

[5] Alfred Jäger: Zeitgemäßer Umgang mit der Zeit. In: a.a.O., S. 8–9, S. 8.
[6] Carl Peddinghaus: Was ist los mit der Zeit? a.a.O., S. 7–8, S. 8.
[7] Off. Joh. 12, 12.
[8] Ernst Benz: Akzeleration der Zeit als geschichtliches und heilsgeschichtliches Problem. Akademie der Wissenschaften und der Literatur zu Mainz. Abhandlungen der Geistes- und Sozialwissenschaftlichen Klasse. Jahrgang 1977. Nr. 2. Mainz 1977, S. 11.

das wäre doch, sogar noch im frühen 19. Jahrhundert, als eschatologischer Aufruf hörbar gewesen[9]. Jetzt aber wird eben dieser Zeitnutzungsimperativ zivilisationskritisch verworfen, und zwar mit dem Argument, auf die Kostbarkeit der Minuten seien heute vorzugsweise diejenigen fixiert, denen zugleich „egal" sei, „was damit und darin geschieht"[10]. Auf wen oder was soll diese Beschreibung passen? Man ahnt es schon: Es handelt sich hier um ein Relikt jener Verdinglichungskritik marxistischer Provenienz, deren Quintessenz die Transformation von Gebrauchsgütern in Waren ist, für die ja in der Tat zutrifft, daß sie in ihrem Wert, der sich im Preis ausdrückt, den sie auf dem Markt erzielen, im Unterschied zum Gebrauchswert von Gütern „gegenüber den ... Inhalten ... völlig wertneutral" sind. Indessen: Die Plausibilität dieser Kirchentagskritik an der traditionsreichen, nicht zuletzt uns aus religiösen Traditionen überkommenen Lehre von der Kostbarkeit befristeter Zeit ist erschlichen. Waren – das ist wahr – sind in ihrem Marktwert gegenüber ihrem Gebrauchswert indifferent. Aber damit ist doch nichts anderes als die Banalität ausgesagt, daß sich allein am Preis nicht ablesen läßt, wofür ein Produkt, das als Ware auf den Markt gelangt ist, gut sei. Das ändert jedoch nichts an der anderen Banalität, daß ein Preis sich nur für solche Waren erzielen läßt, die auf dem Markt einen Käufer finden, und diese pflegen zu wissen, wofür ihnen, was sie kaufen, gut zu sein hat. Hier ist nichts „völlig wertneutral", und daß die wertneutrale „Warenzeit" gar zur „Weltzeit" geworden sei, ist Ausdruck einer zivilisationskritischen literarischen Attitüde, aber schlechte Phänomenologie, und daß gar die zur Weltzeit gewordene Warenzeit „wie ein imperiales Ordnungsnetz über den ganzen Planeten Erde" ausgreife und „alle Lebens- und Kulturbereiche in ihren Bann von gezählten und abgerechneten Stunden, Minuten und Sekunden" reiße[11], ist Essayistik in der schlimmen Bedeutung des Wortes, aber nichtsdestoweniger inzwischen kirchentagsgemäß, so weit Zeiterfahrungen das Thema sind.

Welche Ideale temporaler Lebensverbringung sich hinter den zitierten Expressionen verbergen, läßt ein sich anschließender Vorschlag erkennen, im Kindergottesdienst Zeit als „gnädige Gabe Gottes" erfahrbar zu machen. Hier wird zunächst zu „Spontanäußerungen" ermuntert, und zwar mittels der Zeitfreiheitsfrage, „was wäre, wenn ich allein über meine Zeit verfügen dürfte ...". Dagegen kontrastiert dann ein „Rundgespräch" über „‚notwendige' Tätigkeiten, die ‚öde' sind (Schule, Hausaufgaben,

---

[9] Zur Akzelerationsprophetie zu Beginn des Industriezeitalters cf. BENZ, a.a.O., S. 38ff.

[10] Alfred JÄGER, a.a.O. (cf. Anm. 5), S. 8.

[11] a.a.O., S. 9

Aufräumen usw.)"[12]. Das liest sich wie eine Maßgabe aus ironisch gemeinter Anleitung zum Unglücklichsein, ist aber ernstgemeint. Das muß man seinerseits ernst nehmen. Bekundungen des Zwangscharakters moderner Zeitverbringung sind ersichtlich zeitgemäß, und Zivilisationskritik ist heute nicht zuletzt Protest wider eine Zeit, die, statt als Freiheit, als Knebelung der Freiheit mittels Stundenplänen, Fahrplänen, Kalendern und Uhren erfahren wird.

Nicht nur in Lesebüchern zur Vorbereitung von Kirchentagen, vielmehr überdies in soziologischer Fachliteratur begegnet uns inzwischen Kritik der modernen Zivilisation als einer Zivilisation der Zeitenteignung. Helga Nowotny hat für die Zeit, die man komplementär dazu sich zurückerobern möchte, den schönen Namen der „Eigenzeit" populär gemacht[13]. „Heute verspüren die Menschen abermals einen eigenartigen und bislang unerhörten Wunsch: Sie wollen mehr Zeit für sich selbst" haben[14]. Wenn der zitierte Satz tatsächlich meint, was er dem unbefangenen Leser sagt, so muß man annehmen, auch früher schon hätten sich die Menschen den Wunsch gestattet, Zeit für sich selbst zu haben, und diesem Wunsch sei damals auch Erfüllung beschieden gewesen. Unsere Gegenwartszivilisation aber habe uns in Lebensverhältnisse versetzt, in der wir keine Zeit für uns selbst haben, so daß wir uns eben deswegen auf die Suche nach der verlorenen Eigenzeit begeben, was dann Zeitgenossen, die die Zeitzwänge unserer Zivilisation verinnerlicht haben, ‚unerhört' finden. Nostalgisch wird als Wahrspruch aus dem Mund von Angehörigen vormoderner Agrargesellschaften zitiert, die Uhr sei eine „Mühle des Teufels"[15]. Anders als „in Kleinbauerngesellschaften oder bei Fischern" sei unser Alltag „durch die entqualifizierte Zeit der Uhren konstituiert"[16]. Wer uns die qualifizierte Zeit gestohlen hat, ist nicht schwer zu erraten. „Knapp" werde doch „Zeit erst in dem Augenblick, wo sie mit dem Geld in Berührung kommt", und somit ist es der „Kapitalismus", der aus dem gewiß anstrengenden, aber doch zeitzwangsfreien „Werktag" vorindustrieller Lebensverbringung den entqualifizierten, uhrzeitgeregelten „Alltag" einer von den Verwertungsinter-

[12] Fia Witte, Christa Buss: Zeit sparen – Elemente für Kinder und Familiengottesdienst. In: a.a.O. (cf. Anm. 4), S. 12–18, S. 13.

[13] Helga Nowotny: Eigenzeit. Entstehung und Strukturierung eines Zeitgefühls. Frankfurt a. M. 1989.

[14] a.a.O., S. 19.

[15] So unter Rekurs auf Pierre Bourdieus Berichte übers Zeitverhältnis algerischer Landbewohner Klaus Laermann: Alltags-Zeit. Bemerkungen über die unauffälligste Form sozialen Zwangs. In: Kursbuch Nr. 41 (1975), S. 87–105, S. 90.

[16] a.a.O., S. 91.

essen des Kapitals bestimmten Gesellschaft gemacht hat[17]. – Die zitierten Sätze aus dem Essay eines bekannten Autors sind für die aktuelle Zivilisationskritik, so weit sie als intellektuelle Revolte wider die Zeitzwänge modernen Lebens auftritt, charakteristisch. Kürzen sollte man dabei freilich durch das beigegebene Moment der Kapitalismus-Kritik. Die Zeitnutzungszwänge, gegen die hier Soziologie und soziologisierende Literatur aufgeboten werden, sind ja ersichtlich nicht kapitalismusspezifisch, wenn anders damit die Insinuation verbunden sein sollte, die Alternative zum Kapitalismus und seine von einigen Geschichtstheoretikern vermutete gesellschaftsorganisatorische Nachfolgeformation, der Sozialismus nämlich, befreie uns mit der Befreiung vom Kapital auch vom kapitalistischen Zeitnutzungszwang. Wahr ist statt dessen, daß zeitnutzungsorientierte Emendation der temporalen Organisation unseres Arbeitens, Produzierens und Wirtschaftens generell industriegesellschaftsspezifisch ist und somit indifferent gegenüber dem Unterschied, den es macht, ob es sich nun um eine „kapitalistisch“ oder „sozialistisch“ formierte Industriegesellschaft handelt. Allenfalls ließe sich sagen, daß der absichtswidrig im real existierenden Sozialismus sich ausbreitende Schlendrian diesem System eine Prise jener Gemütlichkeit verliehen hat, die dem Kapitalismus abgeht. Aber die „Eigenzeit“, die man so als Folge zentralplanungsbewirkter Desorganisation gewinnt, hat bekanntlich den real existierenden Sozialismus gleichwohl nicht attraktiv machen können.

Indessen: Ob nun der Verlust an „Eigenzeit“, den die aktuelle Zivilisationskritik beklagt, speziell dem „Kapitalismus“ zuzuschreiben ist oder generell den Zeitnutzungszwängen moderner Industriegesellschaften –: Enteignung der Eigenzeit wird überall laut beklagt. Programme ihrer Rückgewinnung sind aufgelegt. Sogar die Werbung macht sich das zunutze und empfiehlt auf dem Umschlag des zugehörigen Zuckerwürfels den Kaffee, den man nehmen soll, mit der Verheißung „Et soudain le temps s'arrête“[18]. Solche Werbung wäre keine, wenn sie nicht an eine Jedermannserfahrung anknüpfte, und diese Erfahrung böte Stoff genug für eine kleine zeitanalytische Kaffeehaus-Philosophie. Aber Übertreibungen im Kulturkampf zur Rückgewinnung enteigneter Eigenzeit gibt es eben auch. Zur psychischen Normalität gehört doch Realitätsfähigkeit, und Orientierung an der Universalität jener Zeit, die es uns erlaubt, regional und sozial unser Tun mit dem Tun anderer großräumig und langfristig zu koordinieren, ist eine Bedingung dieser Realitätsfähigkeit. Insofern registriert ein Psychiater zu Recht besorgt,

---

[17] a.a.O., S. 94, 93.

[18] merkur kaffee, sucre Aarberg.

daß „es merkwürdigerweise Mode geworden" sei, „keine Uhr zu tragen, sich an Verabredungszeiten nicht zu halten" oder in anderer Weise die Verbindlichkeiten aus gemeinsamer Zeit aufzukündigen. Man habe das „als infantilen Protest gegen eine ‚Knechtschaft', die durch Terminkalender und ‚Sachzwänge' ausgeübt wird", einzuschätzen[19].

Die Reihe solcher Beobachtungen des Protests gegen den Zwangscharakter moderner Zeitverbringung ließe sich lange fortsetzen. Es ergäbe das ein eindrucksvolles Bild zeitgenössischer Zeitdruckerfahrung, und es läge in der Tat nahe zu vermuten, daß dieser Zeitdruck, so lange wir uns den Bedingungen der modernen Zivilisation unterworfen halten, objektiv und universell auf uns bedrückend wirkt. Nichtsdestoweniger sind die fraglichen Zeitzwangserfahrungen Erfahrungen von manifester Einseitigkeit. Sie verhalten sich komplementär zur Tatsache, daß Zeit in keiner Gesellschaft zuvor in wohlbestimmter Hinsicht verfügbarer war als in der modernen Industriegesellschaft. Das läßt sich anschaulich machen. Ich vergegenwärtige zu diesem Zweck Bestände der Alltagskultur, die uns allen vertraut sind. Diese Bestände machen die Normalität unseres Alltags aus, und eben deswegen sind sie, wie das Gewöhnliche und Vertraute zumeist, im Regelfall auch nicht medienberichtsfähig. Es handelt sich um Bestände, in denen sich die Vision des Romantikers Karl Marx erfüllt hat – nur scheinbar paradoxerweise vor allem im gesellschaftspolitischen Kontext des Kapitalismus –, die Vision nämlich eines endgeschichtlichen Zustands der Fülle, in dem wir unsere Tage nicht mehr notgezwungen und auch nicht mehr in hocharbeitsteiligen Tätigkeiten selbstentfremdet, vielmehr nach Erledigung beruflicher Pflichten jagend und fischend oder auch in den intellektuellen Betätigungsformen kritischer Kritiker verbringen[20].

Blüte der Alltagskultur – dieses modernitätsspezifische Phänomen mag man sich zweckmäßigerweise durch Falsifikation der Aussagen prominenter Kulturpessimisten vergegenwärtigen. Theodor W. Adorno, unter anderem Musiktheoretiker ersten Ranges und glanzvoller Kenner

---

[19] Hans Heimann: Zeitstrukturen in der Psychopathologie. In: Die Zeit. Schriften der Carl Friedrich von Siemens Stiftung, herausgegeben von Anton Peisl und Armin Mohler. Band VI. München, Wien 1983, S. 59–78, S. 59.

[20] Karl Marx, Friedrich Engels: Die deutsche Ideologie. Kritik der neuesten deutschen Philosophie in ihren Repräsentanten Feuerbach, B. Bauer und Stirner, und des deutschen Sozialismus in seinen verschiedenen Propheten. In: MEW (Marx/Engels Werke) Band 3. Berlin 1981, S. 9–530, S. 33, wo es von der zukünftigen kommunistischen Gesellschaft heißt, in ihr werde es möglich sein, „heute dies, morgen jenes zu tun, morgens zu jagen, nachmittags zu fischen, abends Viehzucht zu treiben, nach dem Essen zu kritisieren, wie ich gerade Lust habe, ohne je Jäger, Fischer, Hirt oder kritischer Kritiker zu werden".

und Liebhaber unserer musikalischen Überlieferungen, Adorno also riskierte Mitte der fünfziger Jahre die Voraussage, unsere Hausmusik werde absterben. Der Grund der düsteren Prognose Adornos war dieser: Die ständig sich steigernde Perfektion in der technischen Wiedergabe von Aufführungen aller wichtigen Werke unserer Musikliteratur werde unser Ohr allmählich in einer Weise verwöhnt machen, daß wir über kurz oder lang nicht mehr in der Lage sein würden, unsere eigenen bescheidenen häuslichen Bemühungen zu ertragen.

Das klingt plausibel. Die tatsächliche kulturelle Entwicklung demonstriert uns nichtsdestoweniger das genaue Gegenteil. Der passive, technisch ermöglichte Konsum reproduzierter Musik hat die aktive Musikausübung nicht absterben, vielmehr über alle bislang gekannten Maße hinaus zunehmen lassen. Niemals zuvor gab es so viele Kammermusikkreise wie heute. Unter unseren zahllosen Schulorchestern haben sich nicht wenige zur Tourneenreife entwickelt. Unsere Jugendmusikschulen sind der Nachfrage nach Studienplätzen gar nicht gewachsen, und während der Kirchenbesuch stagniert, wächst die Zahl der Posaunenchormitglieder. – Es wäre ersichtlich sonderbar, wollte man die Fülle des Tuns, die uns in solchen und analogen Beschäftigungen begegnen, unter den Aspekten des Zeitzwangs analysieren, dem man sich unterwirft, indem man sich zur Teilnahme an den fraglichen Aktivitäten entschließt. Es handelt sich doch dabei um schlechterdings selbstbestimmte Entschlüsse, die im temporalen Aspekt der Sache gerade nicht Zeitzwang, vielmehr Zeitsouveränität bekunden.

Ähnliches gilt auch für jene Art des Zeitumgangs, die sich alltagskulturell in der Blüte unserer Lesekultur bekundet. Wiederum war es Adorno, der Mitte der fünfziger Jahre über den Untergang der Hausmusik hinaus auch einen Verfall der Lesekultur glaubte voraussagen zu können. Das Gewicht dieser Voraussage bedarf in einer Kultur, die immerhin auf ein Buch gegründet ist, keiner näheren Begründung. Adornos Meinung war, der damals in den USA bereits beobachtbar gewordene und in Europa sich vorbereitende Fernsehmassenkonsum werde kraft seiner passivisierenden Wirkung die Menschen um die Fähigkeit bringen, sich selbst zu den intellektuellen Anstrengungen des Bücherlesens zu bestimmen. – Ersichtlich ist auch diese Prognose durch kulturstatistisch vermessene Fakten in vollendeter Weise widerlegt worden. Die Frankfurter Buchmesse, als größte Buchmesse der Welt, weist unberührt durch Einbrüche auf anderen Märkten von Jahr zu Jahr neue Rekordziffern auf – vom Absatz über den Umsatz bis zur Titelmenge. Gewiß: Der auf Bestseller getrimmte große Unterhaltungsroman, der als Äquivalent zur Fernsehunterhaltung sich empfehlen möchte, hat Schwierigkeiten. Aber alles, was der Fortbildung, ja der

Bildung dient, ist wie nie zuvor nachgefragt. Speziell gilt das auch für diejenige Literatur, auf die wir zur Steigerung unserer Kompetenzen in der Lebensverbringung jenseits der Berufssphäre angewiesen sind – von der Gartenliteratur über die Wanderbücher bis hin zu den Do-it-yourself-Unterweisungen.

Ein säuerlicher Einwand will wissen, Bücher würden heute sicherlich – das ist ja nicht zu bezweifeln – gekauft, aber eben doch nicht gelesen. Wahr ist, daß heute weitaus mehr gekauft wird als beim besten Willen gelesen werden könnte. Nichtsdestoweniger trifft nicht zu, daß heute noch Büchererwerb kulturdemonstrativen Zwecken diente. Taschenbücher, zum Beispiel, eignen sich doch für diesen Zweck gar nicht, und die nie dagewesene Verbreitung von Klassiker-Editionen ist ja vor allem eine Verbreitung in der Gestalt von Taschenbuch-Klassik. Daß mehr gekauft als gelesen wird, heißt nicht, daß weniger gelesen würde; es heißt, daß wir ineins mehr und selektiver lesen. Auf diesen Effekt modernitätsspezifischer Erhöhung der Selektivität unserer Kultur ist später noch zurückzukommen[21].

Auch der Umgang mit bildender Kunst ist zum Massenumgang geworden, und es wäre nichts als eine elitäre Attitüde, wenn man sich in der kulturtheoretischen Beurteilung dieses Vorgangs vorzugsweise durch das Nomen „Masse" im Prädikator „Massenumgang" inspirieren ließe. Die Massen, gewiß, bedrängen unsere Museen, aber die Museen ihrerseits sind in ihrer heutigen Anzahl nicht zuletzt durch den Massenzuspruch, den sie finden, legitimiert, und ohne massenhaft gelebte Zeitumgangssouveränität käme der fragliche Massenzuspruch, den die Werke der bildenden Kunst heute beim Publikum finden, gar nicht zustande. Nota bene: Was sich insoweit beobachten läßt, widerspricht zugleich einer bekannten kulturpessimistischen Diagnose Walter Benjamins. Auch wer das reiche Werk Walter Benjamins sonst gar nicht kennt, weiß seinen Satz vom zwangsläufigen Aura-Verlust des Kunstwerks im Zeitalter seiner technischen Reproduzierbarkeit zu zitieren[22]. Die Popularität dieser These lebt vom Anschein ihrer Plausibilität. In Wahrheit ist dieser Anschein ein purer Schein. Als Piper-Drucke hängen Van Gogh's Sonnenblumen in allen Jungmädchenzimmern. Verliert deswegen das Original seine Aura? Ersichtlich ist das genaue Gegenteil der Fall. Davon

---

[21] Cf. unten S. 343ff.

[22] Walter Benjamin: Das Kunstwerk im Zeitalter seiner technischen Reproduzierbarkeit. In: Das Kunstwerk im Zeitalter seiner technischen Reproduzierbarkeit. Drei Studien zur Kunstsoziologie. Frankfurt a. M. 1963, S. 7–63, S. 19: „... die Zertrümmerung der Aura ist die Signatur einer Wahrnehmung deren *Sinn für das Gleichartige in der Welt* so gewachsen ist, daß sie es mittels der Reproduktion auch dem Einmaligen abgewinnt".

war oben die Rede[23]. In Preisen ausgedrückt heißt das: Die Original-Sonnenblumen bringen heute, wenn sie denn doch einmal auf dem Markt erscheinen, Dutzende von Millionen. Ausstellungspraktisch heißt das: Nicht das nie gesehene, vielmehr das millionenfach reproduzierte Kunstwerk ist heute in seiner Originalgestalt das Objekt der Massenwallfahrten unseres modernen Museums- und Ausstellungspublikums.

Man erkennt: Adornos und Benjamins kulturpessimistische Diagnosen sind durch die reale kulturelle Entwicklung widerlegt worden, und ich möchte ein anderes Adorno-Wort nutzen, um zu erklären, wieso er unrecht behalten mußte. Gleichfalls Mitte der fünfziger Jahre hörte ich Adorno sagen, Zeit und Geld seien Maße der Freiheit. Das klang uns damals jungen Bürgern der ihrerseits jungen Bundesrepublik Deutschland, die wir uns gerade, und zwar mit einigem Nachdruck, auf den verfassungsmäßigen und politischen Boden dieser Republik gestellt hatten und das Wort „Freiheit“ mit gelindem Pathos auszusprechen pflegten, leicht zynisch in den Ohren. Was Adorno meinte, blieb nichtsdestoweniger deutlich und wichtig: Zeit und Geld sind Dispositionsfreiheitsmaße, und gemessen an diesen Maßstäben war, rechtlich und politisch gewährleistete Bürgerfreiheit vorausgesetzt, nie eine Zivilisation freier als die Zivilisation unserer modernen Industriegesellschaft.

Es erübrigt sich, diesen Bestand mit Rekurs auf unsere Sozialstatistik zu erhärten[24]. Der Lebenszeitanteil, den wir heute berufspflichtentlastet verbringen, hat sich historisch beispiellos ausgeweitet. „Freizeit“ ist ein für die Vergegenwärtigung dieses Bestandes durchaus ungeeigneter Begriffsname. „Freizeit“ –: das war berufspflichtentlastete Zeit in Epochen, in denen noch die Berufszeit in durchschnittlicher Lebensverbringung absolut dominierte. Inzwischen ist der berufspflichtentlastete Lebenszeitanteil in einer Weise gewachsen, daß er freizeitmäßig gar nicht mehr lebenssinntragend ausgefüllt werden könnte. Die Aufgabe moderner Lebensverbringung, aus Freiheit Sinn zu generieren, verlangt uns ernsthaftere Formen der Selbstbetätigung ab, als es diejenigen Lebensverbringungen sind, die wir mit dem Wort „Freizeit“ noch immer in erster Linie assoziieren.

Die Art, wie wir heute alltagskulturell Freiheit selbstbestimmt in Lebenssinn transformieren, reicht selbstverständlich weit über kulturelle Betätigungen im Sinne eines engeren Kulturbegriffs hinaus und umfaßt weitaus mehr als Museumsbesuche, Klassikerlektüre oder die mannigfa-

---

23 Cf. oben S. 104ff.

24 Exemplarische Zahlen bei Friedhart Hegner: Zur Entwicklung von erwerbsgebundener und erwerbsfreier Zeit. In: Joachim Jens Hesse/Christoph Zöpel (Hrsg.): Neuorganisation der Zeit. Baden-Baden 1987, S. 33–81.

chen Formen der aktiven oder passiven Zuwendung zur Musik. Die Schattenwirtschaft[25], zum Beispiel, gehört durchaus dazu, das heißt jene abgaben- und arbeitsrechtlich nicht geregelten wertschöpfenden Tätigkeiten, in denen, wie unsere Ökonomen schätzen, inzwischen acht bis zehn Prozent des Bruttoinlandprodukts erwirtschaftet werden – Güter also in einem Wert gegen zweihundert Milliarden Mark jährlich. Man erkennt rasch, daß zur Erklärung dieser Schattenwirtschaft, in der ja durchaus hart gearbeitet wird, der Rekurs auf den ökonomischen Faktor der Arbeitskosten, insbesondere der Lohnnebenkosten, allein gar nicht ausreicht. Auch hier sind Selbstverwirklichungsambitionen im Spiel. Das Kompetenzniveau moderner Berufe ist ständig gestiegen, und nach der klassischen Glückstheorie antiker Herkunft gewinnen wir Lebensglück nicht zuletzt in Betätigung unserer Könnerschaften. Entsprechend gering ist die Wahrscheinlichkeit, daß Menschen dauerhaft interessiert sein könnten, die Ausübung ihrer beruflichen Kompetenzen über Arbeitszeitverkürzungen immer mehr zu begrenzen und einzuschränken, und wenn just dieses tarifvereinbarungsmäßig geschieht, so muß man eben damit rechnen, daß dann die beruflichen Kompetenzen auch außerhalb der beruflichen Arbeitszeit ausgeübt und genutzt werden. Wieso sollte es auf Dauer ein Privileg bedeutender Dirigenten oder renommierter Wissenschaftler bleiben, ihre Berufstätigkeit über die Grenzen beamtenmäßiger Dienststundenverpflichtungen hinaus ausdehnen zu können?

Auch die Gartenkultur blüht wieder, und an diesem schlichten Beispiel läßt sich exemplarisch ablesen, wie sich der strukturell gekennzeichnete Bestand realisiert: Geht die Saat auf, so will sie gepflegt und bearbeitet sein, und die Tagesverbringung verläuft sinnkrisenfrei. Selbstbestimmung zu Aufgaben objektiv herausfordernder Art – das ist es. Sogar der Extremsport folgt genau dieser Pragmatik. Noch im vorigen Jahrhundert hätte der Einstieg in steile Felswände für ein Gottversuchen gegolten, und in der Tat hat ja die Sache auch ihre unfallstatistisch angebbaren Gefährlichkeiten. Ist man aber erst einmal eingestiegen – fünf Meter genügen–, so findet man sich zwingend von objektiven Erfordernissen unabweisbarer Art bestimmt, und wenn man dann nach dem Durchstieg durch die Wand auf bequemem Weg abends nach zwölfstündiger Unternehmung zurückkehrt, so findet man sich ungemein erfrischt – nicht nur wegen der frischen Luft, der man solange

[25] Zum Thema Schattenwirtschaft, das ständig an sozial- und wirtschaftspolitischer Bedeutung gewinnt, vgl., auch im Sinne fälliger Unterscheidung von Schattenwirtschaft einerseits und Schwarzarbeit andererseits, Josef Huber: Die zwei Gesichter der Arbeit. Ungenutzte Möglichkeiten der Dualwirtschaft. Frankfurt a.M. 1984.

ausgesetzt war, vielmehr wegen der elementaren Vereinfachung jener komplizierten Binnenbefindlichkeiten, die sich heute in anspruchsvollen Dienstleistungsberufen gern herausbilden. Es handelt sich um Stabilisierungen und Normalisierungen durch selbstverschaffte Anforderungen ganz elementarer Art. Der Extremsport erfüllt insoweit vor allem Funktionen eines Psychosports.

Die Fülle freiwilliger sozialer Engagements gehört in denselben Zusammenhang – die Vereine aller Art einschließlich der über 60000 Sportvereine, die allein in der Bundesrepublik Deutschland konstituiert sind[26], die mannigfachen freiwilligen Nachbarschaftshilfen, die Organisation von Altenhilfe und Kinderaufsicht, ja jede freiwillige Pendlergemeinschaft mit ihren erläuterungsunbedürftigen ökonomischen und ökologischen Vorzügen repräsentieren solche Engagements.

Vergegenwärtigt man sich diese Bestände, so wird man resistenter gegen die Argumente einer wohlfahrtsabhängigen Kulturkritik, die, statt Alltagskultur, deren Untergang im Fernsehpassivismus sich ereignen sieht. Wäre denn das Fernsehen nicht in der Tat der große Zeit- und damit Aktivitätsverzehrer? Die Statistiker sagen: Im Wochenrhythmus verbraucht Fernsehkonsum tatsächlich mehr als ein Viertel der disponiblen Zeit, während mit Lesen – Bücher, Zeitschriften, Zeitungen– knappe siebzehn Prozent ausgefüllt werden. Hält man diese Zahlen gegen unsere üblichen kulturkritischen Geneigtheiten, so sollte man finden, daß, im Durchschnitt jedenfalls, vom fernsehkonsumbewirkten Untergang der Lesekultur keine Rede sein kann. Nimmt man von den übrigen Formen sinnvoller Zeitverbringung noch Garten- und Sportaktivitäten hinzu, so überbietet der einschlägige Lebensaktivismus den Fernsehpassivismus bereits beträchtlich[27]. Wenn man überdies zubilligt, daß, in ungewissen Grenzen, der Fernsehkonsum seinerseits sinnvoll sein kann, so ergibt sich als Konsequenz die Vertretbarkeit der eingangs genannten These: die moderne Industriegesellschaft hat uns eine historisch beispiellose Blüte der Alltagskultur, und zwar als einer Massenkultur, beschert.

Es hat seine Evidenz: Die moderne Zivilisation, die in der Tat, technikabhängig, uns wie nie zuvor eine Zivilisation unter Zeitnutzungszwänge gesetzt hat und uns bei Strafe des Ausschlusses von lebenswichti-

---

[26] Cf. hierzu: Menschen im Sport 2000. Dokumentation des Kongresses „Menschen im Sport 2000“. Berlin 5.–7.11.1987. Im Auftrag des Deutschen Sportbundes herausgegeben von Karl-Heinz Gieseler, Ommo Grupe, Klaus Heinemann. Redaktion: Hartmut Becker, Ommo Grupe. Frankfurt a. M. 1988.

[27] Vgl. dazu SPIEGEL-Verlagsreihe „Märkte im Wandel“, Band 11: Freizeitverhalten. Hamburg 1983. – Diesem Bericht sind auch die exemplarisch genannten Verhältniszahlen entnommen, die die Zeitanteile unserer berufsarbeitsfreien Tagesverbringung repräsentieren.

gen Kommunikations- und Kooperationschancen nötigt, uns großräumig und langfristig mit Hilfe von Uhr und Kalender an einer normierten Einheitszeit zu orientieren, hat zugleich wie nie zuvor eine Zivilisation Zeit massenhaft verfügbar, nämlich selbstbestimmt nutzbar gemacht. Dieser Zusammenhang ist kein Mirakel. Er ergibt sich aus den Produktivitätssteigerungen industriell genutzter technischer Innovationen. Wachsende Produktivität wird ja seit langem schon, das heißt seit den Anfängen eines tief ins 19. Jahrhundert hinein zurückreichenden sozialen Fortschritts, stets nur partiell in Gestalt höherer Löhne abgeschöpft und zu einem anderen, inzwischen sogar gelegentlich größeren Anteil in Form von Arbeitszeitreduktionen. Wohlfahrt macht wachsende Lebenszeitanteile frei verfügbar, und sie stellt zugleich die Mittel bereit, auf die man vom Bücherkauf über den Jahresbeitrag zum Kleingärtnerverein bis zum Skiurlaub angewiesen ist, um Zeitfreiheit in Lebenssinn transferieren zu können. Dabei ist Zeit als Freiheit keineswegs ein Zerrspiegelphänomen von Wahlkampfbroschüren. Die fraglichen Zeitfreiheitsgewinne, die, noch einmal, ohne die Produktivitätssteigerungseffekte industriell genutzter technischer Innovationen nicht erzielbar gewesen wären, verdanken sich ja in politischer Hinsicht nicht zuletzt gewerkschaftlicher Willensbildung, die sich in Tarifverhandlungen und Arbeitskämpfen zur Geltung bringt, und solche Politik, die sich doch über Jahrzehnte hin als erfolgreich erwiesen hat, wäre nicht möglich ohne die millionenfache Massenzustimmung der Arbeitnehmer, denen sie zugute kommt. Wie ist das mit den eingangs geschilderten Klagen über die zivilisationsspezifisch fortschreitende Enteignung sogenannter Eigenzeit kompatibel? Was gilt denn nun: Freiheitsgewinn als Gewinn individuell disponibler, notwendigkeitsentlasteter Lebenszeit oder Freiheitsverlust durch enteignete Eigenzeit im Rahmen einer Zivilisation der omnipräsent gewordenen Uhr mit ihrer Zeigerweisung? Die Auflösung dieses scheinbaren Widerspruchs liegt im Faktum, daß Freiheit, und zwar gerade auch die Freiheit selbstbestimmt verfügbar gewordener Zeit, ihrerseits als Zwang erfahrbar ist.

8.2 Kulturelle und soziale Differenzierungsfolgen der Zeitfreiheit

Wie kommt es, daß eine Zeit, in der die notwendigkeitsentlasteten Lebenszeitanteile sich wie nie zuvor dehnen, zugleich wie nie zuvor eine Zeit von Klagen über Zeitzwänge und Eigenzeitverluste erfüllt ist? Es handelt sich um Zeitfreiheitsfolgen, näherhin um Folgen höchst unterschiedlicher Nutzung der Zeit, mit der so oder so umzugehen wir die Freiheit haben. Nichts macht ja Zeit, als knappe Zeit, aufdringlicher als der Kampf gegen sie in der Absicht, dem anderen vorauszusein. Dem anderen vorauszusein – das die Pragmatik des Wettkampfs, deren metaphorische Eignung zur Beschreibung unseres Daseins auf Lebensbahnen uns seit alters vertraut ist[1]. Die Eignung der Wettkampfmetaphorik zur Beschreibung von Daseinslagen setzt Anschaulichkeit der Befindlichkeitsfolgen des Wettlaufs mit der Uhr voraus – des Wettlaufs mit anderen um jenen Vorsprung von Minuten, Sekunden oder Sekundenbruchteilen, die die Uhr mißt. Man muß gar nicht Sportaktivist sein, um sich diese Anschauung verschaffen zu können. Als Fernsehkonsument kennt man aus Sportsendungen den ängstlichen Blick dessen, der noch vorn ist, zurück auf den aufholenden Konkurrenten. Auch die Mehrzahl der Überholungsvorgänge im Straßenverkehr gelten ja Zeitvorsprüngen, die im Regelfall freilich winzig sind und sich erst über Hunderte von Kilometern zu halben Stunden summieren. Die Reihe solcher Alltagsphänomene ließe sich endlos fortsetzen – von der Eile, in die wir uns durch die Aussicht auf einen günstigen Stehplatz vorn in Warteschlangen versetzen lassen, bis zur Neigung routinierter Wanderer zur Selbstprämierung, nachdem sie eine gewohnte Route in bemerkenswert kürzerer Frist als beim letzten Mal hinter sich gebracht haben. Das sind Phänomene, die die oben zitierte Kirchentagsklage[2] über die Knechtung des modernen Lebens durch die Herrschaft der Uhr zu bestätigen scheinen und die soziologischen Diagnosen progressiv verlaufender Zeitfreiheitsverluste gleichfalls, die uns dann komplementär auf die Suche nach der verlorenen Eigenzeit begeben lassen. Nicht zufällig drängt sich bei Beschreibungen unserer Lebensverbringung im Kampf um Zeitvorteile das Wort „Konkurrenz" auf, und damit steht für jeden Kulturkritiker, der mit den Traditionen der Kritischen Theorie auch nur von fern in Berührung gekommen ist, die Diagnose fest: Die Zeitzwänge der bürgerlich-kapitalistischen Konkurrenzgesellschaft wirken sich weit

---

[1] 1. Kor. 9, 24–27.
[2] Cf. oben S. 331ff.

über die Grenzen der ökonomischen Sphäre im engeren Sinne hinaus aus und penetrieren selbst noch dasjenige Leben, das wir zeitzwangsfrei kompensatorisch zu den Zwängen des Berufs- und Arbeitslebens erleben möchten.

Es ist nicht zu leugnen: Die Konkurrenz um Zeitvorsprünge prägt unser Verhalten vom Geschäftsleben bis zum Sport[3]. Aber es ist fraglich, ob es sich dabei um eine Verhaltenstypik handelt, die sich unter den Zeitzwängen der modernen Industriegesellschaft herausbildet, so daß wir, durch sie geprägt, zu zwangsfreiem Umgang mit unserer Zeit auch jenseits des Berufs- und Arbeitslebens nicht mehr fähig sind. Die Sache ist die: Die Erfahrung, daß Zeit knapp sei, intensiviert sich mit der Menge gegebener Möglichkeiten, sie zu nutzen. Es ergäbe sich eine mißleitende zivilisationskritische Optik, wenn man unterstellte, Büroangestellte, die täglich neu mit Akten konfrontiert sind, auf deren Deckel in auffälliger Rotschrift die Weisung „Eilt!" oder gar „Sofort!" prangt, bewegten sich dann eben auch, sozusagen verhaltensgestört, zu Hause noch so, als hätten sie sich jene tempostimulierende Rotschriftweisung als Hausspruch an die Wand gehängt. In Wahrheit resultiert die in der Tat unleugbare Art, in der wir heute beruflich wie außerberuflich unsere Erledigungen über ihren Zweck hinaus zusätzlich vom Zweck des Zeitgewinns mitbestimmt sein lassen, aus einer generellen Eigenschaft unserer zivilisatorischen Evolution: Die Menge der Möglichkeiten, die zu nutzen von Interesse wäre, wächst rascher als das Ausmaß disponibler, nicht bereits festgelegter Zeit, auf die wir zur Nutzung jener Möglichkeiten angewiesen wären. Produktivitätssteigerungen, das heißt technisch und organisatorisch bewirktes Wachstum der Produktion pro Zeiteinheit, werden nicht zuletzt in Zeit durch Reduktion der Berufsarbeitszeit abgeschöpft, und dieser Gewinn an disponibler Zeit hat inzwischen kulturrevolutionäre Ausmaße erreicht. Man erinnere sich an das erwähnte Diktum Adornos, Zeit und Geld seien Maße der Freiheit. Nie war entsprechend – objektiv an diesem Maßstab gemessen – eine Zivilisation freier als die unsrige. Sie verfügt wie nie zuvor eine Zivilisation über die Mittel, die uns erlauben, aus der Freiheit, die uns als Zeit eingeräumt ist, Sinn zu machen, und so geschieht es. „Blüte der Alltagskultur" – das war die oben gewählte Kennzeichnung für die kulturelle Realität, in die sich das umsetzt[4]. Blickt man auf diese Realität, so überzeugt die Anklage

---

[3] Daß der Sport, auch der Freizeitsport, selber die Struktur dessen annimmt, wovon er freisetzen soll, ist schon früh von Helmuth Plessner aufgezeigt worden. Cf. hierzu Helmuth Plessner: Die Funktion des Sports in der industriellen Gesellschaft (1956). In: Helmuth Plessner: Gesammelte Schriften X. Schriften zur Soziologie und Sozialphilosophie. Frankfurt am Main 1985, S. 147–166.

[4] Cf. oben S. 340ff.

nicht, die die Industriegesellschaft der Enteignung der „Eigenzeit" bezichtigt. Just die Industriegesellschaft ist es doch, die Individuen individuell über immer noch wachsende Lebenszeitanteile verfügen läßt, und die unleugbaren Erfahrungen bedrückender Zeitfreiheitsverluste sind nicht ausschließlich, aber zu einem erheblichen Anteil Erfahrungen aus mißlingendem Umgang mit Eigenzeit.

Das ist keine moralisierende Feststellung. Die These lautet nicht, die Voraussetzungen, von denen es abhängt, aus lebenssinnträchtiger Eigenzeit tatsächlich Sinn machen zu können, stünden jederzeit gänzlich zu unserer Disposition. Aber das ändert nichts an der Feststellung, daß die Erfahrbarkeit jener Freiheit, deren Maß disponible Zeit ist, als sinnerfüllte Freiheit vom Gelingen der Zeitdispositionen abhängt, die die Individuen tatsächlich treffen. Eben damit hat es seine Schwierigkeiten in einer Lage, in der, wie gesagt, die Menge der Optionen noch rascher als das Ausmaß der Zeit wächst, auf die wir zu ihrer Realisierung angewiesen wären. Die Freiheitsgewinne, die uns als disponible Zeit zufallen, sind außerordentlich; aber noch rascher weitet sich der Raum sinnvoller Betätigungen aus, zwischen denen wir nun in unserer Eigenzeitsouveränität zu wählen haben. Das macht verständlich, wieso ineins mit der Expansion individuell verfügbarer Eigenzeit die Klagen über den Mangel an Zeit lauter und häufiger werden. Man sähe die Sache zu oberflächlich, wenn man sie exemplarisch in jenen Formen moderner Lebensverbringung vorführen wollte, für die man auf Konsumgüter angewiesen ist. Konsum-Kritik ist bei den Moralisten der Wohlstandsgesellschaft seit langem aktuell, und diese Kritik hat ihr partielles Recht. Aber im Kontext des sogenannten Wertewandels gelten Selbstverwirklichungsideale im wesentlichen einschränkungslos; man hielte es für falsche Bescheidenheit, sich im Anmelden von Ansprüchen ans Leben zurückzuhalten, und Vorrechte in der Erfüllung solcher Ansprüche sind in einer egalitären Gesellschaft ohnehin niemandem zugebilligt. Vergleichbarkeit in der Realisierung von Lebensansprüchen ist gegeben, und entsprechend gibt es auch Konkurrenzen im Realisierungseifer.

Noch einmal: Es wäre schlechtes Feuilleton, bestenfalls Populärsoziologie, bei vergleichsrelevanten Ansprüchen ans Leben vorzugsweise an solche zu denken, die sich über den Besitz prestigeträchtiger Konsumgüter erfüllen lassen. Das Lebensanspruchsniveau der Menschen erhebt sich gerade auch in der Wohlstandsgesellschaft weit über die Konsumebene hinaus. Komplementär zur Konsumkultur, in der in der Tat der Besitz prestigeträchtiger Konsumgüter motivbildend wirken mag, gibt es längst, und zwar nicht nur subkulturell, vielmehr breitenwirksam eine Kultur des „Anti-Konsumismus" oder doch, neutraler, eine Kultur zweckrationalen Umgangs mit Konsumgütern in Orientierung an höheren Lebenszwecken. „Kommunikation" ist ein Stichwort für jene Lebenssphäre, in der sich bewegen zu können aus gutem Grund weitaus mehr gilt als Geltung kraft Verfügung über Wohlstandssymbole. Leben ist nicht zuletzt Leben mit anderen, und niemals war der Umkreis der Lebensbeziehungen, über die wir mit anderen in Verbindung sind oder sein könnten, weiter gespannt als heute. Übers Telephonnetz kommunizieren wir weiträumig mit Verwandten, Freunden und Bekannten, die auf früheren Entwicklungsstufen unserer Zivilisation in unseren Lebenskreis einzubinden und eingebunden zu halten aus technischen wie aus ökonomischen Gründen gar nicht möglich gewesen wäre. Intellektuelle mit ihrer speziellen Schätzung literarisierender Kommunikation mögen in zivilisationskritischer Absicht den kommunikativen Gehalt alltäglicher Telephongespräche mit dem Glanz und mit der Fülle publizierter oder publikationsreifer Briefwechsel vergleichen. Aber dieser Vergleich wäre unfair. Erstens war auch im Zeitalter sich entwickelnder Briefkultur der überwiegende Inhalt der Briefe für Dritte gänzlich banal, und selbst für diejenigen Briefwechsel, bei denen in literarisierender Absicht auch an Veröffentlichung gedacht war, gilt doch, daß sie nur zu winzigen Anteilen in die Literaturgeschichte einzugehen vermochten und im übrigen allenfalls als Quellen der Alltags- und Mentalitätshistoriographie von Belang sind. Zweitens destruiert das Telephon nicht die Briefkultur, sondern läßt lediglich ihren Anteil an der explosiv expandierenden Fernkommunikation schrumpfen, was in Einzelfällen nicht ausschließt, vielmehr nahelegt, Briefwechsel zu kultivieren, deren Anspruchsniveau sogar höher liegt als zuvor, nachdem, was man in solchen Fällen esoterischer Kommunikation sich brieflich mitteilt, von jenen pragmatischen Trivialitäten gänzlich frei geworden ist, die man bereits telephonisch übermittelt hatte. Drittens hat man zu respektieren, daß das Telephon massenhaft kommunikative Beziehungen herzustellen erlaubt, die ohne dieses technische Instrument mangels Kompetenz für anspruchsvollere Mitteilungsarten sich nie gebildet hätten, und es genügt, an die wachsende Zahl der Alten zu denken, um zu verstehen, was das alltagskulturell bedeutet. Als Fernsprechteilnehmer lebt man potentiell weniger einsam.

Dabei ist das Telephon ja nur ein Metonym für die uns in der modernen Zivilisation technisch wie ökonomisch eröffnete Fülle kommunikativer Möglichkeiten, hinter denen die Zeitressourcen, die man zu ihrer Nutzung benötigte, hoffnungslos zurückbleiben. Man erfährt die entsprechenden Zeitengpässe beim Versuch, die Termine im Kalender unterzubringen – als Kommunalpolitiker zum Beispiel. Politik ist ja, inhaltsindifferent beschrieben, die Praxis, für die gemeinwohlrelevanten Zwecke, die man selber in parteilicher Verbindung mit anderen repräsentiert, Zustimmung zu gewinnen, damit in den Gremien und Institutionen, die über solche Zwecke zu entscheiden haben, sich die benötigten Mehrheiten bilden können. Das erfordert Präsenz in der Öffentlichkeit, Rede und Antwort, Teilnahme an den kommunikativen Prozessen in organisierten oder ad hoc sich bildenden Gruppen. Da gibt es die Regeltermine des organisierten Parteilebens, die periodisch wiederkehrenden Sonderaktivitäten der Wahlkämpfe, Präsenz bei Empfängen mit Prominenz oder sonstigen Veranstaltungen, über die Presseberichte zu erwarten sind. Die gerade auf lokaler Ebene überaus aktiven Bürgerinitiativen brechen mit ihren irresistiblen Anforderungen unvorhersehbar in den schön geordneten Terminplan ein, und auch das unmittelbar gar nicht auf politische Zwecke bezogene lokale Vereinsleben verlangt Interessensbekundung bei seinen Festen und Feiern, und aktive Mitgliedschaften liegen als Gelegenheiten der Gemeinsinnsbekundung nahe. Man kann das ironisieren, aber nur die in der Tat vorkommenden Fälle übertriebener Geschäftigkeit geben dazu Anlaß. Bereits für den Normalfall gilt: Die Menge der Möglichkeiten, präsent zu sein, zu partizipieren und zu kommunizieren, ist weitaus größer als die Menge der Möglichkeiten, dafür Termine im eigenen Kalender unterzubringen. Selektionen sind unvermeidlich, und das Problem, diese Selektionen glücklich zu treffen, ist nicht allein eine Sache der Urteilskraft, die das Wichtigere vom weniger Wichtigen zu unterscheiden erlaubt, sondern ebenso auch eine Sache der Zeitumgangssouveränität, in der wir die Zeit zeitdruckfrei nutzen und durch den geordneten Umgang mit ihr die eigene Zeit mit der Zeit anderer koordinierbar machen und uns so kooperationsfähig halten.

Aber die Nötigkeit temporaler Selbstorganisation der Tages-, Wochen- und Jahresverbringung, deren Dringlichkeit mit der wachsenden Menge objektiv gegebener Kooperations- und Kommunikationschancen zunimmt, prägt heute nicht nur Politiker-Existenzen. Die Erfahrung dieser Nötigkeit ist inzwischen zur Gemeinerfahrung geworden, und damit auch die Erfahrung, daß die Organisation der Zeit das einzige Mittel ist, zeitsouverän zu bleiben. Die Blüte des Vereinslebens – davon war die Rede –[5] gehört zur Blüte moderner Alltagskultur, und die Vereinsaktivitäten, die als Kommunikationschancen zu nutzen der Kommunalpolitiker wohlberaten ist, fordern jedermann zur Teilnahme auf. Wer hier nicht mittut, versäumt Lebensmöglichkeiten, über die in vereinslebensferner Intellektuellen-Existenz sich zu mokieren leichtfertig wäre – vom gesundheitsdienlichen Sport bis zum Gesangsverein, der über seine Dienste für die höheren Zwecke der Kunst hinaus den Senioren auch noch im fortgeschrittenen Alter die Freuden der Gesellig-

[5] Cf. oben S. 341.

keit verschafft. Viele solcher Aktivitäten lassen sich mit Lebenssinngewinnen kombinieren, nichts tut man in solchen Zusammenhängen nur für sich selbst, als Inhaber eines jener zahllosen Vorstandsämter, die besetzt sein wollen, erst recht nicht, und wer so disponible Zeit nutzt, erfährt zugleich ihre Knappheit angesichts der wachsenden Möglichkeiten solcher Nutzung. Selektionskompetenzen sind jedermann wie nie zuvor abverlangt und vor allem die Kunst der temporalen Selbstorganisation, das heißt, metonymisch, die Kunst, einen Terminkalender zu führen.

Mit der Fälligkeit, angesichts der Fülle von Optionen Selektionen zu treffen und ineins damit Zeitabläufe individuell zu organisieren, sind aber nicht nur die Kommunikationstalentierten konfrontiert. Auch der Insichgekehrte, der weniger mit Zeitgenossen und Vereinsbrüdern als mit den Klassikern und über diese, sich bildend, mit sich selbst kommuniziert, hat heute wie nie zuvor auszuwählen, entsprechend der wachsenden Vielfalt gegebener Selbstbetätigungsmöglichkeiten sich zu beschränken und seine Zeit darauf einzustellen. Allein schon das Studium des Vorlesungsverzeichnisses, das halbjährlich die lokale Volkshochschule herausgibt, macht die Nötigkeit solcher temporaler Selbstorganisation evident und der Blick ins Rundfunkprogramm erst recht, nämlich dann, wenn man bei höheren Selbstansprüchen nicht einfach sehen und hören, vielmehr „bewußt" sehen und hören möchte. Es wäre eine begriffshistorische Spezialstudie wert herauszufinden, seit wann und in welchem kulturellen Kontext es üblich wurde, Leben, das über es selbst hinaus authentisches Leben sein soll, ein Leben zu nennen, das „bewußt" gelebt wird. Voraussetzung dessen ist jedenfalls die Konfrontation des Daseins mit einer objektiv wachsenden Fülle von Alternativen, zwischen denen man sich zu entscheiden hat, die es zu kombinieren und in dieser Kombination zu optimieren gilt und die ineins damit explizite temporale Organisation der Lebensverbringung erzwingen.

Polypragmosyne oder Konzentration: In einer Kultur objektiv zunehmender Kooperations- und Kommunikationschancen und somit gegebener Lebensalternativen und Selektionserfordernissen gewinnen Zeitverbringungsagenden die Bedeutung von Lebensleistungen, in deren Gelingen sich Lebenskunst bewährt. Zeitsouverän zu sein oder es nicht zu sein – das macht hier den Unterschied. Uhr und Kalender sind dabei nichts anderes als Instrumentarien dieser Zeitsouveränität. Sie berauben uns nicht unserer „Eigenzeit", sondern sichern sie. Wahr ist, daß auch der Umgang mit Uhr und Kalender erlernt sein will. Das geht am besten in Lebenslagen, in denen unter dem Druck einer Überfülle von Möglichkeiten und Anforderungen die fälligen Selektionen und Koordinationen deren Zeitplanung erzwingen. Der Zwang, der hier wirkt, unterdrückt nicht, sondern löst die angina temporis. Darauf beruht es, daß Vielbeschäftigte uns zumeist gelassen begegnen. Nicht wenigen Gehetzten hingegen kann man auf den Kopf zu sagen, daß sie zu wenig zu tun haben und entsprechend temporal desorganisiert immer wieder unter den Druck des unerledigt Unaufschiebbaren geraten. Im Management ist die sogenannte Managerkrankheit noch am wenigsten verbreitet.

Am meisten ist die Tugend der Zeitdisziplin denjenigen abverlangt, die im Zeitablauf ihrer Alltagstätigkeit unmittelbarer Fremdbestimmung durch anordnungsbefugte Dritte oder auch nur durch Erwartungen Dritter kaum unterliegen. Für Schriftsteller und für einen Teil der Künstler gilt das. Aber auch in etlichen Wissenschaftsberufen, die in ihrer Ausübung an selbstverwaltungsintensive Großinstitute und an die koordinationsbedürftige Tätigkeit zahlreicher Mitarbeiter nicht gebunden sind, existieren die Professoren weitgehend zeitsouverän, das heißt was sie alltäglich tun, geschieht entweder selbstbestimmt oder gar nicht. Privilegierte Berufe sind das, so möchte man meinen, und in wohlbestimmter Hinsicht ist das richtig. Gewiß: Da gibt es die unbestimmte Erwartung des Verlegers, der im übernächsten Jahr mit der Ablieferung eines neuen Buchtextes rechnet. Wer lange nichts von sich hat hören lassen, wird schließlich vergessen. Den Angehörigen akademischer Fachkommunitäten werden in der Forschung dienstaufsichtlich Tätigkeitsbeweise im Regelfalle nicht abverlangt, und Vorwürfe, allzulange keine mehr vorgelegt zu haben, haben sie sich von Vorgesetzten nicht anzuhören. Gleichwohl drohen natürlich auf lange Sicht Geltungsverluste. Die sozialen Kontrollen, denen die Angehörigen der exemplarisch genannten zeitsouverän ausgeübten Berufe unterliegen, mögen durch die angedrohten Sanktionen des Verlusts öffentlicher Geltung sogar sehr scharfe Kontrollen sein. Aber den Charakter von Kontrollen über Zeitdisziplin, Zeitumgang und Zeitnutzung haben sie schlechterdings nicht. So weit die eigene Tätigkeit nicht unmittelbar deren temporale Koordination mit der Tätigkeit anderer zur Voraussetzung hat, existiert man von Berufs wegen so, wie es sich der Arbeitnehmer in temporal weniger selbstbestimmten Berufen für die Zeit des Urlaubs erträumt, nämlich in schlechthinniger Freiheit der Zeit.

Entsprechend variantenreich sind die Tages- und Jahresverbringungen, die sich in den fraglichen Berufen tatsächlich beobachten lassen. Frühaufsteher gewinnen den Vorzug, bereits am frühen Nachmittag, wenn andere Kollegen nach der Erledigung von Routinetätigkeiten am späten Vormittag endlich dem Hauptzweck ihres Berufes sich zuwenden, ihr Tagwerk erledigt zu haben. Man kennt auch Kollegen, die exklusiv nachts zu arbeiten pflegen. Die Vorzüge dieser zur gemeinkulturell vorgegebenen Tageseinteilung komplementären Zeitnutzung sind evident: Nachts, wenn im Straßen- wie im Telephonverkehr endlich Ruhe eintritt, wird diese Ruhe für die eigene Arbeit zum Gewinn, und tags entzieht man sich der Welt in den abgedunkelten Schlafraum. Man bezahlt das natürlich mit Weltverlusten, die aber für denjenigen wenig bedeuten, der ohnehin bereits sein Leben zu einem Medium seines Fortlebens in der Nachwelt gemacht hat. – Variantenreich sind auch die Formen für die Ausfüllung von Großzeiträumen, die sich in zeitsouverän ausgeübten Berufen entwickelt haben. Es sind ja temporal extrem weitgespannte Motivationen, ohne die ein großes Werk nicht zustande kommt. Zwischen Konzept und Abschluß eines Arbeitsvorhabens liegen Jahre, und bis seine Veröffentlichung ein Echo in der Öffentlichkeit findet, vergehen nicht selten noch einmal Jahre. Wie lassen sich die Spannungsbögen tragfähig erhalten, die so viele Jahre überbrücken sollen? Die Extreme in der Beantwortung dieser Frage sind – nicht selten stilisiert – aus der Künstler- und Intellektuellen-Biographik bekannt. Der eine erledigt Tag für Tag Pensen, so daß die Kurzkapitel oder Großabsätze eines Buches sich mit Tagesdaten ihrer Niederschrift korrelieren ließen. Andere brauchen für ihre alsdann gesteigerte Produktivität jenen Zeitdruck, der schließlich, wenn man noch immer nichts täte, unerträglich würde, nachdem man so lange nichts getan hat. Noch einmal andere treiben – am besten an zwei Schreibtischen – zwei große Vorhaben gleichzeitig voran und nutzen den Wechsel als Stimulans und überraschen ihre Leser nach längerem Schweigen mit Doppelpublikationen.

So oder so: Herr seiner Zeit zu sein bedeutet, daß sich über die Tage wie über die Jahre hin die Zeiträume dehnen, in denen nichts geschähe, wenn es nicht selbstbestimmt geschähe. Der Lust temporaler Selbstbestimmung ist die Last ihres Mißlingens komplementär. Professoren kennen die Kollegen, die aus ihrem Sabbatical, das heißt aus ihrem von Lehrverpflichtungen entlasteten Freijahr oder Freisemester mit der Heiterkeit und Gelassenheit derer in den Routinebetrieb zurückkommen, denen es gelungen ist, ihr realistisch in Übereinstimmung mit der verfügbaren Zeit geplantes Arbeitsvorhaben abzuschließen, und die sich nun auf den Eingang der ersten Druckfahnen freuen können. Und sie kennen auch jene anderen Kollegen, die in leicht komischer Verzweiflung das Scheitern ihrer schönen Pläne mit dem bekannten Gang der Dinge erklären: Zunächst mußte man sich, um sich für die Arbeit zu rüsten, den ohnehin überfälligen Erholungsurlaub gönnen, und als dann alles bis hin zu den Tintenpatronen für den Beginn der Arbeit bereitlag, intervenierten unabweisbare Anforderungen, sich als Gutachter oder Berater zu betätigen, eine Einladung nach Washington oder Moskau war wirklich unabsagbar, ausgerechnet jetzt reichten fünf statt wie sonst gegen Ende eines Semester üblich, zwei Studenten ihre fertigen Dissertationen ein, und schließlich wirkte das, wie jedermann zugeben muß, tatsächlich anhaltend ungewöhnliche Wetter demotivierend. Sogar Zweifel am Sinn des Arbeitsvorhabens erhoben sich, je mehr es ins Stocken geriet, und eben diese Zweifel behinderten ihrerseits seinen Fortgang. Je deutlicher sich abzeichnete, der ursprüngliche Sinn der bewilligten Frei-Zeit werde unerfüllt bleiben, um so unausweichlicher wurden Aktivitäten der Ersatzsinnbeschaffung durch Übernahme von Vortragsverpflichtungen, von allerlei Gremienarbeit oder von Expertenrollen in Talk-Shows oder Anhörungen.

Kurz: Je zeitfreier man objektiv existiert, um so schwieriger ist es, sich subjektiv wirklich als zeitsouverän zu erweisen. Die Niveaus der Zeitumgangskultur, die die Individuen zu erreichen vermögen, driften immer weiter auseinander. Sie tun es in Abhängigkeit von sozial ungleich verteilten Faktoren dieser Kultur, wobei einige dieser Faktoren, vor allem die Wirkungen begünstigender oder, auf der anderen Seite, benachteiligender frühkindlicher Familienerziehung, nicht nur ungleich verteilt, vielmehr überdies weitgehend gleichverteilungsunfähig sind. Die kulturellen Differenzierungsfolgen der Zeitfreiheit blieben marginal, wenn die fragliche Zeitfreiheit das Ausnahmeprivileg kleiner Künstler- und Intellektuellengruppen wäre. In Wahrheit wird sie mehr und mehr zu einer gemeinen Freiheit, und ihren Nutzen und Nachteil erfahren inzwischen Millionen. Nie war der Anteil der Bevölkerung, der sich künstlerisch betätigt, größer als heute. Ungleich rascher noch als die Künstlerkommunität ist aber die Wissenschaftlerkommunität gewachsen und mit ihr der Anteil derjenigen, die in der skizzierten Weise aus eigener Erfahrung berichten könnten, wie schwer es ist, aus der Freiheit, die verfügbare Zeit bedeutet, Sinn zu machen. Jeder fünfte Angehörige eines Altersjahrgangs hält sich heute in hochentwickelten Gesellschaften bis tief ins dritte Lebensjahrzehnt hinein in den berufspflichtentlasteten akademischen Räumen auf, und wo man es für richtig hält, das Studium an Regeln einer Schuldisziplin nicht zu binden („Akademische Freiheit"), ist das Problem, im Genuß der Zeitfreiheit Zeitsouveränität auszubilden, ein Problem von Millionen. Allein schon die mehr oder weniger sinnvollen Gewohnheiten der Mediennutzung treiben die erheblichsten Kompetenzunterschiede hervor. Wer als Student nicht früh genug bemerkt, daß die Informationsangebote, die uns die Medien offerieren, nur zu sehr kleinen Anteilen sich in Orientierungsgewinne, gar in Urteilskraft umsetzen lassen und überwiegend Unterhaltungszwecken dienen, wird in den Konsequenzen des Gebrauchs, den er von seiner informationellen Selbstbestimmung macht, zum informationell Behinderten. Ihm gelingt wegen allzusehr beschnittener Tageszeitanteile, über die hin er noch Gelegenheit hat, Information, statt diffus, systematisch koordiniert und pragmatisch selektiert aufzunehmen, der Aufbau produktiver intellektueller Kompetenzen nur noch mangelhaft. Während andere arbeiten, nimmt er an diskursiven Prozessen teil, und mit der Tristesse des Lebens, die sich aus solchem intellektuellen Passivismus erzeugt, findet er sich bei jedem Blick in den Spiegel konfrontiert. Zur Information übers Weltgeschehen, als Tagesgeschehen, genügen, wie man weiß, im Regelfall fünfminütige Frühnachrichten im Hörfunkprogramm, und wer die so gewonnene Zeit für Informationsbeschaffungen nutzt, die sich, statt zu Magazinen, zu gesteigerten Kennerschaften und Könnerschaften zusammenfügen, wird für seine weniger zeitnutzungssouveränen Kommilitonen in kürzester Frist uneinholbar. Allein schon in Abhängigkeit von solchen Unterschieden in der Mediennutzungsgewohnheit nimmt daher die kulturelle Homogenität im Schüler- und Studentenmilieu ab. Das heißt freilich nicht, daß das Niveau sinke. Es heißt, daß die nutzungsabhängig erworbenen Fähigkeiten immer weiter auseinanderdriften. Entsprechend ist die richtige Antwort auf die Frage jenes älteren, schon seit etlichen Jahren aus dem Lehramt ausgeschiedenen Kollegen, ob die Studenten heute eher besser oder eher schlechter als früher seien – man höre so dieses und das–, beides sei gleichzeitig der Fall.

Aber weit über die Sonderprobleme studentischer Existenz hinaus wird heute der Lastencharakter gewonnener Zeitfreiheit in jedermanns Alltag erfahren. Die Reisebeilagen unserer Tageszeitungen betätigen sich entsprechend als Berater in der Kunst sinnerfüllungsträchtiger Urlaubsverbringung. Die Folgen mangelhafter Urlaubszeitsouveränität beschäftigen in den harmlosen Fällen die Karikaturisten und in den weniger harmlosen Fällen die Ärzte und Psychiater. In Abhängigkeit vom wirtschaftlichen und sozialen Fortschritt gilt heute für die allermeisten, daß sich die Lebenszeiträume wie nie zuvor dehnen, in denen nichts geschähe, wenn es nicht selbstbestimmt geschähe. Selbstbestimmung und Selbstverwirklichung sind allein schon aus diesem Grund unabweisbare Themen im Kontext moderner Lebensverbringung, und die Kulturkritik, die in Selbstverwirklichungsambitionen nichts anderes als moralisch dekadente Selbstbezogenheit zu erkennen vermag, verkennt die Zeit-Verfassung der modernen Kultur, die uns objektiv jener Freiheit, deren Maß die Zeit ist, und damit der Notwendigkeit ausgesetzt hat, sie, subjektiv, selbstbestimmt in Sinn zu verwandeln. Vorherrschendes Zeit-Problem ist insoweit nicht, daß wir unserer „Eigenzeit" beraubt wären. Es ist vielmehr die Zeitsouveränität, die uns der Umgang mit überreichlich verfügbar gewordener Eigenzeit abverlangt. In Abhängigkeit von ungleich verteilten, ja partiell gleichverteilungsunfähigen individuellen und sozialen Faktoren, welche die jeweils erreichten Grade der Zeit-Souveränität bestimmen, nimmt daher mit wachsender Zeitfreiheit zugleich die kulturelle Vielfalt der Formen ihrer Nutzung zu. Nicht in eine „Massengesellschaft" hinein führt uns kraft ihrer temporalen Verfassung die moderne Kultur, vielmehr in eine Gesellschaft der wachsenden Mannigfaltigkeit von Lebensstilen, die sich nicht zuletzt in Abhängigkeit von individualisierten Zeitnutzungsformen herausbilden.

Das Massengesellschaftstheorem hatte seine Konjunktur in der Zwischenkriegszeit. Man erinnere sich an die Massengesellschaftsanalyse Ortega y Gassets[6] oder auch an die analogen Analysen von Karl Jaspers in seinem berühmten Göschen-Bändchen „Zur geistigen Situation der Zeit"[7]. Auf Relikte dieses Massengesellschaftstheorems stößt man bis heute. Sie gewinnen ihre Scheinplausibilität aus den in der Tat stupenden quantitativen Dimensionen kultureller Betätigungen in selbstbestimmter Eigenzeitnutzung. Allein im westlichen Teil Deutschlands sind mehr als zwei Dutzend Millionen Sportaktivisten vereinsmäßig organisiert[8]. Wer in der Esoterik seiner Intellektuellen-Existenz dem organisierten Sport fernsteht, neigt dazu, solche Zahlen kulturkritisch unter reichlicher Verwendung der Wörter „Masse" oder „Vermassung" zu kommentieren. Erinnerungen an Fernsehbilder überfüllter Fußballarenen stellen sich assoziativ ein, und komplementär dazu scheinen menschenleere Cities zur Austragungszeit von Pokalspielen nationaler Bedeutung dieselbe Massenhaftigkeit kumulierter Freizeitnutzung zu belegen. Dem muß man nicht widersprechen wollen. Dennoch ist damit das Massengesellschaftstheorem nicht bestätigt. Das wird evident, wenn man sich vergegenwärtigt, was es denn über den Fußball hinaus, den zu schätzen oder nicht zu schätzen im übrigen vollkommen beliebig ist, im Sport außerdem noch gibt. Die Millionenzahl der Sportvereinsmitglieder ist in Vereinen organisiert, deren Zahl allein in Westdeutschland über fünfzigtausend beträgt. Und diese Zahl repräsentiert gerade nicht „Vermassung", vielmehr massenhaft genutzte Möglichkeiten, etwas anderes als der andere zu tun – vom Extremklettern übers Golfspiel bis hin zur historisierenden Reaktivierung regionalistischer Sport-Folklore. Wer schon vor dreißig Jahren Golf spielte, wird freilich über die heutige Expansion dieser bislang oberklassenspezifisch gewesenen sportlichen Zeitfreiheitsnutzung die Nase rümpfen, und abermals wird von „Vermas-

---

6 Zuerst 1929 publiziert, deutsch unter dem Titel „Der Aufstand der Massen" 1931 u.ö.

7 Karl Jaspers: Die geistige Situation der Zeit. Berlin, Leipzig ^{2}1939, bes. S. 25ff.

8 Über den Sport in der Kultur der Gegenwart einschließlich seiner wichtigsten Organisationsformen berichtet in Kurzform Ommo Grupe: Menschen im Sport 2000. Von der Verantwortung der Person und der Verpflichtung der Organisation. In: Karl Heinz Gieseler, Ommo Grupe, Klaus Heinemann (Hrsg.): Menschen im Sport 2000. Schorndorf 1988, S. 44–66.

sung" die Rede sein. Es handelt sich aber in Wahrheit um Konsequenzen der Massenpartizipation an differenzierten Formen selbstbestimmter Nutzung expandierender Zeitfreiheit in Wohlstandsgesellschaften. Selbst der Wunsch, in kleinen Gruppen von Subjekten mit seltenen Eigenschaften unter sich zu bleiben, der Wunsch nach Exklusivität also, bleibt in der sogenannten Massengesellschaft uneingeschränkt bedienbar. Man kann nach Belieben Sportvereine nach dem Clubprinzip organisieren. Notfalls fungieren exorbitante Beitritts- oder Beitragssummen als Exklusionsprinzip. Überdies sind der Suche nach sportlichen Betätigungsformen, die in ihrer Exklusivität durch Publizitätsferne geschützt sind, keine Grenzen gesetzt und den Möglichkeiten, das, was jedermann tut, für Kenner erkennbar feiner zu tun, ohnehin nicht[9].

Wer die unleugbaren Differenzierungen in der aktuellen Sportkultur für ungeeignet hält, das Massengesellschaftstheorem zu widerlegen, wird freilich auch in Bereichen, die er, anders als möglicherweise den Sport, unzweifelhaft der Hochkultur zurechnet, auf analoge soziale Gesetzmäßigkeiten stoßen. Wir kennen doch das Museum als den Ort der Darstellung und Verwahrung der anspruchsvollsten und differenziertesten Werke menschlicher Kunst. Aber auch das Kunstpublikum ist inzwischen zum Massenpublikum geworden. Der Anteil der Bevölkerung, der an höherer Bildung partizipiert, die für anspruchsvolle Kunst aufgeschlossen macht, wächst ständig, die moderne Kunstpublizistik wendet sich an Millionen, und Millionen verfügen über die Zeit, ohne deren Nutzung in Zuwendung zur Kunst sich ein dauerhaftes Kunstinteresse nicht ausbilden könnte. Das setzt sich in die Millionenzahl der Museumsbesucher um, und die Kulturstatistik belehrt uns, daß es sich hier um Massenbewegungen handelt, die in ihren quantitativen Dimensionen die analogen Erscheinungen auf dem Gebiete des Sports noch bei weitem überbieten[10]. Wahr ist, daß es uns die Besucherströme, die sich heute in die großen Museen der Welt ergießen, immer häufiger unmöglich machen, uns den großen Werken der Kunst in angemessener Weise zuzuwenden. Die Verweildauer verkürzt sich mit der zunehmenden Geschwindigkeit jenes Stromes, ohne die die wachsende Besuchermenge den Querschnitt der Besucherkapazität des Museums nicht mehr

---

[9] Das Prinzip der sozialen Exklusion durch Ausbildung von Finesse hat schon um die Jahrhundertwende Veblen beschrieben. Cf. Thorstein VEBLEN: Theorie der feinen Leute. Eine ökonomische Untersuchung der Institutionen. München 1971, S. 141f.

[10] Zu den massenkulturellen Aspekten des Musealisierungsprozesses cf. meinen Aufsatz „Der Fortschritt und das Museum", in: Hermann LÜBBE: Die Aufdringlichkeit der Geschichte. Herausforderungen der Moderne vom Historismus bis zum Nationalsozialismus. Graz, Wien, Köln 1989, S. 13–29.

passieren könnte. Das alles ist längst zum Karikaturistenstoff avanciert, und die Konservatoren, die sich über die Auswirkungen der Massenausdünstungen des Museumspublikums auf die Kunstwerke Sorgen machen, beschäftigt es auch. Unwahr bleibt nichtsdestoweniger, daß mit der Massenzuwendung zur Kunst auch der Kunstgeschmack als homogener Massengeschmack auf das niedrigste Anspruchsniveau herabsinken würde. Statt dessen gilt auch hier die Regel, daß mit der sozialen Expansion von Partizipationschancen, zumal über Zeitfreiheitsgewinne, die Anspruchsniveaus des Gebrauchs, den die Massen davon machen, sich ausdifferenzieren. Es ist dem modernen Begriff des Klassischen[11] adäquat, daß vor allem die klassischen Museumsbestände im Zeitalter gemein gewordener höherer Bildung in ihrer Kraft der Massenattraktion wirksam werden. Als noch attraktiver hat sich freilich inzwischen die sogenannte Klassik der Moderne erwiesen. Aber die hochraffinierten Formen kennerschaftlichen Kunstinteresses finden eben auch ihre esoterischen Betätigungsmöglichkeiten in Galerien und Museen für Spezialisten, und zwischen Avantgardekunst und Hotelbildmalerei, die Adorno, wie zitiert, fälschlich für eine Alternative hielt, entwickelt sich, was sich just dieser Alternative nicht fügt, und die ihm zugewandten höchst disparaten Interessen des Publikums entwickeln sich komplementär dazu. Was gibt es da? „Neo-Naive, keineswegs magisch orientierte Trompe-l'oeil-Spezialisten, deren Kunst Zeuxis würde erblassen lassen, Aussteiger aus expressionistischer Schule, in deren vollendeter Seitenzweigskunst eine ganze Regionalkultur sich affirmationsunverdächtig wiedererkennt[12], auch die Kunst, die im Zeitalter autonomer Kunst, unverdrossen sich bindet, unverändert als selbstverständlich nicht unveränderte Kirchenkunst etwa, als Parteikunst sogar, die wider den Stachel lökt, ja als Hofmalerei, für die in freien Lebensverhältnissen ein Motiv, wider den Stachel zu löken, nicht erkennbar ist" – so habe ich die Pluralisierungsfolgen der kulturellen Evolutionsdynamik für Kunstproduktion wie Kunstgeschmack in anderen Zusammenhängen charakterisiert[13], und die höchst unterschiedlichen Formen der Nutzung moderner

---

[11] Cf. oben S. 112ff.

[12] Cf. dazu exemplarisch Harald SCHEICHER: Werner Berg. Seine Kunst, sein Leben. Klagenfurt 1984. Mit dem einleitenden Essay von Wieland SCHMIED: Der Fall Werner Berg, a.a.O., S. 7–13. – Ferner: Grete LÜBBE-GROTHUES: Zeit-Bilder? In: WB 70. Für Werner Berg. Sonderausgabe der Schriftenreihe KONTUR (Hrsg.: Heimo KUCHLING). Wien 1970, o.S.

[13] In meinem Aufsatz „Historisierung und Ästhetisierung. Über Unverbindlichkeiten im Fortschritt", in: Hermann LÜBBE: Die Aufdringlichkeit der Geschichte. Herausforderungen der Moderne vom Historismus bis zum Nationalsozialismus. Graz, Wien, Köln 1989, S. 46–63, S. 63.

Zeitfreiheit, ohne die sich Geschmack gar nicht bilden ließe, wirken zusätzlich differenzierend.

Analoge Differenzierungsfolgen individualisierter Zeitfreiheitsnutzung ließen sich über die exemplarisch genannten Bereiche des Sports und des Kunstinteresses hinaus auch in vielen anderen Bereichen unserer kulturellen Gegenwart nachzeichnen – von der Gesundheitskultur bis zu den außerberuflichen wertschöpfenden Tätigkeiten in der Schattenwirtschaft[14] und von der Lesekultur bis zu den mannigfachen Formen der Wahrnehmung politischer Mitwirkungsrechte. Es wäre freilich gesellschaftstheoretisch unabgedeckte Individualitätsromantik, wenn man die zeitautonome Selbstbestimmung, zu der das Individuum sich in der modernen Gesellschaft freigesetzt findet, mit der Freiheit verwechselte, die man sich mit gesellschaftlicher Autarkie verbunden denkt. Gewiß gibt es gesellschaftliche Verhältnisse, auf die Helmut Schelskys Alternative „Der selbständige und der betreute Mensch“[15] paßt. Im Regelfall ist jedoch das zur Kultur seiner Individualität (Selbstverwirklichung) zeitfrei gesetzte Individuum gerade nicht das auf soziale Sicherheiten und Sicherungen nicht angewiesene Individuum. Es ist ganz im Gegenteil das Individuum, das die Leistungen des modernen Sozialstaats im vollen Umfang in Anspruch nimmt und einzig deswegen über jene Zeitfreiheit verfügt, in die sich expandierende Urlaubsansprüche, gewerkschaftliche Fünfunddreißig-Wochenstunden-Kampagnen und sinkende Pensionierungsgrenzen umsetzen[16].

Die Kulturkritik als Kritik der sogenannten Massengesellschaft erweist sich als das Resultat einer Verwechslung. Sie verwechselt das quantitative Wachstum kultureller Betätigungs- und Partizipationschancen, das für die moderne Gesellschaft tatsächlich charakteristisch ist, mit unaufhaltsamer Vorherrschaft des Massengeschmacks auf seinem geringsten Niveau. Wahr ist, daß auch der Massengeschmack sich in der modernen Zivilisation ungeniert zur Geltung bringt und die Nachfrage auf expandierenden Märkten steuert. Unrichtig ist, daß die Konkurrenzeffekte dieser Märkte die Produktion zur Bedienung höherer Ansprüche ruinierten. Wieso gerade die sogenannte Massengesellschaft ineins die Gesellschaft fortschreitender Individualisierung sei – das hat Georg

---

[14] Cf. hierzu Josef Huber: Die zwei Gesichter der Arbeit. Ungenutzte Möglichkeiten der Dualwirtschaft. Frankfurt am Main 1984.

[15] Helmut Schelsky: Der selbständige und der betreute Mensch. Stuttgart 1976.

[16] Über den Zusammenhang von kultureller Individualisierung und sozialer Sicherheit cf. Wolfgang Zapf, Sigrid Breuer, Jürgen Hampel, Peter Krause, Hans-Michael Mohr, Erich Wiegand: Individualisierung und Sicherheit. Untersuchungen zur Lebensqualität in der Bundesrepublik Deutschland. München 1987, bes. S. 16ff.: „Die Pluralisierung der Lebensstile“.

Simmel bereits Ende des vergangenen Jahrhunderts folgendermaßen plausibel gemacht: „Die Ströme der modernen Kultur ergießen sich in zwei scheinbar entgegengesetzte Richtungen: einerseits nach der Nivellierung, der Ausgleichung, der Herstellung immer umfassenderer sozialer Kreise durch die Verbindung des Entlegensten unter gleichen Bedingungen, und andererseits auf die Herausarbeitung des Individuellsten hin, auf die Unabhängigkeit der Person, auf die Selbständigkeit ihrer Ausbildung. Und beide Richtungen werden durch die Geldwirtschaft getragen, die einerseits ein ganz allgemeines, überall gleichmäßig wirksames Interesse, Verknüpfungs- und Verständigungsmittel, andererseits der Persönlichkeit die gesteigertste Reserviertheit, Individualisierung und Freiheit ermöglicht"[17]. „Mannigfaltigkeit und Ungleichartigkeit", absinkende kulturelle Homogenität hatte bereits früher Herbert Spencer als Charakteristikum der Evolution moderner Gesellschaften in unermüdlichen Wiederholungen herausgearbeitet[18]. Der Beitrag, den zu diesem kulturellen Differenzierungsprozeß die hochindividualisierte Nutzung wachsender Zeitfreiheit leistet, war in diesem Kapitel das Thema.

---

[17] Georg SIMMEL: Das Geld in der modernen Kultur (1896). In: Georg SIMMEL: Schriften zur Soziologie. Eine Auswahl. Herausgegeben und eingeleitet von Heinz-Jürgen DAHME und Otthein RAMMSTEDT. Frankfurt am Main 1983, S. 78–94, S. 83. – Grundlegend auch die frühe Arbeit von Georg SIMMEL: Über sociale Differenzierung. Sociologische und psychologische Untersuchungen. Leipzig 1890.

[18] Cf. exemplarisch Herbert SPENCER: Die Principien der Sociologie. Autorisierte deutsche Ausgabe. Nach der zweiten englischen Auflage übersetzt von Dr. B. VETTER. III. Band. Stuttgart 1889, S. 722.

9. Erlebte und gemessene Zeit

9.1 Subjektive und objektive Zeit

In der modernen Zivilisation unterliegen wir wie nie zuvor Zeitnutzungszwängen, und wir machen Erfahrungen der Verknappung von Zeit. Komplementär dazu expandieren Zeitfreiräume, in denen nichts geschähe, wenn es nicht selbstbestimmt geschähe. Oft genug geschieht daher in den Zeiten, die wir zeitfrei verbringen, auch nur sehr wenig, und mehr als Eigenzeitmangel drückt uns mangelhafte Zeitumgangskompetenz. So oder so gewinnt die Zeit an Aufdringlichkeit. Die Erfahrungen des Umgangs mit ihr spezifizieren sich aus – individuell, professionell, nach Schichtenzugehörigkeiten und nach sonstiger Positionalität in der zivilisatorischen Evolution. Die traditionsreiche Moralistik lebensdienlicher Zeitumgangsregeln (zum Beispiel „carpe diem"[1]) wird fortgebildet, auf die speziellen Erfordernisse des Lebens in der modernen Zivilisation umgestellt, pädagogisiert und verwissenschaftlicht und zu Schulungs- und Trainingsprogrammen operationalisiert. Dienstleistungsunternehmen offerieren „Zeitmanagement-Beratung"[2]. Vollständigkeitshalber schreckt man bei solcher Beratung auch vor Empfehlungen nicht zurück, die angesichts längst alltäglich gewordener Zeitumgangspraxis Banalitäten sind („Ein Zeitplanbuch sollte in die Jackentasche passen, so daß man es immer bei sich tragen kann."). Andere Auskünfte hingegen, die uns moderne Zeitumgangsberater geben, sind weniger trivial. Für die Auskunft, „daß Zeitmanagement vor allem der Kommunikation dient", gilt das[3]. Hier fühlt man sich an die Einsicht von Norbert Elias erinnert, daß Pünktlichkeit als Tugendbedingung der temporalen Koordination unserer Handlungen mit den Handlungen entfernter anderer immer wichtiger wird und daß somit die modische Abqualifikation dieser Zeittugend als „repressiv" objektiv den Tatbestand der Ermunterung zu

---

[1] Horaz, Carmina I,11.

[2] Joseph Schmidt: Sinn und Unsinn moderner Zeitmanagement-Beratung. Frankfurter Allgemeine Zeitung Nr. 131 (Dienstag, 10. Juni 1986), B 2.

[3] ibid.

Verhaltensweisen erfüllt, durch die wir uns in der modernen Zivilisation unserer Kommunikationschancen berauben würden[4]. Der Schadens- und Leidensdruck, unter den man heute gerät, wenn man es versäumt, sich zeitsouverän zu machen, muß tatsächlich sehr erheblich sein. Sonst bliebe unverständlich, wieso Zeitumgangsschulen in Zeitungsannoncen glauben mit der Verheißung wirksam werben zu können, man werde „in zwei Tagen“ „Streß und Zeitnot vermeiden“ lernen und so das ‚ganze Leben in den Griff bekommen‘[5].

Einige der Lebensregeln aus der Tradition der Zeitnutzungsmoralistik haben sich als klassisch, das heißt als in hohem Maße alterungsresistent erwiesen. Für die bis heute meistzitierte dieser Regeln – das „carpe diem“ des Horaz – gilt das. Andererseits verbirgt sich, wie man leicht erkennt, hinter der topischen Identität der immer wieder zitierten Regel eine mit der Geschichte unserer Zivilisation korrelierende Rezeptionsgeschichte. Es bedarf keiner hermeneutischen Finesse, um zu bemerken, daß das fragliche Horaz-Zitat, wenn es im Ambiente eines Unternehmerforums, das unter anderem der Fortbildung von Firmenmitarbeitern dient, auftritt[6], die frühkapitalistische Entdeckung der Äquivalenz von Zeit und Geld zur Voraussetzung hat, während Horaz, wie jeder Gymnasiast sich erinnert, statt zur Arbeit zum Genusse der Gegenwart angesichts der Ungewißheiten des morgigen Tages aufrief.

Gleichwohl könnte auch die Suche nach anthropologischen Konstanten im Lebenssinngehalt der Zeitnutzungsimperative aus der Tradition der Moralistik erfolgreich sein. Aristoteles ist der Klassiker der Lehre vom Glück als einer nicht direkt intendierbaren Befindlichkeitsnebenfolge der Betätigung unserer spezifisch menschlichen Könnerschaften[7]. Bei Aristoteles selbst war natürlich die Könnerschaft in der Praxis der Theorie in besonderer Weise ausgeprägt, und dazu will der spätantike Bericht passen, er habe, um dem Schlaf nicht einen über Gebühr großen Lebenszeitanteil zu Lasten glückströchtiger Theorie-Praxis einzuräumen, philosophierend eine Kugel in der Hand gehalten, die beim Einnicken auf schepperndes Metall fiel und so den Denker in die

---

[4] Cf. oben S. 330ff.

[5] Zum Preis von „DM 900.– inkl. MwSt. und Seminarunterlagen“ – gewiß ein geringer Preis in Relation zu den außerordentlichen Dimensionen des versprochenen Lebensgewinns (Frankfurter Allgemeine Zeitung. Wirtschaft. Nr. 184 (Dienstag, 12. August 1986), S. 13).

[6] So im Unternehmerforum Lilienberg in Ermatingen/TG.

[7] Zur antiken Theorie des Glücks und ihrer Wirkungsgeschichte cf. den Sammelband von Günther Bien (Hrsg.): Die Frage nach dem Glück. Stuttgart/Bad Cannstatt 1978.

Tätigkeit des Denkens zurückversetzte[8]. Aus dem Blickpunkt aktueller Kritik an unserer modernen Zeitumgangskultur, der heute wie in einem Akt zur Wiedergutmachung des kulturgeschichtlichen Beitrags, den die Reformation zu dieser Zeitumgangskultur geliefert hat[9], ganze evangelische Kirchentage gewidmet sind[10], erscheint uns die anekdotisch überlieferte Aristotelische Alltagslebenskunst als üble Minutenschinderei. Näher läge aber wohl eine andere, gleichfalls spezifisch moderne Rezeption der fraglichen Aristoteles-Anekdote. Hochentwickelt ist doch inzwischen die Technik des Sekunden-Schlafs. Sie zu erlernen wird man heute in allerlei Lebenshilfekursen psychagogisch elaboriert angeleitet. Manager und Angehörige anderer unter Zeitnutzungsimperativen stehender moderner Berufe offenbaren als Geheimnis ihrer Gelassenheit die Entspanntheit, in die in der Tat der Sekundenschlaf uns zu versetzen vermag, und nichts steht entgegen, das in die Aristoteles-Anekdote hineinzulesen.

Daß wir in der Erfahrung des Schlafes eine Vorerfahrung des Todes machen, wird uns seit alters gelehrt. Entsprechend liegt es nahe, Schlafverkürzung als Mittel der Lebensverlängerung zu nutzen. Was Napoleon in dieser Absicht erreichte, gehört zu den konstanten Elementen in der Bewunderung dieses Mannes[11]. Diese Kunst, das Leben auf Kosten des Schlafs zu verlängern, ist inzwischen psychotechnisch erprobt und steht als erlernbare Kunst zur Verfügung. In spezifisch modernen Lebenslagen, in die sich noch vor wenigen Jahrzehnten kein Mensch freiwillig begeben hätte, ist die Beherrschung dieser Kunst sogar lebenswichtig – zum Beispiel bei Seglern während Solo-Überquerungen der Ozeane. Über Stunden hin zu schlafen ist hierbei nicht möglich. Also segelt man ständig mit kleinen Unterbrechungen von Kurzschlafstrecken, die sich für die Dauer des Tages gesamthaft zu den bekannten Napoleonischen fünf Stunden summieren. An der Universität Boston, so wird berichtet, prüft man inzwischen die Frage, ob diese Methode Ärzten

---

[8] Diogenes LAERTIUS: Leben und Meinungen berühmter Philosophen. Buch I–X. Aus dem Griechischen übersetzt von Otto APELT. Unter Mitarbeit von Hans Günter ZEKL neu herausgegeben sowie mit Vorwort, Einleitung und neuen Anmerkungen zu Text und Übersetzung versehen von Klaus REICH. Hamburg ²1967, S. 248.

[9] Gemäß den insoweit längst populär gewordenen historisch-soziologischen Analysen von Max WEBER: Die protestantische Ethik und der Geist des Kapitalismus. In: Max WEBER: Gesammelte Aufsätze zur Religionssoziologie. Tübingen ⁵1963, S. 17–206. S. 31, 54, 167ff.

[10] Siehe oben S. 331f.

[11] Cf. zum Beispiel Jacob PRESSER: Napoleon. Das Leben und die Legende. Stuttgart 1977, S. 85, oder auch Eugen TARLÉ: Napoleon. Berlin 1959, oder David CHANDLER: Napoleon. Bergisch Gladbach 1978, S. 9.

und Angehörigen anderer arbeitsintensiver Berufe helfen könnte, länger wach und aufmerksam zu bleiben. Als Klassiker dieser Lebenskunst wird kein Geringerer als Leonardo da Vinci zitiert, dessen singuläre Produktivität nicht zuletzt der legendären Fähigkeit zu verdanken gewesen sein soll, vierstündige Arbeit jeweils mit viertelstündigem Schlaf ausgleichen zu können. Zeitgemäßes Feuilleton entsteht aus solchen Berichten über den Zusatzbericht, ein italienischer Gegenwartskünstler habe den zunächst durchaus erfolgreichen Versuch, Leonardo nachzueifern, nach sechs Monaten frustriert aufgegeben – zermürbt durch die Erfahrung, den Herausforderungen leonardoadäquater Nutzung der gewaltigen Zeitgewinne künstlerisch nicht gewachsen zu sein[12]. Für die Millionenzahl der Schlafgestörten[13], die Schlafverkürzung nicht als Lebenszeitgewinn, sondern als schwerwiegende Minderung der Qualität ihres Lebens erfahren, müssen solche Techniken tätigkeitsorientierter Schlafzeitverkürzung natürlich bitter, ja zynisch wirken. So oder so: Auch die Formen gelingender oder mißlingender Rhythmisierung und Anteilsverteilung von Schlafzeit und Wachzeit scheinen sich in Abhängigkeit von ungleich verteilten Faktoren dieses Gelingens oder Mißlingens fortschreitend auszudifferenzieren. Es bestätigt sich abermals: Zeitnutzungszwänge, ob auf knappe oder auf freie Zeit bezogen, mehren individuell wie schichtenspezifisch, nach beruflichen und sonstigen Tätigkeiten die Inhomogenität moderner Gemeinkultur.

Die Erfahrung, daß gelingende Zeitnutzung lebensverlängernd wirke, ist eine menschliche Gemeinerfahrung. Die hier gemeinte Lebensverlängerung läßt sich natürlich nicht objektiv-chronologisch messen, wenn es auch aus anderen Gründen eine gewisse Wahrscheinlichkeit hat, daß einem tätig-sinnerfüllt verbrachten Leben der gesundheitsdienlichen Bedeutung solcher Lebensverbringung wegen einige zusätzliche Lebensjahre zufallen. Lebensverlängerung durch Zeiterfüllung – sie ist manifest in der Erfahrung, daß sich im Rückblick auf tätig verbrachte Lebensjahre

---

[12] Gemäß einer Nachricht in der Neuen Zürcher Zeitung vom 15.8.1990, S. 61: „Leonardo da Vincis Geheimnis". – „Er hasste den Schlaf ...", berichtet Richard FRIEDENTHAL: Leonardo. Eine Bildbiographie. München, Zürich 1983, S. 65, und S. 63 wird Leonardo selber zitiert mit dem Satz „Lieber Tod als Müdigkeit" – in anderen biographischen Berichten wird freilich Leonardo nicht als rigoroser und konsequenter Zeitnutzer, vielmehr eher als unsteter Saisonarbeiter charakterisiert, in dessen Tätigkeitsabläufen sich leidenschaftliche Hingabe an das Werk und Phasen des Nichtstuns ablösten, so Kenneth CLARK: Leonardo da Vinci in Selbstzeugnissen und Bilddokumenten. Hamburg 1969, S. 89.

[13] Cf. Inge STRAUCH: Schlafstörungen als psychologisches Problem. Zürcher Antrittsrede am 1. Juli 1978. Berichte aus der Abteilung Klinische Psychologie Nr. 7. Zürich 1978.

die vergegenwärtigte Lebenszeit dehnt und daß sie komplementär dazu zusammenschmilzt im Rückblick auf Jahre, über die es nichts zu erzählen gibt. Literarisch ist uns diese Erfahrung als Zauberberg-Effekt vertraut: Man fühlt sich „um den Sommer betrogen“, schiebt es aufs Wetter, während man in Wahrheit „kraft der Freiheit, welche die Krankheit“, als Freiheit geschäfts- und verrichtungsentlasteter Zeitverbringung, bedeutet, „durch einen innerlich wie äußerlich verschwenderischen Zeitverbrauch sich selber“ um den fraglichen Sommer und damit um die Lebenszeit dieses Sommers „betrogen“ hat[14].

Daß tätig und kommunikativ erfüllte Zeit gegenwärtig eine Zeit der kurzen Weile und als im Rückblick vergegenwärtigte Zeit lange Zeit sei, Zeit gegenwärtiger Langeweile hingegen als im Rückblick vergegenwärtigte Zeit rasch entschwundene Zeit – diese Erfahrung hat weit über ihre Thematisierung im modernen Zeit-Roman hinaus[15] den Charakter einer Gemeinerfahrung. Die Berufung auf diese Gemeinerfahrung ist, zum didaktischen Zweck der Anknüpfung an Laienwissen, sogar in der psychologischen und soziologischen Fachliteratur zur Theorie subjektiver Zeiterfahrung sehr beliebt[16], und es wäre eine kleine Studie zur Kulturgeschichte der Aufmerksamkeit auf die Phänomene subjektiver Zeiterfahrung wert, herauszufinden, seit wann und in welchen literarischen und wissenschaftlichen Kontexten das Umkehrverhältnis von Kürze und Länge der Zeit als akut erlebter Zeit einerseits und als erinnerter Zeit andererseits zum Thema geworden ist.

---

[14] Thomas Mann: Der Zauberberg. Roman. Zweiter Band, S. 375, 436f. (Moderne Klassiker, Fischer Bücherei 105).

[15] Über den Ort von Thomas Manns „Zauberberg“ im Kontext der anderen großen Zeit-Romane unseres Jahrhunderts cf. Jack Lindsay: Der Zeitbegriff im „Zauberberg“. In: Sinn und Form. Beiträge zur Literatur. Herausgegeben von der Deutschen Akademie der Künste. Sonderheft Thomas Mann 1965. Berlin 1965, S. 144–156.

[16] So seit langem vor allem in der Psychologie der Langeweile: A. Hoche: Langeweile. In: Psychologische Forschung 3 (1923), S. 258–271. – Sozusagen klassisch, nämlich oft zitiert ist William James' knappe Beschreibung „In general, a time filled with varied and interesting experiences seems short in passing, but long as we look back. On the other hand, a tract of time empty of experiences seems long in passing, but in retrospect short“ (William James: The Principles of Psychology (1890). Authorized, unabridged Edition 1950. Vol. I, S. 624). – Zur generellen zeittheoretischen Bedeutung solcher Beobachtungen cf. Pitrim A. Sorokin, Robert K. Merton: Social Time. A Methodological and Functional Analysis. In: The American Journal of Sociology. Vol. XLII, No. 5 (March 1937), S. 615–629, bes. S. 616ff. – Cf. dazu auch Erhard Schmied: Soziale Zeit. Umfang, „Geschwindigkeit“ und Evolution. Berlin 1985, S. 86ff.: „Das Problem der Geschwindigkeit sozialer Zeit“.

Die Phänomene sind leicht zu beschreiben. Aber sie sind nicht ebensoleicht zu verstehen. Wieso wird im Rückblick zur langen Zeit, was gegenwärtig als Zeit der kurzen Weile erfahren wurde? Das wird plausibel, wenn man die Ausdehnung der Zeit, wie sie im Lebensrückblick erfahrbar wird, am Maß der Erzählzeit mißt, die zur erinnernden Vergegenwärtigung ihres Inhalts benötigt wird. Die Extension dieser Erzählzeit und die subjektive Zeitdehnung des so vergegenwärtigten Lebens, so scheint es, verhalten sich direkt proportional zueinander. Das klingt pseudopräzis, aber es schließt doch einen Zusammenhang auf, wenn man sich klar macht, daß die narrative Vergegenwärtigung schon verbrachter Lebenszeit nicht ein beliebiges Tun mitteilsamer Subjekte ist, auf das man, als schweigsamerer Typ, ebensogut auch verzichten könnte, daß vielmehr über solche Vergegenwärtigung Subjekte sich über ihre Vergangenheit identifizieren und so erst jene Identität gewinnen, ohne die das Subjekt sich gar nicht zur Zukunft als eigener Zukunft verhalten könnte.

Die Fülle der Zeit dehnt die Lebenszeit, und das ist es zugleich, was die einfache Wahrheit, das Leben sei kurz, nicht die ganze Wahrheit sein läßt. „Der Mensch hat dritthalb Minuten: eine zu lächeln, eine zu seufzen und eine halbe zu lieben, denn inmitten dieser Minute stirbt er". So schrieb Jean Paul dem kleinen Walter von Goethe ins Stammbuch. Daß das nicht alles bleiben dürfe, was man einem Kinde über Länge und Kürze des Lebens mit auf den Lebensweg gibt, fand Großvater Goethe und setzte darunter: „Ihrer sechzig hat die Stunde, über tausend hat der Tag. Söhnchen, merke Dir die Kunde, was man alles leisten mag"[17]. – Selbstverständlich läßt sich aus der gemeinen, ihrer elementaren Lebensbedeutsamkeit wegen überall literarisch thematisierten Lebenserfahrung, daß sich die Lebenszeit mit der Fülle des Lebens dehnt, nicht schließen, daß die Füllung der Zeit in der Absicht, Zeit zu gewinnen, das geeignete Mittel sei, der Verkürzung des Lebens durchs Verschwinden leerer Lebenszeit zu entkommen. Insoweit verhält es sich mit den Bedingungen der Lebenszeitgewinne wie mit den Bedingungen des Glücks. Glück ist nach alter Lehre[18] eine Befindlichkeit, zu der niemand in der Absicht gelangen kann, sie zu erlangen. Glück ist vielmehr eine nicht direkt intendierbare Nebenfolge sinnvollen Tuns – eines tugendhaften Lebens also, um es in der Sprache traditioneller, aber unbeschadet ihres Alters nicht veralteter, also klassischer Ethik zu sagen. Analog gilt für den Umgang mit Zeit, daß ihrer Leere nicht zu entkommen ist, indem

---

[17] Goethes poetische Werke. Vollständige Ausgabe. 1. Band. Gedichte, S. 1031. – Goethes Antistrophe zur Strophe Jean Pauls stammt vom 9. April 1825.

[18] Cf. dazu den unter Anm. 7 zitierten Titel von Günther BIEN.

man sie in der Absicht dieses Entkommens füllt. Man tue, was zu tun geboten und sinnvoll und einem zu tun möglich ist, und aus der Leere der Zeit wird ihre Fülle.

Unvermeidbar haben solche Beschreibungen für manche Ohren schon eine leicht pastörliche Anmutungsqualität. Aber das ist der Sache angemessen. Zeitumgangskultur ist nun einmal gemeine Alltagskultur. Sie wirksam zu machen, reichen literarische Traditionen esoterischer Moralistik keineswegs aus. Auch die Lebensberatungsspalten der Familienpresse sind hier einschlägig, und selbst Kirchentage, so hatten wir gesehen[19], haben sich des Themas angenommen, wenn auch nicht durchweg mit Glück. Die aktuelle Kulturkritik ist dem Thema ohnehin zugewandt, und während Goethe es noch, wie zitiert, für sinnvoll hielt, zu seinem Enkel von der Fülle der Zeit zu sprechen, wird heute eher die eigenzeitökonomische „Selbstausbeutung" für zeitspezifisch gehalten. Selbst derjenige noch, so kann man lesen, der „nicht als Chefhektiker durch den Alltag hetzt", werde heute „von der Leere der Zeit zu beschleunigtem Verhalten gezwungen"[20]. Lebensrichtige Zeitumgangskultur auszubilden ist unter modernen Lebensbedingungen in der Tat in einigen wichtigen Hinsichten objektiv schwieriger geworden. Aber das beweist ja gerade nicht, daß die Erfahrung, mit der Fülle der Zeit dehne sich die Lebenszeit und mit der Leere der Zeit entschwinde sie, heute gegenstandslos geworden sei. Es beweist lediglich, daß die auf einigermaßen konstante Lebensverhältnisse bezogenen zeitumgangskulturellen Traditionen kraft der Dynamik in der Veränderung unserer Lebensverhältnisse an Geltung verloren haben. Unser Umgang mit Zeit ist daher wie nie zuvor ein traditionsgeltungsfreier Umgang, und die Homogenität der beobachtbaren Zeitumgangskultur nimmt entsprechend ab.

Daß von der Fülle und von der Leere der Zeit abhängt, wie sie sich subjektiv dehnt, gilt selbstverständlich auch für unser Verhältnis zur Zukunft. Auch das ist uns aus jedermanns Alltagserfahrung seit je für die subjektive Dehnung von Wegeszeiten vertraut. „A familiar journey seems to take less time than an unfamiliar"[21]. Ganz gleich, ob wir wandern, mit der Eisenbahn fahren, gar ein Flugzeug benutzen (wenn anders wir dabei mit Blick aus dem Fenster gelegentlich Landmarken zu identifizieren pflegen) – stets dehnt sich die Wegzeit beim ersten Mal

[19] Cf. oben S. 331f.

[20] So Klaus Laermann: Alltags-Zeit. Bemerkungen über die unauffälligste Form sozialen Zwangs. In: Kursbuch 41: Alltag (September 1975), S. 87–105, S. 99.

[21] So in Aufnahme einer vertrauten Alltagserfahrung John Cohen: The Experience of Time. In: Acta Psychologica. Ed. Géza RÉVÉSZ. Vol. X (1954), S. 207–219, S. 209.

länger als bei ihrer wiederholten Durchmessung. Wieso ist das so? Die Antwort lautet: Die Zukunftszeit einer noch unabgeschlossenen Reise ist bei wohlbekannter Wegstrecke mit fortschreitend sich erfüllenden Erwartungen besetzt, hingegen bei unbekannter Wegstrecke leer. Leere Zukunftszeit aber dehnt sich genau komplementär zum Schrumpfungseffekt, den ihre Leere auf die vergangene Zeit ausübt, während umgekehrt bestimmte Erwartung Zukunftszeit in demselben Maße verkürzt wie ihre Erfüllung die vergangene Zeit dehnt.

Es wäre reizvoll, die Phänomenologie subjektiver Zeit-Erfahrung ins Feine zu treiben. Man hätte, um beim Exempel sich dehnender oder schrumpfender Wegzeitstrecken zu bleiben, allerlei Zusatzbedingungen zu analysieren, von denen abhängt, ob die mit bestimmten Erwartungen besetzte Zukunftszeit tatsächlich als rascher ablaufende Zeit erfahren wird. Die wichtigste Bedingung ist hierbei, daß die Zeit, mit deren Ablauf sich die bestimmte Erwartung erfüllen soll, nicht exklusiv wartend verbracht wird, vielmehr im Tun dessen, was sich tun läßt, wenn man wartet. Daß zu solchem Tun auch zeitsouveränes Nichtstun gehören kann, ist banal, und ebenso banal ist, daß Nichtstun und Wartezeit ausfüllendes Tun sich keineswegs als Äquivalente auffassen lassen. Im nicht-pathologischen Normalfall unserer Lebensverbringung ist Wartezeit, die wir exklusiv wartend verbringen – von den besonderen Fällen einmal abgesehen, in denen gerade das Nichtstun als besonders glücksträchtiges Tun erfahrbar wird – langweilig verbrachte Zeit. Zu äußerster Intensität gelangt die Erfahrung solcher Langeweile, wenn, was wir in exklusiv wartender Zeitverbringung erwarten, just unser eigenes Tätigwerden ist. Bleistifte spitzen, ohne zu schreiben, fällige Reisen nach dem Fahrplan festlegen, ohne sie anzutreten, den dringend beantwortungsbedürftigen Brief noch einmal lesen, ohne die Antwort jetzt auf den Weg zu bringen, die Erntereife der Früchte im eigenen Garten testen und abermals testen, bis sie verfault sind – das summiert sich zu Befindlichkeiten, für die uns durch Gontscharows unvergleichlichen Zeit-Roman[22] die Kennzeichnung „Oblomowerei" zur Verfügung steht[23]. Die Tristesse der Zeitverbringung nach dem Muster Oblomows kontrastiert gegen das lusterfüllte Nichtstun, welches Friedrich Schiller

---

[22] Iwan GONTSCHAROW: Oblomow. Roman. Aus dem Russischen übersetzt von Clara BRAUNER. Nachwort von Fritz ERNST. Zürich ^{2}1987. – Russisch zuerst 1859.

[23] Zur Kulturgeschichte der Langeweile cf. Walther REHM: Gontscharow und die Langeweile. In: Walter REHM: Experimentum Medietatis. Studien zur Geistes- und Literaturgeschichte des 19. Jahrhunderts. München 1947, S. 96–183.

beschrieben hat[24], nämlich das Verharren im Genuß der eigenen Kräfte durch ein gewisses Hinausschieben des Zeitpunkts, in welchem man selbstgewiß zu ihrer Betätigung übergehen wird.

Es liegt in der Natur der Sache, daß die Phänomenologie subjektiver Zeit-Erfahrung, die uns in der poetischen Zeit-Literatur des 19. und 20. Jahrhunderts vorliegt, zumeist anschaulicher, auch genauer als die Phänomenologie des Zeit-Erlebens ist, die wir in Texten von Philosophen antreffen können. Es soll sich hier aber nicht um diese Phänomenologie handeln. Die alleraufdringlichsten Phänomene sind ohnehin jedermann aus eigener Lebenserfahrung geläufig, und es ist gemeinkultureller Brauch, sie dann und wann explizit zu vergegenwärtigen, zum Beispiel bei jenen Familien- oder Freundestreffen, die es nach Anlaß wie nach Seltenheit nahelegen, lebensprägende Zeit-Erfahrungen zu bekräftigen. Bei jeder Beerdigung geschieht das und auch bei jenen Klassentreffen, die heute über ihre konventionellen Zwecke hinaus Gelegenheit verschaffen, der historischen Singularität innezuwerden, durch die in einer dynamischen Zivilisation altersgruppenabhängige Lebenserfahrungen gekennzeichnet sind[25]. Regelmäßig werden also bei solchen Gelegenheiten auch Zeit-Erfahrungen ausgetauscht, das heißt sie werden als allgemeine Erfahrungen wechselseitig bestätigt. Der Topos, wie rasch doch die Zeit vergeht, leistet dabei freilich nicht mehr als die Herstellung eines kommunikativen Einvernehmens, das ja im Gesprächsgang stets auf Unwidersprechlichkeiten sich gründen muß, bei solchen seltenen Gelegenheiten aber eben nicht den sonst üblichen Rekurs aufs Wetter erlaubt, sondern die Bekräftigung der Kontemporalität der Lebenslagen verlangt. Konstatiert man, die seit dem letzten Treffen jüngstvergangenen fünf Jahre seien noch rascher vergangen als die drei oder vier Jahre, die zwischen der letzten und vorletzten Begegnung lagen, so ist gewiß auch das noch eine gemeine Erfahrung, die den Prozeß des Älterwerdens

---

[24] So sinngemäß SCHILLER in der Schlußanmerkung zum 21. Brief seiner Erziehungsschrift: Friedrich Schiller: Über die ästhetische Erziehung des Menschen in einer Reihe von Briefen. In: Sämtliche Werke. Fünfter Band. München ^{6}1980, S. 570–669, S. 636.

[25] In weniger dynamischen Zivilisationen gibt es natürlich gleichfalls – das ist banal – wie in der unsrigen konventionalisierte Vorstellungen der Altersgemäßheit von Lebenserfahrungen. Aber diese Altersgemäßheit selber erscheint dabei als eine intergenerative Konstante. Daran ändert sich in wohlbestimmter Hinsicht auch in einer dynamischen Zivilisation nichts. Aber zusätzlich und neu wird erfahren, daß es in Abhängigkeit von irreversiblen Wandlungen zivilisatorischer Lebensumstände altersgruppenabhängige Erfahrungen mit diesen Lebensumständen gibt, die analoge Altersgruppen in früheren Generationen nie zu machen Gelegenheit hatten und in künftigen Generationen auch nie wieder zu machen Gelegenheit haben werden.

begleitet. Aber die Anschlußfrage, woran denn das liege, läßt sich schon nicht mehr mit Rekurs auf Weisheitstopoi oder Gemeinwissen beantworten. Im Gespräch, das sich über diese Frage entwickelt, werden sich vielmehr die entwicklungspsychologisch geschulten Teilnehmer hervortun, auch Literaturkenner oder phänomenologisch talentierte und beschreibungskompetente Selbstbeobachter. Wieso liegt in der Zeit-Erfahrung des gymnasialen Erstkläßlers die Matura so sehr viel weiter weg als für den erstsemestrigen Chemiestudenten die Promotion, obwohl doch die chronologische Extension der fraglichen Zeiträume fast dieselbe ist? Man muß nicht Psychologe sein, um herauszufinden, daß die mit dem Erwachsenwerden rasch zunehmende Aufdringlichkeit der Begrenztheit des Zukunftshorizonts eine Funktion der aktiven Besetzung der Zukunft mit handlungsmotivierenden Interessen, mit entsprechenden Planungen und Erwartungen ist. Noch nicht über eine weitgespannte Zukunftsperspektive zu verfügen, an der sich bereits gegenwärtig das eigene Handeln temporal orientiert – eben das läßt die Zukunft von der Gegenwart durch ungemessene Zeiträume weit entfernt sein. Hat man hingegen, zu entsprechendem Handeln kompetent geworden und durch Beruf oder sonstige Lebenslage zu diesem Handeln veranlaßt, jene sich in gewissen Lebensphasen rasch ausdehnenden Zukunftszeiträume bereits jetzt vergegenwärtigt, in die hinein sich die eigenen Handlungs- und Lebenspläne erstrecken, so ist die Zukunft insoweit eben nicht mehr entrückte, vielmehr nahe, nämlich vergegenwärtigte Zukunft. Daß die so strukturierten Zeitperspektiven sich in Abhängigkeit von Bildung, sozialen Lagen, auch psychischen Prädispositionen individuell höchst unterschiedlich entwickeln, ist erfahrungsgesättigtes Gemeinwissen von allen, die die Entwicklung von Kindern, Schülern, Lehrlingen oder Studenten zu begleiten oder zu fördern haben, während die Vermessung der Entwicklung der Zeitperspektive in Abhängigkeit vom Lebensalter wie auch die Feststellung von Durchschnittswerten solcher Vermessung einschließlich der Verteilung der abweichenden Fälle, für deren Kausalität man sich aus naheliegenden praktischen Gründen vor allem interessiert, eine Sache methodisch elaborierter Empirie ist[26]. Zu den im

---

[26] Cf. hierzu exemplarisch Maria MIESZLER: Leistungsmotivation und Zeitperspektive. Ein empirischer Vergleich der Ergebnisse von Volksschülern und lernbehinderten Sonderschülern. München 1976. – Einen knappen, aber fascettenreichen Überblick über die wichtigsten Aspekte der Entwicklung der Zeitperspektive gibt Robert KASTENBAUM: The Dimensions of Future Time Perspective, and Experimental Analysis. In: The Journal of General Psychology 65 (1961), S. 203–218. – Zur Schichtenabhängigkeit der Zeitperspektive cf. Karl-Georg TISMER: Zeitperspektive und soziale Schichtzugehörigkeit. In: Kölner Zeitschrift für Soziologie und Sozialpsychologie. 37. Jahrgang (1985), S. 677–697. – Sozialkritisch moti-

Regelablauf des Lebens[27] dem Subjekt sich aufdrängenden Veränderungen in der Gegenwart der Zukunft gehören vor allem auch die mit höherem Alter verbundenen Änderungen. Nimmt die Forschung sich der Sache an, so findet sie entsprechend zunächst einmal heraus, was die Alten, bei einiger Übung in der deskriptiven Objektivierung ihrer Alterserfahrungen, ohnehin schon wissen, daß nämlich die Zukunftsperspektive bis in späte Jahre hinein weit mehr von Gesundheit und Krankheit, von erhaltenen oder zerfallenen familiären und sonstigen Beziehungen sowie von der größeren oder geringeren Sinnevidenz der eigenen Betätigungen bestimmt wird als von chronologischen Kalkulationen übers näherrückende Lebensende[28]. Die Vorstellung, der Bevorstand des Todes gewinne an Bedrohlichkeit mit der abnehmenden Zahl der Jahre, die uns nach aller Wahrscheinlichkeit noch von ihm trennen, ist ein Produkt der gelegentlichen Phantasie Jugendlicher über das Alter in seiner gegenwartsirrelevanten Ferne. Richtig ist statt dessen, daß auch im Alter wahrscheinlichkeitstheoretisch kalkulierende Bezugnahmen aufs Lebensende exklusiv in Lebenslagen vorkommen, wo es sich, statt um Vereigentlichung des Daseins durch Aneignung seiner selbst als „Sein zum Tode", darum handelt, die Versicherungssumme aus einem Lebensversicherungsvertrag zu kassieren, dessen Laufzeit man entgegen lebensversicherungsmathematischen Wahrscheinlichkeiten überlebt hat, oder auch darum, die unvermeidlicherweise erschreckend hohen Versicherungsprämien zu akzeptieren, die zu zahlen sind, wenn man einen im fortgeschrittenen Alter aufgenommenen Kredit von Todes wegen versichern lassen möchte. Von dieser Art also sind die Gelegenheiten, wo Sterbetafeln – eine wissenschaftsgeschichtlich relativ junge, nämlich frühneuzeitliche Errungenschaft wahrscheinlichkeitstheoretischer Vermessung unserer temporalen Lebensverfassung[29] – in der individuellen

---

vierte pädagogische Nutzanwendungen findet man bei Gerda Kasakos: Zeitperspektive, Planungsverhalten und Sozialisation. Überblick über internationale Forschungsergebnisse. München 1971.

27 Cf. dazu Bernice L. Neugarten: Time, Age, and the Life Cycle. In: The American Journal of Psychiatry 136: 7 (July 1979), S. 887–894, S. 890 f.: Old Page.

28 Cf. dazu Ursula Lehr: Attitudes towards the Future in Old Age. In: Human Development 10 (1967), S. 230–238.

29 Zur Geschichte des Versicherungswesens, dessen Entfaltung an spezifisch neuzeitliche gesellschaftliche Voraussetzungen gebunden ist, cf. exemplarisch Ludwig Arps: Auf sicheren Pfeilern: deutsche Versicherungswirtschaft vor 1914. Göttingen 1965. – Ferner: Jean Halpérin: Les assurances en Suisse et dans le monde. Leur rôle dans l'évolution économique et sociale. Neuchâtel 1946. – Zu den mathematikgeschichtlichen Voraussetzungen des Versicherungswesens cf. Steven M. Stigler: The History of Statistics. The Measurement of Uncertainty Before 1900. Cambridge (Mass.), London 1986.

Lebenspraxis Bedeutung gewinnen. Aber auch unabhängig von solchen Extremen, nämlich lebensversicherungspraktisch erzwungenen chronologischen Lebenszeitkalkulationen, pflegt man sich im Alter auf die objektive Verkürzung verbleibender Lebenszeit, statt existentialistisch, in sozial und kulturell vorgeprägten Handlungen zu beziehen. Man hat testamentarische Verfügungen zu treffen; prominente Autoren verhandeln über den Verbleib ihres Nachlasses; der rituell kompetente Fromme benennt rechtzeitig den Bibelvers, unter dem sein Tod öffentlich angezeigt werden soll. In der Zusammenfassung heißt das: auch und gerade im Alter ist die Präsenz des Todes die Präsenz der Fälligkeiten angesichts seines Bevorstands. Soweit man aber mit diesem Bevorstand realistischerweise noch nicht zu rechnen hat, ist auch im Alter so wenig wie in früheren Lebensjahren die Zeitperspektive direkt von diesem Bevorstand geprägt. Wichtiger sind insoweit andere Unterschiede im Zukunftsverhältnis jüngerer und älterer Menschen. Entscheidend ist, so scheint es, vor allem die altersabhängig rückläufige Menge der Möglichkeiten, es noch einmal anders zu machen. In dieser Formulierung gewinnt die entsprechende Lebenserfahrung eine Anmutungsqualität von Resignation, und das ist angemessen. Nichtsdestoweniger wächst aber mit der abnehmenden Menge der Möglichkeiten, es anders zu machen, nicht eo ipso die Menge dessen, was man hätte anders machen sollen. Das bedeutet: Im lebenspraktisch gelungenen Fall[30] ist der Zustand des Alters ein Zustand der Übereinstimmung mit sich, wie sie nach dem Ende der Kindheit in früheren Lebensepochen nicht zu haben ist und die für Jüngere auch tatsächlich altersinadäquat wäre. „Überidentität" – so hat Helmut Schelsky dieses altersspezifische Selbstverhältnis genannt[31]. Es gibt natürlich Fälle, in denen Schelskys „Überidentität" nichts anderes als ein Synonym für „Altersstarrheit" in der verschleiernden Gestalt einer verbalen Preziose wäre. Im Regelfall aber hören wir, zumal vor dem Hintergrund moderner Identitäts-

[30] Vom „erfolgreichen Altern" sprechen Paul B. Baltes und Margret M. Baltes: Optimierung durch Selektion und Kompensation. Ein psychologisches Modell erfolgreichen Alterns. In: Zeitschrift für Pädagogik. 35. Jahrgang, Nr. 1 (1989), S. 85–105.

[31] Gesprächsweise in Diskussionen über seine folgenden alterstheoretischen Abhandlungen: Helmut Schelsky: Die Paradoxien des Alters in der modernen Gesellschaft (1959). In: Helmut Schelsky: Auf der Suche nach Wirklichkeit. Düsseldorf, Köln 1965, S. 198–221. – Ferner: Helmut Schelsky: Das Prinzip Erfahrung. Lebensgrundlage einer Generation. Vortrag am 15. März 1977 vor der Industrie-und Handelskammer für Rheinhessen in Mainz. 23 S.

theorien[32], aus dem Begriffsnamen „Überidentität“ jene erst im Alter erreichbare Übereinstimmung mit sich selbst heraus, die die spezifische Altersgelassenheit ausmacht[33]. Für die Zukunftsperspektive im Alter bedeutet das, daß sie auch dann, wenn sie im übrigen von sinnevidenten Vorhaben sowie von der Gewißheit lebenstragender familiärer und sonstiger sozialer Beziehungen erfüllt bleibt, schließlich definitiv zur lebensentwurfsfreien Perspektive wird. Der Tod unterbricht nichts mehr, kann eben deswegen sogar willkommen sein, und die Aussicht, daß er noch immer nicht kommt, wäre in dieser Lebensverfassung auf Dauer nicht lebbar. In einer Zeit, in der die Gerontologie blüht und in der aus guten, ja zwingenden Gründen die Alten ermuntert und angeleitet werden, tätig zu bleiben, erfüllt es eben deshalb mit Befriedigung, wenn man als Ergebnis empirischer Studien zur Extension der Zeitperspektive der Alten vernimmt, in sehr hohem Alter verkürze sich die Zeitperspektive dann doch rasch und erheblich[34]. Die empirisch fundierte Auskunft befriedigt, weil sie für dieses Mal das kulturell ohnehin verbreitete Vorurteil über die Zeit-Verfassung unseres Lebens im sehr hohen Alter bestätigt.

Aber wichtiger als die Details einer Phänomenologie subjektiver Zeiterfahrung ist die Beantwortung der Frage, was im Kontext der modernen Kultur subjektive Zeiterfahrungen wie nie zuvor hat auffällig werden lassen. Auf die poetische Literatur bezogen lautet diese Frage: „Warum spielt das Problem der Zeit eine so wichtige Rolle“ gerade „beim modernistischen Schriftsteller“[35]? Die Antwort scheint mir zu lauten: Zeitumgangsprobleme gewinnen an Aufdringlichkeit, wenn die Subjekte, im sozialen Rahmen autonom gewordener Kunst zu selbstbestimmter Tätigkeit freigesetzt, sich als zeitsouverän zu erweisen haben, wenn ineins damit eine objektiv wachsende Fülle von Optionen ihnen Selektionskompetenzen, näherhin Verzichte und Selbstbeschränkungen abverlangt und wenn somit Zeitverbringungsdisziplin als wichtigste Kreativitätsvoraussetzung erscheint. Die Erfahrung der Zeit als Erfahrung schöpferi-

---

32 Zum Thema „Identität“ cf. den interdisziplinär repräsentativen Band Odo MARQUARD und Karlheinz STIERLE (Hrsg.): Identität. Poetik und Hermeneutik. Arbeitsergebnisse einer Forschungsgruppe VIII. München 1979.

33 Zum Thema „Altersgelassenheit“ cf. Andreas KRUSE: Sterben und Tod – Bestandteil unseres Lebens. In: A. KRUSE, U. LEHR, Chr. ROTT (Hrsg.): Gerontologie – eine interdisziplinäre Wissenschaft. München 1987, S. 448–494.

34 Cf. hierzu die gründliche, materialreiche Studie von Wolfgang-Friedrich SCHNEIDER: Zukunftsbezogene Zeitperspektive von Hochbetagten. Dissertation Bonn 1987.

35 Jack LINDSAY: Der Zeitbegriff im „Zauberberg“. In: Sinn und Form. Beiträge zur Literatur. Sonderheft Thomas Mann 1965, S. 144–156, S. 145.

scher Freiheit – das ist das große Thema Bergsons[36]. Gerade auch mit seinen Zeit-Analysen ist Bergson überaus wirksam geworden[37]. Bergson gehört gewiß, wie nicht nur die Franzosen gefunden haben, in die kleine Reihe der Philosophen, die man zugleich als literarisch kompetente Autoren schätzen kann, und Nobelpreisruhm ist ihm angemessenerweise zugefallen[38]. Nichtsdestoweniger ist Beschreibungsgenauigkeit nicht seine Stärke. Mangelnde phänomenologische Prägnanz in der Vergegenwärtigung subjektiver Zeiterfahrungen wird mit Enthusiasmus kompensiert, und gerade das hat gewirkt. „Die ganz reine Dauer ist die Form, die die Sukzession unserer Bewußtseinsvorgänge annimmt, wenn unser Ich sich dem Leben überläßt, wenn es sich dessen enthält, zwischen dem gegenwärtigen und den vorhergehenden Zuständen eine Scheidung zu vollziehen“[39]. „Reine Dauer“ – das ist die berühmte Bergsonsche Kennzeichnung der Zeit, wie das Subjekt sie erfährt, wenn es sozusagen unentfremdet bei sich selbst ist, wenn es nicht den sozialen Zwängen der temporalen Koordination eigener Lebensvollzüge mit den Lebensvollzügen anderer nach Maßgaben vermessener Zeit unterliegt. Entfremdete Zeit, fand Bergson, ist die „in den Raum“ projizierte Zeit[40], und Uhren mit ihren Kreisen oder Bögen sowie die skalierten Zeiträume von Kalendern oder Geschichtstafeln mögen uns anschaulich machen, was das heißen soll. Astronomen wie Bahnhofsvorsteher, so insinuiert die Bergsonsche Zeitanalyse, haben sich an den verräumlichten Fortgang der Zeit gleichsam weggegeben, und sie haben darin ihre schöpferische Subjektivität aufgegeben. „Unser oberflächliches psychisches Leben“ spiele sich in der Vulgär-Zeit der verräumlichten und sozial kontrollierten Abläufe ab. „Je weiter wir“ hingegen „in die Tiefen des Bewußtseins eindringen“ und so „das innere Ich, das da fühlt und sich leidenschaftlich erregt“, entdecken, entdecken wir auch die reine Zeit als Zeit „des reinen Bewußtseins“[41] – die Zeit des unentfremdet kreativen Subjekts.

---

[36] Henri Bergson: Essai sur les données immédiates de la conscience. Paris 1889. – Deutsch unter dem Titel „Zeit und Freiheit. Eine Abhandlung über die unmittelbaren Bewußtseinstatsachen“ Jena 1911.

[37] Rudolf W. Meyer: Bergson in Deutschland. Unter besonderer Berücksichtigung seiner Zeitauffassung. In: Ernst Wolfgang Orth (Hrsg.): Studien zum Zeitproblem in der Philosophie des 20. Jahrhunderts. Freiburg/München 1982, S. 10–64. – Cf. auch das umfangreiche Literaturverzeichnis zur Wirkungsgeschichte Bergsons bei Günther Pflug: Henri Bergson. Quellen und Konsequenzen einer induktiven Metaphysik. Berlin 1959, S. 359–366.

[38] im Jahre 1927.

[39] Henri Bergson, a.a.O., S. 78.

[40] a.a.O., S. 79.

[41] a.a.O., S. 98.

Plausibel werden diese Reflexionen und Beteuerungen Bergsons mit ihrer leicht änigmatischen Anmutungsqualität, wie mir scheinen will, einzig, wenn man sie als Reflexionen eines modernen künstlerisch oder sonstwie kreativ tätigen Individuums auffaßt, das in der geschilderten Weise[42] maximal sozial ungebunden und genau in diesem Sinne autonom, näherhin zeitautonom existiert und so seine Zeit-Freiheit entweder schöpferisch-selbstbestimmt in Sinn verwandelt oder mit seiner Zeit zugleich sich selbst verliert, nämlich in Selbstaufgabe durch Selbstüberantwortung an die Geschäftigkeiten des öffentlichen Lebens mit seinen sozial kontrollierten Zeitverbringungsregeln. – Man erkennt: Die außerordentlichen Wirkungen der Zeit-Analysen Bergsons sind nicht ihrer phänomenologischen Prägnanz zuzuschreiben, vielmehr den Ermunterungen zu zeitsouveräner Kreativität, die man ihnen, durchaus zu Recht, entnehmen zu können glaubte.

In Wahrheit ist die Bergsonsche Entgegensetzung der subjektiven Zeit, in der das unentfremdete Subjekt sich in seiner schöpferischen Potenz erfährt, einerseits und der verräumlichten, nämlich vermessenen und sozial kontrollierten Zeit unserer gesellschaftlichen Obliegenheiten andererseits eine fiktive Entgegensetzung, zu der moderne Subjekte neigen, die, weil sie ohnehin schon über reichlich Zeit verfügen, in der sie gänzlich ihrer Selbstbestimmung überantwortet sind, totale Zeit-Freiheit in spezifisch moderner Weise zum Ideal erhoben haben. Das kann man als Expression der temporalen Befindlichkeit von Subjekten künstlerischer oder anderer zeit-autonomer Berufe gelten lassen. Im übrigen ist die fragliche Entgegensetzung aber eine pseudophänomenologische Entgegensetzung. Das hat schon Martin Heidegger kritisiert und geltend gemacht, daß die Zeit, mit der wir alltagspraktisch, zum Beispiel im Uhrengebrauch, rechnend umgehen, durchaus „ein echtes Zeitphänomen" sei und „keine Veräußerlichung einer ‚qualitativen Zeit' zum Raum, wie die ontologisch völlig unbestimmte und unzureichende Zeitinterpretation Bergsons glauben machen will"[43]. „Nichts" wäre „täuschender", sollte später Jean Piaget bekräftigen, „als zu meinen, diese Bergsonsche Metaphysik entspreche der wirklichen psychologischen Entwicklung der zeitlichen Verhältnisse"[44]. Was Zeit ist, erschließt sich im Umgang mit ihr und nicht in zeit-

---

[42] Cf. oben S. 360f.

[43] Martin Heidegger: Sein und Zeit. Erste Hälfte. Halle a.d.S. 1927, S. 333.

[44] Jean Piaget: Die Bildung des Zeitbegriffs beim Kinde. Frankfurt am Main 1974, S. 275. – Unter dem Titel „Le développement de la notation de temps chez l'enfant" zuerst 1946.

umgangsfreier Introspektion unserer Subjektivität. „Die zeitliche Ordnung“, in der wir uns zu orientieren lernen, „ist operativer und nicht anschaulicher Natur“[45]. Exemplarisch heißt das, daß Kinder, die um das Einschulungsalter herum in plausibler Weise noch regelmäßig das Lebensalter von Personen korrelativ zu ihrer Körpergröße einschätzen, erst mühselig über Ausbildung eines Begriffs von Geschwindigkeit lernen müssen zu verstehen, daß der ihnen über den Kopf wachsende jüngere Bruder nichtsdestoweniger immer der jüngere bleibt[46]. Das klingt banal. Aber die empirische Erhebung der tatsächlichen Evolution unserer Fähigkeiten, uns in der Zeit zu orientieren, ist alles andere als banal, und die Identifizierung operational verfügbarer Zeit-Begriffe, die sich in dieser Evolution bilden, ist es erst recht nicht. Vor allem gilt das für den Begriff der Geschwindigkeit, über den es uns erst gelingt, Raumerfahrungen und Zeiterfahrungen zu differenzieren und zugleich operational zueinander in Beziehung zu setzen. Genau in solchen Zusammenhängen bildet sich jener Zeitbegriff heraus, den Martin Heidegger einen ‚vulgären und traditionellen Zeitbegriff‘ zu nennen pflegt[47], nämlich der Begriff einer Zeit, die in ihrer Erstreckung durchs Vielfache von Abläufen, die sich wiederholen, angegeben wird und in deren Rahmen wir die Geschwindigkeit dessen, was sich bewegt, durch jenes Vielfache einer Periode charakterisieren, über das hin sich die Bewegung eines Bewegten im Raum erstreckt. „Traditionell“ ist dieser Zeitbegriff sicherlich. Wieso er „vulgär“ sein soll, bleibt unerfindlich. Angemessen erscheint es hingegen, ihn elementar zu nennen. Nicht erst der Physikunterricht in den frühen Mittelklassen des Gymnasiums mutet uns zu, Zeiterfahrungen auf objektivierte, nämlich skalierte Zeitstrecken zu beziehen und innerhalb dieses Zeitrahmens Geschwindigkeiten zu messen und so vergleichbar zu machen. Die entsprechenden Zeit-Orientierungen bilden sich vielmehr in jeder Alltagspraxis heraus. Temporale Koordination von Handlungen wäre ohne operational sicheren Umgang mit dem „vulgären“ Zeitbegriff gar nicht möglich. Wir kennten weder unser Alter noch das Datum unserer Geburt und fänden überhaupt nicht zu jener individuellen Identität, die wir einzig gewinnen können, indem wir uns in einen intergenerativen, sozialen und kulturellen Lebenszusammenhang

[45] a.a.O., S. 18.
[46] a.a.O., S. 281.
[47] Martin Heidegger, a.a.O. (cf. Anm. 43), S. 349.

integrieren, dessen Zeitordnung just die von Heidegger als „vulgär" charakterisierte Ordnung der Zeit ist[48].

„Wie und warum es zur Ausbildung des vulgären Zeitbegriffes kommt, verlangt eine Aufklärung aus der zeitlich fundierten Seinsverfassung des zeitbesorgenden Daseins", sagt Martin Heidegger[49]. Diesem Verlangen haben die Empiriker unter den Zeittheoretikern – hinsichtlich der geschichtsepochenindifferenten individualpsychologischen Genese unserer Zeitorientierung insbesondere Piaget – entsprochen. Wenn man das kraft der Desorientierungswirkungen des phänomenologischen Anti-Psychologismus seinerseits für „vulgär" hält, dann schrumpft die versprochene Theorie der „Ausbildung des vulgären Zeitbegriffes" schließlich zur Versicherung der Existenz einer „Zeitlichkeit als ursprünglicher Zeit"[50]. Statt tatsächlich zu zeigen und anschaulich zu machen, wie in der Genesis menschlicher Wirklichkeitsorientierung die Zeitorientierung die operationale Verfügbarkeit gerade jenes „vulgären" Zeitbegriffs sowie, um Raum und Zeit verknüpfbar zu machen, des Begriffs der Geschwindigkeit zur Voraussetzung hat, erschließt man alsdann aus dem kruden Faktum „vulgärer" Praxis menschlicher Zeitorientierung den Begriff einer ‚ursprünglichen Zeit', die als Bedingung der Möglichkeit alltagspraktischer Zeitorientierung vorauszusetzen sei. Wäre die Verfassung des Daseins nicht ursprünglich zeitlich, so wäre es auch dem Kind niemals möglich zu lernen, zwischen „größer" und „älter" zu differenzieren – so mag der Philosoph reden und sich vor der für „vulgär" erklärten Empirie ins Transzendentale oder ins Fundamentalontologische zurückziehen. Aber damit redupliziert er nur Metaphysik in der schlimmen Bedeutung des Wortes, das heißt er erhebt das Produkt seiner Abstraktion vom Konkreten zum Grund dieses Konkreten. „Der vulgäre Zeitbegriff verdankt seine Herkunft einer Nivellierung der ursprünglichen Zeit"[51], sagt Martin Heidegger, und in dieser Formulierung enthüllt sich, daß das eigentliche Interesse seiner Beschreibungen temporaler Befindlichkeiten nicht deskriptive Phänomenologie, sondern Kulturkritik ist. Das „vulgäre" Zeitverständnis erscheint als Moment eines ‚vulgären Daseinsverständnisses'. Als „vulgär" wird hier dann näherhin „die selbstvergessene ‚Vorstellung' von der ‚Unendlichkeit' der

---

48 Cf. hierzu Peter Bieri: Zeiterfahrung und Personalität. In: Heinz Burger (Hrsg.): Zeit, Natur und Mensch. Beiträge von Wissenschaftlern zum Thema „Zeit". Berlin 1986, S. 261–281. – Cf. ferner die analytisch exzellenten früheren Deskriptionen bei Peter Bieri: Zeit und Zeiterfahrung. Exposition eines Problembereichs. Frankfurt am Main 1972.

49 Martin Heidegger, a.a.O. (Anm. 43), S. 405.

50 ibid.

51 ibid.

öffentlichen Zeit" charakterisiert, an der sich zu orientieren bedeute, die „Flucht vor dem Tode" anzutreten. Es ist ja wahr: Die Zeit als vulgäre, nämlich skalierte Zeit läßt sich in gedanklicher Operation in die Zukunft hinein beliebig verlängern. Und daraus glaubt Heidegger in verblüffender Weise als Inhalt eines nivellierten temporalen Daseinsverständnisses erschließen zu können, „bis zum Ende" habe es doch „immer noch Zeit". Es werde nicht mehr „die Endlichkeit der Zeit" verstanden. Vielmehr gehe das „Besorgen" des Lebens „darauf aus, von der Zeit, die noch kommt und ‚weitergeht', möglichst viel zu erraffen"[52] etc. usf.

„Vulgär" sollte man, statt des Begriffs der meßbaren Zeit, die Heideggersche existentialistische Zeitumgangskritik nennen. Hinter dieser Kritik steckt nicht anschauungsgesättigte Analytik zivilisationsspezifischer Zeitumgangspraxis. Hier drückt sich vielmehr die Attitüde eines existentialistisch bewegten Philosophen aus, der in der Pose des seinsverbundenen Denkers mit den ihm gegebenen sprachlichen Mitteln eine von ihm vermutete Zeitumgangsdekadenz der geschäftigen Teilnehmer am öffentlichen Leben der modernen Zivilisation darzustellen versucht. Dagegen kontrastiert dann der Existentialismus des Appells, den „Tod als die eigenste, unbezügliche, unüberholbare Möglichkeit"[53] zu übernehmen und so in Absetzung von der zivilisationsspezifischen Dekadenz zu einem authentischen Dasein zurückzufinden. Es ist dieser Existentialismus Heideggers, der die Herzen zahlloser Angehöriger der europäischen Zwischenkriegsgeneration bewegt hat und die Gemüter aufbruchsbewegter Revolutionsenthusiasten desgleichen. „Sein und Zeit" gehört mit seinen unvergleichlichen Wirkungen in den Kontext zeitspezifischer Dezisionsromantik[54]. Im übrigen sind die Beschreibungen der Temporalverfassung der modernen Zivilisation, die man bei Heidegger finden kann, so ärmlich wie die Wirkungen seines Authentizitätsappells gewaltig gewesen sind.

Der Zeitbegriff, den Heidegger „vulgär" nennt, ist in Wahrheit der Begriff jener Zeit, im Kontrast zu der sich subjektive Zeiterfahrungen als subjektiv überhaupt erst wahrnehmen und beschreiben lassen. Es trifft ja zu, daß die öffentliche Zeit, als normierte und als alltagspraktisch, technisch und wissenschaftspraktisch gemessene Zeit, nicht „ursprüngliche" Zeit ist. Aber das heißt doch nur, daß der Begriff dieser Zeit sich in unserer individuellen wie kulturellen Orientierungsgeschichte erst hat bilden müssen. Die entwicklungspsychologische Seite der Sache hat uns

---

[52] a.a.O., S. 425.
[53] a.a.O., S. 250
[54] Cf. dazu C. Graf von Krockow: Die Entscheidung. Eine Untersuchung über Ernst Jünger, Carl Schmitt, Martin Heidegger. Stuttgart 1958.

exemplarisch Piaget deutlich gemacht, und über die lange Vorgeschichte derjenigen Zeitorientierungen, in die wir uns, sei es als Kosmologen, sei es als Liebhaber kosmologischer Populärliteratur[55], einarbeiten, berichten uns heute historisch interessierte Kultursoziologen[56]. Banalerweise ist der Operationalismus der Zeitbegriffe, die bereits dem fortgeschrittenen Volksschüler einen alltagspraktisch sinnvollen Gebrauch von der Uhr zu machen verstatten, nur eine elementare, entwicklungspsychologisch früh gewonnene Voraussetzung jener professionellen zeitorientierungspraktischen Finesse in Empirie und Meßtechnik, wie sie zum Beispiel der für Fragen der „Zeitsicherheit" zuständige Ingenieur[57] oder auch der Physiker und Kosmologe auszubilden hat[58]. Aber zwischen diesen „primitiven", das heißt entwicklungsmäßig frühen und jenen ausdifferenzierten Zeitorientierungen liegen doch Genesen, die jeder, der sich in eine professionalisierte Zeitumgangspraxis einzuarbeiten hatte, im Rückblick auf seinen eigenen Werdegang rekonstruieren kann und die für Zwecke der Anleitung zum Studium in Lernprogramme transformiert sind. Hier ist nichts „vulgär". Hingegen bliebe zu fragen, was es für unsere Gemeinkultur und damit für jedermann bedeutet, unter den Bedingungen hochentwickelter Formen moderner Zeitumgangspraxis zu existieren, die uns technisch wie soziologisch, physikalisch wie biologisch Zeiträume der ganz großen wie der ganz kleinen Dimensionen erschlossen haben und somit uns abverlangen, unsere Lebenszeit zu den dramatisch sich verändernden Dimensionen temporal vermessener kultureller wie naturaler Wirklichkeiten in Beziehung zu setzen. Die „ursprüngliche" Zeit, die Zeit also, die das Subjekt in Selbstthematisierung als erlebte Zeit wahrzunehmen und zu beschreiben vermag, ist keineswegs das in der modernen technischen und wissenschaftspraktischen Zuwendung zur „Weltzeit" in ihren sehr großen und sehr kleinen Dimensionen Übersehene und somit das gegen die objektivierenden Trends der modernen Zivilisation Zurückzugewinnende. Vielmehr ge-

---

55 Der wirkungsreichste unter den einschlägigen populären Titeln ist der Titel von Stephen W. HAWKING: Eine kurze Geschichte der Zeit. Die Suche nach der Urkraft des Universums. Mit einer Einladung von Carl SAGAN. Deutsch von Hainer KOBER unter fachlicher Beratung von Dr. Bernd SCHMIDT. Reinbek bei Hamburg 1988.

56 Cf. exemplarisch Günter DUX: Die Zeit in der Geschichte. Ihre Entwicklungslogik vom Mythos zur Weltzeit. Mit kulturvergleichenden Untersuchungen in Brasilien (J. MENSING), Indien (G. DUX/K. KÄLBLE/J. MESSMER) und Deutschland (B. KIESEL). Frankfurt am Main 1989.

57 Cf. dazu Dietrich UEBING/Dieter SCHLEGEL: Einflußgrößen der Zeitsicherheit bei technischen Anlagen. Wiesbaden 1985.

58 Cf. dazu exemplarisch Wolfgang PRIESTER: Vom Ursprung des Universums. In: Heinz MAIER-LEIBNITZ (Hrsg.): Zeugen des Wissens. Mainz 1986, S. 127–156.

winnt die Erlebniszeit in ihren Besonderheiten an Aufdringlichkeit und Unübersehbarkeit in demselben Maße, in welchem sich uns die „Weltzeit" in allen ihren Dimensionen technisch, sozial und wissenschaftspraktisch erschließt. Die sogenannte Phänomenologie des inneren Zeitbewußtseins[59] läßt sich nicht als ein Programm zur Wiedergewinnung zivilisationsspezifisch verschütteter temporaler Ursprünglichkeiten verstehen. Sie ist vielmehr ein Programm der Beschreibung von Phänomenen, die man um so klarer erkennt, je weiter wir zivilisationsspezifisch in der temporalen Vermessung der Wirklichkeit fortgeschritten sind. In Berichten über die phänomenologiegeschichtliche Entdeckung der Erlebniszeit findet sich immer wieder einmal die Karikatur, Physiker hielten, in ihrer Orientierung an der „linearen" Zeit, die Gegenwart für einen Zeitpunkt mit der Erstreckung Null, während dann erst der Philosoph, in phänomenologischer „Ausschaltung der objektiven Zeit", uns die „immanente Zeit des Bewußtseinsverlaufes" zu sehen gelehrt und erkannt habe, daß die „Gegenwart", statt ein Nullpunkt auf der Zeitachse zu sein, über „Retentionen" und „Protentionen" extensional strukturiert sei[60]. In Wahrheit gibt es natürlich den Physiker oder sonstigen Experten für Vermessungen objektiver Verläufe gar nicht, der je hätte behaupten wollen, die erlebte Gegenwart habe phänomenal Nullpunktcharakter. Es existiert somit auch gar keine Nötigkeit der Rettung subjektiver Zeit-Phänomene gegen den Objektivismus der Naturwissenschaften. Die Bedingungsverhältnisse liegen vielmehr genau umgekehrt: Ineins mit der objektivierenden temporalen Vermessung der Wirklichkeit, in der wir leben, ist auch die Beschreibung und dazu die Vermessung[61] der Erlebniszeit zu einem modernitätsspezifischen Thema geworden.

---

[59] Nach dem berühmten Titel von Edmund HUSSERL: Vorlesungen zur Phänomenologie des inneren Zeitbewußtseins. Herausgegeben von Martin HEIDEGGER. Halle a.d.S. 1928.

[60] a.a.O., S. 369, 392ff., 410ff.

[61] Es ist ein philosophisches Vorurteil, daß die objektivierende Vermessung der erlebten Zeit diese in ihrem subjektiven Erlebnischarakter verstelle. Sie macht uns ganz im Gegenteil die Temporalstruktur unserer Zeiterlebnisse verständlicher. Cf. hierzu Ernst PÖPPEL: Erlebte Zeit und die Zeit überhaupt: ein Versuch der Integration. In: Die Zeit. München, Wien 1983, S. 369–382.

9.2 Kulturzeit und Naturzeit

Kommunikation und Kooperation gelingen einzig in der Ordnung homogen gemachter Zeit. Mit der sozialen Reichweite unserer Kommunikationen und Kooperationen expandiert auch der Zeitrahmen, innerhalb dessen wir unsere Verabredungen treffen, unsere sich aufeinander beziehenden Handlungen temporal koordinieren und planen. Soziale Gruppen konstituieren sich nicht zuletzt über Synchronisationen, und zur Einheit einer jeden Kultur gehört die Einheit einer Zeit, ohne die Verständigungen über Gleichzeitigkeiten und Ungleichzeitigkeiten in Vergangenheit und Zukunft nicht möglich wären. Die Homogenität einer gruppenspezifisch oder kulturspezifisch kommunizierbar gemachten Zeit hat dabei stets den Charakter gruppenspezifisch wie kulturspezifisch geltender Einheit einer Periode, als deren Vielfaches die Dauer einer Bewegung oder Handlung angegeben und über deren Zahl eine Vielheit von Handlungen oder Bewegungen synchronisiert werden kann. Naturale Perioden bilden in jeder bekannten Kultur die elementaren Maße der Zeit. Das hat seine anthropologische Evidenz teils wegen der sinnlichen Aufdringlichkeit solcher Perioden, teils ihrer lebenspraktischen Bedeutsamkeit wegen. Die Integration von Kulturen, in denen verschiedene Zeitmaße gelten, setzt entsprechend Synchronisation dieser Zeitmaße voraus, und auch die Entwicklung von Kulturen verläuft in den Übergängen von älteren zu zweckmäßigeren, das heißt zum Beispiel genaueren Zeitmaßen über solche Synchronisationen. Dabei handelte es sich schon früh, zum Beispiel in der Julianischen Kalenderreform, um Aufgaben der Zeitmaßvergleichung, die sich aus der Perspektive alltagspraktischer Zeitumgangserfahrung nie hätten lösen lassen, die vielmehr mathematische und astronomische Kompetenzen zur Voraussetzung hatten[1]. Naturale Perioden der Zeitzählung werden dabei zu kulturell normierten Perioden. Nichtsdestoweniger bleibt in jeder Kultur in letzter Instanz Rückbindung der kulturell normierten Zeitmaße an die Periodizität naturaler Vorgänge zwingend. Die Gregorianische Kalenderreform war ja nichts anderes als ein kultureller Akt der Rückanpassung der Kulturzeit an die Naturzeit[2], und analog lassen sich auch die Perioden, mit deren Hilfe moderne Atomuhren Zeit zählen, als Renaturalisierungen der kulturell fingierten, nämlich normierten Sonnensystem-Perioden

---

[1] Cf. dazu den knappen und instruktiven Überblick von Ahasver VON BRANDT: Historische Grundlagen und Formen der Zeitrechnung. In: Studium Generale. Jahrgang 19, Heft 12 (1966), S. 720–730, S. 724f.

[2] Cf. a.a.O., S. 725.

auffassen, denen entsprechend wir Lebenszeit wie Geschichtszeit und überwiegend sogar die Naturzeit nach Jahren oder Sekunden zählen. Die Nutzung rekurrenter Vorgänge im subatomaren Bereich dient dabei nicht nur pragmatischen Zwecken verbesserter Zeitzählgenauigkeit. Die Nutzung solcher Zeitmaße für die Chronologie früher naturgeschichtlicher Vorgänge befriedigt auch den historischen Sinn, der Anachronismen vermeiden möchte. Was sind denn „Jahre" oder auch „Nanosekunden" als Jahresteile in jenen fernen Vergangenheitszeiträumen unserer Naturgeschichte, bevor noch unser Sonnensystem, mit dessen Geschichte sich unter den Philosophen bereits Kant beschäftigt hatte[3], überhaupt entstanden war? Es ist evidenterweise ein naturhistorischer Anachronismus, so zu reden, wenn natürlich auch ein im technischen Sinne harmloser Anachronismus, weil es ja jederzeit möglich ist, die verwendeten Zeitmaße aufeinander abzubilden.

Aber es kommt hier nicht auf die Historiographie der Zeitrechnung an und auf Berichte über ihre naturwissenschaftlichen und technischen Voraussetzungen auch nicht. Es kommt vielmehr darauf an festzuhalten, daß erstens zur Einheit einer jeden Kultur die Einheit einer homogenen öffentlichen Zeit gehört. Die Zeitorientierung einer jeden Kultur ist just die Orientierung an jener Zeit, für die Martin Heidegger die Kennzeichnung „Vulgärzeit" passend hielt. Zweitens ist jede homogene und öffentliche Kulturzeit zugleich natural zurückgebundene Zeit, und die Zeitmaße, in denen wir die Geschichtszeit einerseits und die Naturzeit andererseits messen, sind identische oder doch aufeinander abbildbare Zeitmaße.

Wie konnte sich die Meinung bilden und fixieren, Naturzeit und Geschichtszeit seien unvergleichliche Zeiten[4]? Man darf vermuten, daß zu den Ursprungsvorstellungen in der Geschichte der Meinungen von der Inhomogenität von Naturzeit einerseits und Geschichtszeit andererseits die Vorstellung vom Gegensatz zyklischer und gerichteter Bewegungen gehört. Dieser Gegensatz, oder neutraler formuliert: dieser Unterschied zweier Bewegungsformen ist natürlich ein Unterschied von bezwingen-

---

[3] Immanuel Kant: Allgemeine Naturgeschichte und Theorie des Himmels (1754). Kant's Werke. Band I. Vorkritische Schriften I 1747–1756. Berlin 1910, S. 227–368.

[4] „Der Zeitbegriff in der Geschichtswissenschaft hat somit gar nichts von dem homogenen Charakter des naturwissenschaftlichen Zeitbegriffs", indem „die Zeiten der Geschichte" sich im Gegensatz zu den Zeiten der Natur „qualitativ" unterschieden – so schon der junge Heidegger in seiner Abhandlung „Der Zeitbegriff in der Geschichtswissenschaft" (1916). In: Martin Heidegger: Frühe Schriften. Hrsg. von Friedrich-Wilhelm von Herrmann. Frankfurt am Main 1978, S. 413–433.

der, anschauungsgesättigter Evidenz bis in unsere Alltagslebenspraxis hinein, und die Geschichte der Versuche, sich mit Hilfe dieser zwei disparaten Bewegungsformen vorwissenschaftlich wie wissenschaftlich die Vorgänge in der Welt, in der wir leben, zu ordnen, reicht weit zurück[5]. In der wissenschaftsgeschichtlichen Epoche jedoch, in der kein Geringerer als Johann Gustav Droysen den Unterschied zwischen naturalen und kulturellen Bewegungen als einen Unterschied von zyklischen Bewegungen einerseits und fortschreitenden, also gerichteten Bewegungen andererseits glaubte kennzeichnen zu können, handelte es sich bereits um eine hoffnungslos veraltete Entgegensetzung. „Das Moment der Zeit", fand Droysen, „erscheint uns" bei naturalen Vorgängen als „sekundär". In der Natur zerlegten sich die Abläufe „in gleiche sich wiederholende Kreise und Perioden", während die Bewegung der Geschichte als Geschichte „der Menschenwelt" eine „Bewegung des Fortschreitens"[6] sei. Vermutlich hat Droysen bei dieser Kontrastierung die Periodizität in den Bewegungen der Elemente des Sonnensystems vor Augen gehabt. Hätte er sich auch nur, statt dessen, wie Kant gelegentlich mit der Geschichte des Sonnensystems befaßt, so hätte es ihm eigentlich aufgehen müssen, daß es schlicht phänomenwidrig ist zu sagen, in der Geschichte der Natur sei, im Unterschied zur Kulturgeschichte, „das Moment der Zeit" „sekundär". Erst recht gilt das natürlich für die sich bereits in ungleich kürzeren Fristen ereignisreich abspielenden Vorgänge in der Entwicklung des Lebens auf der Erde, über die man doch auch schon zu Droysens Lebzeiten wohlbegründete Vermutungen anzustellen wußte[7]. Nichtsdestoweniger ist Droysens nicht nur mißverständnisträchtige, vielmehr schlicht falsche Entgegensetzung der Temporalstrukturen von Naturgeschichte und Kulturgeschichte bis heute wirkungsreich geblieben, und nicht zuletzt haben diese Wirkungen den Graben vertieft, der zwischen den sogenannten „zwei Kulturen"[8] verläuft. Es gibt tatsächlich diese „zwei Kulturen". Ihre Repräsentanten befinden sich allerdings nicht in Äquidistanz zueinander. Es liegt in der Natur der Gegenstände, mit der sich die Naturhistoriker einerseits und die Kulturhistoriker andererseits zu beschäftigen haben, daß die Naturhistoriker sich zur Kulturgeschichte

[5] Steven J. GOULD: Time's Arrow, Time's Cycle. Myth and Metaphore in the Discovery of Geological Time. Cambridge (Mass.), London 1987.

[6] Johann Gustav DROYSEN: Historik. Herausgegeben von Rudolf HÜBNER. München 1971, S. 11f.: „Geschichte und Natur".

[7] Einen knappen Überblick über die ältere Geschichte der Naturhistoriographie vermittelt Otto H. SCHINDEWOLF: Wesen und Geschichte der Paläontologie. Berlin 1948.

[8] C. P. SNOW: Die zwei Kulturen. Literarische und naturwissenschaftliche Intelligenz. Stuttgart 1967.

in ungleich größerer bildungsmäßiger Nähe befinden als umgekehrt die Kulturhistoriker zur Naturgeschichte. Homer oder Thukydides, Horaz oder Goethe hatte als Gymnasiast schließlich jeder zu lesen, und in Shakespeare-Aufführungen wie im archäologischen Museum oder auch im Museum für die Klassische Moderne trifft man auf die Kollegen von der Geologie oder theoretischen Physik nicht seltener als auf Volkskundler oder Linguisten. Die Menge der Besucher unserer naturhistorischen Sammlungen pflegt aber nicht ebensogut gemischt zu sein. Kurz: Der Grad der Selbstbornierung ist bei Naturhistorikern und bei Kulturhistorikern nicht derselbe, und zwar zum Nachteil der Kulturhistoriker.

In sehr wichtigen Abschnitten deutscher Wissenschaftstheoriegeschichte haben geisteswissenschaftlich ausgebildete Wissenschaftsphilosophen nicht einmal mehr wahrzunehmen vermocht, daß durch die Darstellungsart der Beschreibung singulärer Vorgänge („Idiographik") sich die Kulturwissenschaften keineswegs phänomengerecht von den Naturwissenschaften unterscheiden lassen[9]. Natürlich traf es und trifft es zu, daß die Naturwissenschaften theoriebildende Wissenschaften sind, das heißt Wissenschaften, die über die Deskription individueller Vorgänge hinaus deren Gesetzmäßigkeiten zu erkennen trachten. Aber daß die Naturwissenschaften, nämlich als Naturgeschichtswissenschaften, ihrerseits Wissenschaften der Beschreibung singulärer Vorgänge sind, trifft eben auch zu, wie es denn auch umgekehrt zutrifft, daß sich unter den so genannten Geisteswissenschaften solche befinden, deren Erkenntnisabsicht nicht Historiographie, sondern Theoriebildung ist. Windelband selber hatte doch just das für die Psychologie geltend gemacht, und nichts hätte entgegengestanden, komplementär dazu nun auch für die Naturwissenschaften geltend zu machen, daß von der Geologie bis zur Paläontologie etliche unter ihnen über die Konstatierung von Gesetzmäßigkeiten hinaus in letzter Instanz gerade an der historischen Beschreibung singulärer, niemals sich wiederholender Vorgänge interessiert sind. Es trifft ja zu: Einige Wissenschaften „sind Gesetzeswissenschaften, die anderen Ereigniswissenschaften; jene lehren, was immer ist, diese was einmal war", und es läßt sich dann in der Absicht der Einführung semantisch aussagekräftiger Begriffsnamen sagen: „Das wissenschaftliche Denken ist ... in dem einen Falle nomothetisch, in dem anderen idiographisch"[10]. Aber es bliebe hinzuzufügen, daß diese Unterscheidung gegenüber dem Unterschied von Naturwissenschaften und Geisteswis-

---

[9] So Wilhelm Windelband: Geschichte und Naturwissenschaft. In: Wilhelm Windelband: Präludien. Aufsätze und Reden zur Philosophie und ihrer Geschichte. Zweiter Band. Tübingen ^{9}1924, S. 136–160.

[10] a.a.O., S. 145.

senschaften vollkommen indifferent ist. Gesetzmäßigkeiten lassen sich in der Kultur wie in der Natur konstatieren[11], und zugleich gibt es in der Natur wie in der Kultur singuläre, das heißt nie sich wiederholende, faktisch irreversible, gegebenenfalls gerichtete, alsdann aber nicht zielgerichtete Abläufe („Evolutionen" oder auch „Geschichten"), über die eben ihrer Singularität wegen Theorien sich gar nicht bilden und die sich daher darstellungspraktisch einzig narrativ beschreiben lassen. Historizität ist nicht die Eigenschaft, durch die sich Kultur und Natur unterscheiden. Dem entspricht die gemeine Semantik des Wortes „Geschichte" vollkommen, die in gänzlicher Indifferenz gegenüber den Unterschieden zwischen naturalen und kulturellen, technischen und sprachlichen Gegenstandsbereichen Verknüpfungen wie „Geschichte der Archosaurier" oder „Geschichte des Automobils" und „Geschichte der Ostsee" oder „Wissenschaftsgeschichte" anstoßfrei in analoger Weise erlaubt.

In derselben Weise gilt übrigens auch für die wissenschaftspraktischen kognitiven Operationen des Verstehens einerseits und des Erklärens andererseits, daß sich diese Operationen gegenüber dem Unterschied von Naturwissenschaften und Kulturwissenschaften gänzlich indifferent verhalten. Es war ein grober Verstoß Diltheys gegen Regeln deutscher Semantik zu sagen, daß wir „die Natur erklären", „das Seelenleben" hingegen „verstehen"[12]. In Wahrheit ist der gemeindeutsche semantische Funktionalismus der Wörter „erklären" und „verstehen" dieser, daß wir – in welcher Wissenschaft, ja in welcher alltagspraktischen Erkenntnisbemühung auch immer – nach einer Erklärung verlangen, wo wir, mit Regelwidrigkeiten, Erwartungswidrigkeiten oder Befremdlichkeiten konfrontiert, nicht verstehen. Wird uns alsdann eine Erklärung gegeben, quittieren wir mit dem „Aha" des Verstehens, daß die kognitive Normalsituation wiederhergestellt sei[13]. So gebrauchen wir die fraglichen Wörter im Deutschen tatsächlich, und es ist Philosophie, in diesem Falle schlechte Philosophie, die uns auf den Spuren Diltheys verführt zu sagen, die Erklärung sei eine naturwissenschaftspraktische Operation, während Geisteswissenschaftler bemüht seien zu verstehen. Günther Patzig hat dazu den Kommentar gemacht, diesen gemeinem Deutsch grob wider-

---

[11] Cf. dazu Carl G. Hempel: The Function of General Laws in History (1942). In: Theories of History. Ed. Patrick Gardiner. New York, London 1959, S. 344–356.

[12] Wilhelm Dilthey: Ideen über eine beschreibende und zergliedernde Psychologie (1894). In: Die geistige Welt. Einleitung in die Philosophie des Lebens. Erste Hälfte. Abhandlungen zur Grundlegung der Geisteswissenschaften. 2., unveränderte Auflage. Stuttgart, Göttingen 1957, S. 144.

[13] So lässt es sich schon der brillanten Phänomenologie der Erkenntnispraxis, die wir Ernst Mach verdanken, entnehmen: Ernst Mach: Erkenntis und Irrtum. Skizzen zur Psychologie der Forschung. Leipzig ^{3}1917.

sprechenden Wortgebrauch könne man sich nur dadurch erklären, daß die Geisteswissenschaftler, die ihn nachweislich bis heute pflegen, wohl immer noch nicht recht verstanden haben, worum es sich bei einer Erklärung eigentlich handelt[14].

Es wäre ein befremdliches Mißverständnis, diesen Hinweisen auf den gegenüber dem Unterschied von Naturwissenschaften und Geisteswissenschaften indifferenten Funktionalismus der kognitiven Operationen des Erklärens einerseits und des Verstehens andererseits die Absicht zu entnehmen, man wolle den fraglichen Unterschied überhaupt einebnen. Befremdlich wäre dieses Mißverständis, weil die Pragmatik einer solchen Absicht schlechterdings nicht verständlich gemacht werden könnte. Die Unterscheidung von „Natur" und „Kultur" handhaben wir doch in wohlbestimmter Hinsicht gemeinkulturell vollkommen mühelos, und zwar unbeschadet der begriffsgeschichtlich höchst differenzierten Genese dieser Unterscheidung, deren Rekonstruktion in der Tat eine Sache kulturhistorischer und näherhin philosophie- und begriffsgeschichtlicher Forschung ist. Darauf zu beharren, daß wir naturale wie kulturelle Vorgänge, sobald wir bemerken, daß wir sie nicht verstehen, zu erklären haben, um sie zu verstehen – das hat nicht nur den Sinn, die Sprache der Wissenschaftstheorie und näherhin die Sprache der Kulturwissenschaftstheorie davor zu bewahren, in überflüssiger und zugleich mißverständnisträchtiger Weise von gemeinsprachlichen Wortgebräuchen abzuweichen. Und analog gilt auch für den Gebrauch des Begriffsnamens „Geschichte", daß das Beharren auf der Indifferenz dieses Gebrauchs gegenüber dem Unterschied von Natur und Kultur nicht nur den Zweck hat, Respekt vor einem wohletablierten und entsprechend vollständig mißverständnisfreien gemeinen Wortgebrauch zu verlangen. In beiden Fällen handelt es sich überdies und vor allem darum, den Unterschied zwischen naturalen Evolutionen und kulturellen Evolutionen auf den entscheidenden Punkt zu bringen. Unsere Hermeneuten charakterisieren doch die Einheit kultureller Lebenszusammenhänge in Sprache, Religion, Recht, Kunst und Literatur in der wirkungsgeschichtlichen sowie, komplementär dazu, rezeptionsgeschichtlichen Einheit eines sprachlich-symbolisch objektivierten und überlieferungsfähig gemachten Sinnbestandes. Exemplarisch heißt das: Die intergenerative Einheit einer Kultur ist nicht zuletzt in der Einheit jenes Bestandes an besonders wichtigen und eben deswegen sehr alten Büchern präsent, die unbescha-

---

[14] Günther Patzig: Erklären und Verstehen. Bemerkungen zum Verhältnis von Natur- und Geisteswissenschaften. In: Neue Rundschau 1973 (3), S. 392–413, S. 400.

det höchst unterschiedlicher Resultate unserer Bemühung, sie zu lesen und zu verstehen, als dieselben Bücher in unseren Bibliotheken stehen. Hingegen ist das „Buch der Natur", in welchem wir lesen, ein metaphorisches Buch[15]. Diese traditionsreiche Metapher bestätigt: Auch die Natur wird doch von uns, durchaus analog zur Kultur, seit alters als ein Bereich unserer Lebenswirklichkeit verstanden, dem wir mit unseren Verständnisbemühungen zugewandt sind.

Daß einzig Kultur sich verstehen ließe – das ist eine durchaus traditionswidrige und genau in diesem Sinne befremdliche und somit erklärungsbedürftige Einschränkung des Gebrauchs, den wir herkömmlicherweise vom Wort „verstehen" machen. Es erübrigt sich hier, dieser Erklärung nachzugehen. Diese Erklärung würde uns immerhin verständlich machen können, wieso in Teilbereichen deutscher kulturwissenschaftlicher Selbstverständigung sich eine Kultur des Desinteresses an der Natur zu entwickeln vermochte und wieso ineins damit der Sinn für die Einheit von Naturgeschichte und Kulturgeschichte verlorenging. Die dekultivierende Bedeutung dieses Verlustes ließe sich zumal vor dem Hintergrund des historischen Faktums erkennen, daß doch im Hauptstrom der europäischen Bildungsgeschichte und näherhin Wissenschaftskulturgeschichte Naturgeschichtsinteressen wie Kulturgeschichtsinteressen stets gleichen kulturellen Rang behauptet haben. Die Historizität der Natur und die Historizität der Kultur sind wissenschaftsgeschichtlich bekanntlich gleichzeitig entdeckt worden, und die kulturelle Gleichursprünglichkeit der Interessen für die eine wie für die andere Geschichte ist in der Wissenschaftskulturgeschichte zumal des 19. Jahrhunderts machtvoll dokumentiert – zum Beispiel in Gestalt der Komplementärbauten des kulturhistorischen Museums einerseits und des naturhistorischen Museums andererseits mit ihren herausragenden Kuppelbauten im Stil des architektonischen Historismus. Davon war oben bereits die Rede[16] und von der analogen symbolischen Bedeutung gleichfalls, die der Denkmalspräsenz der beiden Brüder Humboldt, des Naturhistorikers Alexander wie des Kulturhistorikers Wilhelm, vor dem Portal der alten Friedrich-Wilhelms-Universität zu Berlin zukommt.

Das Bild unserer jüngeren Wissenschaftskulturgeschichte, das im Blick auf solche symbolischen Bestände entsteht, ließe sich vervollständigen und differenzieren im Rekurs auf die Geschichte der Philosophischen Fakultäten, die ja auch nach der preußischen Universitätsreform Wil-

---

[15] Hans Blumenberg: Die Lesbarkeit der Welt. Frankfurt am Main 1981.

[16] Cf. oben S. 303f.

helm von Humboldts[17] an vielen Universitäten bis über die Mitte unseres eigenen Jahrhunderts hinaus ungeteilte, also kulturhistorische wie naturwissenschaftliche, auch naturhistorische Disziplinen in gleicher Weise umfassende Fakultäten gewesen sind und dann in der Geschichte ihrer allerdings weit ins 19. Jahrhundert zurückreichenden Teilung[18] keineswegs „zwei Kulturen" ins Leben rufen und institutionalisieren sollten, vielmehr forschungspraktischen und organisationstechnischen Zweckmäßigkeiten folgten. Im Fortgang dieser Teilungsgeschichte haben sich inzwischen auch die sogenannten Handlungswissenschaften von der Psychologie und Pädagogik bis zu den Sozialwissenschaften institutionell verselbständigt, und auch das keineswegs in der Absicht, den Dualismus der zwei Kulturen durch die Ausrufung von drei, vier oder fünf Kulturen zu überbieten. Auch in der Geschichte der Gründung bürgerlicher Bildungsvereine ließe sich die Gleichursprünglichkeit des Interesses für die Kulturgeschichte wie für die Naturgeschichte spiegeln. In jeder mittelgroßen Stadt, in der sich Bürger vereinsmäßig dem Studium „vaterländischer Altertümer" zu widmen begannen, gab es alsbald auch eine „Naturforschende Gesellschaft", und an Doppelmitgliedschaften fehlte es keineswegs.

Ließe man sich auf die Details dieser wissenschaftskulturgeschichtlichen Überlieferung ein, so gewänne man den Sinn für die Selbstverständlichkeit zurück, mit der in unserer wissenschaftskulturellen Überlieferung seit dem Beginn des 19. Jahrhunderts und damit seit den Anfängen des modernen wissenschaftlichen Historismus die Einheit von Natur und Kultur als eine Einheit im Begriff ihrer Historizität gedacht werden konnte.

Banalerweise hat niemand jemals in diesen Zusammenhängen behauptet, daß auch die naturalen Geschichten und Evolutionen wie die kulturellen sich in sprachlich-symbolischen Medien abspielten. Aber die Eigenschaft der Historizität hängt eben nicht an diesen Medien. In der Struktur ihrer Geschichtlichkeit sind Naturgeschichten von Kulturgeschichten nicht unterschieden. Der Unterschied, auf den es insoweit im Vergleich naturaler Evolutionen einerseits und kultureller Evolutionen andererseits ankommt, ist die Art des intergenerativen Informationstransfers, der in der kulturellen Evolution sprachlich-symbolisch

---

[17] Cf. dazu meinen Aufsatz „Wilhelm von Humboldts preußische Universitätsreform", in: Hermann Lübbe: Hochschulreform und Gegenaufklärung. Freiburg i. Br. 1972, S. 109–118.

[18] Sehr früh schon erfolgte die Abtrennung der Naturwissenschaften von den Kulturwissenschaften in Zürich, nämlich 1858, sehr spät hingegen zum Beispiel in Münster, nämlich 1948, und noch einmal ein knappes Vierteljahrhundert später an den österreichischen Universitäten.

erfolgt, in der biologischen Evolution hingegen genetisch. Es bedarf keiner näheren Erläuterung, daß just an diesem Unterschied die gegenüber der naturalen Evolution so extrem gesteigerte Dynamik der kulturellen Evolution hängt, die uns in ihren Wirkungen und Nebenwirkungen in diesem Buch beschäftigt hat.

Die Einheit des Begriffs der Historizität, die als eine ihnen gemeinsame Eigenschaft Natur und Kultur teilen, erzwingt selbstverständlich auch einen Begriff der Zeit, in deren homogene Ordnung wir Naturgeschichten wie Kulturgeschichten einzuschreiben haben, und dieser Begriff der Zeit ist kein anderer als der Begriff jener Zeit, für die Heidegger in der Absicht einer Demonstration ihrer philosophischen Unbeachtlichkeit die Kennzeichnung „vulgär" verwendet hat. Schon am Beispiel autobiographischer Bemühungen zur Rekonstruktion unserer Lebensgeschichte ließe sich aber doch zeigen, daß Rekurse auf pure Wirkungszusammenhänge mit ihren entwicklungslogisch eindeutigen Zuordnungen früherer und späterer Ereignisse niemals ausreichen, den zeitlichen Ablauf des eigenen Lebens durchsichtig zu machen. Entwicklungsreihen, innerhalb derer Ereignisse und Vorgänge sachlogisch aufeinanderfolgen, lassen sich gewiß mühelos auch in ihrer Zeitordnung rekonstruieren. Disparate Entwicklungsreihen jedoch, die in der Einheit eines Lebenslaufs kontingent interferieren, können im Regelfall in der Erinnerung nur synchronisiert werden, wenn sie mit dem Index eines Datums versehen sind, das ihren Ort im homogenen, inhaltsindifferenten Ablauf der Zeit angibt. Das bedeutet: Niemand wäre zur Abfassung seiner Autobiographie später noch in der Lage, wenn seine Tagebuchnotizen nichts als Tagesverbringungen und keinerlei Datum enthielten. Für die Rekonstruktion unserer kollektiven Geschichten gilt banalerweise dasselbe. Die temporale Organisation von Ereignissen und Vorgängen nach den Unterschieden von Früher und Später könnte ohne Rekurs auf die Ordnung einer homogenen Zeit nur in jenen Fällen gelingen, in denen kausale oder sonstige Bedingungsverhältnisse Früheres und Späteres unverwechselbar machen. Soweit allerdings vergangene Ereignisse und Vorgänge nicht in solchen Bedingungsverhältnissen einander zugeordnet sind oder soweit wir von solchen Bedingungsverhältnissen nichts wissen, soweit somit die fraglichen Ereignisse und Vorgänge sich kontingent zueinander verhalten, ist ihre Synchronisation einzig über ihre Datierung im Rahmen homogener Zeit möglich. Das ist ja zugleich der Grund – um es ins Didaktische gewendet zu sagen –, der schon im Schulunterricht ohne Vergegenwärtigung von Jahreszahlen und sonstigen Geschichtsdaten, über die wir Ereignisse und Vorgänge auf die Ordnung homogen gemachter Zeit beziehen, Geschichten sich weder erlernen noch verstehen noch narrativ beschreiben ließen.

Geschichten gehorchen nicht einer Entwicklungslogik, in Relation zu der die Chronologie der Hauptereignisse und Hauptepochen der Entwicklung kontingenten Charakter hätte. Chronologien sind alles andere als der „vulgäre" Teil unseres Geschichtswissens. Die Nötigkeit solcher Chronologien für die narrative Rekonstruktion von Geschichten beruht vielmehr auf dem Zufallscharakter von Ereignissen und Vorgängen, die den Verlauf einer jeden Geschichte, sofern sie tatsächlich eine Geschichte ist, mitbestimmen. Niemand kann sich in seiner Identität als das Resultat des tätigen Willens zur Hervorbringung seiner selbst verständlich machen. Analog gilt auch für die institutionellen und kollektiven Referenzsubjekte unserer professionellen Historiographie, daß sie als Planrealisationen oder auch als Wirkungen von Ursachen, die, wenn die fraglichen Wirkungszusammenhänge in ihrer Gesetzmäßigkeit bereits früher bekannt gewesen wären, hätten prognostiziert werden können, sich nicht erklären lassen. Das gilt, strukturell, für biologische Entwicklungsreihen nicht anders. In genereller Formulierung heißt das: Die Evolution offener Systeme, deren Offenheit ja gerade bedeutet, der Wirkung von Ereignissen und Vorgängen in der Systemumgebung ausgesetzt zu sein, die in Relation zur Ordnung des fraglichen Systems kontingenten Charakter haben, ist eben deswegen prinzipiell nicht prognostizierbar, zugleich faktisch, weil in extrem hoher Wahrscheinlichkeit irreversibel und in ihrer Richtung nicht zielgerichtet.

Einzig im Ordnungsrahmen homogener Zeit, auf die wir Geschichten dieser Struktur beziehen müssen, um uns ihre Resultate erklären und so verständlich machen zu können, vermögen wir auch die Dynamik evolutionärer Prozesse zu erkennen, in ihren höchst unterschiedlichen Geschwindigkeiten zu vergleichen und gegebenenfalls das Maß ihrer Beschleunigung oder Verlangsamung festzustellen. Martin Heidegger, noch einmal, der den Ordnungsrahmen der homogen gemachten Zeit, in der wir einzig Prozesse synchronisieren, in ihren Geschwindigkeiten und Beschleunigungen messen und vergleichen können, für vulgär und damit für ein Thema philosophischen Desinteresses erklärte, hat entsprechend nicht zufällig die Evolutionsdynamik der modernen Zivilisation in seiner daseinsanalytischen Zeit-Phänomenologie gar nicht erkannt. Jedenfalls hat er sie für philosophisch belanglos gehalten, und die spezifisch modernen Probleme, die aus der Erschöpfung unserer individuellen und institutionellen Kapazitäten zur Verarbeitung kultureller Innovationen resultieren, kommen nicht vor. Die Temporalität evolutionärer Verläufe ist kein Thema. Daß es sich hierbei um ein unbeachtliches Thema handele – das hat jüngst noch Hans-Georg Gadamer bekräftigt. „Was soll es für einen Sinn haben", fragte Gadamer, die Geschichte der humanen Kultur als „einer durch Überlieferungshelle erleuchteten Zeitspanne" „in das

Ganze des Evolutionsgeschehens des Universums" einzufügen, wenn anders die Auskünfte unserer Naturhistoriker zutreffen, daß in Relation zur temporalen Extension jenes Evolutionsgeschehens die „Zeitspanne" überlieferungserhellter Kulturgeschichte nur einen „winzigen Abschnitt" bedeutet[19]? Es dränge sich doch auf, bemerkt Gadamer im Anschluß an die zitierte rhetorische Frage, daß es sich, „wenn es um Erweiterung der geschichtlichen Horizonte geht", überhaupt erübrige, „an jenen riesigen Rahmen zu denken", in den man die Kulturgeschichte zu fügen hätte, wenn man es für sinnvoll hielte, die Kulturgeschichte ineins mit der Naturgeschichte eben als Geschichte zu sehen.

Damit macht Gadamer geltend, der Kulturhistoriker brauche sich für die Naturgeschichte nicht zu interessieren. Dem ist schlechterdings nicht zu widersprechen. Es wäre tatsächlich absurd, Kulturhistorikern Rückbezüge auf naturgeschichtliche Rahmenbedingungen ihrer Gegenstände zumuten zu wollen oder auch die Empfehlung auszugeben, die Konventionen unserer historiographischen Datierungspraxis zu ändern und künftig, statt mit der Geburt Christi als Zeitzähl-Nullpunkt zu arbeiten, vom Big Bang aus zu datieren. Aber eben die Absurdität dieses Vorschlags garantiert doch zugleich, daß niemandem einfiele, diesen Vorschlag zu machen, und entsprechend meint auch niemand, der auf die Einheit unserer kulturell maßgebenden Vorstellungen von der Zeit als einer Kulturzeit wie Naturzeit umgreifenden Zeit aufmerksam macht, an die Stelle kulturwissenschaftlicher Forschung hätten künftig einheitsgeschichtswissenschaftliche Forschungen zu treten, die Kultur und Natur ineinanderarbeiten. Niemand fordert, ein einheitsgeschichtswissenschaftliches Seminar sei zu gründen. Auf die Tiefen naturgeschichtlicher Zeit lassen sich Vorgänge und Ereignisse, Projekte und Pläne, die unserer kulturgeschichtlichen Gegenwart zugehören, gar nicht sinnvoll zurückbeziehen. Darüber belehrt uns nicht zuletzt jener Komik-Effekt, der entsteht, wenn sich gelegentlich Naturwissenschaftler doch verführen lassen, sich auf die tiefste naturgeschichtliche Vergangenheit oder auch, komplementär dazu, auf die entfernteste naturgeschichtliche Zukunft unter den pragmatischen Bewertungsgesichtspunkten unserer kulturgeschichtlichen Gegenwart zu beziehen. „Glücklicherweise", fand so Wolfgang Priester, habe sich in Minutenfrist nach dem Urknall ein kontingentes Ungleichgewicht zwischen der Zahl der Neutronen einerseits und der Zahl der Protonen andererseits herausgebildet, so daß

---

[19] Hans-Georg GADAMER: Geschichte des Universums und Geschichtlichkeit des Menschen. In: Hans-Henrik KRUMMACHER (Hrsg.): Geisteswissenschaften – wozu? Beispiele ihrer Gegenstände und ihrer Fragen. Stuttgart 1988, S. 267–281, S. 269.

hinreichend viele Protonen für spätere Wasserstoffatombildung frei blieben. In der Tat haben wir keinen Anlaß, an der Auskunft zu zweifeln, daß ohne dieses kontingente Ungleichgewicht sich niemals ein Kosmos hätte entwickeln können, in welchem später einmal Kosmologen auftreten sollten, die uns über die zitierte urnaturgeschichtliche Bedingung der Möglichkeit ihrer eigenen Existenz zu berichten vermögen. Indessen: Die Verknüpfung der beiden fraglichen historischen Ereignisse oder Vorgänge über einen Geschichtsraum von weit mehr als einem Dutzend Milliarden Jahre hinweg mit Hilfe des alltagssprachlich vertrauten Adverbiums „glücklicherweise" wirkt deswegen drollig, weil die Extension der Zeiträume, innerhalb derer wir Ereignisse und Vorgänge lebenspraktisch nach Nutzen und Nachteil für uns selbst zu validieren vermögen, selbst in die Tiefen der Kulturgeschichte hinein sich jeweils nur über sehr kurze Zeiträume hinweg erstreckt[20]. Komplementär dazu berührt uns in gleicher Weise die Verheißung komisch, daß, wenn eines fernen naturgeschichtlichen Tages die Sonne explodieren und unsere Erde wie einen Krümel in ihre Gluten aufnehmen wird, die Menschheit inzwischen sicherlich gelernt haben werde, das fragliche erdvernichtende Ereignis rechtzeitig zu prognostizieren, und „technologisch in der Lage sein" werde, vorsorglich „zu anderen Sonnensystemen ‚auszuwandern'"[21].

Insoweit ist also richtig: Die Extension der Sinnzusammenhänge, denen wir bei unseren kulturgeschichtlichen Studien normalerweise zugewandt sind, reicht nicht bis in die Zeiträume der Jahrmilliarden hinein, die unser Kosmos bereits hinter sich oder noch vor sich hat. Entsprechend erübrigt es sich auch, im Studium dieser Sinnzusammenhänge und im Bemühen ihrer hermeneutischen Vergegenwärtigung sich auch nur andeutungsweise auf die Zeithorizonte jener Jahrmilliarden zu beziehen. Texte, in denen diese Beziehung explizit hergestellt wird, sind aber doch auch ein Teil unserer kulturgeschichtlichen Gegenwart, und die Frage, was das wissenschaftsgeschichtliche Ereignis der Eröffnung derartiger, alle kulturgeschichtlichen Zeiträume um das Mehrmillionenfache überbietender Zeiträume kulturell bedeutet, ist mit der Bekundung des eigenen Desinteresses an den in diesen Zeithorizonten sich abspielenden Vorgängen nicht beantwortet. Durchaus mißweisend wäre sie beantwortet, wenn man fände, die wissenschaftliche Beschäftigung mit

[20] Wolfgang Priester: Vom Ursprung des Universums. In: Zeugen des Wissens. Herausgegeben von Heinz Maier-Leibnitz. Mainz 1986, S. 127–156, S. 129.

[21] Hermann Haken: Physik und Synergetik: Die Vielfalt der Phänomene und die Einheit des Denkens. In: Zeugen des Wissens. Herausgegeben von Heinz Maier-Leibnitz, Mainz 1986, S. 157–201, S. 199.

der Tatsache, daß die Evolution des Universums „immer weiter drängt und irgendwie die Zukunft des Ganzen in unsere Spekulation mit hineinzieht", „verspräche grundsätzlich ein ‚Savoir pour prévoir'"[22]. Wir betreiben doch im Kontext moderner historischer Kultur kulturgeschichtliche Forschung nicht, um „aus der Geschichte zu lernen". Die Beantwortung der Frage, was wir angesichts der Herausforderungen unserer Zivilisation zu tun oder zu lassen haben, erfordert im normenbegründungstechnischen Sinne nicht Rekurse auf historisches Wissen, und aus gutem Grund zitiert entsprechend Hans-Georg Gadamer zur Bekräftigung des letztinstanzlichen Sinns unserer Bemühungen zur historischen Vergegenwärtigung der Vergangenheit Jacob Burckhardt, der gesagt hatte, wir wollten in der Beschäftigung mit der Geschichte „nicht sowohl klug (für einmal) als weise (für immer) werden"[23]. Daß dieser Satz „in den Augen eines Naturforschers merkwürdig klingen" müsse, wie Gadamer findet[24], unterstellt den Naturwissenschaftlern kulturelle Borniertheit. Die Naturwissenschaftler und zumal die Naturhistoriker unter ihnen pflegen kraft wissenschaftspraktischer Erfahrung oder auch kraft wissenschaftstheoretischer Schulung besser als viele Kulturhistoriker zu wissen, daß Evolutionen historische Prozesse, das heißt kontingenzmitbestimmte Prozesse sind, die sich in ihrer historischen Singularität nicht auf eine Gesetzmäßigkeit bringen lassen, der sie gehorchen und die es erlauben, sie zu prognostizieren. Insoweit das der Fall ist, wird gerade auch Naturgeschichte nicht in der Absicht erforscht und studiert, aus diesen Geschichten Handlungsregeln abzuleiten, in die man ja unter der Vorgabe von Zwecken erkannte Gesetzmäßigkeiten transformieren kann, wenn anders wir es mit Wirklichkeitsbereichen zu tun haben, die disponibel sind. Wie die Kulturhistoriker erforschen und erzählen somit auch unsere Naturhistoriker ihre Geschichten nicht in der Absicht, uns „für ein ander Mal" klug zu machen. Was wäre denn das „andere Mal" gegenüber der Singularität der Geschichte des Kosmos oder auch der Singularität der Geschichte des Lebens auf der Erde? Kurz: Es wäre wissenschaftskultureller Nonsens, das „Erkenntnisinteresse" unserer Naturhistoriker für ein „technisches" Erkenntnisinteresse zu halten.

Aber was wäre dann das „Erkenntnisinteresse", das uns heute, wenn anders wir nicht als Hermeneuten bestimmter Schule vorweg unser ausdrückliches Desinteresse, Vulgäres perhorreszierend, erklären, verlei-

---

[22] So aber Hans-Georg Gadamer, a.a.O. (cf. Anm. 19), S. 269.

[23] Jacob Burckhardt: Weltgeschichtliche Betrachtungen. Mit einem Nachwort herausgegeben von Rudolf Marx. Stuttgart ^{7}1949, S. 10.

[24] Gadamer, a.a.O.

tet, uns mit Herkünften und Zukünften in den temporalen Dimensionen von Dutzenden von Jahrmilliarden zu befassen? Daß sich dieses Interesse kulturell betätigt, ist billigerweise nicht zu leugnen. Steven W. Hawking's „Kurze Geschichte der Zeit"[25] ist eines der erfolgreichsten populären Werke unserer Wissenschaftskulturgeschichte. Gewiß läßt sich in diesem Falle sagen, daß das außerordentliche Publikumsinteresse an diesem Buch nicht zuletzt ein Interesse für den Autor ist. Faszinierend wirkt das biographische Faktum, daß hier ein Mensch mit extremen Behinderungen und äußerst eingeschränkten Möglichkeiten der Kommunikation sich denkend bis zu den Sternen, ja über diese hinaus zu den „Schwarzen Löchern" erhebt und an die Grenzen des Universums rührt. Was es denn mit den fraglichen Schwarzen Löchern auf sich habe, ist dabei ersichtlich gar nicht so wichtig, und man versteht es auch, als Laie, nach der Lektüre Hawking's kaum. Hawking zählt nämlich gewiß nicht zu den Großen unter den populärwissenschaftlichen Schriftstellern, was die Vermutung zusätzlich begründet, im fraglichen Falle sei weniger der schwerverständliche Inhalt des Buches als vielmehr der Autor, nämlich als Autor des Buches eines solchen Inhalts, das Hauptobjekt des Publikumsinteresses.

Aber in anderen Fällen gibt es solche Möglichkeiten der Wegerklärung eines originär kosmologischen gemeinkulturellen Publikumsinteresses nicht. Weinbergs Bericht über die ersten drei Minuten unserer Naturgeschichte ging monatelang durch alle Wissenschaftsfeuilletons[26], und längst hat man es tadelnswert gefunden, daß Weinberg in seiner Naturgeschichte des Kosmos „150 Seiten zur Beschreibung der ersten drei Minuten" gebraucht, danach aber „die gesamte Zukunft auf 5 Seiten" „erledigt"[27]. Diesem Mangel hilft, seinerseits öffentlichkeitswirksam, Freeman Dyson ab und verheißt auf der Grundlage der ihm zur Verfügung stehenden fachwissenschaftlichen Einsicht „Zeit ohne Ende". Daß der Übersetzer in seinem „Nachwort" glaubt feststellen zu sollen, etwas darüber zu wissen, wie es „bis zum Ende endlos weitergehen kann", sei „wahrscheinlich das Beste, das die Naturwissenschaft im Sinne einer

[25] Stephen W. HAWKING: Eine kurze Geschichte der Zeit. Die Suche nach der Urkraft des Universums. Mit einer Einleitung von Carl SAGAN. Deutsch von Hainer KOBER unter fachlicher Beratung von Dr. Bernd SCHMIDT. Reinbek bei Hamburg 1988.

[26] Steven WEINBERG: The First Three Minutes. A Modern View of the Universe. New York 1977. – Der Titel erschien auch im selben Jahr deutsch: Steven WEINBERG: Die ersten drei Minuten. Der Ursprung des Universums. Mit einem Vorwort von Reimar LÜST. Aus dem Amerikanischen von Friedrich GRIESE. München, Zürich 1977.

[27] Freeman DYSON: Zeit ohne Ende. Physik und Biologie in einem offenen Universum. Übersetzt von Rolf HERKEN. Berlin 1989, S. 8.

Verheißung zu bieten hat"[28], gehört wiederum in die Reihe der Komik-Effekte von Versuchen, sich auf die inzwischen erschlossenen Zeit-Dimensionen unserer Naturgeschichte einen kulturellen Reim zu machen.

Die Lage ist also die: Die kulturelle Abqualifikation des Interesses für Vorgänge, denen ein Sinn in der Kontinuität irgendeines Kultursinns schlechterdings nicht zugesprochen werden kann, fügt sich nicht recht zur Mächtigkeit der Bekundung dieses Interesses in unserer Gegenwartskultur. Es wirkt wie eine elitäre kulturwissenschaftsphilosophische Attitüde, das manifeste kulturelle Interesse für den Nicht-Sinn der Vorgänge in den extremen Zeit-Fernen der „vulgären" Zeit wie von dieser Vulgarität infiziert zu finden. Auf der anderen Seite ist der Sinn dieses Interesses ersichtlich sinnwidrig charakterisiert, wenn man diesen Sinn gemäß der Burckhardtschen Unterscheidung von Klugheit und Weisheit als einen klugheitsorientierten Sinn interpretierte. Praxisinteressen werden durch die naturgeschichtliche Forschung nicht bedient, und Tröstungen sind aus der Auskunft, es werde hienieden noch lange dauern – bis zum „Zerfall aller Materie zu Eisen" wird bei Dyson immerhin mit 10^{1500} Jahren gerechnet[29] –, auch nicht zu ziehen. Was also ist dann der Kultursinn des Interesses für vergangene und künftige Vorgänge in jenen naturgeschichtlichen Zeiträumen schlechthinniger Kultursinnstranszendenz?

Im Hitler-Kapitel seines Buches „Lebenszeit und Weltzeit" hat Hans Blumenberg[30] vermutet, die Eröffnung der extrem weit gespannten Zeiträume, wie sie durch unsere moderne kosmologische und naturgeschichtliche Einsicht besorgt wird, wirke als der Appell faszinierend, unsere kurze Lebenszeit, indem sie in Relation zu den modernen Dimensionen der Weltzeit immer kürzer wird, tunlichst durch Zeitverdichtung, das heißt durch Füllung der Lebenszeit mit immer dichter besetzten Lebensplänen und Handlungen zur tätigen Realisierung dieser Pläne, mit der expandierenden Weltzeit so weit wie immer möglich kongruent zu halten. Im Lebensplan Hitlers sei diese „Kongruenz von Lebenszeit und Weltzeit" zum „Wahn" geworden –: die ganze deutsche Weltgeschichte in der eigenen Lebensgeschichte zu vollenden[31]. – Diese Interpretation überzeugt nicht. Man bleibt, was Hitler anbetrifft, wohl den historischen Tatsachen näher, wenn man den Wahncharakter seiner Lebensorientierung ihrer rassentheoretischen Geschichtsphilosophie zu-

---

[28] a.a.O., S. 83.
[29] a.a.O., S. 43.
[30] Hans Blumenberg: Lebenszeit und Weltzeit. Frankfurt am Main 1986.
[31] a.a.O., S. 80ff.

schreibt. Innerhalb dieses ideologischen Wahnsystems wird man es dann eher für einen Realismus halten müssen, daß Hitler voraussetzte, das, was die rassengeschichtstheoretisch identifizierte Stunde der Deutschen gebiete, sei entweder jetzt und durch ihn oder überhaupt nicht mehr zu vollbringen. Daß Hitler, was er vollbringen wollte, immerhin für vollbringbar hielt, wird man allerdings wieder wahnhaft nennen müssen, wenn auch dieses Urteil möglicherweise mehr vom tatsächlichen Ausgang der Dinge als von der Evidenz unseres Wissens, was in der Welt möglich und nicht möglich ist, bestimmt sein mag. So oder so: Meine Vermutung ist, daß die unleugbaren und in diesem Buch ja breit beschriebenen[32] Phänomene modernitätsspezifischer Lebenszeitverdichtung mit der kulturellen Verbreitung des Wissens über die Zeitdimensionen des Kosmos in gar keinem Zusammenhang stehen. Die auch von Blumenberg beschriebenen Phänomene moderner Lebenstechnik, in unsere Lebenszeit in der Absicht einer Verlängerung erlebter Lebenszeit Lebensfülle zu pressen, erklären sich, wie mir scheinen will, durch das Faktum, daß erst im Kontext der modernen Zivilisation jene Fülle der Optionen sich darbietet, auf deren keine wir gern verzichten möchten, so daß es sich nahelegt, durch Techniken der Zeitverdichtung den Anteil der Optionen, auf die wir angesichts der Kürze unseres Lebens dann doch verzichten müssen, möglichst klein zu halten. Hingegen beruht die kulturelle Faszination des Ausblicks in die Jahrmilliarden umfassenden Zeiträume der uns inzwischen bekannt gewordenen Naturgeschichte auf nichts anderem als auf der lebensführungspraktisch vollendeten Irrelevanz dieser Zeiträume. Es handelt sich um die temporale Seite der von Blumenberg selbst glanzvoll beschriebenen affektiven Neutralisierung der Welt als entscheidender kultureller Wirkung naturwissenschaftlichen Wissens jenseits seiner technischen oder sonstigen lebenspraktischen Relevanz.

Die Unmöglichkeit, die Welt handlungssinnanalog oder textsinnanalog zu deuten, gewinnt in demselben Maße an Evidenz, in welchem sich die Wissenschaften in die von der Lebenswelt sich immer weiter entfernenden Dimensionen des sehr Großen, des sehr Kleinen, des sehr Entfernten und sehr Komplizierten vorarbeiten. Exemplarisch heißt das: Der Unterschied, den es macht, ob unser Kosmos eines fernen Tages (Tages?) am Ende seiner aktuell beobachtbaren Expansion schwerkraftabhängig in sich zurücksinken werde oder aber, bei einer anderen, nämlich dünneren als in diesem Falle vorauszusetzenden Verteilung der Materie im Raum, endlos fortexpandieren werde, ist ja gewiß ein Unterschied ums Ganze. Aber zugleich gibt es keinerlei Möglichkeit zu

---

[32] Cf. oben S. 315ff.

sagen, welchen Unterschied es denn kulturell ausmacht, ob dieses oder vielmehr jenes der Fall sein wird, und just das macht den Sinn des manifesten kulturellen Interesses für diese und analoge Alternativen aus. In der Zusammenfassung heißt das: Der Grund unseres Interesses für schlechterdings text- und handlungssinnfreie naturhistorische Fakten ist ein Kontingenzerfahrungsinteresse – das Interesse also der Bekräftigung unserer Lebenslage als einer Lage, auf die sich ihrer absoluten Kontingenz wegen in letzter Instanz kein technischer und moralischer, kein politischer und sonstiger praktischer Reim machen läßt und ein wissenschaftlicher, auch philosophischer ohnehin nicht. Das müßte bedeuten: Das manifeste Interesse an kulturell gänzlich indifferenten Naturgeschichten ist eines der Medien kultureller Vergegenwärtigung der Nötigkeitsbedingungen der Religion[33].

Wem das zu mystisch klingt, kann natürlich auch praxisnähere kulturelle Sinngehalte aktueller Beschäftigungen mit Naturzeitphänomenen ausfindig machen. Dazu wird insbesondere die Beschäftigung mit der Beschleunigung kulturevolutionärer Verläufe zählen. Ur- und Frühgeschichtler vermuten – davon war bereits ausführlich die Rede –, daß, makrohistorisch betrachtet, die Beschleunigung kulturgeschichtlicher Evolution als solche eine kulturgeschichtliche Konstante darstellt[34]. Modern wäre entsprechend lediglich die dramatische Geschwindigkeit der Evolution, die sich tatsächlich von der Wissenschaft über die Technik bis hin zur Kunst eindrucksvoll und nach Wunsch quantifiziert vor Augen rücken läßt, und es war die Absicht zentraler Kapitel dieses Buches, das zu tun. In etlichen Bereichen unserer Gegenwartskultur hat die Dynamik der Evolution Grade erreicht, die den Common-sense-Kommentar „Das kann doch nicht immer so weitergehen!" als einen Kommentar erscheinen lassen, der den Nagel auf den Kopf trifft. Entsprechend liegt es nahe, sich schließlich auch in der Naturgeschichte nach Vergleichsfällen evolutionärer Hyperdynamik in der Absicht umzusehen, Aufschluß über das Endstadium hyperdynamischer evolutionärer Verläufe zu gewinnen. Die Literatur, die in dieser Absicht Naturgeschichte und Kulturgeschichte vergleicht, ist inzwischen Legion. Die Tragfähigkeit solcher Vergleiche von Naturgeschichten und Kulturgeschichten steht natürlich dahin. Nichtsdestoweniger fühlt man sich irritiert, wenn man liest, daß „die extrem evolutionsfreudigen ... Progressistenlinien" „in der Regel nicht in der Lage" sind, „bedeutende, die Evolution auf die Dauer in neue Bahnen lenkende Umbildungen zu

---

[33] Cf. dazu mein Buch „Religion nach der Aufklärung", Graz Wien, Köln ^{2}1990.

[34] So Karl J. Narr: Zeitmaße in der Urgeschichte. Opladen 1978.

vollziehen". Erwiesen sei: „Sie starben schnell aus"[35]. Es mag ja zutreffen, daß die Regel, dergemäß das paläontologisch nachweisbar gewöhnlich der Fall ist, auf unsere eigene Lage nicht paßt. Aber es wäre ersichtlich von einem praktischen Interesse, just das herauszufinden. Solange wir es nicht herausgefunden haben, bliebe es vernünftig, in forschungs- und handlungsmotivierender Weise beunruhigt zu sein.

Daß es sich dabei keineswegs um Beunruhigungen handelt, die exklusiv in esoterischen Wissenschaftlerzirkeln verspürt werden, ist nachweisbar. Zukunftsgewißheitsschwund breitet sich heute in Abhängigkeit von Erfahrungen der Dynamik unserer zivilisatorischen Evolution gemeinkulturell aus, und es verwundert nicht, daß diese modernitätsspezifische Zeit-Erfahrung inzwischen bis in die Kunst durchgeschlagen ist. Zeit-Kunst ist aktuell[36]. Zu den Beschreibungen und Analysen dieses Buches fügt sich besonders gut eine Skulptur von Karl Schneider, die auf der schweizerischen Gartenbauausstellung „grün 80" 1980 in Basel zu sehen war. Die Skulptur trägt den Titel „Exponentialtreppe vor dem Saurier" und zeigt uns einen Stufenanstieg, der gemütlich und einladend beginnt, alsdann aber rasch die Stufenhöhe zu Lasten der Stufenbreite vergrößert, so daß man, weitersteigend, in kürzester Frist den Punkt erreichte, jenseits dessen man abstürzen wird.

---

[35] So Heinrich K. Erben: Die Entwicklung der Lebewesen. Spielregeln der Evolution. München, Zürich 1975, S. 244.

[36] Cf. dazu exemplarisch den ausgezeichneten Aufsatz von Margarethe Jochimsen: Zeit zwischen Entgrenzung und Begrenzung der bildenden Kunst heute. In: Michel Baudson (Hrsg.): Zeit. Die vierte Dimension in der Kunst. Fribourg, Weinheim 1985, S. 219–239.

Personenverzeichnis

Begriffsverzeichnis

Springer-Verlag und Umwelt

Als internationaler wissenschaftlicher Verlag sind wir uns unserer besonderen Verpflichtung der Umwelt gegenüber bewußt und beziehen umweltorientierte Grundsätze in Unternehmensentscheidungen mit ein.

Von unseren Geschäftspartnern (Druckereien, Papierfabriken, Verpackungsherstellern usw.) verlangen wir, daß sie sowohl beim Herstellungsprozeß selbst als auch beim Einsatz der zur Verwendung kommenden Materialien ökologische Gesichtspunkte berücksichtigen.

Das für dieses Buch verwendete Papier ist aus chlorfrei bzw. chlorarm hergestelltem Zellstoff gefertigt und im pH-Wert neutral.